lonely planet

Tahiti et la Polynésie française

ÉDITION ÉCRITE ET ACTUALISÉE PAR

Jean-Bernard Carillet et Alexandre Lenoir

PRÉPARER SON VOYAGE

JEAN-BERNARD CARILLET ©

LAGON DE BORA BORA
P. 207

JEAN-BERNARD CARILLET ©

PLAGE DU PK 9, FAKARAVA
P. 270

SUR LA ROUTE

Sommaire

COMPRENDRE LA POLYNÉSIE

POLYNÉSIE PRATIQUE

COUPS DE PROJECTEUR

À droite : Manihi, Tuamotu (p. 284)

BIENVENUE EN

Polynésie

Imaginez une nuée de 118 îles réparties en 5 archipels sur un territoire grand comme l'Europe. Tout est dit. En Polynésie, la géographie se conjugue au superlatif. Liée au volcanisme, la variété des paysages est exceptionnelle : îles hautes, atolls, îles surélevées, montagnes, forêts, plateaux, vallées, cascades, plages rocheuses, plages de sable corallien... et une quantité de lagons, tous différents ! Chacune a sa personnalité, sa physionomie, son ambiance. C'est ce qui ne cesse de m'attirer dans ce territoire. Passer d'un archipel à un autre équivaut presque à changer de pays. C'est l'atout phare de la Polynésie : on ne se lasse jamais de la beauté et de la diversité des sites naturels.

Par Jean-Bernard Carillet, auteur

Pour en savoir plus sur nos auteurs, voir p. 480.

Polynésie française

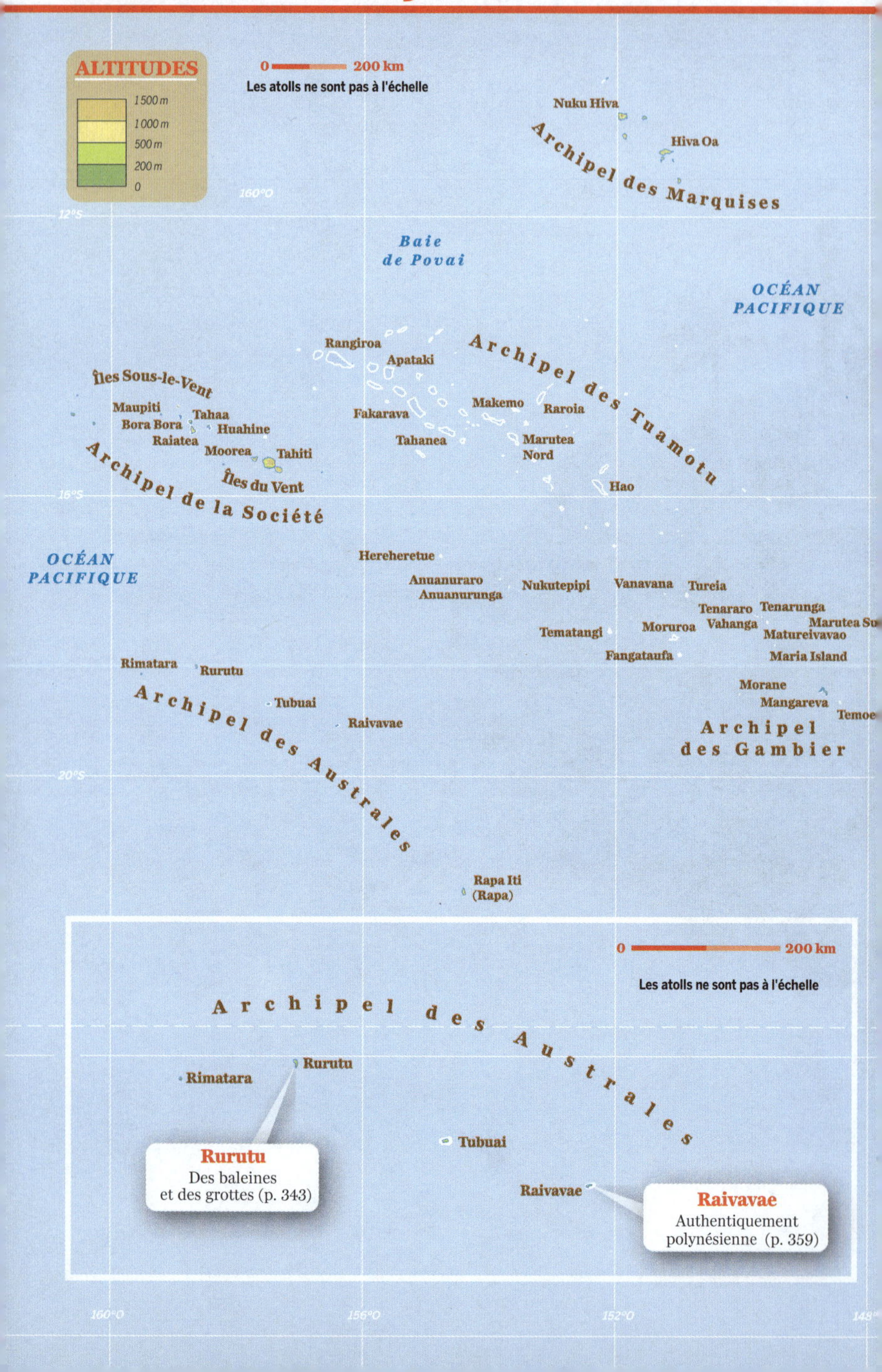

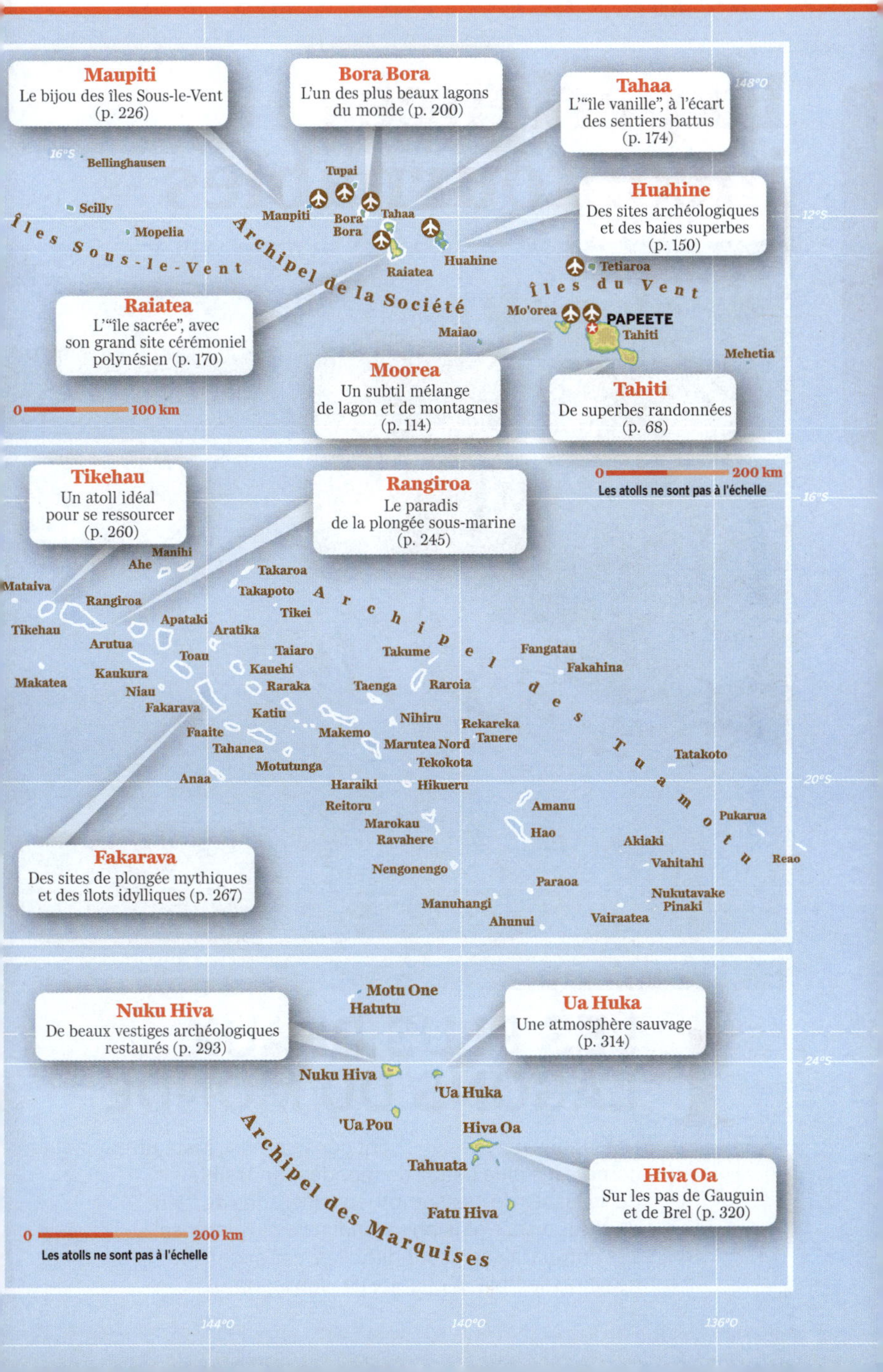

Maupiti
Le bijou des îles Sous-le-Vent (p. 226)
Bora Bora
L'un des plus beaux lagons du monde (p. 200)
Tahaa
L'"île vanille", à l'écart des sentiers battus (p. 174)
Huahine
Des sites archéologiques et des baies superbes (p. 150)
Raiatea
L'"île sacrée", avec son grand site cérémoniel polynésien (p. 170)
Moorea
Un subtil mélange de lagon et de montagnes (p. 114)
Tahiti
De superbes randonnées (p. 68)
Bellinghausen
Scilly
Mopelia
Îles Sous-le-Vent
Archipel de la Société
Tupai
Maupiti
Bora Bora
Tahaa
Huahine
Raiatea
Tetiaroa
Îles du Vent
Mo'orea
PAPEETE
Tahiti
Maiao
Mehetia
0 100 km
16°S
12°S
148°O
Tikehau
Un atoll idéal pour se ressourcer (p. 260)
Rangiroa
Le paradis de la plongée sous-marine (p. 245)
0 200 km
Les atolls ne sont pas à l'échelle
16°S
Manihi
Ahe
Takaroa
Takapoto
Mataiva
Rangiroa
Tikei
Tikehau
Apataki
Aratika
Arutua
Taiaro
Takume
Fangatau
Fakahina
Toau
Kaukura
Kauehi
Makatea
Niau
Raraka
Taenga
Raroia
Fakarava
Katiu
Nihiru
Rekareka
Faaite
Makemo
Marutea Nord
Tauere
Tahanea
Tekokota
Motutunga
Tatakoto
Anaa
Haraiki
Hikueru
20°S
Reitoru
Amanu
Marokau
Ravahere
Hao
Pukarua
Akiaki
Vahitahi
Reao
Nengonengo
Paraoa
Manuhangi
Nukutavake
Pinaki
Ahunui
Vairaatea
Archipel des Tuamotu
Fakarava
Des sites de plongée mythiques et des îlots idylliques (p. 267)
Nuku Hiva
De beaux vestiges archéologiques restaurés (p. 293)
Ua Huka
Une atmosphère sauvage (p. 314)
Motu One
Hatutu
Nuku Hiva
'Ua Huka
'Ua Pou
Hiva Oa
Tahuata
Fatu Hiva
24°S
Archipel des Marquises
Hiva Oa
Sur les pas de Gauguin et de Brel (p. 320)
0 200 km
Les atolls ne sont pas à l'échelle
144°O
140°O
136°O

Expériences incontournables

JEAN-BERNARD CARILLET ©

1 LES PLUS BEAUX LAGONS DU MONDE

Les lagons polynésiens sont considérés, à juste titre, comme les plus beaux du monde. Impossible de se lasser de ces somptueux dégradés de bleu, du turquoise le plus pur à l'indigo le plus intense. Les comparaisons sont difficiles, car aucun ne se ressemble. À chaque île, son lagon.

Fakarava, Tuamotu

Des étendues de sable rose émergent des eaux turquoise, sur fond de cocoteraie, à plusieurs endroits du lagon. Cette nuance colorée est due aux résidus coralliens qui prennent des reflets rosés en raison de l'ensoleillement. p. 269

À droite : site des Sables roses de Fakarava

JEAN-BERNARD CARILLET ©

JEAN-BERNARD CARILLET ©

Raivavae, Australes

La Polynésie telle que vous l'aviez rêvée existe : à Raivavae, un bijou d'île situé dans l'archipel des Australes, avec, le long de la barrière de corail, des motu (îlots) d'une sublime beauté, qui incarnent la robinsonnade. p. 357

Ci-dessus à gauche : excursion sur un motu du lagon de Raivavae

Bora Bora, îles de la Société

C'est sans doute le plus cristallin, le plus scintillant, le plus magique de tous... Le lagon de Bora Bora ressemble à une immense piscine turquoise. Quelle splendeur ! p. 201

Ci-dessus : paddle sur le lagon de Bora Bora

2 SÉJOURS DE RÊVE

Ils ont contribué à façonner le mythe polynésien. Posés sur les eaux cristallines du lagon, les bungalows sur pilotis incarnent le rêve tropical par excellence. Ils se paient cher mais c'est la promesse d'un séjour inoubliable. Mais la Polynésie ne se résume pas qu'à ces prestations de luxe. De nombreux hébergements proposent des bungalows plus simples, aménagés à quelques mètres du lagon. Le rêve à portée de (presque) toutes les bourses !

Moorea, îles de la Société

L'île de Moorea, en face de Tahiti, possède quelques fleurons de l'hôtellerie de luxe en Polynésie, équipés de magnifiques bungalows sur pilotis de style traditionnel, à proximité immédiate de superbes jardins coralliens. p. 134

Tikehau, Tuamotu

L'atoll de Tikehau offre une gamme variée d'hébergements, avec un hôtel de standing et des pensions aux prestations plus simples, au bord du lagon, au village ou sur des motu (îlots). p. 264

Bora Bora, îles de la Société

C'est sur la barrière de corail, dans la partie est du lagon, que se déploient plusieurs hôtels de rêve à Bora Bora. Tous rivalisent d'inventivité pour offrir à leurs clients un sentiment d'exclusivité maximal. p. 215

Huahine, îles de la Société

Les hôtels de Polynésie se fondent harmonieusement dans le paysage insulaire, et sont construits avec des matériaux locaux, en respectant un style architectural et décoratif polynésien, comme au Maitai Lapita Village. p. 159

3 PARADIS CORALLIENS

Les lagons polynésiens sont agrémentés de formations coralliennes d'une incroyable diversité, autour desquelles prospère une petite faune bariolée. Des prestataires se chargent d'organiser des excursions sur le lagon en pirogue, avec des arrêts baignade, snorkeling et pique-nique.

JEAN-BERNARD CARILLET ©

JEAN-BERNARD CARILLET ©

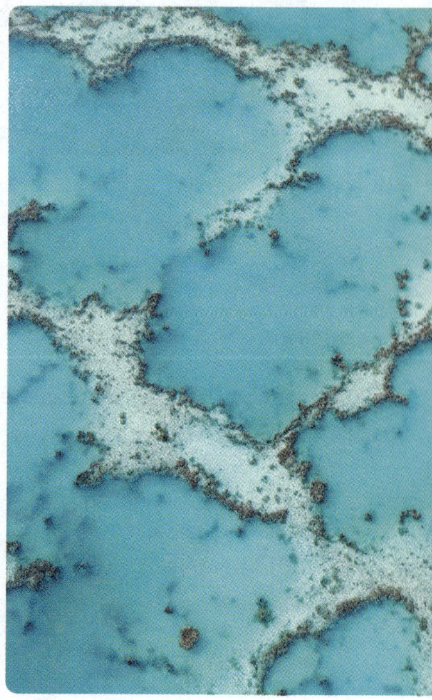

Tahaa, îles de la Société

Les jardins coralliens abondent dans le secteur du motu Tau Tau, où l'on peut pratiquer le snorkeling dans quelques mètres d'eau. Les coraux affichent des couleurs chatoyantes. p. 189

Ahe, Tuamotu

À l'intérieur du lagon de Ahe, d'énormes pinacles coralliens remontent à la surface et aimantent une faune variée. On découvre cet univers à la nage, dans des conditions de sécurité optimales. p. 283

Maupiti, îles de la Société

Vu d'en haut, les coraux qui peuplent les lagons polynésiens forment d'étonnantes marbrures, comme à Maupiti. Ces chef-d'œuvre de la nature ressemblent à de gigantesques puzzles. p. 227

4 AVENTURES SOUS-MARINES

MAYUMI.K.PHOTOGRAPHY / STOCK.ADOBE.COM ©

La Polynésie est un paradis bleu qui fait rêver les plongeurs du monde entier. Dans des eaux chaudes et limpides, on a l'assurance de rencontrer toute la faune du Pacifique, des minuscules anthias aux baleines à bosse, en passant par les dauphins, les tortues, les requins, les raies mantas, les raies léopards, les carangues... On s'immerge dans un aquarium aux richesses infinies, sur des sites qui ne souffrent pas de la surfréquentation.

La Source, Tahiti

Le long des récifs, garnis de coraux épanouis, on évolue au milieu d'une faune bigarrée. Facilement reconnaissables, les napoléons font partie du paysage sous-marin. p. 42

L'Éolienne, Rangiroa, Tuamotu

Les tortues marines sont une espèce que l'on rencontre couramment dans les eaux polynésiennes. Curieuses, elles n'hésitent pas à s'approcher des plongeurs. p. 48

Passe Sud (passe de Tumakohua), Fakarava, Tuamotu

Observer plusieurs centaines de requins lors d'une seule plongée ? C'est possible dans la passe Sud de Fakarava, y compris pour les plongeurs de Niveau 1 p. 50

5 BOUTS DU MONDE

La Polynésie est préservée du tourisme de masse. Quelles que soient les îles, y compris à Bora Bora et à Moorea (les plus fréquentées), les visiteurs ont l'assurance de trouver la tranquillité et de profiter de sites naturels en toute quiétude. Certaines îles et certains archipels restent encore totalement méconnus, comme les Australes ou les Gambier, de véritables pépites aux antipodes.

Fatu Hiva, Marquises

Plus qu'une autre, l'île de Fatu Hiva incarne le bout du monde. Cette île du sud des Marquises n'est en effet accessible qu'après un long voyage (3 heures d'avion depuis Tahiti, puis environ 4 heures de bateau en pleine mer). Mais quelle récompense ! p. 334

Ci-dessous : baie des Vierges, Fatu Hiva

JEAN-BERNARD CARILLET ©

Mangareva, Gambier

Autre joyau du bout du monde, Mangareva aux Gambier, à 1 700 km au sud-est de Tahiti. À peine une poignée de pensions, une à deux liaisons aériennes par semaine, on se sent loin de tout ! p. 369

Ci-dessus : lagon de Mangareva, Gambier

Mataiva, Tuamotu

L'atoll de Mataiva ne compte que deux hébergements. On y vient pour se ressourcer dans une nature souveraine. p. 267

Ci-dessous : plage de sable corallien, Mataiva

JEAN-BERNARD CARILLET ©

JEAN-BERNARD CARILLET ©

Tubuai, Australes

À 600 km au sud de Tahiti, le lagon de Tubuai offre d'inépuisables sources d'émerveillement : l'immense piscine turquoise est déserte, pour le plus grand bonheur des visiteurs. p. 352

Ci-dessus : lagon de Tubuai

6 RANDONNÉES

N'oubliez pas vos chaussures de marche ! À côté du tourisme "bleu", il existe un tourisme vert, axé sur la randonnée pédestre, qui privilégie la découverte de l'intérieur (généralement inhabité) des îles. Le potentiel des îles hautes est important, bien qu'insuffisamment valorisé. Les sentiers balisés étant rares, il convient de faire appel aux services d'un guide, qui apportera des éclairages sur la flore et la géologie.

Nuku Hiva, Marquises

Nuku Hiva est un paradis pour les randonneurs. Sur les crêtes de Taiohae (le bourg principal) ou dans le secteur de Toovii (le plateau central), on emprunte des sentiers qui conduisent à d'extraordinaires points de vue. p. 295

Ci-dessous : randonnée à Nuku Hiva

JEAN-BERNARD CARILLET ©

Maupiti, îles de la Société

En gravissant le mont Teurafaatiu, qui culmine à 380 m d'altitude, on est gratifié d'une vue à 360° – assurément l'une des plus spectaculaires de l'archipel. p. 231

Ci-dessus : vue sur le lagon depuis les hauteurs de Maupiti

Tahiti, îles de la Société

Le centre de Tahiti, strié de profondes vallées et ponctué de sommets vertigineux, dégage une impression de mystère et de puissance. p. 108

Ci-dessous : paysage montagneux de Tahiti Nui

JEAN-BERNARD CARILLET ©

JEAN-BERNARD CARILLET ©

Raiatea, îles de la Société

L'intérieur de Raiatea cache de nombreux trésors, à commencer par des cascades, accessibles en suivant un sentier qui serpente à travers une forêt tropicale. On débouche ensuite dans un décor digne d'*Avatar* ! p. 178

Ci-dessus : randonnée des Trois Cascades

7 FESTIVITÉS

JEAN-BERNARD CARILLET ©

La danse traditionnelle constitue un vecteur essentiel de l'affirmation de l'identité polynésienne. Elle n'a rien de folklorique, mais constitue un socle sur lequel s'appuie l'expression intime et viscérale de la culture locale. Sur scène, les groupes donnent le meilleur d'eux-mêmes pour communiquer leur énergie à travers une gestuelle codifiée. Ils s'investissent complètement dans leur rôle, à raison de plusieurs répétitions hebdomadaires, lors de la préparation aux concours de danse comme le fascinant Heiva, chaque année en juillet.

Le haka (Marquises)

Les Marquisiens ont leurs propres danses (haka), inspirées de thématiques guerrières ; les plus expressives sont la danse du Cochon (haka pua) et la danse de l'Oiseau (haka Manu). p. 312

Ci-dessous : festival des arts des Marquises

JEAN-BERNARD CARILLET ©

JEAN-BERNARD CARILLET ©

Heiva i Tahiti (archipel de la Société)

Lors du Heiva en juillet, chaque danseur, chaque danseuse réalise ses costumes, uniquement avec des matériaux naturels, dans le respect de la tradition. p. 84

En haut, à droite : danseuse tahitienne lors du Heiva

Sports traditionnels

Les sports traditionnels polynésiens sont à l'honneur à l'occasion du Heiva i Tahiti. Pour les visiteurs, c'est une occasion unique d'admirer les lanceurs de javelot en pleine action : ceux-ci doivent atteindre une noix de coco attachée sur un mât. p. 85

Ci-dessus : lanceurs de javelot

8 SITES ARCHÉOLOGIQUES

Les passionnés de culture ancienne trouveront de quoi alimenter leur penchant en Polynésie. C'est aux Marquises que se trouvent les vestiges pré-européens les plus spectaculaires. Dans les îles Sous-le-Vent, on trouve également des sites majeurs qui vous catapultent dans le passé mystérieux des Polynésiens. Les Australes comptent également plusieurs sites dignes d'intérêt. Tous sont en harmonie avec l'environnement paysager et naturel.

Puamau, Hiva Oa, Marquises

Puamau est le site archéologique le plus important des Marquises, avec une série de plates-formes en pierre sur lesquelles trônent d'imposants tikis (statues anthropomorphes). p. 327

JEAN-BERNARD CARILLET ©

Marae Taputapuatea, Raiatea

Ce *marae* est le site cérémoniel le plus important dans l'histoire de la Polynésie. Bien restauré et mis en valeur, il est classé au patrimoine mondial de l'Humanité.
p. 176

Site de Maeva, Huahine, îles de la Société

Un site immanquable, réparti en deux endroits, au bord du lagon, et sur une colline. Maeva rassemble plusieurs sites cérémoniels, composés de dalles de basalte. À découvrir en compagnie d'un guide, qui restituera toute l'ampleur historique des lieux. p. 157

JEAN-BERNARD CARILLET ©

JEAN-BERNARD CARILLET ©

Tikis de Raivavae, Australes

Ce tiki de belle taille se trouve sur une propriété privée sur l'île de Raivavae, mais est accessible au public. Les habitants vous expliqueront les légendes qui lui sont rattachées.
p. 357

9 TATOUAGE

Dès l'arrivée en Polynésie, on est frappé par le nombre de personnes, hommes et femmes, qui arborent un tatouage. À mille lieues de tout effet de mode, la pratique du tatouage s'inscrit dans une très longue tradition, aujourd'hui remise au goût du jour après avoir été proscrite par les missionnaires.

JEAN-BERNARD CARILLET ©

JEAN-BERNARD CARILLET ©

Tatoueurs de Moorea

Le savoir-faire des tatoueurs polynésiens s'acquiert auprès de *tupuna* (les maîtres) puis se perfectionne au fil des années. Si les motifs sont très codifiés, chaque tatoueur a néanmoins son propre style. p. 134

Tatoueurs marquisiens

C'est aux Marquises que l'art du tatouage est le plus abouti. Les tatoueurs locaux proposent des motifs qui, chacun, véhicule une symbolique bien particulière. p. 326

Tatouage et danse

La plupart des danseurs et des danseuses, aux Marquises et dans l'archipel de la Société, arborent de somptueux tatouage qui racontent l'histoire de leur clan. Chaque détail est finement travaillé. De vraies œuvres d'art vivantes ! p. 311

10 SAVOIR-FAIRE

JEAN-BERNARD CARILLET ©

Les Polynésiens ont des mains d'or. Les pratiques artisanales sont très vivaces et, souvent, s'inscrivent dans un contexte identitaire et culturel solide, comme par exemple la sculpture aux Marquises, la vannerie (la grande spécialité des Australes), les parures de fleurs ou de coquillages… Chaque pièce, unique, est réalisée par un artisan. Les bijoux intégrant des perles de Tahiti font aussi partie des savoir-faire polynésiens. De beaux souvenirs à rapporter !

Sculpture

Les sculpteurs marquisiens passent pour les plus talentueux du Pacifique. Ils travaillent différents matériaux (bois, pierre, os) et réalisent des pièces variées (plats, récipients, tiki, herminettes, etc.) qu'ils écoulent facilement auprès des visiteurs. p. 333

Perles

Acheter des perles dans une ferme perlière en activité fait partie des expériences incontournables en Polynésie. Il en existe de tailles, de couleurs, et d'aspects différents. On peut les acheter nues ou montées sur un bijou. p. 408

Tifaifai, Australes

L'archipel des Australes est réputé pour la vannerie et la production de *tifaifai* (surtout à Raivavae), de grands tissus composés de motifs stylisés. Tout est intégralement réalisé à la main ! p. 360

L'essentiel

Pour plus d'informations, reportez-vous au *Carnet pratique* (p. 436)

Monnaie
Franc Pacifique (CFP)

Langue
Français
Tahitien
Marquisien

Argent
DAB dans les îles les plus touristiques. Cartes bancaires acceptées sur les îles principales.

Visa
Pas nécessaire pour les ressortissants de l'Union européenne, de Suisse et du Canada.

Heure locale
L'heure de Polynésie française est à GMT-10. Papeete a 11 heures ou 12 heures de retard sur Paris (en fonction de l'horaires d'hiver ou d'été).

Téléphone portable
Carte SIM locale fonctionnant avec les téléphones européens et accords d'itinérance avec les principaux opérateurs.

Transports
Avion et bateau entre les îles.

Quand partir

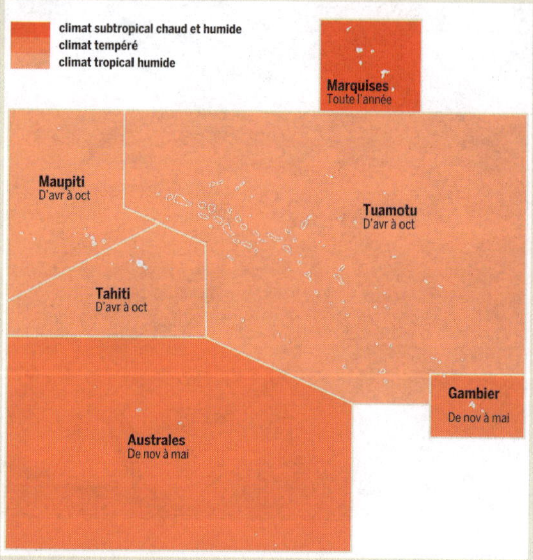

Haute saison
(juil-août et 10 déc-début jan)

- Climat plus sec, mer agitée et vents forts (juil-août)
- Début de la saison des baleines (juil)
- Saison des raies mantas (juil-août)
- Grands festivals traditionnels (Heiva)
- Tarifs aériens plus élevés

Intersaison
(mai-juin et sept-oct)

- Climat plus sec, vents modérés, mer plus calme
- Période idéale pour les excursions nautiques
- Saison des baleines (sept-oct)
- Tarifs aériens plus avantageux

Basse saison
(nov-mi-déc et jan-avr)

- Course de pirogues Hawaiki Nui (début nov)
- Précipitations
- Passage de dépressions tropicales
- Promotions dans l'hôtellerie de luxe
- Saison idéale pour les Australes

Budget quotidien

Moins de 100 €

- Pension de famille en demi-pension : à partir de 70 €/pers
- Déjeuner dans une roulotte : moins de 15 €
- Traversée Tahiti-Moorea : 9 €
- Location d'un vélo : environ 12 €

100-150 €

- Chambre double en petite hôtellerie familiale : à partir de 100 €
- Repas au restaurant : environ 30 €
- Voiture de location : 60-80 €/jour
- Excursion lagonaire : à partir de 75 €
- Plongée : 65 €

Plus de 170 €

- Bungalow jardin ou chambre double dans un hôtel de luxe : à partir de 200 €
- Dîner dans un restaurant cossu : 40-60 €
- Randonnée guidée : 90 €
- Achat d'une perle de qualité : à partir de 80 €

PLANIFIER SON VOYAGE

- La plupart des activités touristiques dépendent étroitement des conditions climatiques. Tenez-en compte dans l'organisation de votre séjour. Pour éviter toute déception, acceptez l'aléa climatique, quelle que soit la saison.
- Il n'est pas nécessaire de passer par un agent de voyages et de tout réserver longtemps à l'avance. Toutes les prestations, y compris les vols intérieurs, peuvent être réservées en direct.
- Résistez à la tentation de faire le tour des îles au pas de charge. À titre indicatif, trois jours (hors jour de départ et jour d'arrivée) sont un minimum pour profiter d'une île.
- Ne vous focalisez pas sur les îles les plus connues (Tahiti, Moorea, Bora Bora) ; sortez des sentiers battus en intégrant des îles plus confidentielles mais idylliques dans votre périple.
- Munissez-vous d'une carte bancaire internationale avec un plafond de retrait hebdomadaire élevé (de type Master Card Gold ou Visa Premier), sinon vous serez vite limité. Prévoyez également suffisamment d'espèces (euros).

Sites Internet

- **Lonely Planet** (www.lonelyplanet.fr). Présentation de la Polynésie française, forum, informations pratiques.
- **Office du tourisme** (www.tahititourisme.fr). Toutes les informations sur la destination.
- **Ia Ora** (www.ia-ora.com). Sélection de pensions et d'activités.
- **Tahiti Heritage** (www.tahitiheritage.pf). Présentation des richesses naturelles et culturelles de la Polynésie.
- **Tahiti Infos** (www.tahiti-infos.com). Site d'information et d'actualités sur la Polynésie.

Taux de change

Canada	1 $C	90,83 CFP
Suisse	1 FS	124,27 CFP
Zone euro	1 €	119,33 CFP

Pour vérifier les taux de change, reportez-vous au site www.xe.com/fr/

Numéros utiles

Indicatif du pays	+689
Code d'accès à l'international	00
Police	17

Arriver en Polynésie

Aéroport de Tahiti-Faa'a

- **Bus** – depuis la route de ceinture pour Papeete et la côte ouest (environ 1,50 €).
- **Taxis** – pour toutes les zones de l'île (à partir de 15 €). Environ 10 minutes jusqu'à Papeete.
- **Navettes privées** – transferts assurés par les principaux hôtels de luxe.

Pour plus de détails sur les **Transports**, voir p. 446

Pour un premier séjour

Pour plus de précisions, voir la section *Polynésie pratique* (p. 435)

À ne pas oublier...

- Vérifier la validité de son passeport et veiller à suivre la procédure d'autorisation de voyage électronique (ESTA) pour le transit aux États-Unis
- Contracter une assurance voyage, incluant les activités nautiques tels que la plongée
- Connaître les restrictions concernant le transport des bagages par avion, y compris pour les vols intérieurs (limités à 10 kg ou 20 kg selon le type de billet acheté)
- Emporter son permis de conduire
- Se munir de son attestation de niveau de plongée

Ce qu'il faut emporter

- Des tongs, des chaussures de randonnée et des chaussures d'eau
- De la crème solaire
- Une gourde
- Du répulsif au DEET
- Une lampe torche
- Une petite laine
- Un poncho imperméable
- Un masque, des palmes et un tuba

Bon à savoir

- En Polynésie, on vit au rythme des îles... Inutile d'être pressé.
- Ne cherchez pas à visiter trop d'îles en un seul séjour. Pour un premier voyage en Polynésie, visiter deux archipels est déjà suffisant.
- Comptez au moins trois jours (hors jours d'arrivée et de départ) pour la visite d'une île.
- Il est préférable de réserver vos activités directement, sans passer par l'intermédiaire de votre hôtel, pour bénéficier de meilleurs tarifs (ceci n'est pas valable pour les pensions de famille, via lesquelles il n'y a pas de surcoût).
- Munissez-vous d'une carte bancaire et prévoyez toujours une réserve d'espèces.
- Pour éviter les coûts très élevés d'itinérance pratiqués par les opérateurs téléphoniques, achetez une carte SIM locale.
- Il y a peu d'animations nocturnes en Polynésie. On se couche tôt et on se lève tôt.
- Il n'est pas d'usage de laisser de pourboire, ni de marchander.

Comment s'habiller

La chaleur et l'humidité poussent à se vêtir le plus légèrement possible (shorts et manches courtes) mais emportez un pull, notamment pour les soirées en saison fraîche (de juin à août), ainsi qu'un coupe-vent lors des journées de grand vent. Prévoyez également des manches longues et des pantalons légers en coton pour les balades à pied. Dans tous les cas, des tenues décontractées sont de mise.

Hébergement

Il est préférable de réserver pour les périodes juillet-septembre et Noël-Nouvel An. Voir aussi Hébergement p. 36.

- **Hôtels** Il existe plusieurs catégories d'hôtels, de la petite résidence hôtelière et familiale de quelques unités aux hôtels de luxe avec bungalows sur pilotis.
- **Pensions de famille** La formule la plus répandue, dans tous les archipels. Il s'agit le plus souvent de bungalows de conception

standardisée sur la propriété familiale, parfois de chambres dans la maison des propriétaires. La formule généralement proposée est la demi-pension (nuitée, petit déjeuner, dîner). Niveau de confort et qualité de l'accueil très variables d'une pension à une autre.

➡ **Campings et dortoirs** Pas de campings au sens habituel du terme, mais des particuliers qui mettent à disposition des emplacements pour tentes. Pas d'auberges de jeunesse (sauf à une structure à Papeete), mais des petites structures qui louent des chambres de plusieurs lits à des tarifs avantageux (dans certaines îles uniquement). Idéal pour les petits budgets.

➡ **Plates-formes collaboratives** En expansion (Airbnb, CouchSurfing, Booking ainsi que des plates-formes locales, où l'on peut louer des villas). Le pire côtoie le meilleur.

Plages et lagons

Si la Polynésie est célèbre pour ses magnifiques lagons, on ne peut en dire autant des plages. Les bords de mer sont généralement constitués de sable corallien ou de débris coralliens peu propices au farniente tel qu'on l'entend habituellement. Les étendues de sable blanc devant les hôtels de luxe sont des plages artificielles. Les “vraies” plages sont en réalité très rares. Aux Marquises, beaucoup de plages sont infestées de nonos, un insecte piqueur.

Wi-Fi

Le Wi-Fi est disponible dans la plupart des îles. Le haut débit (qui correspond en réalité à un débit moyen en métropole) est proposé dans les îles de la Société ainsi que dans certaines îles touristiques des Tuamotu et des Marquises. Ailleurs, les connexions peuvent être très lentes. Dans les structures d'hébergement (hôtels, pensions), l'accès Wi-Fi est dans la plupart des cas gratuit. La 3G tend à se généraliser dans les zones touristiques et fonctionne avec une carte SIM locale.

Savoir-vivre

➡ **Se déchausser** On se déchausse avant d'entrer dans une maison.

➡ **Surf** Avis aux novices : renseignez-vous sur les règles à suivre dans le line-up (zone où l'on attend la vague pour démarrer). Attention également aux autres surfeurs et aux baigneurs.

➡ **Prière** Si vous partagez un repas en famille avec des Polynésiens, attendez que le chef de famille ait fait la prière de bénédiction.

➡ **Monokini** Peu répandu, sauf sur certaines plages à Tahiti et dans les hôtels de luxe.

➡ **Tutoiement** Au quotidien, le tutoiement est de rigueur, mais il n'est pas synonyme de familiarité.

➡ **Horaires** Évitez de passer des coups de fil après 19h.

➡ **Patience** Ne pas manifester son stress ou son impatience.

➡ **Sites sacrés** Respecter les sites sacrés (*marae*) et évitez tout jugement sur la religion.

Argent

La monnaie locale est le franc pacifique (CFP). Son cours est fixe par rapport à l'euro. Vous changerez facilement vos euros dans les banques locales (présentes dans la plupart des îles touristiques) et vous pourrez retirer des CFP dans les distributeurs automatiques (DAB), également disponibles dans la plupart des îles fréquentées par les touristes. Veillez cependant préalablement à vérifier votre plafond de retrait hebdomadaire auprès de votre banque pour éviter toute mauvaise surprise, et prévoyez en plus des espèces. Le règlement par carte de crédit est possible dans les hôtels, auprès des loueurs de voiture, d'Air Tahiti, des centres de plongée et dans quelques pensions de famille. Pour plus de précisions, reportez-vous p. 436.

Budget

Veillez à ne pas sous-estimer les différents postes budgétaires pour ne pas être pris au dépourvu. En plus de l'hébergement et de la restauration, pensez aux vols intérieurs (achetez de préférence un pass inter-îles, voir p. 450), aux bateaux, aux locations de voiture (souvent nécessaire dans les îles de la Société) et aux transferts aérodrome-hébergement. Doivent également être pris en compte dans le calcul de votre budget les excursions (lagonaires et terrestres) et les activités.

Quoi de neuf ?

La crise sanitaire liée à la Covid-19 a durement touché la Polynésie française, avec de nombreuses mesures qui ont sévèrement impacté le secteur touristique, mais la reprise est nettement au rendez-vous depuis la levée des restrictions. Plus que jamais, la Polynésie entend valoriser son image de paradis insulaire du bout du monde, paisible et ressourçant.

Une destination plus accessible que jamais

Depuis la fin de la pandémie, les liaisons aériennes avec la Polynésie ont repris toute leur vigueur, soutenues par une forte demande. Air Tahiti Nui, Air France, United Airlines et French Bee, pour ne mentionner que celles qui opèrent depuis la France, assurent un programme de vol bien rempli à destination de la Polynésie, dans un contexte concurrentiel qui bénéficie aux voyageurs. On trouve des billets à partir de 1 100 € aller-retour. Depuis septembre 2022, le transit à Los Angeles, longtemps un repoussoir en raison des procédures des autorités américaines, est facilité grâce à l'aménagement d'un nouveau terminal. Fin 2022, Delta Airlines a également manifesté son souhait de desservir la Polynésie.

Le ciel polynésien s'ouvre à la concurrence

La compagnie Air Tahiti a longtemps exercé un monopole pour les lignes intérieures de Polynésie. Celui-ci est en passe d'être bousculé par la création d'une compagnie concurrente, Air Moana, dont la mise en service devrait être effective en 2023. Les lignes les plus fréquentées par les touristes devraient en bénéficier, avec des tarifs à la baisse.

Une image qui évolue

Longtemps, l'image de la Polynésie s'est limitée à Tahiti, Moorea et Bora Bora, avec pour seules motivations des hôtels sur pilotis et des lagons étincelants. L'offre touristique s'adapte aujourd'hui à une demande en pleine évolution. Certes, le mythe Bora Bora reste intact, mais les visiteurs expriment désormais le souhait de sortir des sentiers battus

L'ÉPINEUSE QUESTION DES RÉPARATIONS SUITE AUX ESSAIS NUCLÉAIRES

On pensait, un peu naïvement, que la page des essais nucléaires français en Polynésie était tournée, depuis la fin des campagnes de tirs en 1995. Or, plus de 25 ans après, la question des retombées sanitaires de ces essais refait surface. C'est aujourd'hui un point de friction entre la Polynésie et la métropole. Selon des associations, la prévalence de certains cancers en Polynésie est liée aux essais nucléaires, jugés contaminants. Elles se battent pour que le préjudice des victimes soit reconnu et qu'il soit indemnisé. L'État traîne les pieds, tout en lâchant un peu de lest dans ce dossier sensible. Un pas a été franchi lors de la venue du président Emmanuel Macron en Polynésie en 2021, lorsqu'il a reconnu que la France avait une "dette" à l'égard du territoire. Une annonce symbolique qui nourrit l'espoir des Polynésiens d'une plus grande reconnaissance de la responsabilité de l'État.

et de découvrir d'autres îles moins connues, dans des archipels jusque-là peu mis en avant, comme les Australes, les Gambier, certains atolls des Tuamotu, les Marquises… qui incarnent à la perfection la robinsonnade et l'authenticité.

L'environnement, une priorité

Les joyaux insulaires sont fragiles… Les autorités locales entendent désormais protéger au mieux ce fabuleux patrimoine naturel, en s'appuyant sur des mesures réglementaires (réduction de l'usage des matières plastiques, aides aux sources d'énergie alternatives, etc.). Les activités dans les zones lagonaires sont elles aussi de plus en plus réglementées pour éviter la destruction des écosystèmes.

L'explosion des hébergements collaboratifs

Les hébergements accessibles uniquement via des plates-formes type Airbnb sont en très forte hausse dans le territoire et vont jusqu'à supplanter les structures plus traditionnelles, comme les pensions de famille, dans certaines îles. Les raisons ? Le développement de l'internet haut débit dans les archipels, l'arrivée de jeunes générations de Polynésien(ne)s dans l'univers du tourisme, et le vieillissement des infrastructures, pour certaines tenues par les mêmes propriétaires depuis deux ou trois décennies, sans travaux de modernisation. C'est tout bénéfice pour les touristes, qui voient ainsi l'offre s'élargir.

Le label Unesco

Le site archéologique de Taputapuatea à Raiatea a été inscrit au patrimoine mondial de l'Unesco en 2017. Aujourd'hui, les autorités polynésiennes, appuyées par la métropole, entreprennent des démarches pour qu'une partie du patrimoine naturel et culturel des Marquises rejoigne également cette prestigieuse liste. La procédure est en cours, et pourrait être finalisée d'ici à 2025, avec neuf sites pressentis.

LIRE, VOIR, ÉCOUTER

Tupuna de Moearii Darius (Au Vent des Îles, 2021) – un ouvrage synthétique et accessible sur toutes les facettes de l'histoire et de la culture polynésiennes, à travers le prisme local.

Escales en Polynésie de Titouan et Zoé Lamazou (Au Vent des Îles, 2021) – l'artiste-navigateur et sa fille livrent un beau carnet de voyage sur les archipels polynésiens.

Fenua de Patrick Deville (Seuil, 2021) – un portrait de la Polynésie sur les traces des aventuriers, des explorateurs et des écrivains qui en ont tissé la légende.

Les Révoltés du Bounty (1962), de Lewis Milestone, a été tourné à Bora Bora et Moorea avec Marlon Brando dans le rôle principal.

Tabou (1931), de F. W. Murnau, entre séquences documentaires et intrigue hollywoodienne, a participé très tôt à la réputation de Bora Bora.

Les Marquises (1977), de Jacques Brel – 3 minutes 53 pour saluer l'île du peintre Gauguin.

EN BREF

Population : 284 000 habitants

Superficie : 2,5 millions de km² (égale à la taille de l'Europe)

Point culminant : mont Orohena (2 241 m), à Tahiti

Distance depuis Paris : 15 700 km

Nombre d'îles : 118

Nombre de touristes en 2021 : 82 500 (contre 236 650 en 2019 avant l'épidémie de Covid 19)

population au km²

Mois par mois

> **LE TOP DES FESTIVALS**
>
> - **Heiva i Tahiti**, juillet
> - **Festival des arts des îles Marquises**, décembre (tous les quatre ans dans les trois principales îles)
> - **Hawaiki Nui Va'a**, novembre
> - **Tahiti Pro Teahupoo**, août-septembre

Janvier

Festival international du film documentaire océanien (FIFO)

Un festival qui s'affirme comme l'un des meilleurs du genre dans le Pacifique. Projections, ateliers et colloques. À Papeete, fin janvier ou début février. Voir www.fifotahiti.com.

Février

Nouvel An chinois

Généralement entre la fin janvier et la mi-février. Danses, spectacles d'arts martiaux et feux d'artifice à Papeete.

Marathon international de Moorea

Grand rendez-vous sportif rassemblant des athlètes du monde entier pour 3 courses et un parcours familial.

Salon de l'artisanat

Exposition artisanale, à l'Assemblée de la Polynésie française à Papeete.

Mars

Arrivée des premiers missionnaires

L'arrivée à Tahiti des premiers membres de la London Missionary Society à bord du *Duff* est célébrée le 5 mars, avec une reconstitution du mouillage du navire à la pointe Vénus.

Mai

Cérémonie du me

Grande fête religieuse protestante aux Australes.

Arii Mata Tini Race

Course de pirogues en individuel à Rangiroa.

Tahiti Pearl Regatta

Régate sur plusieurs jours entre Raiatea, Tahaa, Huahine et Bora Bora, mi-mai, pendant 4 jours. Étapes en haute mer et dans le lagon, agrémentées de soirées festives. Voir www. tahitipearlregatta.com.

Juin

Heiva Rima'i (Heiva des artisans)

Grande exposition-vente d'artisanat réunissant les artisans de toute la Polynésie, à Pirae (Tahiti). Jusqu'à mi-juillet.

Heiva des écoles de danse

Les écoles de danse traditionnelle présentent leur spectacle annuel place Toata à Papeete. Voir www.heiva.org.

Onu'u

Festival du graffiti et du street art, début juin, à Tahiti, Moorea, Raiatea et Bora Bora. Voir www. tahitifestivalgraffiti.com.

Juillet

Heiva i Tahiti

Le plus grand festival de danses et de chants

JEAN-BERNARD CARILLET ©

Course de pirogues lors du Heiva i Tahiti

traditionnels, sur la place Toata, à Papeete, jusqu'à la fin du mois de juillet (p. 84). En marge des concours, d'autres animations sont organisées (sports et jeux traditionnels polynésiens, courses de pirogue, marche sur le feu). Voir www.heivanui.com.

Heiva i Bora Bora

Concours de chants et de danses traditionnels, sur la place centrale de Vaitape à Bora Bora.

Te Aito Vaa

Course de pirogues en individuel d'une journée sur une distance d'une dizaine de kilomètres, à Tahiti. Les 100 meilleurs rameurs seront retenus pour la course du Super Aito (ci-contre).

Août

Super Aito Vaa

Course de pirogues en individuel avec les meilleurs rameurs de Polynésie (Tahiti).

Tahiti Pro Teahupooo

Épreuve internationale de surf où s'affrontent les meilleurs surfeurs professionnels du monde, sur la vague mythique de Teahupoo. Fin août ou septembre. Voir www.worldsurfleague.com

Novembre

Hawaiki Nui Va'a

La plus célèbre course de pirogues du monde, entre Huahine, Raiatea, Tahaa et Bora Bora (3 jours). Début novembre (p. 186). Voir www.hawaikinuivaa.com.

Festivités des Pléiades

Fête du retour de l'abondance placée sous le signe de la constellation des Pléiades. Diverses célébrations à Tahiti et à Moorea.

Décembre

Festival des arts des îles Marquises

Fête de la culture marquisienne traditionnelle, à Nuku Hiva, à Ua Pou ou à Hiva Oa, une fois tous les 4 ans (et "mini-festival" tous les deux ans).

Itinéraires

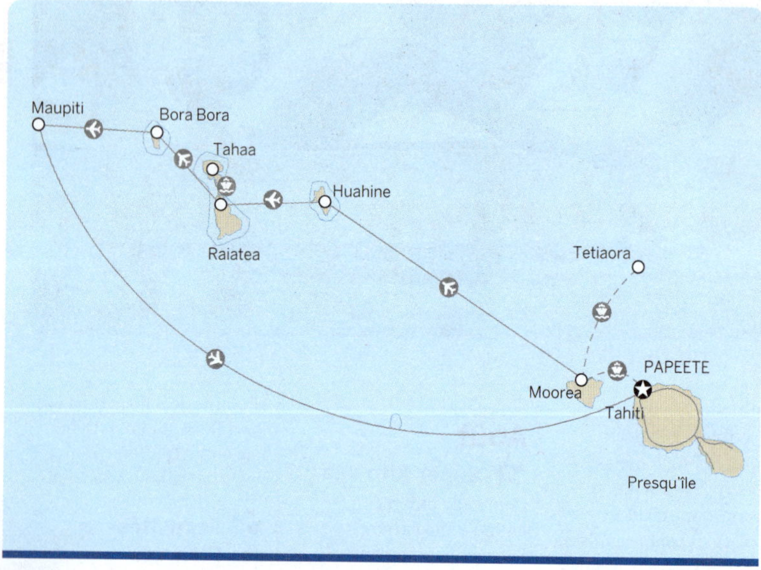

16-19 JOURS L'archipel de la Société

La découverte de cet archipel, regroupant les îles du Vent et les îles Sous-le-Vent, est un incontournable. Les îles, assez rapprochées, sont très bien reliées les unes aux autres par avion ou par bateau. Récupérez du décalage horaire en vous prélassant dans un bon hôtel à la périphérie de **Papeete**, face au lagon, puis consacrez une journée au **tour de l'île**. Un saut de puce en catamaran vous conduira à **Moorea**, qui réserve autant de découvertes terrestres que marines. Vous aurez sans doute du mal à la quitter... mais **Huahine** et ses plaisirs vous attendent ! Trois jours ne seront pas de trop pour vous mettre au parfum de cette île discrète et sauvage. Rejoignez ensuite **Raiatea**, l'île sacrée, dont les superbes vestiges archéologiques vous étonneront. Explorez-la de fond en comble, profitez des activités nature, puis prenez une navette jusqu'à **Tahaa**, l'île sœur. Imprégnez-vous de l'ambiance langoureuse de ses villages pendant un jour ou deux et réservez une journée à la découverte du lagon et des îlots, paradisiaques. Ralliez ensuite **Bora Bora**, la "perle du Pacifique", dont le lagon scintillant aimante en permanence le regard. Dernière étape de ce périple tropical : **Maupiti**, le bijou méconnu, accessible par avion depuis Bora Bora.

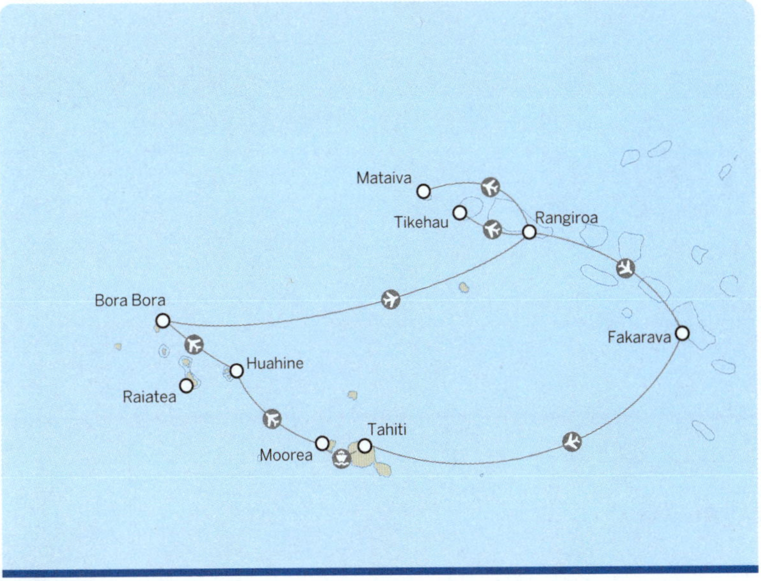

3 SEMAINES Les perles de la Société et des Tuamotu

Cet itinéraire panache deux archipels et offre une vue générale de la Polynésie, avec ses différents types d'îles (atolls et îles hautes) et ses attraits multiples, nature et culture. Séjournez quelques jours à **Tahiti** et à **Moorea**, les deux incontournables îles du Vent. Faites le tour de Tahiti, et poussez jusqu'à la presqu'île, qui vous charmera par ses paysages et son atmosphère si sereins. À Moorea, découvrez les joies du lagon (snorkeling, kayak, plongée), et visitez la baie de Cook et la baie d'Opunohu. Après les charmes de Moorea, prenez l'avion pour **Huahine**, où vous passerez quelques jours, avant de rejoindre **Bora Bora**. Ensuite, les vols d'Air Tahiti vous permettront de passer directement aux Tuamotu, sans repasser par Tahiti. L'atoll de **Rangiroa** est un grand classique, avec ses excursions sur le lagon et ses magnifiques plongées. Complétez cet aperçu des Tuamotu par la découverte d'un atoll plus petit, accessible depuis Rangiroa, par exemple **Tikehau** ou **Mataiva**. Prévoyez 3 jours pour chaque atoll. Vous aurez ainsi le temps de vous imprégner de l'ambiance si particulière des Tuamotu et de profiter des plaisirs du lagon. Revenez à Rangiroa, plaque tournante des transports aux Tuamotu, et prenez l'avion pour **Fakarava**, un atoll de rêve où l'on peut associer farniente, plongée et excursions sur le lagon. À Fakarava, il est judicieux de combiner un séjour au nord de l'atoll et une robinsonnade dans le Sud, à Tetamanu.

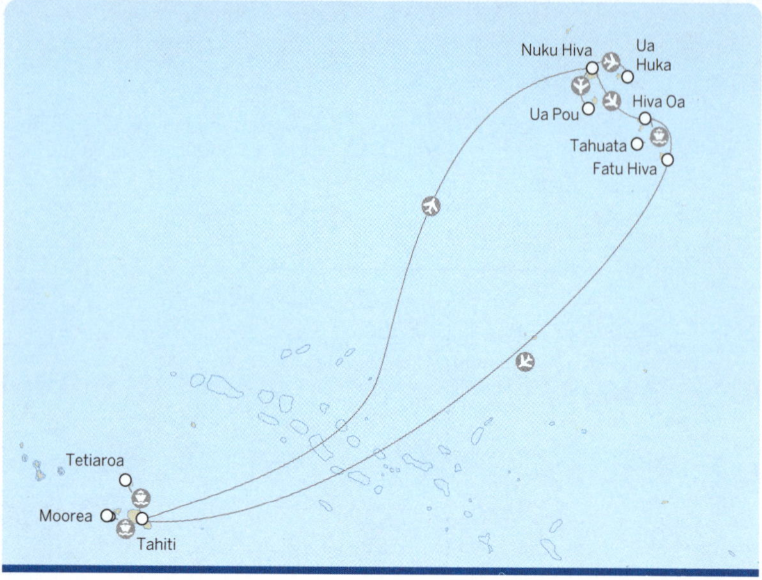

2 SEMAINES Exquises Marquises

Avant d'aborder les Marquises, prenez le temps de découvrir **Tahiti** et **Moorea**, ainsi que **Tetiaroa**, un atoll facilement accessible lors d'une excursion à la journée depuis Papeete. Vous aurez ainsi un aperçu des îles de la Société. Ensuite, prenez l'avion pour **Nuku Hiva**, la principale île des Marquises, dont les richesses naturelles et culturelles méritent au moins quatre jours : visite des sites archéologiques, randonnées pédestres et excursions. En fonction des possibilités de transport (avion, bateau), rejoignez **Ua Pou** ou **Ua Huka**, des îles encore plus sauvages, idéales pour déconnecter et faire de belles randonnées pédestres. De retour à Nuku Hiva, prenez un vol pour l'autre grande île des Marquises, **Hiva Oa**, rendue célèbre par Paul Gauguin et Jacques Brel, qui possède d'importants vestiges archéologiques et de superbes paysages ; prévoyez quatre jours pour en découvrir les mystères. De Hiva Oa, vous pourrez faire une excursion à la journée à **Tahuata**, qui aligne quelques jolies baies isolées, frangées de plages de sable clair, et quelques hameaux où le temps semble s'être arrêté. De Tahuata (ou de Hiva Oa), vous pouvez prendre une navette pour rejoindre **Fatu Hiva** : vous voilà au bout du monde !

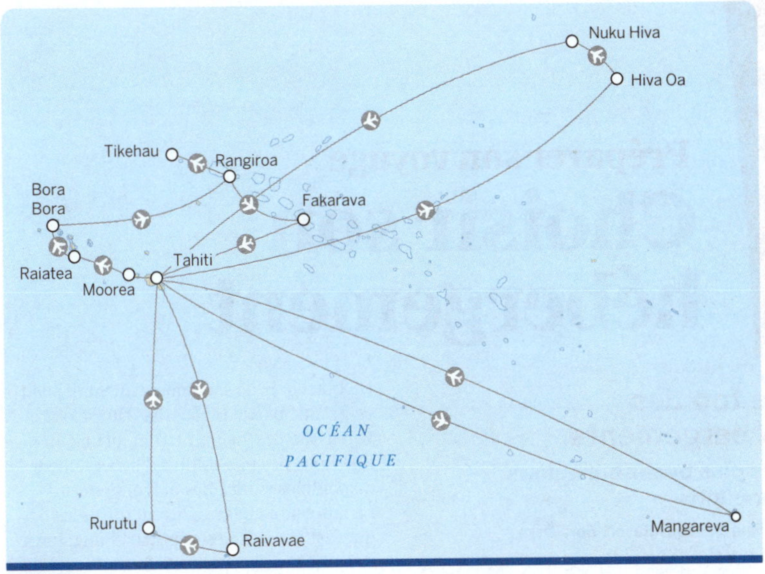

5 SEMAINES

Panel d'archipels

Vous souhaitez une vue d'ensemble de la Polynésie, avec son incroyable diversité ? Ce parcours vous permettra de savourer des ambiances et des paysages complètement différents, entre îles hautes, lagons et montages. Consacrez un peu plus d'une semaine à chaque archipel. Après le tour de **Tahiti**, visitez **Moorea** et l'une des îles de la Société les mieux desservies, comme **Raiatea** ou **Bora Bora**, puis passez directement aux Tuamotu, en avion. Si vous plongez, privilégiez les atolls de **Rangiroa** et **Fakarava** (voire **Tikehau**), dont les passes regorgent d'une faune exceptionnelle (requins, raies mantas, loches, dauphins). Ces atolls offrent également de belles possibilités d'excursions en bateau. Après avoir fait le plein d'images idylliques, revenez à Tahiti et prenez un vol pour les Marquises. **Nuku Hiva** et **Hiva Oa**, bien reliées entre elles, vous occuperont une bonne semaine, entre visites culturelles et activités sportives. Pour rejoindre le quatrième archipel, les Australes, il faut repasser par Papeete. En une semaine, vous aurez le temps de découvrir deux îles dans ce magnifique archipel, encore méconnu ; combinez par exemple **Raivavae**, réputée pour la beauté de son lagon, et **Tubuai**, dotée de bons hébergements, ou bien Rurutu, célèbre pour son relief karstique, percé d'énormes grottes, et la très paisible **Rimatara**. Pour couronner le tout, passez quelques jours aux **Gambier**, l'archipel le plus méconnu de Polynésie. S'y rendre coûte très cher, mais le dépaysement est garanti ! Vous serez seul ou presque dans ces îles éloignées, pratiquement inconnues des voyagistes.

Préparer son voyage

Choisir son hébergement

Le top des hébergements

Les plus beaux bungalows sur pilotis

- **Four Seasons Resort Bora Bora**, Bora Bora (p. 220)
- **Conrad Bora Bora Nui**, Bora Bora (p. 219)
- **Le Tahaa Island Resort & Spa**, Tahaa (p. 197)
- **Intercontinental Resort & Thalasso Spa**, Bora Bora (p. 220)
- **Hôtel Kia Ora Resort & Spa**, Rangiroa (p. 257)

Les meilleurs rapports qualité/prix

- **Pension Ariiheevai**, Mataiva (p. 268)
- **Painapaopao Backpacker**, Moorea (p. 134)
- **Maupiti Résidence**, Maupiti (p. 235)
- **Motu Lodge**, Huahine (p. 164)
- **Sunset Beach Motel**, Raiatea (p. 164)
- **Sunset Hill Lodge**, Bora Bora (p. 215)

Les plus belles vues

- **Hanakéé Pearl Lodge**, Hiva Oa (p. 324)
- **Tetamanu Village**, Fakarava (p. 279)
- **Temetiu Village – Chez Gaby**, Hiva Oa (p. 324)
- **Vahine Island**, Tahaa (p. 197)
- **Villa Tonoi**, Raiatea (p. 182)

Du bon choix de son hébergement dépend en grande partie la réussite d'un séjour en Polynésie. Les visiteurs n'ont qu'une idée très floue des possibilités d'hébergement disponibles sur les îles polynésiennes. La faute aux images souvent diffusées qui font étalage de somptueux bungalows sur pilotis, alors que cette formule est loin d'être la plus représentative. En réalité, les catégories d'hébergement sont assez diversifiées. L'éventail va du complexe balnéaire cinq étoiles à l'emplacement de tente.

Quelle que soit la formule, attendez-vous à ce que le rapport qualité/prix se révèle rarement favorable. Bon nombre d'hébergements (camping, hôtels, pensions) vous sembleront surfacturés par rapport au service, au niveau de confort, à la qualité des infrastructures, à l'emplacement, etc. Le personnel n'est pas toujours réactif, malgré l'existence de formations hôtelières spécifiques, et la notion de "prestation de service" est très irrégulière et approximative.

Campings

Oui, il est possible de planter la tente en Polynésie, mais il n'existe pas de camping au sens habituel du terme. En fait, les possibilités de camping sont informelles et consistent en des emplacements et un bloc sanitaire mis à disposition par des pensions de famille ou des particuliers, sur leur propriété. Rien de comparable, donc, avec les campings multi-services.

On peut camper à Moorea, Huahine, Maupiti, Raiatea, Fakarava, Rangiroa et Tikehau.

Ce mode d'hébergement est incontestablement le moins onéreux, mais les tarifs varient selon les îles : comptez de 1 300 à 3 500 CFP/pers (11-30 € environ). Prévoyez impérativement d'autres possibilités d'hébergement en cas d'intempéries – rien de pire qu'une nuit sous un déluge tropical –, et munissez-vous d'une bonne moustiquaire.

Lits en dortoir

Il existe un tout petit nombre d'établissements qui peuvent se rapprocher d'une auberge de jeunesse, notamment à Tahiti, Moorea, Rangiroa et Huahine. Il s'agit généralement de pensions disposant de pièces aménagées en petits dortoirs de quelques lits, d'un niveau de confort variant de sommaire à acceptable. Comptez environ 3 000 CFP/pers et par nuit (environ 20-25 €).

Pensions de famille

Cette formule se développe de plus en plus. C'est l'option la plus répandue (on en compte environ 200, dans tous les archipels), et presque toutes les îles en possèdent.

Cette appellation fait référence à deux types d'hébergement : la chambre chez l'habitant (une pièce dans la maison des propriétaires) ou, plus généralement, la location de bungalows indépendants sur la propriété de la famille. Les chambres à l'intérieur de la maison des propriétaires offrent un confort très standard, avec ou sans sdb privative. Les maisons elles-mêmes n'ont pas de cachet particulier. Quant aux "bungalows", le pire côtoie le meilleur. Les moins chers sont des constructions sommaires, de style vaguement traditionnel, avec, au mieux, une douche, des toilettes, un lit, une moustiquaire ou un tortillon antimoustique et un ventilateur, voire un brasseur d'air (gros ventilateur au plafond). L'eau chaude est en général disponible.

Dans la gamme moyenne, les pensions louent des bungalows plus confortables, en dur et carrelés, ou en bois solide (ils ressemblent alors à de petits chalets), avec un toit en palmes de cocotier (*niau*) ou synthétiques, ou des bardeaux en bois, et parfois des murs recouverts de bambou tressé, plus conformes aux attentes des touristes. Ne rêvez cependant pas : ils restent de conception simple et leur résistance au vieillissement et aux intempéries n'est pas éternelle. Leur confort dépend donc de leur date de mise en service, et de leur degré de maintenance… D'une pension à l'autre et d'une île à l'autre, vous constaterez que tous ces bungalows se ressemblent, car il n'y a qu'un seul modèle disponible. Quant à la clim, elle est encore exceptionnelle dans ce type de constructions. Gardez en tête que les bungalows qui agrémentent les dépliants touristiques sont ceux des hôtels de luxe.

Bon nombre de prestations annexes sont gérées directement par les pensions : pique-nique sur un motu, tour de l'île, pêche, etc. S'ils n'organisent pas eux-mêmes des activités, vos hôtes se chargeront de contacter les prestataires souhaités.

Dans la plupart des cas, les pensions assurent la restauration. La formule la plus courante est la demi-pension, c'est-à-dire la nuitée, le petit-déjeuner et le dîner. La qualité de la cuisine dépend des pensions ; certaines jouissent d'une excellente réputation dans ce domaine, d'autres ne font guère d'effort pour sortir de la figure imposée poisson-riz. Les boissons alcoolisées sont rarement proposées (il faut une licence). L'eau est en principe incluse, mais il est préférable de se le faire confirmer.

Le ménage quotidien n'est pas systématique. Les serviettes et le savon sont fournis. Selon les pensions, les transferts sont ou ne sont pas inclus dans le tarif. Ne les oubliez pas dans le calcul de votre budget car les transports en commun

TARIFS DES HÉBERGEMENTS

Dans ce guide, les établissements sont classés par catégorie et par ordre de préférence de l'auteur ; chacun est accompagné de l'un des symboles suivants (les prix s'entendent pour une chambre double avec sdb) :

- € <10 000 CFP
- €€ 10 000-20 000 CFP
- €€€ >20 000 CFP

LES BONNES QUESTIONS À SE POSER

Avant de choisir un hébergement, tenez compte de plusieurs facteurs, à commencer par la localisation. Y a-t-il une plage ou une zone de baignade dans les environs ? Méfiez-vous de l'appellation "en bord de lagon", qui n'est pas synonyme de "en bord de plage". Vous risquerez fort de vous retrouver les pieds dans l'eau sur du récif... coupant ! Par ailleurs, "en bord de plage" ne signifie pas que la zone soit propice à la baignade (le lagon est trop peu profond, par exemple). Les seuls établissements possédant une plage (souvent artificielle) sont les grands hôtels ou les structures implantées sur les îlots (motu) de la barrière de corail.

Autres critères qui méritent considération : où sont les infrastructures touristiques et les services dont vous aurez besoin (clubs de plongée, commerces, etc.) ? Les transferts au quai ou à l'aérodrome sont-ils inclus ? Comment peut-on se déplacer ? Y a-t-il des vélos et des kayaks ? Si l'on voyage avec des enfants, l'établissement est-il adapté à l'accueil des familles ? Le Wi-Fi fonctionne-t'il correctement ? Si l'on est isolé sur un motu, quelles sont les activités prévues ? Est-il possible de rejoindre facilement l'île principale ou est-on "captif" ? Y a-t-il des possibilités de restauration et des épiceries à proximité ? Quel est le coût des extras (boissons, déplacements, sandwichs, pique-nique) ?

sont presque inexistants. La facture peut vite gonfler si la pension est installée sur un îlot éloigné !

Comptez entre 7 500 et 10 000 CFP/pers et par jour en demi-pension (64-80 € environ) dans une pension ordinaire. Dans la gamme moyenne, comptez de 10 000 à 16 000 CFP/pers et par jour en demi-pension (80-130 € environ). Ces tarifs sont indicatifs et varient selon les îles. Pour la pension complète (nuitée plus 3 repas), ajoutez 1 500 à 2 500 CFP (13-21 €). Les enfants de moins de 12 ans paient demi-tarif. Prévoyez des espèces, car toutes les pensions ne sont pas équipées pour recevoir la carte de crédit.

L'office du tourisme référence les hébergements sur son site, île par île.

Quelques sites utiles sur les pensions :

➡ **Ia Ora** (www.ia-ora.com). Ce site répertorie une sélection de pensions familiales. Brochure téléchargeable.

➡ **Séjours dans les îles** (www.sejoursdanslesiles.pf). Prestation d'Air Tahiti, qui a mis en place un système intéressant de forfaits avion plus hébergement dans des pensions sélectionnées, dans tous les archipels.

Petite hôtellerie

Dans cette gamme intermédiaire, on peut trouver d'excellents hébergements. D'un confort supérieur aux pensions, ils sont généralement bien situés et proposent des bungalows indépendants d'assez bon standing, tout équipés. Le style est "traditionnel" (de type *fare*, avec toit en *niau*) mais intègre des éléments de confort. Les tarifs se situent dans une fourchette allant de 90 à 150 € le bungalow pour 2 personnes, sans les repas. L'établissement comprend généralement un restaurant. La plupart acceptent la carte de crédit.

Hôtels de luxe

Vitrine touristique de la Polynésie, les hôtels de luxe incarnent le rêve tropical par excellence. Ces somptueux complexes balnéaires se composent d'un ensemble de bungalows de grand standing s'intégrant harmonieusement à l'environnement. Certains appartiennent à des particuliers, mais la plupart font partie d'une chaîne (Méridien, Hilton, Intercontinental, Accor, Four Seasons, Pearl Beach, Maitai). Une bonne partie de leur clientèle est constituée de couples en lune de miel, surtout japonais ou américains.

Ces établissements sont bâtis sur les plus beaux secteurs des îles. Certains sont même construits sur les motu (îlots), dans un cadre paradisiaque avec cocotiers et sable blanc. Ils comprennent souvent deux restaurants, un bar de plage, une piscine, une boutique, une bijouterie de perles, un spa, des équipements sportifs et organisent toutes les activités. Des animations sont aussi proposées, comme un buffet animé de danses traditionnelles.

Il existe en général trois types de bungalows (jardin, plage et sur pilotis), avec des subdivisions ("suites jardin", "pilotis premium", etc.). L'architecture est de style traditionnel et la décoration, raffinée, intègre des bois précieux, du parquet et des *tapa* aux murs. Dans les bungalows sur pilotis, les musts sont la table vitrée encastrée dans le plancher, amovible pour pouvoir donner à manger aux poissons, une terrasse avec accès direct au lagon et le petit-déjeuner livré en pirogue à la demande.

Les tarifs publics sont très élevés : comptez de 300 à 1 500 € la nuitée pour 2 personnes, sans les repas ni les activités. Ajoutez environ de 60 à 100 €/jour pour la pension complète. Les plus onéreux sont les bungalows sur pilotis. En réalité, rares sont les clients qui paient le tarif public. La quasi-totalité des touristes achètent ces prestations par l'intermédiaire d'une agence de voyages, qui bénéficie de tarifs négociés. Avec un "package", la note est plus abordable. Guettez les offres proposées par les hôtels, à certaines époques de l'année. Il arrive que des bungalows sur pilotis soient "soldés" à 300 € la nuitée !

Contrairement à ce qu'on imagine, la plupart de ces complexes ne sont pas des forteresses et sont ouverts aux clients extérieurs, qui pourront prendre un verre au bar, dîner au restaurant ou assister à un spectacle de danse, à des tarifs qui restent raisonnables.

Hébergement collaboratif et locations saisonnières

Le marché de l'hébergement collaboratif, de type Airbnb, est en pleine expansion en Polynésie depuis 2018, surtout dans l'archipel de la Société. Il est encore peu structuré, car trop récent – on trouve de tout. Il faut donc rester vigilant dans les choix que l'on opère, sinon gare aux déceptions. Faites attention à la localisation : bon nombre de logements de ce type sont situés à l'écart des routes côtières, dans des secteurs peu pratiques ; en l'absence de transports en commun, vous devrez impérativement prévoir un véhicule de location pour vos déplacements. Sachez aussi que les repas ne sont pas assurés et que certains prestataires d'activités n'assurent pas les transferts dans les logements de ce type, précisément compte tenu de leur emplacement. Principal atout : les tarifs sont souvent nettement plus avantageux que dans les hébergements "classiques" – on peut réellement tomber sur des pépites à faible coût. Il y a cependant fort à parier que les prix s'aligneront progressivement sur ceux des pensions et des hôtels, comme on a pu l'observer dans d'autres pays.

Les locations de villas sont particulièrement prisées à Moorea, qui dispose d'une offre variée. Il existe des sites Internet spécialisés.

Le couchsurfing est peu répandu, mais on trouve quelques possibilités dans les îles principales.

Les fonds marins de Polynésie sont de véritables sanctuaires animalier

Préparer son voyage

Plongée sous-marine

La plongée en Polynésie est de classe mondiale, avec un éventail de sites exceptionnels. Le lagon translucide, le bleu profond de l'océan, une eau chaude, pas de pollution, pas (ou peu) de surfréquentation des sites et des centres de plongée professionnels, connaisseurs de la faune locale, qui accueillent les plongeurs dans d'excellentes conditions de sécurité : tous ces atouts font de la Polynésie une destination de rêve pour pratiquer la plongée. S'y ajoute la certitude d'approcher facilement de grosses espèces de poissons. Autre bonne nouvelle : les plongées conviennent autant aux confirmés qu'aux débutants. Le seul réel "point faible" est la quasi absence d'épaves.

EMMANUELLE CAMALONGA ©

S'informer

- *Guide des poissons de Tahiti et ses îles*, de Philippe Bacchet, Yves Lefèvre et Thierry Zysman (Au Vent des îles, 2007)
- *Rangiroa, sous le signe du poisson*, d'Yves Lefèvre (Au Vent des îles, 2002)
- *Guide des récifs coralliens de Tahiti et ses îles*, de Bernard Salvat et Philippe Bacchet (Au Vent des îles, 2011)

Le top des plongées à sensations

- Passe nord, Fakarava
- Passe sud, Fakarava
- Tiputa, Rangiroa
- Passe de Tuheiava, Tikehau
- Passe Teavanui, Raiatea
- Le Trou de la Pieuvre, Raiatea

Le top des sites à baptêmes

- L'Aquarium, Tahiti
- Le Petit Bleu, Maupiti
- Motu Nuhi Nuhi, Rangiroa
- La Ferme Perlière, Tikehau
- Lagon Tau Tau, Tahaa

Le top des plongées sur épaves

- *Le Nordby*, Raiatea
- L'hydravion et la goélette, Tahiti

Conditions de plongée

Les conditions de plongée sont exceptionnelles, et l'on peut plonger toute l'année. La température de l'eau oscille entre 26° et 29°C (sauf aux Australes où, pendant l'hiver austral, elle descend à 23°C). C'est pendant l'été austral (novembre à mars) qu'elle est la plus chaude. Chaque saison et chaque zone ont leur charme ; ainsi, les requins-marteaux sont à Rangiroa de décembre à février, tandis que la période juillet-septembre est plus propice à l'observation des raies mantas. La visibilité est partout excellente, sauf aux Marquises où elle dépasse rarement les 15 m. Ailleurs, elle flirte facilement avec les 30-40 m, sauf en période de pluie, au cours de laquelle les cours d'eau charrient des sédiments dans le lagon.

À savoir : le vent peut jouer les trouble-fêtes. Un certain nombre de sites ne sont pas accessibles s'il y a trop de vent et si la mer est trop agitée.

Les plongées se déroulent dans un cadre somptueux : le lagon (baptême et initiation), le versant océanique du récif ("plongée océan"), au profil de tombant plus ou moins abrupt, et dans les passes, qui jouent un rôle de carrefour pour la faune. Sur la plupart des îles, les sites sont rapidement accessibles (de 5 à 15 min), sauf aux Marquises, où, plus éloignés, ils nécessitent un trajet de 30 à 40 minutes de bateau.

Sites de plongée

Essayez de combiner plusieurs îles lors de votre séjour, car chacune possède ses spécificités.

Tahiti

La plongée à Tahiti, moins réputée que dans les autres îles, est pourtant bien plus riche et surprenante qu'on ne l'imagine, même si l'on y voit moins de grosses espèces qu'ailleurs. L'attrait de Tahiti vient de sa petite faune corallienne et du relief sous-marin, composé de tombants vertigineux et de failles dans le récif, ainsi que du nombre de sites disponibles (on en dénombre près d'une trentaine, en lagon et en océan, répartis entre Arue et Papara). Quelques petites épaves ajoutent une note de diversité. Quant à l'état des coraux, il varie de moyen à excellent, selon les secteurs.

D'août à octobre, la plupart des centres de plongée de Tahiti organisent également des sorties d'observation des baleines et, toute l'année, des sorties d'observation des dauphins, à l'ouest de l'île.

Tahiti Nui

Reportez-vous p. 76 pour les coordonnées des centres de plongée de Tahiti Nui.

Failles d'Arue – Le site le plus réputé de la côte est, dans la baie de Matavai. Plateau corallien immergé à 5 m de profondeur, à l'extérieur du récif, idéal pour les baptêmes, puis tombant qui s'enfonce dans les abysses. À moins de 100 m de là, entre -10 et -30 m environ, deux failles étroites forment deux échancrures dans ce plateau. Faune abondante (nudibranches, alcyonaires, polypes de corail, anémones, crabes). Présence de requins attirés par des appâts.

L'Aquarium – Un enchantement pour les débutants. Aquarium mi-naturel, mi-artificiel aménagé dans le lagon, près de la piste de l'aéroport à Faa'a. Des centaines de tonnes de coraux ont été déplacés avec des parachutes gonflés à l'air, puis rassemblés dans le lagon. La carcasse d'un Cessna et deux coques de bateau animent le relief. Beaucoup de poissons-vaches.

L'hydravion et la goélette – Deux petites épaves (rares en Polynésie !), posées sur un fond sableux, par -20 m, dans le lagon de Faa'a. L'hydravion, de type Catalina, doté d'une structure en aluminium, servait à la liaison entre Tahiti et Bora Bora. La goélette, en bois, est en moins bon état, mais l'armature est entière.

La Source/Les 3 Pitons – Source d'eau douce jaillissant au sommet d'un pinacle corallien, à quelques mètres sous la surface. Plusieurs autres pitons coralliens sont proches de cette source et abritent une faune récifale dense, entre 15 et 20 m sous la surface. Tortues (vertes et imbriquées), napoléons, raies léopards. Plongée facile, dans moins de 20 m d'eau. En face de la pointe des Pêcheurs à Punaauia, sur la côte ouest.

La Vallée Blanche (pointe de Faa'a) – En face de la tour de contrôle de l'aéroport. Site très régulièrement proposé. Belle densité de poissons car certains moniteurs pratiquent le "*smelling*" de temps à autre (ils déposent une tête de thon) pour attirer la faune, notamment des requins-citrons, des requins pointes noires, des pointes blanches et, parfois, des requins tigres. Plongée facile, entre -15 m et -25 m. Napoléons, tortues, murènes et bécunes. Récif en pente douce, agrémenté de formations coralliennes. Pour les confirmés, champ de roses coralliennes entre -40 m et -60 m.

Tombant Saint-Étienne – Très bel à-pic sous-marin, de -15 m à -60 m. Bancs de perches et de saupes.

Temaruata – Caractéristiques similaires à la Vallée Blanche, à hauteur du PK 16. Requins pointes noires et pointes blanches.

Vallée des Rougets – Avancée corallienne truffée d'espèces (rougets, perches, murènes, bécunes, mérous et tortues apprivoisées) et passage de requins-citrons et de pointes blanches. Entre -20 m et -30 m. Plutôt un site école.

LES REQUINS TIGRES DE LA VALLÉE BLANCHE

Le site appelé la Vallée Blanche connaît une notoriété importante depuis quelques années. C'est en effet le seul site où les plongeurs ont des chances d'observer de près des requins tigres (de un à trois individus, en moyenne). Sachez que la présence de ces prédateurs n'est pas naturelle ; elle découle de la pratique du "*smelling*" (voir l'encadré p. 45). Il n'y a pas de nourrissage direct (en principe...), mais les moniteurs ouvrent la petite cage dans laquelle se trouvent les appâts (des têtes de thon) et les placent à proximité en fin de plongée, pour que les requins s'en emparent.

La presqu'île (Tahiti Iti)

Changement complet d'ambiance à la presqu'île. La spécificité des plongées à la presqu'île tient à la visibilité souvent excellente, aux vertigineux tombants et à la présence d'imposantes gorgones et de spectaculaires massifs de roses de corail. Et les sites sont vierges, ou presque !

La Marado – Tombant impressionnant, parcouru de deux cheminées et percé de cavités. Gorgones jaunes. La plongée se termine sur le platier, veiné de petits canyons. Une belle plongée d'ambiance. Tous niveaux.

La Grotte de Te Pari – Site praticable uniquement par mer très calme et accessible aux niveau 1 confirmés maîtrisant bien leur flottabilité. On s'enfonce à l'intérieur de la falaise, dans un boyau large, dont l'entrée se trouve à -15 m. Intérêt : on voit des espèces cavernicoles qu'on ne voit pas en plongée classique (éponges, nudibranches, ascidies, crevettes, poissons luminescents).

Le Fer à Cheval – Près de la célèbre passe de Teahupoo. Tunnel naturel en forme de fer à cheval qui relie le lagon à l'océan. Belles ambiances sur fonds sableux.

Le Tombant de Papeari – Tombant abrupt, poissonneux dans sa partie supérieure (bancs de saupes grises, perches pagaies, napoléons, anthias, perroquets, fusiliers, daurades tropicales, poissons soldats, nudibranches...). Tous niveaux.

Ce site est parfois combiné avec **La Dérivante aux Tortues**, un site dans le prolongement du tombant, où l'on croise régulièrement plusieurs tortues imbriquées dans -10 m à -15 m ainsi que de gros napoléons.

Le Trou du Lagon – Cuvette circulaire à l'intérieur du lagon, reliée au reste du lagon par un chenal. Une faune riche y a élu domicile. On peut parfois y voir des rassemblements de raies léopards.

Les Gorgones – Plongée océan. Superbe tombant vertical avec des surplombs et des failles, agrémenté de gorgones. Bancs de saupes grises et présence de diodons et de nudibranches. La plongée se termine sur le platier, égayé de jolis canyons.

Les Tables de Taravao – On commence la plongée le long d'un beau tombant puis on termine sur le platier, entre -8 m et -12 m, où se trouvent d'énormes structures coralliennes en forme de grosses mâchoires, abritant diverses espèces de poissons. Tous niveaux.

Le Champ de Roses (côte nord de la presqu'île) – Immense récif corallien de 3 km de long. À partir de -30m, on découvre d'immenses colonies de coraux branchus, dont la forme rappelle des massifs de roses. Inoubliable ! Pour confirmés.

Les Failles (côte nord de la presqu'île) – Tombant vertigineux strié de failles où se cache une faune abondante. Tous niveaux.

La Voûte aux Gorgones (côte nord de la presqu'île) – Tombant abrupt, percé d'une voûte garnie d'une belle colonie de gorgones jaunes. Tous niveaux.

Moorea

Les plongées à Moorea sont relativement diversifiées, grâce à la bonne santé retrouvée du corail et à la présence régulière de requins-citrons et de raies, ainsi qu'à la clarté de l'eau et au relief sous-marin, avec une dominante de canyons creusés dans le récif. Pendant la période août-octobre, il est fréquent

UN BAPTÊME DANS LE LAGON

La Polynésie réunit tous les atouts pour s'initier à la plongée sous-marine : l'eau est chaude, limpide et le lagon ressemble à une immense piscine très rassurante et peu profonde. Tous les centres de plongée emploient des moniteurs professionnels qui vous feront connaître vos premières joies subaquatiques lors du baptême.

Le baptême est une balade sous-marine d'une trentaine de minutes, encadrée par un moniteur, dans un site très sécurisant (3 à 6 m d'eau, sans vague et sans courant). Aucune formalité n'est requise, si ce n'est une autorisation parentale pour les mineurs. Les seules contre-indications sont d'ordre médical : affections ORL graves, épilepsie et pathologies cardio-vasculaires, rhume, sinusite et grossesse. Comptez de 75 à 110 €, selon le centre. Si vous avez le choix sur une île, frappez à plusieurs portes pour trouver le centre qui vous inspire le plus. Comme pour toute activité nouvelle, la relation de confiance est essentielle pour la réussite d'un baptême. Sentez l'ambiance et écoutez votre feeling.

Le moniteur prend un ou deux élèves à la fois. À terre, il vous explique brièvement les règles élémentaires de sécurité (communication par signes : "ça va", "ça ne va pas", manœuvre d'équilibration des oreilles) et vous présente le matériel.

Vient ensuite le grand moment : l'immersion, dans un site peu profond. Le moniteur vous équipe. Premier essai de respiration dans le détendeur, en surface. Il vous fait descendre en douceur, en vous tenant par la main et en ne vous quittant pas des yeux. Au fond, il guide vos évolutions, pendant 30 à 45 minutes. Vous n'avez qu'à respirer et à faire le plein d'images, en apesanteur !

Grisé par ces sensations nouvelles ? Vous pouvez alors envisager une formation débutant pour décrocher un brevet reconnu dans les centres de plongée du monde entier. En Polynésie, vous pouvez suivre le cursus français (du niveau 1 au niveau 4) et, dans certains centres, les cursus anglo-saxon PADI ou SSI. L'Open Water (OW) correspond au premier niveau de plongée dans le cursus PADI ou SSI. La formation dure de 3 à 4 jours et vous permet de plonger encadré par un moniteur dans la zone des -20 m (-29 m en Polynésie). Comptez de 350 à 450 €.

JEAN-BERNARD CARILLET ©

Baptême de plongée dans le lagon

d'apercevoir des baleines. Les sites, presque tous situés au nord de l'île, conviennent à tous les niveaux et sont très facilement accessibles depuis les centres de plongée, tous basés le long de la côte nord, sauf le Ia Ora Diving, à l'hôtel Sofitel. La pratique du *shark feeding* est désormais interdite dans le lagon et dans les passes.

Reportez-vous à la p. 121 pour les coordonnées des centres de plongée de Moorea.

Le Tiki – Site célèbre, réputé pour sa faune prolifique et la présence régulière de plusieurs espèces de requins (pointes noires, requins gris). L'exploration s'effectue à l'extérieur du récif, à -25 m de profondeur, à l'extrémité nord-ouest de l'île. La limpidité de l'eau est excellente. Également perches, chirurgiens, balistes, lutjans, papillons, mérous et napoléons.

Canyons d'Opunohu/La Vallée des Requins-Citrons – *Le* spot favori des requins-citrons, attirés par les appâts apportés par les moniteurs. Selon les jours, on en croise de 2 à 7 individus. Joli relief, creusé de petites vallées, avec de beaux coraux.

La Virgule (Lava Flow, Coral Wall) – Ancienne coulée de lave en forme de virgule, dans une vingtaine de mètres d'eau. Présence de requins-citrons et de tortues (vertes et imbriquées).

Pointes Blanches (Whitetip) – Mamaru – Joli relief corallien, avec des requins pointes blanches et des requins nourrices.

Jardin des roses – Immense champ de roses de corail sur le versant océanique du récif, par -50 m. Le plein de sensations pour les plongeurs expérimentés.

Taotoi – Un grand classique, au nord-est. Jardin de corail vallonné, faune récifale abondante, notamment des tortues.

Le centre de plongée Ia Ora Diving, au Sofitel (p. 121), exploite des sites différents, tous situés à l'est de l'île :

Passe de Vaiare – Les plongées s'effectuent sur les extérieurs de la passe. Présence de pointes noires et de requins-citrons sur l'extérieur droit. Relief agrémenté de cavités sur l'extérieur gauche.

Couloir des raies – Un site facile, dans le lagon, entre -2 m et -20 m, où l'on a de bonnes chances d'apercevoir des raies aigles. Joli relief et fonds sableux.

L'Aquarium – Un site très sécurisant, dans le lagon, proche du centre de plongée. Présence de nombreux petits poissons. Idéal pour les débutants.

Huahine

Le centre de plongée local (p. 157) exploite quatre à cinq sites au nord de Huahine, accessibles en moins de 10 minutes de bateau.

Passe d'Avapeihi – Le site phare du nord de l'île, à quelques minutes de bateau de Fare. Bancs de bécunes, de carangues, de requins gris et de raies, entre -10 m et -28 m. Les centres de plongée locaux y emmènent les plongeurs de niveau 1, mais ce site est plutôt adapté aux confirmés, car il faut palmer à contre-courant en fin de plongée pour revenir au bateau. Au moins 3 plongées différentes sont possibles sur ce site.

Fa'a Miti – Au nord-ouest de l'île, juste avant l'aérodrome. Murènes, faune récifale diversifiée (balistes, labres, chirurgiens, nasons, becs de cane, bagnards...), petits canyons et vallées, chemins de sable. Plongée facile, entre -10 et -25 m, et eau généralement très claire.

Cité Corail – À hauteur de l'aéroport, au bout de la piste. Requins pointes noires, requins gris, murènes. Le corail s'est bien régénéré depuis le cyclone Oli en 2010.

Les Grottes (les Arches) – Site à l'intérieur du lagon. L'eau est beaucoup moins claire qu'en océan, mais on y plonge pour l'ambiance créée par le relief, composé de voûtes, d'arches et d'anfractuosités dans le récif, entre -28 m et -42 m. Quelques requins nourrices parfois. Un site très complémentaire de la passe d'Avapeihi. Pour confirmés.

Raiatea et Tahaa

Les deux centres de Raiatea et le centre de Tahaa desservent indifféremment les sites de Raiatea et de Tahaa. Les plongées sont faciles, variées, peu fréquentées et accessibles à tous les niveaux. Avec Tahiti, Raiatea est la seule île de Polynésie offrant une plongée sur épave.

Reportez-vous aux p. 177 et p. 191 pour les coordonnées des centres de plongée de Raiatea et de Tahaa.

Le Nordby – Juste devant l'ancien hôtel Hawaiki Nui, l'une des rares épaves de Polynésie, entre -18 m et -29 m. Ce splendide trois-mâts d'une soixantaine de mètres de long a coulé en 1900. Elle est garnie de quelques éponges encroûtantes, au milieu desquelles de nombreuses espèces de nudibranches peuvent être observées. On peut évoluer dans les cales, ouvertes. Présence de poissons pterois, cochers, poissons-anges, coraux noirs, poissons-chirurgiens, poissons-feuilles. Ce site est idéal pour les plongées de nuit ; on voit alors des grosses loches qui dorment dans l'épave. Visibilité réduite (maximum 10 m).

Passe de Teavapiti – Site superbe, le plus poissonneux du secteur, offrant des plongées différentes, par courant rentrant ou courant sortant (en plongée dérivante). Également propice aux baptêmes (sur les bords de la passe). On observe 3 espèces de requins (gris, pointes noires et pointes blanches), des raies léopards, des raies mantas (à certaines époques de

LE SHARK FEEDING, C'EST OUT, LE SMELLING, C'EST IN

Longtemps le "*shark feeding*" (nourrissage des requins) a tenu le haut du pavé en Polynésie. Le scénario était bien réglé : en début de plongée, le moniteur distribuait à la main des morceaux de poisson mort à des requins excités par l'appât, sous les yeux ébahis des plongeurs, sagement plaqués au sol, en retrait. L'écotourisme étant passé par là, cette pratique n'est quasi plus proposée par les centres de Polynésie. En revanche, ils ont inventé une technique plus douce pour attirer les requins : le "*smelling*". Les moniteurs emportent un morceau de poisson dans une petite cage ou un sac, qu'ils déposent sous un bloc de corail, au fond. Les requins, attirés par l'appât, affluent ; au bout de plusieurs minutes, le moniteur libère le morceau de poisson, que les requins dévorent. Cette approche, sans interaction directe avec l'homme, est moins critiquable que le *feeding*, mais reste tout de même contre nature. Quel que soit votre avis, sachez que s'il n'y avait pas de *feeding* ou de *smelling* sur certains sites (notamment dans les îles de la Société), les requins ne se montreraient pas si facilement. Au fil des ans, le *feeding* a contribué à fixer les squales sur certaines zones.

À signaler : certains centres se targuent de ne faire ni *feeding* ni *smelling* au nom du respect de l'environnement, mais n'hésitent pas à profiter des sites sur lesquels leurs concurrents le pratiquent....

POLYNÉSIE : UN SAFARI SOUS-MARIN

Destination réputée pour la quantité et la diversité de sa faune, la Polynésie est à la plongée ce que le Kenya est au safari.

Où observer des raies mantas ?

Il existe trois stations de nettoyage clairement identifiées en Polynésie, où l'on peut approcher facilement ces majestueux animaux : Bora Bora, Maupiti et Tikehau. Ailleurs, on a de grandes chances d'apercevoir des mantas dans les passes de Rangiroa et de Fakarava, ainsi que le long des côtes de Hiva Oa aux Marquises.

Où plonger avec des requins ?

Presque partout ! Les plongées requins sont la grande spécialité de la Polynésie. Rencontres avec les squales garanties pratiquement à chaque sortie à Moorea, Huahine, Raiatea, Bora Bora, Rangiroa, Fakarava, Tikehau et Hiva Oa.

Où nager avec des baleines ?

L'observation des baleines a le vent en poupe en Polynésie, qui est une étape de leur migration annuelle, d'août à fin octobre. C'est à Tahiti, Moorea, Bora Bora, Rurutu et Tubuai que l'activité est la plus développée. À condition de suivre les consignes de sécurité et d'approche (réglementée) données par le moniteur, on peut s'immerger avec un masque, des palmes et un tuba et approcher ces animaux majestueux. Sensationnel !

Où nager avec des dauphins ?

Les plus belles plongées avec des dauphins se trouvent à Rangiroa, dans la passe de Tiputa, régulièrement fréquentée par une troupe de dauphins *tursiops* qui n'hésitent pas à s'approcher très près des plongeurs. Ailleurs en Polynésie, on rencontre régulièrement des dauphins stenelles ou tursiops à Tahiti et à Moorea.

l'année), des bancs de bécunes, des carangues, des perches et des napoléons. Tous niveaux.

Les Roses – Désignent un vaste champ de roses de corail, par -45 m. Très belle descente dans le bleu, accompagnée par des requins pointes noires. Pour les plongeurs confirmés.

Miri – Au-dessus des Roses. Quelques napoléons et pointes noires. Eau souvent très claire. Pour tous niveaux (profondeur moyenne : entre -15 m et -25 m). Porites, perches pagaies, carangues. Facile.

Passe de Miri – Trois gros blocs coralliens recouverts de corail violet, autour desquels circulent des perches jaunes, des napoléons et des platax. Zone d'évolution : environ -30 m. Bons niveau 1 minimum.

Passe de Céran – À Tahaa (côte est), la passe de Céran, sauvage, est réputée pour son relief tourmenté, avec des surplombs, des gros pitons et des recoins. On admirera du corail jaune, quelques requins gris, des barracudas, des pointes blanches, des bancs de carangues, des napoléons et des murènes, par -35 m environ. Pour confirmés.

Trou de la Pieuvre – Une plongée spectaculaire, au sud-est de Tahaa, mais réservée aux plongeurs très expérimentés ayant une grande habitude de la plongée en milieu confiné. On s'immerge dans un trou bleu dans le lagon, puis on pénètre dans un boyau dont l'entrée commence vers -27 m. Il est égayé de stalactites et se prolonge par une deuxième salle, vers -45 m.

Passe de Tiva – À Tahaa (côte ouest). Plusieurs plongées possibles (extérieur droit, extérieur gauche). Surplombs garnis de corail jaune. Belle visibilité par courant rentrant. Passage de thons, de barracudas, de platax, de napoléons et de quelques requins gris.

Tau Tau – À Tahaa (côte ouest). Plongée océan, sur la pente externe du récif, à 45 minutes du centre de plongée. Eau très claire, offrant une vision panoramique. Napoléons, carangues, thons, barracudas, pointes blanches et raies léopards.

Tapu Tapu – À Tahaa (côte ouest), un peu plus au nord que Tau Tau. Caractéristiques similaires à Tau Tau.

Lagon Tau Tau – À Tahaa (côte ouest), plongée dans le lagon, facile d'accès, adaptée aux débutants. Belles patates de corail dans 5 m d'eau, et petit tombant que l'on longe dans la zone des 15 m. Beaucoup d'espèces lagonaires, ainsi que des tortues.

Bora Bora

Les plongées à Bora Bora sont splendides mais manquent de diversité. À peine quatre sites sont régulièrement exploités par les centres de plongée de l'île, d'où une certaine surfréquentation. Bora Bora est une destination idéale pour les débutants, avec des sites à baptême très sécurisants, dans une eau cristalline.

Reportez-vous à la p. 209 pour les coordonnées des centres de plongée de Bora Bora.

Anau – Une plongée superbe, dans le lagon, côté est. Les stars de ce site sont les raies mantas (de 2 à 8 individus), qui viennent se faire déparasiter par des labres, dans moins de 20 m d'eau. Visibilité réduite (une dizaine de mètres environ). Plongée organisée en matinée uniquement, pour limiter l'impact sur les raies.

Too Pua et Toopua Iti – Ce tombant dans le lagon, de -3 m à -30 m, est fréquenté par des raies léopards (de deux individus à une cinquantaine selon les plongées !), des murènes, des poissons clowns et une abondante faune récifale. Toopua présente un relief magnifique, avec des petits canyons, des vallées de sable et d'imposants massifs coralliens. Tous niveaux.

Muri Muri – Également appelé la Vallée Blanche, ce site est à l'extérieur du récif, près de l'aéroport. On y plonge pour observer des barracudas et des bancs de carangues. Accès difficile (environ 30 min depuis Matira), tributaire des conditions météo. Plongée occasionnellement proposée, surtout aux plongeurs qui ont déjà pratiqué tous les autres sites.

Tapu – À l'ouest de l'île, au large du motu du même nom. Rencontres avec de nombreux requins pointes noires, entre la surface et -20 m, habitués à fréquenter le site grâce à des stimuli alimentaires (des appâts déposés par les prestataires de snorkeling). Présence de perches pagaies, de perches dorées, de becs de cane, de bécunes, de perroquets et de napoléons. Quelques petits canyons et crevasses égaient le récif.

Haapiti – Tombant en pente douce avec des vasques de grandes tailles entre -10m et -15m, et eau souvent très claire. On peut inspecter les failles du récif et observer des invertébrés (nudibranches, crabes).

Tupitipiti – Une plongée à grand spectacle, malheureusement très rarement proposée par les centres locaux, car éloignée (il faut passer par la passe de Teavanui, soit au moins une heure de bateau) et très exposée au vent et à la houle. Belle architecture corallienne, relief très diversifié (éboulis, anfractuosités), coraux en bon état.

Maupiti

Maupiti se distingue par la présence d'une station de nettoyage de raies mantas, dans le lagon, à proximité de la passe. C'est le principal site exploité, car les sites à l'extérieur du lagon, sur la pente externe du récif, sont beaucoup plus difficiles d'accès ; le bateau du centre de plongée ne peut pas sortir du lagon en cas de houle (plusieurs mois dans l'année). Aucune plongée n'a lieu dans l'unique passe de l'île (passe Onoiau), trop dangereuse en raison des courants.

Il n'y a qu'un seul centre (p. 231), dont les plongées ne se font qu'en petit comité.

Manta Point – Cette station de nettoyage pour raies mantas est la principale attraction sous-marine de Maupiti. De juin à octobre (période indicative, leur présence ne peut être garantie à 100%), de 1 à 5 raies mantas (voire plus) tournoient dans moins de 10 m d'eau, dans la partie sud du lagon, près de la passe, et se font déparasiter par des labres. La visibilité est parfois très réduite, mais le spectacle est extraordinaire. Ne pas trop s'approcher pour ne pas les déranger. Tous niveaux.

Le Petit Bleu – Une grande plaine sableuse sur laquelle sont disséminées des patates de corail, dans le sud du lagon. Excellent site pour l'initiation et les baptêmes, dans quelques mètres d'eau.

Les Vertiges – Site à l'extérieur du lagon. Superbe jardin corallien entre la surface et -10 m, puis tombant vertigineux.

La Nurserie – Relief accidenté, succession de tombants. De 30 à 50 requins gris sont présents dans la zone des -50 m (il s'agit probablement d'une nurserie). Très bonne visibilité. Pour confirmés.

L'Éolienne – Récif abrité, à l'ouest. Ensemble de petits cirques, de failles et de canyons, entre -10m et -15m, auxquels succède un tombant.

Aéroport – Passage occasionnel de barracudas dans le bleu. Beau jardin corallien aimantant une faune variée sur le platier.

Tuamotu

Rangiroa

"Rangi", c'est la plongée au superlatif, avec des sites de classe mondiale qui attirent les plongeurs, les vidéastes et les photographes sous-marins du monde entier. Explication : c'est l'une des rares zones dans le monde où l'on est presque assuré de rencontrer la grosse faune pélagique du Pacifique (plusieurs espèces de requins, thons, espadons, carangues, dauphins, raies mantas et raies léopards, entre autres), à seulement quelques minutes de bateau des centres de plongée (la logistique est donc très légère), avec une superbe visibilité. Pour les passionnés de plongée animalière, c'est un pur régal, car on peut assister à différents comportements (reproduction, prédation, etc.). Paradoxalement, les sites ne sont pas très variés (5 ou 6 sont couramment exploités) et les massifs coralliens sont pauvres. Notez cependant que les plongées ne sont pas systématiquement exceptionnelles ; il arrive qu'elles soient décevantes et pauvres en observation. "On ne sait jamais à quoi s'attendre", disent les moniteurs locaux.

La plupart des plongées sont des dérivantes (on se laisse entraîner par le courant rentrant, dans la passe), mais il existe des variantes plus classiques, le long des abords extérieurs des passes. La plupart des sites sont accessibles aux niveau 1 ayant de l'expérience et bien à l'aise dans l'eau (sinon, faites une ou deux plongées de réadaptation avant de vous lancer dans les dérivantes).

Précisons que la plongée à Rangiroa a malgré tout pâti de la montée en puissance d'autres atolls, notamment Fakarava et Tikehau, depuis quelques années.

Reportez-vous à la p. 249 pour les coordonnées des centres de plongée de Rangiroa.

Passe de Tiputa – Le site le plus célèbre de Polynésie. Plusieurs plongées sont envisageables, en fonction du sens du courant : dérivante par courant rentrant ; extérieur droit et extérieur gauche lorsque le courant est sortant ; traversée de passe en diagonale (à l'étale). Ambiance différente à chaque plongée. Toutes les rencontres sont possibles dans cette passe : raies mantas (surtout lorsque le courant est sortant pendant plusieurs jours d'affilée), requins gris par dizaines (à partir de -30m ou -40m de profondeur), escadrilles de raies léopards… Autre grande attraction, très attendue : un groupe de dauphins tursiops qui vient jouer avec les plongeurs (abstenez-vous de les toucher, même s'ils viennent au contact) ; statistiquement, leur présence est assurée dans 50% à 60% des plongées. Entre décembre et mars, d'énormes requins-marteaux, plus discrets, évoluent près du lit de la passe. Et toute la petite faune récifale. Pour niveau 2 ou, éventuellement, niveau 1 expérimenté et à l'aise dans les plongées avec courant.

L'Éolienne – Plongée le long de la pente externe du récif, à l'écart de la passe de Tiputa, à droite (donc pas de courant). Formations coralliennes en phase de repousse. Site facile et agréable, idéal pour une plongée de réadaptation. Les requins et les dauphins font régulièrement leur apparition.

Motu Nuhi Nuhi (l'Aquarium) – Site calme et abrité, dans le lagon, réservé aux débutants (baptêmes, initiation) et aux inconditionnels de snorkeling (masque et tuba), très riche en petite faune corallienne (les prestataires de snorkeling s'y arrêtent et jettent des restes de nourriture à l'eau), où la profondeur ne dépasse pas 10 m.

LES "SUNSET"

Certains centres à Rangiroa, à Fakarava et à Tikehau proposent des plongées "sunset", avec une mise à l'eau environ une heure avant le coucher du soleil. Bien qu'ayant lieu sur les sites habituels, ces plongées sont très différentes des plongées "de jour" car l'ambiance est particulière ; c'est le moment où les prédateurs entrent en scène, et l'on assiste à des scènes de chasse. Tout le récif est en ébullition. À ne pas manquer !

Fakarava

"Faka" est le principal concurrent de "Rangi". Ici aussi, les sites ont acquis une réputation qui a franchi les frontières de la Polynésie, avec des passes riches en faune et un superbe relief (petits canyons, cuvettes, surplombs). Par rapport à "Rangi", Fakarava a l'avantage d'offrir des zones coralliennes plus épanouies. Vous survolerez des champs de Montipora, de Pocillopora et d'Acropora en excellent état. On aime également l'atmosphère très sauvage qui se dégage de cet atoll.

VINCENT TRUCHET ©

Raies mantas, lagon de Tikehau (p. 264)

En revanche, on n'y croise presque jamais de dauphins, contrairement à Rangiroa.

On compte deux zones de plongée : l'une près de la passe de Garuae (dite "passe Nord"), au nord de l'atoll, accessible en 20 à 30 minutes de bateau depuis le village de Rotoava ; l'autre près de la passe de Tumakohua (dite "passe Sud"), à 60 km au sud, desservie par les centres de plongéee au sud ou, par mer calme uniquement, par les centres de plongée installés au nord (1 heure 30 de bateau l'aller).

Reportez-vous à la p. 241 pour les coordonnées des centres de plongée de Fakarava.

Passe de Garuae (passe Nord) – Cette passe géante mesure près de 1,6 km de large. Plongées à grand spectacle, riche en action et en surprises, avec plusieurs espèces de requins (et même parfois des marteaux), raies, thons, carangues, barracudas et bancs compacts de poissons. Très belle ambiance sous-marine. La passe se pratique en dérive rentrante (ou, à la rigueur, à l'étale) ; on s'immerge dans le bleu, côté océan, puis on palme jusqu'à la marche (vers -30 m) pour observer plusieurs dizaines de requins (gris, à aileron blanc de récif, parfois marteaux), avant de se laisser dériver dans la passe proprement dite, au dessus de superbes champs coralliens, vers -15 m. La plongée se termine dans une grande cuvette à fonds sableux appelée le "**Ali Baba**", dans le lagon, à -20 m, qui pullule de poissons (perches, priacanthes, requins, napoléons). Lorsque le courant n'est pas trop fort, la passe Nord est accessible aux niveau 1 expérimentés et très à l'aise sous l'eau. Lorsque les conditions sont plus difficiles, elle est réservée aux niveau 2 minimum. Par courant sortant, les plongées se font à l'extérieur du récif, de part et d'autre de la passe.

Ohotu – Plongée sur l'extérieur droit de la passe Nord (lorsque le courant est sortant). On palme le long du tombant, garni de jolies formations coralliennes, avec une faune abondante, jusqu'à une pente sableuse fort justement appelée la "piste de ski", près de l'entrée de la passe. La plongée se termine sur le platier. Passage de requins, de thons et de carangues. Tous niveaux.

Maiuru/Central Park – Plongée sur l'extérieur gauche de la passe Nord (lorsque le courant est sortant). Conditions identiques à Ohotu. Site idéal pour les niveau 1 en phase de familiarisation. Très belles zones coralliennes colorées dans -20 m environ.

Pufana (la Balise rouge) – Site dans le lagon, un peu avant d'arriver à la passe nord, adapté à l'initiation et aux baptêmes, à proximité d'une balise de navigation. Petite faune bariolée (c'est une nurserie pour de nombreuses espèces) et très belle architecture corallienne.

Passe de Tumakohua (passe Sud) – Beaucoup plus étroite que la passe Nord (environ 200 m de large) et plus facile (accessible à tous les niveaux). Ambiance exceptionnelle et paysage sous-marin très pittoresque, avec des vallées sableuses sur les bords de la passe. Site célèbre pour ses "murs de requins gris", composés de plusieurs centaines d'individus qui défilent lorsque le courant est rentrant, vers -20 m. Également des perches pagaies, des bancs de priacanthes, des carangues, des nasons et des napoléons. Chaque année, vers la fin du mois de juin (avant et après la pleine lune), on peut assister à des concentrations phénoménales de loches marbrées, présentes pour la reproduction. Par courant sortant, cette passe présente un intérêt très limité car la visibilité est nettement moins bonne ; si c'est le cas, on peut plonger sur le site **Les Roses**, à l'extérieur gauche de la passe, où se trouve un superbe champ de roses coralliennes, à -30 m, fréquenté par des requins gris, des barracudas, des carangues et des becs de cane. On peut consacrer quatre plongées à ce site ; au-delà, on peut trouver les plongées un peu répétitives.

À signaler : cette passe, largement médiatisée au cours des années passées, est aujourd'hui à la mode, ce qui commence à créer une légère surfréquentation du site. Autre tendance : la plongée de nuit (ou au crépuscule) au bord de la passe, en pleine séquence de prédation des requins gris. Nous considérons que c'est une situation stressante, non dénuée de risques.

Toau

Il n'y a pas de centre de plongée sur l'atoll de Toau, mais les centres de plongée basés à Fakarava, l'atoll voisin, organisent de temps à autre des sorties plongées à la journée sur les deux passes, la **passe de Fakatahuna** et la **passe d'Otugi**, par mer calme uniquement, et l'**anse Amyot**. La passe de Fakatahuna est assez facile, mais la passe d'Otugi, réputée "vicieuse" par les centres de plongée de Fakarava, est réservée aux confirmés. Les bateaux de croisière plongée, dont l'*Aquatiki* et *Itemata*, desservent également Toau.

Tikehau

Par rapport à Rangiroa et Fakarava, la plongée à Tikehau est plus confidentielle (on compte trois centres de plongée), plus accessible et plus rassurante. Un inconvénient, toutefois : la presque totalité des plongées s'effectuent aux abords de la passe de Tuheiava, à 30 minutes de bateau du village de Tuherahera (lorsque souffle le mara'amu, le trajet est éprouvant et peut durer 45 minutes). Les coraux sont en bon état et la faune est abondante.

Reportez-vous à la p. 263 pour les coordonnées des centres de plongée de Tikehau.

Passe de Tuheiava – Cette passe (la seule de l'atoll) est très poissonneuse. Trois plongées possibles, selon le sens du courant : en dérive par courant rentrant ; à l'angle sud (appelé **La Bouée** ou **Poito**) ou à l'angle nord (appelé **Teonai**) si le courant est sortant. Pas de requins gris dans la passe, mais des bécunes, des carangues à gros yeux, des barracudas, des lutjans, des napoléons, des perches pagaies, des becs de cane, des chirurgiens bagnards qui broutent les coraux, des requins pointes blanches. Quelques *tapete* (requins à ailerons blancs de récif) se manifestent parfois près de la passe, surtout en fin d'après-midi, ainsi que des requins marteaux et, occasionnellement, des requins tigres. Belles tables de corail dans une dizaine de mètres d'eau. Tous niveaux.

Ferme perlière (la Ferme aux mantas) – Ce site dans le lagon est irrégulier, car les raies mantas qui avaient coutume de venir s'y faire déparasiter ne sont plus systématiquement au rendez-vous. Il est plutôt proposé en snorkeling. La visibilité est cependant assez réduite (le fonds est sableux). Contentez-vous de les observer (surtout ne pas aller au contact !), pour éviter de les déranger.

Manihi

Manihi est une destination d'initiés, car encore peu connue, y compris des plongeurs. Pour ceux qui aiment les plongées en très petit comité hors des sentiers battus, cet atoll offre une expérience inégalable. Il n'y a qu'un seul centre de plongée (p. 284) – les sites sont donc très peu fréquentés. Ils se situent dans et autour de la passe de Taiarapa. Attendez-vous à rencontrer beaucoup d'espèces et à des coraux en très bonne santé.

Passe de Taiarapa – Des poissons partout ! Cette passe, protégée (pas de pêche), est vraiment dense en espèces de toutes sortes. Elle se pratique par courant rentrant. On s'immerge dans la petite marina en face du village, puis on se laisse porter par le courant. Perches, murènes, requins dormeurs (sous les cavités), requins gris (à certaines époques). En fin de plongée, le lit de la passe remonte et forme une marche à -6m, derrière laquelle évoluent des bancs de perroquets. Ensuite, dans le lagon, on découvre un paysage plus lunaire, avec des hautes colonnes de corail autour desquelles gravitent des balistes titans, des napoléons et des loches saumonées. C'est dans cette passe que chaque année fin mai, des dizaines de milliers de loches marbrées s'agglutinent pour se reproduire avant la nuit de pleine lune. Un grand spectacle ! Tous niveaux.

La traversière – Par courant sortant, on traverse la passe d'un bord à l'autre en nageant sous le courant. Présence de bancs de barracudas, de bécunes, de requins gris, de plusieurs espèces de carangues, de balistes et de papillons.

Les Roses – Imaginez une immense falaise de corail qui démarre vers -30m et s'enfonce dans le bleu. Les plongeurs descendent vers -50m le long de ce tombant vertigineux, garni d'incroyables massifs de roses de corail à cette profondeur, avant de remonter progressivement vers le platier, creusé de petits canyons de -3m à -5m découpés dans le platier. Pour confirmés.

Tombant de Taiarapa – Le long d'un tombant. Très poissonneux (carangues, barracudas, bécunes, napoléons...).

Marquises

Rien à voir avec le reste de la Polynésie. Aux Marquises, les conditions naturelles diffèrent totalement de celles rencontrées dans les autres archipels. Ici, pas de lagon ni d'eaux turquoise, mais des eaux sombres, beaucoup plus chargées de plancton. On plonge près de falaises ou de hauts-fonds battus par la houle. La visibilité est réduite d'autant (généralement 10 à 15 m), mais ces eaux riches et oxygénées sont fréquentées par une faune pélagique importante. Requins-marteaux, raies mantas, raies léopards, thazars, thons, barracudas, carangues et oursins comptent parmi les espèces les plus fréquentes.

Aux Marquises plus qu'ailleurs, les sorties sont étroitement dépendantes des caprices de la météo, en particulier de la houle qui rend les déplacements, les manœuvres et les mises à l'eau difficiles.

Il n'y a qu'un centre de plongée dans l'archipel, à Hiva Oa (p. 323), et les sites sont très peu fréquentés. Il existe également une structure pour les plongeurs confirmés et autonomes, qui fonctionne à la demande (et selon la disponibilité du prestataire), à Nuku Hiva (p. 296).

CROISIÈRES PLONGÉE

Pour ceux qui souhaitent conjuguer les plaisirs de la croisière à ceux de la plongée, la formule croisière plongée est tout indiquée.

- **Aqua Tiki** (www.aquatiki.com). Assure des croisières à la cabine dans les Tuamotu du Nord (départ de Fakarava) et, plus rarement, dans les Tuamotu du Centre (départ de Raroia), d'une durée de 8 à 14 nuits, à bord d'un luxueux catamaran de 18 m, encadrées par un skipper, une hôtesse et un moniteur de plongée. Le circuit standard, 9 jours/8 nuits, inclut Fakarava (passe Nord, passe Sud), Toau et Kauehi. Le bateau, spécialement étudié pour les croisières plongée, accueille 8 plongeurs au maximum (à partir de 3 300 €/pers, plongées et pension complète incluses).
- **Itemata** (www.divecruisepolynesia.com). Propose des croisières à la cabine ou en charter dans les Tuamotu du Nord (départ de Fakarava) et, occasionnellement, aux Marquises, d'une durée de 7 à 15 nuits, à bord d'un confortable catamaran, encadrées par un skipper, une hôtesse et un moniteur de plongée. Le bateau accueille 5 plongeurs au maximum (à partir de 3 815 €/pers, plongées et pension complète incluses). L'un des circuits les plus classiques (embarquement à Fakarava), inclut Fakarava Nord, Fakarava Sud, Kauehi et Toau.
- **Volume Océan** (www.volume-ocean.com). Croisières plongée à la carte dans les Tuamotu à bord d'un catamaran (à partir de 1 450 €/jour pour 4 à 6 personnes). Également croisières personnalisables, sans plongée, dans le secteur de Rangiroa et Makatea.

PLONGÉE RESPONSABLE

L'impact de la plongée sur le patrimoine sous-marin n'est pas nul. Pour limiter au maximum la pression sur cet écosystème fragile, les visiteurs sous-marins s'en tiendront aux recommandations suivantes :

- Survolez les fonds et évitez les coups de palme intempestifs grâce à une bonne maîtrise de votre flottabilité et de votre stabilisation. La faune fixée, notamment les gorgones et les éponges, ainsi que les polypes coralliens, ne résistent pas à ces coups de boutoir.
- Ne jetez pas l'ancre sur les récifs, et faites pression sur les centres de plongée et les organismes officiels pour qu'ils installent des bouées d'amarrage sur chaque site.
- Évitez tout contact avec des organismes marins vivants. Un simple effleurement suffit à endommager les polypes. Ne touchez pas les coraux.
- Ne vous attardez pas dans les grottes : les bulles qui s'échappent des détendeurs restent prisonnières sous les voûtes, exposant ainsi au milieu aérien des organismes qui se nécrosent.
- Ne remontez rien du fond, pas même un coquillage.
- Emportez tous vos détritus et ramassez ceux que l'on trouve sous l'eau, notamment les sacs plastique, particulièrement dangereux pour la faune. Certaines espèces risquent en effet de les absorber et de s'étouffer.
- Résistez à la tentation de nourrir les poissons. Les aliments étrangers à leur régime habituel peuvent perturber leur métabolisme et conduire à des comportements contre nature.
- Limitez vos interactions avec les animaux. Contentez-vous d'être un observateur bienveillant et responsable. Par exemple, ne chevauchez pas des tortues, source de stress pour cette espèce, et évitez tout contact avec les raies pastenagues ou les raies mantas, car leur peau est recouverte d'un mucus fragile.

Hiva Oa

Le seul centre de plongée de l'île (voir p. 322) propose des sorties dans le secteur de Hiva Oa et de Tahuata.

Pihahu – À l'ouest de Hiva Oa (20 minutes de navigation depuis le bourg). Site réputé pour son relief sous-marin et ses quelques vestiges archéologiques immergés. Belle faune côtière (mérous, murènes jaunes, poissons scorpion) et passage de raies mantas et de requins bordés.

Îlot Anakéé – Plongée autour du gros rocher dans la baie d'Atuona. Poissonneux, jolis coraux, et présence régulière de raies mantas de juillet à décembre.

Tekuhi – Un tombant de lave environné d'une faune riche. Présence d'une faille garnie de langoustes. Site calme et abrité.

Tekokuu – Au nord de Tahuata, à 30 minutes de bateau depuis la marina de Hiva Oa. Fonds de sable blanc avec des coraux bien formés. Passage de raies marbrées.

Hanaheupe – Près du site précédent. Vous aurez la chance d'observer des raies pastenagues, des raies mantas, des raies marbrées sur un fond de sable blanc, le long d'un tombant.

Nuku Hiva

Le seul centre de plongée de l'île fonctionne sur affrètement, et n'encadre pas les plongées, réservées aux plongeurs confirmés.

Sentinelle aux Marteaux – À l'entrée de la baie de Taiohae. Passage de requins-marteaux à festons, de raies mantas, de raies léopards et de barracudas. Visibilité souvent très réduite.

Tikapo – Rocher émergeant en plein océan, en face du cap Tikapo. Faune incroyable (thazars, requins, carangues, raies, barracudas...). Site très exposé, courants fréquents.

Pointe Motumano – Avancée rocheuse sur un plateau de sable au sud-ouest de l'île. Passage de raies mantas et de requins.

Cap Martin – À l'est de l'île. Tombant avec plateau et éboulis, jusqu'à -30 m, abrité du courant. Passage de requins, de raies mantas, de raies léopards et de raies pastenagues.

Australes

Peu de plongeurs savent que l'on peut plonger à Tubuai – un centre s'y est installé en 2019. D'excellentes surprises attendent ceux qui auront fait l'effort de venir jusqu'ici. La qualité (et la diversité) des coraux, dont le développement est favorisé par les eaux un peu plus fraîches pendant la saison sèche, fait tout le charme des plongées. De juin à octobre, la température ne dépasse pas 22°C (il est conseillé de plonger avec une combinaison de 5 mm). En revanche, n'espérez pas de grosse faune comme aux Tuamotu ; on n'aperçoit qu'occasionnellement des requins ou des raies, et la faune corallienne est assez réduite. On vient à Tubuai pour l'ambiance sous-marine, les nuances de bleu, plus "froides" que dans le reste de la Polynésie, et l'architecture corallienne. Par ailleurs, on plonge en petit comité – il n'y a qu'un seul bateau sur les sites. Le centre local exploite environ cinq sites à moins de 20 minutes de bateau du quai. Comme à Rurutu, la zone est également fréquentée par des baleines à bosse de juillet à octobre.

The Fabulous Tombant – Très beau tombant dégringolant jusqu'à -40m, émaillé de surplombs, de cheminées et de petites grottes. Présence de saupes, de bonites, de mérous et de perroquets.

Nanue's Band – Entre -12 et -35m. Belles formations coralliennes, avec des petits canyons. Bancs de saupes grises et carangues.

Centres de plongée

Consultez les chapitres régionaux à la rubrique *Activités* pour les coordonnées des centres de plongée et les détails de leurs prestations.

Organisation et fonctionnement

Environ 25 centres de plongée professionnels exercent en Polynésie. Ils emploient des moniteurs diplômés et expérimentés et possèdent un matériel en bon état. Tous sont ouverts à l'année et la plupart fonctionnent tous les jours. Ils proposent de 2 à 4 sorties quotidiennes en moyenne, généralement vers 8h-9h et vers 14h. La plupart des centres n'ont pas de programme de sorties bien défini mais tiennent compte, pour le choix des sites de la journée, des conditions météo et des niveaux des plongeurs inscrits. Quelle que soit l'époque, il est préférable de réserver ses plongées au moins un jour à l'avance.

La plupart des centres assurent un service de ramassage gratuit sur l'île ou sur un secteur de l'île avant tout départ en plongée pour les personnes ayant réservé.

Prestations

Les centres de plongée de Polynésie offrent une gamme complète de prestations : baptême, plongée exploration, plongée de nuit, passage de brevet et forfaits de plusieurs plongées à tarif réduit. Certains centres pratiquent la formule "two-tank" (deux plongées successives). Il s'agit d'une seule sortie en mer, avec deux plongées sur deux sites différents, entrecoupées d'une pause d'une heure environ. Pour les formations, seul est indiqué le tarif du niveau 1, le plus couramment demandé, et le premier niveau du cursus d'enseignement PADI (l'Open Water, ou OW). Les centres les plus importants proposent également la plongée au Nitrox, sans supplément. Quasi tous les centres acceptent la carte de crédit.

Les centres installés dans les hôtels sont tous ouverts aux visiteurs extérieurs.

Tarifs

Les tarifs varient selon les îles (les moins chers à Tahiti, les plus chers à Bora Bora) et les centres. Pour un baptême, comptez entre 75 et 110 €, matériel inclus. Pour une plongée à l'unité, vous paierez entre 65 et 80 €. On peut faire baisser la note d'environ 10% en achetant un forfait plongée (généralement 4, 5 ou 10 plongées). Une formation débutant (PADI Open Water ou niveau 1) coûte entre 350 et 450 €.

Les tarifs incluent la location de l'équipement. Ne vous encombrez donc pas inutilement, d'autant plus que vous êtes limité à 15 kg sur les vols d'Air Tahiti (soit, pour les plongeurs, 5 kg de plus que pour les autres passagers, sur présentation du brevet de plongée) si vous achetez vos billets en Polynésie.

Pass inter-îles

Il existe plusieurs pass disponibles en Polynésie.

Pass Te Moana (www.temoanadiving.com). Pass 10 plongées valable dans 14 centres sur 10 îles.

Pass Topdive (www.topdive.com). Pass de 6, 10 ou 20 plongées valable dans les centres Topdive ainsi que dans deux centres partenaires à Moorea et à Raiatea.

E-diving Pass (www.edivingpass.com). Pass multi-îles (minimum 6 plongées), valable dans une trentaine de centres de plongées.

Choisir un centre

Au même titre qu'un hôtel ou un restaurant, un centre de plongée a sa personnalité, son style. Petite structure décontractée où n'exerce qu'un seul moniteur ou "usine à bulles", il y en a pour tous les goûts. Sur les îles où il existe plusieurs centres, n'hésitez pas à rendre une petite visite à chacun d'entre eux pour estimer la qualité de l'accueil, la disponibilité des moniteurs, l'organisation, la sensibilisation au respect de l'environnement, la bonne tenue des locaux et sentir l'ambiance, avant de vous décider. Le bouche-à-oreille est à double tranchant, car chaque centre a ses détracteurs et ses inconditionnels.

Formalités

Pour un baptême, aucune formalité n'est requise. Seule une autorisation parentale est nécessaire pour les mineurs. Si vous êtes déjà breveté, on vous demandera de produire votre attestation de niveau et votre carnet de plongée.

Tous les plongeurs sont acceptés, quel que soit l'organisme qui les a formés (PADI, CMAS, NAUI, etc.). Tout au plus vous demandera-t-on d'effectuer une plongée de réadaptation pour évaluer votre aisance et vérifier vos compétences. Un certificat médical – que l'on peut se faire délivrer sur place s'il y a un médecin sur l'île – est obligatoire pour une formation. Quelques clubs l'exigent également si vous effectuez plusieurs plongées exploration.

En matière d'assurance, tous les clubs possèdent une assurance professionnelle en responsabilité civile couvrant leurs clients. Cependant, il peut être judicieux de contracter une police complémentaire, dans son pays ou auprès des clubs, couvrant les risques spécifiques à la plongée, et notamment la prise en charge et un rapatriement en cas d'accident.

JEAN-BERNARD CARILLET ©

Poisson cru au lait de coco

Préparer son voyage

À table !

Saveur, fraîcheur et qualité des ingrédients : la cuisine polynésienne a tout pour enchanter les papilles. Les produits de la mer et les fruits tropicaux occupent le devant de la scène, mais on trouve également des viandes et des légumes. L'autre grande caractéristique de la cuisine locale est sa diversité. Ainsi, les spécialités polynésiennes traditionnelles se sont enrichies d'influences extérieures, notamment françaises, chinoises et même italiennes.

L'essentiel

Horaires d'ouverture

Les Polynésiens mangent tôt, soyez prêt à décaler vos heures de repas. On déjeune de 11h à 13h30 et on dîne à partir de 18h30. La plupart des restaurants ferment à 21h.

Réservations

Dans les restaurants de catégorie moyenne ou petits budgets, il n'est pas utile de réserver. La réservation est conseillée dans les établissements plus chics, notamment pour le dîner. La fréquentation est particulièrement forte les soirées de jeudi à samedi.

Pourboires

Le service est inclus dans l'addition. Il n'est pas d'usage de laisser de pourboire en Polynésie.

Spécificités locales

C'est à Tahiti, à Moorea et à Bora Bora que l'offre est la plus variée. Dans les autres îles, la cuisine est plus tributaire des ressources locales et de la régularité des approvisionnements. Aux Marquises, le sentiment d'abondance est très perceptible (poisson, fruits de mer, viande, fruits, légumes). En revanche, dans les Tuamotu, aux ressources plus limitées, le duo poisson-riz est dominant. Aux Australes, où l'agriculture est développée, on se régale de légumes.

Types d'établissement

Vous aurez le choix entre les snacks, les roulottes, les restaurants indépendants et les restaurants d'hôtel (ouverts aux extérieurs).

Spécialités culinaires

Plats à base de poisson et fruits de mer

La mer est un vrai trésor en Polynésie. Les poissons du large (thon rouge, thon blanc, bonite, thazard, carangue ou *paihere*, saumon des dieux, espadon ou *meka*, daurade coryphène ou *mahi mahi*), les poissons du lagon (perroquet ou *paati*, nason, perche, chinchards ou *ature*, rouget ou *apa'i*) et même certains poissons d'élevage comme le platax figurent en bonne place dans la cuisine locale. Ils sont dégustés crus, cuits au jus de citron, au lait de coco, préparés en brochettes, en grillades, en papillotes, au gingembre, au curry ou à la vanille, en sashimi, en tartare, en carpaccio, en chaud-froid... Impossible de se lasser tant le répertoire de préparations est vaste ! Le poisson cru au lait de coco (voir l'encadré page ci-contre) est le plat national.

La préparation la plus fréquente est le lait de coco (à ne pas confondre avec l'eau de coco). Pour obtenir le lait de coco, on râpe d'abord la chair blanche qui tapisse l'intérieur de la noix de coco, puis l'on place les copeaux de chair dans un torchon, que l'on essore à la main, pour en extraire le lait. On peut également déguster le poisson avec du *miti hue*, sauce fermentée à base de chair de coco mélangée à du jus de têtes de chevrettes (sortes de petites écrevisses d'eau douce) et de l'eau salée, ou du *taioro*, autre variante de sauce fermentée. *Miti hue* et *taioro* ne sont que rarement proposés dans les restaurants, qui préfèrent s'en tenir à des préparations plus conventionnelles ; il est d'usage de proposer ces poissons en filet ou en darne, en les mariant à des sauces parfumées, notamment à la vanille, ou à des sauces plus classiques (meunière, par exemple).

Les amateurs de fruits de mer se régaleront de langoustes (surtout disponibles aux Marquises, aux Gambier et aux Australes), de bénitiers (*pahua*), de bulots (*maoa*), d'oursins (*vana*) et de chevrettes, généralement relevés au curry. Les *inaa* (alevins), frits dans de la pâte à beignet, sont diversement appréciés. Plus rarement, on trouve des squilles (*varo*) et, aux Tuamotu, des crabes de cocotier (*kaveu*).

Viandes

Amateurs de produits carnés, soyez sans crainte ; malgré l'omniprésence des plats de poisson, il est tout à fait possible de déguster de bonnes viandes en Polynésie, surtout dans les îles de la Société et aux Marquises. Le cochon de lait (*pua*) est la viande de prédilection pour l'*ahimaa* (voir *Plats de fête* p. 59). L'excellent bœuf importé de Nouvelle-Zélande garnit également souvent les plats. Préparé en entrecôte, filet, tournedos ou steak, il est accommodé à diverses sauces, souvent à la française (sauce roquefort, sauce au poivre...). Le poulet (importé) est également très répandu. Aux Marquises, on consomme de la viande de chèvre. Dans les Tuamotu, en revanche, les produits carnés sont plus rares. Dans certains atolls très reculés, on mange encore du chien.

Curieusement, les Polynésiens raffolent du *punu pua toro*, du corned-beef que l'on trouve en supermarché et qu'ils font frire avec des oignons.

Fruits et légumes

On trouve ici la plupart des fruits tropicaux, notamment les mangues, les pamplemousses (de couleur verte), les papayes, les citrons verts (spécialité des Marquises), les pastèques, les melons, les ananas (cultivés à Moorea), les bananes (dont la succulente variété rio, ferme, petite et savoureuse) et bien sûr la noix de coco. La papaye au four est un mets succulent.

Les légumes et le riz accompagnent les viandes ou poissons. Les légumes verts, les carottes et les tomates sont peu représentés en Polynésie, sauf aux Australes, où il existe des zones de maraîchage ; les Polynésiens préfèrent les tubercules et les féculents. L'*uru*, ou *maiore*, fruit de l'arbre à pain, repérable à son écorce vert jaune, assez fade, se déguste cuit. Aux Marquises, le plat de base est le *popoi*, mets aigre-doux ayant l'apparence d'une pâte jaune. Il s'agit d'*uru* cuit, broyé au pilon, mélangé à de la pulpe d'*uru* fraîche et laissé fermenter, auquel on ajoute du lait de coco. Le tout est recouvert d'une feuille de *purau*. Le *fei*, sorte de banane plantain, de couleur rouge orangé, se consomme exclusivement cuit et possède une saveur douce-amère. Il a sa place dans le four tahitien, avec les légumes. La racine du taro, un gros tubercule aux racines de couleur violacée, principalement cultivé aux Australes, se consomme cuite, tout comme la patate douce (*umara*), l'igname (*ufi*) et le manioc. Les feuilles de taro (fafa) accompagnent souvent le poulet ("poulet *fafa*") et le porc.

Le chou blanc est également très prisé ; émincé, cru, il accompagne généralement les tranches de thon cru du sashimi. On trouve également le chou chinois, à longues feuilles.

Pâtisseries et desserts

Le pain coco (*faraoa coco*) est un gâteau savoureux, parfumé au coco. Les *firi firi*, beignets sucrés, ont généralement la forme d'un 8 ou d'une tresse. De consistance épaisse, l'*ipo* est le pain des Tuamotu. La farine est mélangée à de l'eau de coco, du sucre et du coco râpé. Les *pai* sont des chaussons fourrés au coco ou à la banane.

Vous succomberez au *poe* : il s'agit de morceaux de fruits broyés (papaye, bananes, potiron ou manioc), mélangés à de l'amidon, enveloppés dans une feuille de bananier et cuits au four avec une

POISSON CRU AU LAIT DE COCO

Ce plat figure sur tous les menus ou presque. Pour 4 personnes, utiliser 1 kg de thon rouge, de l'ail, quelques citrons verts, du coco râpé (à défaut, du lait de coco en boîte), 2 carottes, 2 tomates, 1 poivron et des oignons verts.

- Découper le poisson en petits dés. Le rincer à l'eau de mer (ou, à défaut, à l'eau salée), puis le laisser tremper une demi-heure dans l'eau salée avec de l'ail écrasé, au réfrigérateur.
- Râper les carottes, découper les tomates et le poivron, hacher les oignons. Égoutter les morceaux de poisson et les mettre dans un saladier. Presser les citrons au-dessus du saladier et laisser "cuire" le poisson avec l'acidité naturelle du citron (au moins 4 à 5 minutes). Retirer ensuite les dés de poisson.
- Mettre le coco râpé dans un torchon et essorer pour extraire le lait de coco (ou utiliser le lait de coco préparé). Ajouter une pointe de vinaigre rouge, du sel, du poivre, du tabasco. Verser cet assaisonnement sur le poisson, mélanger, incorporer les légumes et parsemer d'oignons. On peut ajouter des œufs durs broyés et du persil.

JEAN-BERNARD CARILLET ©

Chaud-froid de thon

gousse de vanille fendue par le milieu. Le tout est ensuite arrosé avec le lait de coco. L'ensemble a un aspect gélatineux. Les amateurs de confiserie goûteront les "bonbons chinois", en vente dans les épiceries chinoises.

On trouve également quelques glaces réalisées localement. Essayez la glace au taro, parfumée, de couleur légèrement violacée.

Le miel local est rare (on en trouve à Rangiroa et aux Marquises), mais les amateurs de confitures seront à la fête, avec d'excellentes confitures aux fruits exotiques, faites maison ou en vente dans les grandes surfaces.

Spécialités chinoises et françaises

La cuisine chinoise est largement représentée en Polynésie. On retrouve les grands classiques, comme le *chao men* (un mélange de riz, de vermicelles, de chou, de haricots rouges, de verdure et de porc sauté), le *fou youn ha* (omelette), le *kai fan* (sorte de riz cantonais), le porc sauté et bien d'autres spécialités encore. Le poisson cru à la chinoise diffère de la recette tahitienne par l'ajout d'huile d'arachide, de gingembre et d'ail, en plus du jus de citron. Le *maa tinito* consiste en un mélange de morceaux de porc et de haricots rouges.

La cuisine française est surtout représentée à Tahiti et dans les îles touristiques, où exercent des chefs et des cuisiniers venus de métropole. Les pizzas et les pâtes italiennes sont également bien présentes.

Héritage de la présence française, le pain, sous forme de baguette, est depuis longtemps entré dans les habitudes alimentaires des Polynésiens, y compris dans les atolls, où l'on trouve au moins un boulanger. Le pain est servi à tous les repas. Les viennoiseries, surtout les croissants, font aussi partie du quotidien.

Boissons

Boissons sans alcool

Quelques délicieux jus de fruits sont produits localement, notamment les jus d'ananas, de corossol ou de pamplemousse de marque Rotui fabriqués à Moorea.

Très désaltérant, le jus de citron vert se boit avec de l'eau minérale (citronnade).

L'eau de coco (*pape haari*) est la boisson la plus saine, la plus naturelle, la moins onéreuse et la plus désaltérante. Elle est totalement exempte de microbes et de bactéries. Après avoir enlevé la bourre entourant la noix de coco, celle-ci est décalottée d'un coup de machette. On boit à même la noix ou avec une paille. Le goût dégage une très légère amertume.

Plusieurs marques d'eau minérale sont représentées, dont les principales marques françaises. L'eau de source locale, Eau Royale ou Vaimato, est moins chère. À l'exception de Papeete et des établissements de luxe dans les autres îles, ne buvez pas l'eau du robinet.

Les grandes marques internationales de boissons gazeuses sont distribuées en Polynésie, et les habitants en font malheureusement un usage immodéré.

Le café est largement consommé. Malheureusement, malgré l'existence d'un excellent café à la vanille local, vendu dans les supermarchés, vous devrez vous contenter du café soluble de marque Nescafé, sauf à Tahiti. Comptez de 200 à 300 CFP pour un café dans un bar à Papeete.

Quelques marques de thé sont représentées. Quant au lait, il n'entre guère dans les habitudes de consommation des Polynésiens. Il s'agit souvent de lait soluble, sauf dans les îles principales, où l'on trouve des briques de lait.

Alcools

Elle est pour ainsi dire l'emblème de la Polynésie : la bière (*pia*) locale de marque Hinano, en vente partout, est conditionnée en bouteille de verre (0,5 l, surnommée "obus"), en canette de 33 cl ou 50 cl ou tirée à la pression. C'est une blonde légère, titrant 5°, que les Polynésien(ne)s boivent en quantité, surtout le week-end. L'autre marque de bière locale, la Tabu, similaire à la Corona, possède un goût sucré assez agréable, mais sa distribution est plus limitée. La mode des bières parfumées (à la vodka, mojito, etc.) s'est récemment développée. Les bières étrangères, principalement la marque Heineken, sont également disponibles. Comptez 500 CFP pour une bière dans un restaurant.

Les rayons des grandes surfaces à Papeete comptent de multiples vins français, blancs et rouges, ainsi que des vins d'autres pays, notamment du Chili et de Nouvelle-Zélande, et, bien sûr, l'étonnant vin de Tahiti (voir l'encadré ci-contre). Les moins chers coûtent environ 1 200 CFP. Les restaurants bénéficient d'une détaxe sur les alcools, vendus à "prix conventionnés", ce qui les rend accessibles (comptez entre 1 500 et 3 000 CFP la bouteille). Goûtez impérativement au *maitai*, une délicieuse spécialité locale. Il s'agit d'un cocktail proche du punch, composé de rhum brun et de rhum blanc auxquels on ajoute du jus d'ananas, de la grenadine, du citron vert, de la liqueur de coco et, éventuellement, du Grand Marnier et du Cointreau. Il est en vente dans les grandes surfaces dans des packs en carton sous la marque Tahiti Drink. On trouve également du rhum produit localement, notamment la marque Mana'o Tahiti, qui comprend une bonne sélection de rhums blancs et ambrés, faits à Tahaa avec des fruits locaux (la canne à sucre est cultivée à Atimaono et à Tahaa). Dans les bars des grands hôtels, un très large choix de cocktails est disponible.

LE VIN DE TAHITI

À la grande surprise des visiteurs, la Polynésie a son vin, le vin de Tahiti, issu de vignes plantées sur l'atoll de Rangiroa (voir l'encadré p. 252). Il est produit en blanc et rosé. Le blanc moelleux, proche du sauternes, et le blanc de corail, léger et fruité, ont déjà leurs inconditionnels. Le vin de Tahiti est commercialisé dans les grandes surfaces en Polynésie et distribué dans plusieurs restaurants de Tahiti. Les bouteilles se vendent aux alentours des 25 €.

Plats de fête

Lors des fêtes familiales ou religieuses, les Polynésiens ont coutume de préparer un *tamaaraa* (repas, banquet), avec un *ahimaa*. L'*ahimaa* est le four polynésien dans lequel on cuit les aliments à l'étouffée. Des branches et des pierres sont disposées au fond d'un trou creusé dans le sol. On embrase les branches, qui chauffent les pierres. On pose alors une couche de feuilles de bananier, sur laquelle on place les aliments à cuire (souvent un cochon de lait, des poissons ou des légumes). On couvre l'ensemble de feuilles et de sacs en toile, puis de sable, pour une parfaite étanchéité. La cuisson dure plusieurs heures. À l'ouverture du four commence le *tamaaraa*. Pour les touristes, les grands hôtels et certains restaurants proposent un *tamaaraa* une fois par semaine, généralement le dimanche, ouvert aux clients extérieurs (sur réservation). Dans les îles les plus touristiques, il tend à être supplanté par le barbecue.

Le dimanche, les familles polynésiennes sacrifient généralement au rituel du *maa tahiti*, le repas traditionnel, qui rassemble les principaux plats de la cuisine locale, dont le *fafaru*, le poulet *fafa*, le poisson cru, le *pua* (porc) rôti, les bananes *fei*, le *poe*...

Établissements

Snacks

Véritables institutions, présents dans toutes les îles ou presque, les snacks sont de petits restaurants très modestes qui proposent des plats simples à des prix mesurés (assiette de poisson cru au lait de coco, poisson cru à la chinoise, poisson grillé, *chao men*, sashimi, de 10 à 15 € environ), ainsi que des sandwichs, appelés localement "casse-croûte". À Tahiti, les snacks possèdent une carte relativement étoffée. Dans les îles moins fréquentées, la carte se limite à quelques plats seulement. En général, qualité et fraîcheur sont au rendez-vous, et les Polynésiens n'hésitent pas à faire plusieurs kilomètres pour se régaler d'un poisson cru dans leur snack préféré. Le décor est limité à sa plus simple expression : une terrasse et des chaises en plastique.

Roulottes

Autre formule appréciée et bon marché : les "roulottes". Il s'agit de camionnettes aménagées en restaurants mobiles. Elles prennent position aux endroits stratégiques (quais, centre-ville, etc.) dans la plupart des îles, principalement le soir. Celles de Papeete sont une véritable institution (voir l'encadré p. 82). Les plats sont simples (poisson, steak-frites, *chao men*, généralement) et les tarifs abordables (10-15 € en moyenne). Les normes d'hygiène sont très variables selon les roulottes.

Restaurants

La plupart des restaurants dignes de ce nom sont concentrés dans l'agglomération de Papeete et dans les îles les plus

Roulotte à Papeete

JEAN-BERNARD CARILLET ©

touristiques. Ils servent des mets français, polynésiens et chinois. Les tarifs sont très variables selon les spécialités et la catégorie du restaurant. Comptez en moyenne de 15 à 30 € pour un plat de poisson ou de viande.

La carte des vins comprend des crus français et des vins californiens, chiliens, australiens et néo-zélandais. Les tarifs sont supérieurs à ceux de la métropole, même s'ils bénéficient d'une détaxe.

Ailleurs qu'à Tahiti, la scène culinaire est nettement plus uniforme et les bons restaurants sont rares. Les restaurants à vocation gastronomique, pour la plupart inspirés de la cuisine française (accommodée avec des produits locaux), se trouvent principalement à Tahiti, à Moorea et à Bora Bora.

Restaurants des grands hôtels

Ne manquez pas de dîner au moins une fois dans le cadre souvent idyllique des restaurants des grands hôtels, ouverts aux clients extérieurs. Contrairement à ce que l'on pourrait croire, les tarifs pratiqués sont raisonnables (surtout au déjeuner) et ne sont en tout cas pas plus chers que les restaurants habituels, voire que les snacks ! Dans ces complexes hôteliers, autant l'hébergement est exorbitant, autant la restauration est très abordable. Comptez environ 20 € pour un plat de poisson ou un copieux hamburger. Sachez cependant que la qualité varie beaucoup selon les talents du chef du moment : de gastronomique dans certains établissements à très ordinaire dans d'autres.

Par ailleurs, ils proposent plusieurs fois par semaine des buffets à thème ("fruits de mer", "polynésien", "cuisines du monde"), accompagnés d'un spectacle de danse traditionnelle (de 50 à 100 €/pers, selon l'établissement).

Marchés, supermarchés et épiceries

Le seul vrai marché de Polynésie est celui de Papeete (p. 74). Il croule sous les victuailles, les fruits et légumes, les viandes et les poissons. Ouvert dès 5h (4h le dimanche), il est régulièrement approvisionné en produits frais originaires de tous les archipels. Celui de Pirae à Tahiti mérite également le détour. Ailleurs, il faudra se contenter de modestes étals en bord de route, proposant fruits et légumes. Les magasins d'alimentation, traditionnellement des épiceries tenues par des Chinois, sont assez chers. Ils sont de plus en plus concurrencés par des hypermarchés portant des enseignes de métropole (Champion, Carrefour), surtout à Tahiti, à Moorea et à Raiatea. Les autres îles sont tributaires de la régularité des approvisionnements par bateau.

La plupart des épiceries et des supermarchés vendent des plats à emporter, sous forme de barquettes sous cellophane, à des tarifs très avantageux (7-9 € environ).

La plupart des îles comptent au moins une boulangerie. La baguette coûte environ 0,50 €, le pain au chocolat environ 1 €.

INDICATEURS DE PRIX

Dans ce guide, les établissements de restauration sont regroupés en fonction de leurs prix (suivant une échelle de € à €€€) et par ordre de préférence de l'auteur. Les prix s'entendent pour un plat principal classique:

- **€** moins de 1 500 CFP
- **€€** 1 500-3 000 CFP
- **€€€** plus de 3 500 CFP

Végétariens

Si vous êtes végétarien pur et dur, vous éprouverez des difficultés en Polynésie. La cuisine locale repose sur les plats de poisson et de viande, et les légumes verts sont peu consommés en dehors de Tahiti. Heureusement, dans les îles les plus touristiques, la carte des restaurants est assez étoffée pour que vous y trouviez votre bonheur. Dans les pensions de famille, le message sera difficile à faire passer, puisque le menu est fixe. Malgré tout, tentez votre chance et n'hésitez pas à demander à la maîtresse de maison qu'elle vous prépare un plat sans viande ou sans poisson.

Avec des enfants, vous ne rencontrerez aucun problème pour venir au restaurant en famille, sauf dans certains établissements huppés de Papeete. Le menu enfant est malheureusement assez peu répandue.

À table

Les usages ne diffèrent guère de ceux qui sont en vigueur en métropole. Dans certaines familles, ne soyez pas étonné que le repas soit précédé d'une bénédiction. Sachez aussi que le *maa tahiti* se mange en principe avec les doigts.

Déchiffrer le menu

Plats

faraoa coco	pain coco
faraoa	pain
firi firi	beignet
fou youn ha/ kai fan	omelette chinoise
ipo	pain bouilli
pai	chausson fourré (coco ou banane)
pua	cochon
punu pua toro	corned-beef
taioro	sauce fermentée

Poissons et crustacés

apa'i	rouget
ature	chinchard
inaa	alevins
kaveu	crabe de cocotier
mahi mahi	daurade
meka	espadon
paati	poisson perroquet
pahua	bénitier
paihere	carangue
vana	oursin
varo	crustacé (squille)

Fruits et légumes

fafa	taro (feuilles)
ha'ari	noix de coco
painapo	ananas
ufi/fei	banane plantain
umara	patate douce
uru/maiore	fruit à pain
vi	mangue

Boissons

maitai	cocktail (à base de rhum)
pape	eau
pape haari	eau de coco
pia	bière

Repas

ma'a	repas
kaikai enana	repas traditionnel marquisien
maa tahiti	repas traditionnel, à base de spécialités polynésiennes
maa tinito	repas à base de spécialités chinoises
tamaaraa	repas collectif, familial

La Polynésie en un clin d'œil

Avec cinq archipels et des dizaines d'îles toutes différentes, la question essentielle est : lesquelles choisir ? Au minimum, visitez Tahiti, Moorea et au moins deux îles Sous-le-Vent (par exemple Huahine et Bora Bora, ou Raiatea et Maupiti), bien reliées entre elles par avion et par bateau ; ajoutez à ce parcours de base deux atolls des Tuamotu (Fakarava, Tikehau et Rangiroa), à plus forte raison si vous êtes passionné(e) de plongée sous-marine. Ceux qui aiment sortir des sentiers battus incluront plusieurs îles des Marquises ou des Australes.

Sur place, à quoi s'attendre ? Renoncez aux grandes plages de sable fin des Caraïbes ou de l'océan Indien. Ici, elles n'existent pas, ou presque. Le "sable" blanc des brochures est en réalité un gravier corallien assez grossier. La Polynésie est une destination *lagon*, pas une destination balnéaire. Lesdits lagons, les plus beaux de la planète, se découvrent lors d'excursions en bateau, ponctuées d'arrêts snorkeling et de pique-nique sur d'idylliques îlots. Certaines îles, vu leur relief, conviennent également au tourisme vert, comme Tahiti, Moorea, les Australes et les Marquises, avec de belles randonnées équestres ou pédestres, et au tourisme culturel, grâce à de nombreux vestiges archéologiques datant de l'ère pré-européenne.

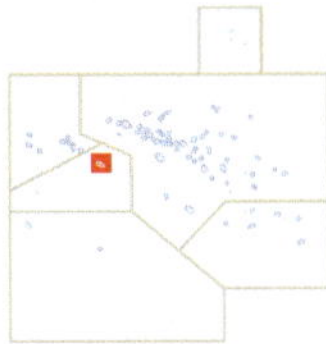

Tahiti

Randonnée
Activités nautiques
Culture et patrimoine

Randonnée et canyoning

L'imposant relief de Tahiti offre une belle palette de randonnées pédestres, comme l'emblématique ascension du mont Aorai ou les falaises du Pari. D'autres belles balades conduisent à des vallées secrètes et à des cascades.

Activités nautiques

On fait de belles plongées à Tahiti, même si la faune n'est pas aussi abondante que dans les autres îles. Quant aux amateurs de surf, ils seront aux anges, avec une série de spots d'anthologie, dont la mythique vague de Teahupoo.

Culture et patrimoine

Tahiti compte plusieurs musées qui valent le coup d'œil, dont le musée de Tahiti et des îles, des églises pittoresques, ainsi que des galeries d'art où exposent les artistes locaux, à Papeete. Plusieurs sites archéologiques valent aussi le détour, dont des *marae* (sites cérémoniels) bien préservés.

p. 69

Moorea

Activités sportives
Patrimoine
Observation des baleines

Activités sportives

Plongée ? Snorkeling ? Randonnée pédestre ? Promenade équestre ? Quad ? Kitesurf ? Surf ? Tous vos rêves d'aventure, sur terre comme sur mer, sont possibles à Moorea, aussi séduisante côté montagne que côté lagon.

Patrimoine

Pas de musée digne de ce nom à Moorea, mais quelques sites archéologiques bien restaurés, en pleine nature, qui racontent une histoire pluri-centenaire.

Observation des baleines

D'août à octobre, les baleines à bosse viennent se reproduire dans le chenal entre Tahiti et Moorea. Parfois, elles s'approchent très près de la côte, pour le plus grand bonheur des nageurs.

p. 115

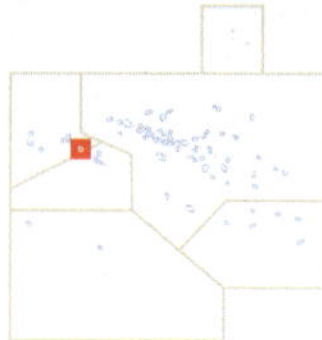

Huahine

Sites archéologiques
Excursions lagonaires
Randonnée

Sites archéologiques

Huahine compte d'intéressants vestiges archéologiques, notamment les *marae* (sites cérémoniels) à Maeva, dans le nord de l'île. Bien aménagés, ces sites anciens vous transporteront plusieurs siècles en arrière, avant l'arrivée des Européens.

Excursions lagonaires

Plusieurs prestataires proposent d'inoubliables excursions sur le lagon de Huahine, d'une grande beauté, surtout dans sa partie sud. Les sorties, à la journée, incluent un pique-nique sur un *motu* (îlot) et des arrêts baignade et snorkeling.

Randonnée

Bien que modeste, le relief de Huahine offre quelques belles possibilités de randonnée pédestre, accessibles à tous. Accompagné d'un guide, on découvre des panoramas époustouflants et la richesse botanique de l'île.

p. 151

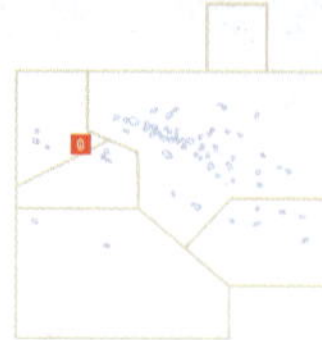

Raiatea et Tahaa

Activités sportives
Sites archéologiques
Excursions lagonaires

Activités sportives

Les plongeurs ne jurent que par la passe de Teavapiti, sur la côte est de Raiatea, qui passe pour l'une des plus poissonneuses des îles de la Société, et par le *Nordby*, la seule véritable épave de Polynésie. L'intérieur de Raiatea, montagneux, se prête à de superbes randonnées pédestres guidées, comme le plateau du Temehani, où l'on peut observer le très rare *Tiare apetahi*.

Sites archéologiques

C'est à Raiatea que se trouve le plus important site cérémoniel polynésien datant d'avant la présence européenne, le marae Taputapuatea, nimbé d'une atmosphère mystique, au bord du lagon.

Excursions lagonaires

Le tour du lagon de Tahaa en pirogue est un must. Il est ponctué de plusieurs arrêts : snorkeling au milieu de poissons multicolores près du motu Tau Tau, visite d'une ferme perlière et d'une vanilleraie, et pique-nique sur un idyllique motu.

p. 171

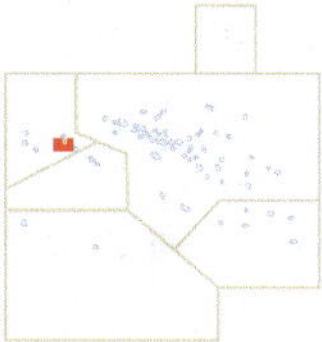

Bora Bora

Excursions lagonaires
Activités sportives
Baignade

Excursions lagonaires

La “perle du Pacifique” possède un lagon d’une magistrale beauté, où scintillent toutes les nuances de bleu. Pour en découvrir toutes les richesses, de nombreux prestataires organisent des tours de l’île en bateau, avec des arrêts sur les plus beaux spots de snorkeling. On nage en compagnie de raies et d’inoffensifs requins pointes noires.

Activités sportives

Il serait dommage de se limiter au farniente à Bora Bora. La plongée est à l’honneur, avec des sites de qualité, adaptés à tous les niveaux. L’intérieur offre quelques beaux parcours de randonnée pédestre. Parapente et parachute ascensionnel complètent la panoplie. En saison, on peut observer les baleines.

Baignade

La plage de Matira est bordée de sable clair, et le lagon invite à nager dans ses eaux translucides. Sur les motu, les hôtels disposent aussi de belles étendues (artificielles) de sable clair.

p. 201

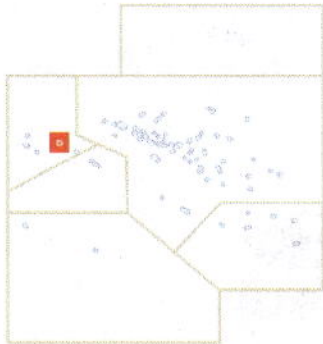

Maupiti

Activités sportives
Loin des foules
Plages

Activités sportives

Randonnée jusqu’au sommet de l’île, snorkeling avec des raies mantas, kayak sur les eaux translucides du lagon… Cette petite île se prête à toutes les envies.

Loin des foules

Maupiti est l’île la plus préservée des îles Sous-le-Vent. Contrairement à sa voisine Bora Bora, elle ne compte aucun hôtel, seulement quelques pensions réparties sur l’île principale et les motu (îlots), dont rien ne vient troubler la quiétude. L’éden par excellence !

Plages

Le terme de “plages” est à utiliser avec des pincettes en Polynésie, mais à Maupiti on peut lézarder sur des zones bordées de sable corallien clair, à l’ombre de cocotiers, comme à Tereia, un vrai paysage de rêve.

p. 227

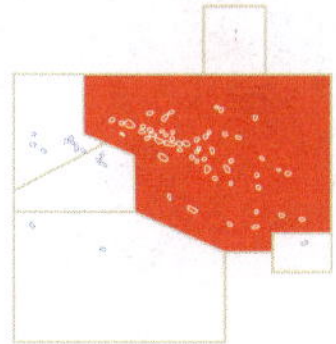

Tuamotu

Plongée
Excursions lagonaires
Loin des foules

Plongée

Ces sublimes confettis coralliens posés au ras de l’océan offrent des sites de plongée extraordinaires. Certains sont mondialement connus pour leur concentration d’espèces, comme la passe de Tiputa à Rangiroa ou les deux passes de Fakarava. Tikehau vaut aussi le détour.

Excursions lagonaires

Archétypes du paradis insulaire, les motu (îlots) des Tuamotu, frangés d’une étroite bande de sable corallien et de cocotiers échevelés, dévoilent la magie de leurs paysages lors de sorties en bateau, incluant un pique-nique et des arrêts snorkeling.

Loin des foules

Le mot “foule” n’existe pas aux Tuamotu, même à Rangiroa, l’atoll le plus “fréquenté”. À peine quelques routes et pistes, des hameaux où le temps s’est arrêté, et des infrastructures touristiques intégrées à leur environnement : peut-on rêver mieux pour déconnecter ?

p. 241

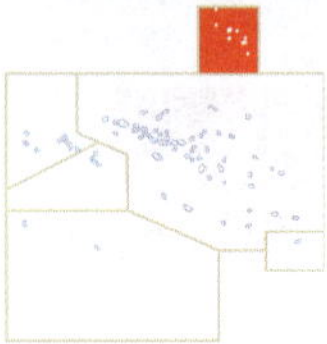

Marquises

Sites archéologiques
Activités sportives
Artisanat

Sites archéologiques

Les Marquises sont un gigantesque musée à ciel ouvert. Au milieu de l'épaisse végétation tropicale émergent des sites archéologiques datant de la période pré-européenne. Jouez les explorateurs et partez à la découverte de ce riche patrimoine.

Activités sportives

Les Marquises sont aussi un fabuleux terrain d'aventure. Ces îles au relief très prononcé sont sillonnées de sentiers praticables à pied ou à cheval (avec un guide). À Nuku Hiva et à Hiva Oa, on peut également faire de la plongée sous-marine.

Artisanat

L'artisanat marquisien est l'un des plus réputés du Pacifique. Dans toutes les îles, de talentueux sculpteurs (sur bois, sur pierre, sur os) réalisent des merveilles en puisant leur inspiration dans la culture ancestrale. Les meilleurs tatoueurs sont également d'origine marquisienne.

p. 287

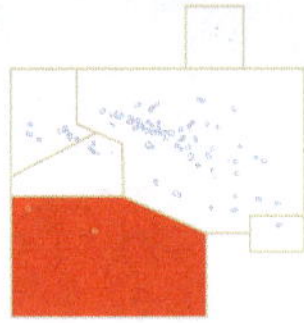

Australes

Loin des foules
Écotourisme
Excursions sur le lagon

Loin des foules

Les Australes restent encore à l'écart des itinéraires touristiques habituels et pourtant elles méritent largement le détour, autant par leurs somptueux paysages, d'une étonnante variété, que par leurs traditions, toujours intactes. C'est la Polynésie d'il y a 30 ans.

Écotourisme

Rurutu est percé d'immenses grottes calcaires que l'on peut visiter avec un guide. D'août à octobre, des baleines à bosse se donnent en spectacle à une encablure des côtes. On peut pratiquer la randonnée pédestre sur chaque île, et de belles balades équestres sont possibles à Rurutu.

Excursions sur le lagon

Le lagon de Raivavae est l'un des plus beaux du Pacifique, mais rares sont ceux dans la confidence… Le "motu piscine" incarne la carte postale. Le lagon de Tubuai offre également des sites édéniques, à découvrir lors d'une excursion en bateau.

p. 339

Gambier

Loin des foules
Églises
Excursions sur le lagon

Loin des foules

Très rares sont les visiteurs qui se rendent dans ces bouts d'île situés aux confins de la Polynésie française. Raison de plus pour passer plusieurs jours dans l'une des pensions de Rikitea, qui réservent un accueil authentique à leurs hôtes.

Églises

L'histoire des Gambier est singulière. Cet archipel est le berceau du catholicisme en Polynésie. Il abrite des dizaines de bâtiments religieux datant du XIXe siècle – églises, presbytères, tours de guet, disséminés sur les îles de Mangareva, ainsi que la plus belle cathédrale du territoire, à Rikitea. Assister aux messes chantées est un grand moment.

Excursions sur le lagon

Mangareva se compose de 10 îles hautes et de 18 motu sertis dans un lagon semi-fermé, baignée par des eaux d'un beau bleu métallique, idéales pour le snorkeling. Un vrai condensé des paysages de Polynésie. Certains îlots sont ourlés de plages de sable corallien, de couleur blanche, et même de sable doré.

p. 367

Sur la route

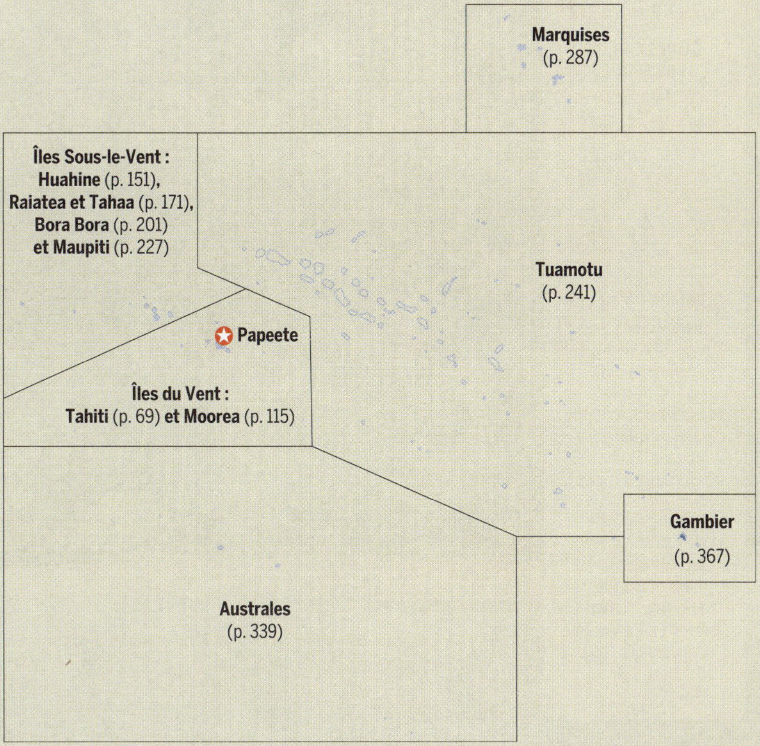
Marquises
(p. 287)
Îles Sous-le-Vent :
Huahine (p. 151),
Raiatea et Tahaa (p. 171),
Bora Bora (p. 201)
et Maupiti (p. 227)
Tuamotu
(p. 241)
Papeete
Îles du Vent :
Tahiti (p. 69) et Moorea (p. 115)
Gambier
(p. 367)
Australes
(p. 339)

EN BREF

POPULATION
192 760 habitants

SIGNE DISTINCTIF
L'île la plus peuplée (70% des habitants de la Polynésie française)

MANGER COMME UN HABITANT
Snacks de la place Toata (p. 82)

PLAGE LA PLUS NOIRE
Pointe Vénus (p. 104)

PENSION LOIN DU MONDE
Pension Reva (p. 113)

COIN LE PLUS PRÉSERVÉ
Tahiti Iti (la presqu'île ; p. 107)

COMMENT Y ALLER

Bateau La gare maritime se situe au nord-est du bd Pomaré. On peut notamment y embarquer vers Moorea, Huahine ou Bora Bora (p. 89).

Avion L'aéroport de Faa'a, à 6 km du centre-ville, est la plaque tournante du trafic aérien en Polynésie française (p. 89).

Plage de Tautira, presqu'île de Tahiti (p. 107)
DAGUIMAGERY / STOCK.ADOBE.COM ©

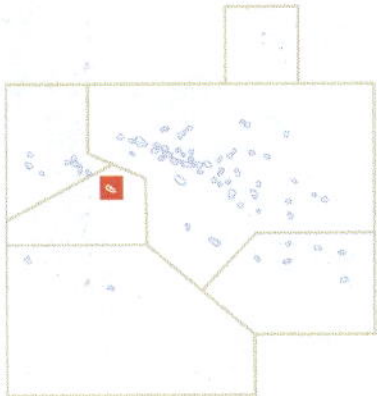

Tahiti

Au premier abord, la plus célèbre des îles de Polynésie laisse perplexe. La plupart des visiteurs sont surpris par l'urbanisation galopante le long du littoral, l'absence de "vraies" plages de carte postale, la vie chère et l'hébergement très ordinaire qu'ils trouvent à Papeete. L'immense majorité des touristes en restent à ces impressions et ne s'attardent pas, tentés par les promesses de Moorea, de Bora Bora ou des Tuamotu. Quel dommage ! Cette île s'apprécie sur la durée. À la différence d'autres îles de Polynésie, Tahiti présente un bel équilibre entre les joies de l'océan et celles de l'intérieur, inhabité et vierge. Ses vallées secrètes, ses cascades, ses pics et massifs volcaniques qui dépassent les 2 000 m lui donnent un profil de forteresse grandiose.

Ce paradis naturel est propice à la pratique de nombreuses activités, notamment la randonnée pédestre. Côté mer, Tahiti n'est pas en reste : plongée sous-marine, surf, observation des baleines... On recense aussi d'importants vestiges de la civilisation pré-européenne. Et il suffit de faire quelques dizaines de kilomètres pour se replonger dans le Tahiti d'antan, à la presqu'île. C'est aussi la seule île dans laquelle on trouve un peu d'animation – une denrée rare en Polynésie !

DANS CE CHAPITRE

À ne pas manquer

1 Découvrir l'intérieur luxuriant de Tahiti lors d'une **excursion en 4x4** (p. 106)

2 Faire une matinée shopping au **marché de Papeete** (p. 74)

3 Observer les **baleines à bosse** (p. 78)

4 Dîner à la bonne franquette dans l'une des **roulottes** (p. 82) sur le front de mer

5 Gravir le **mont Aorai** (p. 108) ou effectuer la **randonnée du Te Pari** (p. 110), à la presqu'île

6 S'initier à la **plongée** (p. 76) dans le lagon de Tahiti

7 Admirer la **vague de Teahupoo** (p. 103)

8 Participer à une excursion en bateau à **Tetiaroa** (p. 88)

Histoire

À l'époque de l'arrivée des Européens, Tahiti n'était pas l'île la plus puissante. Sur chaque île, de nombreux micro-royaumes et chefferies se livraient d'incessantes querelles pour asseoir leur suprématie sans qu'aucun ne parvienne à prendre l'ascendant. Il était exceptionnel qu'un *arii* (chef) réussisse à régner sur une île entière.

La prééminence de Tahiti s'affirma à partir de 1767, lors de l'arrivée de l'explorateur britannique Samuel Wallis, bientôt suivi de Louis-Antoine de Bougainville et de James Cook. Les navigateurs appréciaient Tahiti car ils trouvaient des conditions de mouillage idéales. Les armes européennes et, durant quelque temps, les mercenaires européens bouleversèrent le fragile équilibre politique local, en faveur de la famille Pomaré. Cette dynastie allait dominer non seulement l'ensemble de Tahiti, mais aussi d'autres îles de l'archipel de la Société (dont Moorea, la grande rivale) et des Australes. En peu de temps, Tahiti devint une base secondaire de l'expansion coloniale européenne : il ne s'écoula qu'une génération entre la prise de Tahiti par le roi Pomaré II en 1815 et son annexion par la France en 1842, sous la houlette de l'amiral Dupetit-Thouars. Les Tahitiens, opposés à cette mainmise française, s'insurgèrent, et Tahiti fut le théâtre de sanglants affrontements entre Français et Tahitiens de 1843 à 1846. La rébellion fut matée par la puissance coloniale.

Au début du XXe siècle, avec la création des Établissements français d'Océanie (ÉFO), Tahiti acquit une position prédominante en matière commerciale, avec Papeete comme plaque tournante. L'essor de l'île date de cette époque. Depuis, Tahiti et Papeete n'ont cessé de gagner en importance. La construction de l'aéroport de Tahiti-Faa'a en 1961 et l'installation du Centre d'expérimentation du Pacifique renforcèrent le déséquilibre déjà manifeste entre Tahiti et le reste de la Polynésie.

Aujourd'hui, Tahiti rassemble 192 000 habitants (contre 37 000 en 1956), soit environ 70% de la population totale de Polynésie française. L'île concentre tous les pouvoirs, d'où une certaine frustration de la part des habitants des archipels éloignés, qui vivent mal ce centralisme et ce déséquilibre croissant. En réalité, c'est surtout entre Papeete et son agglomération (totalisant plus de 120 000 habitants, et dont les lumières attirent vers un avenir incertain les insulaires des autres archipels) et le reste de la Polynésie que le fossé se creuse.

Géographie et géologie

Tahiti est la plus grande des îles de la Polynésie française. Elle se compose de deux entités nettement distinctes : Tahiti Nui ("grande Tahiti"), à l'ouest, et Tahiti Iti ("petite Tahiti"), à l'est, également appelée la "presqu'île". Ces deux blocs sont reliés par un isthme étroit. L'étroite frange côtière, où réside l'immense majorité de la population, est dominée par des versants escarpés et luxuriants qui forment le cœur de l'île. Impossible de se perdre : il n'y a que quelques routes. L'une d'elles fait le tour de la grande île, et trois autres desservent la presqu'île sur de courts tronçons. Il n'y a qu'une seule piste qui traverse la grande île. On appelle "côte est" la portion de littoral entre Papeete et Faaone et "côte ouest" celle qui va de Papeete à Paea. La côte sud va de Paea à Taravao.

L'intérieur montagneux de Tahiti Nui est constitué d'un unique et vaste cratère volcanique bordé par des pics très élevés. Le point culminant de l'île, le mont Orohena (2 241 m), s'élève sur le flanc occidental de la cuvette. Autres sommets facilement repérables : le spectaculaire Diadème (1 321 m), le mont Marau (1 493 m) et le mont Aorai (2 066 m). De nombreuses vallées, disposées en étoiles, entaillent les flancs du cratère.

Le point culminant de Tahiti Iti, géologiquement plus récente que sa grande voisine, est le mont Ronui (1 332 m). L'extrémité orientale de la péninsule est bordée par de magnifiques hautes falaises escarpées, la région du Te Pari.

Un récif frangeant encercle la majeure partie de l'île, bien que certaines zones, plus particulièrement sur la côte nord, ne soient pas protégées par une barrière de corail.

PAPEETE

140 000 HABITANTS

Au premier abord, Papeete n'a rien d'une beauté fatale des mers du Sud. L'architecture des immeubles du centre-ville n'a aucun charme, les rues sont encombrées de véhicules, les nuisances sonores sont nombreuses et, le soir, dans les rues désertes, on se croirait dans une

Centre de Papeete

Centre de Papeete

À voir
1 Assemblée de Polynésie française E4
2 Association Koo Men Tang F4
3 Association philantropique chinoise F3
4 Cathédrale de l'Immaculée-Conception F3
5 Mairie de Papeete F3
6 Marché...F3
7 Musée de la Perle C3
8 Statue de Pouvanaa a Oopa E4
9 Te Fare Tauhiti Nui (Maison de la Culture) B3
10 Temple de Paofai C3

Où se loger
11 Fare Suisse..C4
12 Hôtel Tahiti Nui G2
13 Mahana Lodge Hostel & Backpacker F2
14 Sarah Nui...G1

Où se restaurer
15 Café Maeva F3
16 Chez Jimmy F2
17 L'Api'zzeria C4
18 L'O à la Bouche E4
19 L'Oasis du Vaima E3
20 Le Bora-Bora Lounge F2
21 Le Mandarin F2
22 Le Meherio D3
23 Le Rétro E3
24 Les 3 Brasseurs F2
25 Patachou E3
26 Roulottes E2
27 Snacks de la place Toata B3
28 Tahiti Smoothies F3
29 Te Va'a Tere F1

Où prendre un verre
30 Le Moana D3
Le Rétro ....(voir 23)
Les 3 Brasseurs .... (voir 24)
31 Les Rêves de Lucie E3

Où sortir
32 Le Paradise Night F1
33 Le Perchoir E3
34 Le Sugar F3

Achats
35 Efraima Huuti F3
36 Galerie des Tropiques B3
37 Galerie Winkler E3
38 Ganesha E3
39 Hinano E3
40 Mana'o Tattoo F2
41 Motu Tane E3
Tara ....(voir 15)

Renseignements
42 Archipels F3
43 Clinique Cardella F4
44 Odyssey F4
45 Office du tourisme de Tahiti et ses îles F2

Transports
46 Air Tahiti F3

ville fantôme. Il n'y a pas non plus de monuments ou de musées incontournables. Bref, on est loin du paradis attendu.

Et pourtant... Papeete réserve aussi de bonnes surprises. Flânez sur le front de mer (récemment réaménagé et embelli), faites du shopping au marché couvert et dans les boutiques de perles, assistez au ballet incessant des ferries qui traversent la rade, admirez les piroguiers qui s'entraînent dans la baie, découvrez quelques vestiges du passé et profitez de ses restaurants, parmi les meilleurs de Polynésie.

Papeete mérite qu'on lui consacre un ou deux jours, pour s'imprégner de son atmosphère. Belles demies (métisses) portant une fleur à l'oreille, Farani (Français) résidents ou fraîchement débarqués, Chinois et îliens en provenance de tous les archipels se côtoient dans une ambiance cosmopolite bon enfant.

Papeete est aussi une base bien pratique pour partir à la découverte de l'intérieur de l'île, en 4x4 ou à pied, faire de la plongée sous-marine et, en saison, observer les baleines qui passent au large du lagon. Et en juillet, toute la ville bat au rythme des festivités du Heiva, à ne manquer sous aucun prétexte.

Histoire

Le nom de Papeete signifie "corbeille d'eau" ; jadis, on venait probablement chercher de l'eau aux sources jaillissant entre le bâtiment de l'Assemblée territoriale et la résidence du haut-commissaire, dans le domaine de l'ancien palais Pomaré.

En 1769, quand Cook jeta l'ancre à 10 km à l'est, dans la baie de Matavai, le site de l'actuelle Papeete était pratiquement vierge. À la fin du XVIIIe siècle, les visiteurs européens prirent conscience des avantages

"TAHITI" OU "POLYNÉSIE FRANÇAISE" ?

Bon nombre de gens confondent, à tort, Tahiti et la Polynésie française. En fait, Tahiti n'est qu'une des îles de la Polynésie française, qui en comprend 118, réparties en cinq archipels. Comme c'est la plus grande, la plus développée et la plus connue, elle est devenue synonyme de Polynésie française. Ainsi, on entendra souvent dire "Je vais à Tahiti", mais il faut comprendre "Je vais en Polynésie française".

de sa baie abritée, facilement accessible par une large passe. Après une tentative d'établissement infructueuse en 1797, les premiers missionnaires protestants de la London Missionary Society (LMS) débarquèrent à Papeete en 1824, avant que la jeune reine Pomaré IV ne s'y installe un peu plus tard. La ville devint ainsi un centre religieux et politique.

L'importance économique de la ville s'affirma également : le port de Papeete devint une escale prisée, notamment par les baleiniers. Le gouverneur Bruat éleva en 1843 la ville au rang de siège administratif du nouveau protectorat français. Vers 1860, elle avait acquis sa forme actuelle.

Des négociants et des commerçants chinois commencèrent à s'implanter en petit nombre à Papeete, mais sa population ne dépassait pas 5 000 âmes au début du XXe siècle. Malgré plusieurs cyclones – dont celui de 1906, dévastateur – qui fit de nombreuses victimes, et le bombardement naval allemand de 1914, qui détruisit le marché central, le chiffre de 10 000 habitants fut atteint durant la Seconde Guerre mondiale. Au début des années 1960, la population s'élevait à 20 000 habitants.

La mutation de la ville s'accéléra au cours de la décennie 1960. L'inauguration de l'aéroport de Faa'a, dans la banlieue ouest, en 1961, enclencha la dynamique touristique.

L'implantation du Centre d'expérimentation du Pacifique (CEP) se traduisit par un afflux massif d'argent. Le secteur tertiaire et administratif se développa, incitant de nombreux Polynésiens des autres archipels à s'installer dans la capitale. La croissance urbaine et démographique explosa. Cette expansion rapide a malheureusement eu raison de l'ancien et charmant quartier colonial de la ville.

Orientation

L'agglomération de Papeete forme une vaste conurbation, coincée entre le lagon et les contreforts montagneux, qui s'étire sur une trentaine de kilomètres sur la côte nord de Tahiti. En plus de Papeete intra-muros (27 000 habitants), l'agglomération englobe les communes d'Arue, de Pirae et de Mahina à l'est, de Faa'a et de Punaaiua à l'ouest pour un total de 137 000 habitants.

La ville de Papeete s'étire autour d'une baie quasi fermée. Le centre-ville constitue une zone compacte que l'on peut facilement explorer à pied. Le boulevard Pomaré longe le front de mer : les boutiques, les banques, l'office du tourisme, les hôtels et les restaurants du centre-ville sont pour la plupart concentrés le long de cette artère animée, ou dans les rues adjacentes. La gare maritime et le quai des paquebots se trouvent également à cet endroit. La zone portuaire (Fare Ute et Motu Uta), facilement visible du centre-ville, se déploie au nord. Bruyant et complètement engorgé pendant la journée, le centre se vide rapidement en fin d'après-midi.

En allant vers l'ouest, on arrive à Faa'a, la banlieue populaire de Papeete, peu attrayante. La RDO (route de dégagement ouest) est un court tronçon autoroutier qui relie Punaaiua à l'entrée ouest de la ville.

Désagréments et dangers

La petite délinquance et les agressions sont en nette augmentation à Papeete, surtout le soir, dans les rues du centre-ville, y compris à proximité des bars et des rares lieux de sortie. Ne vous éloignez pas des lieux éclairés et fréquentés et ne laissez aucun objet de valeur dans votre véhicule. Éloignez-vous de toute personne en état d'ébriété.

Dans vos déplacements, tenez compte de la "file", autrement dit les embouteillages monstres tôt le matin et à la sortie des bureaux en fin d'après-midi, afin de ne pas rester piégé dans la circulation.

À voir

Marché de Papeete MARCHÉ
(angle rue Colette et rue du 22-Septembre ; 7h-17h tlj, 4h-9h dim). Pittoresque et animé, le marché central de Papeete constitue un excellent point de départ pour sentir battre le pouls de la ville. Agréable à

visiter n'importe quel jour de la semaine, c'est très tôt le dimanche, dès 4h, quand affluent les résidents des "districts" (les villages), qu'il se révèle le plus coloré. C'est également une halte toute désignée pour faire des emplettes et rapporter des souvenirs, même si de nos jours certains sont fabriqués en Asie...

Au rez-de-chaussée, vous trouverez les fruits exotiques, légumes, viandes et poissons, ainsi que l'artisanat ; à l'étage, l'habillement et le bazar. Les produits traditionnels tahitiens sont bien entendu à l'honneur, notamment le taro, le fruit de l'arbre à pain, la noix de coco, les ananas de Moorea et les pastèques de Maupiti. On trouvera chez les poissonniers du *mahi mahi*, du thon et bien d'autres espèces de poissons. Des fleurs aux couleurs éclatantes agrémentent et parfument l'atmosphère. Vous pourrez acheter de la vannerie en feuilles de pandanus – sacs, paniers, nattes et chapeaux –, des paréos, du monoï, des colliers et bijoux en coquillage, ainsi que les incontournables T-shirts à fleurs.

L'édifice actuel date de 1987, en remplacement d'un bâtiment à structure métallique qui remontait à 1927.

Plusieurs snacks bon marché proposent des plats simples au rez-de-chaussée et à l'étage.

Front de mer PROMENADE

Le front de mer, bordé d'une promenade joliment aménagée, donne une touche de charme à Papeete. Il a bénéficié d'importants travaux d'embellissement au cours des années passées. Les voiliers au mouillage dans le port, l'arrivée et le départ des ferries inter-îles à la gare maritime font des quais un lieu pittoresque. À la nuit tombée, les "roulottes" (voir l'encadré p. 82) s'installent sur la **place Vaiete**, où s'amarrent les paquebots, et proposent les repas les moins onéreux de Papeete, dans une ambiance bon enfant.

Les principaux centres commerciaux sont également bâtis sur le front de mer, dont le **centre Vaima**, qui regroupe des boutiques, quelques restaurants et les bureaux des compagnies aériennes.

En marchant vers l'est, on arrive rapidement aux **jardins de Paofai**, un parc public très bien entretenu, où l'on peut se reposer. C'est d'ici que partent les piroguiers lorsqu'ils s'entraînent dans la rade, tôt le matin ou en fin d'après-midi, voire à la pause déjeuner. Les jardins de Paofai se prolongent par la **place Toata**, qui accueille chaque année les concours de danse du Heiva, la grande fête traditionnelle polynésienne qui se déroule en juillet (voir l'encadré p. 84). À côté, l'imposant édifice du **Te Fare Tauhiti Nui**, la Maison de la culture, se distingue par son style néopolynésien. Diverses expositions et activités culturelles y sont régulièrement organisées.

Parc Bougainville PARC

(bd Pomaré). À côté de la poste, l'agréable parc Bougainville peut être prétexte à une pause rafraîchissante. Remarquez le buste du grand explorateur français, érigé en 1909. Son socle est flanqué de deux **canons de marine**, dont l'un provient du vaisseau français *La Zélée*, coulé à l'embouchure du port durant le raid allemand de septembre 1914.

Temple de Paofai CULTE PROTESTANT

(bd Pomaré). Impossible de ne pas remarquer les tonalités rose, vert et blanc de ce temple aux proportions très géométriques, sur le boulevard Pomaré, près du front de mer. C'est le plus important des édifices protestants de l'île.

Le temple occupe le site de la première église protestante de Papeete, construite en bois en 1818, et remplacée en 1824 par un édifice en pierre, puis par un autre en 1907. La population de Tahiti est demeurée essentiellement protestante grâce au zèle des premiers missionnaires de la London Missionary Society (LMS).

Lors du culte dominical, il accueille une assemblée des fidèles vêtus de leurs plus beaux atours – les hommes revêtus de leurs plus beaux costumes et les femmes arborant de magnifiques robes blanches et des chapeaux blancs à large bord –, qui chantent à gorge déployée des *himene* (chants religieux). À ne pas manquer !

Musée de la Perle MUSÉE

(☎ 40 54 86 40 ; www.robertwan.com ; bd Pomaré ; entrée libre ; ⏲ 9h-17h lun-sam). Sur le front de mer, ce musée moderne et bien conçu, créé par le magnat de la perle Robert Wan, vous apprendra tout sur la perliculture, son histoire et ses techniques. Bien entendu, il se double d'une boutique de perles !

Mairie de Papeete ARCHITECTURE CIVILE

(rue Paul-Gauguin). Selon l'humeur, on la trouve clinquante, kitsch ou bien proportionnée. La mairie de Papeete mérite le coup d'œil, avec sa façade jaune pastel,

MONUMENTS CHINOIS

On ne s'attend pas à trouver pareils monuments dans la capitale polynésienne, et pourtant... Papeete compte plusieurs bâtiments qui témoignent de l'implantation chinoise à Tahiti. Le principal **temple chinois** (angle av. Georges-Clemenceau et av. du Commandant-Chessé ; accès possible à certaines heures), le Kanti de Mamao, qui date de 1987, remplace l'ancien temple chinois bâti voici plus d'un siècle. Il a l'allure d'une grande pagode, égayée de tons rouge, vert et or. À voir également : le bâtiment de l'**Association philanthropique chinoise** (rue Édouard-Ahnne) et l'édifice de l'**association Koo Men Tang** (rue Paul-Gauguin).

ses balustrades blanches, son toit en tuiles rouges et son clocher caractéristique.

Cathédrale de l'Immaculée-Conception ÉDIFICE RELIGIEUX

(place de la Cathédrale). Cette belle église à la façade jaune, derrière le centre Vaima, également appelée cathédrale Notre-Dame, fut bâtie en 1856. À l'origine, on envisagea de la construire en pierres importées d'Australie et de la pourvoir d'un portail sculpté dans du granit provenant de Mangareva, dans l'archipel des Gambier. Ce projet, jugé bien trop ambitieux pour un port aussi minuscule que celui de Papeete, souleva de vives controverses, mais le chantier fut lancé. Des tailleurs de pierre de Mangareva, formés par les missionnaires catholiques, furent mis à contribution. Le financement du projet vint cependant à se tarir à peine un an plus tard. L'édifice d'origine fut démoli en 1867 avant que l'on entreprenne, en 1869, la construction d'une nouvelle cathédrale, plus modeste, achevée en 1875. Les vitraux contemporains réalisés par Yves de Saint-Front datent eux de 1967.

Quartier des administrations QUARTIER

Les bâtiments de l'**Assemblée de Polynésie française** de la présidence et des autres organismes gouvernementaux occupent le site de l'ancien palais Pomaré, sur la **place Tarahoi**, qui tire son nom du *marae* Tarahoi, le site cérémoniel royal de la famille Pomaré.

Dans la rue du Général-de-Gaulle, devant la façade du bâtiment de l'Assemblée, se dresse la **statue de Pouvanaa a Oopa**. Cet homme politique fut élu à trois reprises député à l'Assemblée tahitienne durant les années 1950 et 1960. Sa défense du nationalisme tahitien lui valut d'être emprisonné après les émeutes qui secouèrent Papeete en 1958. Il demeure un puissant symbole des aspirations tahitiennes (voir l'encadré p. 351).

La **résidence du haut-commissaire**, appelée "haussariat", flanque un côté du bâtiment de l'Assemblée. Plus récent, le **palais présidentiel** est un édifice imposant et luxueux qui abrite les services de la présidence du gouvernement. Jugé trop somptuaire, il a fait couler beaucoup d'encre lors de sa construction en 2000.

Zone portuaire (Fare Ute et motu Uta) QUARTIER

Après la **gare maritime** d'où partent les ferries pour Moorea, à l'extrémité du boulevard Pomaré, on passe la **base navale**, puis on arrive dans la **zone industrielle de Fare Ute**, composée d'entrepôts et de diverses grandes enseignes. C'est au **motu Uta**, après le pont, que sont amarrés les cargos inter-îles. Ce secteur mérite le coup d'œil pour l'ambiance. La zone portuaire n'est pas fermée et le public est toléré, à condition de ne pas gêner les manœuvres des dockers. Ceux-ci déchargent, dans l'odeur douceâtre de la noix de coco, les cargaisons de coprah provenant des autres îles et chargent dans les cargos le fret à destination des îles les plus reculées de Polynésie. Les palettes contiennent toutes sortes de marchandises, des matériaux de construction aux caisses de bière Hinano, des barils de gazole aux bicyclettes taïwanaises flambant neuves, en passant par les couches-culottes.

Activités

Plongée sous-marine

Plusieurs centres de plongée sont installés sur la côte ouest. Ils proposent entre 2 et 4 sorties par jour et des formations pour tous les niveaux. La plupart assurent un service de ramassage dans les hôtels et les pensions de l'agglomération de Papeete.

La plongée à Tahiti passe pour moins spectaculaire que dans le reste de la Polynésie (surtout pour la grosse faune, assez peu présente le long des côtes de Tahiti), mais les sites, répartis entre Punaauia et Arue, sont nombreux et conviennent aussi bien aux débutants qu'aux confirmés. L'intérêt

1

KWISAK / STOCK.ADOBE.COM ©

2

DABOOST / STOCK.ADOBE.COM ©

1. Marché central de Papeete (p. 74) 2. Cathédrale de l'Immaculée-Conception (p. 76) 3. Jardin de Paofai (p. 75)

3

NANCY / STOCK.ADOBE.COM ©

des plongées réside dans le relief, avec de beaux tombants, et la petite faune récifale, présente en quantité. Par ailleurs, les tarifs pratiqués comptent parmi les plus avantageux de Polynésie.

Près de l'aéroport, on trouve de superbes sites d'initiation dans le lagon (dont l'Aquarium, dans quelques mètres d'eau), avec des petites épaves posées sur du sable. Reportez-vous au chapitre *Plongée* p. 40 pour plus de détails sur les sites.

Topdive PLONGÉE, SNORKELING

(☎40 83 50 60 ; www.topdive.com/scuba-diving-tahiti ; PK 7,5, Faa'a ; baptême 13 000 CFP, explo 9 900 CFP, 2 plongées successives 19 000 CFP ; ⏲tlj). À l'Intercontinental Tahiti Resort. Tarifs largement supérieurs à la moyenne, mais prestations de qualité et plongée au Nitrox sans supplément. Cette enseigne propose aussi des forfaits de 6, 10 ou 20 plongées pour 2 personnes à 60 000/90 000/170 000 CFP, également valables dans les centres Topdive de Tahiti, Bora Bora, Rangiroa et Fakarava. Possibilité de sorties snorkeling.

Scuba Tek PLONGÉE

(☎89 40 04 99 ; www.scubatektahiti.com ; PK 4, marina d'Arue ; baptême 7 500 CFP, explo 6 900 CFP, forfait 5/10 plongées 29 000/49 000 CFP). Les plongées les moins chères de Polynésie. Petite structure, fréquentée par des habitués. Exploite surtout les sites entre Papenoo et Faa'a. Sortie journée à Paea et Moorea. Réputé également pour la formation. Membre du **Pass Te Moana** (pass 10 plongées à 72 000 CFP valable pour 2 plongeurs dans 14 centres sur 10 îles ; www.temoanadiving.com). Les départs ont lieu de la marina d'Arue, située derrière le stade de football d'Arue.

Observation des baleines et des dauphins

Se retrouver face à une masse de la taille d'un semi-remorque dans quelques mètres d'eau laisse un souvenir indélébile. Tahiti s'est progressivement imposée comme l'un des principaux spots d'observation des baleines à bosse et des dauphins dans le Pacifique sud.

Plusieurs baleines à bosse viennent se reproduire entre août et octobre (voire mi-novembre certaines années) à proximité des côtes. Sachez cependant que leur présence n'est pas garantie d'une année sur l'autre. Certaines années peuvent être décevantes, d'autres sont exceptionnelles. Chaque sortie baleine est différente et réserve son lot de surprises. Les dauphins sont présents toute l'année.

La plupart des centres de plongée organisent des sorties d'observation des baleines d'août à octobre (en fonction de la présence des baleines), à la demi-journée. Comptez entre 9 000 et 12 000 CFP/pers. La phase de repérage peut être longue, car les baleines se déplacent en permanence. C'est grâce aux souffles et aux éventuels sauts qu'elles sont localisées. Le bateau se rapproche alors, le plus discrètement possible, et une phase d'observation se met en place pour que la baleine s'habitue à la présence de l'embarcation. La mise à l'eau est possible sous certaines conditions (c'est au moniteur naturaliste de décider), mais il existe des règles élémentaires d'approche pour ne pas harceler et faire fuir les animaux (mise à l'eau discrète, pas de déplacements brusques, ne pas s'approcher en nageant à moins de 30 m d'un adulte, etc.) ; veillez à ce que les prestataires les respectent. Les sorties d'observation des dauphins sont un peu moins chères (environ 8 000 CFP/pers la demi-journée).

Depuis la terre ferme, il est possible d'observer baleines et dauphins (plutôt en début de matinée) au niveau de la pointe des pêcheurs, sur la digue longeant le musée de Tahiti et des îles (voir p. 91). Une sculpture de dauphin marque cet "observatoire" côtier. Prenez vos jumelles !

Surf

Les côtes de Tahiti comportent d'excellents spots de surf, dont certains ont une notoriété internationale (voir l'encadré p. 102).

Pour des cours ou des stages d'initiation ou de perfectionnement, contactez les prestataires suivants, tous professionnels diplômés :

Aloha Surf School Tahiti ÉCOLE DE SURF

(☎89 33 82 09 ; www.alohasurfschooltahiti.com ; ⏲sur réservation mar-dim). Romain Becouarn propose une dizaine de sessions chaque semaine, de l'initiation sur les plages de Mahina au perfectionnement à Papenoo et Papara. Comptez 10 000 CFP en cours particulier (12 000 CFP pour 2 pers), prêt du matériel et transport inclus.

Tama He'e ÉCOLE DE SURF

(☎87 79 06 91 ; www.facebook.com/tamahee.surfschool/ ; ⏲sur réservation). Initiation et perfectionnement au surf et au Bodyboard, avec Michel Demont, champion du monde de longboard en 1994. Cours privés ou collectifs.

Turai Mataare ÉCOLE DE SURF

(☎ 87 77 27 69 ; www.tahiti-surfschool.com ; ⏲ sur réservation). Propose différentes formules, initiation et perfectionnement (surf et bodyboard), en cours collectifs (à partir de 4 500 CFP/pers) ou privés (12 000 CFP/pers). Location de planches et de Bbodyboard (3 000 CFP la demi-journée).

Où se loger

L'hébergement n'est pas le point fort de Papeete. Les hôtels se comptent sur les doigts de la main et le rapport qualité/prix laisse à désirer. Il n'y a qu'une poignée d'adresses au centre-ville. Quelques établissements sont localisés à la périphérie est et ouest de Papeete.

Fare Suisse CHAMBRES €

(☎ 40 42 00 30, 87 76 81 21 ; www.fare-suisse.com ; rue des Poilus-Tahitiens ; d/tr 15 500/17 500 CFP ; ❄📶). Un bon rapport qualité/prix, dans un lotissement calme, à 10-15 minutes à pied du centre-ville. Les 25 chambres sont sans fioritures mais claires, d'une propreté exemplaire, avec du mobilier en bambou, une bonne literie et une sdb fonctionnelle. Elles sont réparties dans deux immeubles modernes dont l'un abrite le consulat de Suisse. Petit-déjeuner buffet (1 200 CFP) et restauration le soir : pizzas 1 500 CFP ou fondue suisse (2 600 CFP/pers). Le Wi-Fi ne fonctionne que dans les parties communes. Transfert gratuit à l'aéroport ou à la gare maritime.

Mahana Lodge Hostel & Backpacker AUBERGE DE JEUNESSE €

(☎ 89 50 49 04 ; mahanalodge.papeete@gmail.com ; 5 rue Paul-Gauguin ; dort avec petit-déj 3 500-4 000 CFP, d avec petit-déj et sdb commune 7 500-8 000 CFP ; ❄📶). Enfin, un établissement pour backpackers digne de ce nom à Papeete ! En plein cœur de la capitale, à deux pas du front de mer et du marché, au premier étage d'un immeuble, vous logerez dans l'un des trois dortoirs (l'un de 12 lits, l'autre de 4 lits, ainsi qu'un dortoir de 6 lits réservée aux femmes), aérés et climatisés (ouf !). Chaque lit est équipé d'une prise électrique. Dommage que les liseuses ne fonctionnent plus, tout comme certaines douches. En attendant un petit lifting bienvenu, la propreté est sans défaut – on est tenu de se déchausser à l'entrée. Pour plus d'intimité, optez pour l'une des 3 chambres, avec sdb commune, sans fenêtre mais impeccables (serviettes fournies). Cuisine commune à dispositon. La réception est ouverte de 5h30 à 20h, mais il y aura toujours quelqu'un en cas d'arrivée tardive.

Fare Hau CHAMBRES €

(☎ 87 77 21 06 ; www.pension-farehau.sitew.com ; Faaa ; d avec sdb commune et petit-déj 9 500-10 500 CFP, d avec sdb privative et petit-déj 11 500 CFP ; ❄📶). Une adresse fiable, sur une colline à proximité de l'aéroport (donc pratique pour ceux qui sont en transit). Anita réserve un bon accueil à ses hôtes, logés dans l'une des 3 chambres de la maison, dans un quartier tranquille. Donnant sur le garage, la "Aute" et la "Opuhi" partagent une sdb impeccable et bénéficient d'une literie de qualité. Pour un confort supérieur et plus de luminosité, optez pour la "Moana", la seule qui soit équipée d'une sdb privée. Toutes les chambres sont climatisées. Le petit-déj est servi sur une terrasse, avec vue sur Moorea. Pour les repas, une cuisine est à disposition, et on peut se faire livrer des pizzas. À 5 minutes de l'aéroport en taxi (2 500 CFP) ou à 20 minutes à pied. Paiement en espèces ou par virement.

Tutehau CHAMBRES €

(☎ 87 31 19 84 ; www.faredhotestutehau.com ; 184 av. du Chef-Vairaatoa ; s/d avec sdb commune et petit-déj 9 000/11 000 CFP, s/d avec petit-déj 11 000/14 000 CFP, pers supp 6 000 CFP ; ❄📶). Logé dans un quartier résidentiel à environ 800 m de la gare maritime, cette grande maison avec jardin se compose de 4 chambres (dont une familiale). L'agencement intérieur peut déconcerter : deux chambres (avec sdb commune) sont séparées du salon commun par des baies vitrées (occultées par un rideau) – et donc offrent une intimité limitée – mais le niveau de confort et de propreté est excellent. Les deux autres pourvues de lits king size sont un peu sombres mais décorées avec goût. La climatisation est en sus (600 CFP/jour). Une cuisine équipée est à disposition, et vous trouverez de nombreux commerces dans le secteur. Prêt de vélos. Carte bancaire, euros et dollars acceptés.

Sarah Nui HÔTEL €€

(☎ 40 50 35 30 ; chemin vicinal de Patutua ; d/tr/qua 12 750/18 900/ 24 000 CFP, petit-déj 1 200 CFP ; ❄📶🅿). Cet hôtel de 66 chambres aux allures de résidence universitaire, à 400 m de la gare maritime dans un quartier sans âme, nécessiterait d'urgence un lifting complet. Les portes coupe-feu des couloirs semblent avoir gardé la trace de tous les visiteurs ayant fréquenté les lieux depuis 50 ans et le faux parquet est aussi fatigué que les murs rose bonbon. Reste que les chambres sont propres, plutôt spacieuses et qu'elles disposent d'un frigidaire. On prend le petit-déjeuner dans une salle sans fenêtre. Bref, une solution de dépannage (qui reste chère) lorsque l'on est en transit.

Hôtel Tahiti Nui HÔTEL €€

(☎40 46 38 99 ; www.hoteltahitinui.com ; av. du Prince-Hinoi ; d/suite 23 800/47 000 CFP ; ❄🏊📶). À première vue : la localisation laisse à désirer – l'hôtel est au bord d'une avenue passante et sans charme –, et le grand hall d'entrée est froid et impersonnel. Cet établissement a cependant l'avantage d'être proche du centre-ville (le marché est à 10 minutes à pied environ), du front de mer et de la gare maritime. Les chambres offrent un bon confort (demandez celles qui donnent à l'arrière, côté montagne, moins bruyantes que celles qui donnent sur la rue, mal insonorisées) et se caractérisent par une décoration qui se veut moderne mais qui manque de chaleur. L'éclairage dans les couloirs est déficient, par souci d'économie. Petite piscine et restaurant sur place. Idéal pour une nuit en transit, même si les prix sont surévalués.

Tahiti Airport Motel HÔTEL €€

(☎40 50 40 00 ; www.tahitiairportmotel.com ; PK 5,5, Faa'a ; d/qua 13 500/22 000 CFP ; ❄📶). Juste en face de l'aéroport, à 150 m du parking, à flanc de colline. Très pratique pour un transit d'une nuit, mais les tarifs sont largement surévalués. Si cet établissement est votre premier contact avec la Polynésie, vous risquez de tomber de haut... Malgré la proximité, avec des bagages, il vous faudra beaucoup de courage (ou de bonnes jambes) pour monter jusqu'à la réception (ouverte 24h/24). Les chambres sont fonctionnelles, de style motel, et le décor quelconque, mais la propreté est assurée. Le petit-déjeuner (1200 CFP) est succinct et l'accueil manque de chaleur. Notre conseil : demandez une chambre avec une vue sur Moorea, à l'avant. Paiement en devises accepté.

Tahiti by Pearl Resort HÔTEL €€€

(☎40 48 88 00 ; www.letahiti.com ; PK 7, Arue ; d 35 000-62 000 CFP, suite 50 000-70 000 CFP ; ❄🏊📶). Ce 4-étoiles offre de bonnes conditions de repos et de confort. Réparties dans quatre bâtiments à l'architecture massive, les 91 chambres sont spacieuses, avec vue sur la mer (préférez celles dans les étages supérieures, pour bénéficier d'une vue dégagée) et certaines disposent de leur propre Jacuzzi. Également des studios et duplex avec cuisine. Côté parties communes, la décoration, de style polynésien contemporain, est réussie : superbe piscine (parfois monopolisée par des cours de gym et d'aquabike) et petit spa. À 20 minutes de voiture du centre de Papeete, l'établissement est situé, face à la plage de sable noir de Lafayette et à la baie de Matavai. Les prix – élevés pour les non-résidents – peuvent être raisonnables si l'on réserve suffisamment à l'avance sur Internet. Navette gratuite matin et soir pour le centre-ville. Bar et restaurant (très moyen) sur place. Le service laisse parfois à désirer, au dire de certains clients. Animations musicales certains soirs.

Intercontinental Resort Tahiti HÔTEL €€€

(☎40 86 51 10 ; tahiti.intercontinental.com ; PK 8, Faa'a ; ch et bungalows d 32 000-100 000 CFP ; ❄🏊📶). Valeur sûre de l'hôtellerie à Tahiti, l'Intercontinental bénéficie de rénovations régulières et garde le cap au fil des années. Il occupe un site superbe : en pénétrant dans le hall, on est captivé par la vue panoramique sur l'immense parc en bord de lagon et les deux piscines scintillantes, avec Moorea en toile de fond. Malgré sa taille, le complexe garde un côté humain et un cachet très polynésien. Les 230 chambres sont réparties en plusieurs bâtiments et ont presque toutes vue mer. Quant aux 24 bungalows, certains sont disposés autour d'un îlot (les bungalows "motu"), les autres sont de véritables bungalows sur pilotis, un peu plus à l'écart ; ils n'offrent pas toute la tranquillité voulue, eu égard à la proximité de la piste de l'aéroport. Il n'y a pas de plage. Belles soirées spectacles deux fois par semaine. Le centre de plongée Topdive (voir p. 78) est situé dans l'enceinte de l'hôtel. On peut, sans être client de l'hôtel, profiter de ce site d'exception en mangeant au restaurant sur l'eau Le Lotus (voir p. 83) ou en sirotant un cocktail assis dans l'eau du pool-bar. Le centre de Papeete est à 8 km, l'aéroport à 2 km.

Hilton Hôtel Tahiti HÔTEL €€€

(☎40 86 48 48 ; www..hiltonhotels.com ; PK 2, Faa'a ; d avec petit-déj 40 000 CFP, pers supp 11 000 CFP, suite 55 000-130 000 CFP ; ❄🏊📶). Opportunément situé, à mi-chemin entre l'aéroport et la gare maritime, à quelques minutes en voiture du centre de Papeete, le dernier-né des grands hôtels de Tahiti a d'autres atouts à faire valoir. À commencer par le grand confort de ses 114 chambres :

très lumineuses, pourvue d'une literie impeccable, elles arborent une déco épurée dans les tons clairs, rehaussée de touches boisées polynésiennes. Préférez les numéros 33 à 45 qui, de leur balcon, offrent une vue directe sur Moorea. L'établissement comprend également 30 suites et des studios avec kitchenette (pour faire les courses, une passerelle piétonne mène au centre commercial juste en face). Autour de la piscine de 60 m de long, deux bars, une brasserie et deux restaurants haut de gamme (l'un asiatique, l'autre sur pilotis). Seul hic ? L'absence de plage et d'accès au lagon, l'hôtel étant situé dans le port de Papeete. Transfert à l'aéroport ou la gare maritime (2 000 CFP).

Où se restaurer

Papeete compte de nombreux restaurants. Française, chinoise, polynésienne et italienne, bon nombre de cuisines sont représentées. Vous pourrez aussi bien déguster des plats du Sud-Ouest qu'un sashimi de thon, un *chao men* ou une pizza cuite au feu de bois, le tout arrosé d'un vin français. Après un séjour dans les îles, vous apprécierez cette diversité.

Vous aurez également le choix entre les restaurants classiques, les snacks, les roulottes et les restaurants des grands hôtels. Le dimanche matin, ces derniers proposent des brunchs tahitiens.

Café Maeva RESTAURANT €
(☎40 45 11 51 ; marché couvert ; plats 1 800-2 800 CFP ; ⏲lun-ven 8h30-10h 11h-14h sam 7h30-12h ; Wi-Fi). Touristes et locaux se côtoient dans une atmosphère bon enfant dans cet établissement situé à l'étage au marché couvert, animé à l'heure du déjeuner. Sur la carte, variée, choisissez de préférence des plats de poisson, en provenance directe des étals en contrebas. En 2020, une **annexe** (rue du 22-Septembre ; plats 1 450-2 800 CFP ; ⏲lun-sam 7h-21h) de type brasserie a ouvert face à l'une des entrées du marché : elle sert de bons burgers et de copieux *bowls*. Et, comme sa grande sœur, les bons jus de fruits frais, les smoothies et les desserts du jour sont à la carte. Wi-Fi gratuit pour les clients.

L'Oasis du Vaima SNACK €
(☎40 45 45 01 ; centre Vaima, bd Pomaré ; plats 1 800-2 850 CFP ; ⏲lun-sam 5h-15h30). Une étape incontournable pour un déjeuner sur le pouce. Face à la cathédrale, ce snack très animé (voire bruyant) devrait vous contenter avec sa carte variée (tartares, carpaccios, salades, pâtes, burgers). Prenez place sur la terrasse, bien aérée, et faites un sort au plat du jour ou optez pour un sandwich (à partir de 450 CFP) ou une salade. Venir de préférence après 13h pour un meilleur service (débordé pendant le coup de feu). Également plusieurs formules au petit-déjeuner (à partir de 1 650 CFP), et comptoir de vente à emporter.

Te Va'a Tere CAFÉTÉRIA €
(☎40 43 20 12 ; gare maritime, bd Pomaré ; plats 500-2 500 CFP ; ⏲5h-18h tlj). Une cafétéria à l'étage de la gare maritime, bien aérée, idéale pour un petit-déjeuner, un repas ou un en-cas avant d'embarquer sur un catamaran pour Moorea.

Tahiti Smoothies SNACKING €
(☎89 57 88 49 ; www.facebook.com/tahitismoothies ; rue Paul-Gauguin ; plats 600-1 500 CFP ; ⏲8h-16h lun-ven, 8h-13h sam ; Wi-Fi). Un bel espace moderne, coloré et tendance, au cœur du centre-ville, et une halte idéale pour savourer une nourriture saine et bien présentée, réalisée avec des produits de qualité, avec un bon choix d'options végétariennes (salades, wraps, carpaccios, bruschettas, lasagnes, sushis...) et d'alléchants desserts. Et bien sûr, un bel éventail de smoothies et de jus de fruits frais (à partir de 500 CFP). Soirée du jeudi au samedi.

Patachou SNACK, PÂTISSERIE €
(☎40 83 72 82 ; promenade de Nice ; plats 800-2 300 CFP ; ⏲6h-18h lun-ven, 6h-15h sam ; Wi-Fi). Une bonne adresse pour un déjeuner sur le pouce (salades, sandwichs, plats du jour) sur une large terrasse bordant l'unique minuscule rue piétonne de Papeete. Idéal pour prendre un café et une pâtisserie en profitant du Wi-Fi. Formules petit-déjeuner à partir de 1 200 CFP.

L'Api'zzeria RESTAURANT €
(☎40 42 98 30 ; bd Pomaré ; plats 1 300-3 000 CFP ; ⏲11h30-22h lun-sam). Les spécialités italiennes, notamment les pizzas au feu de bois et les pâtes, se taillent la part du lion dans ce restaurant au décor inspiré d'une trattoria, mais les poissons et les viandes, de qualité, ont également droit de cité. Dommage que la terrasse ombragée, côté boulevard, soit très bruyante. Service en continu. Également à emporter.

À NE PAS MANQUER

LES ROULOTTES

Ne manquez pas de prendre un repas aux **roulottes** (place Vaiete ; plats 1 300-1 900 CFP ; ⌚soir tlj), véritables institutions à Papeete. Au nombre d'une dizaine, ces camionnettes transformées en restaurants ambulants prennent position tous les soirs sur la place Vaiete, sur le front de mer. Les battants relevés des deux côtés deviennent des comptoirs, des tabourets sont installés, des tables sont déployées et le personnel s'affaire à l'intérieur de la camionnette ou sur un brasero à l'extérieur. S'y mitonnent des plats bon marché que l'on savoure à la bonne franquette. Chaque roulotte a sa spécialité. Selon les enseignes, vous pourrez commander des *chao men*, des steaks-frites, des plats de poisson, des pizzas et même des crêpes bretonnes ! La qualité culinaire est variable, mais qu'importe, on apprécie le cadre et l'ambiance bon enfant. Toutes les catégories sociales s'y côtoient, et l'on y vient seul, en couple, entre amis ou en famille. Les plus tardives ferment vers minuit.

♥ Snacks de la place Toata — SNACKS €€

(plats 1 500-2 800 CFP ; ⌚11h-13h30 et 17h-21h30 tlj). Ils s'appellent le Raina, le Toata, CJ's Stonegrill et Jojo pizza... Cet ensemble de 4 snacks mitoyens, au bout des jardins de Paofai, près de la place Toata, fait l'unanimité pour son ambiance conviviale typiquement polynésienne, ses prix raisonnables et la diversité des cuisines proposées (salades, crêpes, sushis, poisson cru, brochettes, entrecôtes...). Le cadre est simple mais accueillant, et la vue sur les cargos du port, de l'autre côté de la rade, ajoute une note de dépaysement. Leurs jours d'ouverture varient, mais il y a toujours au moins deux snacks ouverts, sauf le dimanche midi. La plupart acceptent la carte bancaire.

Le Royal Tahitien — RESTAURANT D'HÔTEL €€

(☎40 50 40 40 ; PK 3,1, Pirae ; plats 2 600-3 600 CFP ; ⌚6h30-9h30, 11h30-14h tlj et 17h30-21h lun-sam). Avec son décor polynésien des années 1970, le restaurant du Royal Tahitien a des airs rétro, qui plaisent à une clientèle essentiellement locale. Son emplacement en bord de mer est splendide (réservez une table sur l'étroite terrasse au bord de l'eau, les autres sont dans la grande salle) et la carte bien fournie contentera tous les goûts. Animations musicales et soirée dansante en fin de semaine (voir "sortir").

Le Mandarin — RESTAURANT €€

(☎40 50 33 50 ; www.restaurantlemandarin.pf ; 26 rue des Écoles ; plats 1 500-3 250 CFP ; ⌚11h-13h30 et 18h-21h30 mar-dim). Le dépaysement est garanti sitôt franchie la porte du restaurant. Boiseries, tentures et laque donnent une tonalité extrême-orientale à cette vénérable institution qui n'a pas pris une ride depuis son ouverture en 1964. Le chef, originaire de Hong Kong, décline toutes les saveurs de la Chine en pas moins de 200 plats différents et les végétariens ne sont pas oubliés. C'est l'occasion de goûter le canard pékinois, de la soupe aux algues ou des beignets de crabe. Carte des vins bien fournie. Plats à emporter.

Le Rétro — BRASSERIE €€

(☎40 42 86 83 ; bd Pomaré ; plats 1 600-3 000 CFP ; ⌚7h-21 tlj ; wifi). Cette institution sur le front de mer est aménagée dans un esprit de brasserie moderne qui plaît beaucoup aux *popa'a* en mal du pays. La carte couvre tous les genres culinaires (salades, viande, poisson, burgers, sandwichs, glaces), et les plats sont goûteux et bien présentés. Préférez la belle salle à manger fermée et climatisée à la terrasse situé à quelques mètres du boulevard Pomaré et franchement bruyante.

Les 3 Brasseurs — BRASSERIE €€

(☎40 50 60 25 ; www.3brasseurs-pacific.com ; bd Pomaré ; plats 1 600-2 900 CFP ; ⌚tlj 9h-minuit). Sur le front de mer, cette brasserie ne désemplit pas. Divers plats en adéquation avec l'esprit du lieu sont proposés, notamment des tartes flambées, des choucroutes, des moules-frites, mais aussi des grillades, des plats de poisson et des salades repas. Le lundi, moins 50% sur les bières et sur les flammekueches. L'un des rares restaurants dont la cuisine reste ouverte jusqu'à 23h30. Animations musicales en soirée (jeu-sam).

Chez Jimmy — RESTAURANT €€

(☎40 43 63 32 ; angle rue Colette et rue des Écoles ; plats 1 800-3 000 CFP ; ⌚11h-13h30 et 18h-21h30 lun-sam). En plein centre-ville, Chez Jimmy contentera les inconditionnels de la cuisine asiatique avec un bel éventail de spécialités chinoises, vietnamiennes (très bons nems et bo bun !) et thaïlandaises. Animation musicale le vendredi soir.

Royal Kikiriri RESTAURANT €€

(☎40 43 58 64 ; rue Colette ; plats 2 000-4 000 CFP ; ⏲11h30-14h mar-jeu, 11h30-21h30 ven). À l'étage de l'ancienne boîte de nuit éponyme, l'adresse n'est pas engageante à première vue. Les fenêtres-vitraux de la salle à manger bloquent toute lumière naturelle et l'on peut vite se sentir oppressé. C'est pourtant ici qu'il faut venir pour goûter d'authentique spécialités polynésiennes : le *maa tinto* (haricots rouges et porc sauté) le mardi midi et le *maa tahiti* le vendredi midi une semaine sur deux.

Le Bora-Bora Lounge PUB-RESTAURANT €€

(☎40 45 03 00 ; www.facebook.com/boraboralounge/ ; bd Pomaré ; plats 800-3 400 CFP ; ⏲7h30-1h tlj). À première vue, un simple pub à l'heure polynésienne, idéal pour regarder en direct un match du Tournoi des 6 Nations ou de Ligue des champions en fin de matinée autour d'un plateau de tapas. À y regarder de plus près, la terrasse se prolonge par une partie restaurant, aux tables dressées. Plus silencieuse, elle réserve de bonnes surprises à l'image de ce jambon de chèvre fumé et ces croquettes de uru concoctés par un chef qui aime travailler les produits polynésiens.

Le Meherio RESTAURANT €€€

(☎40 41 01 10 ; www.meheriotahitianbistro.com ; pl. Tahua-Tu-Marama ; plats 2 300-4 300 CFP ; ⏲10h-21h tlj). "Deux salles, deux ambiances" pour cette adresse raffinée inauguré en 2021 sur le front de mer. Côté lagon, une terrasse circulaire surplombant la marina à l'ambiance branchée et musicale (avec une sono un peu forte). Côté montagne, une belle salle à l'atmosphère plus feutrée, évoquant l'intérieur d'un paquebot de luxe. Cette dernière se révèle plus adaptée pour goûter la cuisine exigeante de cette sirène (*meherio* en tahitien), dignement résumée par ces fondantes raviolis de korori (les noix de Saint-Jacques polynésiennes). Concerts en terrasse jeudi et samedi soir.

L'O à la Bouche RESTAURANT €€€

(☎40 45 29 76 ; www.loalabouchetahiti.com ; rue Titiaivai ; plats 2 500-4 000 CFP ; ⏲11h30-13h30 et 18h30-21h lun-ven, 18h30-21h sam). Un classique sur la scène culinaire du centre-ville, dans une rue tranquille. On se délecte d'une cuisine alléchante, fusionnant les influences polynésiennes traditionnelles et le répertoire occidental. La carte change tous les mois, mais le magret de canard, très demandé, est un intangible. Belle cave à vins. Chose appréciable, un espacement conséquent entre les tables et deux alcôves en demi-lune autour de tables rondes pour plus d'intimité.

♥ **Le Lotus** RESTAURANT D'HÔTEL €€€

(☎40 86 51 25 ; tahiti.intercontinental.com ; PK 8 ; plats 3 800-5 900 CFP, menus 6 680-13 770 CFP ; ⏲12h-14h et 18h30-21h30 tlj). Le restaurant sur pilotis de l'Intercontinental Tahiti Resort (voir p. 86), au-dessus du lagon, est un bel endroit pour se faire plaisir. Le soir, l'ambiance est romantique et le cadre invite à la dégustation de plats raffinés. Au déjeuner, la carte est plus légère. Également quelques plats végétariens. Prolongez le plaisir au pool-bar attenant.

Où prendre un verre

Les terrasses des restaurants de la marina Taina (PK 9) sont idéales pour siroter un cocktail au soleil couchant, certains soirs en musique. Le centre Vaima comporte également quelques restaurants et snacks faisant aussi office de cafés et de bars, en journée seulement.

Dans un autre registre, les hôtels de luxe possèdent des bars généralement très attrayants, ouverts aux clients extérieurs. Ils pratiquent des tarifs raisonnables eu égard à leur cadre avantageux (environ 1 300 CFP pour un cocktail, avec parfois des happy hours). Essayez celui de l'Intercontinental Tahiti Resort (p. 86), du Tahiti Pearl Beach Resort (p. 86), ou, sur la côte ouest ou du Te Moana Tahiti Resort (p. 86).

Les 3 Brasseurs BRASSERIE

(☎40 50 60 25 ; www.3brasseurs-pacific.com ; bd Pomaré ; ⏲tlj). Cette brasserie sur le front de mer, copie presque conforme de son homologue lilloise, est un lieu de rendez-vous incontournable. Attablé en terrasse ou sur le rooftop, commandez un cocktail, une bière artisanale maison, à la pression (à partir de 500 CFP), au "pitcher" (1,5 l), voire le "Mammoth" (5 litres)... C'est aussi l'un des rares endroits à proposer régulièrement des animations musicales, les jeudis, vendredis et samedis soir.

Le Rétro BAR

(☎40 42 86 83 ; bd Pomaré ; ⏲tlj 7h-22h). La terrasse vaste et aérée, donnant sur le front de mer, est fréquentée à toute heure du jour.

LE HEIVA I TAHITI

JEAN-BERNARD CARILLET ©

Le Heiva ("fête") est l'apothéose de la célébration de la culture maohi et offre aux visiteurs un voyage au cœur des traditions polynésiennes. Les concours de danse et de chant ont la part belle, mais nombre d'autres activités sont présentées.

Début juin, juste avant le Heiva, se déroule le "Heiva des écoles", qui est une sorte de mise en bouche du "grand" Heiva. Chaque soir, sur la scène du grand théâtre de la Maison de la culture, se produisent les élèves (souvent très jeunes) des écoles de danse traditionnelle, ce qui permet aux familles d'apprécier leur travail réalisé pendant l'année.

Avant 1985, le Heiva s'appelait Tiurai ("juillet"). La première édition eut lieu en 1882. Il s'agissait alors de fêter le très républicain 14-Juillet. Les danses, interdites au début du siècle, firent progressivement leur apparition. Peu à peu, le Tiurai perdit sa résonance républicaine pour devenir la fête de la culture polynésienne.

DANSES ET CHANTS

Les concours de danse constituent les épreuves reines du Heiva. Pendant plusieurs soirées, une vingtaine de groupes originaires des différents archipels s'affrontent et se disputent plusieurs prix face à un jury : prix du meilleur groupe, prix du meilleur costume, prix du meilleur couple de danseurs, etc. Les concours de danse font régulièrement l'objet de débats mouvementés entre les tenants de la tradition, au purisme affiché, et les novateurs, qui n'hésitent pas à s'écarter des canons et de la norme. Le jury note la synchronisation, l'interprétation du thème, les costumes, la chorégraphie… Lors de chaque soirée, plusieurs groupes se produisent, dans deux catégories : *Hura ava tau* ("amateurs", c'est-à-dire qui n'ont pas encore remporté le premier prix dans leur catégorie) et *Hura tau* ("professionnels", c'est-à-dire qui ont déjà remporté le premier prix en catégorie *Hura ava tau*). Consultez également la section consacrée à la danse traditionnelle polynésienne p. 417.

Lors des mêmes soirées que les concours de danse, les concours de chant polyphonique, opposant diverses chorales, sont également très relevés et témoignent de l'importance de l'oralité dans la culture polynésienne. Malheureusement, ils restent relativement hermétiques pour le public néophyte, qui a du mal à s'y retrouver parmi

Chaque année, de fin juin à fin juillet, des festivités réunissent des Polynésiens de tous les archipels. Papeete en est l'épicentre, mais chaque île organise son propre Heiva.

les structures polyphoniques complexes des différents *himene*, chantés en tahitien. Les chorales sont mixtes et l'on peut entendre jusqu'à dix voix différentes. Les thèmes évoquent les légendes maohi ou simplement le quotidien.

Les billets, pour les chants et les concours de danse en soirée à Papeete, sont en principe en vente dès la fin du mois de mai à la Maison de la culture Te Fare Tauhiti Nui, sur la place Toata, ou en ligne sur www.heiva.org. Il faut compter entre 2 000 et 4 000 CFP pour une soirée (selon la soirée et selon l'emplacement dans les gradins). Les représentations se déroulent place Toata, sur une grande scène aménagée pour l'occasion, à côté de la Maison de la culture.

COURSES DE PIROGUE

Les courses de *va'a* (pirogues) sont le sport national. Les meilleurs rameurs de Polynésie s'affrontent lors de courses, avec des équipages de un (V1), trois (V3), six (V6) et seize rameurs (V16), hommes et femmes, dans le lagon de Tahiti et en haute mer. L'une d'elles fait le tour de Moorea (84 km), mais autorise des changements d'équipage.

SPORTS TRADITIONNELS

Les sports traditionnels sont aussi à l'honneur, dans les jardins du musée de Tahiti et ses Îles à Punaaiua. Le plus spectaculaire est le concours de lever de pierre. Les compétiteurs doivent soulever une pierre de 110 à 145 kg dépourvue de toute prise et la hisser sur l'épaule, en levant une main en l'air. Également très visuel, le concours de lancer de javelot, originaire des Tuamotu, revit lors du Heiva. Il s'agit d'atteindre une noix de coco attachée sur un mât de 7,5 m de haut, distant de 22 m.

Le concours de préparation du coprah fait aussi l'objet d'une compétition. Chaque équipe compte trois compétiteurs, qui doivent fendre, ouvrir et extraire la chair d'environ 150 à 200 noix de coco en un minimum de temps, puis les placer dans des sacs de jute. En 2018, on a également introduit la lutte polynésienne, telle que la pratiquaient les guerriers des temps anciens.

La course des porteurs de fruits est également prisée. Dans l'ancienne civilisation, les Polynésiens attachaient les fruits cueillis (bananes, cocos, oranges) aux deux extrémités d'un bâton qu'ils portaient sur leurs épaules. Deux courses, sur un parcours d'environ 2 km, figurent au programme : l'une se déroule avec un fardeau de 30 kg, l'autre avec une charge de 50 kg.

SPECTACLES CÉRÉMONIELS

Une marche sur le feu (*umu ti*) est également organisée au début des festivités du Heiva, au Mahana Park. Elle réunit plusieurs centaines de spectateurs. Après les rituels effectués par le *tahua* (prêtre traditionnel), commencent des incantations. Les volontaires sont invités à suivre le prêtre sur des pierres chauffées à blanc.

Autres événements très prisés, les 5 spectacles de danse traditionnelle donnés par un même groupe (qui change chaque année) 5 samedis d'affilée, de début juillet à début août, dans le décor magique du *marae* Arahurahu (voir p. 95), un site sacré à Paea, en pleine nature (et en journée, contrairement aux représentations habituelles du Heiva, qui ont lieu en soirée, sous une lumière artificielle).

ARTISANAT

Une centaine d'artisans en provenance de tous les archipels se donnent rendez-vous de fin juin à mi-juillet dans un salon spécialement consacré à l'artisanat traditionnel, appelé Heiva Rima'i, qui se tient dans le quartier de Mamao à Papeete. Tout le savoir-faire polynésien est exposé à cette occasion : sculptures sur bois, sur os ou sur pierre, bijoux, *tifaifai*, tressage, vannerie, couture... Des démonstrations et des animations sont également organisées.

Notamment par les touristes qui plébiscitent ses brumisateurs. Bières (à partir de 500 CFP), cocktails et jus de fruits. Musique live les jeudis, vendredis et samedis soir.

Les Rêves de Lucie PÂTISSERIE-SALON DE THÉ €€
(☎89 54 58 88 ; www.facebook.com/revesdelucie ; centre Vaima, bd Pomaré ; plats 1 400-2 900 CFP ; ⌚7h-17h lun-ven, 7h-15h sam ; 📶). Une sélection alléchante de gâteaux et de desserts raffinés, créatifs et... instagrammables. À déguster sur place dans un salle climatisée de bon aloi en milieu de journée.

Le Moana BAR SUR PILOTIS €€
(☎40 42 20 21 ; cocktails 1 800 CFP, tapas 1 650-2 050 CFP ; ⌚6h30-22h30 tlj ; 📶). Ce faré sur pilotis face au front de mer est le meilleur endroit de Papeete pour échapper à la touffeur de la ville. Au soleil couchant, on y sirote dans le calme un chi-chi ou un mojito, en observant au loin le relief de Moorea ou… le joli *tetris* des containers multicolores de la zone portuaire au premier plan. De 16 à 18h, les cocktails sont à moitié prix. Le matin, pas de lever du soleil (il apparaît de l'autre côté de l'île), mais des petits-déjeuners rafraîchissants et recommandables.

La Brasserie Hoa BRASSERIE €€
(☎89 46 04 60 ; www.facebook.com/BrasserieHOA/ ; rue Francis-Puara-Cowan ; ⌚16h-minuit mer-ven ; 📶). Il était dit que Tahiti aurait aussi son bar culturel "berlinois" sis dans un ancien bâtiment industriel ! Depuis 2021, dans un hangar de Fare Ute, les fûts de la brasserie artisanale Hoa (dont la bière est de plus en plus distribuée à Tahiti) côtoient les tables en bois brut et la petite scène dont profite en fin de semaine une jeunesse intello-branchée dans une ambiance très détendue. DJ, scènes ouvertes, soirées à thème les jeudis et vendredis. Concerts payants certains samedi soir.

☆ Où sortir

Spectacles de danse tahitienne

C'est à Tahiti que vous aurez l'occasion d'assister aux meilleurs spectacles de danse tahitienne. Les groupes les plus connus de l'île se produisent plusieurs fois par semaine alternativement dans les grands hôtels et dans certains restaurants, et les clients extérieurs sont les bienvenus. Ne manquez pas cette occasion d'admirer d'excellents interprètes dans un cadre souvent attrayant. Renseignez-vous auprès de l'**Intercontinental Tahiti Resort**, du **Te Moana Tahiti Resort** et du **Tahiti by Pearl Resort**, qui proposent 1 ou 2 fois par semaine des buffets-spectacles vers 19h, d'une durée d'environ 45 minutes. Comptez entre 7 000 et 9 000 CFP/pers pour la soirée. Il est en principe possible de n'assister qu'au spectacle, moyennant une consommation au bar. Contactez la réception de chaque établissement au préalable pour connaître les programmes, les groupes et les conditions d'entrée.

Clubs et bars musicaux

Après un séjour dans les îles où, après la tombée de la nuit, les divertissements sont très limités, voire inexistants, Papeete pourrait presque passer pour une métropole survoltée… Mais, en réalité, la vie nocturne est limitée à quelques établissements.

Les grands hôtels accueillent également des soirées musicales. Appelez la réception de chaque établissement pour connaître le programme.

Le Paradise Night DISCOTHÈQUE
(☎40 42 73 05 ; www.facebook.com/ParadiseNightTahiti ; bd Pomaré ; ⌚à partir de 23h). Cette boîte de nuit rassemble une clientèle éclectique, à l'image de son répertoire, empruntant à tous les styles (avec une prédilection pour les danses à deux). Concerts, karaoké et DJ certains soirs. Ambiance un peu kitsch et néocalifornienne, très "années 1980". Sur le front de mer, en face de la gare maritime.

Tahiti Smoothies BAR DANSANT
(☎89 57 88 49 ; www.facebook.com/tahitismoothies ; rue Paul-Gauguin ; ⌚17h-1h jeu-sam). En fin de semaine, ce petit restaurant pousse les tables pour se transformer en bar dansant. Ambiance jeune (18-25 ans), sympa et détendue.

Le Sugar BAR DANSANT
(www.facebook.com/sugarbartahiti ; 42 rue Colette ; ⌚22h-4h jeu-sam). Un autre "lieu de perdition" pour les noctambules qui viennent se déhancher à la faveur de sets animés par des DJ aussi branchés qu'il est possible de l'être en Polynésie !

Morrison's Café DISCOTHÈQUE
(☎40 42 78 61 ; www.facebook.com/morrisontahiti ; centre Vaima ; ⌚22h-3h jeu-sam). Le lieu de sortie le plus animé de la ville. Clientèle composite et musique électro, jazzy, rock assurée par un DJ en fin de semaine (consultez la page Facebook pour la programmation).

Hôtel Royal Tahitien DANCING
(☎40 50 40 40 ; PK 3,1, Pirae ; ⏲ven-sam). Un dancing à l'ancienne… Les soirées du "RT", animées par un orchestre local du jeudi au samedi soir à partir de 18h sont très courues par les demis, qui viennent exprimer leurs talents de danseurs dans une ambiance typiquement polynésienne. Certes, c'est à Pirae, dans les faubourgs de Papeete, donc excentré, mais le cadre, près de la plage, est moins confiné que dans les boîtes de nuit de la ville.

Le Perchoir DANCING
(☎89 54 58 88 ; centre Vaima ; ⏲19h-1h jeu-sam). Soirée disco et DJ mix à l'étage du centre Vaima, côté front de mer. Ambiance jeune et festive.

Achats

Tahiti n'est pas un centre de production d'artisanat, mais vous pourrez vous y procurer des produits originaires des différentes îles, des perles des Tuamotu, des sculptures sur bois des Marquises, ou des chapeaux et des paniers tressés des Australes.

Marché de Papeete SOUVENIRS
(angle rue Colette et rue du 22-Septembre ; ⏲7h-17h tlj, 4h-9h dim). Vous trouverez une grande diversité de produits artisanaux au marché central, au rez-de-chaussée et à l'étage. Le pire côtoie le meilleur. À vous de faire votre choix parmi les sculptures, le monoï, les paréos, les vêtements, les coquillages, les nacres gravées, les bijoux fantaisie et les objets en vannerie. Venez de préférence en matinée.

Motu Tane VÊTEMENTS HOMME
(☎40 53 32 22 ; rue Jeanne-d'Arc ; ⏲8h30-17h lun-ven, 8h30-13h sam). Chemisettes, bermuda et savates de bonne qualité, fabriqués à Tahiti et à Hawaï. En face de la cathédrale.

Hinano VÊTEMENTS
(☎40 83 82 82 ; www.facebook.com/boutiquehinanotahiti ; av. du Général-de-Gaulle ; ⏲8h30-17h lun-ven, 8h30-14h sam). T-shirts, casquettes, chemises, shorts, robes et accessoires… Le groupe Hinano (la célèbre marque de bière tahitienne) diversifie ses activités avec cette boutique très tendance, spécialisée dans le prêt-à-porter masculin et féminin, conçu par des designers locaux. À deux pas de la cathédrale.

Tara VÊTEMENTS
(☎40 58 32 58 ; www.facebook.com/taratahiti.pf ; rue du 22-Septembre ; ⏲8h30-17h lun-ven, 8h30-14h sam). Une autre enseigne réputée en Polynésie, présente au marché de Papeete. On se laisse facilement tenter par le bel assortiment de T-shirts, shorts et autres vêtements au design polynésien.

Tahiti Art Maohi VÊTEMENTS, PARÉOS
(☎40 42 88 08 ; www.pacificislandsart.com ; rue Tamahana, Arue ; ⏲8h-16h lun-ven, 8h30-12h sam). Bon choix de T-shirts, chemises et paréos imprimés à la main. À Arue, derrière le supermarché Carrefour.

Ganesha ARTISANAT
(☎40 43 04 18, 87 73 49 67 ; www.ganeshatahiti.com ; centre Vaima, bd Pomaré ; ⏲9h-17h30 lun-ven, 9h-17h30 sam). Dans la galerie marchande du centre Vaima, cette boutique commercialise des objets artisanaux de Polynésie française, et du Pacifique en général.

Efraima Huuti TATOUAGES
(☎87 79 64 71 ; rue François-Cardella ; ⏲lun-sam, sur rendez-vous). Ce tatoueur marquisien bien connu bénéficie d'une excellente réputation. Studio en face du marché au-dessus d'Oxana shop.

Mana'o Tattoo TATOUAGES
(☎40 42 45 00 ; www.manaotattoo.com ; 43 rue Leboucher ; ⏲9h30-17h30 lun-sam). Studio où exercent plusieurs tatoueurs, réputés pour la finesse et la délicatesse des traits. Tatouages personnalisés de qualité, de style polynésien et marquisien.

Galerie Winkler GALERIE D'ART
(☎40 42 81 77 ; www.galeriewinkler.net ; 17 rue Jeanne-d'Arc ; ⏲8h30-12h30 et 13h30-17h lun-ven, 8h30-12h sam). Expose les œuvres d'artistes polynésiens.

Galerie des Tropiques GALERIE D'ART
(☎40 41 05 00 ; www.facebook.com/GalerieDesTropiquesTahiti ; bd Pomaré ; ⏲9h-12h et 14h-17h mar-sam, 9h-12h sam). Bon choix de peintures, lithographies, sculptures.

Renseignements

ACCÈS INTERNET

Cybernesia (centre Vaima ; 720 CFP/heure, 500 CFP/heure en accès Wi-Fi ; ⏲8h30-17h lun-ven, 9h-13h sam). Accès Internet, Wi-Fi et impression de documents.

SCANNEZ POUR VOIR LA VIDÉO

À NE PAS MANQUER

EXCURSION À TETIAROA

Situé à 60 km au nord de Tahiti, l'atoll de Tetiaroa incarne à merveille le paysage de carte postale du Pacifique Sud, avec une douzaine d'îlots sablonneux qui encerclent un lagon de 7 km de diamètre, très sauvage.

L'ancien refuge de Marlon Brando

Tetiaora appartient aux héritiers de Marlon Brando. En 1965, l'acteur, au sortir du tournage du film *Les Révoltés du Bounty*, signa un bail emphytéotique de 99 ans. Il y aménagea une piste d'atterrissage et un hôtel discret sur le motu Onetahi, aujourd'hui remplacé par **The Brando** (www.thebrando.com), un hôtel de prestige inauguré en 2014 et doté de 35 somptueuses villas (chacune avec piscine privée).

Sur place, vous découvrirez notamment l'**île aux Oiseaux**, que vous longerez (il est interdit de s'approcher des nids), peuplée de noddis, de frégates et de fous.

Comment s'y rendre

Les sorties ont lieu tous les jours en fonction de la demande.

- **Tahiti Voile et Lagon** (87 71 53 15 ; www.tahitivoileetlagon.com ; durée du trajet aller 3 heures 30). Catamaran (au moteur ou à la voile selon le vent). 15 000 CFP/pers, petit-déj et pique-nique inclus.
- **Escapade Charter** (87 72 85 31 ; www.tahiti-charter-catamaran.com ; durée du trajet aller 3 heures 30). Catamaran. 17 500 CFP/pers, petit-déj et repas sur le bateau inclus.
- **Poé Charter** (87 71 55 55 ; www.poecharter.pf ; durée du trajet aller : 2 heures 30). Excursion en maxi-catamaran. 16 000 CFP/pers, avec petit-déj et déjeuner.

BON À SAVOIR

- Les départs ont lieu de Papeete, au quai des voiliers, près de l'office du tourisme.
- Les bateaux ne pouvant accoster (il n'y a pas de quai ni de passe navigable, les débarquements s'effectuent à bord d'un Zodiac, qui passe la barrière de corail.
- Prévoyez un masque et des palmes, des sandales en plastique pour marcher sur les coraux et une petite laine pour le trajet en bateau. Les sorties peuvent être annulées en fonction des conditions météo. Notez que la traversée est longue et pénible en cas de houle. D'août à octobre, on peut apercevoir des baleines pendant la traversée.

ARGENT

La Socredo, la Banque de Tahiti et la Banque de Polynésie disposent de plusieurs agences à Papeete et dans les communes de l'agglomération, équipées de distributeurs automatiques de billets (DAB) acceptant les cartes Visa et MasterCard (attention : dans la limite de votre plafond de retrait). L'aéroport abrite également deux DAB de la Socredo, dans la zone des arrivées.

Banque de Polynésie (bd Pomaré ; 7h45-15h30 lun-jeu, 7h45-14h30 ven). Change et DAB.

Banque de Tahiti (bd Pomaré). Pas de change, uniquement DAB et changeur automatique de devises acceptant les euros, les francs suisses et les dollars canadiens et américains (pas toujours en fonctionnement).

Socredo (bd Pomaré ; 8h-11h45 et 13h30-16h30 lun-ven). Change (commission de 1 000 CFP) et DAB.

LIBRAIRIE

Odyssey (40 54 25 25 ; 9 pl. de la Cathédrale ; 8h30-17h lun-ven, 8h30-16h sam). Bon choix d'ouvrages et de guides sur la région.

OFFICE DU TOURISME

Les bureaux de l'**office du tourisme de Tahiti et ses îles** (40 50 40 30 ; www.tahititourisme.pf ; bd Pomaré ; 7h30-17h30 lun-ven, 8h-16h sam, 8h-12h dim ;) sont aménagés dans le centre-ville, sur le boulevard Pomaré, du côté des quais, à proximité de la gare maritime, en face de la place Vaiete. Cet office du tourisme couvre l'ensemble de la Polynésie, et pas seulement Papeete ou Tahiti. Accueil très pro.

CONSIGNE

Deux possibilités de laisser ses bagages à Papeete : au **Mahana Lodge Hostel** (bagage/surf 500/1300 CFP ; 5h30-20h tlj) ou au **Bora-Bora Lounge** (600 CFP par bagages ; 7h30-1h tlj).

TOILETTES PUBLIQUES

Des toilettes publiques, gratuites et relativement propres sont situées sous le marché couvert, à la place Vaiete sur le bord de mer et à la gare maritime.

POSTE

OPT (www.opt.pf ; bd Pomaré ; 7h30-17h lun-ven, 7h30-11h sam). Sur le front de mer, à proximité du parc Bougainville.

SERVICES MÉDICAUX

De nombreux médecins exercent à Papeete. Vous trouverez également des pharmacies, dont certaines sont ouvertes le dimanche matin.

Centre hospitalier du Taaone (40 48 62 62 ; www.chpf.pf ; Pirae). Le plus grand hôpital de Polynésie. Toutes spécialités.

Clinique Cardella (40 46 04 25 ; 11 rue Anne-Marie-Javouhey). Derrière la cathédrale.

URGENCES

Le centre hospitalier du Taaone et la clinique privée de la ville (voir ci-dessus) disposent de services d'urgences fonctionnant 24h/24.

Police secours 17

SOS Médecins (40 42 34 56)

Urgences médicales 15

Depuis/vers Papeete

AVION

L'aéroport de Faa'a (prononcez *fa-ha-ha*), à 6 km du centre-ville, est la plaque tournante du trafic aérien de la Polynésie française, qu'il s'agisse des vols internationaux ou intérieurs. Papeete est ainsi reliée à 48 îles de Polynésie française. La plupart des correspondances entre les différents archipels s'effectuent à Papeete. Reportez-vous aux chapitres régionaux pour les fréquences et les tarifs. Pour les dessertes internationales, voir p. 446.

La compagnie intérieure, **Air Tahiti** (www.airtahiti.fr), dispose d'une **agence principale** (40 86 42 42, 40 47 44 00 ; angle rue du Maréchal-Foch et rue Édouard-Ahnne ; 8h-17h lun-ven, 8h-11h sam) au centre-ville, ainsi que d'une **agence à l'aéroport** (40 86 41 84 ; 6h-16h30 lun-ven, 6h-16h sam-dim), dans la zone des vols intérieurs.

BATEAUX INTER-ÎLES

Papeete est le centre des communications maritimes pour l'ensemble de la Polynésie française. Pour Moorea, il existe un système de **navettes** à bord de catamarans rapides ou de ferries, tous les jours entre 6h et 16h30 ou 17h30, au départ de la **gare maritime**, au nord-est du boulevard Pomaré. Voir la rubrique *Depuis/vers Moorea*, p. 148 pour tous les détails.

Les paquebots de luxe accostent au quai d'honneur, près des bureaux de l'office du tourisme.

Filiale d'Aremiti, la compagnie **Apetahi Express** (40 50 54 59 ; www.apetahiexpress.pf) propose 3 allers-retours par semaine (mer, ven à 6h30 et dim à 7h 30) en direction de Huahine, Raiatea, Taha'a et Bora Bora. Compter entre 12 800 et 16 200 CFP en fonction de la destination). Valable 31 jours, le pass Apetahi (23 900 CFP ; voir p. 453) permet de rallier toutes les îles, y compris Moorea.

Quant aux nombreux **cargos** au départ de la zone portuaire de Motu Uta, dans le nord de la ville, et à destination des différents archipels de la Polynésie, ils ont cessé de prendre des voyageurs depuis la crise de la Covid 19. Lors de notre passage au printemps 2022, il n'était pas prévu qu'ils acceptent de nouveau des passagers extérieurs.

Reportez-vous p. 453 pour les déplacements inter-îles .

BUS

Il existe un réseau de bus interurbains, mais il est difficilement utilisable pour les touristes car très peu clair (pas de plan du réseau, de numéros de lignes, de panneaux indicatifs, etc.). L'application Tere Tahiti permet en théorie de connaître en direct l'horaire et la destination des bus.

Ne comptez donc pas sur cette option pour vos déplacements sur l'île. Les horaires de fonctionnement sont également réduits : de l'aube jusqu'à 17h environ en semaine. Le week-end, le trafic est encore plus limité. Comptez au moins 200/150 CFP par adulte/enfant pour les trajets les plus courts, par exemple de Papeete à un arrêt situé dans le secteur de l'aéroport. Les tarifs s'élèvent en fonction de la distance (500 CFP pour les zones les plus éloignées).

Il n'y a pas de gare routière à Papeete, mais plusieurs "terminus" différents, ce qui rend le système encore plus opaque pour un non-initié. L'arrêt le plus utile aux visiteurs est celui qui se trouve au **marché central**, dans la rue du Général-de-Gaulle. C'est de là que partent les bus desservant l'aéroport de Faa'a et les faubourgs ouest, dont Faa'a, Punaauia et Paea. Depuis l'**arrêt central du front de mer**, sur le boulevard Pomaré devant la gare maritime, partent les bus desservant Taravao et la presqu'île. Pour aller en direction de la côte nord (Mahina, Arue, Papenoo...), l'arrêt est à la mairie de Papeete.

VOITURE

Compte tenu de l'absence de transports publics fiables et réguliers en dehors de l'agglomération, la solution la plus pratique pour visiter Tahiti est de louer une voiture. Certes, les statistiques d'accidents ne sont guère encourageantes, mais, sauf aux heures de pointe dans la banlieue de Papeete (de 6h à 7h30 et de 16h à 18h), pendant lesquelles les grands axes sont complètement saturés, la conduite automobile présente peu de difficultés sur l'île. À mesure que l'on s'éloigne de Papeete, la circulation s'éclaircit rapidement. Hormis sur l'autoroute (appelé "RDO", route de dégagement ouest) à l'ouest de Papeete, les automobilistes ne roulent pas trop vite. Faites cependant attention aux enfants traversant inopinément la chaussée, aux conducteurs en état d'ivresse les soirs de week-end, et aux vélos ou scooters circulant sans éclairage à la nuit tombée. Un conseil, si vous faites le tour de l'île : commencez tôt le matin, en allant dans le sens inverse du trafic, pour éviter de rester trop longtemps bloqué dans les embouteillages en semaine.

Il existe plusieurs **agences de location** de voitures à Papeete. Les tarifs sont comparables d'une société à l'autre, mais certaines offrent des tarifs promotionnels à certaines périodes. Pour la location d'un véhicule durant 24 heures, le tarif public varie de 4 000 à 15 000 CFP en fonction de la saison et de la catégorie. Faites jouer la concurrence. Le montant des franchises est élevé (au moins 50 000 CFP). Des tarifs dégressifs s'appliquent pour une durée de 2 jours et plus. Vous trouverez des **stations-service** dans la plupart des localités de l'île.

La plupart des agences disposent d'un bureau à l'aéroport, ouvert tous les jours jusqu'à au moins 19h (et plus, en fonction des mouvements d'avion). Certains loueurs sont également représentés dans les grands hôtels.

Avis Pacificar Papeete (☎ 40 85 02 84, 40 54 10 10 ; www.avis-tahiti.com ; 56 rue des Remparts et aéroport de Faa'a)

EcoCar (☎ 40 54 29 09, 89 50 44 77 ; www.ecocar-tahiti.com ; Faa'a). Installé en face de l'aéroport (au même endroit que le Tahiti Airport Motel). Tarifs avantageux. Livraison gratuite sur votre lieu d'hébergement (dans une zone située entre l'ex Méridien à Punaia et le centre hospitalier de Pirae) pour une location d'au moins 3 jours (parfois moins, en fonction de la disponibilité des agents). Également scooters (3 500 CFP/jour, 125 cc, permis obligatoire).

Europcar (☎ 40 86 61 96 ; www.europcar-tahiti.com ; aéroport de Faa'a)

Hertz (☎ 40 42 04 71 ; www.hertz-tahiti.com ; aéroport de Faa'a)

Tahiti Easy Car (☎ 87 72 19 75 ; www.tahiti-easycar.com ; Faa'a). En face de l'aéroport. Tarifs compétitifs.

EN STOP

S'il est moins facile que naguère de se déplacer en stop à Tahiti, cela reste toujours possible, plus particulièrement lorsqu'on se rapproche de l'extrémité de l'île opposée à Papeete, où les transports en commun ne sont guère fréquents.

Les règles universelles du stop s'appliquent également à Tahiti : ce n'est pas le mode de transport le plus sûr, les femmes ne devraient jamais voyager seules en stop, et nous ne le recommandons pas.

ℹ Comment circuler

DESSERTE DE L'AÉROPORT

L'aéroport de Faa'a est à moins de 6 km du centre de Papeete. Les bus roulant de l'aéroport en direction de la ville, c'est-à-dire vers l'est – ou vers votre gauche quand vous sortez de l'aérogare –, vous amèneront au centre de Papeete pour 200 CFP. Ils ne circulent pas la nuit. En sortant de l'aérogare, traversez le parking, gravissez l'escalier jusqu'au niveau de la route, traversez-la et faites signe au bus qui se présente.

Au départ de Papeete, l'arrêt des bus passant devant l'aéroport de Faa'a se trouve à côté du marché central. Prenez un bus à destination d'Outumaoro (affiché à l'avant du véhicule).

Des taxis attendent également à chaque vol. Comptez 2 000 CFP depuis/vers le centre-ville durant la journée, 2 700 CFP au tarif de nuit (de 20h à 6h), plus 100 CFP par bagage.

TAXI

La plupart des courses en taxi ont un prix forfaitaire, fixé par le gouvernement, avec une majoration pour tarif de nuit (20h-6h). Dans Papeete même, la course est facturée environ 1 100 CFP (2 100 CFP pour l'Intercontinental Resort). Vous trouverez plusieurs stations de taxis dans le centre-ville, dont une sur le boulevard Pomaré, devant le centre Vaima.

TAHITI NUI

Impossible de quitter Tahiti sans avoir fait le tour de l'île ! Les 114 km de route côtière sont jalonnés de sites culturels et historiques. S'y ajoutent, bien sûr, les paysages, avec de jolies échappées côté mer et côté montagne, avec un relief toujours spectaculaire et une luxuriance tropicale caractéristique, et même de petites plages.

En théorie, un jour suffit à faire le tour de l'île en voiture, mais mieux vaut prévoir plus de temps et passer une nuit dans une pension de la côte ouest ou sud.

Pour les sites situés sur la presqu'île, reportez-vous p. 107.

Côte ouest

Le littoral ouest de l'île est le plus urbanisé. Les habitations se succèdent sans discontinuer depuis Papeete jusqu'à Paea.

À voir

Marina Taina MARINA

(PK 9). La marina Taina, qui accueille des voiliers et quelques yachts de luxe, est l'un des sites branchés du secteur et l'un des lieux les plus animés de la côte ouest, avec plusieurs restaurants et des animations nocturnes.

Punaauia COMMUNE

(PK 10 à PK 18). Punaaiua est la banlieue résidentielle de Papeete. Les villas chics et de luxueuses résidences sont bâties en hauteur à flanc de montagne, où elles bénéficient d'une brise rafraîchissante et de belles vues sur le lagon et l'île de Moorea en toile de fond.

Musée de Tahiti et des Îles – Te Fare Manaha CULTURE POLYNÉSIENNE

(☎ 40 54 84 35 ; www.museetahiti.pf ; PK 15,1 ; ⌚ 9h-17h mar-dim). Seul musée digne de ce nom de toute la Polynésie française, et préalable indispensable à la compréhension de la culture polynésienne, le musée de Tahiti et des Îles possède l'une des plus belles collections du Pacifique. Lors de notre passage, la salle d'exposition permanente était fermée pour rénovation complète, jusque fin 2022. Les expositions temporaires (600 CFP) restent accessibles. De la digue qui longe le jardin du musée, on peut apercevoir en matinée des dauphins.

Plage de Toaroto BAIGNADE

(PK 15,4). Une petite plage de sable blanc corallien, étroite, adaptée à la baignade, en toute sécurité.

Plage de Vaiava BAIGNADE

(PK 18). La "plage du PK 18", comme l'appellent les Tahitiens doit sa réputation de "plus belle plage de l'île" à son lagon turquoise, ses eaux calmes et son sable presque blanc (une exception sur Tahiti), ainsi qu'à sa superbe vue sur Moorea. La profondeur oscillant entre 1 et 3 mètres en font un lieu idéal pour l'initiation au snorkeling. À gauche de la plage, face à l'océan, un sentier marin balisé d'une dizaine de lutrins flottants révèle aux snorkelers les secrets du corail et de leurs habitants. Pas d'options de restauration sur place.

TOUR DE L'ÎLE ET PK

À Tahiti, les bornes kilométriques (PK) prennent la grande île en tenaille. Au départ du centre de Papeete, les PK de la côte nord défilent sur 54 km jusqu'à Taravao. Les PK de la côte sud s'égrènent quant à eux sur 60 km, également jusqu'à Taravao. Ainsi, quand quelqu'un vous dit qu'il habite au "PK 17", il faut lui demander s'il s'agit de la côte nord ou de la côte sud. À la presqu'île, les PK sont comptés avec Taravao comme point zéro. Là encore, la numérotation part dans deux directions : l'une pour la côte nord, jusqu'à Tautira (PK 18), l'autre pour la côte sud, jusqu'à Teahupoo (PK 17).

Tahiti

Voir agrandissement
Voir Centre de Papeete p. 72
Motu Martin
Pointe Vénus
Mahina
Plage de Hitimahana
Baie de Matavai
Plage Lafayette
Papeete
Arue
Papenoo
Vallée de laPapenoo
Vallée de la Fautaua
Vallée de Tipaerui
Cascade Topatari
Cascade Vaiharuru
Faaa
Route des Plaines
Mont Marau (1 493 m)
Mont Aorai (2 066 m)
Diadème (1 321 m)
Pito Iti (2 110 m)
Mont Orohena (2 241 m)
Cascade Puraha
Mont Mauru (1 361 m)
Le Tombant Saint-Étienne
Punaauia
Plage de Toaroto
La Source
Plateau de Tamanu
Punaruu
Mont Mahutaa (1 501 m)
Tahiti Nui
Lac Tahinu
Plage de Vaiava (plage du PK 18)
Mont Ivoroa (1 638 m)
Tunnel
Lac Vaihiria
Mont Tetufera (1 799 m)
Vallée d'Orofero
Paea
Les Gorgones de Paea
Plage de Rohotu
Mont Iviraial (1 696 m)
Marae Vaihiria I
Lac Bleu
Papara
Plage de Taharuu
Mataiea
Atimaono
Aéroport de Tahiti-Faaa
L'Aquarium
International
Air Tahiti
RDO
Autoroute
Marina Taina
Mont Marau
0 2 km

0
500 m
E
F
G
H
1
2
3
4
5
6
7
Tiarei
PK25
PK30
Mahaena
PK35
Plage d'Atioropaa
Passe de la Boudeuse
Hitiaa
15
7
Mont Tahuotira
(1 216 m)
PK40
PK45
Faaone
Mont Tevaitoi
(1 368 m)
PK50
28
60
PK60
Taravao
49
Afaahiti
34
38
PK5
37
45
PK10
Pueu
La Faille de Tautira
Tautira
PK18
58
PK15
PK55
5
19
57
Papeari
Toahotu
Route du Plateau
26
Presqu'île de Taiarapu
(Tahiti Iti)
Vaitepiha
PK5
Les Tables
de Taravao
Le Tombant
de Papeari
53
Plage de Maui
13
Les Gorgones
Vairao
PK10
La Marado
59
Mont Teatara
(1 197 m)
Mont Teava
(1 306 m)
Piste
traversière
Aiurua
Mont Ronui
(1 332 m)
Mont Maitie
(1 073 m)
17
Motu
Fenua
Ino
Vaiote
Tirahi
PK15
48
Teahupoo
50
PK18
36
Vaiarava
Vaipoiri
3
21
Falaises du Te Pari
Spot de surf de Teahupoo

Tahiti

À voir

1 Cascade de la Fautaua ... C2
2 Cascade de Faarumai ... D2
3 Grotte de Vaipoiri ... G7
4 Grottes de Maraa ... B5
5 Jardins botaniques H. Smith ... E5
6 Jardins d'eau de Vaipahi ... D5
7 Lavatubes de Hitiaa ... E3
8 Maison James Norman Hall ... C2
9 Marae Anapua ... D3
10 Marae Arahurahu ... B4
11 Marae Farehape ... D3
12 Marae Marae Taata ... B4
13 Marae Nuutere ... F6
14 Marae Vaitoare ... D2
15 Mouillage de Bougainville ... F3
16 Musée de Tahiti et des Îles – Te Fare Manaha ... A3
17 Pétroglyphes ... H6
18 Phare de la pointe Vénus ... C1
19 Point d'arrivée des premiers Tahitiens ... E5
20 Pointe du Taharaa ... C1
21 Refuge de Faaroa ... H7
Source Vaima ... (voir 6)
22 Tombeau du roi Pomare V ... C2
23 Trou du Souffleur ... D1

Activités

Dive and Sea ... (voir 35)
24 Eleuthera ... A7
25 Fluid ... A7
26 L'Amour de la Nature à cheval – Ranch Rauvau ... F5
27 Moby Dick Tahiti ... B5
28 Mokarran Diving ... F4
29 Scuba Tek ... C2
Topdive ... (voir 33)

Où se loger

30 Fare Hau ... B6
31 Hilton Hôtel Tahiti ... B2
32 Hiti Moana Vill ... B5
33 Intercontinental Resort Tahiti ... A6
34 Le Nid des Robinsons ... F5
35 Pension de la Plage ... B3
36 Pension Reva ... G7
37 Pueu Village ... G5
38 Punatea Village ... F5
39 Relais Fenua ... B4
40 Taaroa Lodge ... B4
41 Taharuu Lodge ... C5
42 Tahiti Airport Motel ... B6
43 Tahiti la Ora Beach Resort ... A3
44 Tahiti Pearl Beach Resort ... C1
45 Tautira Lodge ... G5
46 Te Miti ... B4
47 Te Moana Tahiti Resort ... F6
48 Vanira Lodge ... E5
49 Villa Mitirapa ... A3

Où se restaurer

Casa Bianca ... (voir 25)
50 Hinareva ... F6
L'Instant Présent ... (voir 25)
51 Lani's BBQ ... B4
52 La Plage ... A3
53 La Plage de Maui ... F5
54 Le Blue Banana ... A3
Le Lotus ... (voir 33)
55 Le Royal Tahitien ... B2
56 O Belvédère ... C2
Poke bar II ... (voir 35)
57 Restaurant du musée Paul-Gauguin ... E5
58 Snack du Bout du Monde ... H5
59 Tavania ... F6
60 Terre-Mer ... E5
Vanira Lodge ... (voir 48)

Achats

61 Rau Hotu ... A3
62 Manureva Tahiti ... B4

Transports

EcoCar ... (voir 43)
Tahiti Easycar ... (voir 43)

Plage de Papehue (plage du Mahana Park) — BAIGNADE

(PK 18,5). Il ne reste pratiquement plus de sable sur cette plage, plutôt destinée aux amateurs de snorkeling (beaux massifs coralliens dans le lagon) et de paddle. Elle est précédée d'un parc ombragé, doté de tables de pique-nique. Sanitaires sur place.

Marae Taata — SITE ARCHÉOLOGIQUE

(PK 19). À environ 200 m de la route de ceinture côté montagne (indiqué), ce *marae* impeccablement restauré se compose de plusieurs plates-formes de basalte. Plusieurs panneaux explicatifs sur le parking vous apporteront les éclairages nécessaires sur sa construction et sa fonction.

Paea — BOURG

(PK 20). Le centre de la commune de Paea est ramassé autour de la rivière Orofero, au PK 20, à l'embouchure de laquelle se trouve un spot de surf très prisé. C'est également à cet endroit qu'en 1815 le roi Pomaré II remporta la bataille qui allait lui permettre de régner à nouveau sur Tahiti et allait assurer la prédominance du christianisme. Dans le bourg, vous remarquerez la belle église en pierre, au bord de la route, côté montagne.

Marae Arahurahu SITE ARCHÉOLOGIQUE
(PK 22,5). Ne manquez pas la visite de cet impressionnant *marae*, bien mis en valeur grâce à une restauration complète. Ce lieu, luxuriant et photogénique, prête son cadre à des reconstitutions historiques, notamment pendant les fêtes traditionnelles du Heiva (voir l'encadré p. 84), en juillet.

Plage de Rohotu BAIGNADE
(PK 23,5). Cette plage aménagée (sanitaires, parking et tables de pique-nique) est prisée des familles. Elle n'est guère large, et le sable corallien n'est pas blanc ; il a des teintes grisâtres.

Grottes de Maraa SITE NATUREL
(PK 28,5). Le long de la route, un sentier traverse un jardin luxuriant bordant une série de grottes en surplomb, agrémentées de fougères et de bassins aux eaux cristallines.

Activités

Dive and sea PLONGÉE, PADDLE, OBSERVATION DES BALEINES
(☎87 73 64 66 ; PK 10 ; www.diveandsea-tahiti.com ; baptême 8 000 CFP, 10 plongées 49 000 CFP ; ⏲ sur réservation). Installé à l'entrée du port de plaisance de Orahiti, ce club récent concilie professionnalisme et convivialité. En plus de la plongée, sortie snorkeling en bateau (6 000 CFP), sorties baleines (8 500 CFP) et location de paddles pour aller à la rencontre des dauphins de la passe de Taapuna juste en face.

Moby Dick PLONGÉE, OBSERVATION DES BALEINES
(☎87 20 72 14 ; PK 26,7 ; www.mobydicktahiti.com ; sortie baleine 8 500 CFP, excursion snorkeling 6 500 CFP, baptême plongée 8 000 CFP ; ⏲ sur réservation). Depuis la marina de Paea, excursion de 4 heures (départ à 7h30 ou 13h) pour observer les baleines. Structure sérieuse, tenue par Isabelle, monitrice de plongée qui a une solide expérience dans l'observation des baleines, avec mise à l'eau si les conditions le permettent. Également sorties plongée en petite comité sur des sites peu fréquentés et excursion snorkeling près des motu de la barrière de corail, dans le secteur de Paea et Papara.

Fluid PLONGÉE
(☎40 85 41 46 ; www.fluidtahiti.com ; PK 9, marina Taina, Punaauia ; baptême 8 080 CFP, explo 7 070 CFP, sortie 2 plongées 12 730 CFP, forfait 5/10 plongées 30 300/51 500 CFP). Prestations personnalisées, ambiance conviviale. Tous les dimanches, sorties avec deux plongées et pique-nique à Moorea, sur la côte ouest ou à Papeenoo (12 700 CFP).

Eleuthera PLONGÉE
(☎40 42 49 29 ; www.eleutheratahiti.com ; PK 9, marina Taina, Punaauia ; baptême 8 000 CFP, explo 7 000 CFP, forfait 5/10 plongées 30 000/51 000 CFP). Du baptême au monitariat, on est ici bien accueilli quel que soit son niveau. Plongée océan (8h-14h) ou dans le lagon (10-12h).

Où se loger

Par rapport aux hébergements de Papeete, ces établissements jouissent d'un environnement plus agréable et de la proximité de quelques petits bouts de plages, notamment celle de Toaroto, au PK 15,4, celle de Vaiava au PK 18 et celle du Mahana Park au PK 18,5. Papeete est facilement accessible en bus pendant la journée, mais les services s'arrêtent vers 16h ou 17h. On trouvera sur place de quoi se restaurer, ainsi que des petits commerces et des supermarchés.

♥ **Pension de la Plage** STUDIOS €
(☎40 45 56 12 ; www.pensiondelaplage.pf ; PK 15,4, servitude Bernardino, Punaaiua ; s/d/tr/qua 11 600/11 600-12 100/13 100/14 100 CFP ; ❄🏊📶). Aucun risque de mauvaise surprise dans cette pension, même si le nom est trompeur : elle n'est pas en bord de plage, mais au bord de la route côtière (donc exposée au bruit), côté montagne. Les propriétaires louent 12 chambres-studios, mitoyennes et de plain-pied, dans un jardin agrémenté d'une petite piscine. La propreté est sans reproche (le ménage est fait tous les jours). Toutes climatisées, les chambres avec terrasse sont carrelées, égayées d'un mobilier en bambou et possèdent une salle d'eau, un réfrigérateur, un brasseur d'air, un coffre et la TV. Les plus chères disposent d'une kitchenette. On peut commander un petit-déjeuner buffet (1 900 CFP) que l'on savourera sous un agréable auvent de style local. Nombreux commerces et supermarchés dans les

environs. La plage de Toaroto est de l'autre côté de la route. Transferts en taxi pour l'aéroport à 3 000 CFP.

Taaroa Lodge DORTOIR, BUNGALOWS €
(☎40 58 39 21, 87 78 84 86 ; www.taaroalodge.com ; PK 18,2, Aroa Teonetere, Punaauia ; bungalows d/qua/6 pers 13 350/16 800/21 050 CFP, 2 nuits min ;). Une adresse attrayante et sagement tarifée, tenue par Ralph, un ancien champion de surf, dans une petite propriété ombragée, en bord de lagon. Vous aurez le choix entre 2 bungalows indépendants, bien conçus, avec kitchenette (réservez celui qui a la plus belle vue sur le lagon) ou un chalet familial de deux étages (chambre au rez-de-chaussée, dortoir au premier) avec bar et cuisine en extérieur. Le petit plus : la vue sur Moorea et les couchers de soleil, et le prêt de kayaks. Évitez de vous baigner face à la propriété : le corail affleure à la surface et les pontons très glissants sont particulièrement dangereux ! Les plages de Vaiava et du Mahana Park ne sont qu'à quelques minutes à pied et quelques snacks et roulottes sont à proximité. Transfert en taxi pour l'aéroport à 3 000 CFP. Cachée au fond d'une impasse, l'adresse est difficile à trouver : tourner au panneau "snack PK18" et aller au bout de la servitude "Aroa Teonetere".

Relais Fenua STUDIOS €
(☎40 45 01 98, 89 77 25 45 ; www.relaisfenua.com ; PK 18,3, Paea, aroa Atiraa ; studios d/tr/qua 11 400-12 400/ 15 000/ 15 500 CFP ;). Bien qu'étant à seulement 100 m de la route de ceinture, côté montagne, le site est tranquille et fleuri. Les 11 studios, mitoyens, de plain-pied, répartis dans deux bâtiments autour d'une mini-piscine, arborent une déco fleurie sont impeccables, et tout confort. Rien ne manque : brasseur d'air, clim, TV, mini réfrigérateur et coffre. Préférez les unités 4 à 11, qui donnent sur le jardin. Tous ont une terrasse et quatre d'entre eux sont équipés d'une kitchenette. La plage du Mahana Park est à 200 m. Les repas (petit-déj/dîner 1 500/2 800 CFP) sont servis sous un bel abri au bord de la piscine. Également plusieurs snacks dans les environs. Pour le transfert à l'aéroport, comptez 3 500 CFP par trajet pour 2 personnes.

Te Miti DORTOIR, CHAMBRES €
(☎40 58 48 61, 87 78 60 80 ; www.pensiontemiti.com ; PK 18,6, vallée Papehue, Paea ; dort/d/fam avec petit-déj et sdb commune 3 500/8 500/ 11 000 CFP ;). L'équivalent d'une petite auberge de jeunesse, située côté montagne, à 200 m de la plage du Mahana Park. Les propriétaires, un couple de *popa'a*, installés depuis 30 ans, proposent 2 formules d'hébergement : 1 mini-dortoir assez étouffant de 4 places sur 2 lits superposés grinçants, et 7 chambres réparties dans 2 farés avec sdb commune (eau chaude), moustiquaire et ventilateur, avec des matelas mollassons mais propres. Le linge de maison est fourni. Pour la restauration, 2 cuisines équipées sont à disposition. Il n'y a aucune intimité, mais l'ambiance est conviviale notamment au petit-déjeuner. Des petits commerces et des snacks, à proximité, pourront aussi vous dépanner. Carte bancaires et devises acceptées.

Te Moana Tahiti Resort HÔTEL €€€
(☎40 47 31 00 ; www.temoanatahitiresort.pf ; PK 10,5, Punaauia ; d 28 000-36 000 CFP ;). Un quatre-étoiles de bon standing, décoré dans un esprit néo-océanien, judicieusement orienté face à Moorea. Réparties sur les 4 niveaux de plusieurs bâtiments, toutes les chambres n'ont pas vue sur la mer, mais arborent une déco moderne dans les tons pastel très apaisante. Les suites et les duplex disposent de leur cuisine équipée. Ce qui distingue l'établissement ? Ses superbes terrasses en bois au bord de l'eau, entourant un espace de baignades et une belle piscine à débordement (moyennant un pass journée) donnant sur le lagon. Bar, restaurant, spa, sorties en mer, baptêmes de plongées... On peut profiter de la beauté des lieux sans être client de l'hôtel.

Où se restaurer et prendre un verre

Punaauia, la banlieue chic à l'extrémité ouest de l'agglomération de Papeete, s'affirme progressivement comme le deuxième pôle de restauration de l'île.

Poke bar II RESTAURANT, BAR €
(www.facebook.com/pokebar2 ; parc Vaipopo, Punaauia ; plats 800-1 300 CFP ; 8h-20h lun-sam et 8h-18h dim). Cette roulotte du parc Vaipopo face à la mairie de Punaauia, se démarque de ses consœurs grâce à ces wraps et ces *poke bowls* à base de légumes et de poissons frais. Servis, c'est assez rare pour le souligner, dans de la vaisselle recyclable.

Lani's BBQ RESTAURANT, BAR €
(☎89 40 04 19 ; www.facebook.com/LanisBBQ ; PK 18,5, Paea ; plats 1 000-2 100 CFP ; 11h-14h et

17h30-22h mer-dim). Encouragé par le succès de sa roulotte, Lani a ouvert en 2021 son restaurant en dur. La carte est classique (entrecôte, pizzas, poisson cru) mais les produits sont frais et les prix plus que corrects. Situé côté montagne, le lieu n'est pas bucolique, mais dispose d'un grand parking, bien utile dans à cet endroit de l'île. Bar ouvert à partir de 17h.

Casa Bianca RESTAURANT, BAR €€
(☎40 43 91 35 ; www.casabianca-tahiti.com ; PK 9, marina Taina ; plats 1 600-3 000 CFP ; ⏲tlj 11h30-14h et 17h30-22h, bar jusqu'à 22h). Un incontournable, à la marina Taina, du côté des voiliers de plaisance. On y croise des locaux et plaisanciers de tous pays en train de faire le tour du monde. Tous profitent de la belle terrasse pour admirer le coucher du soleil sur le port en sirotant un cocktail ou en dégustant les spécialités italiennes (viandes, salades, pizzas, pâtes) de la carte. Les pizzas peuvent être dégustées sur place ou emportées. Bon choix de cocktails et de bières. Animations musicales avec DJ ou orchestre le soir en fin de semaine.

Le Blue Banana RESTAURANT €€
(☎40 41 22 24 ; PK 11,2, Punaauia ; plats 1 500-3 500 CFP ; ⏲12h-13h30 et 19h-21h30 tlj sauf dim soir et lun). Peut-on rêver mieux pour des agapes qu'une salle en bord de lagon, avec Moorea en arrière-plan ? Réservez une table au bord de l'eau ou sur le ponton. Le plaisir se poursuit dans l'assiette, bien présentée, avec des plats classiques, français et polynésiens, sans fausse note, ainsi que des pizzas. Ambiance chaleureuse et décontractée.

♥ **L'Instant Présent** RESTAURANT €€€
(☎40 57 00 08 ; www.linstantpresenttahiti.com ; PK 9, marina Taina ; plats 1 800-4 000 CFP ; ⏲tlj 11h-23h, fermé mar ; 📶). Dans le cadre soigné de la marina Taina, cet établissement chic mais sans ostentation ravira les palais exigeants, avec une cuisine à la fois élaborée, franche et goûteuse. Les nombreuses spécialités de tartares (viande ou poisson) sont succulentes, tout comme les teppanyaki préparés par un chef japonais (du mercredi au dimanche seulement). La carte propose aussi des plats végétariens (essayez le tartare façon cheesecake). Le tout à quelques mètres des voiliers de la marina, et Moorea en toile de fond. Belle cave à vins. L'Instant Présent est aussi un lieu agréable où siroter un cocktail (*happy hour* 17h-18h30).

La Plage RESTAURANT €€
(☎40 58 21 08 ; www.tahitilaplage.com ; www.; PK 13,2, Punaauia ; plats 2 500-3 000 CFP ; ⏲11h30-21h30 mar-sam, 11h30-14h dim). Son deck surplombant la plage face au lagon en fait l'un des plus beaux spots de la côte ouest pour boire un cocktail ou pour un repas face au soleil couchant (à savoir, les tables les plus proches de la mer sont réservées en priorité aux clients ayant prévu de dîner). Pêche du jour, bonne grillades et *bowls* agrémentés de quinoa, de caviar d'aubergine et de légumes croquants... la cuisine légère et raffinée plait aux *popa'a* et à la jeunesse dorée tahitienne. L'adresse évite l'écueil du bling-bling grâce à la décontraction du service et au bon accueil réservé aux enfants... qui peuvent s'ébrouer sur la plage, tandis que leurs parents guettent l'apparition du rayon vert quand le soleil disparaît dans l'océan.

Achats

Rau Hotu PRODUITS DE BEAUTÉ
(☎87 72 85 89 ; www.rauhotu.com ; PK 7,8, servitude Bennet Faa'a ; ⏲8h-16h lun-ven 9h-13h sam). Cachée dans une impasse à proximité de l'aéroport, cette enseigne a été créée par une chef d'entreprise à l'origine d'une ligne de soins et de produits de beauté naturels, entièrement réalisés avec des produits locaux. Crèmes, monoï, huiles essentielles, shampoings parfumés au tiaré, à la goyave, au bambou... Autant de cadeaux originaux à faire avant le décollage.

Manureva Tahiti BIJOUX, PERLES
(☎87 76 62 21 ; www.manureva-tahiti.com ; PK 25, Paea ; ⏲sur rdv). Philippe de Villèle a longtemps exercé dans les fermes perlières des Tuamotu et connaît parfaitement l'univers de la perle. Il réalise des créations originales à des tarifs abordables (pendentifs, colliers, bagues, avec des perles, de la nacre ou du mabé).

Côte sud

C'est à partir de Paea que la côte reprend un aspect sauvage et que l'on a vraiment la sensation de quitter la banlieue de Papeete.

À voir

♥ **Plage de Taharuu** BAIGNADE, SURF
(PK 39). Régulièrement battue par des petits rouleaux, cette très belle plage de sable noir, large et propre est fréquentée autant

par les surfeurs que par les amateurs de farniente. L'absence d'eaux calmes découragera en revanche les familles avec enfants en bas âge. Un snack (ouvert du mardi au dimanche), sur la plage, permet de caler un petit creux entre deux séances de bronzage.

Mataiea VILLAGE

(PK 45). Les inconditionnels de Gauguin connaissent Mataiea, puisque le peintre y vécut lors de son premier séjour à Tahiti, de 1891 à 1893. Ce fut une période heureuse, durant laquelle il peignit notamment *Femme à la mangue* et *Ia orana Maria* (Je vous salue Marie). Dans le village, rien ne rappelle son passage.

Aucun monument particulier n'est à signaler, sauf l'**église catholique Saint-Jean-Baptiste**, qui date de 1857, à la limite de la ville, et le **temple protestant** qui se dresse au bord de la route, aux vagues airs de temple hindou.

La piste qui traverse l'île et rejoint la côte nord débute dans ce secteur, au PK 47,5 (consultez la section *Intérieur de Tahiti Nui* p. 105 pour plus de renseignements sur la traversée de l'île).

Source Vaima BAIGNADE

(PK 49). À 100 m des jardins d'eau de Vaipahi, la source Vaima désigne un petit plan d'eau naturel, dans la rivière, au bord de la route. Le site est très fréquenté le week-end.

Jardins d'eau de Vaipahi BALADE

(PK 49 ; accès libre). Ce site, bien indiqué, s'étend le long de la route, côté montagne. Il rassemble des jardins paysagers, bien mis en valeur, ainsi que trois parcours pédestres ombragés en boucle, d'une à deux heures, qui mènent à un plateau couvert d'une pinède et à une cascade. Celui de la rivière est émaillé de mini-cascades rafraîchissantes.

Jardins botaniques H. Smith JARDIN

(PK 51 ; gratuit ; 7h-18h tlj). Dégourdissez-vous les jambes aux jardins botaniques, un site bucolique composé de jardins agrémentés de bassins, de palmiers et d'un magnifique bosquet de bambous. Ces jardins furent fondés en 1919 par un professeur américain qui introduisit à Tahiti un grand nombre de plantes. Après sa mort en 1947, les jardins furent ouverts au public. Prévoyez de quoi vous protéger des moustiques. Adjacent aux jardins, un nouveau musée Gauguin (le précédent avait fermé en 2013), retraçant la vie du peintre en Polynésie doit ouvrir en 2025. En face, le motu Ovini (fermé le dim) offre de belles plages herbeuses idéales pour des pique-niques et des baignades.

Point d'arrivée des premiers Tahitiens SITE HISTORIQUE

(PK 52). Faites appel à votre imagination : les mythes tahitiens rapportent que c'est ici, au PK 52, qu'accostèrent les vastes pirogues à bord desquelles les ancêtres des Tahitiens traversèrent le Pacifique. Cela explique aussi pourquoi les chefs de cette région se virent conférer une prééminence sur ceux des autres parties de l'île. Les légendes narrant les extraordinaires exploits de navigation océane font ici l'objet d'un grand respect. Les sites de départ et d'arrivée sont localisés avec une même précision à Rarotonga, dans les îles Cook, et à Taipa, dans l'extrême nord de la Nouvelle-Zélande.

Où se loger

Taharuu Surf Lodge CHAMBRES €

(87 74 79 32, 87 71 52 63 ; taharuu.surflodge@gmail.com ; PK 39, Papara ; d avec sdb commune 7 500 CFP ;). Depuis cette jolie propriété arborée, il suffit de traverser la route pour accéder à la plage de Taharuu. Bon emplacement, donc, mais les 8 chambres sont minuscules, très sobres, non climatisées, et se partagent deux blocs sanitaires à l'extérieur. Elles sont bien tenues et équipées de matelas durs. Grand salon, terrasse et cuisine commune à disposition. Location de planches de surf. Plusieurs roulottes et snacks se trouvent dans le secteur, et on

COTON ET MAIN-D'ŒUVRE CHINOISE

La majeure partie des Chinois que vous rencontrerez en Polynésie sont les descendants des ouvriers venus travailler dans les plantations de coton à **Atimaono**, au PK 42, à partir de 1860. Durant une courte période correspondant à la guerre de Sécession américaine, la culture du coton s'était révélée économiquement intéressante. La main-d'œuvre tahitienne ne suffisant pas, on fit venir des coolies de Chine. Le boom du coton à Tahiti fut de courte durée, puisque la paix revenue aux États-Unis en 1865 marqua la fin brutale de cette activité dans l'île. Le grand gagnant fut l'exploitant, un certain James Stewart, d'origine écossaise.

JEAN-BERNARD CARILLET ©

1. Sur la route qui traverse l'intérieur de Tahiti (p. 105) **2.** Cascade Vaiharuru (p. 105) **3.** Phare de la pointe Vénus (p. 104)

peut cueillir les fruits du jardin. Quelques commerces et snacks se trouvent à proximité. Paiement en espèces.

Hiti Moana Villa BUNGALOWS, STUDIOS €€
(☎40 57 93 93, 87 74 16 67 ; www.hitimoanavilla-tahiti.com ; PK 32, Papara ; bungalows d 11 000-13 000 CFP ; studios qua sans/avec clim 14 000/18 000 CFP ;). Cet établissement aux airs de petite résidence est coincé dans un jardin fleuri, entre la route de ceinture (bruyante en journée) et le lagon, loin de tout. Vous logerez dans l'un des 4 bungalows (dont un bénéficie d'une vue sur la mer) ou dans l'un des 4 studios tout équipés, avec une vue partielle sur le lagon. Un rafraîchissement des installations serait bienvenu. L'ensemble se déploie au bord de l'eau (c'est le principal atout des lieux). Il n'y a pas de plage, mais un ponton est aménagé pour la baignade et une petite piscine permet de se rafraîchir. Prêt de kayaks. Le petit-déjeuner (1 800 CFP) est servi dans une salle donnant sur le lagon. Pour ceux qui préfèrent préparer leurs repas, un supermarché est à proximité. Tarifs négociables selon la durée du séjour. En principe, les propriétaires demandent 3 nuits minimum, mais vous pouvez essayer de négocier pour un séjour plus court.

Où se restaurer

Restaurant du musée Paul-Gauguin RESTAURANT €€
(☎40 57 13 80 ; PK 50,5 ; plats 2 300-2 900 CFP ; 11h30-13h30 tlj sauf lun). Situé à 800 m au nord des jardins botaniques H. Smith, cet établissement atypique ouvert en 1968 étonne par son cadre au charme désuet et son atmosphère qui respire la "Polynésie d'antan". La grande salle donne sur le lagon et des parcs à poissons. La carte est étoffée. Les habitués recommandent les chevrettes (crevettes d'eau douce) locales au lait de coco et le mahi-mahi farci aux fruits de mer. *Ma'a tahiti* (repas traditionnel, servi sous forme de buffet) le dimanche (4 500 CFP), sur fond d'orchestre *kaina* (local). Notez que ce restaurant est complètement indépendant du futur musée Paul-Gauguin, situé face au jardin H. Smith.

Terre-Mer RESTAURANT €€
(☎40 57 08 57 ; www.facebook.com/restaurant-terremer ; PK 58,8 ; plats 2 500-3 900 CFP ; 11h-14h sauf mer, 18h30-21h jeu-sam). Cet établissement a de bons arguments pour vous retenir le temps d'une pause déjeuner ou dîner : il est directement en bord de lagon, la déco est soignée (mobilier en teck, tables bien dressées) et la cuisine, d'inspiration française, goûteuse. Attention, les garnitures facturées en supplément (500 CFP), font vite grimper la note.

Taravao

Seule localité d'importance dans ce secteur de l'île, Taravao, à la jonction entre Tahiti Nui et la presqu'île (p. 91), est amenée à se développer au cours des prochaines années, Papeete étant complètement saturée. Pour les visiteurs, elle présente surtout l'intérêt de posséder plusieurs services utiles, notamment des commerces, des banques, des stations-service et plusieurs restaurants.

Stratégiquement située sur l'isthme reliant la grande Tahiti Nui à la petite Tahiti Iti, la ville abrite une base militaire depuis 1844, année où fut construit le premier fort français. Celui-ci avait pour mission de prévenir les actions de guérilla sur Tahiti Nui préparées par les Tahitiens de Tahiti Iti opposés à la domination française.

Activités

Mokarran Diving PLONGÉE, OBSERVATION DES BALEINES
(☎87 26 72 49 ; marine de Faratea, Taravao ; www.mokarran-diving.com ; sortie baleine 9 500 CFP, plongée exploration 7 100 CFP ; sur réservation). Un centre de qualité, tenu par le photographe sous-marin Vincent Truchet, fin connaisseur de la faune de Polynésie. Ambiance à la fois familiale et professionnelle, et sorties en petit comité (palanquée de 4 plongeurs maximum) sur un bateau confortable et bien équipé. De mi-août à fin novembre, Mokarran propose également des sorties d'observation des baleines dans le secteur de la presqu'île, dans le respect du bien-être animal. Mise à l'eau encadrée par un guide, en fonction des conditions de mer et du comportement des baleines.

Où se loger

♥ **Le Nid des Robinsons** BUNGALOW €
(☎87 79 17 49 ; bspetit.tahiti@mail.pf ; d 6 000 CFP ;). Sur les hauteurs de Taravao (à 4,5 km du centre du bourg, vers le sud), isolé dans une nature luxuriante, cette adresse qui porte bien son nom est une belle trouvaille. Il n'y a qu'un seul bungalow, vaste (35 m²), douillet et coquet, avec entrée indépendante, attenant à la demeure des sympathiques propriétaires, Stéphane et Brigitte, qui vous

conseilleront utilement dans la découverte du secteur. Vous bénéficiez d'un accès à la cuisine équipée. Des vélos sont prêtés, mais une voiture s'avérera vite indispensable.

Villa Mitirapa VILLAS €€€
(☎87 76 90 64 ; www.villamitirapa.com ; Toahotu ; villas 21 000-30 000 CFP, min 2 nuits ;). Ces 7 grandes villas lovées sur une pointe qui ferme la baie Phaëton au sud se démarquent par leur originalité et leur confort. Superbement aménagées, elles pourraient faire la une d'un magazine de décoration. S'appuyant sur un mélange de bois travaillé et de pierre, égayées de couleurs vives, elles vous transporteront dans un univers propice à la relaxation, à seulement 3 km de Taravao (prendre la direction de Teahupoo). Chacune possède une toute petite piscine privative, et l'on peut barboter sur le bord de mer, devant le jardin. Petit-déjeuner en option (1 700 CFP). Service traiteur possible le soir. Les tarifs sont moins élevés en semaine. Réduction de 10% possible en fonction du nombre de nuitées.

Où se restaurer

Chez Rémy et Loula RESTAURANT €€
(☎40 57 74 99 ; Taravao ; plats 1 900-3 600 CFP ; 11h30-14h et 18h30-21h lun-sam, 11h30-14h dim). Une institution à Taravao, aux airs d'auberge de campagne française. On prend place à des tables couvertes de nappes à carreaux, dans un décor agrémenté de plantes vertes. La présence de bannières de clubs de football apporte une note d'originalité (ou de kitsch, selon le point de vue). Le menu s'appuie sur une cuisine française classique (filet de bœuf aux morilles, magret de canard), de qualité moyenne, et les fruits de mer.

Taumatai RESTAURANT €€
(☎40 57 13 59 ; Taravao ; plats 2 300-3 700 CFP ; 11h30-13h30 et 19h-20h30 mer-sam, 11h30-13h30 dim). Protégé de la route par une haie, au centre de Taravao, le Taumatai séduit par son cadre agréable, dans un jardin bien entretenu, avec du mobilier en bois. La cuisine, d'influence française, à base de poisson et de viande est plus que correcte. Plats copieux, n'hésitez pas à demander une assiette pour deux.

Côte est

De Taravao à Papeete, le littoral de la côte est constitue la partie la plus sauvage de la grande île. Par endroits, la route, étroite, serpente au pied de falaises, en corniche, et ménage de beaux points de vue sur la côte, battue par la houle. Les infrastructures d'hébergement sont inexistantes dans ce secteur de l'île.

À voir

Hitiaa et mouillage de Bougainville SITE HISTORIQUE
(PK 38). C'est au large du village de Hitiaa qu'est né le mythe du paradis terrestre, lorsque l'explorateur français Louis-Antoine de Bougainville rédigea sa description enthousiaste de Tahiti, qu'il comparait au paradis, après un bref séjour dans les parages en avril 1768 (voir p. 380). Le mouillage n'était pas idéal : durant les neuf jours de son séjour, pas moins de six ancres furent perdues. Honnête homme et érudit du siècle des Lumières, il donna à l'île le surnom de Nouvelle-Cythère, en hommage à l'île grecque où naquit Aphrodite, la déesse de l'Amour. Une **stèle commémorative** en hommage à Bougainville est apposée juste derrière le pont rouge, à la sortie du village, en venant de Taravao.

C'est du village d'Hitiaa que part la piste menant aux lavatubes (voir p.109)

Plage d'Atioropaa BAIGNADE, PIQUE-NIQUE
(PK 35,5). Une aire de pique-nique a été aménagée face à cette petite plage de sable noir.

Mahaena SITES HISTORIQUES
(PK 33). La prise de Tahiti par les Français en 1843 ne fut pas acceptée de gaieté de cœur par les Tahitiens : une confrontation eut lieu en 1844 à Mahaena, au PK 32,5, qui se solda par la cuisante défaite des insulaires. Il ne reste rien du champ de bataille : les grandes tranchées creusées par les Tahitiens furent dévastées par la puissance de feu de l'assaut français. Ce fut la seule véritable passe d'armes entre Tahitiens et Français, les premiers optant pour des raids de guérilla jusqu'à leur défaite en 1846.

Pour l'anecdote, à hauteur du PK 34, regardez vers le large : vous distinguerez un minuscule motu (îlot), à 1 km environ de la côte. Le capitaine Cook y installa un second poste d'observation astronomique lors de sa mission de 1769.

Cascades de Faaurumai SITE NATUREL
(PK 22,1). Ce site, en pleine nature, est une halte incontournable sur la côte est. Pour y accéder, prenez la route goudronnée qui s'enfonce vers l'intérieur des terres, au niveau

LES PLUS BEAUX SPOTS DE SURF DE TAHITI

JEAN-BERNARD CARILLET ©

LE PARADIS DES SURFEURS

La Polynésie est le lieu de naissance du surf, appelé *horue*. Ce sport a connu une expansion fulgurante au cours des dernières années chez les jeunes Polynésien(ne)s, qui le pratiquent assidûment. Si toutes les îles de Polynésie regorgent de belles vagues, c'est à Tahiti que la pratique est la plus développée.

La majorité des spots s'adressent aux confirmés. Seul le spot de Papenoo, à Tahiti, convient à l'initiation. Les accès aux spots de *shorebreak* sont généralement aisés car proches de la route de ceinture. En revanche, pour les spots de *reefbreak*, essayez de trouver une embarcation qui vous conduise sur les sites ; sinon, résignez-vous à la nage.

Plusieurs *surfshops* sont implantés à Papeete. Vu la température de l'eau, vous n'aurez certainement pas besoin de combinaison, mais d'un maillot en Lycra pour vous protéger des coups de soleil.

CÔTE EST

☆ Plage de Lafayette

(PK 7). *Shorebreak* (nov-avr). Accès facile depuis la route de ceinture. Un shorebreak assez radical avec des rouleaux puissants et peu de profondeur. Le meilleur spot se trouve vers l'embouchure de la rivière.

☆ Pointe Vénus

(PK 10, prendre la route de la pointe Vénus). *Shorebreak* (nov-avr), *reefbreak* (toute l'année suivant la houle). La "droite" du récif de la pointe Vénus est l'une des plus spectaculaires de l'île.

☆ Ahonu, Orofara

(PK 12,5-13). *Shorebreak* (nov-avr). Ces spots "marchent" lorsque la houle du nord rentre. Vagues plutôt faciles.

☆ Papenoo : la Baie

(PK 14,5). *Shorebreak* (nov-avr). Le spot idéal pour les débutants. Vagues longues et pas très creuses.

☆ La Ligne droite de Papenoo : la Source, les Sapins, Rocky Point

(PK 13-14). *Shorebreak* (nov-avr). Vagues plus creuses et plus puissantes. Attention aux forts courants occasionnels. Accès facile.

Le surf est une activité phare à Tahiti. Reefbreaks, shorebreaks, côte est, côte ouest... Il y en a pour tous les goûts. Pour les non-initiés, le simple spectacle des prouesses des surfeurs vaut le déplacement.

☆ Papenoo : l'Embouchure

(PK 15,5). *Shorebreak* (nov-avr). Vagues techniques. Le meilleur moment : au petit matin lorsque le vent de terre descendant de la vallée de la Papenoo fait se dresser les vagues.

☆ Faaone : embouchure de Mahaena

(PK 33,5). *Shorebreak* (nov-avr). Des vagues d'embouchure assez techniques.

☆ Embouchure de la Vaiiha

(PK 44,5). *Shorebreak* (nov-avr). Des vagues d'embouchure assez techniques.

CÔTES OUEST ET SUD

☆ Papara

(PK 38,7). *Shorebreak* (mai-oct). Un spot très populaire. Accès facile depuis la route de ceinture. Vagues de difficulté moyenne. Attention toutefois aux courants puissants en cas de forte houle.

☆ Paea

(PK 21,5). *Shorebreak* (mai-oct). Situé en face de la mairie de Paea. Spot qui ne "marche" qu'assez rarement. Vagues puissantes de type embouchure.

☆ Sapinus, Pointe des Pêcheurs

(PK 15). *Shorebreak* (mai-oct). Accessible par la route du musée de Tahiti et des îles. Un *shorebreak* assez radical avec des vagues creuses et rapides.

☆ Taapuna

(PK 12). *Reefbreak* (toute l'année). Un "classique". Très belle gauche, fréquentée.

PRESQU'ÎLE

☆ Grande et petite passe de Vairao

Reefbreak (toute l'année). De magnifiques gauches et droites réservées aux surfeurs expérimentés. Demandez aux habitants le meilleur moyen de se rendre sur les spots.

☆ Teahupoo

Reefbreak (avr-oct). Le spot le plus radical du Pacifique, avec une gauche redoutable, pouvant atteindre 10 m. Épreuve du circuit pro, la Tahiti Pro Teahupoo se déroule en août-septembre sur ce spot exceptionnel, l'un des plus célèbres du monde.

TEAHUPOO, LA VAGUE OLYMPIQUE

Située à plus de 15 000 kilomètres de Paris, ville hôte des Jeux olympiques d'été de 2024, elle a pourtant été choisie pour accueillir les épreuves du surf. C'est dire si la vague de Teahupoo est incontournable. Découverte au début des années 2000 (auparavant elle n'était connue que des locaux), elle est devenue l'une des vagues les plus redoutées du monde. Pour les meilleurs surfeurs de la planète, réussir à dompter cette déferlante d'une effroyable puissance, qui peut dépasser les 10 m lors des grandes houles venues de l'Antarctique (entre avril et octobre), relève du défi. Large, épaisse, violente, sa lèvre s'écrase à quelques dizaines de centimètres du récif corallien et la moindre erreur peut être fatale.

Fin août, elle est à l'affiche lors de la compétition internationale Tahiti Pro Teahupoo, qui voit s'affronter les meilleurs spécialistes de la discipline. Plusieurs ouvrages lui ont été consacrés, dont *Teahupoo, la vague mythique de Tahiti* de Tim Mc Kenna et Guillaume Dufau (Au Vent des Îles, 2007) et *Surface* (2018), du photographe Ben Thouard.

du panneau indiquant "les 3 cascades". Elle conduit à un parking, quelque 1 km plus loin. Une promenade d'environ 5 minutes à travers une forêt de *mape*, le châtaignier local, mène à Vaimahuta, la première cascade (baignade interdite). Les deux cascades suivantes, Haamarere Iti et Haamarere Rahi, accessibles en 20 minutes de marche, sont interdites d'accès en raison des risques d'éboulement.

Trou du Souffleur — SITE NATUREL

(PK 22). Petit arrêt géologie au trou du Souffleur, un site bien aménagé juste après le village de Tiarei, dans un virage au bord de la route. La forte houle est à l'origine du souffle qui jaillit de cette cavité creusée dans le basalte. Un promontoire a été aménagé.

À hauteur du trou du Souffleur, une petite plage de sable noir constitue un lieu idéal pour pique-niquer.

Papenoo — VILLAGE

(PK 17). Papenoo fait les délices des surfeurs, avec un spot réputé. C'est également la porte d'accès vers l'intérieur de l'île. L'itinéraire pour 4x4 qui remonte la vallée de la Papenoo jusqu'au Relais de la Maroto débute sur la rive ouest du cours d'eau, au village (voir ci-contre pour plus d'informations sur la traversée).

Plage de Hitimahana — PLAGE, ÎLOT

(PK 11). Cette plage de sable noir, bien exposée aux vents dominants, est fréquentée par les véliplanchistes et les kitesurfeurs. L'îlot que l'on aperçoit, à 250 m au large, est le motu Martin, privé.

Pointe Vénus et baie de Matavai — SITE HISTORIQUE, PLAGE

(PK 10). Site très important dans l'histoire du territoire, la pointe Vénus, qui ferme, à l'est, la baie de Matavai, symbolise la rencontre de l'Europe et de la Polynésie. C'est ici que le capitaine Cook, au cours d'une mission scientifique, aménagea son observatoire en 1769 pour y faire des observations astronomiques. Il devait observer le passage de Vénus devant le Soleil, préalable qui permettrait de calculer la distance du Soleil par rapport à la Terre. Lors de ses deux expéditions ultérieures dans le Pacifique Sud, il revint mouiller au même endroit. Cette baie offrait manifestement des conditions de mouillage optimales, puisque pratiquement tous les navires européens s'y arrêtaient, avant que Papeete ne commence à se développer durant les années 1820.

Les missionnaires protestants de la London Missionary Society (LMS) débarquèrent également à la pointe Vénus lors de leur arrivée à Tahiti, le 4 mars 1797.

Il faudra faire un effort d'imagination : en dépit de son importance dans l'histoire des explorations européennes du Pacifique et des contacts entre les Polynésiens et l'Occident, aucun monument ne rappelle véritablement ces premières rencontres.

La pointe Vénus est aujourd'hui une **plage** de sable noir prisée des habitants de Papeete le week-end, ombragée par des arbres et dominée par un **phare** datant de 1867. Plusieurs clubs de courses de pirogues sont établis dans le secteur et effectuent leurs entraînements dans la baie de Matavai. À la pointe Vénus, sur la droite, un secteur est réservé aux pêcheurs ; avec un peu de chance vous les verrez rapporter de belles prises au petit matin.

La pointe Vénus est signalisée depuis la route de ceinture. Tournez à hauteur du rond-point au PK 10 et roulez jusqu'au parking, à côté du phare. Il existe une option de restauration sur place, **Mama's Beach House**, de style brasserie, ouverte de 11h à 15h du mardi au dimanche.

Pointe du Taharaa — POINT DE VUE

(PK 8,1). Ce site est à la fois historique et panoramique. Cette pointe ferme la baie de Matavai à l'ouest, où mouillèrent la plupart des grands explorateurs européens, dont Samuel Wallis, qui découvrit Tahiti en 1767, et le capitaine Cook, qui mouilla à cet endroit deux ans plus tard.

Les panoramas sont superbes : on découvre toute la périphérie est de Papeete, et le lagon.

Plage Lafayette — BAIGNADE

(PK 7). La plage de sable noir qui s'étend devant l'hôtel Tahiti Pearl Beach Resort est peu fréquentée. Elle est bien adaptée à la baignade et le cadre est splendide, avec une grande falaise qui la borne vers l'est. Elle présente aussi l'avantage d'être suffisamment large. L'accès public se fait par un chemin juste à côté de l'hôtel.

Tombeau du roi Pomaré V — SITE HISTORIQUE

(PK 4,7). La dynastie des Pomaré a régné sur Tahiti et une partie de la Polynésie au XIXe siècle (voir p. 383). Elle joua un rôle majeur dans l'histoire contemporaine de la Polynésie. Le roi Pomaré V, dernier représentant de cette lignée, est inhumé à Arue, dans un caveau au bord de l'eau, qui ressemble à un phare trapu fait de gros moellons de corail.

En réalité, ce tombeau, édifié en 1879, n'était pas destiné à recevoir la dépouille de Pomaré V, mais de sa mère, la reine Pomaré IV, décédée en 1877 après un demi-siècle de règne. Pomaré V, fils ingrat, fit retirer les cendres de sa mère quelques années plus tard et, lorsqu'il mourut à son tour en 1891, il se fit enterrer ici, à la place de sa mère. Les mauvaises langues disent qu'il serait mort d'excès de boisson et qu'une bouteille d'alcool serait plus adaptée que la réplique de l'urne grecque qui orne le tombeau… Gauguin assista à ses funérailles et les décrivit dans son livre *Noa-Noa*.

Les autres Pomaré sont inhumés dans le **cimetière Pomaré** situé en face de la Maison de l'artisanat, au PK 5,4. Leurs tombes sont anonymes, mais un panneau à l'entrée du cimetière indique l'emplacement présumé des tombes des rois Pomaré Ier, II, III et la reine Pomaré IV.

Maison James Norman Hall CENTRE CULTUREL

(☎ 40 50 01 60 ; PK 5, Arue ; ⏲ mar-ven, 8h-16h, sam 8h-15h). La maison de James Norman Hall (1887-1951), auteur américain rendu célèbre grâce à son roman *Les Révoltés de la Bounty*, est ouverte au public. Sa bibliothèque, des photos et quelques notices explicatives rappellent comment l'écrivain a contribué à forger le mythe tahitien. Conférences et projection de films.

Plage du Taaone BAIGNADE

(PK 3). Cette plage de sable noir, devant l'hôtel Royal Tahitien, a l'inconvénient d'être trop étroite.

Où se restaurer

Le Belvédère SPÉCIALITÉS MONTAGNARDES €

(☎ 89 40 34 03 ; www.o-belvedere.com ; Pirae ; plats 2 500-3 900 CFP ; ⏲ ven-sam 9h-22h, jeu 17h-22h, dim 9h-15h30). Oui, on peut manger une tartiflette en altitude à Tahiti ! Et ça se passe au bien nommé belvédère qui délivre une vue superbe (quand il n'y a pas de nuages) sur la pointe de Vénus et sur Moorea. Outre les spécialités fromagères, figurent à la carte des burgers et une fondue bourguignonne. Rien de renversant, surtout au regard des prix pratiqués, mais le côté atypique des lieux vaut le détour. À condition de supporter les 7 kilomètres de routes sinueuses au départ de Pirae (prendre la première rue à droite après la station-service Hamuma).

Intérieur de Tahiti Nui

La découverte de l'intérieur de Tahiti vous dépaysera complètement et vous fera oublier, l'espace d'une journée, les plaisirs du lagon, au profit d'époustouflants paysages volcaniques et verdoyants.

Ce paradis vert se mérite. Il n'y a qu'une seule piste qui traverse l'île de Tahiti de part en part, et elle n'est praticable qu'en 4x4. L'itinéraire (39 km) relie Papenoo, au nord, à Mataiea au sud, via le Relais de la Maroto et le lac Vaihiria, au milieu de l'île. Il vous fera découvrir l'intérieur luxuriant et très accidenté de l'île, avec d'excellentes vues sur les sommets. Place aux paysages de montagne, aux torrents, aux cascades, à un lac, à une flore diversifiée et à quelques sites archéologiques. Cette **traversée** nécessite impérativement un 4x4, ainsi qu'un guide, car certains tronçons peuvent être périlleux. Plusieurs prestataires organisent des traversées à la journée (voir *Activités* p. 106).

Un bon conseil : évitez les week-ends, lorsque les familles de Papeete prennent leur 4x4 et viennent pique-niquer dans le secteur de Papenoo. Embouteillages garantis !

Bien qu'inhabitées aujourd'hui, ces vallées centrales étaient autrefois densément peuplées. En témoignent les nombreux sites archéologiques – environ 200 *marae* ont été inventoriés dans cette vallée. La vallée de la Papenoo, plus particulièrement, a joué un rôle historique important. On estime qu'elle a été habitée du XIVe siècle jusqu'à 1850 environ.

À voir

De Papenoo au Relais de la Maroto

Les 18 km menant de **Papenoo**, sur la côte nord au PK 17, au **Relais de la Maroto**, au centre de Tahiti, suivent la large vallée de la Papenoo, la seule traversant l'ancien cratère. L'itinéraire franchit 10 fois cette rivière. Des petits ponts et des radiers en ciment ont été aménagés pour faciliter le passage des véhicules. Plusieurs cascades agrémentent le parcours, dont la **cascade Topatari**, la **cascade Vaiharuru** et la **cascade Puraha**. Entre la cascade Vaiharuru et la cascade Puraha se trouve le **marae Vaitoare**, sur la gauche, un ancien site cérémoniel bien entretenu qui forme une esplanade dallée.

Relais de la Maroto

La plupart des "safaris" en 4x4 qui effectuent la traversée de l'île font une halte à midi au **Relais de la Maroto** (☎40 57 90 29 ; plats 1 500-2 800 CFP ; ⏲tlj), la seule possibilité de restauration de l'intérieur de l'île. C'est un endroit magique, au milieu d'une caldeira, d'une végétation luxuriante et de massifs montagneux, avec une vue splendide sur les principaux sommets de Tahiti.

Autour du Relais de la Maroto, des sentiers desservent des barrages hydroélectriques. Votre guide vous montrera certains vestiges archéologiques, nombreux dans le secteur, notamment le **marae Anapua** et le **marae Farehape**, un ensemble cérémoniel bien restauré, comportant une plate-forme d'archer. Aux temps anciens, le tir à l'arc était un divertissement réservé à l'aristocratie.

Un espace pique-nique a été aménagé à proximité des *marae*, ainsi que des petits refuges qui servent d'abris aux randonneurs.

Sur le parcours, vous remarquerez sans doute la présence des *Miconia* et des tulipiers du Gabon, deux plantes envahissantes qui font des ravages dans l'intérieur de l'île. Le reste de la flore se compose de lantanas, d'*Albizia falcata*, de bambous, de fougères et de *purau* (hibiscus sauvage).

Du Relais de la Maroto à Mataiea

Par rapport à la première moitié du parcours, l'itinéraire est nettement plus abrupt, voire impraticable en cas d'intempéries. À partir du Relais de la Maroto, la route entame une montée régulière jusqu'à un col, à près de 800 m d'altitude, qui forme le rebord de l'ancien cratère. On traverse un tunnel de 200 m de long, avant de commencer la descente jusqu'au **lac Vaihiria**, le seul lac naturel de Polynésie, à 450 m d'altitude. La vision des eaux sombres du lac, au milieu de montagnes escarpées, est réellement spectaculaire. Une impression de mystère plane.

Il faut ensuite poursuivre la descente, toujours aussi abrupte, dans un magnifique paysage encaissé. Vous passerez devant le **lac Bleu**, un petit lac artificiel, précédé d'une cascade, destiné à la production électrique. La piste rejoint ensuite le village de **Mataiea**, sur la côte sud de Tahiti, à hauteur de la borne PK 47,5.

Activités

Excursions en 4X4

Quelques sociétés se sont spécialisées dans la traversée de l'île en 4x4, seul moyen d'accès dans cette partie de l'île. La journée comprend notamment des arrêts baignade (n'oubliez pas votre maillot de bain), des explications sur la géologie, la botanique et la visite de sites archéologiques.

Ia Orana Tahiti Expedition EXCURSIONS GUIDÉES
(☎87 75 88 07 ; www.iaoranatahitiexpeditions.com ; demi-journée/journée à partir de 6 000/8 500 CFP ; ⏲sur réservation). Structure tenue par le charismatique Olivier Teuai Lenoir, l'un des meilleurs ambassadeurs de la culture polynésienne, qui vous fera découvrir avec passion l'intérieur de l'île en 4x4, le long de la vallée de la Papenoo. Dans le secteur du marae Farehape, c'est le seul à proposer une petite balade d'une vingtaine de minutes jusqu'à une jolie cascade.

Tahiti Safari Expedition EXCURSIONS GUIDÉES
(☎40 42 14 15, 87 77 80 76 ; www.tahiti-safari.com ; journée 8 000 CFP ; ⏲sur réservation). Société implantée de longue date et disposant d'un parc de confortables 4x4. Prévoir son pique-nique ou un repas au Relais de la Maroto (environ 2 500 CFP). Service de ramassage gratuit dans les hébergements.

Tahiti Discovery EXCURSIONS GUIDÉES
(☎87 77 15 94 ; www.tahitidiscovery.com ; demi-journée/journée 5 000/7 500 CFP ; ⏲sur réservation). Petite structure, tenue par Teiva, un guide expérimenté. Découverte de la vallée de la Papenoo, jusqu'au lac Vaihiria, à la journée. Également visite du mont Marau, à la demi-journée. Prévoir un pique-nique. Service de ramassage gratuit dans les hôtels.

Ciao Tahiti EXCURSIONS GUIDÉES
(☎87 73 73 97 ; www.ciaotahiti.com ; demi-journée /journée 4 500/7 500 CFP ; ⏲sur réservation). Découverte de tous les sites naturels et culturels de la vallée de la Papenoo à bord de confortables 4x4. Repas en sus. Également mont Marau à la demi-journée. Service de ramassage gratuit dans les hôtels.

Randonnée pédestre

L'intérieur de Tahiti Nui, très accidenté, offre de superbes possibilités de randonnée (voir l'encadré p. 108). Seuls inconvénients : l'ennuagement des sommets, presque systématique, et les risques de pluie. La saison allant de juin à septembre, plus sèche, est la plus indiquée.

La presque totalité des sentiers n'étant pas balisés, la présence d'un guide est indispensable. Les tarifs varient selon la durée des sorties, le nombre de participants et le niveau des randonnées. Comptez entre 6 000 CFP la balade à la demi-journée à 18 000-20 000 CFP la sortie de 2 jours avec bivouac. Réservez suffisamment à l'avance, car un nombre minimum de participants est requis (généralement 4). Les guides proposent les grands classiques (voir l'encadré p. 108), ainsi que des sorties dans d'autres vallées de Tahiti : la vallée de Vaipohe, à Paea ; la vallée de la Tuauru, à Mahina ; la vallée de Vaihi, à Faaone ; Te Faaiti, à Papenoo ; la vallée de Fara Ura, à Hitiaa (liste non exhaustive). Pour les randonnées à Tahiti Iti, reportez-vous p. 111.

♥ **Aito Rando** GUIDES DE RANDONNÉE
(☎ 87 76 20 25 ; aitorando987@gmail.com ; www.aitorando.com). Structure dynamique, tenue par Pierre et Jimmy Leyral, réputés pour leur professionnalisme à toute épreuve, la qualité de leur encadrement et leur sens de l'organisation. Intéressant programme de randonnées sur toute l'île, à des tarifs abordables (à partir de 6 900 CFP/pers la randonnée). Propose en moyenne 2 sorties en semaine et 2 sorties le week-end (le programme est disponible sur leur page Facebook).

Tahiti Reva Trek GUIDES DE RANDONNÉE
(☎ 87 74 77 20 ; www.tahitirevatrek.com). Toutes randonnées à la journée ou en bivouac, guidé par Angelina. Tarifs intéressants (à partir de 6 000 CFP/pers).

Canyoning

Le canyoning est pratiqué dans plusieurs vallées de l'île, principalement le long de la côte est. Au programme : rappels (de 25 à 60 m), sauts, toboggans... Certains sont accessibles aux débutants. Mieux vaut éviter la période novembre-février, sujette à de fortes précipitations.

Natura Exploration (☎ 87 79 31 21 ; www.facebook.com/Natura.Exploration). Canyoning à la journée dans 10 canyons dont les lavatubes, avec rappel de 24 m et 4 sauts dans le noir (14 000 CFP/pers). Randos aquatiques (10 000 CFP/pers) et randos pédestres sur une demi-journée à 3 jours (à partir de 6 000 CFP/pers).

Mato Nui Excursions (☎ 87 78 95 47). Randos et canyoning dans la vallée de Papenoo en compagnie d'Hervé, guide local, féru de contes et légendes polynésiennes.

LA PRESQU'ÎLE (TAHITI ITI)

C'est un petit coin de Polynésie qu'on garderait bien pour soi... Encore méconnue, la presqu'île, également appelée Tahiti Iti (la "petite Tahiti"), incarne à merveille la Tahiti d'il y a 30 ans. Cet appendice très sauvage de Tahiti Nui (la "grande") commence à une soixantaine de kilomètres de Papeete. Qu'il semble loin le tumulte de la capitale ! Place à une nature souveraine, à des hameaux paisibles et à des paysages superbes. Pour les Tahitiens eux-mêmes, c'est un sanctuaire, un lieu dont ils parlent avec une pointe d'émotion dans la voix : le *fenua aihere*, la partie de l'île qui n'est desservie par aucune route, incarne pour eux la Polynésie de leurs ancêtres.

On y vient pour se ressourcer et pour pratiquer un écotourisme de qualité. Les falaises du Pari, le lagon bordé de sable noir, les excursions en bateau et la vie traditionnelle des villages polynésiens vous combleront. Quant aux surfeurs en provenance du monde entier, ils ne jurent que par la célèbre vague de Teahupoo, l'un des spots les plus célèbres du monde.

Orientation

Tahiti Iti est desservie par trois routes : l'une longe sur 18 km le littoral nord jusqu'à Tautira (route de Tautira) ; une autre longe sur la même distance la côte sud jusqu'à Teahupoo (route de Teahupoo) ; la troisième (route du Plateau) gravit le centre de l'île jusqu'à un plateau et à un belvédère. Les routes nord et sud ne se rejoignent pas, interrompues par les falaises abruptes du Te Pari.

À voir

Route nord : de Taravao à Tautira

La route côtière passe par le bourg de **Pueu** avant de rejoindre **Tautira**, où elle se termine en cul-de-sac. Tautira est un village plein de charme, doté d'une **plage** de sable noir (signalée "plage de Vaitepiha"),

LE TOP DES RANDONNÉES

JEAN-BERNARD CARILLET ©

VALLÉE DE LA FAUTAUA

À quelques kilomètres au sud de Papeete, cette randonnée (environ 5 heures aller-retour) est l'une des plus agréables de Tahiti. Il faut une autorisation d'accès (adulte/enfant 600/150 CFP), simple formalité, à retirer auprès du service des régies des recettes, à la **mairie de Papeete** (☎40 41 58 36, 40 41 58 34 ; ⏲7h30-14h30 lun-jeu, 7h30-13h30 ven), même s'il n'y a (en principe) aucun contrôle en semaine… La première étape du parcours, très facile, vous conduira jusqu'à un petit pont, appelé pont Fachoda ou pont Tearape, sous les frondaisons d'imposants *mape* (variété de châtaignier). Comptez 1 heure. À partir du pont, une montée assez abrupte vous mènera en 45 minutes jusqu'à un point de vue sur la **cascade de la Fautaua**. Encore une demi-heure et vous atteindrez le sommet de la cascade, et vous pourrez vous baigner dans des vasques. En chemin, vous devinerez les ruines du **fort Fachoda** où, en 1846, des soldats français escaladèrent une falaise pour dominer une position tahitienne.

TE FAIITI

Une randonnée familiale, adaptée à tous les niveaux (y compris les enfants), ludique, très aquatique, avec de nombreux sauts, dans un affluent de la vallée de la Papenoo (le point de départ se situe à 8 km environ de Papenoo). La sortie dure au total environ 5 heures. L'objectif est d'atteindre une cascade d'où l'on pourra sauter (entre 4 et 8 mètres). Parmi les autres centres d'intérêt : des vasques et d'autres petites cascades.

LES HAUTS DE LA FAATAUTIA (NYAMANTON)

Belle sortie de difficulté moyenne, dans une vallée de haute altitude, au pied de la "forêt de nuages", dans le secteur de Hitiaa. Au programme : une quinzaine de vasques, des sauts et des baignades dans un cadre très luxuriant. La progression se fait souvent dans le lit de la rivière, mais également au milieu de fougères. Trajet en boucle d'environ 5 heures, accessible aux enfants à partir de 10 ans.

De magnifiques randonnées permettent de découvrir l'intérieur de l'île, à des altitudes pouvant dépasser 2 000 m. Voici cinq itinéraires à n'entreprendre qu'avec un guide (sauf, éventuellement, la vallée de la Fautaua).

MONT AORAI

L'ascension du mont Aorai (2 066 m), troisième sommet de l'île, est une belle course de montagne, pour marcheurs avertis. Comptez au moins 5 heures d'ascension à un rythme soutenu. Le point de départ se trouve au restaurant le Belvédère, à 7 km depuis la mairie de Pirae et à 600 m d'altitude, accessible en voiture depuis Papeete. Comptez 1 bonne heure de marche pour atteindre le col Hamuta (900 m), partie la plus facile, puis encore 1 heure 30 pour rejoindre le premier refuge, *fare mato*, perché sur un promontoire rocheux, à 1 400 m d'altitude. La montée au second refuge, *fare ata* (1 800 m), est abrupte. De là, le sommet n'est plus qu'à 1 heure de marche, sur une crête. La vue dont on jouit au sommet récompense tous les efforts – à condition d'arriver avant les nuages, très présents dès le milieu de la journée.

Certains passages sont délicats ; il faut s'agripper à maintes reprises à des câbles et à des cordes. Pour les plus aguerris, l'aller-retour peut s'effectuer dans la journée, à condition de se mettre en route au lever du jour. Il est toutefois plus judicieux d'y consacrer une journée et demie. Ainsi, en passant la nuit au second refuge (très sommaire), vous pourrez jouir du lever du soleil depuis le sommet.

LAVATUBES DE HITIAA

Évoluer dans les entrailles basaltiques de Tahiti est une expérience unique. Les lavatubes désignent des tunnels de lave refroidie, souterrains, d'un diamètre de 1 à 15 m. Ils sont en partie inondés (guide indispensable).

On peut progresser à pied dans les lavatubes de Hitiaa, mais cette marche ne pourra être effectuée que s'il n'existe aucun risque de pluies soudaines (attention, à Tahiti, les crues peuvent être brutales et très dangereuses). Elle s'apparente par endroits à du canyoning, avec des passages en eaux vives.

À partir de la bifurcation du PK 39,9 (pas de panneau directionnel), une piste de 4x4 (à péage) gagne l'intérieur des terres sur 6 km jusqu'à un barrage situé à 500 m d'altitude, précédant d'un kilomètre le début du sentier de randonnée, à 630 m d'altitude. De là, comptez environ 4 heures pour visiter les trois tubes. Le premier tube, d'environ 100 m de long, se trouve à moins de 30 minutes de marche, à 750 m d'altitude. L'entrée du deuxième, situé à environ 200 m du premier, est marquée par deux cascades. Il mesure environ 130 m de long. Le troisième tube est plus long (1 km) et plus complexe (il comporte une boucle intérieure), et s'explore en deux heures dans une obscurité totale. Cette randonnée est déconseillée aux personnes claustrophobes ou souffrant du vertige. Il n'y a pas de sentier et la progression s'effectue sur des cailloux glissants et parfois à l'aide de cordes.

NE PARTEZ PAS SANS...

- des lunettes de soleil
- de la crème solaire
- un couvre-chef
- une crème antimoustique
- une cape de pluie
- un pull pour les sommets
- de bonnes chaussures de marche et de sandales en plastique pour traverser les rivières
- un pantalon sera utile pour éviter les égratignures des broussailles
- un sac étanche pour protéger votre appareil photo.

À NE PAS MANQUER

RANDONNÉE SUR LES FALAISES DU TE PARI

Te Pari signifie "falaises" en tahitien et désigne la portion côtière de la presqu'île, à l'extrémité est, bordée de hautes falaises battues par les lames de l'océan. Cette bande côtière offre des paysages sauvages et majestueux, préservés de toute activité humaine et enveloppés de légendes. Elle peut se découvrir à pied (en compagnie d'un guide expérimenté). C'est une randonnée mixte, alliant montagne, rivières et océan. Habituellement, les prestataires partent de Teahupoo et rejoignent la **grotte de Vaipoiri** (fermée au public pour des raisons de sécurité). Il y a peu de dénivelé, mais la progression est parfois difficile, selon la hauteur de la houle. On peut continuer jusqu'au **refuge de Faaroa**, situé au bord de la rivière du même nom, délimitant les districts de Tautira et de Teahupoo. Les possibilités de baignade sont nombreuses. Cette sortie est déconseillée aux personnes ne sachant pas nager ou ayant le vertige.

Comme vous aurez souvent les pieds dans l'eau, prévoyez des affaires de rechange et des sandalettes en plastique. Si votre guide n'a pas de masque ni de palmes, emportez votre propre matériel. Cette randonnée est tributaire des conditions météo et de la houle. Comptez environ 6 heures pour la durée totale de l'activité.

prolongé par la "plage de Tatatua". Juste avant le bourg, vous apercevrez l'embouchure de la Vaitepiha et, en toile de fond, les superbes sommets de l'intérieur de la presqu'île.

La côte nord de Tahiti Iti fit jadis l'objet de la visite de quelques Européens célèbres, dont le capitaine espagnol Boenechea en 1772 et en 1774 et l'explorateur Cook en 1774 et en 1777. Les missionnaires suivirent. En 1836, l'*Eliza* déposa près de Tautira les pères Laval et Caret, deux prêtres français qui, pour éviter une confrontation avec les missionnaires protestants inquiets des avancées du catholicisme sur leur territoire, débarquèrent volontairement dans ce lieu reculé. Les deux envoyés marchèrent jusqu'à Papeete, où ils furent vite arrêtés et déportés. Cet événement allait se révéler regrettable pour les protestants, car il conduisit à la prise de possession de Tahiti par les Français et à la fin du monopole du protestantisme.

En 1888, Tautira accueillit l'écrivain Robert Louis Stevenson à bord de son navire, le *Casco*. Stevenson et son équipage séjournèrent près de deux mois dans le village.

De Tautira aux falaises du Te Pari

À la marina de Tautira (accessible via la voie qui bifurque face au complexe sportif), la route se termine en cul-de-sac, mais il est possible de rouler un peu plus loin, sur une piste cahoteuse, le long du lagon, sur 2 km, avant que la route ne devienne véritablement infranchissable par les véhicules. Un bon chemin de randonnée longe alors la côte sur une douzaine de kilomètres, jusqu'aux **falaises du Te Pari**, au-delà de la rivière Vaiote, sur la côte méridionale de Tahiti Iti. Ce secteur sauvage et préservé est appelé *fenua aihere* (terre sauvage) par les Tahitiens.

Au niveau de la rivière Vaiote, à environ 12 km de Tautira, un bel ensemble de **pétroglyphes** est visible à proximité de la côte. Plusieurs **marae** sont dispersés dans le fond de la vallée.

Des deux motu affleurant au large, **Fenua Ino**, le plus grand, est un site de pique-nique apprécié à l'occasion des excursions en bateau.

Route du plateau

C'est difficile à concevoir, mais le **plateau de Taravao**, auquel on accède par deux itinéraires depuis la route nord, ressemble étrangement à la Normandie... Sans doute la vision d'élevages bovins pâturant des prairies alimente-t-elle cette impression.

Au départ de Taravao, deux itinéraires gravissent la montagne jusqu'à un **belvédère** situé à moins de 10 km à l'est. Ils débutent tous les deux sur la route nord (la route de Tautira). Le premier embranchement est au PK 0,6, soit à 600 m sur la route de Tautira, sur la droite, juste avant le collège de Taravao. La route monte sur 8 km à travers des champs verdoyants jusqu'au parking aménagé à proximité du point de vue. L'autre voie d'accès, qui débute au PK 3, à environ 200 m après la pancarte "plateau de Maraeapai", rejoint le premier itinéraire

1 km avant le belvédère (on peut donc ainsi faire une boucle).

Du belvédère, vous embrasserez un magnifique panorama : l'isthme de Taravao avec, en toile de fond, l'imposante masse de Tahiti Nui.

Route sud : de Taravao à Teahupoo

La route sud longe une succession d'étroites plages (dont la **plage de Maui**, au PK 8, une mince bande de sable corallien, pas assez profonde pour la baignade) et de petites baies jusqu'à **Vairao**, où se trouve une petite marina. Au PK 9,5, une bifurcation (signalée) mène vers l'intérieur des terres jusqu'au **marae Nuutere**, un site historique restauré. Ce grand *marae* vaut le coup d'œil pour ses trois cours pavées (*tohua*) pourvues, aux extrémités, de places réservées aux dieux (*ahu*) et de grands trônes réservés aux prêtres, aux chefs ou aux rois (*arii*). Il appartenait à une femme, chef du district, qui avait épousé un membre de la famille royale de Huahine.

Continuez jusqu'à **Teahupoo**, au PK 18. Ce hameau protégé par des forteresses montagneuses est devenu mondialement célèbre depuis que les meilleurs spécialistes du surf ont découvert la mythique vague de Teahupoo (voir l'encadré p. 103) voici une dizaine d'années. Au mois d'août/septembre, Teahupoo accueille les épreuves internationales de surf de la Tahiti Pro Teahupoo.

La route se termine en cul-de-sac à hauteur de la rivière Fauoro. Vous voici arrivé au bout du monde. Quelques pensions sont situées un peu plus loin et sont accessibles en bateau et, éventuellement, à pied. On peut marcher environ 10 km le long du littoral jusqu'à la **grotte de Vaipoiri** (fermée au public pour des raisons de sécurité) et aux **falaises du Te Pari** (voir l'encadré p. 110), qui marquent la fin du sentier (présence d'un guide indispensable).

Activités

Plongée sous-marine

Reportez-vous au chapitre *Plongée* p. 40 pour plus de détails sur les sites de plongée de la presqu'île.

Balade équestre

L'Amour de la Nature à cheval – Ranch Rauvau CENTRE ÉQUESTRE
(☎ 87 73 84 43 ; lamournatcheval.onlc.fr ; Afaahiti ; 1/2 heures 2 500/5 000 CFP ; ⏲ tlj sur réservation). Ce centre équestre propose des circuits dans le secteur du plateau de Taravao, encadrés par un guide diplômé. De Taravao, prendre la direction de Tautira puis, au PK 3, prendre à droite sur 2 km la route qui conduit au plateau.

Surf

Phénoménal ! La presqu'île, rendue célèbre par l'incroyable vague de Teahupoo, est une étape incontournable pour les surfeurs aguerris (voir l'encadré p. 103) – il n'y a aucune possibilité pour les petits niveaux. La plupart des hébergements de la presqu'île peuvent organiser des transferts en bateau sur la vague de Teahupoo. Les prestataires d'excursions en bateau (p. 111) emmènent également leurs clients non surfeurs à proximité de la vague. La simple vision de la déferlante donne la chair de poule…

Pour les débutants, on peut s'initier au surf à Papenoo (p. 78), sur la côte est de Tahiti Nui.

Randonnée pédestre

Paradis naturel parcouru de vallées profondes et coiffé de sommets majestueux, la presqu'île est une merveille pour la randonnée pédestre. Pourtant, la randonnée la plus couramment proposée, Te Pari (voir l'encadré ci-contre), n'effectue pas d'incursions vers l'intérieur, mais longe la partie la plus sauvage du littoral, où aucune route ne mène.

La présence d'un guide est indispensable car les sentiers ne sont pas balisés et certains passages sont escarpés. Reportez-vous à la rubrique p. 106 pour les coordonnées de guides professionnels.

Traversée de la presqu'île Plus rarement proposé par les guides, cet itinéraire traverse la presqu'île par les vallées et les montagnes de l'intérieur. Le départ se fait de Tautira (par la vallée de la Vaitepiha), l'arrivée à Teahupoo (ou inversement). Prévoir deux jours. À n'entreprendre que s'il n'a pas plu les jours précédents.

Excursions en bateau

L'un des moyens les plus ludiques de découvrir les sites sauvages du littoral de la presqu'île consiste à faire une excursion en bateau, à la demi-journée ou à la journée. Vous passerez à hauteur de la vague de Teahupoo, visiterez la grotte de Vaipoiri, longerez les falaises du Te Pari et piqueniquerez sur un îlot. Des arrêts baignade et snorkeling sont également prévus. Les tarifs varient selon la durée de la sortie, le nombre d'arrêts et le nombre de participants.

Adressez-vous à votre hébergement, ou contactez directement les prestataires suivants :

Teahupoo Excursion EXCURSIONS, TAXI-BOAT
(☎89 75 11 98 ; www.teahupooexcursion.com ; ⌚sur réservation). Excursions à la carte à la demi-journée (8 000 CFP/pers) ou à la journée (13 500 CFP/pers, repas inclus) dans le secteur du Fenua Aihere et du Te Par. Visite du spot de surf (3 000 CFP/pers). Session de surf sur Teahuppo ou alentours (3 000 CFP l'heure).

Tahiti Surfari EXCURSIONS, TAXI-BOAT
(☎87 77 72 26 ; www.tahitisurfari.com ; ⌚sur réservation). Excursions à la demi-journée (8 500 CFP/pers selon durée) ou à la journée (12 500 CFP/pers, rafraîchissements inclus) dans le secteur Fenua Aihere et Te Pari. Observation des spots de surf (3 000 CFP l'heure). Sorties bien-être à la journée avec massage et dégustation de produits locaux (21 000 CFP/pers)

Tahiti Iti Tour & Surf EXCURSIONS, TAXI-BOAT
(☎40 57 97 39, 87 75 55 66 ; www.tahitiititourandsurf.pf ; ⌚sur réservation). Excursions à la demi-journée ou à la journée jusqu'aux falaises du Pari, incluant des arrêts baignade et snorkeling et un passage près des spots de surf (dont Teahupoo). Les tarifs varient de 7 000 CFP/pers à la demi-journée à 10 000 CFP/pers pour la journée.

Où se loger

Les hébergements de qualité à la presqu'île sont malheureusement peu nombreux et assez onéreux. Les surfeurs ont leurs propres réseaux (hébergement chez l'habitant par le bouche-à-oreille) dans le secteur de Teahupoo.

Côte nord

Punatea Village BUNGALOWS, CHAMBRES €
(☎40 57 71 00, 87 72 17 01 ; www.punatea.com ; PK 4,7, Afaahiti ; ch/bungalows d 8 500/12 700 CFP ; 🅿📶). Une adresse bien située, dans un beau parc tropical en bord de mer. Un bâtiment en bois comprend 5 petites chambres mitoyennes, minimalistes et sans vue, qui se partagent 2 sdb assez sommaires (chères pour le prix demandé). Autre option : 4 bungalows indépendants, spacieux, avec brasseur d'air et une literie de qualité, face à la mer. Un petit effort a été fait en matière de décoration (murs couverts de *peue*, reproductions de tableaux...). Quelques jeux pour enfants ont été installés, ainsi qu'une petite piscine. Il n'y a pas de plage mais les propriétaires ont aménagé une zone de baignade. Quelques kayaks à disposition, bien pratiques pour rejoindre le motu Nono (également accessible par un transfert en bateau, 2 500 CFP/pers l'aller-retour), et des vélos gratuits. Location de Jet Ski et/ou de quads. Pas de service de restauration, mais une cuisine équipée est à disposition. Voiture indispensable.

Tautira Lodge BUNGALOWS €
(☎87 34 98 68; PK 9,8, Taiarapu ; bungalow 12 000 CFP ; 🅿📶). Bon plan pour des groupes ou des familles pas trop regardantes sur le confort. Chacun des 3 bungalows peut accueillir jusqu'à 6 personnes : 4 dans une petite chambre avec lit superposés, 2 dans la pièce principale pourvue d'une kitchenette. Et le propriétaire, très sympathique, peut même rajouter des matelas (sans supplément) sur demande. Tournés côté montagne, les bungalows disposent d'une terrasse avec petite piscine privative. Véhicule indispensable pour gagner les plages de Tautira. Très prisé des locaux pour les mariages en raison du grand terrain de la propriété, l'endroit est surtout disponible en semaine.

Pueu Village BUNGALOWS €€
(☎87 74 71 99 ; PK 9,8, Pueu ; bungalows d 62 000 CFP, 2 nuits min ; 📶). Quatre bungalows un peu défraîchis mais au confort acceptable, avec terrasse, à 10 m de la mer. Pas de plage, mais une échelle de mise à l'eau permet de profiter des joies de la baignade. Kayaks à disposition. Cher pour ce que c'est, mais l'adresse peut dépanner.

Côte sud

♥ **Vanira Lodge** BUNGALOWS €€
(☎40 57 70 18, 87 72 69 62 ; www.vaniralodge.com ; PK 15,7, Teahupoo ; bungalows d 16 000-36 400 CFP ; 🅿📶❄). La meilleure adresse de la presqu'île, même si elle n'est pas en bord de mer. Sur un promontoire naturel de 2 ha magnifiquement situé à 70 m d'altitude, autour de deux petites piscines, les 9 bungalows (dont 3 avec clim et Jacuzzi), avec vue sur la mer, correspondent en tout point au rêve polynésien. Tout est réalisé en matériaux traditionnels (toiture végétale, murs de pierre, bambous, bois rustique), égayés

de touches colorées, et chaque bungalow, spacieux et équipé d'une cuisine, bénéficie d'un agencement personnalisé. Notre préféré : le Litchi, en duplex, avec de belles baies vitrées et une vue splendide. Service de restauration sur place (petit-déj 2 000 CFP, dîner à la carte, fermé lun-mar). Les propriétaires prêtent des vélos et du matériel de snorkeling. Wi-Fi disponible au restaurant seulement. Véhicule indispensable si vous restez plusieurs nuits.

Pension Reva BUNGALOWS €€
(☎40 57 92 16, 87 77 14 28 ; www.pensionreva-teahupoo.com ; bungalows d/tr/qua/fam 12 900/14 000/15 400/18 000 CFP). Un petit air de bout du monde, et une réelle sensation de dépaysement... Cette pension située en bord de mer n'est accessible que par bateau au départ de Teahupoo, à 8 km (laissez votre voiture au parking, moyennant 500 CFP). 4 bungalows standards (4 pers maxi) et 4 bungalows famille (6 pers maxi) sont implantés dans une belle propriété verdoyante et bien entretenue. Vous pouvez apportez vos provisions (cuisine équipée sur place) et vos bouteilles d'alcool (pas disponibles à la pension) mais les repas sur place (petit-déj 1 200-1 700 CFP, dîner 3 000 CFP) sont excellents. Une excursion dans le secteur du Te Pari peut être organisée au départ de la pension. Baignade (depuis le ponton) assez moyenne, mais on peut se faire déposer sur un banc de sable, et des kayaks sont à disposition. Les transferts en bateau depuis Teahupoo coûtent 2 500 CFP/pers l'aller-retour et incluent la visite du spot de surf de Teahupoo. Pas de Wi-Fi, mais 3G au bout du ponton.

Où se restaurer

À Tautira, en bordure de la "plage de Tatatua", la roulotte Ah Lan (ven-dim 10h30-21h) sert sandwichs, assiettes de *chao men* et poissons crus recommandables.

Snack du Bout du Monde SNACK €
(☎87 31 92 93 ; marina de Tautira ; plats 1 200-1 700 CFP ; ⌚11h-13h15 mer-dim). Tout est dit ! Qu'il semble loin le rythme trépidant de Papeete. Ici, à la marina de Tautira, tout respire la sérénité. Prenez place dans la petite salle sans chichis, peinte en bleu, au bord de l'eau, ou demandez un plat à emporter. Les spécialités chinoises sont à l'honneur (*chao men*, poisson cru à la chinoise, *maa tinito*), tout comme le poisson fraîchement pêché, grillé, et des plats du jour (bénitier, poulpe au lait de coco...). Paiement en espèces. Appelez auparavant pour vous assurer que l'endroit est ouvert.

Tavania SNACK €
(☎40 57 72 35 ; PK 9,8, Vairao ; plats 1 100-1 700 CFP ; ⌚11h30-13h30 tlj, 18h-20h30 ven-sam). Un snack fréquenté par les locaux, en face de la mairie, côté montagne. Plats classiques mais copieux et savoureux (poisson cru, poulet citron...). Paiement en espèces.

Hinerava SNACK €
(☎87 76 33 71 ; PK 16, Teahupoo ; plats 400-1 800 CFP ; ⌚11h-15h mar-ven et 11h-18h sam-dim). Terminus ! Tout au bout de la route asphaltée, à Teahupoo, ce snack sans prétention calera un petit creux avec des plats locaux bien garnis (*chao men*, burgers, steak de thon, sandwichs, poulet citron), dans une ambiance bon enfant.

La Plage de Maui – L'Escale du France RESTAURANT €€
(☎87 74 71 74 ; PK 7,6, Vairao ; plats 2 900-3 500 CFP ; ⌚11h-16h tlj). Cette paillote est une bonne adresse, bien située, sur la plage du même nom. L'intérieur est très simple, mais le cadre est magnifique, avec une vue splendide sur le lagon. On déguste une cuisine polynésienne plus chère que la moyenne mais de qualité, à base de produits rigoureusement sélectionnés. Goûtez aux spécialités : le *parahe peue* (platax d'élevage), les crevettes de Teahupoo ou le thon rose. On peut boire un verre jusqu'à 17h.

Vanira Lodge RESTAURANT €€
(☎40 57 70 18, 87 72 69 62 ; www.vaniralodge.com ; PK 15,7, Teahupoo ; plats 2 200-3 500 CFP ; ⌚18h-21h tlj, 11h30-14h sam-dim). Le Vanira Lodge s'est doté d'un vrai restaurant, ouvert aux extérieurs, au charme discret, dans un cadre agréable et ouvert sur l'extérieur. La carte est limitée mais s'appuie sur des produits frais et de qualité.

Depuis/vers la presqu'île

Des bus desservent la presqu'île au départ de Papeete (voir p. 90), mais ils ne sont vraiment pas pratiques pour les touristes. La solution la plus adaptée est la location de voiture.

EN BREF

POPULATION
17 700 habitants

SIGNE DISTINCTIF
La plus "randonnable" des îles Sous-le-Vent avec des sentiers bien balisés

PLUS BEAU COUCHER DE SOLEIL
La baie de Cook (p. 117)

SPÉCIALITÉ LOCALE
Le *painapo* (ananas) sous forme de jus, de confiture ou d'alcool

RENDEZ-VOUS AVEC LA FAUNE AQUATIQUE
Baleines et dauphins en liberté (p.126), tortues en convalescence (p.120)

MEILLEURE TABLE AU BORD DU LAGON
Coco Beach (p. 145)

COMMENT Y ALLER

Bateau La traversée entre Tahiti et Moorea dure entre 35 et 45 minutes selon que l'on monte à bord d'un catamaran ou d'un ferry (p. 148).

Avion Outre Tahiti, Moorea est reliée plusieurs fois par semaine à Bora Bora, Huahine et Raiatea par Air Tahiti (p. 148).

Baie de Cook (p. 117)
JEAN-BERNARD CARILLET ©

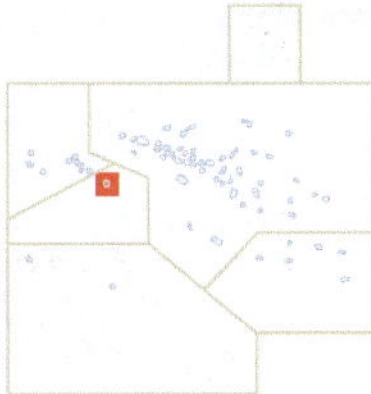

Moorea

Moorea, c'est l'île de charme de l'archipel de la Société. Si proche de Tahiti – un chenal de 20 km à peine les sépare –, Moorea se distingue pourtant de sa grande voisine. L'atmosphère y est beaucoup plus reposante, et les animations sont rares, ce qui est étonnant pour une île dotée d'un tel potentiel. D'ailleurs, les gens de Papeete viennent s'y détendre le week-end, pour échapper à l'agitation de la capitale. Son profil montagneux alterne crêtes, amphithéâtres et pics volcaniques recouverts d'une végétation luxuriante, sur fond de lagon turquoise. Ajoutez-y deux baies – celle de Cook et celle d'Opunohu – qui comptent parmi les plus photogéniques du Pacifique. Si les loisirs nautiques tiennent le haut du pavé, les vallées de l'intérieur, qui recèlent un patrimoine archéologique bien mis en valeur, valent également le détour. L'époustouflant relief s'apprécie au cours d'une randonnée pédestre guidée ou d'une excursion en 4x4. Envie de farniente ? Moorea compte quelques modestes zones balnéaires. Quant aux hébergements, du camping aux bungalows sur pilotis, ils sont suffisamment variés pour contenter tous les budgets.

DANS CE CHAPITRE

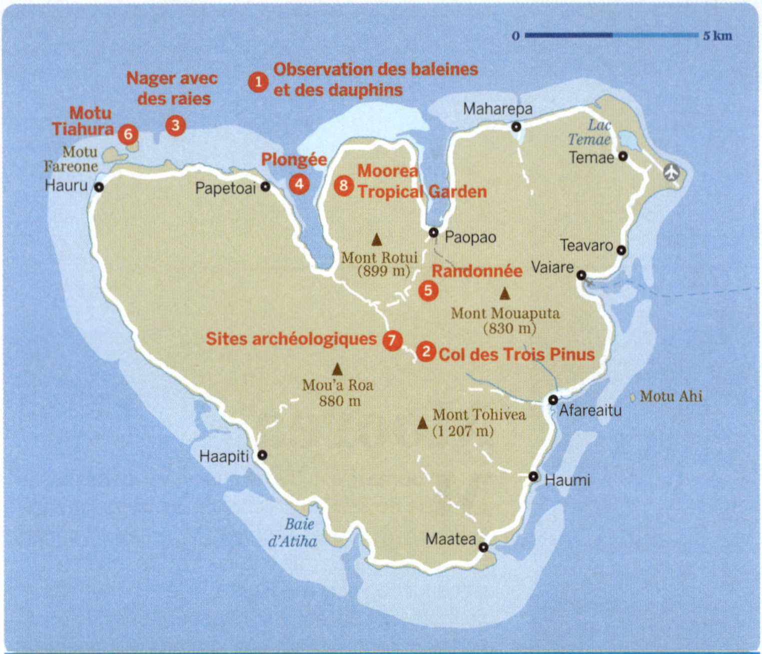

À ne pas manquer

1 Observer les **baleines** et les **dauphins** d'août à octobre (p. 126)

2 Faire de la balançoire au **col des Trois Pinus** (p.131)

3 Nager au milieu d'un **banc de raies** dans le lagon (p. 124)

4 **Plonger** sur les sites de la baie d'Opunohu en compagnie de requins-citrons (p. 121)

5 Gravir le **col des Trois Cocotiers** lors d'une randonnée (p. 131)

6 Louer un kayak ou un bateau à moteur et pique-niquer sur le **motu Tiahura** (p. 124)

7 Visiter les **sites archéologiques** de la vallée d'Opunohu (p. 122)

8 Déguster des produits tropicaux au **Moorea Tropical Garden** (p. 143)

Histoire

L'île s'appelait jadis Aimeho ou Eimeo ; Moorea (lézard jaune) pourrait être le nom de l'une des anciennes familles régnantes. Le *marae* (site cérémoniel) Umarea, à Afareaitu, est le plus ancien de l'île – il daterait de l'an 900. La vallée d'Opunohu, où se trouvent le plus grand nombre de vestiges archéologiques, était la plus peuplée à l'époque pré-européenne.

Samuel Wallis fut le premier Européen à apercevoir l'île en 1767, suivi de Bougainville en 1768 et de Cook en 1769 et en 1777.

Moorea, qui fut évitée par les premiers explorateurs européens, allait pourtant devenir la tête de pont à partir de laquelle la LMS (London Missionary Society) christianisa les autres îles. Les missionnaires débarquèrent en 1808 à Papetoai, à l'ouest de la baie d'Opunohu, et y établirent leur quartier général dans le Pacifique en 1811.

Moorea fut longtemps une terre d'asile pour les Tahitiens vaincus au cours des conflits de pouvoir qui faisaient rage sur Tahiti. Le roi Pomaré Ier conquit Moorea en 1790, laissant à son fils Pomaré II la souveraineté de Tahiti, mais ce dernier dut s'exiler à Moorea en 1808. Il s'installa à Papetoai, se lia d'amitié avec les missionnaires et, quand il reprit le pouvoir à Tahiti en 1815, rapporta le christianisme avec lui, qui allait vite devenir la religion dominante. La dépendance de Moorea à l'égard de Tahiti date de cette époque. Les maladies, les armes et l'alcool apportés par les Européens eurent au milieu du XIXe siècle des effets désastreux sur la population de l'île, qui chuta à moins d'un millier de sujets en 1860. Le protectorat français fut établi en 1843.

Le tourisme est relativement récent : en 1960, Moorea possédait à peine 13 lits d'hôtel !

Orientation

Moorea a la forme d'un triangle posé sur la pointe, et dont la base est creusée par les baies de Cook et d'Opunohu. Une route goudronnée fait le tour de l'île (60 km). Les ferries en provenance de Papeete empruntent tous la passe de Vaiare, sur la côte est.

Comparée à d'autres îles de l'archipel, Moorea possède peu de motu, ces îlots coralliens qui coiffent la barrière de corail.

De magnifiques montagnes dominent le littoral de Moorea. Les monts Rotui (899 m) et Mouaputa (830 m) sont les plus connus, mais c'est le Tohivea (1 207 m) qui constitue le point culminant de l'île.

Le cœur de l'île, inhabité, est accessible en voiture par deux routes qui commencent au fond de chacune des deux baies et montent jusqu'à un point de vue aménagé, le Belvédère (voir l'encadré p. 122).

La plupart des infrastructures utiles aux touristes se trouvent sur la côte nord, entre Temae et la pointe Hauru. L'aérodrome est au nord-est de l'île, à Temae.

À voir

Tout le charme de Moorea réside dans sa douceur de vivre et ses paysages. Le tour de l'île (60 km) vous permettra de vous en imprégner. Louez une voiture, un scooter, voire un vélo si vous êtes sportif (la route de ceinture est plate). Vous pouvez également passer par l'intermédiaire d'un prestataire spécialisé organisant des tours guidés en 4×4 (voir p. 134).

Le circuit décrit ci-dessous, qui débute au quai des ferries à Vaiare, est effectué dans le sens contraire des aiguilles d'une montre.

Vaiare — VILLAGE

Les multiples départs et arrivées des ferries et des catamarans rapides effectuant la navette entre Moorea et Papeete rythment la vie de cette petite localité nichée au fond d'une baie. C'est le seul endroit de l'île où il y a un peu de "circulation", surtout en début de matinée et fin d'après-midi.

Point de vue de Toatea — BELVÉDÈRE

La route passe à hauteur de l'hôtel Sofitel puis monte jusqu'à un belvédère aménagé, d'où l'on jouit d'une vue exceptionnelle sur Tahiti, les infrastructures de l'hôtel Sofitel en contrebas, la plage de Temae et le lagon.

Plage de Temae — PLAGE

Le secteur de Temae, résidentiel, comprend de belles villas huppées. Touristes et locaux se retrouvent sur la superbe plage publique, dotée de sable blanc, fréquentée le week-end (en semaine, elle est presque déserte) à laquelle on accède via une large piste de terre d'un petit kilomètre. Le bain est excellent et sans danger, mais il y a peu d'ombre. Elle est en principe bien entretenue. Ne laissez pas d'objets de valeur dans votre véhicule ni sur la plage, car des vols sont régulièrement signalés.

Maharepa — VILLAGE

Maharepa, l'une des principales localités de l'île, rassemble plusieurs services utiles (banques, centre commercial, restaurants). À l'entrée de Maharepa, sur la gauche (côté montagne), avisez la **Maison blanche**, aujourd'hui abandonnée. Bâtie au tournant du siècle, cette bâtisse constitue un bel exemple de *fare vanira*, une demeure de plantation de vanille de style colonial construite durant l'âge d'or de ce type de culture à Moorea, de 1860 à 1960, avant qu'une maladie ne dévaste les cultures et que la croissance du tourisme ne mette un terme quasi définitif à ces plantations.

Baie de Cook — SITE NATUREL

Un vrai décor de carte postale : la très photogénique baie de Cook forme une profonde échancrure dans le littoral, dominée par le mont Rotui. En réalité, le nom de "baie de Cook" est plutôt mal approprié, car le capitaine Cook mouilla dans la baie voisine, la baie d'Opunohu. En dépit de son cadre exceptionnel, cette baie ne comporte

> **MOOREA EN SEMAINE**
>
> L'idéal est de visiter Moorea en semaine ; le week-end, beaucoup d'hébergements affichent complet en raison de la demande des locaux (essentiellement les habitants de Tahiti).

Moorea

Voir carte Pointe Hauru (p. 138)
Passe Taotai
Motu
Motu Tiahura
Le Tiki
Hauru
PK25
PK30
(318 m)
Canyons d'Opunohu
La Vallée des requins
Le Jardin des Roses
Plage de Mareto
Passe Tareu
Papetoai
Mont Parata (517 m)
PK20
Baie d'Opunohu
Mont Matatea (714 m)
Mont Tautuapae (769 m)
(749 m)
PK18
(554 m)
Mont Rotui (899 m)
Baie de Cook
Passe Irihonu
PK5
PK10
Pao Pao
Mont Tearai (770 m)
Maharepa
Lac Temae
Temae
PK0
Mont Fairurani (741 m)
Plage de Temae
Teavaro
Sentier Vaiare-Pao Pao
Vaiare
Quai des ferries
Passe Vaiare
Papeete
Mouaputa (830 m)
Le Couloir des Raies
Boucle d'Opunohu
Col des Trois Pinus
Belvédère
Cascade
Mouapu (762 m)
Mou'a Roa (880 m)
Passe Taota
Plage de Painapo
PK35
Col des Trois Cocotiers
Mont Tohivea (1 207 m)
(419 m)
Afareaitu
Motu Ahi
Jardin de corail
Passe Tupapaurau
Haapiti
Passe Matauvau
Sentier du col des Trois Cocotiers
Haumi
Passe Teruaupou
Baie d'Atiha
Mont Ahutaa (480 m)
Maatea
PK15
Passe Avarapa
0
5 km

qu'une poignée d'infrastructures touristiques (hôtels et restaurants) et a conservé tout son cachet.

Le village de **Pao Pao** est niché au fond de la baie de Cook. Dans l'ancien marché municipal, vous distinguerez une belle **fresque murale** de Ravello, un peintre polynésien bien connu. Sur la rive ouest de la baie, vous passerez à hauteur de la **chapelle Saint-Joseph**, dont le chœur est égayé d'une fresque murale représentant la Nativité, réalisée en 1946 par un peintre suédois.

Au fond de la baie, une route, appelée **"Route des Ananas"**, monte vers l'intérieur des terres et permet de rejoindre les sites archéologiques de la vallée d'Opunohu, le point de vue du Belvédère, le lycée agricole et divers sentiers pédestres, dont le sentier pour le col des Trois Cocotiers (voir l'encadré p. 122 et p. 130). Attention, si vous l'empruntez avec une voiture de location, sachez que les premiers kilomètres seulement sont en dur ; elle se transforme ensuite en piste, impraticable par temps humide.

Distillerie et usine de jus de fruits de Moorea PRODUITS LOCAUX

(☎40 55 20 00 ; baie de Cook ; entrée libre ; ⏲8h30-16h30 lun-ven). Envie de découvrir le processus de fabrication des jus de fruits tropicaux et d'autres productions locales ? Faites halte dans cette usine de jus de fruits, à environ 300 m de la route côtière, en longeant la rive ouest de la baie de Cook. Elle fabrique des jus de fruits et des alcools à partir de productions locales, dont le célèbre jus d'ananas de Moorea et le rhum

Moorea

À voir

1 Chapelle Saint-Joseph ... D2
2 Distillerie et usine de jus de fruits ... D1
3 Lycée agricole ... D3
4 Maison blanche ... E1
5 Montagne magique ... C2
6 Moorea Tropical Garden ... D2
7 Point de vue de Toatea ... F2
8 Sites archéologiques de la vallée d'Opunohu ... D3

Activités

Ia Ora Diving ... (voir 26)
Moorea Blue Diving ... (voir 17)
9 Moorea Iriatai Surf School ... E4
Moorea Water Games ... (voir 26)
10 Ranch Opunohu Valley ... D2

Où se loger

Diva Iti ... (voir 6)
11 Fare Edith ... C3
12 Fare Junette ... D1
13 Fare Maeva ... F1
14 Green Lodge ... F1
15 Hilton Moorea Lagoon Resort & Spa ... D1
16 Hôtel Kaveka ... D1
17 Manava Beach Resort & Spa ... E1
18 Marks Place Moorea ... C3
19 Moorea Gold Lodge ... F1
20 Moorea Matea Tahatoi Lodge ... E4
21 Moorea Surf Inn ... D4
22 Motu Ahi Camping ... F3
23 Motu Iti ... D1
24 Painapao Backpacker ... D1
25 Résidence Linareva ... C3
26 Sofitel Ia Ora Moorea Beach Resort ... F2
27 Te Ora Hau ... E3
28 Tehuarupe ... C4
29 Tipaniers Iti ... C2
30 Village Temanoha ... D2

Où se restaurer

31 Allo Pizza ... D1
32 Caraméline ... E1
33 Green Pearl Restaurant ... F1
34 La Fringale ... E3
La Macaroulotte ... (voir 12)
Le K ... (voir 35)
35 Lilikoi Garden Cafe ... D1
MBC Next Door ... (voir 36)
36 Moorea Beach Café ... D1
37 Moz Café ... E1
38 Mozz Pizza ... C1
39 Pura Vida ... D1
40 Roulotte Jules et Claudine ... D2
41 Snack Autea ... D4
42 Snack Mahana ... C1
43 Snack-Resto Fare La Canadienne ... E1
Toatea Crêrie et Bar ... (voir 16)

Où prendre un verre et sortir

Moorea Beach Café ... (voir 36)
44 Tiki Village ... B3

Achats

Distillerie et usine de jus de fruits de Moorea ... (voir 2)
Lovisa Tattoo ... (voir 17)
Lycée agricole ... (voir 3)
Moorea Tropical Garden ... (voir 6)
Pearl Romance ... (voir 37)
45 Purotu Tattoo ... D1
Sab Perles ... (voir 32)
46 Woody's ... C1

Manutea. Allez-y de préférence en début de matinée, du mardi au jeudi, lorsque l'activité est la plus importante (l'usine fonctionne au ralenti les lundi et vendredi, et pas le week-end) ; la visite des installations, en suivant un parcours fléché, est libre. Boutique sur place (voir p. 147).

Plage de Ta'ahiamanu (plage de Mareto) — BAIGNADE, SNORKELING

Une plage, enfin ! Cette plage publique bien aménagée est agrémentée de tables pour pique-niquer, à l'ombre des cocotiers. La bande de sable blanc est étroite, mais suffisante pour étaler sa serviette et contempler les dégradés de bleu du lagon, avec les voiliers au mouillage juste devant. La zone de baignade est sécurisante et le snorkeling possible autour de belles patates de corail, à quelques dizaines de mètres du bord. Le long du tombant, on peut apercevoir des raies léopards et des requins-citrons.

Baie d'Opunohu — SITE NATUREL

Le décor grandiose se prolonge : la route côtière contourne le mont Rotui avant de bifurquer à nouveau vers l'intérieur des terres en épousant le contour de la baie d'Opunohu. Celle-ci est encore moins urbanisée que la baie de Cook et peut-être plus majestueuse encore.

Au fond de la baie, une route, appelée Route du Belvédère, part vers l'intérieur des terres et remonte la vallée d'Opunohu jusqu'aux sites archéologiques du centre de l'île, au point de vue du Belvédère, au lycée agricole et à divers sentiers pédestres (voir l'encadré p. 122 et p. 130).

Montagne magique — POINT DE VUE

(200 CFP). Côté montagne (en face de la résidence Tipaniers Iti, à 20 m au sud), une route cimentée, escarpée et très pentue, conduit à un belvédère naturel appelé "Montagne magique", à 209 m d'altitude, d'où l'on embrasse une vue sublime sur la baie d'Opunohu et une grande partie du nord de l'île. L'accès se mérite ; à pied (il faut laisser la voiture en bas), comptez environ 45 minutes, sous le soleil. Le terrain étant privé, il faut acquitter un droit de passage à la boutique de souvenirs à l'entrée. Dégustation de fruits au retour. On peut s'y rendre lors d'une excursion en quad (voir p. 130).

Papetoai — VILLAGE

Au village de Papetoai, jetez un coup d'œil sur le **temple octogonal**, édifiée par les missionnaires entre 1822 et 1827, la plus ancienne construction européenne du Pacifique Sud encore debout. Comme dans bien d'autres sites polynésiens, ils élevèrent volontairement l'église sur un ancien site religieux.

Clinique des tortues marines — OBSERVATION MARINE

(☎ 40 56 40 11 ; adulte/6-12 ans 1 000/500 CFP ; ⏲ 10h mer et sam à 10h sur réservation). On soigne ici les tortues victimes de braconnage, ou blessées en mer. Cet hôpital ouvre ses portes au public deux fois par semaine pour une visite guidée de 1heure 30 au gré des petits bassins de repos accueillant ces créatures fascinantes. La clinique est située à la pointe Haauru, dans l'enceinte de l'ancien hôtel Intercontinental qui accueille également le **Moorea Dolphin Center** (☎ 87 36 46 31, 40 56 38 76 ; www.mooreadolphin.com ; adulte/enfants 16 000/10 500 CFP ; ⏲ visite à 10h30 et 13h tlj sur réservations) : un grand bassin dans lequel évoluent deux dauphins (nés en captivité) que l'on peut approcher et caresser durant quelques minutes. En sus, quelques explications sur les mœurs de ce "meilleur ami marin de l'homme".

Pointe Hauru — PLAGES

Au nord-ouest de l'île, la pointe Hauru est frangée par une étroite bande sablonneuse qui s'étend sur 5 km environ. Ce secteur est le principal pôle touristique de Moorea, même s'il a connu des jours nettement meilleurs (bon nombre d'établissements ont fermé leurs portes depuis le début des années 2000 et certains sont laissés à l'abandon). Outre plusieurs structures hôtelières, on trouve des boutiques de souvenirs ou de perles, ainsi qu'un modeste centre commercial appelé le Petit Village. Il existe une petite plage publique, la **plage Tiahura**, précédée d'un beau parc aménagé, où des panneaux explicatifs sur les écosystèmes coralliens ont été installés.

Plage de Painapo — BAIGNADE, SNORKELING

Impossible de louper ce site, que signale une statue géante kitschissime, représentant un Polynésien agenouillé, une rame à la main. Le terrain qui précède cette jolie plage est privé, mais on peut cependant profiter du site.

Haapiti — VILLAGE

Le village de Haapiti, assez étendu, possède deux lieux de culte, dont l'**église de la Sainte-Famille**, sans doute la plus photographiée de l'île. Située côté montagne, entourée d'une végétation luxuriante, elle est repérable à ses deux clochers de forme carrée. La montagne qui se détache en arrière-plan est le Mou'a Roa. L'église, construite en corail et en calcaire par des tailleurs de pierre originaires de l'île de Pâques, date de la fin du XIXe siècle. L'autre monument religieux est le **temple protestant**, en face, côté mer, également très photogénique.

Baie d'Atiha SITE NATUREL

Une ambiance paisible enveloppe la baie d'Atiha, où habitent des familles de pêcheurs. Cette partie de l'île est la plus sauvage.

Afareaitu VILLAGE

Centre administratif de Moorea, Afareaitu ne possède pas de monuments importants mais de jolies **cascades** aux alentours, accessibles à pied. Elles valent le détour, mais ne vous attendez pas à des chutes grandioses. Elles se limitent à de minces filets d'eau s'il n'a pas assez plu. Du collège (derrière la mairie d'Afareaitu), remontez la piste carrossable sur environ 2 km jusqu'à une bifurcation ; sur la droite, on rejoint une première cascade en 30 minutes environ. Le chemin de gauche mène à une deuxième cascade (45 minutes de marche). Les sentiers ne sont pas balisés, faites-vous confirmer les directions par les habitants ou faites appel aux services d'un guide.

Activités

Pensez à réserver vos activités dès votre arrivée sur l'île. Contactez directement les prestataires ou passez par l'intermédiaire de votre pension ou du bureau d'activités de votre hôtel (notez cependant que les hôtels facturent une commission).

Plongée sous-marine

La partie nord de l'île offre plusieurs jolis sites de plongée convenant aussi bien aux débutants qu'aux confirmés. Ils sont situés sur la pente extérieure du récif, dans les passes du lagon ou dans le lagon lui-même. Les sites à proximité de la baie d'Opunohu sont réputés pour la présence régulière de requins-citrons. Longtemps nourris par les moniteurs des centres locaux, ces squales semblent aujourd'hui s'être sédentarisés autour de l'île. La pratique du nourrissage des requins est désormais interdite, mais certains centres font du "smelling" : ils emportent une boîte contenant des appâts, posée ensuite sur le fond, pour attirer la faune sous-marine. Consultez le chapitre *Plongée* p. 40 pour la présentation détaillée des sites.

Le corail, qui avait beaucoup souffert des dégâts causés par l'étoile de mer *Acanthaster planci* et le cyclone Oli en 2010, a très bien repoussé depuis et a pratiquement retrouvé toute sa luxuriance sur la plupart des sites.

La plupart des centres organisent un système de ramassage dans les hébergements.

Nemo'z PLONGÉE

(☎ 87 71 25 25 ; www.nemozdiving.com ; baptême 13 000 CFP, explo 9 900 CFP, 2 plongées successives 19 000 CFP ; ⊙ tlj). Prix largement supérieurs à la moyenne, mais le Nitrox est offert, les bateaux sont confortables et le service excellent. Cette enseigne propose aussi des forfaits de 6, 10 ou 20 plongées pour 2 personnes à 55 000/89 000/170 000 CFP. Il est situé dans l'enceinte de l'ancien hôtel Intercontinental au début de la pointe Hauru. Possibilité de sorties snorkeling.

Ia Ora Diving PLONGÉE

(☎ 40 56 35 78, 87 32 03 22 ; www.iaoradiving.com ; baptême 11 000 CFP, explo 9 900 CFP, 2 plongées successives 16 000 CFP ; ⊙ tlj). Le seul centre au nord-est de l'île, dans l'enceinte de l'hôtel Sofitel Kia Ora Moorea Beach Resort (p. 142). Propose des sites dans le secteur de Temae/Vaiare que les autres centres ne font pas. Forfaits 6/10 plongées à 45 000/70 000 CFP.

Moorea Blue Diving PLONGÉE

(☎ 40 55 17 04, 87 74 59 99 ; www.mooreabluediving.com ; baptême 8 000 CFP, explo 7 500 CFP, 2 plongées successives 14 500 CFP ; ⊙ tlj). Petite structure accueillante et bien tenue, sur la plage de l'hôtel Manava Resort & Spa (p. 120). Forfaits 6/10 plongées valables pour 2 plongeurs à 42 000/64 000 CFP. Membre du **Pass Te Moana** (pass 10 plongées à 72 000 CFP valable pour 2 plongeurs dans 16 centres sur 12 îles ; www.temoanadiving.com). Bon accueil.

Moorea Fun Dive PLONGÉE

(☎ 40 56 40 38 ; www.moorea-fundive.com ; baptême 10 000 CFP, explo 7 000 CFP, 2 plongées successives 12 500 CFP ; ⊙ tlj). Le seul centre de plongée qui n'est pas dans l'enceinte d'un hôtel. Petite structure conviviale, en bord de mer, dans le secteur de la pointe Hauru. Forfait 6/8/10 plongées à 36 000/48 000/57 000 CFP. Ce centre est

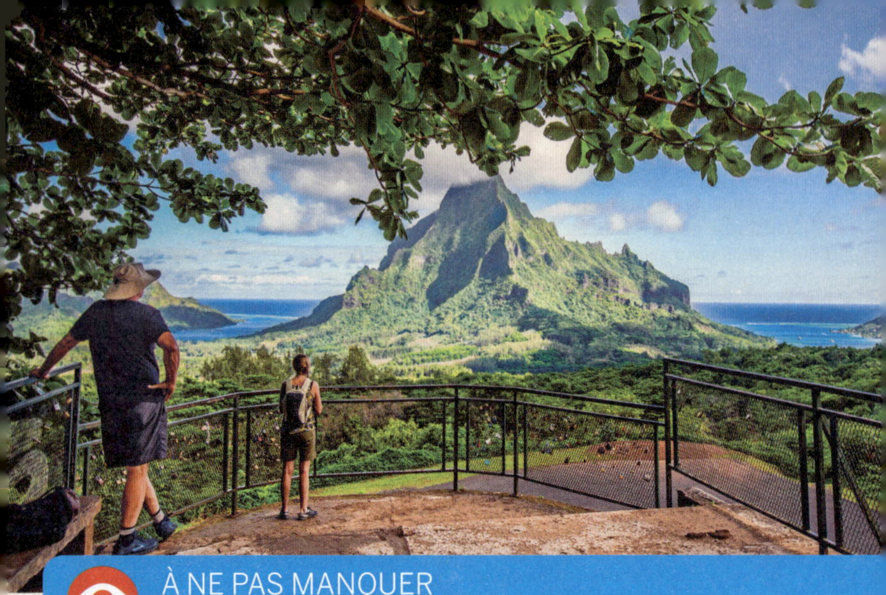

TOMFRY / STOCK.ADOBE.COM ©

À NE PAS MANQUER
LES VALLÉES DE PAO PAO ET D'OPUNOHU

L'intérieur de l'île mérite amplement une incursion pour ses vestiges archéologiques bien mis en valeur et les très belles vues sur les sommets qu'offre le Belvédère.

Comment s'y rendre

Au fond des deux grandes baies de Moorea, deux vallées s'enfoncent vers l'intérieur des terres pour se rejoindre au sud du massif du mont Rotui. Les deux routes qui remontent ces vallées se rejoignent peu avant le lycée agricole. À partir de là, l'unique route continue dans la montagne jusqu'aux sites archéologiques, puis se termine au point de vue du Belvédère. Attention, seule la route au départ du fond de la baie d'Opunohu, dite "Route du Belvédère", est entièrement asphaltée ; en revanche, la route qui part de Pao Pao, au fond de la baie de Cook, appelée "Route des Ananas", est cimentée sur quelques kilomètres, puis se transforme en piste, jusqu'à ce qu'elle rattrape la route asphaltée en provenance de la baie d'Opunohu.

BON À SAVOIR

- Il n'est pas conseillé d'emprunter cette piste avec un véhicule de location, pour des raisons d'assurance (vous ne seriez pas couvert) ; en cas de pluie, cette piste n'est pas praticable avec un véhicule normal.
- La Route du Belvédère est praticable avec un scooter.
- Monter au Belvédère en VTT est possible… à condition d'avoir des mollets d'acier !

Sites archéologiques de la vallée d'Opunohu

Ils comptent parmi les mieux mis en valeur de Polynésie ; des panneaux explicatifs facilitent la compréhension des lieux. Ils se composent d'un ensemble complet de vestiges, partiellement restaurés, comprenant des marae familiaux et communautaires, des lieux de culte, des habitations et des plates-formes de tir à l'arc. Ils méritent qu'on leur consacre une bonne heure de visite. Prenez soin de vous enduire d'anti-moustiques, car les sites en sont infestés.

Durant l'époque pré-européenne, l'intérieur de l'île était densément peuplé, ce qui explique la présence de nombreux vestiges archéologiques dans ces vallées. Les premières fouilles datent de 1925. Près de 500 structures ont été inventoriées. Les spécialistes estiment que cette vallée a été habitée de manière continue pendant six siècles au moins. Les plus anciennes structures dateraient du XIIIe siècle, et cette communauté d'agriculteurs aurait atteint son apogée aux XVIIe et XVIIIe siècles.

La route remontant la vallée débouche sur un parking à proximité du vaste **marae Titiroa** (signalé par le panneau "Sites archéologiques d'Opunohu"), à la lisière d'une forêt dense de magnifiques *mape*. Du *marae*, un court sentier pédestre mène jusqu'à la plate-forme publique, ou *tohua*, et à deux *marae* de moindre importance, puis aboutit au **marae Ahu-o-Mahine**, plus récent et construit en pierres de taille sphériques. Son imposant *ahu* (autel) à trois niveaux constitue probablement une adjonction plus récente encore, datée de la fin du XVIIIe siècle. Ces *marae* comportent des pierres dressées et des pierres dossiers. De retour sur la route, continuez vers l'amont sur environ 400 m, jusqu'au **marae Fare Aito** (maison des guerriers), lui aussi signalé par le panneau ""Sites archéologiques de Opunohu". Ce grand *marae* présente un *ahu*, une petite terrasse surélevée pourvue de pierres dossiers contre lesquelles s'appuyaient les prêtres. Le *marae* est flanqué de deux plates-formes de tir à l'arc en forme de croissant, du haut desquelles les archers décochaient leurs flèches vers une zone dégagée. Le tir à l'arc était une activité de loisir et un sport rituel strictement réservés à l'aristocratie ; les arcs et les flèches n'étaient pas utilisés comme armes de guerre. Il n'y avait aucune cible spécifique sur laquelle viser : agenouillé au bord de la plate-forme, l'archer devait simplement tirer le plus loin possible en direction d'une colline déboisée.

Belvédère

Après le *marae* Fare Aito, la route continue à serpenter abruptement jusqu'à son terminus, au Belvédère. Ce point de vue offre une vision panoramique imprenable sur le mont Rotui et, de part et d'autre, les baies d'Opunohu et de Cook. De l'autre côté, on distingue les hautes montagnes qui s'élèvent au centre de l'île et forment le rebord méridional de l'ancien cratère.

FAIRE LE PLEIN DE PRODUITS LOCAUX

Au fare-vente du **lycée agricole d'Opunohu** (☎40 56 11 34 ; route du Belvédère ; ⏲8h45-16h lun-sam), on se laisse facilement tenter par les alléchants produits naturels de l'exploitation (glaces, sorbets, jus de fruits frais, miel, café et confitures de fruits tropicaux, entre autres). On peut aussi visiter les plantations tropicales, en suivant un sentier balisé dans le cadre sublime de l'intérieur de la caldeira.

Pour plus de détails sur les sites archéologiques de Polynésie, voir p. 412.

À NE PAS MANQUER

ESCAPADE AUX MOTU TIAHURA, FAREONE ET IRIOA

À peu de distance au large de la pointe Hauru, les superbes **motu Tiahura** (également appelé *motu* Moea ; carte p. 118) et **Fareone**, facilement accessibles en kayak (ou en bateau à moteur sans permis), méritent amplement les quelques coups de pagaie nécessaires pour les rejoindre (n'y allez pas à la nage, car les courants sont fréquents dans le chenal). Prenez un masque et des palmes, car ils sont entourés de remarquables jardins coralliens. Un peu plus vers l'est s'étend le minuscule **motu Irioa** (carte p. 138). L'intérieur de ces îlots est propriété privée, mais pas le littoral – vous pourrez donc profiter des plages et de l'ombre des cocotiers, et même y pique-niquer. Un restaurant, le Coco Beach (p. 145), se trouve sur le *motu* Tiahura.

membre du **Pass Te Moana** (pass 10 plongées à 72 000 CFP valable pour 2 plongeurs dans 16 centres sur 12 îles ; www.temoanadiving.com).

Scubapiti PLONGÉE
(☎40 56 20 38, 87 78 03 52 ; www.scubapitimoorea.com ; baptême 8 000 CFP, explo 7 000 CFP, 2 plongées successives 13 000 CFP ; ⊙tlj). Petite structure conviviale installée sur la plage de l'hôtel Les Tipaniers (p. 135). Tarifs les moins chers de l'île. Forfaits 4/6/10 plongées à 24 800/36 000/52 500 CFP. Membre du **Pass Te Moana** (pass 10 plongées à 72 000 CFP valable pour 2 plongeurs dans 16 centres sur 12 îles ; www.temoanadiving.com). Propose également des sorties d'observation des baleines en saison (8 000 CFP).

Tahiti Shark Expeditions EXPÉDITIONS ANIMALIÈRES
(☎87 70 73 76 ; www.tahitisharkexpeditions.com ; expédition journée 1-4 pers 96 000-132 000 CFP ⊙tlj). Spécialiste de la faune sous-marine, Nicolas Buray organise diverses sorties (plongée ou snorkeling) à la rencontre des requins et, en saison, des baleines. Ces sorties, privées, à la journée ou à la demi-journée, fonctionnent par affrètement du bateau.

Excursions sur le lagon

Pour découvrir le magnifique lagon de Moorea, le moyen le plus classique consiste à se joindre à une excursion sur le lagon, à bord d'une pirogue à moteur. Le programme type comprend la visite des deux baies (Cook et Opunohu), un *shark sighting* (observation des requins pointes noires, sans nourrissage) dans le lagon, une baignade dans le lagon avec les raies pastenagues (au large de l'Intercontinental Resort) et éventuellement un pique-nique avec snorkeling dans le cadre superbe du motu Fareone, au nord-ouest de l'île. Précisons que les requins pointes noires sont de petite taille et inoffensifs, et que le nourrissage est désormais interdit dans le lagon.

Bon à savoir : le spectacle des raies est divertissant – on a de l'eau jusqu'à la taille, et les raies viennent au contact – mais n'a rien de naturel ; cette prestation s'apparente plus à un numéro de cirque car le guide les attire avec des morceaux de sardine.

Les tarifs sont variables selon les prestataires. Faites jouer la concurrence et épluchez le détail des prestations (durée, itinéraire, contenu exact des prestations, pique-nique et boissons inclus ou non, service de ramassage ou non, etc.). Les départs ont lieu plusieurs fois par semaine (2 à 4 fois selon les opérateurs), selon la demande, avec un minimum de 4 personnes. Pensez à vous inscrire le plus tôt possible. Munissez-vous de crème solaire, d'un couvre-chef, de sandalettes en plastique et de vêtements de bain.

Adressez-vous à votre hôtel ou à votre pension ou contactez directement l'un des prestataires suivants :

Moorea Eco Tour – Catamaran Manu EXCURSION LAGONAIRE
(☎87 35 79 16 ; www.mooreaecotour.com). Sorties à bord d'un petit catamaran à moteur (12 pers maximum) dans le lagon. De 8h30 à 12h30, elle comprend des arrêts snorkeling et baignade avec les raies et les requins pointes noires. Coût : 8 000 CFP/pers, boissons et fruits inclus. Tour complet de l'île : 10 000 CFP/pers.

Moorea Miti Tours EXCURSION LAGONAIRE
(☎87 23 43 02 ; www.mooreamititours.com). Sortie bien organisée, à bord de jolies pirogues (maximum 12 personnes). Visite des deux baies, arrêts snorkeling dans le lagon et pique-nique dans un cadre privilégié sur le motu Tiahura. La sortie a lieu à la demi-journée et coûte 10 000 CFP/pers. Retour vers 14h30.

Moorea Maori Tours EXCURSION LAGONAIRE
(☎87 35 79 23 ; www.moorea-maori-tours.com). Prestation qui se différencie des autres. Sam propose une "journée polynésienne" au cours de laquelle il vous emmènera à la pêche artisanale dans le lagon (secteur de Haapiti), à bord d'une pirogue traditionnelle non motorisée. Vous aurez l'occasion de faire du snorkeling sur des sites vierges et d'observer des dauphins. Ensuite, à son domicile, vous préparerez et dégusterez un *ma'a tahiti* (repas polynésien traditionnel), suivi de la visite de la plantation tropicale. Comptez 21 000 CFP/pers (maximum 6 personnes sur 3 pirogues).

Corallina Tours EXCURSION LAGONAIRE
(☎87 21 41 55 ; www.corallinatours.com). Observation des dauphins, des raies et des requins. La sortie a lieu à la demi-journée et coûte 10 000 CFP/pers, boissons et fruits inclus (mais pas de pique-nique) ; il est possible de se faire déposer au restaurant Coco Beach ou aux Tipaniers à la fin de l'excursion. Maximum 12 personnes.

Voil'a Moorea EXCURSION LAGONAIRE
(☎87 30 43 33 ; www.voilamoorea.com). Une formule originale, à bord d'un catamaran de 9 m, en petit comité (8 personnes maximum). Sorties à la demi-journée, en matinée, moyennant 8 500 CFP/pers. Visite des deux baies et deux arrêts snorkeling. Pas de pique-nique mais des fruits et des rafraîchissements sont inclus. Également tour "coucher de soleil" de deux heures (6 500 CFP/pers).

Tip Nautic EXCURSION LAGONAIRE
(☎87 78 76 73 ; www.tipnautic.com). Sur la plage de l'hôtel les Tipaniers. La sortie de 3 heures coûte 7 500 CFP (boissons incluses) et comprend la visite des deux baies, l'observation des dauphins et des requins pointes noires, la baignade dans le lagon avec les raies, et du snorkeling sur un spot où sont immergées huit répliques de tiki, dans le lagon, en face du village de Papetoai. Également sorties de 1 heure 30 à 4 000 CFP (programme identique au précédent, sauf la visite des deux baies). Minimum 4 personnes.

Vaapiti EXCURSION A VOILE
(☎87 21 29 95, 87 24 87 00 ; www.vaapiti.com/). Raphaël a mis quatre ans à construire *Vaapiti*, une pirogue double à voile pour des excursions sur le lagon (et au-delà) sans moteur. On y apprend la manière dont naviguaient les anciens Polynésiens tout en découvrant la faune et la flore locale (12 passagers max). Arrêt snorkeling et dégustation de spécialités locales. Demi-journée 9 000 CFP/pers. Tour coucher du soleil avec 6 passagers maximum 7 000 CFP/pers.

Moorea Water Games ACTIVITÉS NAUTIQUES
(☎87 33 77 67 ; www.mooreawatergames.com ; Sofitel la Ora Moorea Beach Resort ; ⏲tlj). Dans le cadre privilégié de l'hôtel Sofitel Kia Ora Moorea Beach Resort, ce centre nautique (ouvert aux personnes extérieures) propose d'intéressantes balades guidées en scooter sous-marin, dans le lagon, pour observer les raies (une heure 7 500/11 500 CFP pour 1/2 personnes). Location de pédalos (une heure 1 900 CFP)

Location de bateaux à moteur sans permis

Cette formule est idéale pour découvrir le lagon par ses propres moyens, en famille, entre amis ou en amoureux (4 personnes maximum par bateau).

Moorea Loca Boat LOCATION DE BATEAUX
(☎87 78 13 39 ; ⏲tlj 9h-17h). Installé sur la plage des Tipaniers, ce prestataire propose la location de petits bateaux à moteur avec taud, sans permis. Le loueur vous remettra un plan du lagon comportant les principaux centres d'intérêt (spot des raies, sites de snorkeling, accès aux motu). Vous paierez 6 000 CFP la première heure, puis 2 000 CFP par heure supplémentaire, essence comprise.

Manahere Adventure LOCATION DE BATEAUX
(☎87 38 46 05 ; www.manahereadventuremoorea.com ; ⏲tlj 9h-17h). Location de bateaux à moteur sans permis, avec taud de protection solaire, d'une capacité de 4 personnes. Les départs se font depuis le quai de Papetoai. Une initiation à la navigation de 30 minutes est incluse. Coût : 13 000/19 000 CFP la demi-journée (8h30-12h30 ou 13h-17h)/journée (9h-16h30), avec l'essence.

Snorkeling

Les plages de Teamé et de Ta'ahiamanu sont de beaux spots pour pratiquer le snorkeling en toute sécurité. Il existe de beaux jardins coralliens à proximité des zones de baignade et des deux motu, Fareone et Tiahura. Le magnifique **jardin de corail** du motu Ahi (à l'est de l'île) est accessible depuis l'embarcadère à Afareaitu (☎87 39 70 70 ; PK 8 ;

SASCHA CABALLERO / STOCK ADOBE.COM ©

LES INCONTOURNABLES

OBSERVER LES DAUPHINS ET LES BALEINES

Moorea pourrait être surnommée l'"île aux cétacés". Les dauphins ont coutume de batifoler à proximité des deux baies au nord de l'île, toute l'année, et il est assez facile de les rencontrer. D'août à octobre, les baleines à bosse sont également de la partie, dans le même secteur ; c'est un lieu de mise bas et de reproduction. Il est ainsi très fréquent de les apercevoir pendant cette période, mais gardez à l'esprit que rien n'est garanti.

Déroulement d'une sortie d'observation

Si les conditions sont bonnes (pas de houle, pas de signe d'agressivité des mâles, animaux coopératifs), il est possible de se mettre à l'eau pour les observer dans leurs évolutions sous-marines. Un spectacle inoubliable… à condition de ne pas stresser les baleines, de les approcher avec discrétion et de se caler sur leur rythme. À signaler : les mises à l'eau peuvent être assez sportives, il faut nager vite dans le bleu (matériel fourni).

3 500 CFP aller-retour). On peut également y dormir (voir p. 141).

Pour voir des requins pointes noires et des raies mantas dans 1,50 m d'eau, louez un kayak au départ de la plage de l'hôtel Les Tipaniers (voir p. 135). Avant de partir seul, renseignez-vous sur la présence éventuelle de courants.

Une autre solution consiste à se joindre à une excursion sur le lagon (voir p. 124). Au cours du tour de l'île en pirogue, les prestataires prévoient des arrêts snorkeling dans de magnifiques jardins de corail Les centres de plongée proposent également des sorties snorkeling.

Marche sous l'eau

Aqua Blue PLONGÉE AU CASQUE

(☎87 73 24 40 ; www.aquabluemoorea.com ; pointe Hauru ; 8 900 CFP ; ⏲9h et 13h30 lun-sam sur rendez-vous). Dans l'enceinte de l'ancien hôtel Intercontinental (fermé en 2020), Vincent propose un produit touristique original. Dans le lagon, à 4 m de profondeur, vous effectuez un parcours sous-marin équipé d'un casque alimenté en air depuis la surface, accompagné par un moniteur de plongée. La sortie dure 2 heures 30 dont une demi-heure d'immersion pure. Il n'est pas même

Prestataires recommandés

Certains centres de plongée (voir p. 121) organisent également des sorties d'observation des baleines.

➡ **Pacifik Attitude** (✆87 22 93 29 ; www.pacifikattitude.com ; 12 000 CFP/pers ; ⏲tlj sur réservation). Sorties d'observation des baleines et des dauphins en petits groupes (7 ou 9 personnes maximum en fonction du bateau). Encadrement de qualité par un guide qualifié.

➡ **Moorea Deep Blue** (✆87 76 37 27, 89 52 02 44 ; www.mooreadeepblue.com ; 10 000 CFP/pers ; ⏲tlj sur réservation). Approche douce du milieu, en petit groupe (12 personnes au maximum). La sortie inclut la mise à l'eau dans le lagon avec les requins pointes noires et raies pastenagues, l'observation des dauphins dans les passes et l'observation des baleines à bosse en océan.

➡ **Moorea Dolphin Expedition** (✆87 78 42 42 ; www.moorea-dolphin-expedition.com ; 12 000 CFP/pers ; ⏲tlj sur réservation). Sortie de 8h à 12h ou 13h à 17h. Elle combine rencontres avec les baleines et visite des raies et des requins pointes noires dans le lagon.

➡ **Moorea Eco Tour – Catamaran Manu** (✆87 35 79 16 ; www.mooreaecotour.com ; 12 000 CFP/pers ; ⏲tlj sur réservation). Sorties le matin (8h-12h) et l'après-midi (13h-16h30), à bord d'un catamaran à moteur (12 pers max). Observation des baleines, et visite des raies et des requins pointes noires dans le lagon. Basé devant le restaurant Tiahura. Pas de service de ramassage.

➡ **Tip Nautic** (✆87 78 76 73 ; www.tipnautic.com ; 9 000 CFP/pers ; ⏲tlj sur réservation). Sortie de 4 heures à bord d'un bateau de 12 personnes maximum, combinant observation des baleines, des requins pointes noires et des raies dans le lagon et des requins à l'extérieur du récif. Pas de service de ramassage. Départ depuis la plage de l'hôtel Les Tipaniers.

BON À SAVOIR

➡ Les prestataires sont tenus de respecter une réglementation relative à l'approche des cétacés (distance minimale de 30 mètres, conditions de mise à l'eau), mais certains prennent quelques libertés avec les règles et n'hésitent pas à "foncer" en direction des animaux, au risque de les perturber. Ceux qui sont mentionnés ci-dessous pratiquent l'activité dans les règles.

➡ Les enfants de moins de 12 ans paient demi-tarif

➡ Les sorties durent en moyenne 3 à 4 heures

➡ Il y a moins de bateaux dans l'après-midi

➡ Un service de ramassage est assuré par les prestataires

nécessaire de savoir nager, puisque vous marchez sur le fond. Les enfants peuvent pratiquer l'activité dès 6 ans.

Kayak et paddle

Tip Nautic — LOCATION KAYAKS ET PADDLE

(✆87 78 76 73 ; www.tipnautic.com ; kayak simple/double 500/1 000 CFP l'heure ; ⏲tlj). Petit centre nautique basé sur la plage de l'hôtel Les Tipaniers. En louant un kayak simple, double ou triple (avec un enfant), vous pourrez vous rendre sur une zone du lagon où raies mantas et requins sont au rendez-vous en début de matinée, ainsi que sur les deux motu, Fareone et Tiahura, en toute sécurité. Location de paddles (1 000 CFP l'heure).

Surf

Moorea compte plusieurs spots de surf réputés. Il n'y a qu'une école de surf. Situé à Afareaitu, la **Moorea Iriatai Surf School** (✆89 52 90 38 ; www.facebook.com/moorea-surfschool ; 3 demi-journées 12 000 CFP ; ⏲8h-11h mar-sam 13h-16h mer-jeu) bénéficie des petits rouleaux bordant cette partie de l'île. Idéal pour apprendre.

Temae — SPOT DE SURF

Reefbreak. Situé non loin de l'aérodrome de Temae, ce spot est particulier du fait qu'il n'existe pas de passe. Cette droite se déroule à la faveur d'un renfoncement

1

3

JEAN-BERNARD CARILLET ©

JEAN-BERNARD CARILLET ©

1. Excursion lagonaire près du motu Tiahura (p. 124) Facilement accessible depuis la pointe Hauru, cet îlot paradisiaque est entouré de superbes jardins coralliens.

2. Observation des raies pastenagues (p. 124) La faune lagonaire se laisse approcher dans moins d'un mètre d'eau.

3. Les bungalows sur pilotis de l'hôtel Sofitel Kia Ora Moorea Beach Resort (p. 142) Un emplacement privilégié sur le lagon de Moorea face à l'île de Tahiti.

et d'une courbure du récif à cet endroit précis. Très technique.

Pao Pao et baie d'Opunohu SPOT DE SURF
Reefbreak (nov-avr). La gauche de Pao Pao (baie de Cook), ainsi que les droite et gauche d'Opunohu vous permettront de surfer dans un cadre magnifique.

Haapiti SPOT DE SURF
Reefbreak (mai-oct). La gauche de Haapiti est une perle. Elle allie la régularité et la puissance des vagues de récif à la sécurité des vagues de plage (profondeur honorable au moment du *take-off*). Et les vagues sont d'une longueur...

Kitesurf

Moorea offre d'excellentes conditions de pratique du kitesurf, surtout dans le secteur de la pointe Hauru. La meilleure période va de mai à octobre.

Lakana Fly KITESURF
(☎87 70 96 71 ; www.lakanaflymoorea.com ; initiation 15 000 CFP les 2 heures, 27 000 CFP pour 2 sessions ; ⏲tlj sur réservation). Ce moniteur propose des séances d'initiation (2 élèves maximum par séances) sur la zone lagonaire à proximité de la plage des Tipaniers. Également location de matériel pour les confirmés (8 000 CFP pour 2 heures, 12 000 CFP pour 4 heures). Pas de service de transfert.

Saut en parachute tandem

Tahiti Parachutisme SAUT EN PARACHUTE
(☎87 33 97 23 ; www.tahiti-parachutisme.com ; saut en tandem 55 000 CFP ; ⏲sur réservation). En matière d'adrénaline, rien ne remplace un saut en tandem à 3 200 m d'altitude, au-dessus du lagon de Moorea. La séance, tributaire des conditions météo, débute par un briefing au sol, suivi d'environ 25 minutes de montée en avion jusqu'à l'altitude requise. Sanglé avec le moniteur dans un parachute biplace, vous n'avez plus qu'à vous lancer dans le vide, soit 50 secondes de sensations fortes (et au total 6 minutes sous voile). Après l'ouverture du parachute, le plaisir se prolonge avec une vue superbe sur le lagon, jusqu'à l'atterrissage, soit 5 minutes environ. Enfants à partir de 11 ans.

Quad

ATV Moorea Tours QUAD
(☎87 70 73 45 ; www.atvmooreatours.com ; circuits 18 000-22 000 CFP/quad ; ⏲tlj sur réservation). Ce prestataire propose deux circuits guidés en quad à l'intérieur de l'île, dans le secteur du lycée agricole et sur le belvédère de la Montagne magique. Le parcours le plus court dure 2 heures 30, le plus long 3 heures 30. Après une rapide initiation au pilotage, vous suivrez le guide qui, lors des arrêts, donne des explications sur l'environnement. Il est nécessaire d'être en possession d'un permis de conduire. Transferts assurés dans les hôtels et les pensions. En face de l'ancien Intercontinental Moorea Resort & Spa. Sortie assurée à partir d'un quad.

Albert ATV QUAD
(☎87 74 62 05, 40 55 21 11 ; www.albert-transport.net ; circuit 24 000 CFP/quad ; ⏲tlj sur réservation). Circuit guidé en quad (2 personnes) de 3 heures 30 incluant la caldeira, les plantations d'ananas, un point de vue, le Belvédère et la Montagne magique. Transferts assurés dans les hôtels et les pensions.

Randonnée pédestre

De magnifiques randonnées, de difficultés variées, permettent de découvrir le cœur luxuriant et escarpé de l'île. Certains sentiers étant peu fréquentés et peu ou pas balisés, il est fortement recommandé de se faire accompagner. Plusieurs guides expérimentés et sérieux proposent leurs services :

Teheiarua Rando – Moorea Trek
(☎87 25 74 74 ; www.facebook.com/MooreaTrekTeheiaruaRando2016). Valentin guide tout type de sortie, à la demi-journée (6 000 CFP) ou à la journée (11 000 CFP), notamment pour le Mouaputa et le mont Rotui.

Mana Moutain (☎89 54 80 15 ; www.manahaumooreatours.com). Randos faciles à la demi-journée (6 000 CFP/pers) ou plus difficile (ascension de la montagne percée ou du mont Rotui) à la journée (12 000 CFP/pers). Combo terre-mer avec rando le matin et excursion en bateau l'après-midi (20 000 CFP /pers, 10 000 pour les moins de 12 ans).

De Vaiare à Pao Pao RANDONNÉE
Cette marche, relativement facile, dure environ 2 heures. On découvre en chemin de beaux points de vue, ainsi que la végétation dense qui recouvre les versants abrupts de l'île. Partant du village de Vaiare, elle gravit la crête séparant le mont Tearai (772 m) et le mont Mouaputa (830 m), avant de redescendre dans la vallée centrale pour déboucher à Pao Pao, dans la baie de Cook. L'itinéraire est plus facile dans le sens Vaiare-Pao Pao.

Col des Trois Cocotiers RANDONNÉE
L'ascension de ce col est relativement facile et réserve des vues extraordinaires du haut de la crête séparant le Mouaroa (880 m) du Tohiea (1 207 m). Vous n'y trouverez pas trois cocotiers - deux d'entre eux furent déracinés par un cyclone au début des années 1980. Le sentier balisé commence depuis le Belvédère. Après avoir franchi plusieurs gués, le sentier traverse une forêt de *mape*. Au bout d'une heure, vous entamerez la montée proprement dite vers le col, au milieu de *purau* et de fougères semi-arborescentes. Comptez une demi-heure de montée escarpée. Du col, on embrasse une vue superbe des deux côtés de l'île. Les amateurs de vertige emprunteront le petit sentier 10 m avant le col qui mène en 2 minutes à un promontoire rocheux panoramique. Comptez 3 heures 30 aller-retour.

Col des Trois Pinus RANDONNÉE
Un parcours un peu plus facile que le col des Trois Cocotiers. Comptez 2 heures de montée, au départ du Belvédère en suivant un sentier bien dégagé et balisé. À l'arrivée, une balançoire, fixée entre deux des trois pins du col, vous attend pour une petite voltige au-dessus des cimes face à un panorama splendide.

Boucle d'Opunohu (tour de la caldeira) RANDONNÉE
La boucle d'Opunohu est une randonnée assez longue (18 km) mais relativement facile, agréable, d'une journée (comptez 7 heures de marche), à partir du Ranch Opunohu Valley. Il combine le parcours du col des Trois Cocotiers et celui des Trois Pinus.

Le Mouaputa (Montagne percée) RANDONNÉE
L'ascension du mont Mouaputa (830 m), également appelé "Montagne percée", est très sportive, aérienne et engagée, mais vous serez amplement récompensé de vos efforts par un panorama à 360°. Le départ s'effectue à Afareaitu (prévoir la journée). Le dernier tronçon est la partie la plus ardue et la plus éprouvante, car la progression est raide, sur une crête, à découvert. À plusieurs reprises, il faudra s'aider des cordes fixées à demeure. Comptez de 7 à 9 heures aller-retour selon votre rythme. À faire entre mai et octobre.

Le mont Rotui par l'arête nord RANDONNÉE
Cette ascension est particulièrement difficile. Le dénivelé n'a pourtant rien de spectaculaire : le mont Rotui, situé dans la partie nord de l'île, parallèle aux baies d'Opunohu et de Cook, culmine à 899 m. Une bonne condition physique est indispensable, car de multiples passages tiennent plus de la varappe que de la randonnée. La marche s'effectue sur une crête, écrasée de soleil, au milieu des buissons et des fougères (pantalon impératif). La progression se fait en escalier : des passages relativement plats alternent avec des dénivelés abrupts nécessitant l'usage des mains. La vue sur les deux baies vaut largement tous les efforts consentis. Arrivé au sommet, on découvre l'ancien cratère du volcan et, au sud, les monts Tohiea (1 207 m) et Mouaputa (830 m). Comptez au minimum 4 heures d'ascension et 3 heures pour la descente. On peut toutefois se limiter au **belvédère du Rotui**, plus court (demi-journée). Le point de départ se trouve à proximité de l'hôtel Hilton. À faire entre mai et octobre.

Canyoning

Il existe de superbes canyons, secs et humides, à Moorea, mais certains sont relativement techniques.

Moz Canyoning Adventure CANYONING
(☎87 25 67 71 ; www.facebook.com/moz-canyoning-adventure-528113624238043/). Propose une dizaine de sorties canyoning (8 000 CFP/pers la demi-journée, 14 000 CFP/ pers la journée), avec des rappels et des cascades. Pour les marches d'approche, comptez 1 heure 30.

Parcours acrobatique

Tiki Parc Moorea ACCROBRANCHE
(☎89 40 00 39 ; www.tikiparcmoorea.com ; route des Ananas ; ⌚9h-14h mar-dim, tlj vac scol 9h-14h). Au cœur de Moorea, petits et grands peuvent jouer les Tarzan sur 7 parcours différents, adaptés à tous les niveaux. Ponts de singe, filets, sauts et tyroliennes (la plus longue fait 80 m) vous attendent. Vous paierez 3 500 CFP pour 2 parcours ou 5 500 CFP pour tous les parcours. Il existe un parcours spécialement conçu pour les enfants de 5 à 7 ans, à 3 000 CFP.

Randonnée équestre

Ranch Opunohu Valley BALADE ÉQUESTRE
(☎87 78 42 47 ; ⌚sur réservation). La balade à cheval est un moyen original de découvrir les paysages sauvages du centre de l'île, notamment les champs d'ananas à proximité du lycée agricole. Ce ranch équestre est basé dans la vallée d'Opunohu, sur la "Route des Ananas", pas très loin de l'endroit où elle rejoint la route du Belvédère (signalé).

1

3

TOMFRY / STOCK ADOBE.COM ©

1. Panorama sur Moorea (p. 123)
Moorea dévoile son superbe profil montagneux depuis le Belvédère.

2. Col des Trois Pinus (p. 131)
Contemplez les cimes de Moorea depuis une balançoire placée sur le col des Trois Pinus.

3. Sites archéologiques de la vallée d'Opunohu (p. 122)
La découverte des sites sacrés ajoute une note mystérieuse à l'exploration des vallées de Moorea.

2

ALEXANDRE LENOIR ©

LES TATOUEURS DE MOOREA

Plusieurs grands noms du tatouage sont originaires de Moorea, notamment Chimé, l'un des pionniers du renouveau de cet art, et Roonui (presque entièrement tatoué). Ils ont tous les deux posé pour le photographe Gian Paolo Barbieri pour les besoins de son livre *Tahiti Tattoos* (Taschen, 1998). Outre ces deux stars, installées à l'étranger pour une durée indéterminée au moment de la rédaction de cet ouvrage, Moorea compte plusieurs autres talents qui réalisent des motifs traditionnels ou des adaptations plus personnelles du répertoire traditionnel, dans d'excellentes conditions d'hygiène (aiguilles à usage unique, matériel stérilisé, gants de chirurgien) :

- **Taniera Tattoo** (87 20 27 40 ; www.facebook.com/Tanieratattoo/ ; sur rendez-vous). Au centre commercial Petit Village.
- **Purotu Tattoo** (87 77 79 42, 40 56 49 00 ; sur rendez-vous). Près de l'hôtel Hilton, côté montagne. Utilise les outils traditionnels et mécaniques.
- **Mate Tattoo** (87 21 01 35 ; www.facebook.com/matetattoomoorea ; sur rendez-vous). En face de l'ancien hôtel Intercontinental.
- **Lovisa Tattoo** (87 77 58 23 ; sur rendez-vous). À Maharepa. Gilles Lovisa est un métropolitain tombé amoureux de la culture polynésienne, reconnu dans le monde du tatouage polynésien.

Pour en savoir plus sur le tatouage, reportez-vous, p. 415.

Les promenades, accessibles à tous, durent 2 heures et reviennent à 5 500 CFP/pers (minimum 2 personnes).

Tour de l'île guidé

Le programme type des excursions en 4x4 inclut le tour complet de l'île, avec la visite commentée des sites archéologiques de la vallée d'Opunohu, un arrêt au Belvédère, la visite de plantations d'ananas et de vanille, la distillerie de jus de fruits, la Montagne magique et le Moorea Tropical Garden.

FranckyFranck Moorea Tours EXCURSION EN 4X4
(87 76 40 28 ; www.franckyfranck-mooreatours.com ; 5 750 CFP/pers, 2 800 CFP/-12 ans ; tlj sur réservation). Excursion en 4x4 à la demi-journée. Guide compétent et passionné. Service de ramassage. Minimum 2 personnes.

Albert Safari EXCURSION EN 4X4
(40 55 21 10 ; www.albert-transport.net ; 5 500 CFP/pers ; lun-sam). Découverte de l'île en 4x4 à la demi-journée. Service de ramassage.

Où se loger

Les lieux d'hébergement sont regroupés dans les deux secteurs les plus touristiques de l'île : la baie de Cook et la pointe Hauru, au nord et au nord-ouest. D'autres possibilités existent, disséminées un peu partout dans le reste de l'île.

Du petit *fare* sans prétention au bungalow sur pilotis, en passant par la location en meublé et les logements disponibles sur les plates-formes collaboratives, l'éventail des formules d'accueil à Moorea est vaste et s'adapte à tous les budgets. Il est même possible de camper.

Nord de l'île, de Maharepa à la pointe Hauru

À l'exception de la plage publique de Ta'ahiamanu (Mareto), il y a peu de véritables plages dans ce secteur, mais le cadre des deux baies (Cook et Opunohu) est magnifique, avec un relief volcanique dégringolant dans l'océan.

♥ Painapaopao Backpacker BUNGALOWS, DORTOIR €
(87 22 86 24 ; www.painapaopao.com ; bungalows d 8 000 CFP, dort 3 000 CFP ;). Pour les petits budgets, le Painapaopao, tenu par Marie (une ancienne monitrice de voile), est une aubaine. Situé dans une propriété aérée et impeccablement tenue, côté montagne, à 150 m du lagon, cet hébergement se compose de 2 bungalows en bois, de style chalet, simples et bien agencés, et d'un dortoir mixte de 6 couchages, aménagés sous forme d'alcôves séparées par des cloisons et avec un rideau à la place de la porte, dotés chacun d'une liseuse individuelle, d'une moustiquaire, d'un petit coffre-fort, d'une prise électrique et d'un ventilateur. Le

bloc sanitaire (deux douches et deux toilettes) est en excellent état, tout comme la cuisine commune. Seuls les concerts de coqs, à des heures imprévisibles, chez les voisins, viendront éventuellement troubler la quiétude de votre séjour. Un véhicule est conseillé.

Motu Iti BUNGALOWS, DORTOIR €

(☎40 55 05 20, 87 74 43 38 ; www.pensionmotuiti.com ; bungalows d 12 000-13 500 CFP, dort avec petit-déj 3 000 CFP ; 📶). Motu Iti est à considérer comme un plan B. La mezzanine agencée en dortoir (une quinzaine de lits) au-dessus de la réception, bien ventilée, avec vue partielle sur le lagon (mais aussi le bruit de la route...), peut dépanner, mais il faudra se contenter de matelas en mousse et d'une sdb, sommaire, au rez-de-chaussée. Autre option : 5 bungalows, au confort acceptable, avec ventilateur et une bonne literie, mais un peu trop près les uns des autres. Les 3 bungalows bord de mer ont l'avantage d'être les pieds dans l'eau et bénéficient d'une vue dégagée. Les 2 bungalows jardin ont la vue bouchée par les bungalows plage et sont plus exposés au bruit de la circulation. Il n'y a pas de plage, mais un petit ponton a été installé pour la bronzette et la mise à l'eau, et des kayaks (gratuits) permettent de rejoindre de plus beaux spots sur le lagon. Pas de cuisine commune, mais restaurant sur place (petit-déj, basique, à 1 000 CFP, et plats très ordinaires), face au lagon. L'ensemble commence sérieusement à vieillir et l'accueil pourrait être un peu plus souriant. Le site étant loin des principales attractions touristiques, prévoyez un véhicule.

Hôtel Kaveka HÔTEL €€

(☎40 56 50 50 ; www.hotelkaveka.com ; baie de Cook ; bungalows d 16 500-18 500 CFP, qua 24 500-28 500 CFP ; ❄@📶). Le cadre fait bonne impression : les 30 bungalows, dans une propriété au bord de l'eau, au calme, ont vue sur le mont Rotui, qui se dresse de l'autre côté de la baie. Le Kaveka, géré par un Tahitien d'origine néo-zélandaise, draine essentiellement une clientèle anglophone, séduite par la situation les pieds dans l'eau et le côté simple mais fonctionnel des bungalows, qui ressemblent à des chalets. Leur prix varie selon leur orientation (préférez ceux qui ont vue mer). Le point fort : le ponton couvert sur pilotis, idéal pour un verre au soleil couchant ou pour s'avancer jusqu'au récif (parfait pour le snorkeling). Pas de piscine ni de vraie plage, mais un petit espace a été aménagé pour la bronzette au bord de l'eau. Notez que tous les extras (vélos, kayaks) sont payants (1500 CFP/jour). Le restaurant de l'établissement, sur pilotis, de style polynésien un peu suranné, n'est pas toujours à la hauteur de l'emplacement privilégié en bordure de baie. Navette gratuite le matin pour faire ses courses à Maharepa.

Fare Junette BUNGALOWS €€

(☎87 71 61 91 ; www.farejunettemoorea.com ; baie d'Opunohu ; faré 12 000-17 000 CFP ; 📶). Une bonne adresse, à des prix raisonnables vu l'emplacement, idyllique. Deux farés (pouvant accueillir jusqu'à 5 personnes) de conception simple mais propres et avenants, avec sdb privative extérieure et cuisine équipée, ouvrent sur un petit bout de plage ombragée et le lagon scintillant. Le bain est idéal à cet endroit, et il n'est pas rare de voir passer des raies devant l'établissement. Un troisième faré dans le jardin peut abriter jusqu'à 3 personnes. On est proche de la route de ceinture, mais le trafic est limité. La plage publique de Mareto n'est qu'à 400 m et plusieurs options de restauration sont disponibles dans le secteur. Deux kayaks permettent d'explorer le lagon.

Tipaniers Iti BUNGALOWS €€

(☎40 56 12 67 ; www.lestipaniers.com ; baie d'Opunohu ; bungalows d/qua 12 500/14 800 CFP ; 📶). Les amateurs de tranquillité apprécieront les 5 bungalows de bon confort, de style local, avec cuisine équipée, dans une propriété calme et bien entretenue, à l'entrée de la baie d'Opunohu, en bord de lagon. Le bon plan : demandez l'un des deux bungalows face à la

LOUER UNE MAISON DE VACANCES

Une nouvelle tendance a fait son apparition ces dernières années à Moorea : la location de villas meublées et de maisons de vacances. La formule se révèle intéressante pour une famille ou des amis qui souhaitent rester plusieurs jours sur l'île. Un minimum de nuitées est généralement requis (au moins 2). Il s'agit de villas de bon standing, très bien situées.

Quelques adresses :

Reva Dreams (www.rentals.revadreams.travel)
Tahiti Homes (www.tahiti-homes.fr)
Abritel (www.abritel.fr)
Air BnB (www.airbnb.com)

MAIAO, L'ÎLE INTERDITE

"Étranger, passe ton chemin". Si d'aventure, vous deviez échouer à Maiao après un naufrage, ne vous réjouissez pas trop vite. Cet îlot de 9 km², situé à 4 heures de mer de Moorea, direction plein ouest, est interdit aux visiteurs. À moins d'avoir été invité par l'un de ses 353 habitants ou d'y être appelé en tant que médecin ou enseignant. Cette méfiance radicale envers les étrangers remonte à la fin des années 1920. À l'époque, un épicier anglais installé sur l'île profite du penchant des insulaires pour la verroterie et l'alcool et leur octroie de "généreux" crédits de consommation... remboursables en parcelles de terre. En 1935, le margoulin possède 80 % de la surface de l'île ! Épaulés par un pasteur, les habitants lancent alors une procédure judiciaire et créent une coopérative pour racheter leurs propriétés. Non seulement la justice donne raison aux habitants, mais, en 1936, un arrêté du gouverneur des Établissements français de l'Océanie, toujours en vigueur aujourd'hui, limite à 24 heures la présence d'étrangers sur Maiao. Autre leçon tirée de ce passé traumatisant : la vente d'alcool est strictement prohibée, excepté pour les grandes occasions.

baie, sans supplément. Seuls inconvénients : la sensation d'isolement (prévoyez un véhicule) et l'absence de plage. Certes, un ponton a été installé sur le platier, mais le bain, profond à cet endroit, conviendra plus aux amateurs de snorkeling qu'à ceux qui veulent nager. À savoir : les Tipaniers Iti étant l'annexe de l'hôtel les Tipaniers, situé à 4 km de là, vous pourrez donc bénéficier des prestations de la maison mère. Autre petit plus, le prêt de vélos pour faire ses courses, de kayak et de matériel de snorkeling. Réductions pour des séjours de longue durée.

Village Temanoha BUNGALOWS €€

(☎87 21 65 59 ; www.villagetemanoha.com ; vallée de Pao Pao ; bungalows 15 000 CFP ; 📶). Changement de décor : le Village Temanoha est la seule adresse de l'île qui n'est pas au bord de l'eau. Située dans un lieu retiré au cœur de la vallée de Pao Pao, à environ 1,5 km de la route de ceinture, accessible par une piste très cahoteuse (malgré tout praticable avec un véhicule de location, en prenant beaucoup de précautions), cette propriété ravira les amateurs de nature en quête de déconnexion. Les 4 bungalows, accueillants et bien conçus peuvent abriter jusqu'à 5 personnes (un lit double et trois lits simples dans deux pièces). Dotés d'une jolie sdb en pierre, d'un coin-cuisine et d'une terrasse, ils sont disposés autour d'une petite piscine, au milieu d'un jardin tropical bien entretenu. Le paysage alentour est splendide, avec des pics volcaniques et un amphithéâtre montagneux. Service bien pratique, compte tenu de l'isolement : petit-déjeuner (1 500 CFP)

Manava Beach Resort & Spa HÔTEL €€€

(☎40 50 84 45 ; www.manavamoorearesort.com ; Maharepa ; bungalows 50 000-100 000 CFP, ch d à partir de 30 000 CFP ; ❄ 🏊 📶). Le plus abordable des hôtels de standing de Moorea, fréquenté aussi bien par les touristes que par les résidents de Tahiti, qui profitent des offres promotionnelles sur le site et apprécient l'atmosphère pas guindée. Le Manava occupe une bande littorale très agréable, à l'est de Maharepa (donc proche des services du bourg, ce qui est pratique), frangée d'une petite plage de sable corallien (artificielle) et de quelques cocotiers. Aucune faute de goût n'est à déplorer en matière architecturale, et l'on retrouve l'esprit polynésien qui caractérise cette chaîne locale. Le confort des 90 unités est excellent. Notez que la plupart des 28 pilotis sont en bordure d'un tombant récifal assez profond, idéal pour le snorkeling, un peu moins pour la baignade. Fierté de l'établissement : la plus grande piscine de Moorea (700 m²) et, pour les bungalows jardin "deluxe", une mini-piscine privée. En retrait dans le jardin, un bâtiment comprend aussi 20 chambres (dont 2 avec cuisine) et 6 duplex spacieux, bien adaptés aux familles. Centre de plongée sur place (Moorea Blue Diving ; voir p. 121) et spa. Prêt de matériel de snorkeling et de kayaks.

Hilton Moorea Lagoon Resort & Spa HÔTEL €€€
(☎40 55 11 11 ; www.hiltonhotels.com ; bungalows d à partir de 45 000 CFP ;). Un hôtel de prestige, idéalement situé, entre les baies de Cook et d'Opunohu, au bord d'une jolie plage de sable corallien (artificielle). Tout est ici réuni pour un séjour de rêve dans l'un des 103 bungalows, au style polynésien raffiné, répartis en cinq catégories différentes. Les 54 unités sur pilotis, disposées comme un chandelier à trois branches au-dessus des eaux cristallines, sont dotées d'une ouverture vitrée au sol permettant d'admirer les poissons, de parquets vitrifiés, d'une baignoire à l'ancienne et d'une terrasse avec accès direct au lagon. Les bungalows jardin, mitoyens par deux, possèdent une mini-piscine privative. Optez plutôt pour les jardins "deluxe" numérotés 46, 47, 48, 50 et 51, qui ont une vue plage. Un centre nautique, une piscine, deux bars et deux restaurants (dont un avec vue panoramique) complètent l'ensemble. Reste que le bruit de la route est perceptible dans certaines unités et quelques "bugs" nous ont surpris lors de notre passage : pas de renseignements à l'accueil, moisissures dans la salle de bains, stores cassés et un service d'une lenteur record à la crêperie.

Pointe Hauru (nord-ouest de l'île)

À la différence de la baie de Cook, ce secteur est frangé d'une agréable petite plage, large de quelques mètres à marée basse. Toutes les structures ci-dessous possèdent un accès direct au lagon. Les deux motu face à la pointe, idylliques, sont facilement accessibles en kayak depuis le bord de mer.

L'avantage d'être basé dans ce secteur est que vous pourrez vous passer d'un véhicule, car toutes les commodités sont rassemblées au même endroit (activités, restaurants, commerces).

♥ **Fare Tokoau** BUNGALOWS €
(☎87 35 21 97, 87 35 21 98 ; www.facebook.com/tokoau ; bungalows d 15 000 CFP ;). Un bon plan, compte tenu du prix et de l'emplacement. Alex et Tea louent 5 bungalows de bon confort (avec ventilateur, mais pas de clim), équipés d'une kitchenette, sur une propriété accueillante, avec une belle pelouse qui donne sur le lagon. La plage se limite à une mince bordure de sable mais des kayaks sont à disposition (pour rejoindre les motu, par exemple) et la plupart des services et commodités sont accessibles à pied. Le soir, on s'installe dans le petit espace lounge au bord du lagon ou dans la piscine face à la mer pour admirer le coucher du soleil. Ambiance détendue et familiale. Notez qu'il y a des chiens sur la propriété, mais ils ne sont pas agressifs. Paiement en espèces. Alex propose des excursions snorkeling à bord de son bateau amarré en face de la propriété (adulte/- 12 ans 8 000/4 000 CFP).

Camping Nelson CAMPING, DORTOIR, BUNGALOWS €
(☎40 56 15 18, 87 78 71 53 ; www.camping-nelson.pf ; camping 2 000 CFP/pers, dort 2 400 CFP/pers, d Maire avec sdb commune 6 000 CFP, bungalow Aito avec sdb commune 12 500 CFP, bungalow d 11 500-13 000 CFP ;). La propriété, aérée, avec une pelouse plantée de quelques cocotiers, donne sur une petite plage et le lagon (attention aux anémones urticantes nombreuses à cet endroit !) Les campeurs peuvent s'installer à quelques mètres du lagon ou "côté jardin". Le bloc dortoir se compose de chambres de 3 lits chacune, de format boîte d'allumettes, sans moustiquaire, ni ventilateur, ni prise électrique. Autre option : les "Maire rooms", des chambres de deux lits, avec prises électriques et brasseur d'air, mal insonorisées, alignées dans un bâtiment de style baraquement, qui se prolonge par l'Aito, une agréable chambre familiale avec jardinet privé face à la plage et au lagon (elle peut accueillir jusque 6 personnes). Les sanitaires sont communs, carrelés et équipés de l'eau chaude. Quatre autres bungalows, dont l'un donnant sur la plage, plus récents et plus chers, offrent plus de confort (une sdb privative, notamment). Il y a une toute petite cuisine commune. Un conseil : ne laissez pas d'objets de valeur dans votre hébergement. Wi-Fi devant la réception, limité aux heures d'accueil. Paiement en espèces. Pensez à réserver le week-end car les campeurs venus de Tahiti sont nombreux à planter leurs tentes. Verdict : tarifs raisonnables, type d'hébergement varié, emplacement superbe et pratique (à proximité de toutes les commodités).

Pointe Hauru

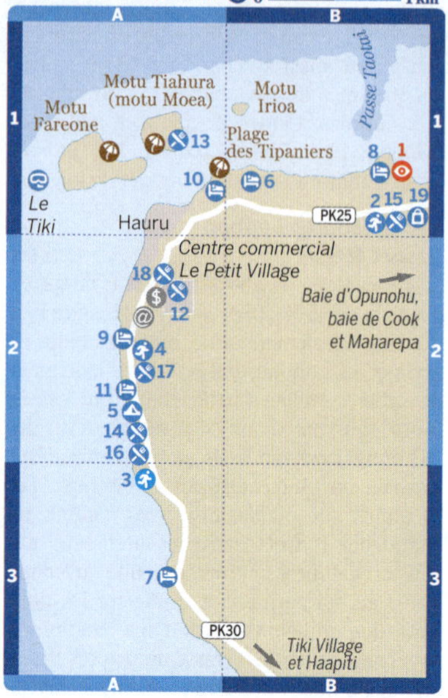

Domloc MEUBLÉS €€

(☎87 72 75 80 ; www.domlocpolynesie.com ; bungalows 15 000-38 000 CFP, 2 nuits min ; ❄📶). La formule est originale : dans une résidence au bord de la mer, des propriétaires louent leur habitation aux gens de passage. Un couple de gérants, bons vivants, s'occupent des réservations et de l'accueil. Au total, on dénombre 6 villas, entièrement équipées et toutes climatisées, de bon confort. Très spacieuses (trois chambres), pouvant contenir abriter jusque 8 personnes, elles conviennent à merveille pour des familles ou des amis. Elles sont très proches les unes des autres, mais des haies végétales assurent un minimum d'intimité. La plage dite "des kiteurs" n'est qu'à quelques mètres, tout comme le club nautique et le centre de plongée de l'hôtel Les Tipaniers. Les tarifs varient selon la durée du séjour et le confort des *fare*. Réservez bien à l'avance pendant les vacances scolaires. Kayaks à disposition. Paiement en espèces.

Les Tipaniers RÉSIDENCE HÔTELIÈRE €€

(☎40 56 12 67 ; www.lestipaniers.com ; pointe Hauru ; bungalows d/fam 19 800-26 000/29 500 CFP, ch d 11 000 CFP ; 📶). Cet établissement aux airs de village de vacances a fait ses preuves depuis longtemps. Le site est splendide, au bord d'une petite plage de sable clair, avec de magnifiques possibilités de baignade. Rénovés petit à petit, les 22 bungalows très fonctionnels sont répartis de manière très compacte dans une propriété fleurie et enherbée donnant sur la plage. Les plus récents disposent de la clim et d'une kitchenette, les plus anciens (moins chers) de brasseur d'air. Pour les familles, quelques bungalows plus spacieux, avec cuisine équipée, sont à disposition. Dernière option, la plus abordable, près de la réception : 4 petites chambres, mitoyennes, sobres mais correctes. Sur place : plage, snack de plage, restaurant (voir p. 146), un centre de plongée (Scubapiti ; voir p. 124) et un club nautique (Tip Nautic ; voir p. 125) proposant de multiples activités. Prêt de vélos pour une heure (pratique pour faire des courses).

Hôtel Hibiscus HÔTEL €€

(☎40 56 12 20 ; www.hotel-hibiscus.pf ; d/qua 21 500/ 27 800 CFP, bungalows jardins d 21 500 CFP, bungalows lagon d 26 000-35 000 CFP, bungalows fam 57 000-82 500 CFP ; ❄🏊📶). Les 28 bungalows de style traditionnel, avec kitchenette de cette adresse sérieuse, sont dispersés dans un agréable parc débouchant sur une petite plage ombragée d'imposants ficus, et sont aménagés de telle sorte que l'on n'a pas de vis-à-vis. Les 10 bungalows bénéficiant d'une vue sur le lagon ont été rénovés récemment de manière impeccable et ils disposent de la climatisation. Tout comme la superbe suite familiale située au milieu du jardin. En comparaison, les bungalows jardin avec brasseur d'air et plafond en toit de chaume paraissent bien fades, mais ils restent propres et bien tenus. Autre option : 12 chambres climatisées, avec kitchenette, dans un bâtiment de style motel, sur 2 niveaux, sans charme mais propres. L'établissement possède aussi une piscine (bien entretenue) et un restaurant avec terrasse, le Sunset, en front de mer. Location de kayaks.

Moorea Sunset Beach RÉSIDENCE HÔTELIÈRE €€

(☎40 55 00 00 ; www.mooreasunsetbeach.com ; ch et bungalows qua 26 000-39 000 CFP ; ❄📶). L'architecture moderne du bâtiment principal dans lequel sont situées les chambres (à l'étage et au rez-de-chaussée) associé au manque de caractère de la déco (carrelage, tons blancs) ne plairont pas à tout le monde. En revanche, la propreté des lieux, la qualité de la literie et le large éventail des commodités à disposition (four, connexion haut

Pointe Hauru

À voir

1 Clinique des tortues marines B1

Activités

Aqua Blue .... (voir 1)
2 ATV Moorea Tours B1
3 Moorea Fun Dive A3
Moorea Loca Boat .... (voir 10)
Scubapiti .... (voir 10)
Tip Nautic .... (voir 10)
Topdive .... (voir 1)
4 Vaapiti A2

Où se loger

5 Camping Nelson A2
6 Domloc B1
7 Fare Tokoau A3
8 Fenua Matai'oa B1
9 Hôtel Hibiscus A2
10 Les Tipaniers A1
11 Moorea Island Beach Hotel A2
Moorea Beach Lodge .... (voir 3)
Moorea Sunset Beach .... (voir 6)

Où se restaurer

12 À L'Heure du Sud A2
Beach Café .... (voir 10)
13 Coco Beach A1
14 Coco d'Isle A2
15 Holy Steack House xx
16 Le Lézard Jaune Café A2
17 La Casa Vincenzo A2
18 Le QG A2
Le Sunset .... (voir 9)
Les Tipaniers .... (voir 10)
No Stress .... (voir 12)
Taoa Here Beach House .... (voir 12)

Achats

19 Mate Tattoo B1
Tahiti Arômes .... (voir 1)
Taniera Tattoo .... (voir 12)

débit, cafetière, sèche-cheveux...) mettront tout le monde d'accord. Les bungalows sont proches les uns des autres mais à proximité immédiate de la plage et du lagon (avec accès direct). Prestation adaptée aux familles ou à des groupes d'amis (les tarifs sont valables pour 4 à 6 personnes, et sont dégressifs selon la durée du séjour).

Moorea Beach Lodge BUNGALOWS €€
(☎87 23 33 25 ; www.mooreabeachlodge.com ; bungalows d/fam 25 000-29 500/ 49 000 CFP ; ❄📶). Au bord du lagon, sur un site reposant, autour d'un impressionnant banian, ces 13 bungalows conviendront à une clientèle exigeante en matière d'équipement et de confort, même si l'ensemble est un peu compact. Idéal pour les amoureux, le bungalow "honeymoon" est plus petit, mais sa terrasse donne directement sur le sable. Du lit vue sur l'océan. Une vaste cuisine commune est à disposition. Kayaks et vélos gratuits.

Moorea Island Beach Hotel BUNGALOWS €€
(☎87 74 33 07 ; www.mooreaislandbeach.com/fr ; bungalows d/fam 23 000-27 000/40 000 CFP ; ❄📶). En optant pour des bungalows entièrement blancs plutôt que des matériaux traditionnels polynésiens, cette adresse inaugurée en 2020 fait le pari de la modernité... et de la sérénité. C'est plutôt réussi. Assez espacés les uns des autres, bien équipés (frigo, four micro-ondes, mais pas de télé), les 13 bungalows (dont un familial) s'articulent autour d'un faré d'accueil qui porte bien son nom : ouvert de jour comme de nuit, il abrite une cuisine commune impeccable. On y prend son petit-déjeuner (buffet à volonté) dans un décor de carte postale : cocotiers penchés sur le sable blanc, lagon déclinant toutes les nuances de bleu, invitation permanente à la baignade (attention toutefois aux anémones nombreuses à cet endroit). Pas de bar, ni de restaurant... ce qui peut être un atout en haute saison : même quand tous les bungalows sont loués, l'endroit reste calme. Prêt de kayaks et de vélos. L'adresse abrite aussi un service de location de scooters (6 000 CPF la journée et de voitures électriques (10 000 CPF la journée).

Fenua Matai'oa VILLAS D'HÔTES €€€
(☎40 55 00 25 ; Village Tiahura ; www.fenua-mataioa.com ; ste 38 000-70 000 CFP ; ❄📶). Derrière un haut mur d'apparence banale, au bout d'un lotissement résidentiel, se cache un cocon tropical créé par Eileen, qui a exercé dans les Relais & Châteaux de la Côte d'Azur. La propriété est noyée dans une petite jungle savamment travaillée, qui évoque un jardin botanique. On devine à peine les 6 suites (trois côté lagon, trois côté jardin). À l'intérieur, tout n'est que raffinement ; tableaux partout, couleurs aux dominantes feu, linge de maison haut de gamme, mobilier ancien, tissus en soie, argenterie de luxe... Dans le jardin, de

nombreux petits coins de vie ainsi qu'une terrasse en bois ont été aménagés. L'une des suites (la Prestige) possède sa petite plage privée. Les deux autres suites côté lagon possèdent un deck surplombant la mer. Kayaks (1 000 CFP/heure) et matériel de snorkeling (1 000 CFP/journée) en location. Une adresse atypique, idéale pour un couple en lune de miel à la recherche d'un accueil personnalisé.

Secteur de Haapiti (sud-ouest de l'île)

Fare Edith BUNGALOWS €
(☎40 56 35 34 ; www.fareedith-moorea.com ; bungalows d 15 000-22 000 CFP ; 📶). Une adresse qui vaut principalement pour la beauté du spot, au bord d'une toute petite plage baignée par les eaux turquoise du lagon. Au choix : 4 bungalows (climatisés) avec cuisine, défraîchis, avec un mobilier très fatigué, mais encore acceptables ; demandez le Fare Miti, le plus cher, qui donne sur le lagon (les autres présentent moins d'intérêt, et sont exposés au bruit de la route en journée). Kayaks à disposition et magasin d'alimentation à quelques minutes à pied. Petit-déjeuner copieux (1 500 CFP). Prévoyez un véhicule pendant votre séjour, sinon vous vous sentirez coincé.

Moorea Surf Inn CHAMBRES €
(☎87 70 80 29 ; www.facebook.com/mooreasurfinn/ ; d avec sdb commune 10 000 CFP ; 📶). Un point de chute pratique pour les surfeurs (le spot de la passe de Haapiti est à 5 minutes) et les petits budgets, accueillis par Tama, qui propose ses services de guide sur le spot (4 000 CFP les 2 heures de guidage). L'hébergement se compose de 4 chambres lambrissées, sobres et propres, avec ventilateur (donc un peu étouffantes en saison humide), qui se partagent 2 sdb, dans un grand chalet en bois. Pour les repas, trois possibilités s'offrent à vous : utiliser la cuisine commune, commander un dîner (2 500 CFP) ou prendre un plat dans une roulotte à proximité. La propriété familiale, bien entretenue, débouche sur une jolie baie, face au soleil couchant, mais sachez qu'il n'y a pas de plage dans ce secteur. Par ailleurs, le Moorea Surf Inn est à l'écart des principales infrastructures touristiques et des centres d'intérêt de l'île ; un véhicule se révélera rapidement indispensable pour circuler. Quelques vélos, kayaks et paddles à disposition. Paiement en espèces.

Moorea Matea Tahatoi Lodge BUNGALOWS €€
(☎89 32 49 08 ; www.facebook.com/MooreMaateaTahataiLodge/ ;bungalows13 000-15 000 CFP;📶). Cette grande propriété familiale, en bord de mer, à laquelle on accède via un chemin de terre, abrite 5 bungalows en bois bien espacés les uns des autres. Propres et égayés par des touches de couleur, ils possèdent une kitchenette (avec frigo et micro-ondes) et peuvent accueillir (dans une seule pièce) 4 à 5 personnes. Séduits par le bon rapport qualité/prix des lieux, Polynésiens, *popa'a* et touristes profitent dans un ambiance sympathique de la belle la plage sable fin et du faré collectif pourvu d'un barbecue. Pas de transfert, il faudra vous débrouiller pour arriver sur place. Magasin et roulottes à proximité.

Tehuarupe BUNGALOWS €€
(☎40 56 57 33 ; www.moorea-paradise.com ; bungalows d 14 500 CFP ; 🏊📶). Mention bien pour cette adresse agréable et sagement tarifée, même si elle n'est pas en bord de mer, mais sur une propriété surplombant la route de ceinture (d'où une super vue sur le lagon). Vous vous sentirez vite à l'aise dans ces 4 chambres occupant 2 bungalows en bois exotiques, spacieuses, dotées d'une cuisine équipée, de ventilateur (mais pas de clim), d'une bonne literie et d'un deck offrant une vue panoramique. En journée, le bruit de la route est perceptible. Petite piscine à débordement (accessible à certaines heures seulement), et accès à la mer de l'autre côté de la route. Pour pallier l'absence de plage, la propriétaire prête du matériel de snorkeling et des kayaks, ce qui permet d'accéder à de beaux spots sur le lagon. Sortie pêche au gros au large (30 000CFP/jour pour 2 pers). Aucun repas n'est proposé, mais deux épiceries se trouvent à moins de 5 minutes. Prévoyez un véhicule pour vos déplacements. Paiement en espèces.

Marks Place Moorea BUNGALOWS €€
(☎40 56 43 02, 87 78 93 65 ; www.marksplacemoorea.com ; studios et bungalows d/qua à partir de 8 000/12 000 CFP, 2 nuits min ; 📶). Le propriétaire, un Américain francophone, ébéniste de métier, a remarquablement mis en valeur cette belle propriété, calme, à environ 300 m de la route de ceinture, côté montagne (donc aucune vue sur la mer), près de l'église de Haapiti. Au milieu d'une pelouse impeccable, il a construit 10 bungalows colorés, tous différents, à la fois confortables, fonctionnels et chaleureux, tous avec une cuisine équipée et

un ventilateur. Le Manu, avec un patio extérieur et une chambre à l'étage disposant de 4 alcôves-lits, et l'Opuhi, d'une surface de 70 m², sont prisés par les familles. Location de vélos, de kayaks et de paddle (1 000 CFP/jour). Le site étant loin des principales activités touristiques, il est recommandé de louer un véhicule. La zone de baignade la plus proche, la plage Painapo, est à environ 4 km. Pas de restauration, mais quelques épiceries et roulottes à proximité peuvent dépanner.

Résidence Linareva RÉSIDENCE HÔTELIÈRE €€

(☎ 40 55 05 65, 87 31 12 19 ; www.linareva.com ; studios et bungalows d 17 500-27 500 CFP, qua 27 500-33 000 CFP, villa 34 000 CFP ; ❄ 📶). Cette petite résidence hôtelière occupe un site enchanteur et tranquille au bord du lagon, dans un jardin exotique, avec un magnifique arrière-plan montagneux. L'ensemble comprend 9 unités indépendantes espacées (dont une villa pour 7 personnes), fonctionnelles et tout équipées. Parmi les petits plus : le prêt de vélos et de kayaks. Comme on est à l'écart de tout, il est indispensable de prévoir un véhicule. Côté restauration, le petit-déjeuner est possible (à partir de 1 700 CFP). Pas de restaurant dans le secteur, mais deux magasins d'alimentation se trouvent à 2 km. Une petite plage borde la propriété, mais l'eau est chargée en alluvions lorsqu'il a plu ; un ponton permet d'accéder à une zone de baignade plus claire et profonde. Épiceries et roulottes à proximité.

Secteur de Temae (nord-est de l'île) et Afareaitu (est de l'île)

L'ambiance est très différente dans le secteur de Temaye, plus sauvage, avec, en prime, la proximité d'une plage publique. Vu l'isolement, un véhicule est indispensable si vous séjournez dans cette partie de l'île (et certains prestataires d'activités ne font pas de ramassage dans ce secteur).

Motu Ahi CAMPING€€

(☎ 89 70 19 33 ; adulte/3-12 ans 5 500/4500 CFP/nuit, 3 500 CFP à partir de 3 nuits). Une belle occasion pour camper sur un motu dans des conditions acceptables : les tentes (neuves), les matelas et oreillers (avec taies) sont fournis (mais pas les draps). Les sanitaires et les douches (sans eau chaude) sont propres et, pour faire la cuisine, deux farés abritent une gazinière et des éviers (mais pas de frigo). Dormir sur le motu Ahi offre l'occasion de côtoyer les raies qui s'approchent au plus près de la plage et d'évoluer dans le jardin de corail qui borde les lieux et qui accueillait autrefois un lagoonarium. Pas de kayaks ni de matériel de snorkeling. À éviter le samedi soir car le lieu est prisé des jeunes Tahitiens pour y faire la bringue. Autre inconvénient, quelques coqs très matinaux. Transfert gratuit depuis le quai d'Aferaitu (situé à 6 km de la gare maritime) auquel on peut accéder sur demande moyennant 4 000 CFP le trajet aller-retour (jusque 6 pers).

♥ **Fare Maeva** BUNGALOWS €

(☎ 89 74 10 14 ; 89 72 76 03 ; www.facebook.com/faremaevamoorea ; bungalows d/tr 10 000/11 000 CFP ; 📶). Un bon rapport qualité/prix. Cet établissement sans histoires se compose de 3 bungalows avec kitchenette, de construction simple mais aménagés avec goût dans un beau jardin tropical, à côté de la maison des propriétaires. Vous bénéficiez d'un accès à la mer, à une centaine de mètres, mais vous ne pourrez pas vous baigner car le récif est frangeant et il n'y a pas de lagon. Pour la baignade, la plage publique de Temae est à 10 minutes à pied. La literie est en bon état et les sdb ont été refaites. La propriétaire vend des paréos faits main et peut vous apprendre à préparer des plats locaux. Bon accueil. Paiement en espèces.

Green Lodge VILLAS D'HÔTES €€

(☎ 40 56 31 00, 89 77 62 26 ; www.greenlodge.pf ; ch d 21 000-25 000 CFP selon saison, bungalows d 25 000-42 000 CFP selon confort et saison, avec petit-déj ; ❄ 🏊 📶). Un endroit reposant, privilégié par les couples à la recherche d'une alternative aux grands hôtels. Les 5 bungalows (2 "plage" et 3 "jardin") et la chambre, réalisés en matériaux locaux de qualité (pierre et bois), ont des airs de cocon dans lesquels on a envie de se lover, après avoir piqué une tête dans la petite piscine. Les points à améliorer ? Une tarification, trop en décalage par rapport aux prix pratiqués sur l'île (mais il est possible de négocier selon la durée du séjour). Sachez également que l'ensemble est compact. Le Green Lodge est en bord de mer, mais le site n'est pas adapté à la baignade, en raison du récif frangeant ; vous devrez vous rendre à la plage publique de Temae, à 1,5 km. Table d'hôtes certains soirs (5 000 CFP), et belle cave à vins. Vélos et voitures en location.

Moorea Golf Lodge BUNGALOWS €€

(☎ 40 55 08 55 ; www.mooreagolflodge.pf ; bungalows d avec petit-déj 17 500-19 500 CFP ; ❄ 📶). Un havre de paix, en bord de mer, dans un cadre sauvage qui fait penser aux Tuamotu. À disposition, 4 bungalows aux allures de chalets de bon standing, spacieux et tout équipés, mais collés les uns aux autres. Le "Bora Bora" et le "Mangareva" ont vue sur l'océan et Tahiti. En saison, il n'est pas rare de voir passer les baleines à quelques dizaines de mètres de là... En revanche, les deux autres donnent directement sur l'arrière des deux premiers, donc n'offrent pas de vue. Attention, pas de plage pour la baignade, car le récif est frangeant dans ce secteur de l'île ; il faudra marcher jusqu'à la plage publique de Temae, à 1,5 km. Les tarifs sont élevés, mais dégressifs à partir de 3 nuits. Bien pratique : une petite restauration est possible sur place.

Te Ora Hau BUNGALOWS €€

(☎ 87 77 48 22 ; www.teorahau.com ; Afareaitu ; bungalows d 16 000 CFP, qua 25 000 CFP, 2 nuits min ; 📶). Une adresse isolée (véhicule indispensable), presque en face du motu Ahi, avec 3 bungalows accueillants, entièrement équipés et de bon confort (mais pas climatisés), égayés de tissus colorés, au bord du lagon (kayaks et paddles à disposition). Les deux plus grands peuvent loger jusqu'à 6 personnes – idéal pour des familles ou un groupe d'amis qui privilégient l'indépendance.

♥ **Sofitel Kia Ora Moorea Beach Resort** HÔTEL €€€

(☎ 40 55 12 12 ; www.sofitel-moorea-iaora.com ; bungalows d à partir de 60 000 CFP ; ❄ 🏊 📶). À 2 km au sud de l'aérodrome, face à l'île de Tahiti, le Sofitel s'enorgueillit d'un cadre magnifique, au bord de l'une des plus belles plages de Moorea. À cet endroit, les eaux du lagon sont d'un bleu turquoise particulièrement intense, et se prêtent aussi bien à la baignade qu'au snorkeling et aux activités nautiques – ce qui n'est pas très fréquent à Moorea. L'établissement dispose de 113 unités, réparties en trois catégories d'hébergement : les bungalows sur pilotis, disposés en V sur le lagon (on se croirait dans une piscine !), les confortables bungalows plage et les bungalows jardin qui ne manquent pas d'allure. À la série des bungalows 200, préférez les 400, légèrement plus espacés les uns des autres, plus éloignés de la route et dont la vue sur le lagon n'est pas gâchée par... les bungalows sur pilotis. Les hôtes, en majorité des couples en voyage de noces (mais aussi des résidents de Tahiti, qui profitent d'offres promotionnelles le week-end), disposent d'un spa, de deux restaurants (dont le K, gastronomique, et le Pure, qui domine la plage), d'une petite piscine à débordement, d'un centre nautique et d'un centre de plongée. Prêt de matériel de snorkeling et 1 heure de kayak ou de paddle offerte par jour.

Où se restaurer

Vous aurez le choix entre les restaurants des hôtels, ouverts aux non-résidents, et les établissements indépendants. La plupart sont regroupés à proximité des secteurs les plus touristiques de l'île, la pointe Hauru et la baie de Cook, ainsi qu'à Maharepa. Crêperies, snacks, pizzas, cuisine polynésienne, les spécialités servies sont variées. La plupart ferment vers 21h (avec une ultime prise de commande vers 20h30 au plus tard). Le dimanche, le choix est plus restreint.

Moorea compte de nombreux commerces d'alimentation et de supermarchés, bien répartis dans l'île, et vous n'aurez aucun problème pour vous ravitailler. La plupart sont ouverts le dimanche matin et acceptent la carte bancaire.

De Maharepa à la baie de Cook

Moz Café CAFÉTÉRIA €

(☎ 40 56 38 12 ; Maharepa ; plats 1 400-2 000 CFP ; 🕒 7h-15h lun-sam ; 📶). Une salle moderne, accueillante et climatisée, quelques tables en terrasse d'où l'on aperçoit le lagon, l'accès Wi-Fi, un service rapide, une cuisine simple mais bien réalisée avec des produits frais, et des tarifs raisonnables – il n'en faut pas plus pour faire du Moz Café une halte bien pratique pour commencer la journée (formule petit-déjeuner à 950 CFP) ou combler un petit creux à midi (burgers, pâtes et pizzas).

Caraméline SNACK €

(☎ 87 33 03 61 ; www.facebook.com/carameline98 ; Maharepa ; en-cas à partir de 450 CFP, plats 1 500-2 200 CFP ; 🕒 6h30-20h lun-sam, 6h30-14h dim ; 📶). Dans le petit centre commercial de Maharepa, côté montagne, cet établissement pratique et sans chichis offre une carte variée. On y vient pour le petit-déjeuner (à partir de 1 400 CFP), un en-cas sucré ou salé (crêpes salées et sucrées, glaces maison,

À NE PAS MANQUER

MOOREA TROPICAL GARDEN

Dans la baie d'Opunohu, côté montagne, à 400 m de la plage Ta'ahiamanu en direction de l'ouest, une piste au départ cahoteuse (elle est asphaltée au bout de 100 m) monte jusqu'au **Moorea Tropical Garden** (☎ 89 54 33 39 ; ⏲ 8h-16h lun-sam, 8h-14h dim), où l'on est récompensé par une vue splendide sur le lagon. Dans son jardin tropical, Nanihi, la petite-fille de la propriétaire vend des confitures maison, bio, réalisées avec des fruits tropicaux du jardin (papaye, corossol, goyave, tiaré...), ainsi que des jus frais (500 CFP), de la vanille et des sorbets. La palme de l'originalité revient à la confiture à l'*uru*, disponible à certaines saisons. Du mercredi au samedi midi, "mezze" de poissons locaux (1 300-2 800 CFP) et le dimanche, menu polynésien (2 000 CFP). À déguster sans se presser sur une terrasse panoramique rafraîchie par le vent des hauteurs.

sandwichs et bonnes viennoiseries, dont un pain au chocolat qui fond en bouche) ou pour caler une petite faim au déjeuner avec un tartare de thon rouge, une salade, un bagel ou un burger. Et pour les amateurs de chouquettes : venez avant 10h les lundi, mercredi ou vendredi.

Allo Pizza
PIZZERIA €

(☎ 40 56 18 22 ; baie de Cook ; plats 1 500-2 300 CFP ; ⏲ 11h-14h et 17h-20h30 tlj ; wifi). Cette halte est tout indiquée pour les amateurs de pizzas au feu de bois. Vous aurez l'embarras du choix, entre les quelque 40 garnitures différentes, dont l'excellente pizza au thon frais. La carte explore d'autres horizons, avec quelques viandes grillées et une alléchante salade océane (avec une marinade de thon grillé au feu de bois). En dessert, essayez la pizza banane ou la mousse au chocolat maison. Dégustation sur place sur des tabourets en bois au comptoir (au bord de la route) ou à emporter. Livraison possible entre le Hilton et le Sofitel (supplément de 800 CFP). Carte bancaire acceptée moyennant 2 500 CFP minimum. En face de la gendarmerie.

Pura vida
ROULOTTE €

(☎ 87 74 55 76 ; baie de Cook ; plats 1 400-1 800 CFP ; ⏲ 11h-14h tlj ; wifi). Une roulotte qui surprend par la finesse des plats proposés et par ses suggestions originales chaque semaine. *Fish burger*, *Fish and chips*, poisson au coco, *bowl*... Ici, la carte est trustée par les produits de la mer (exclusivement locaux) agrémentés d'épices exotiques, de salsa de mangue ou de sauce à l'avocat. À emporter ou à déguster sur les tables du centre commercial Cook's Bay devant lequel la roulotte est situé.

Roulotte Jules et Claudine
ROULOTTE €

(☎ 40 56 25 31 ; baie de Cook ; plats 1 300-2 300 CFP ; ⏲ 18h-20h lun-sam). Roulotte discrète et proprette à côté du petit marché aux poissons dans la baie de Cook. Un lieu approprié pour goûter des plats polynésiens et chinois bien mijotés et toujours frais.

Snack-Resto Fare La Canadienne
BURGERS €€

(☎ 87 73 45 78 ; Maharepa ; plats 800-2 600 CFP ; ⏲ 11h-13h30 lun, 11h-13h30 et 18h-20h mer-dim). Ne soyez pas surpris d'être accueilli avec l'accent québécois... Les gérants de cet établissement sont originaires de la Belle Province. Leur cuisine, qui convient à toutes les bourses, est appréciée par les résidents, qui ne jurent que par les burgers (une vingtaine d'options différentes) aux garnitures très généreuses, servies avec un pain de qualité. Également quelques grillades, crêpes et salades et, en dessert, un "gâteau chômeur", avec du sirop d'érable. Cadre modeste, en bord de route, sans vue particulière, avec quelques tables en terrasse. Également vente à emporter.

Moorea Beach Café
RESTAURANT, CAFÉ €€

(☎ 40 56 29 99 ; www.mooreabeachcafe.com ; Maharepa ; plats 2 900-4 400 CFP ; ⏲ 11h-21h tlj ; wifi). Avec son joli deck sur le lagon, son mobilier en bois, son atmosphère "lounge" et, le soir, un bel éclairage tamisé, le "MBC" se veut chic et branché. La cuisine, d'inspiration française avec quelques détours exotiques, est de qualité, mais l'addition est salée. Les pizzas sont préparées au feu de bois, avec des garnitures réalisées à partir d'ingrédients nobles (poulpe, jambon pata negra, etc.). Fait rare à Moorea, le MBC a l'avantage d'être ouvert en continu, tous les jours. Service de transfert le soir possible entre le Sofitel Ia Ora, le Hilton et le Manava.

Vente à emporter également. Attenant, et sous la houlette du même chef, le **MBC Next Door** (plats 700-1 200 CFP ; ⌚7h30-18h lun-ven, 7h30-15h sam-dim) est la version "snacking" du MBC ; dans un cadre tout aussi avenant, vous vous régalerez de plats sagement tarifés, notamment d'excellentes barquettes de salades.

Secteur de la baie d'Opunohu

Mo'z Pizza PIZZERIA €

(☎89 42 30 00, 89 42 30 01 ; www.facebook.com/PIZZAMOOREA ; Papetoai ; 1 000-3 600 CFP ; ⌚9h30-13h30 16h30-21h30 tlj). Une adresse bien pratique, car ouverte tous les jours, midi et soir. Au menu, une trentaine de pizzas et du poulet-frites. Livraisons de Paopao au quai de Haapiti (min 2 pizzas, 200-600 CFP).

Lilikoi Garden Cafe ROULOTTE €

(☎87 29 61 41 ; www.lilikoimoorea.com ; plats 1 500-1 800 CFP ; ⌚11h30-14h30 lun-sam ; 📶). Cette roulotte aux couleurs vives, dotée de quelques tables et de parasols, a pris position dans un jardin tropical, légèrement en retrait de la route de ceinture, côté montagne (fléché), à 300 m de l'hôtel Hilton. Dans l'assiette, une cuisine dans l'air du temps (thon sauce wasabi, poulet teriyaki), savoureuse et joliment présentée. Propose aussi des sandwichs faits avec des *poke bowl*, des salades, des jus de fruits frais et des smoothies (mais pas d'alcool).

La Macaroulotte ROULOTTE €

(☎87 23 26 76 ; www.facebook.com/macaroulotte ; 130-1 050 CFP ; ⌚11h-17h30 ven-dim). Une escale incontournable pour les gourmands. Cette minuscule roulotte rose aux airs de bonbonnière, avec quelques tables dans un jardin ombragé au bord du lagon, est spécialisée dans les créations sucrées (macarons, brownies, cheesecake, *carrot cake*), tous fait maison, que l'on peut accompagner d'un milkshake ou d'un café. Juste avant la plage de Ta'ahiamanu (en venant de Temae).

♥ **Toatea Crêperie et Bar** RESTAURANT D'HÔTEL €€

(☎40 55 11 11 ; Hilton Moorea Lagoon Resort & Spa ; plats 1 400-3 100 CFP ; ⌚18h30-21h30 tlj). Une crêperie au-dessus du lagon, voilà une prestation qui sort de l'ordinaire ! Dégustez des crêpes et des galettes en profitant d'un cadre unique : des tables basses installées sur le ponton qui mène aux bungalows sur pilotis de l'hôtel Hilton (p. 137), éclairé le soir, avec

OÙ DÉJEUNER LES PIEDS DANS L'EAU ?

- Moorea Beach Café (p. 147)
- Snack Mahana (ci-dessous)
- Coco Beach (ci-contre)
- Le Sunset (ci-contre)
- Beach Café (ci-dessous)

des requins pointes noires qui tournoient sous vos pieds. Seul hic, le service peut être long, très long.

Secteur de la pointe Hauru

Vous pourrez faire vos emplettes au supermarché situé dans le centre commercial le Petit Village.

♥ **Snack Mahana** SNACK €

(☎40 56 41 70 ; plats 1 600-2 200 CFP ; ⌚11h30-14h30 mar-sam). Cet adorable établissement tenu par plusieurs mamas polynésiennes, fait l'unanimité, à tel point qu'il est devenu une institution. L'emplacement y est pour beaucoup – au bord du lagon, avec des tables sur une pelouse, à l'ombre – mais pas seulement ; la cuisine, fraîche, copieuse et de qualité, à base de poisson, réjouit les papilles. Que diriez-vous d'un mahi-mahi pané au coco ou d'un chaud-froid de thon ? Rançon du succès, il faut se montrer patient, car le service traîne parfois en longueur, et venir avant 13h pour être certain que tous les plats à la carte soient encore disponibles. Les meilleures tables, sur le deck au bord de l'eau, ne sont pas réservables ; premier arrivé, premier servi. Paiement en espèces.

Beach Café SNACK €

(☎40 56 12 67 ; Les Tipaniers ; plats 1 450-2 300 CFP ; ⌚12h-14h15 tlj). Le snack de plage de l'hôtel Les Tipaniers (voir p. 138) enchante par sa localisation exceptionnelle, les pieds dans l'eau ou presque. Il propose une carte simple au déjeuner (dernier service à 14h15, ensuite des en-cas sont proposés jusqu'à 17h). Faites un sort aux burgers, pâtes, salades et grillades en vous laissant éblouir par le lagon scintillant. Service rapide et efficace.

♥ **À L'Heure du Sud** ROULOTTE €

(☎87 70 03 12 ; Le Petit Village ; plats et sandwichs 750-1 600 CFP ; ⌚tlj sauf mer 11h-16h). Cette petite roulotte bleue, au bord de la route, avec quelques tables et chaises à l'arrière, ne paie pas de mine. C'est pourtant l'une des roulottes au meilleur qualité/prix de Moorea ! Les copieux sandwichs, les brochettes de thon rouge et les belles salades (avec une ou deux options pour les végétariens) réjouissent autant les papilles que le porte-monnaie. Également crêpes (le week-end), gaufres et une rafraîchissante citronnade maison.

Taoa Here Beach House SNACK €
(☎40 56 13 30, 89 48 04 80 ; plats 1 200-2 500 CFP ; ⏲11h-15h mar-dim ; 📶). Les quelques tables sont disposées directement à quelques mètres du lagon turquoise. Dans ce cadre onirique, ombragé et bien ventilé, on savoure des plats de poisson frais, dont un remarquable poisson cru au lait de coco. Également burgers et salades. Dans un lotissement proche de l'ancien Intercontinental (signalé depuis la route côtière). Possibilité de transfert gratuit.

Le Sunset RESTAURANT D'HÔTEL €
(☎40 56 26 00 ; hôtel Hibiscus ; plats 2 000-4 000 CFP ; ⏲11h30-14h et 18h-21h tlj). Dans l'enceinte de l'hôtel Hibiscus (p. 138), le Sunset enchante par son emplacement, en surplomb de la plage et du lagon, orienté face au coucher du soleil. Du côté des assiettes, une cuisine correcte et une carte variée (salades, viandes, burgers, pizzas au feu de bois, pâtes fraîches et quelques options végétariennes). On y sert aussi un petit-déjeuner buffet de 7h à 10h (3 000 CFP) ouvert aux non-clients de l'hôtel.

Restaurant Tiahura – Chez Irène RESTAURANT €
(☎40 56 58 44, 87 23 34 89 ; plats 2 200-3 200 CFP ; ⏲11h-14h et 17h30-20h30 jeu-lun ; 📶). Cet établissement coloré et animé, en bord de route, se targue d'être le meilleur restaurant de fruits de mer de Moorea. On ne se prononcera pas de manière aussi catégorique, mais on y cuisine en effet très bien les produits de la mer : crevettes d'Opunohu, poulpe, bénitier, poisson, et langouste en saison. Et c'est la seule adresse de l'île qui sert le très luxueux kaveu (crabe de cocotier). Paiement en espèces. Service de transfert.

> **TRANSFERTS GRATUITS**
>
> Pratique si l'on n'a pas de véhicule : pour le dîner, certains restaurants indépendants proposent un service de transport gratuit entre votre lieu d'hébergement et le restaurant (aller et retour), dans certaines limites (appelez au préalable).

La Casa Vincenzo PIZZERIA €
(☎87 74 64 64 ; pizza 1 450-2 450 CFP ; ⏲18h-20h30 mar-sam). Si vous souhaitez rester dans l'ambiance polynésienne, passez votre chemin. Car dans la maison de Vincent, vous êtes en Italie : drapeau tricolore, nappes à carreaux blancs et rouges, bouteille d'huile pimentée sur la table... Si vous rêvez en revanche de pâtes ou de pizzas confectionnés avec des produits de qualité, vous serez particulièrement bien servis. Sur place ou à emporter.

Le QG BAR-RESTAURANT €
(☎40 56 58 72 ; Le Petit Village ; plats 1 400-3 000 CFP ; ⏲8h-22h lun-sam). À force d'être surnommé le "QG" par sa clientèle d'habitués, le See you soon s'est trouvé un nouveau petit nom. On vient donc au QG non pas pour l'emplacement – en bordure du parking de la zone commercial du Petit village – mais pour boire un verre au milieu d'une clientèle locale et déguster de bonnes pizzas et de délicieux poissons crus, à la chinoise ou au lait de coco. Plats du jour à 1950 CFP.

Holy Steack House RESTAURANT €
(☎40 55 15 14 ; www.holysteakhouse.com ; PK 24,5 ; plats 1 950-4 300 CFP ; ⏲17h-22h mar-ven , 12h-14h 17h-22h sam-lun). Certes, le côté "Buffalo Grill" de l'enseigne peut refroidir les visiteurs en quête d'authenticité polynésienne. Reste que pour déguster une excellente viande grillée (en provenance notamment de Nouvelle-Zélande), vous êtes au bon endroit. Légèrement en hauteur de la route côté montagne, l'adresse dispose en outre d'une jolie terrasse avec vue sur le lagon. Si les burgers bien garnis, les souris d'agneau ou filets de bœuf ne vous tentent pas, on vous conseille les bouchons à la crevette et les raviolis de langouste nous ont laissé de délicieux souvenirs. Plats à emporter.

Coco Beach RESTAURANT €€
(☎87 72 57 26 ; www.cocobeachmoorea.com ; motu Tiahura ; plats 1 700-3 300 CFP ; ⏲11h-14h mer-dim). Le plus bel emplacement de Moorea, tout simplement – sur le motu Tiahura, au bord du lagon. Au menu : des plats bien travaillés et savoureux, notamment des

crevettes locales, des brochettes de viande ou de poisson et un burger au poisson. Les tarifs sont élevés mais le cadre se paie. Le repas terminé, profitez-en pour nager dans un superbe jardin de corail, tout proche, ou lézardez à l'ombre des *aito*. Venez en kayak (par mer calme) ou demandez un transfert en bateau (500 CFP/pers l'aller-retour, 5 min de trajet, depuis le ponton, signalé, situé entre le snack Mahana et l'hôtel Intercontinental). Attention, il est indispensable de réserver le week-end, car c'est une des adresses prisées des résidents de Tahiti. Également de bons cocktails (1 200-1 700 CFP).

Les Tipaniers RESTAURANT D'HÔTEL €€
(☎40 56 12 67 ; Les Tipaniers ; plats 1 600-3 000 CFP ; ⏲18h30-21h tlj). Le restaurant de l'hôtel du même nom est un classique de la scène culinaire locale, mais il ne faut pas s'attendre à des prouesses culinaires. Principaux atouts : une carte variée (pizzas, poissons, viandes et salades) qui contentera tous les goûts, un cadre exotique plaisant et une atmosphère gentiment feutrée. Service de transfert possible.

Coco d'Isle RESTAURANT €€
(☎40 56 59 07 ; plats 1 000-3 000 CFP ; ⏲18h-21h lun-sam). Le temps semble ne pas avoir prise sur cette institution locale, de style paillote défraîchie, en bord de route. La formule fait mouche : une carte si fournie que l'on a du mal à faire son choix (viandes, burgers, pizzas, poissons, crevettes, crêpes, etc.), un service efficace et un cadre original, car on dîne les pieds dans le sable. Dommage que le mobilier en plastique dénote.

Le Lézard Jaune Café RESTAURANT €€
(☎89 56 58 64; plats 1 900-3 000 CFP ; ⏲18h30-22h mer-dim ; 📶). Un couple de *popa'a* a créé cet établissement en s'appuyant sur un concept novateur à Moorea : la cuisine à la plancha, sous forme de brochettes (poissons et viandes). La carte est alléchante et la cuisine fait preuve d'originalité, y compris les desserts, comme en témoigne la banane ou l'ananas caramélisé. Quant au décor, agrémenté de bois sombre, de style deck, il dégage une certaine élégance. Service de transfert.

No Stress RESTAURANT €€
(☎40 56 45 10 ; plats 2 800-3 400 CFP ; ⏲11h30-14h30 et 18h30-20h30 mar-sam ; 📶). Un bon point pour le cadre, une jolie construction de style colonial, parée de bois aux tonalités blanches et turquoises, même si la grande salle aérée donne sur la route de ceinture. La cuisine, faite maison, est d'inspiration "polyfrançaise", comme le souligne le chef (originaire du sud-ouest de la France), à l'image de ce confit de canard aux frites de patates douces ou de ce très bon poulpe à l'ail accompagné de ratatouille. Formule à 3 000 CFP à midi.

De Haapiti à Temae

Snack Autea SNCAK €
(☎89 76 90 40 ; PK 18,5 ; 1 100-1 800 CFP ; ⏲10h30-13h30 et 17h30-20h30 mer-sam, dim 10h30-13h30). Nem au mahi, crevettes locales, samoussa... On retourne avec gourmandise s'attabler devant ce snack pour tester toutes spécialités de la maison. Pêché par le patron, le poisson est ici de toute fraîcheur. Et les prix plus que raisonnables.

La Fringale PIZZERIA €
(☎87 74 88 99 ; plats 1 100-2 100 CFP ; ⏲11h-14h 17h-21h tlj sauf mar). À Afareaitu, cette pizzeria au cadre sans prétention fait des heureux, avec des garnitures variées et copieuses. Également plats de viande et de poisson, et sandwichs. Une bonne surprise dans cette partie de l'île.

Green Pearl Restaurant RESTAURANT €€
(☎40 56 26 70 ; plats 1 200-2 800 CFP ; ⏲11h30-15h tlj, 18h30-21h ven-sam). Une belle adresse autant en raison du cadre – une salle à manger vitrée surplombant le green du golf de Moorea – que de la cuisine soignée à prix maîtrisés. Au dîner, le parmentier de canard aux patates douces suivi en dessert du croustillant de banane ne vous décevront pas. À midi, carte plus légère avec croque-monsieur, burgers et tartines. Accueil impeccable.

Le K RESTAURANT D'HÔTEL €€€
(☎40 55 12 25 ; Sofitel Kia Ora Moorea Beach Resort ; menu 3/5/7 plats 8 900/12 000/15 000 CFP ; ⏲18h30-22h lun, mar et jeu-sam). Si vous voulez faire une folie, réservez une table au K. Les tarifs sont exorbitants, mais le restaurant gastronomique de l'hôtel Sofitel Kia Ora Moorea Beach Resort (p. 142) enchante par son décor polynésien, entièrement réalisé avec des matériaux naturels (bois, fibres naturelles), et son menu qui change chaque jour, selon l'inspiration du chef. Les tables sont disposées sur du sable, sous un bel auvent, et l'éclairage, savamment étudié, favorise la confidence amoureuse.

Où prendre un verre et sortir

Moorea est une île vraiment très calme le soir et l'animation est rare. Difficile donc de désigner un point de chute fiable, régulier et digne de ce nom. Tentez votre chance dans les bars des hôtels ou des restaurants.

Vous pourrez également assister à des animations musicales et à de bons spectacles de danse tahitienne exécutés par des groupes locaux dans les grands hôtels, dont le Sofitel Ia Ora Moorea Beach Resort (p. 142), le Hilton Moorea Lagoon Resort & Spa (p. 137) et le Manava Resort & Spa (p. 136), une ou deux fois par semaine. En principe, ils accompagnent un buffet (de 7 500 à 9 000 CFP), mais, en réalité, vous pouvez y assister moyennant seulement une consommation au bar. Appelez la réception pour connaître les jours de spectacle.

Moorea Beach Café BAR

(☎40 56 29 99 ; www.mooreabeachcafe.com ; Maharepa ; ⏲11h-21h tlj ; 📶). L'un des rares établissements faisant office de bar sur l'île et restant ouvert tard (pour Moorea). Le cadre "les pieds dans l'eau" donne envie de se poser pour siroter un cocktail en admirant le panorama sur le lagon. Atmosphère un peu prétentieuse malgré tout, calquée sur certains bars chics de la Côte d'Azur. Service de transfert possible.

Tiki Village SPECTACLE DE DANSE

(☎40 55 02 50 ; www.tikivillage.pf ; soirée avec repas et animations 10 950 CFP, spectacle de danse seul 5 950 CFP ; ⏲mar et ven déc-juin mar, mer et ven juil-nov). L'inoxydable Tiki Village fait partie de la scène touristique de Moorea depuis plusieurs décennies, avec des hauts et des bas. La grande soirée polynésienne, à partir de 18h, comprend un dîner-buffet tahitien, la visite guidée du "village traditionnel polynésien", diverses animations ("coco show", "paréo show", initiation à la danse tahitienne), suivis par le spectacle de danse à 21h. La prestation danse, réalisée par une troupe de danseurs costumés (leur nombre est variable), est étonnante. Clou du spectacle : la danse du feu. Le transfert peut être organisé depuis votre hôtel sans supplément.

Achats

Souvenirs et artisanat

De nombreuses boutiques commercialisent des paréos, dont certains sont "peints à la main", des T-shirts, des sculptures sur bois et des bijoux fantaisie, de qualité très inégale.

Galeries d'art

Woody's SCULPTURES, BIJOUX

(☎87 73 76 64 ; www.woody-howard.com). Cet artiste d'origine américaine aux talents variés propose des sculptures sur bois réputées et s'est également spécialisé dans la fabrication de ukulélés et de guitares. Vous trouverez aussi des perles montées sur des bijoux de qualité. Atelier situé immédiatement avant la pointe Hauru. Téléphonez au préalable.

Perles de Tahiti

Plusieurs boutiques et bijouteries commercialisent des perles de Tahiti, nues ou montées, originaires des îles Sous-le-Vent ou des Tuamotu. Certaines d'entre elles proposent un service de navette gratuite entre votre lieu d'hébergement et l'espace de vente.

Les secteurs de Maharepa et de la pointe Hauru rassemblent la plupart des bijouteries. Les grands hôtels (Sofitel Ia Ora, Hilton et Manava Pearl Resort & Spa) disposent également de boutiques bien approvisionnées, mais les tarifs sont en général plus élevés.

Pearl Romance BIJOUTERIE, PERLES

(☎40 56 14 14 ; www.pearlromance.fr ; Maharepa ; ⏲8h30-18h lun-sam). Au centre de Maharepa, cette boutique tenue par un couple de perliculteurs-créateurs nous a été recommandée pour la qualité de ses bijoux et de ses perles, montées en colliers, bagues, boucles d'oreille, bracelets, sautoirs ou pendentifs. Que cela ne vous dispense pas de comparer avec d'autres bijouteries avant de faire votre choix. Boutique également à l'hôtel Sofitel Ia Ora Moorea Beach Resort. Service de transfert gratuit.

Sab Perles BIJOUTERIE, PERLES

(☎40 56 44 55 ; www.sabpearls.com ; Maharepa ; ⏲8h30-17h30 lun-sam). Dans le centre commercial de Maharepa, cette boutique est réputée pour commercialiser des perles et des bijoux de qualité. Service de transfert gratuit.

Produits locaux

Distillerie et usine de jus de fruits de Moorea PRODUITS LOCAUX

(☎40 55 20 00 ; www.manuteatahiti.com ; baie de Cook ; entrée libre ; ⏲8h30-16h30 lun-ven, 8h30-12h sam). L'attrayante boutique de cette usine vend des jus de fruits et des alcools à partir de productions locales. Parmi les produits phares, citons les jus d'ananas, les rhums Manutea (rhum brun, rhum arrangé, rhum blanc agricole), du moelleux et du blanc sec d'ananas et de la liqueur de coco. Le rhum est fabriqué avec du jus de canne de Tahaa et distillé à Moorea.

Moorea Tropical Garden CONFITURES
(voir l'encadré p. 143 ; ☎87 70 53 63 ; 🕒8h-16h lun-sam, 8h-14h dim). Excellentes confitures maison, bio, réalisées avec des fruits tropicaux. Également de la vanille, à certaines époques.

Lycée agricole d'Opunohu CONFITURES
(☎40 56 11 34 ; route du Belvédère ; 🕒9h-16h lun-sam). Les produits de l'exploitation du lycée agricole, notamment les confitures de fruits tropicaux et le miel, ont bonne réputation. De beaux cadeaux, faciles à transporter, qui feront des heureux lors de votre retour.

Tahiti Arômes PRODUITS LOCAUX
(☎40 56 14 51 ; 🕒8h30-12h et 13h-16h lun-jeu, 8h30-12h ven). Petite unité de production située un peu après l'ancien hôtel Intercontinental, côté mer. Vente de produits à base de *noni*, de monoï, de *tamanu* et de vanille. La boutique ne paie pas de mine, mais les produits sont de qualité.

Renseignements

ARGENT

Plusieurs agences bancaires sont réparties à divers endroits de l'île. Elles sont équipées de distributeurs de billets et pratiquent le change. Signalons les deux agences de la **Socredo** (en face du quai de Vaiare et à Maharepa), l'agence de la **Banque de Polynésie** à Maharepa (et un DAB au centre commercial le Petit Village à la pointe Hauru), et l'agence de la **Banque de Tahiti** à Maharepa. Elles sont ouvertes du lundi au vendredi. La Banque de Polynésie est également ouverte le samedi matin.

POSTE

Un bureau de l'**OPT** (🕒7h30-12h et 13h30-16h lun-jeu, 7h30-12h et 13h30-15h ven, 7h30-9h30 sam) se trouve dans le centre commercial de Maharepa. Un autre bureau de poste est situé à Papetoai. Accès Wi-Fi par le réseau Vinispot.

SERVICES MÉDICAUX

Plusieurs médecins libéraux exercent sur l'île. Une pharmacie se trouve à la sortie de la baie de Cook en direction de Maharepa, côté montagne, et une autre est à la pointe Hauru, également côté montagne. Une autre pharmacie fonctionne également du lundi au samedi, ainsi que le dimanche matin. Elle se situe peu après le Tiki Village, en direction du nord, côté montagne.

Depuis/vers Moorea

Il est très facile de rejoindre Moorea depuis Papeete. Moins de 20 km séparent les deux îles, reliées entre elles par avion et par bateau.

AVION

L'aérodrome est à Temae, au nord-est de l'île.

Air Tahiti (☎40 55 06 02 à l'aérodrome, réservation centrale 40 86 42 42 ; www.airtahiti.pf) dessert Moorea au départ de Papeete, mais essentiellement pour les passagers effectuant une correspondance à Moorea en direction d'autres îles de la Société, à raison de 2 à 3 vols par jour en moyenne (aller simple à partir de 5 800 CFP). Moorea est reliée à Huahine (3 fois par semaine, aller simple à partir de 19 100 CFP), à Raiatea (4 fois par semaine, aller simple à partir de 21 800 CFP) et à Bora Bora (5 fois par semaine, aller simple 26 800 CFP).

Reportez-vous au chapitre *Transports* p. 450 pour les cartes de réduction et pass inter-îles proposés par Air Tahiti, qui vous permettront de bénéficier de tarifs bien plus avantageux.

BATEAUX INTER-ÎLES

La liaison maritime Tahiti-Moorea, assurée par des catamarans rapides et confortables et un ferry, est excellente, du moins en journée. Les premiers départs du matin depuis Moorea sont en général prévus vers 5h15. Ne vous laissez pas piéger par les horaires de retour : généralement, les dernières traversées depuis Moorea ont lieu vers 16h30. Les fréquences sont suspendues, ou moindres, entre 12h et 15h. Il n'est pas indispensable de réserver, sauf pour les véhicules aux heures de départ et de retour de week-end. Vous pouvez acheter votre billet au guichet sur le quai quelques minutes avant le départ.

À Papeete, les départs ont lieu à la **gare maritime**, au centre-ville. À Moorea, la gare maritime est à Vaiare. Trois navires appartenant à deux sociétés différentes effectuent la traversée :

Aremiti Ferry 2 (☎40 50 57 91 à Papeete, 40 56 31 10 à Moorea ; www.aremiti.pf). De 3 à 5 rotations aller-retour selon les jours, 45 minutes de traversée. Comptez 1 160/605 CFP par adulte/enfant et 250/4 940 CFP pour un vélo/une voiture.

Aremiti 5 (☎40 50 57 91 à Papeete, 40 56 31 10 à Moorea ; www.aremiti.pf). Catamaran rapide (35 min). Effectue de 2 à 4 rotations quotidiennes du lundi au vendredi (ne circule pas les samedi et dimanche). Tarifs identiques à l'Aremiti Ferry 2.

Terevau (☎40 50 03 56 à Papeete, 40 50 03 59 à Moorea ; www.terevau.pf). Catamaran rapide. Effectue de 4 à 6 rotations aller-retour selon les jours. La traversée (35 min) revient à 1 160/580 CFP par adulte/enfant et 250/4 300 CFP pour un vélo/une voiture.

Comment circuler

Il existe, en principe, un service de bus qui fait le tour de l'île (entre 5h et 16h45), mais il est limité et cette solution se révèle à l'usage peu fiable et trop contraignante pour les visiteurs. Le recours à un véhicule de location (voiture ou scooter) est vivement conseillé. Le stop fonctionne relativement bien, mais les précautions d'usage s'imposent.

DESSERTE DE L'AÉRODROME ET DU QUAI DES FERRIES

L'aérodrome est situé à Temae, dans le nord-est de l'île. Les hôtels de la baie de Cook sont distants de 5 à 9 km de celui-ci, tandis que les établissements de la pointe Hauru sont à 25-30 km. Comptez 5 km jusqu'au quai des ferries à Vaiare. De l'aérodrome ou du quai des ferries, un taxi vous déposera à votre hôtel ou à votre pension moyennant de 3 500 à 4 000 CFP.

Un service de navette en bus est assuré lors des arrivées des bateaux (uniquement lors des arrivées des catamarans Aremiti, pas les ferries), à la gare maritime de Vaiare. Il vous en coûtera 300 CFP quelle que soit la distance. Dans l'autre sens, lors du retour, les hôtels et les pensions organisent un transfert par une société privée (1-2 pers 2 000 CFP, puis 1 000 CFP/pers suppl) car les horaires de ces navettes ne sont pas fiables.

SCOOTER

La location d'un scooter biplace s'avère bien utile pour circuler à Moorea et rejoindre la plupart des centres d'intérêt, mais faites preuve de prudence, car l'état de la route laisse à désirer sur certains tronçons. La chaussée est parfois étroite et les voitures circulent vite.

Moorea Fun Bike (☎87 70 96 95 ; ⏲tlj sur réservation). 6 000 CFP les 24 heures. Scooter livré et repris sur votre lieu d'hébergement. Matériel en bon état.

Teihotu Location (☎40 56 52 96, 40 78 42 48 ; ⏲tlj 7h-17h). 50 cc/125cc 6 000/7000 CFP les 24 heures. Face à la gare maritime.

Rent a Bike – Rent a Scooter (☎87 71 11 09 ; rent-a-bike-moorea.e-monsite.com ; ⏲tlj sur réservation). 5 500 CFP les 24 heures. Scooter (50 cc sans permis, 125 cc avec permis) livré et repris sur votre lieu d'hébergement. Matériel en bon état.

> **RÉSERVATION SUR LES BATEAUX INTER-ÎLES**
>
> En semaine, il n'est pas nécessaire de réserver, sauf pour une place de voiture à certaines heures de pointe. Le week-end, en particulier s'il s'agit d'un long week-end avec jour férié, la réservation est indispensable, car beaucoup d'habitants de Tahiti ont pour habitude de passer les samedi et dimanche à Moorea.

VÉLO

Certains hébergements, notamment l'hôtel les Tipaniers, l'hôtel Hibiscus et le Sofitel la Ora Moorea Beach Resort, disposent de deux-roues en location, pour leurs clients et pour les non-résidents.

Moorea Fun Bike (☎87 70 96 95 ; ⏲tlj). 1 900 CFP les 24 heures. Livraison sur votre lieu d'hébergement pour 2 vélos minimum ou, pour un seul vélo, pour 3 jours de location minimum.

Rent a Bike – Rent a Scooter (☎87 71 11 09 ; rent-a-bike-moorea.e-monsite.com ; ⏲tlj). 2 000 CFP les 24 heures. Également vélos à assistance électrique. Livraison sur votre lieu d'hébergement uniquement pour les longs séjours.

VOITURE

Trois **agences de location** sont installées à Moorea. Elles fonctionnent tous les jours aux heures de bureau. Comptez 9 500 CFP pour la location d'un véhicule de catégorie A pour 24 heures en kilométrage illimité, assurance incluse. Des possibilités de location de 4 heures ou 8 heures existent, mais la différence de coût n'est pas vraiment significative avec une location pour 24 heures. Des tarifs dégressifs s'appliquent à partir du deuxième ou du troisième jour. Les véhicules peuvent vous être livrés sur votre lieu d'hébergement. Il est conseillé de réserver plusieurs jours à l'avance, notamment le week-end ou pendant les vacances scolaires polynésiennes.

Vous trouverez des **stations-service** près de l'aérodrome, au centre commercial le Petit Village, dans la baie de Cook et à la gare maritime de Vaiare.

Albert Location (☎40 55 21 10 ; www.albert-transport.net). Kiosques à Maharepa, face au Moorea Pearl Resort, à Paopao et à Tiahura , face à l'ancien Intercontinental.

Avis (☎40 56 32 68 ; www.avis-tahiti.com). Agences en face de la gare maritime de Vaiare et à l'ancien Intercontinental.

Europcar (☎40 56 28 64 ; www.europcar-tahiti.com). En face de la gare maritime à Vaiare.

EN BREF

POPULATION
6 075 habitants

SIGNE DISTINCTIF
Pas de complexe hôtelier

PLUS BEAU POINT DE VUE
Mont Pohue Rahi (p. 158)

SPÉCIALITÉ LOCALE
Le paréo (p. 168)

MEILLEUR SPOT DE SNORKELING
Jardin de corail (p. 155)

MEILLEURS REPAS DE POISSON
Metis (p. 166)

MEILLEUR HÔTEL EN BORD DE PLAGE
Le Mahana (p. 165)

COMMENT Y ALLER

Bateau L'Apetahi Express dessert Huahine depuis Tahiti, Raiatea, Taha'a et Bora Bora trois fois par semaine (p. 169).

Avion Liaisons directes depuis Papeete ou via Moorea avec Air Tahiti (4 à 5 vols par jour) qui se prolongent vers Raiatea et/ou Bora Bora. Tahiti Air Charter propose aussi des vols en hydravion vers Bora Bora et Raiatea (p. 169).

Baie de Fare (p. 153)
JEAN-BERNARD CARILLET ©

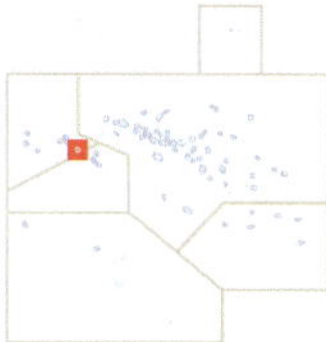

Huahine

Comment ne pas être séduit par cette île à l'atmosphère reposante, par cette authenticité perceptible dès l'arrivée ? Le tourisme s'y est développé à une échelle relativement modeste, et la population n'a jamais été favorable à l'implantation d'hôtels de luxe, comme à Bora Bora. À Huahine, les petites unités hôtelières et les pensions de famille sont la règle. L'ambiance y est donc différente.

Huahine n'a rien à envier à ses voisines. Son lagon, surtout dans la partie sud, est féerique. Son relief, recouvert d'un manteau végétal d'un beau vert lumineux, est plus doux que celui des autres îles de la Société. Le pourtour de l'île, très échancré, est creusé de baies magnifiques, que l'on découvre en suivant la route côtière ou lors d'une excursion en bateau. Et n'oublions pas les idylliques motu (îlots) de la barrière récifale !

Huahine offre largement de quoi s'occuper pendant trois à quatre jours. De la plongée à la randonnée pédestre, en passant par le kayak et les sorties en bateau, votre programme d'activités s'annonce varié. Sur le plan culturel, ne manquez pas les vestiges archéologiques de Maeva, dans le nord de l'île.

DANS CE CHAPITRE

À ne pas manquer

1 **Plonger** au milieu d'une faune dense dans la passe d'Avapeihi (p. 156)

2 Visiter les mystérieux **sites archéologiques de Maeva** (p. 157)

3 Découvrir les beautés du lagon lors d'une **excursion en bateau** (p. 157)

4 Monter à pied au **mont Tapu** pour profiter d'un panorama extraordinaire (p. 158)

5 Découvrir la **plage du Hana Iti**, isolée et sauvage (p. 159)

6 Un repas tahitien traditionnel au restaurant **Chez Tara** (p. 167)

Histoire

Des fouilles archéologiques effectuées dans le nord de l'île ont mis au jour des vestiges comptant parmi les plus anciens des îles de la Société. Plus tard, alors que les chefferies de Bora Bora étendaient leur souveraineté vers l'est et l'ouest, Huahine parvint à conserver une certaine indépendance.

James Cook fut le premier Européen à visiter Huahine, en 1769. Il ne reçut pas un accueil très chaleureux, mais revint pourtant en 1774. En 1777, il ramena sur l'île Omai, un jeune Polynésien qu'il avait invité en Grande-Bretagne lors de sa deuxième expédition.

Huahine prit le parti de la reine Pomaré IV dans la lutte contre les Français, ce qui déclencha une série d'affrontements de 1846 à 1888. La souveraineté française fut effective en 1888. Même si les Français boutèrent les missionnaires anglais de la London Missionary Society hors de l'île, celle-ci demeura dans le giron protestant.

Orientation

Huahine se compose de deux îles, Huahine Nui ("grande Huahine") au nord et Huahine Iti ("petite Huahine") au sud, presque symétriques. Ces deux jumelles, serties dans le même lagon, sont séparées par un isthme de quelques dizaines de mètres qu'enjambe un pont. Une série d'îlots s'échelonne le long des façades est des deux îles. La côte nord est bordée par le lac Fauna Nui qui est, en réalité, un bras de mer. C'est au sud et à l'ouest de l'île que le lagon est le plus large. Au nord, le récif est frangeant (il n'y a donc pas de lagon à cet endroit) et n'offre que peu de plages.

Fare, dans le nord-ouest de Huahine Nui et à 2,5 km au sud de l'aérodrome, est le port et le centre administratif de l'île. Faie et Maeva, sur la côte orientale, et Fitii, sur la côte occidentale, sont les trois autres localités de Huahine Nui. Quatre villages se répartissent sur le pourtour de Huahine Iti : Haapu, Parea, Tefarerii et Maroe.

Le mont Turi (669 m) est le point culminant de Huahine Nui ; le mont Pohue Rahi (462 m), celui de Huahine Iti.

Une route de ceinture asphaltée fait le tour des deux îles, soit environ 60 km.

À voir

Consacrez au moins une journée au tour de l'île (60 km environ). Si vous ne comptez pas louer une voiture, adressez-vous aux prestataires qui organisent des tours de l'île à bord de 4x4 (voir p. 159).

Huahine Nui

Fare — VILLAGE

Fare est le "chef-lieu" de l'île. Vous aurez vite fait le tour de ce bourg, dont rien ne trouble la quiétude. Deux rues seulement le traversent : la route de ceinture, qui fait le tour de l'île, et la rue qui longe le front de mer. C'est autour de cette dernière que se concentre l'essentiel de l'activité : petit marché aux fruits et légumes qui s'anime à l'aube, roulottes, commerces et supermarchés, quelques restaurants et des agences bancaires.

Plage publique — BAIGNADE

À la sortie nord de la ville, peu avant la poste, une piste sur la gauche mène à une agréable plage bordée de sable blanc, à côté de l'hôtel Maitai Lapita Village, idéale pour la bronzette, un peu moins pour la baignade (trop peu de fond). On peut aussi y accéder en longeant le bord de mer depuis le restaurant Huahine Yacht Club. Regardez le relief en tournant la tête à gauche face à la mer, vous comprendrez d'emblée pourquoi les habitants de Huahine compare leur île à une femme enceinte sur le point d'accoucher.

Motu Trésor — MUSÉE

(☎ 87 23 03 23 ; route de l'aéroport ; gratuit ; ⏲ 9h30-17h30 lun-ven, sur réservation sam-dim). Des coquillages tueurs, des coquillages gauchers, des coquillages nageurs... Frank est inarrêtable quand il vous détaille sa collection de 500 espèces de coquillages (comptez une heure minimum). Idéal quand il pleut, ce "musée" d'une seule (petite) salle se double d'une boutique avec de belles pièces d'artisanat local (oursins crayons, perles, nacres, os).

Lac Fauna Nui — BRAS DE MER

Quittez Fare vers le nord. Vous passerez devant le carrefour menant à l'aérodrome. Continuez tout droit, en restant sur la route principale. Celle-ci longe bientôt le lac Fauna Nui. Il s'agit d'un long bras de mer, une extension du lagon qui pénètre loin dans les terres. Cette vaste étendue marécageuse se rétrécit et forme un isthme à hauteur du village de Maeva. La rive nord forme une longue péninsule qui s'enroule autour du lac et de l'isthme. Elle est utilisée à des fins agricoles (pastèques, melons). La couleur de ses eaux n'a rien d'engageant et il n'offre aucune possibilité de baignade intéressante.

Maeva — VILLAGE

Au village de Maeva, qui s'étire le long de la route, à 7 km environ de Fare, vous remarquerez un petit pont, sur la gauche, qui mène au motu Ovarei. À partir du petit pont, le lac devient un étroit canal s'étendant sur 3 km jusqu'à la baie de Faie. À voir : les **parcs à poissons** aménagés de part et d'autre du pont, là où le lac forme un étroit chenal. Disposés en forme de V, construits avec des blocs de coraux, ils sont facilement repérables grâce aux petites cabanes de pêcheurs. Ces parcs, qui ont plusieurs siècles d'existence, sont encore utilisés de nos jours pour piéger les poissons. Juste en face, avisez la sépulture dédié aux marins français de l'Uranie et du Phaeton, morts durant les combats de 1846 contre les habitants de l'île, alors hostiles à la reine Pomaré IV et au protectorat français.

Huahine

Marae Manunu SITE ARCHÉOLOGIQUE

Franchissez le petit pont à hauteur des parcs à poissons, puis, au prochain croisement, prenez à gauche la piste en direction de l'aérodrome. Vous arriverez rapidement à hauteur de cet imposant *marae* (site cérémoniel), sur la gauche (signalé). Cette construction massive dépassant 2 m de hauteur s'étend sur 40 m de longueur et près de 7 m de largeur. À l'extrémité occidentale, à l'arrière, une dalle de l'*ahu* (une plate-forme à deux gradins) est ornée d'un pétroglyphe émoussé représentant une

Huahine-Fare

À voir

1	Huahine Pearl Farm & Pottery	C2
2	Marae Anini	C5
3	Marae Manunu	C1
4	Motu Trésor	B1
5	Parcs à poissons	C1
6	Vestiges archéologiques de Maeva	C1

Activités

7	Huahine Dream Tours	D3
8	Huahine Lagoon	A6
9	Mahana Dive	B6

Où se loger

10	Ariitere	A2
11	Chalet Tipanier	B1
12	Chez Guynette	A6
13	Fare Ara	B2
14	Fare Maeva	B1
15	Hiva Plage	C5
16	Huahine Vacances	B3
17	Le Mahana	C5
18	Maitai Lapita Village	A2
19	Meherio	A5
20	Moana Lodge	C5
21	Motu Lodge	D3
22	My Island Home	B1
23	Rande's Shack	A1
24	Tifaifai et Café	C1
25	Tupuna	B3
26	Villas Bougainville	B3

Où se restaurer

27	Boulangerie Lichon	B2
	Chez Guynette	(voir 12)
28	Chez Tara	C5
29	Huahine Yacht Club	A6
30	Izzy's	A5
	Le Mahana	(voir 17)
	Les Dauphins	(voir 30)
31	Metis	A6
	Restaurant Omai	(voir 18)
32	Roulotte Italia	C3
33	Roulotte Maylanie	D4
34	Roulottes	A6
35	Super Fare Nui – Super U	A6

Achats

36	Centre artisanal	A6
	Distillerie Huahine Passion	(voir 9)
	L'Atelier	(voir 17)
37	La Passion du paréo	C4
38	Maison de la Vanille	C1
39	Maison du Paréo	C5
40	Maurika Tatoo shop	B6
	Pacific Art	(voir 29)
41	Plantation de vanille	C4
42	Rima'i Te Niu Taue	A6
43	Roulotte Oa Oa	A6
44	Umatatea	C1

tortue. Ce type d'*ahu* est très rare aux îles Sous-le-Vent. Ce *marae* était voué en tout premier lieu à Tane, le dieu de la Guerre et de la Pêche propre à Huahine, mais on y honorait également Oro, comme dans le reste de l'archipel. Raiti, le dernier grand prêtre de Huahine, fut inhumé ici en 1915.

Jardin de corail BAIGNADE ET SNORKELING

Si vous souhaitez faire trempette dans le lagon, prenez la route goudronnée à droite après le *marae* Manunu, vers le sud. Elle se termine en cul-de-sac devant la barrière de l'ancien hôtel Sofitel, aujourd'hui abandonné. Traversez à pied le parking jusqu'à une petite **plage** composée de débris coralliens (pas de sable), sauvage. À quelques mètres du bord se trouve un beau jardin de corail, parsemé de pinacles coralliens. Attention aux éventuels courants ; ne vous éloignez pas trop du bord.

Huahine Pearl Farm & Pottery FERME PERLIÈRE

(☎87 78 30 20 ; www.huahine-pearlfarm.com ; entrée libre ; ⏲10h-16h lun-sam, 10h-12h dim). À quelques kilomètres au sud de Maeva, vous arriverez devant l'embarcadère pour rejoindre cette petite ferme perlière établie sur le lagon (transferts gratuits), qui vaut la visite si vous souhaitez en savoir plus sur les perles (ou en acheter ; voir p. 168). On y trouve aussi les belles poteries du propriétaire, Peter Owen.

Faie VILLAGE

Faie est un petit village blotti au fond d'une étroite baie. À la sortie du village, juste après le petit pont, faites halte au bord de la rivière où évoluent les **anguilles à yeux bleus** de Huahine. Elles occupent une place importante dans la mythologie polynésienne. La vue de ces spécimens énormes, nourris par les jeunes du village, est impressionnante.

Belvédère POINT DE VUE

De Faie, la route monte en pente très raide jusqu'à ce point de vue aménagé, d'où l'on profite d'une vue splendide sur la baie de Maroe en contrebas et Huahine Iti en arrière-plan. La route plonge ensuite vers la baie de Maroe, profondément découpée.

Fitii VILLAGE

Sur la côte ouest, le district de Fitii est une importante zone agricole (pâturages, arbres fruitiers) dominée par le mont Paeo (440 m). Les habitations du village de Fitii s'égrènent autour d'une baie très échancrée.

Huahine Iti

En venant de Huahine Nui, on longe le fond de la **baie de Maroe**, jusqu'à un carrefour, où l'on prend la direction de Huahine Iti, l'île méridionale, plus petite et moins peuplée, accessible par le pont qui sépare les baies de Maroe et de Bourayne. L'itinéraire décrit ci-après fait le tour de Huahine Iti dans le sens des aiguilles d'une montre.

Maroe VILLAGE

Le village de Maroe s'étend sur la rive sud de la baie de Maroe, une zone sauvage qui conserve quelques souvenirs du séjour mouvementé du dieu Hiro sur l'île. Selon la légende, celui-ci ne s'est pas contenté de fendre l'île en deux avec sa pirogue : l'observateur découvrira les marques que laissa sa pagaie, l'empreinte de son doigt et même le rocher qui symbolise ses attributs phalliques (son *kokoro*).

Tefarerii VILLAGE

La route suit les échancrures de la côte et traverse l'embouchure de plusieurs bras de mer peu profonds avant d'arriver à Tefarerii, la "maison des rois", un autre hameau assoupi où la vie s'écoule paisiblement. Il y a un siècle, ce village était le domaine de la plus puissante famille de Huahine.

Belvédère POINT DE VUE

Un belvédère a été aménagé au bord de la route sur une petite montée à la sortie sud du village. Profitez du point de vue sur les dégradés de bleu du lagon.

Parea VILLAGE

Après Tefarerii, la route se poursuit jusqu'à Parea, le village le plus au sud de l'île, face au beau **motu Araara**.

Marae Anini SITE ARCHÉOLOGIQUE

De Parea, continuez sur environ 1 km, jusqu'au *marae* Anini (signalé), un ancien site cérémoniel bâti sur la pointe sud de l'île. Composé de gros blocs de corail, ce *marae* côtier frappe par ses dimensions imposantes et son emplacement, au bord du lagon. C'est un vestige relativement récent, consacré à Oro (le dieu de la Guerre) et à Hiro (le dieu des Voleurs). Le culte d'Oro, accompagné de sacrifices humains, fut quasi le dernier souffle de l'ancienne religion, avant son effondrement définitif face à l'influence croissante du christianisme. Dans ses mémoires publiés en 1818, le missionnaire William Ellis rapporte que le dernier prêtre du *marae* se souvenait d'au moins quatorze sacrifices humains.

Plage d'Anini BAIGNADE

La petite plage d'Anini, composée de sable blanc d'origine corallienne, jouxte le *marae* Anini. C'est un beau lieu de baignade, face au motu Araara, mais la plage n'est pas toujours bien entretenue. Les surfeurs se mettent à l'eau à cet endroit pour rejoindre la passe.

Baie d'Avea PLAGES

La route longe la longue baie d'Avea, prisée des plaisanciers, qui trouvent là un mouillage idyllique et abrité. Vous aurez l'occasion de faire de fréquentes haltes, car la baie est frangée de très minces plages de sable clair. Mais il faudra vous contenter de barboter, car il n'y a pas assez de fond pour nager. La plus belle plage est celle qui s'étend devant l'hôtel Mahana.

Haapu VILLAGE

Après avoir décrit un arrondi autour d'une échancrure de la côte, la route parvient à un carrefour. En tournant à gauche, on arrive à Haapu, un village qui donne l'impression d'être au bout du monde.

Plage Hana Iti' PLAGE

En tournant à droite du carrefour, on rejoint le pont qui relie les deux îles. Avant cela, une piste caillouteuse mène à la plage paradisiaque de l'ancien hôtel Hana Iti' (voir l'encadré p. 159).

Activités

Plongée sous-marine et snorkeling

La qualité des plongées à Huahine est excellente, avec quatre à cinq sites faciles, variés et accessibles à tous les niveaux, à quelques minutes de bateau de Fare. La

À NE PAS MANQUER

LES VESTIGES ARCHÉOLOGIQUES DE MAEVA

À l'entrée de Maeva, vous apercevrez sur la gauche, au bord du lagon, les vestiges archéologiques de Maeva, un site majeur dans l'histoire de la Polynésie. C'était en effet le siège du pouvoir royal de l'île. Les grands chefs vivaient au bord du lagon, et se livraient à leurs cultes sur les *marae* (structures cérémonielles composées de dallages de pierre). Les vestiges sont facilement visibles, avec une dizaine de **marae côtiers**, dont certains dateraient du XVIe siècle. Des dalles recouvrent une vaste superficie le long du rivage. Au même endroit, la reconstitution du *fare potee* (maison commune de forme ovale) abrite un petit **musée archéologique** (8h-14h lun-sam 8h-13h dim). Les fouilles et la restauration du site commencèrent en 1923 sous la houlette d'archéologues hawaïens. D'autres fouilles ont été réalisées en 1967, en 1968, puis en 1979.

D'autres *marae* sont disséminés sur les versants de la **colline Matairea**, de l'autre côté de la route. Un sentier non balisé (signalé, à 200 m à l'est du *fare potee*, côté montagne) y conduit. Il passe à hauteur du **marae Tefano**, au pied d'un magnifique banian. Plus loin, ne manquez pas le **marae Matairea Rahi**, le plus important, dédié au dieu Tane, ombragé par des *tamanu*, et le **pae pae Ofata**, d'où l'on découvre un superbe panorama sur le motu Ovarei et le nord-est de l'île. Ces *marae* sont dotés de pierres-dossiers et d'*ahu* (autel). L'importante concentration de *marae* sur la colline laisse penser qu'elle fut habitée par des familles royales et aristocratiques.

Quant aux **parcs à poissons** en pierres, visibles à l'embouchure du lac Fauna Nui, ils servaient de sources de nourriture pour les familles des chefs. Ils sont toujours utilisés.

Des panneaux explicatifs sont installés à l'entrée du site, mais il est conseillé de visiter ces vestiges en compagnie d'un guide compétent, qui restituera toute la dimension historique des lieux.

Prévoyez de l'eau et du produit antimoustique.

faune, notamment les requins, est abondante, surtout aux abords de la passe d'Avapeihi, juste devant Fare. Les coraux, qui ont souffert des dégâts causés par l'étoile de mer *Acanthaster planci*, qui a tout ravagé voici quelques années, et du passage du cyclone Oli en 2010, sont en phase de repousse. Reportez-vous au chapitre *Plongée* p. 40 pour plus de détails sur les sites de plongée.

Au nord de Huahine, le meilleur spot de snorkeling est le **Jardin de corail** (voir p. 155), à la pointe sud du motu Ovarei, à hauteur du parking de l'ancien hôtel Sofitel. Ce site a l'avantage d'être accessible depuis le bord.

Les îlots autour de Huahine Iti, dont le **motu Topati**, à hauteur de la baie de Maroe, et le **motu Vaiorea**, à l'entrée de la baie de Bourayne, conviennent également pour le snorkeling, mais ils ne sont accessibles qu'en bateau. Pour vous y rendre, vous devez participer à une excursion sur le lagon, au cours de laquelle des arrêts snorkeling sont prévus sur ces îlots. Le **motu Araara** est accessible en kayak depuis le Moana Lodge et Hiva Plage.

Mahana Dive PLONGÉE
(87 73 07 17 ; www.mahanadive.com ; Fare ; baptême 8 000 CFP, explo 7 000 CFP, forfait 4 plongées 26 000 CFP, et plongée privée (1 ou 2 pers max) 30000 CFP ; tlj sur réservation). Accueil personnalisé et plongée en petit comité (4 plongeurs maximum) avec Annie, aussi dynamique qu'expérimentée, parfois secondée par un moniteur. Local à 50 m au sud de la gendarmerie, à Fare. Membre du **Pass Te Moana** (pass 10 plongées à 72 000 CFP valable pour 2 plongeurs dans 14 centres sur 10 îles ; www.temoanadiving.com). Paiement en espèces.

Excursions sur le lagon

Huahine Nautique EXCURSION LAGONAIRE
(40 68 83 15 ; www.huahine-nautique.com ; 9 000 CFP/pers, pique-nique inclus ; sur réservation). Excursion sur le lagon à bord d'une pirogue à moteur, avec des arrêts snorkeling, baignade, la visite de la ferme perlière Huahine Pearl Farm & Pottery et un pique-nique sur un motu (mais pas de grillades), avec animation musicale. Les départs ont lieu vers 9h, les retours vers 16h. Transferts inclus. Minimum 4 personnes.

Huahine Dream Tours EXCURSION LAGONAIRE
(87 29 77 97 ; www.huahinedreamtours.com ; 10 000/pers, pique-nique inclus ; sur réservation).

Excursion conviviale en petit groupe (8 personnes max) sur une belle pirogue aux couleurs de la Jamaïque. Tour de l'île, arrêts snorkeling et pique-nique (délicieux !) sur le motu Muri Mahora. Départ à 9h30 de la marine de Faie, retour à 15h.

Location de bateaux à moteur sans permis

Huahine Lagoon LOCATION DE BATEAUX
(☎40 68 70 00, 87 25 75 28 ; 2/4 heures 6 000/8 000 CFP, essence en sus ; ⌚8h-17h lun-sam). Si vous préférez découvrir le lagon à votre rythme, louez un bateau à moteur (sans taud) auprès de ce prestataire à Fare, sur le front de mer. Ces bateaux, d'une puissance de 15 CV, nécessitent en principe un permis, mais il n'est pas demandé pour la navigation dans le lagon. Sont fournies des gilets, une glacière et une carte marine (attention à bien la consulter pour éviter les patates de corail, assassines pour les hélices des bateaux !). Possibilité de faire le tour complet de l'île. Mieux vaut téléphoner au préalable pour réserver.

Surf

Huahine bénéficie de vagues parmi les meilleures et les plus régulières de Polynésie française. Il s'agit de *reefbreaks*, gauches et droites, plutôt destinés à des surfeurs confirmés. N'espérez guère surfer sans avoir préalablement montré patte blanche aux surfeurs locaux, qui ont la réputation de tenir à leur territoire. Il n'y pas d'école de surf sur l'île.

Fare SPOT DE SURF
Reefbreak (toute l'année). La gauche de Fare a séduit les plus grands noms du surf mondial. Mais la droite se défend bien aussi.

Fitii SPOT DE SURF
Reefbreak (toute l'année). Comme pour la gauche de Fare, celle de Fitii "marche" avec une houle de sud-ouest.

Parea SPOT DE SURF
Reefbreak (toute l'année). Si les alizés ne soufflent pas, la passe de Parea peut aussi offrir de belles vagues.

Kayak et paddle

Certains hébergements mettent à disposition de leurs clients des kayaks, ce qui permet de découvrir une partie du lagon et de rejoindre les motu les plus proches. Le lagon étant parfois agité (et profond), il est préférable de demander un gilet de sauvetage avant d'entreprendre toute sortie.

Huahine Lagoon LOCATION KAYAK ET PADDLE
(☎40 68 70 00, 87 25 75 28 ; ⌚8h-17h lun-sam). Loue des kayaks (2 000 CFP les 4 heures) et des paddle (2 000 CFP l'heure). Sur le front de mer à Fare.

Randonnée pédestre

Le relief relativement doux de Huahine est sillonné de sentiers qui offrent de délicieux points de vue sur les deux parties de l'île. L'intérieur de l'île est très luxuriant, et la diversité des espèces végétales rencontrées renforce l'attrait des balades. Contrairement à la randonnée à Tahiti ou à Moorea, plus sportive, les balades pédestres sont ici accessibles à tous. Aucun sentier n'étant balisé, il est recommandé de partir accompagné d'un guide qualifié, qui apportera en outre des éclairages sur la flore, la faune et les légendes de l'île.

Mont Pohue Rahi (462 m ; Huahine Iti). Atouts de cette randonnée de 3 heures aller-retour : le dénivelé est progressif, la piste forestière est bien dégagée et à l'arrivée, le panorama sur le nord de l'île est sublime. Inconvénient, ça grimpe sans cesse. Si vous souhaitez atteindre le sommet (pour un panorama à 360°) il faudra vous engager sur un sentier escarpé et boueux après l'abri en béton marquant le premier belvédère. Soyez prudent en redescendant ! Le départ se situe à la sortie de Tefarerii (en venant de Maroe) au niveau d'une maisonnette bleu ciel.

Baie d'Avea (Huahine Iti). Cette balade grimpe en 10 minutes vers un belvédère offrant une jolie vue sur le motu Araara. Départ du sentier juste en face du panneau indiquant "Marae Anini 100 mètres".

Mont Tapu (429 m ; Huahine Nui). Malgré son nom (tabou vient du polynésien *tapu*) ce mont se laisse conquérir à condition de disposer d'une bonne forme physique. La pente est raide et certains passages sont escarpés. Le départ se situe 300 m avant Maeva quand on vient de Fare (pas de possibilité de se garer). Comptez une demi-journée de marche.

Sites archéologiques de Maeva (Huahine Nui). Une mini-rando facile en pleine forêt tropical, à même de ravir les fans d'Indiana Jones. Elle mène en 20-30 minutes à un *marae* "panoramique" dont on dit qu'il servait au sacrifice humain. En chemin, on croise d'autres *marae* plus modestes dont

VAUT LE DÉTOUR

LA PLAGE DE L'ANCIEN HÔTEL HANA ITI

En louant un petit bateau à moteur ou, si vous êtes en bonne forme physique, un kayak (en prenant la précaution de demander un gilet de sauvetage), vous pourrez explorer le lagon de Huahine à votre rythme et découvrir des endroits paradisiaques peu connus, comme la plage de l'ancien hôtel Hana Iti, sur la côte ouest de Huahine Iti.
Ce site sauvage, au pied d'une colline recouverte d'une forêt, convient à merveille pour la robinsonnade. Il était occupé par l'un des hôtels les plus luxueux du Pacifique, avant qu'un cyclone ne le dévaste à la fin des années 1990. En 2009, le site a servi de décor au film "Le Prince du Pacifique" avec Thierry Lhermitte et Patrick Timsit.

Cette plage est également accessible par voie terrestre, mais à pied uniquement. En voiture, en venant de Huahine Nui, juste après le pont qui sépare Huahine Nui de Huahine Iti, prenez la route à droite et roulez 1,4 km jusqu'au sommet d'une petite montée. Au PK 35, au niveau d'un panneau "chaussée déformée", une piste part vers la droite ; au bout de 1,2 km environ, sur la droite, après quelques maisons, vous distinguerez un écriteau en bois portant la mention "plage Hana Iti" ; prenez alors le sentier qui descend dans la forêt et qui vous conduira en 15 minutes à la plage. Le retour s'effectue par le même chemin.

Vous serez seul au monde... ou presque : les occupants des voiliers se sont donné le mot et aiment y pique-niquer. Prévoyez quelques provisions et du produit antimoustique.

l'un accolé à un majestueux banian. Pour le point de départ, il faut bien chercher le panneau "chemin de randonnée", caché à l'extrémité du *marae* situé 100 m avant l'entrée dans Maeva (quand on vient de Fare).

Huahine Randonnée GUIDE PÉDESTRE
(☎40 68 89 50, 87 73 53 45 ; teriitetumu@mail.pf ; ⊙sur réservation). Comptez 4 500 CFP/pers la demi-journée et 9 000 CFP/pers la journée avec pique-nique (transferts inclus). Minimum 2 personnes.

Tour de l'île guidé

Les circuits comprennent la visite commentée des principaux centres d'intérêt : villages, sites archéologiques (Maeva, pièges à poissons, Manunu), belvédère, anguilles de Faie, ferme perlière et artisanat.

Green Tours Huahine EXCURSION EN 4X4
(☎89 72 78 44 ; www.greentourshuahine.com ; 6 000 CFP/pers, 2 pers min ; ⊙sur réservation). Tour complet de l'île (Huahine Nui et Huahine Iti) assuré par Romain, bon connaisseur de la flore, de l'écologie, de l'histoire et des traditions de l'île. Transferts inclus.

Island Eco Tours EXCURSION EN 4X4
(☎87 71 30 83 ; www.islandecotours.net ; 6 500 CFP/pers la demi-journée, 2 pers min ; ⊙sur réservation). Tenu par un Américain francophone, anthropologue, et spécialiste des sites archéologiques de l'île. Tour de Huahine Nui. Bonne réputation. Transferts inclus.

Matairea Laggon Tour EXCURSION EN 4X4 ET BATEAU
(☎87 20 59 79 ; www.matairealagoontour.com ; adulte/4-11 ans 6 600/3 300 CFP ; ⊙sur réservation). Ce prestataire se fait fort de valoriser la facette agricole de Huahine, avec la visite d'une exploitation et une dégustation de fruits locaux. En modulant les moyens de transport : 4x4 et pirogue ou marche et pirogue ou safari et marche...

Où se loger

L'essentiel des possibilités d'hébergement est concentré dans le nord de l'île, mais il existe quelques options intéressantes dans le sud, ainsi que quelques structures isolées çà et là.

Fare (Huahine Nui)

Pour la baignade, la seule option est la plage publique (p. 153), à côté de l'hôtel Maitai Lapita Village.

Fare Ara STUDIOS, MEUBLÉS €
(☎87 74 96 09 ; www.fare-ara.com ; ch s/d 6000-8 500/7000-9 500 CFP, studio 16 500 CFP, 2 nuits min ; ❄📶). Une base plus pratique que bucolique. Dans un bâtiment tout en longueur, à 1 km au sud de Fare, en bord de route (pas d'accès au lagon), Tinau, le sympathique propriétaire, loue 4 petites chambres, 2 studios de 42 m² et 3 *fare* de 2 chambres (72 m², idéal pour les familles), fonctionnels, entièrement équipés, climatisés et dotés d'une bonne literie Tous mitoyens, les logements

1

JEAN-BERNARD CARILLET ©

2

4

JEAN-BERNARD CARILLET ©

ALEXANDRE LENOIR ©

ALEXANDRE LENOIR ©

1. Site de Maeva (p. 157)
Disséminés entre le lagon et la colline, des *marae* (structure cérémonielle) témoignent de l'ancienne civilisation polynésienne.

2. Courses de pirogues
Sport national en Polynésie, la pirogue fait l'objet de compétitions âprement disputées.

3. Paréo (p. 168)
La confection de paréos est une spécialité de Huahine.

4. Plages de Huahine Iti (p. 156 et 159)
Au nombre des beaux coins de sable où lézarder sous les cocotiers, celui de l'ancien hôtel Royal Huahine.

n'ont pas de jardin et disposent d'une petite terrasse avec vue sur la haie qui délimite la propriété. Deux chambres (les moins chères) ouvrent sur un corridor couvert. En plus de l'hébergement, on peut ajouter la location de voitures (7 500 CFP/jour). Transfert à l'aérodrome gratuit. Paiement en espèces.

Chez Guynette CHAMBRES, DORTOIR €

(☎40 68 83 75 ; www.pension-guynette-huahine.com ; dort/s/d 2 000/4 900/5 900 CFP, 2 nuits min ; 📶). Tenue par une métropolitaine, Chez Guynette est une halte adaptée aux petits budgets, en plein centre de Fare, proche de toutes les commodités et à 2 minutes à pied de la plage publique. Les 7 chambres, avec brasseur d'air et moustiquaire aux fenêtres, font l'affaire pour quelques nuits, avec des sdb acceptables (mais sans porte), un brasseur d'air efficace et une literie en bon état. Le dortoir (8 places, draps fournis), à l'arrière de la bâtisse, est spacieux et bien aéré, mais il a l'inconvénient d'être traversant ce qui limite l'intimité. Grande cuisine équipée (à la propreté convenable) et laverie avec sèche-linge (1 500 CFP). Sur la terrasse ombragée, à quelques mètres du quai, on sert le petit-déjeuner (à partir de 800 CFP) et quelques plats simples. Accueil de nuit possible. Transfert à l'aérodrome : 500 CFP/pers l'aller-retour. Carte bancaire acceptée.

Ariitere CHAMBRES, BUNGALOWS €

(☎87 74 40 30, 87 21 08 38 ; www.pensionariitere.com ; bungalows d 9 000 CFP, ch d 7 500-8 500 CFP ; 🏊📶). Le cadre n'a rien de dépaysant (pas de vue particulière) et les parties communes commencent à vieillir, mais cette pension conviviale constitue un pied-à-terre correct au vu des tarifs et de l'emplacement, à 5 minutes de marche de la plage de Fare et des commodités du bourg. Les 3 bungalows, avec coin cuisine, disposés devant une petite piscine ronde, présentent un confort très simple. Également 2 petites chambres mitoyennes, de plain-pied, carrelées et fonctionnelles, et un studio, plus spacieux, à l'étage. Pas de climatisation. Une cuisine commune est à disposition des clients des chambres. L'ensemble, serré sur une petite propriété, manque d'intimité. Petit-déjeuner sur demande (1 200 CFP). Vélos en location (1500 CFP/jour) et kayaks à disposition. Transferts à l'aérodrome payants (1 200 CFP/pers l'aller-retour). Carte bancaire acceptée.

Meherio CHAMBRES €

(☎87 78 48 64 ; meherio.huahine@mail.pf ; s/d avec petit-déj 8 500/12 600 CFP ; 📶). On apprécie tout d'abord l'accueil chaleureux de cette pension familiale très bien tenue, à l'image des cloisons colorées qui départagent ses 7 chambres mitoyennes (dont deux adaptées PMR). La déco intérieure est plus sobre, égayée de tissus qui tranchent sur le carrelage blanc. On regrettera des matelas un peu mollassons et une sdb séparée de la chambre par un rideau. Chacune possède une petite terrasse, mais il n'y a pas de vue. À 150 m de la plage publique (à côté de l'hôtel Maitai Lapita Village) et à 10 minutes à pied du centre de Fare. Dîner (entrée-plat ou plat-dessert) sur demande (2 700 CFP). Kayaks et vélos à disposition. Transferts gratuits à l'aérodrome. Paiement en espèces.

Rande's Shack BUNGALOWS €€

(☎40 68 86 27 ; www.randesshack.com ; bungalows d/qua 13 000/17 500 CFP, 4 nuits min ; 📶). Ce port d'attache, dans une belle parcelle arborée à la pelouse impeccable débouchant sur le lagon, se compose de 2 bungalows entièrement équipés, avec moustiquaires aux fenêtres, l'un d'une capacité de 3 personnes, l'autre de 5. Rafraîchis en 2021, ils disposent chacun d'un frigo et d'une machine à laver et de matelas (pour le plus grand) tout neufs. On s'y sent bien, à tel point que certains clients (en majorité des Anglo-Saxons, le propriétaire étant d'origine américaine) y restent plusieurs semaines. Au programme, baignade dans le lagon (pas de plage à cet endroit, mais de bons spots de snorkeling) et farniente dans les hamacs, face au soleil couchant. Vélos et kayaks à disposition. À 5 minutes de Fare à vélo. Transferts à l'aérodrome 750 CFP/pers et par trajet. Paiement en espèces.

Maitai Lapita Village HÔTEL €€€

(☎40 68 80 80 ; www.huahine.hotelmaitai.com ; bungalows d 35 000-53 000 CFP, pers supp 9 700 CFP (1 400 CFP pour les 4-11 ans) ; ❄🏊📶). Le Lapita enchante par sa conception novatrice. Ici, pas de bungalows sur pilotis, mais de 32 constructions dont la structure s'inspire des *fare va'a* (abris pour pirogue), disposés autour d'un petit étang naturel rempli de nénuphars, à seulement 100 m de la plage. Les bungalows les moins chers sont mitoyens par blocs de deux. Les plus chers possèdent une terrasse donnant directement sur l'étang qui dispense une atmosphère très reposante au site. La déco est imprégnée par l'esprit polynésien (peintures d'artistes locaux, frises incrustées de perles, motifs lapita sur les murs, vasques en forme d'*umete*...) tout en intégrant des touches modernes (mobilier contemporain) et une belle hauteur sous plafond. Autre atout, le centre de Fare n'est qu'à 5 minutes à pied ; on ne se sent donc pas coupé du monde. Restaurant sur place et petite piscine qui donne sur la plage. Celle-ci est située dans le prolongement de la plage publique et convient pour la bronzette et pour la baignade. Les kayaks sont prêtés. Un petit musée consacré à la culture Lapita et rassemblant des objets anciens trouvés sur le site est aménagé dans le hall d'accueil.

Nord de Fare

Quelques établissements sont installés entre Fare et l'aérodrome, à 2 km au nord, en bord de mer ou près de la route de ceinture. Principal intérêt du secteur : la proximité de Fare et de tous les services.

Petite précision géographique : aucune pension n'est au bord d'une véritable plage, car le récif est frangeant. Fort heureusement, la plage publique située à côté de l'hôtel Maitai Lapita Village est facilement accessible à pied.

Chalet Tipanier MEUBLÉS €

(40 68 78 91, 87 78 05 69 ; chalet.tipanier@mail.pf ; d 18 000-19 500 CFP (1 ou 2 enfants suppl 1 000 CFP), voiture incluse, 2 nuits min ;). Dans une petite zone résidentielle près de l'aérodrome, vous logerez dans l'un des 2 "chalets", en réalité 2 maisonnettes en duplex, avec 2 chambres, un salon et une cuisine chacune, qui donnent sur un jardin pourvu d'une minuscule piscine. Un troisième *fare*, moins cher, est également disponible. Au vu de l'aménagement intérieur sérieusement fatigué, du confort assez sommaire (les lits en bois sont faits maison, les matelas ont bien vécu) et du peu d'intimité dû au côté compact de l'ensemble, les tarifs pourraient paraître exorbitants. Heureusement, ils incluent la mise à disposition d'un véhicule (indispensable, car il n'y a ni zones de baignade ni infrastructures touristiques à proximité). Attention toutefois aux nids-de-poule qui parsèment le chemin d'accès ! Transferts inclus. Paiement en espèces.

Tifaifai et Café CHAMBRES €

(87 77 07 74 ; www.tifaifai-et-cafe.com ; s/d avec petit-déj 5 900/7 900-8 900 CFP ;). Une adresse sans prétention, presque confidentielle, isolée au nord de l'île. Le paysage est sauvage, dans une cocoteraie, face au récif frangeant. En août et en septembre, il n'est pas rare de voir passer les baleines. Côté hébergement, on loge dans l'une des 3 chambres (dont l'une avec vue sur mer), équipées de ventilateur, disposées de part et d'autre d'une pièce commune. Le confort est limité, la déco, bien que rafraîchie en 2021, reste sommaire, mais les lieux invitent à la détente. Notamment en raison de l'accueil sympathique de Flora. Il n'y a pas d'infrastructures à proximité – le besoin de louer un véhicule se fera vite sentir – mais la proximité du jardin corallien situé devant l'ancien hôtel Sofitel est un avantage. N'oubliez pas votre produit contre les moustiques, qui sont nombreux dans cette partie de l'île. Dîners sur demande (2 000 CFP, plat-dessert). Pas de vélos. Kayaks (1500 CFP/jour). Transferts gratuits à l'aérodrome. Paiement en espèces ou en virement.

Fare Maeva RÉSIDENCE HÔTELIÈRE €€

(40 68 75 53 ; www.fare-maeva.com ; ch/bungalows d 9 700/15 000 CFP ;). Vous êtes au bord de l'océan, ou plus exactement du récif frangeant. Il n'est donc pas possible de se baigner ; il faudra vous contenter de la modeste piscine ou rejoindre la plage publique de Fare, à quelques kilomètres, à vélo. Cette petite résidence hôtelière rassemble 10 bungalows en dur dans un beau jardin tropical, un peu les uns sur les autres (mais la végétation assure une certaine intimité). Ils sont impersonnels et mais conviennent par leur côté fonctionnel (coin cuisine, clim). Autre option, moins chère : 5 chambres mitoyennes (donc peu d'intimité), elles aussi climatisées, simples mais correctes. Pour les repas (petit-déj et dîner uniquement), un *fare* snack est aménagé près de la piscine. Forfait hébergement-location de voiture à partir de 14 600 CFP/jour pour 2 personnes (en chambre) et 19 200 CFP (en bungalow). Service bien utile à ceux qui ne louent pas de véhicule : le transfert gratuit le matin à 9h au centre de Fare, avec un retour à 16h. Le transfert pour l'aérodrome (à seulement 2 minutes !) revient à 1 200 CFP/pers l'aller-retour.

Sud de Huahine Nui

Tupuna BUNGALOWS €€

(40 68 70 36, 87 79 07 94 ; www.pensiontupuna.com ; bungalows d avec petit-déj 9 500-13 500 CFP ;). Un établissement de style vraiment local, pour jouer les Robinsons. Certains clients adorent, d'autres trouvent l'hébergement original mais trop minimaliste...

L'AGRICULTURE INSULAIRE

Le secteur agricole est développé à Huahine. Dans leur *faaapu* (parcelle agricole), les habitants cultivent la vanille, le pamplemousse, le fruit à pain, le taro et l'ananas. Sur les motu poussent melons et pastèques, qui sont, pour la plupart, vendus sur le marché de Papeete. Avant de cueillir un fruit, demandez impérativement l'autorisation au propriétaire.

Isolée dans la baie de Bourayne, dans un magnifique jardin tropical, au bord du lagon, cette petite structure comprend 5 bungalows entièrement réalisés avec des matériaux locaux (bois de cocotier, toit en feuille de cocotier, lavabo en coquillages...) équipés d'une petite sdb et de moustiquaire. Trois se situent en bord de mer. Deux sont dans le jardin. L'un un peu en retrait, aux allures de chalet, pourvu d'un balcon donnant sur les frondaisons, peut accueillir jusqu'à 4 personnes (toilettes sèches). Pour se baigner, il faudra marcher un peu avant de trouver assez de fond et le bord de mer est vaseux à marée basse. On peut cependant rejoindre la plage de l'ancien hôtel Hana Iti en kayak (à disposition) en une demi-heure environ (munissez-vous d'un gilet de sauvetage). Les repas (menu 3 plats, 4 000 CFP hors boissons) ont bonne presse et se prennent sous un abri traditionnel, très agréable. Vu l'isolement, il est indispensable de louer un véhicule pour la durée du séjour. Paiement en espèces.

Huahine Vacances VILLAS €€

(☎40 68 73 63, 87 30 12 83 ; www.huahinevacances.com ; villas 2/4/6 pers 27 000/31 000/36 000 CFP, voiture et bateau à moteur inclus, 2 nuits min ;). Une adresse qui a fait ses preuves. Dans une belle propriété fleurie, trois villas spacieuses (jusqu'à 6 personnes) et fonctionnelles (buanderie, brasseur d'air, cuisine équipée) suffisamment espacées les unes des autres, donnent sur la baie de Maroe. Préférez la 2, dont la déco a été récemment rafraîchie dans des tons pastel avec çà et là quelques touches de couleurs (en attendant le lifting prévu des deux autres). La literie datant de 2018 est confortable. Il n'y a pas de baignade digne de ce nom dans le secteur (à l'exception d'un ponton devant la propriété, qui donne accès à une zone profonde de la baie, pour bons nageurs), mais vous disposez gratuitement d'une voiture et d'un canot à moteur (avec ou sans permis) durant votre séjour, ce qui vous permet de découvrir l'île et le lagon en toute liberté. Cette formule est adaptée à ceux qui privilégient l'autonomie, car aucun repas n'est proposé et il n'y a aucune possibilité de restauration à proximité. Pour un séjour d'une semaine, le septième jour est offert. Les propriétaires vivent sur place et pourront vous renseigner utilement. Transferts à l'aérodrome gratuits.

Villas Bougainville VILLAS €€

(☎87 79 70 59 ; www.villas-bougainville.com ; villas 2/4/6 pers avec voiture 28 000/31 500/36 500 CFP, avec voiture et bateau à moteur 32 500/37 000/39 000 CFP, inclus, 3 nuits min ;). Dans un jardin tropical bien entretenu, 4 “villas” (des maisonnettes en dur) meublées, climatisées, au confort simple mais suffisant : deux font face à la baie de Maroe, l'une se situe en retrait dans le jardin et une autre en hauteur, côté montagne. Malgré la proximité de la baie, il n'y a aucune plage ni possibilité de baignade, mais les tarifs incluent le prêt d'une voiture et/ou d'un bateau à moteur sans permis. Chaque villa peut accueillir de 2 à 5 personnes, dans plusieurs chambres. Les loueurs garantissent le bon état de l'embarcation, mais vérifiez au préalable. Réductions à partir d'une semaine de séjour. Pas de service de restauration (et aucun restaurant dans le secteur). Transfert à l'aérodrome inclus.

Huahine Iti

C'est à Huahine Iti que les plages sont les plus belles et que le lagon ressemble à une immense piscine turquoise. Les possibilités de ravitaillement sont assez limitées dans ce secteur de l'île et on ne peut pas compter sur les transports en commun pour circuler.

Motu Lodge MEUBLÉS €

(☎87 71 21 25, 87 70 26 47 ; www.facebook.com/motulodgehuahine ; Motu Tefarerii ; bungalow d 9 000 CFP, villa 19 000 CFP ; 2-3 nuits min ;). Une adresse originale, accueillante et idéale pour déconnecter. À disposition : un bungalow pour deux, avec kitchenette (et sdb, sans porte), et une villa, aux allures de loft, équipée pour 4 personnes, très spacieuse, avec mobilier balinais et volets coulissants en guise de parois extérieures. Au bord du lagon, sur un joli îlot, le site est idéal pour la baignade et le snorkeling (kayaks, masques et tubas sont prêtés) et un petit espace balnéaire a été aménagé pour le farniente. La propriété se déploie sur toute la largeur du motu avec, côté océan, une "plage" de sable blanc s'étendant à perte de vue. Et, au milieu du motu, un grand jardin à la pelouse soignée pourvu d'une belle vanilleraie et une plantation de tiarés. Notez cependant que vous êtes isolé sur ce motu et qu'aucun service de restauration n'est proposé ; pour le ravitaillement et les transferts sur l'île principale (assurés gratuitement jusqu'à la petite marina en face du motu), il faut s'arranger avec Samantha et Toriki, les sympathiques propriétaires. Le transfert à l'aérodrome revient à 3 000 CFP l'aller-retour par voiture, et inclut un stop à Fare à l'arrivée pour faire ses emplettes au supermarché. Paiement en espèces ou en virement.

Moana Lodge BUNGALOWS €€

(☎87 35 60 98 ; www.moanalodge.jimdo.com ; Parea ; bungalow d 14 500-16 500 CFP ; 📶). Cette accueillante structure bénéficie d'une situation optimale, dans une propriété verdoyante et aérée, dotée d'une pelouse, au bord du lagon. Les 4 bungalows (2 "plage" et 2 "jardin"), suffisamment espacés les uns des autres, sont coquets et bien agencés, même si on aurait préféré des sdb qui ferment avec une porte (au lieu d'un rideau). Un faré très agréable permet d'apprécier à leur juste mesure les petits-déjeuners avec de délicieuses confitures et des yaourts maison (1 300 CFP), ainsi que les dîners (3 000 CFP). Les petits plus qui font la différence : vélos, kayaks, paddles et matériel de snorkeling à disposition, des scooters (6 000 CFP) et une voiture (8 500 CFP) en location. Sorties bateau à la demi-journée (7 000 CFP). La zone de baignade est agréable, et l'on peut rejoindre en kayak le motu Araara (ou s'y faire déposer). Bon accueil d'Yves (ancien moniteur de plongée) et de Sylvie.

Hiva Plage CAMPING €

(☎40 68 89 50, 87 78 19 10 ; tetumuchristelle@mail.pf ; Parea ; camping 1/2 pers 1 300/2 000 CFP, ch s/d avec sdb commune 2 800/5 000 CFP ; 📶). Le guide de randonnée Terii Tetumu (voir Huahine Randonnée, p. 159) et sa femme, d'origine bretonne, accueillent les petits budgets sur leur terrain en bord de lagon, en face du spot de surf de Parea. Les 3 minuscules "chambres", séparées par des cloisons fines, avec bloc sanitaire commun (rudimentaire), sont spartiates ; elles peuvent éventuellement dépanner en cas de pluie. Pour la restauration, petit-déjeuner à 500 CFP. Pour les autres repas, utilisez la modeste cuisine commune à disposition. Location de tentes (1 000-2 000 CFP), de vélos (2 000 CFP/jour) et d'un scooter (5 500 CFP/jour), service de laverie (750 CFP), et kayak (un seul) à disposition. Épicerie à 2 minutes à pied. Wi-Fi payant (500 CFP/heure). Transfert aérodrome 1 500 CFP/pers l'aller-retour, incluant un arrêt au supermarché à Fare à l'arrivée. Pour la baignade, vous êtes à 5 minutes à pied de la plage d'Anini et à un quart d'heure de celle de l'hôtel Mahana. Ayez à l'esprit que vous êtes dans un endroit isolé, à l'autre bout de l'île, avec peu d'infrastructures à proximité ; sans véhicule, vous risquez de vous sentir vite coincé. Paiement en virement ou en espèces.

Le Mahana HÔTEL €€

(☎40 60 60 40 ; www.lemahanahotel.com ; baie d'Avea ; bungalows jardin/plage 26 000-29 000/36 000-39 000 CFP ; ⏲fermeture annuelle jan-fév ; ❄🏊📶). La meilleure adresse de l'île, même si tout n'est pas parfait. Atout numéro un de ce complexe hôtelier de taille moyenne, à l'extrémité sud de l'île : l'emplacement, au bord d'une très jolie plage ombragée, que prolonge un ponton donnant accès à une belle zone lagonaire agrémentée de superbes patates de corail. L'hébergement n'est pas en reste, avec 33 bungalows confortables, à la déco chaleureuse (frise en bois sculpté pour les têtes de lit, bambou tressé pour le revêtement des murs...). Ils sont répartis en différentes catégories selon l'orientation et le confort. Un tiers d'entre eux a vue sur le lagon, dont 4 au plus près de la mer avec une terrasse semblant flotter sur l'eau. Une vingtaine sont situés dans le jardin et bénéficient d'une vue plus ou moins partielle sur le lagon. Hormis un bungalow spécial "lune de miel", tous peuvent accueillir jusqu'à personnes. Certains (les moins chers) sont mitoyens. Un bémol : l'ensemble est compact.

Les petits plus : des activités gratuites (kayak, paddle, prêt de masque et palmes), un restaurant de qualité avec un bon petit-déjeuner-buffet (2 650 CFP) et des animations en début de soirée (paréo show, initiation au tressage...). À signaler, d'intéressants packages combinant plusieurs jours de croisière à la voile (avec l'organisme Tahiti Yacht Charter) et un séjour au Mahana. Transferts 2 100 CFP par trajet et par personne. Service de laverie (3 600 CFP) et (petite) piscine, près de la réception, côté route.

Où se restaurer et prendre un verre

Fare (Huahine Nui)

Izzy's BURGERS €
(☎40 68 79 65 ; www.facebook.com/IzzysHuahine ; burger 1 000-1 800 CFP ; ⏱10h-16h lun-sam ; Wi-Fi). Enfin des burgers dignes de ce nom dans les îles Sous-le-Vent ! Il faut dire que la propriétaire est d'origine californienne, et possède un réel savoir-faire en la matière. Dans son petit établissement décoré de motifs ethniques, elle mitonne des burgers de qualité, avec diverses garnitures (thon, crevettes, fromage, filet mignon) et des accompagnements goûteux (salades de pâtes ou de quinoa). Pour les végétariens, le Veggie Burger, avec des légumes frais, est une manne. Petite terrasse. Dommage qu'on ne soit pas en bord de mer. À Fare, près de la poste.

Chez Guynette SNACK €
(☎40 68 83 75 ; petit-déj 800-1 700 CFP, plats 900-1 500 CFP ; ⏱7h-14h lun, mar et jeu-ven, 7h-13h sam). Face au quai, la terrasse de ce petit établissement offre une belle vue sur la baie (si aucune voiture n'est garée devant). Le matin, on démarre la journée grâce à de bons petits-déjeuners (750-1750 CFP). À midi, petite restauration, avec en-cas (burgers, salades, sandwichs) et plat du jour, généralement un pavé de thon rouge (1 300 CFP). Goûtez aux smoothies, faits avec des fruits de saison (500 CFP).

Huahine Yacht Club RESTAURANT €€
(☎40 68 70 81 ; plats 1 800-2 400 CFP ; ⏱11h-14h et 18h-21h tlj, bar 9h-21h tlj). Une valeur sûre à Fare, qui plaît par son cadre, les pieds dans l'eau. Installez-vous sur la terrasse en débris corallien à quelques mètres du lagon et faites-vous plaisir avec un mahi-mahi pané à la pulpe de coco, l'une des spécialités, en profitant de la vue. De bonnes viandes contenteront les carnivores. C'est également l'un des rares lieux “animés” de l'île. La happy-hour (17h-18h, valable pour les punchs, *maitai* et bières pression) est une belle occasion de rêvasser face à la baie.

Metis RESTAURANT €€
(☎87 34 11 76 ; plats 1 900-2 700 CFP ; ⏱11h-14h et 18h-21h mar-sam). Après avoir cuisiné pendant 20 ans pour le Royal Huahine et le Mahana, Jean-Fred a ouvert son adresse en 2022, face au port de Fare. Sur la carte, les différentes recettes de poisson cru côtoient les spécialités du chef – ravioli de perroquet et pavé de thon Rossini – ainsi que de nouvelles suggestions chaque semaine. Les plats sont aussi raffinés que copieux. N'hésitez pas à demander un doggy-bag si vous n'avez pas fini votre assiette. Carte des vins étoffée pour une île comme Huahine. Plats à emporter.

Restaurant Omai – Maitai Lapita Village RESTAURANT D'HÔTEL €€
(☎40 68 70 81 ; plats 1 700-3 000 CFP ; ⏱11h45-14h et 18h45-21h tlj). Rien d'exceptionnel dans la cuisine servie dans cet hôtel, mais la carte est variée (viandes, poissons, pâtes, burgers), les tarifs restent abordables et le cadre attrayant (demandez une table avec vue plage). Copieux petit-dèj buffet (3300 CFP) de 6h30 à 9h30. Et l'Omai a l'avantage d'être ouvert tous les jours.

Les Dauphins RESTAURANT €€
(☎40 68 89 01 ; plats 1 600-2 400 CFP ; ⏱11h30-14h et 18h30-21h mar-ven). Envie de retrouver des fondamentaux de la cuisine française ? Faites une infidélité aux plats polynésiens en commandant du bœuf sauce morilles ou une andouillette à la moutarde. Évitez les desserts, décevants. Cadre sans intérêt, avec une terrasse protégée de la route par une haie végétale, près de la poste.

Roulottes COMMERCES AMBULANTS €
(plats 1 100-1 600 CFP ; ⏱midi et soir tlj). Pour se restaurer à peu de frais, les roulottes installées dans la rue principale de Fare sont une aubaine, même si la qualité des plats, très simples (pizzas, poisson, *chao men*, steak), est variable. Quelques roulottes ouvrent également au déjeuner. Pour éviter toute déconvenue, vous pouvez vous rendre à la roulotte Oa Oa (☎87 34 60 30 ; ⏱7h30-14h 18h-21h lun-ven, 17H30-21h sam-dim), une valeur sûre stationnée devant la mairie.

Boulangerie Lichon BOULANGERIE €€
(Fitii ; ⏱5h-10h tlj, épicerie 6h-18h lun-sam et 5h-midi dim). Au village de Fitii, juste après Fare, cette boulangerie bien connue des habitants de Huahine Nui (non signalée, en face du temple protestant) mérite le détour pour son pain frais et, le samedi après-midi et le dimanche matin, son excellent pain coco tout juste sorti du four.

Marché FRUITS ET LÉGUMES €
(⏱lun-sam). Si vous souhaitez préparer vous-mêmes vos repas, vous trouverez des fruits,

des légumes et d'autres produits frais au marché, le long du quai de Fare.

Super Fare Nui – Super U SUPERMARCHÉ €
(⏲5h45-19h lun-sam, 5h30-12h dim). Supermarché bien approvisionné, au centre de Fare, sur le front de mer.

Huahine Iti

Des petits magasins d'alimentation aux horaires peu fiables se trouvent à Haapu et à Parea.

Roulotte Italia PIZZERIA €
(☎87 31 41 89 ; Maroe ; plats 1 000-1 900 CFP ; ⏲17h-21h mer-dim). Une bonne adresse pour les amateurs de pizzas ! Cette agréable roulotte, installée dans le jardin d'un couple d'Italiens, est réputée pour la qualité de ses pizzas (une trentaine de garnitures différentes, dont plusieurs options végétariennes), préparées dans les règles de l'art (la pâte est faite maison). Essayez la Popeye, avec des épinards, des carottes et du fromage. Lasagnes et tiramisu parfois. À déguster sur place ou à emporter. Dommage que l'emplacement soit à l'écart de tout, entre Maroe et Tefarerii.

Maylanie ROULOTTE €
(☎89 34 34 00 ; Mahuti ; plat 1 300 CFP ; ⏲16h30-20h ven-dim). Cette roulotte a l'immense avantage de pallier l'absence de restauration à l'est de Huahine Iti. Elle a l'inconvénient de n'être ouverte qu'en soirée et en fin de semaine. Poulet au citron, steack-frites et poisson cru au lait de coco. Et même...des crêpes sucrés et salées (350-750 CFP)

Le Mahana RESTAURANT D'HÔTEL €€
(☎40 68 81 54 ; plats déj 2 100-3 350 CFP, plats dîner 3 000-3 300 CFP ; ⏲11h30-14h et 18h30-20h30 tlj ; 📶). L'emplacement, au bord de la plage, est superbe. On mange les pieds dans le sable si le temps le permet, ou à l'intérieur de la grande salle, à la déco polynésienne. Le cuisine s'inspire des fondamentaux polynésiens mais n'hésite pas à sortir des sentiers battus. Ainsi, au déjeuner, vous pourrez choisir parmi une dizaine de poissons crus, tous préparés différemment (à la tahitienne, à la javanaise, à l'indienne, à la grecque...) et servis dans une assiette en bambou, ainsi que des tartares, des salades et des burgers. Le soir, menu plus cher, mais plus étoffé : préférez les viandes aux poissons dont la cuisson ne nous a pas laissé un souvenir impérissable. Paninis et croque-monsieur (1 100 CFP) de 14 à 17h.

♥ Chez Tara RESTAURANT €€
(☎40 68 78 45 ; plats 1 500-1 900 CFP ; ⏲midi tlj). Surtout, ne manquez pas le *maa tahiti* (4 000 CFP) du dimanche à midi ! Après l'ouverture du four (vers 11h), on s'installe dans un coin ombragé au bord du lagon, les pieds dans le sable, face aux voiliers au mouillage dans la baie d'Avea. Rien de tel que ce décor de carte postale pour s'ouvrir l'appétit et déguster les excellentes spécialités polynésiennes servies sous forme de buffet dans des *umete* (plats traditionnels en bois), sur fond de musique locale. À vous le poulet *fafa*, l'*ipo* banane, le *pua'a* chou, et plusieurs variétés de *poé* ! N'oubliez pas de réserver (une table en bord de lagon, de préférence). En revanche, le reste de la semaine, cet établissement tourne au ralenti, avec une carte classique. Ouvert en principe tous les jours, mais mieux vaut téléphoner au préalable.

Achats

♥ Distillerie Huahine Passion ARTISANAT LOCAL
(☎87 31 81 35 ; Fare ; ⏲9h-12h et 14h-17h lun-ven). Quelles délicieuses liqueurs de fruits ! Oh ! les excellents vinaigres et eaux-de-vie ! Cette caverne d'Ali Baba commercialise un bel éventail de produits à de base fruits de Huahine, sans arômes artificiels ni conservateurs. Exemple de liqueur à rapporter dans ses bagages : la "Huahine", une liqueur d'ananas, de mangue, de passion et de vanille. À Fare, près de la gendarmerie.

Centre artisanal ARTISANAT LOCAL
(Fare ; ⏲9h-13h lun-ven). Vous trouverez les productions de plusieurs artisans de l'île, notamment des parures en coquillages, des bijoux, du monoï et de l'huile de *tamanu* de Huahine. À 50 m de chez Guynette, dans le virage.

Rima'i Te Niu Taue SOUVENIRS
(Fare ; ⏲8h-12h et 13h30-17h lun-ven, 8h-12h sam-dim). En face du quai au centre de Fare, une accueillante petite boutique agrémentée d'un sol en débris coralliens. Elle propose des bijoux en nacre, des coquillages et des paréos réalisés par des artisans de l'île.

Pacific Art SOUVENIRS
(☎87 76 30 45 ; Fare ; ⏲9h-16h lun-ven, 9h-12h parfois sam-dim). Au bout du quai à Fare (attenant au restaurant Huahine Yacht

Club), ce magasin propose de l'artisanat local et des paréos.

Huahine Pearl Farm & Pottery PERLES ET POTERIES
(☎40 68 73 29, 87 78 30 20 ; www.huahine-pearlfarm.com ; Faie ; ⏰9h-16h30 lun-sam, 9h-12h dim). Cette boutique installée sur le lagon appartient à l'artiste-potier Peter Owen. Libre d'accès, elle comprend un espace-vente où l'on peut acheter des perles (nues ou montées) ou des poteries, après s'être fait expliquer le processus nécessaire pour obtenir une belle perle. Navette gratuite au départ du quai de Faie. Carte bancaire acceptée.

Maison de la Vanille VANILLE
(☎87 75 53 62 ; Maeva ; ⏰8h-16h lun-sam, 8h-12h dim). Hmm, la délicieuse vanille des îles Sous-le-Vent ! Faites quelques emplettes de gousses (2 300 CFP les 25 g), d'extrait et de poudre chez ce vanilliculteur qui écoule sa production dans son *fare*, à l'entrée du village de Maeva, près du site archéologique (signalé, côté mer). Également du monoï, de l'huile de *tamanu* et quelques objets artisanaux.

Plantation de Vanille VANILLE
(Haapu ; PK 31 ⏰8h-18h tlj). François promène les visiteurs dans le verger qu'il cultive depuis 30 ans et consent à ouvrir la petite mallette dans laquelle il conserve les précieuses gousses (2 000 CFP les 25 g) qu'il a récoltées. Au panneau vert "plantation de vanille" au fond de la baie d'Haapu.

Umatatea PEINTURES
(☎40 68 70 79, 87 27 27 17 ; motu Ovarei ; www.polynesiapaintings.com ; ⏰9h-17h tlj). Admirez les peintures, dessins, pastels et aquarelles de Mélanie Dupré, une artiste d'origine américaine installée de longue date en Polynésie. Traversez le pont de Maeva, laissez le *marae* Manunu sur le côté et suivez la route goudronnée ; l'atelier-galerie est signalé sur la droite. Également vente de glaces.

La Passion du paréo PARÉOS
(☎87 26 57 13 ; Parea ; ⏰9h-17h tlj). Vous ne sortirez pas de la boutique-atelier de Nathalie sans quelques rudiments sur l'art de peindre les paréos à la main. Côté vente, il y en a pour toutes les tailles (2 000-5 900 CFP). Ateliers (sur réservation, durée 2 heure 30) pour réaliser son propre paréo. Ou comment apprendre à colorier sans dépasser. Les enfants adorent !

Maison du Paréo PARÉOS
(☎87 72 01 66 ; Parea ; ⏰8h30-12h et 13-16h30 tlj). Au village de Parea, Miri, une forte personnalité, accueille les visiteurs dans son joli atelier-boutique, au bord de la route, côté mer (signalé). Elle réalise des paréos (3 600-8 000 CFP) peints à la main et personnalisables (avec prénom ou initiales) et vous apprendra toutes les techniques de nouage de paréo. Vous trouverez aussi du monoï, des robes et des taies d'oreiller peintes à la main.

L'Atelier ARTISANAT
(☎87 73 58 72 ; baie d'Avea ; ⏰9h30-17h tlj). Franck réalise des objets artisanaux originaux, notamment des gravures sur calebasses, des opercules de burgau (un coquillage) peints à l'encre de Chine, des rostres d'espadon sculptés et des paréos peints à la main (4 500-12 000 CFP). Sa petite boutique est en face du Mahana.

Maurika Tattoo shop TATOUAGES
(☎87 28 66 16 ; Fare ; ⏰9h-15h30 mar-sam). Le seul tatoueur de l'île, à la sortie de Fare côté ouest. Motifs originaux. À partir de 5 000 CFP.

ℹ Renseignements

On trouve une pharmacie et des cabinets médicaux privés à Fare. La capitainerie est attenante au quai.

Tous les services utiles aux visiteurs sont regroupés à Fare :

Ao Api (☎40 68 70 99 ; 15 CFP/min ou 600 CFP/heure ; ⏰8h30-17h lun-ven). Accès Internet et Wi-Fi, photocopies, imprimante, scanner et vente de recharges téléphoniques Vini. À l'étage (accès par l'arrière du bâtiment).

Banque de Tahiti (⏰8h15-12h et 13h-15h30 lun-ven pour le change). En face du quai. Distributeur automatique de billets et opérations de change.

Huahine Lagoon (☎40 68 70 00, 87 25 75 28 ; ⏰8h-17h lun-sam). À Fare, sur le quai. Service de laverie (lavage-séchage 3 000 CFP) et ravitaillement en eau pour les plaisanciers (1 000 CFP). Horaires irréguliers (appeler au préalable sur le portable).

OPT (⏰7h15-15h15 lun-jeu, 7h15-14h15 ven). Bureau de poste. À la sortie de Fare, en direction de l'aéroport. Wi-Fi, fonctionnant avec la carte Vinispot (en vente sur place), et distributeur de billets.

Socredo (⏰7h30-11h30 et 13h-15h lun-ven). À 200 m après la station Mobil, vers l'aéroport.

Change de devises et distributeur automatique de billets.

Depuis/vers Huahine

Huahine, la première des îles Sous-le-Vent en venant de Tahiti, est située à 170 km à l'ouest de Tahiti. Les îles jumelles de Raiatea et de Tahaa se trouvent à 35 km à l'ouest.

AVION

Au départ de Papeete, Air Tahiti dessert Huahine 4 ou 5 fois par jour, en liaison directe (35 min) ou via Moorea. Les vols se prolongent jusqu'à Raiatea et/ou Bora Bora. Le vol pour Raiatea dure à peine 15 minutes. Pour vous rendre à Maupiti, il faut changer d'avion à Raiatea. Comptez 15 300/12 600/9 300 CFP l'aller simple depuis/vers Papeete/Bora Bora/Raiatea.

Reportez-vous au chapitre *Transports* p. 450 pour les cartes de réduction et les différents pass inter-îles proposés par Air Tahiti.

Air Tahiti (40 68 77 02, réservation centrale 40 86 42 42 ; www.airtahiti.pf ; 7h30-11h30 et 13h30-16h30 lun-ven, 8h-11h30 sam). Dans la rue principale de Fare, en face du quai.

Depuis mars 2022, **Tahiti Air Charter** (40 50 54 86 ; www.tac.pf) propose des vols aller-retour Huahine-Raiatea et Huahine-Bora Bora à bord de Cessna 7 places (à partir de 7 700 CFP l'aller).

BATEAUX INTER-ÎLES

Filiale d'Aremiti, la compagnie **Apetahi Express** (40, 50 54 59 ; www.apetahiexpress.pf) propose 3 allers-retours par semaine (jeu, sam et lun à 6h30) en direction de Raiatea (7 900 CFP), Taha'a (8 500 CFP) , Bora-Bora (9 900 CFP) et Tahiti (12 800 CFP).

Quant aux deux cargos au départ du port de Papeete et à destination des différents archipels de la Polynésie, ils ont cessé de prendre des voyageurs depuis la crise de la Covid 19. Lors de notre passage en mars 2022, il n'était pas prévu qu'ils acceptent de nouveau des visiteurs extérieurs.

Comment circuler

Il n'y a aucun service régulier de transport en commun à Huahine. La location d'un véhicule s'avère indispensable si vous souhaitez découvrir l'île par vos propres moyens.

DESSERTE DE L'AÉRODROME

L'aérodrome est au nord de l'île, sur la péninsule qui s'étire le long du lac Fauna Nui, à environ 2,5 km de Fare. Pensions et hôtels se chargent du transfert, qui n'est pas toujours gratuit.

SCOOTER ET VÉLO

La location d'un deux-roues peut être utile pour circuler dans les environs de Fare. Certaines pensions et des hôtels prêtent ou louent des vélos à leurs clients.

Isabelle Location (87 34 83 21 ; 7h30-18h). Au centre de Fare. Scooter (125 cm³) 5 000 CFP pour 24 heures.

Chloé Location (87 79 70 59 ; chloelocation@mail.pf). 8 500 CFP pour 24 heures (7 500 CFP si tarif négocié par une pension). Livraison à l'aérodrome ou dans les hébergements.

Europcar (40 68 82 59 ; www.europcar.huahine@gmail.com ; 7h-17h lun-sam, 7h-12h dim). Loue des vélos VTC/électrique 3 900/5900 CFP et des scooters à 6 900-7900 CFP pour 24 heures. Ristourne par l'intermédiaire des pensions.

Huahine Lagoon (40 68 70 00, 87 25 75 28 ; 8h-17h lun-sam). Sur le quai, à Fare. Loue des vélos moyennant 2 000 CFP/jour.

VOITURE

Faire le tour de l'île (60 km) en voiture ne présente aucune difficulté car la route est asphaltée.

Plusieurs agences de location sont représentées à Huahine. Pensez à réserver quelques jours à l'avance, surtout pendant les périodes chargées (week-ends, vacances scolaires, haute saison touristique, etc.). Les véhicules peuvent être livrés à l'aérodrome ou à votre hébergement.

Deux stations-service sont installées à Fare. L'une d'elles au moins est ouverte le dimanche matin.

Isabelle Location (87 34 83 21 ; 7h30-18h). Au centre de Fare. 8 000 CFP pour 24 heures. Bien vérifier l'état du véhicule.

Europcar (40 68 82 59 ; europcar.huahine@gmail.com ; 7h30-16h30 lun-sam, 7h-12h dim). Au nord de Fare, à hauteur de la poste. Également représenté à l'hôtel Mahana. Comptez environ 12 500 CFP pour 24 heures en kilométrage illimité. Le tarif, exorbitant, peut être ramené à une plus juste mesure par l'intermédiaire de certaines pensions (7 900 CFP).

Huahine Car Rentals (87 72 59 83 ; 7h30-18h). Au centre de Fare. 7 500 CFP pour 24 heures. Transfert à l'aéroport.

Avis (40 68 73 34, 87 72 75 61 ; comptaSFN@mail.pf ; 7h-17h lun-sam). À côté de la station-service Total, à Fare. Tarifs publics sont élevés (10 000 CFP pour 24 heures) mais les offres sont plus avantageuses (7 000 CFP) en réservant via certaines pensions ou hôtels.

EN BREF

POPULATION
Raiatea :
12 000 habitants
Tahaa :
5 200 habitants

SIGNES DISTINCTIFS
Raiatea : le *marae* de Taputapuatea
Tahaa : la vanille

PLUS BELLE RANDONNÉE
Plateau du mont Temehani (p. 179)

CHAMBRE AVEC VUE
Villa Tonoï (p. 182)

EXPÉRIENCE INSOLITE
Remonter en pirogue ou en kayak la seule rivière navigable de Polynésie (p. 178)

COMMENT Y ALLER
Bateau Des navettes circulent plusieurs fois par jour entre le quai d'Uturoa (Raiatea) et Tahaa. Pour les autres îles de l'archipel, le Maupiti Express dessert Raiatea et Tahaa depuis Bora Bora tandis que l'Apetahi Express se rend à Huahine et Tahiti (p. 188).

Avion Nombreux vols quotidiens entre Raiatea et Tahiti. Raiatea est également reliée à Bora Bora, Huahine et Maupiti. Raiatea et Bora Bora (p. 188).

Motu près de la passe de Teavapiti
JEAN-BERNARD CARILLET ©

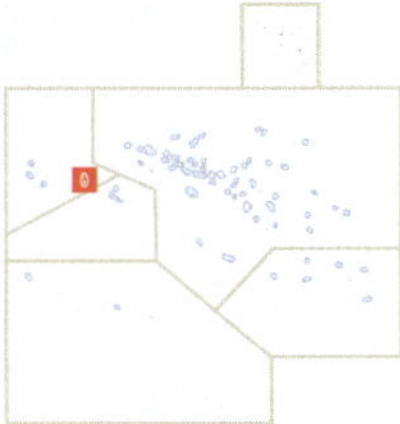

Raiatea et Tahaa

Au cœur des îles Sous-le-Vent, ces deux îles aux noms de princesses sont indissociables. Un chenal de 3 km seulement sépare Raiatea de sa petite sœur Tahaa, et elles partagent le même lagon. La ressemblance s'arrête là.

Raiatea ambitionne de devenir la plaque tournante de l'archipel, tandis que Tahaa, plus discrète, préfère se tenir à l'écart. Raiatea est bien desservie par avion et par bateau, alors que Tahaa est dépourvue d'aérodrome. Le relief de Raiatea est plus prononcé tandis que la physionomie de Tahaa est plus aplatie.

Un point les rapproche : elles respirent l'authenticité et possèdent un charme inimitable. Certes, les plages sont inexistantes, mais il suffit de se rendre en bateau sur les îlots de la barrière de corail pour se baigner dans des jardins coralliens ou lézarder à l'ombre des cocotiers. On peut également pratiquer la plongée, la randonnée, explorer le lagon à bord d'un kayak de mer ou d'un voilier... Les passionnés d'histoire visiteront le *marae* Taputapuatea, l'un des sites cérémoniels les plus importants du Pacifique Sud.

DANS CE CHAPITRE

À ne pas manquer

1. **Plonger** dans les entrailles du *Nordby* (p. 177)
2. Visiter le mystique **marae Taputapuatea**, inscrit au Patrimoine mondial de l'Unesco (p. 176)
3. Nager au milieu des poissons tropicaux du **lagon de Tahaa** (p. 192)
4. **Randonner** sur le plateau du Temehani (p. 179)
5. Remonter la **rivière Faaroa** en kayak (p. 178)
6. Visiter une **vanilleraie** à Tahaa (p. 198)
7. Se baigner au **motu Ofetaro** (p. 184)

RAIATEA

12 000 HABITANTS

Raiatea est une île très nature. Dès que l'on quitte Uturoa, la principale agglomération de l'île, le paysage devient franchement sauvage, et seuls quelques hameaux rappellent au visiteur que l'île est habitée. Loin du bling-bling de Bora Bora, Raiatea se tient à l'écart des principaux flux touristiques, et l'atmosphère s'en ressent. L'hébergement se compose de petits établissements hôteliers et de pensions de famille, qui misent sur un accueil personnalisé.

L'île ne compte aucune plage et peu de motu (îlots) mais possède l'un des sites cérémoniels pré-européens les plus importants du Pacifique Sud, le *marae* Taputapuatea, inscrit au patrimoine mondial de l'Unesco, qui enchantera les passionnés de culture ancienne. On la surnomme d'ailleurs "Raiatea la sacrée", car elle joue un rôle symbolique capital dans la mythologie polynésienne. Côté nature, son lagon soutient largement la comparaison avec les autres îles, avec de beaux camaïeux de bleus. L'intérieur, au relief prononcé (certains sommets frisent les 1 000 m), dégage une impression de mystère impénétrable. N'est-ce pas là que pousse le magnifique *Tiare apetahi*, une fleur endémique à l'île ? Ces paysages accidentés se prêtent à de superbes balades pédestres, au cours desquelles on découvre de splendides panoramas. La magie se prolonge sous la surface, avec des sites de premier ordre, notamment la passe de Teavapiti, toujours très poissonneuse, et la seule véritable épave de Polynésie.

Très centrale dans l'archipel de la Société, bien reliée à ses voisines, Raiatea mérite qu'on lui consacre trois jours.

Histoire

Raiatea, appelée Havai'i aux temps anciens, est le centre culturel, religieux et historique des îles de la Société. C'est d'ici que les grands navigateurs polynésiens auraient essaimé pour aller peupler d'autres îles du Pacifique. Des légendes polynésiennes plus anciennes encore relatent que Raiatea et Tahaa furent les premières îles colonisées, probablement par des populations provenant des Samoa, très loin vers le nord-ouest. Le premier roi de Raiatea aurait été le dieu Hiro qui, avec ses compagnons, aurait construit les grandes pirogues qui effectuèrent la traversée vers Rarotonga et la Nouvelle-Zélande.

À l'époque du premier passage de l'explorateur anglais James Cook, Raiatea était probablement sous le joug de Bora Bora, les chefs de l'île étant exilés au loin. Cook montra un grand intérêt pour cette île. Il s'y rendit pour la première fois en 1769 à bord de l'*Endeavour*, mouillant au large d'Opoa. Il y revint en 1774 lors de son deuxième grand voyage dans le Pacifique, invitant à cette occasion un jeune Tahitien appelé Omai à l'accompagner en Europe. En 1777, Cook effectua de nouveau un séjour prolongé sur l'île avant de mettre le cap sur Hawaii où il trouva la mort.

John Williams, l'un des premiers missionnaires anglais à se rendre en Polynésie, débarqua à Raiatea en 1818. L'île demeura sous l'influence des missionnaires britanniques longtemps après que Tahiti fut tombée sous la domination française.

La prise de possession de Tahiti par les Français en 1842 entraîna une longue période d'instabilité. Les habitants de Raiatea opposèrent en effet une résistance acharnée à la présence française. Les Français ne réussirent véritablement à asseoir leur domination qu'en 1888. En 1897, des troupes françaises mirent un terme à la rébellion polynésienne. Teraupoo, le dernier chef de Raiatea, fut exilé en Nouvelle-Calédonie où il demeura jusqu'en 1906.

Orientation

Une route côtière goudronnée fait le tour de l'île. La numérotation des bornes kilométriques (PK) débute à Uturoa et part des deux côtés de l'île, à l'est et à l'ouest ; elles se rejoignent à l'extrémité sud de l'île, au PK 50.

Les plus hauts sommets de l'île flirtent avec les 1 000 m d'altitude et se dressent précisément en son centre. Une route traversière remonte la vallée de la Faaroa qui entaille profondément la côte est de l'île. Elle franchit un petit col et descend jusqu'à la baie Faatemu, au sud.

L'aérodrome de Raiatea est dans le nord de l'île. À quelques kilomètres à l'est s'étend Uturoa, la principale localité. Le reste du littoral n'est parsemé que de quelques hameaux dépourvus d'infrastructures touristiques.

Raiatea ne compte pas de plages facilement accessibles. Pour le farniente et la baignade, il faudra vous faire conduire en bateau sur un îlot.

Raiatea

À voir

Les 98 km du tour de l'île offrent l'occasion de s'imprégner de l'atmosphère paisible de Raiatea et d'admirer ses paysages montagneux et ses beaux îlots sur la barrière de corail, visibles depuis la route ou depuis plusieurs points de vue. La route est goudronnée sur l'ensemble du parcours.

L'itinéraire présenté ci-dessous débute à Uturoa.

Uturoa

Animée en semaine, cette petite ville est déserte le week-end à partir du samedi midi. Difficile de croire qu'on se trouve dans le deuxième pôle urbain et économique de Polynésie française après Papeete !

Principale caractéristique d'Uturoa : l'importance de la communauté chinoise. Bon nombre de commerces sont tenus par des membres de cette communauté.

Au centre, le **marché couvert** (8h-15h lun-ven, 8h-11h sam) mérite une petite visite. Le rez-de-chaussée est occupé par les étals de fruits et légumes, l'étage est réservé à l'artisanat.

Le quai est souvent animé par les arrivées et les départs des bateaux inter-îles ou par le service régulier de navette maritime desservant Tahaa.

Uturoa se blottit au pied du **mont Tapioi** (294 m), que surmontent les pylônes d'un relais de télévision.

D'Uturoa au marae Taputapuatea

À partir du centre d'Uturoa, l'agglomération se fond dans **Avera**, le site de l'ultime bataille opposant les Français aux insurgés polynésiens en 1897. Les habitations se font alors très éparses et le caractère sauvage de l'île s'affirme nettement. La route épouse le contour

Raiatea

À voir

1 Collection privée de coquillages...... C4
2 Jardin botanique de Faaora............ C3
3 Marae Tainuu.................................. B3
4 Marae Taputapuatea....................... C3
5 Mystery House................................ C3
6 Site géologique des Gabbros........... C3

Activités

7 Cadichon Vallée C2

Où se loger

8 Fare Vai Nui...................................... B3
9 Hôtel Hinano B2
10 Neliza Beach Lodge......................... C3
11 Les 3 Cascades................................ C2
Manava ....(voir 11)
12 Opeha D4
13 Opoa Beach...................................... D3
14 Raiatea Lodge.................................. B2
15 Sunset Beach Motel B2
16 Te Ava Piti Lodge............................ B2
17 Temehani B2
18 Snack Tonoi B2
19 Villa Ixora... C2
20 Villa Tonoi... B2

Où se restaurer

Atiapiti ....(voir 4)
Fare Vai Nui ....(voir 8)
21 Fish and Blue................................... B2
22 Le Napoli... B2
Opoa Beach.................................. (voir 13)
Raiatea Lodge ....(voir 14)
Villa Ixora.....................................(voir 19)

Achats

Vairua Perles............................ (voir 11)

de l'étroite et magnifique **baie de Faaroa** qui forme une profonde échancrure dans le littoral, avec de hauts massifs montagneux en arrière-plan. Faites une halte au **jardin botanique de Faaroa** (entrée libre ; 7h-19h tlj) : très bien entretenu, il met en valeur la biodiversité de l'île à l'aide de lutrins.

Avant de traverser la **Faaroa** – seule rivière navigable (encore que très brièvement !) de Polynésie française – au fond de la baie, avisez la maisonnette penchée en bord de route. Bâtie par un retraité breton, cette **mystery house** (87 21 05 96 ; adulte/7-12 ans 1000/500 CFP ; 9h-17h tlj) sert de prétexte à une séance amusante (45 min) autour de l'illusion d'optique. Au large, sur la barrière de corail, on distingue le **motu Iriru**, un îlot paradisiaque, dont l'accès est public. Pour vous y rendre, il faut recourir aux services d'un *taxi-boat* ou louer un kayak de mer.

Quelques kilomètres plus loin, on arrive au carrefour avec la route traversière ; n'empruntez pas celle-ci, mais continuez en direction d'Opoa, dans le sud-est de l'île. La route décrit de nombreux lacets avant d'arriver aux premières maisons du village d'**Opoa**. Encore quelques tours de roue jusqu'à une petite **plage** artificielle, où l'on peut se baigner en toute sécurité, et, juste après, le célèbre **marae Taputapuatea** (voir l'encadré p. 176). Au large du *marae* Taputapuatea, sur la barrière de corail, on distingue un îlot, le **motu Oatara**, appelé également île aux Oiseaux ou motu aux Oiseaux.

Du marae Taputapuatea à la route traversière

Après le *marae* Taputapuatea, la route longe la **baie de Hotopu**, au nord de laquelle se dresse une impressionnante falaise (bien visible depuis la rive sud) plissée. À la sortie de la baie, la route monte légèrement et ménage une belle perspective sur le lagon et le motu Oatara. Après avoir dépassé l'hôtel Opoa Beach, la route côtière aborde la partie la plus spectaculaire de Raiatea.

Quelques centaines de mètres après le PK 41, côté montagne (pas de pancarte), un particulier a créé une remarquable **collection privée de coquillages** (40 60 04 70, 87 74 53 93 ; 1 000 CFP ; sur demande), avec environ 2 500 coquillages exposés, en provenance du monde entier.

Après un virage en corniche, à hauteur du PK 42, on découvre un paysage de toute beauté ; les versants de la montagne sont très abrupts, et on distingue des pains de sucre qui s'élancent vers le ciel. Vers le PK 44, des cascades forment des zébrures claires qui tranchent sur le vert profond des parois, surtout pendant la période pluvieuse, de novembre à avril. Après le village de **Puohine**, on entre dans la **baie de Faatemu**. Peu après le PK 50, on parvient à hauteur du carrefour avec la route traversière, qui relie la baie de Faatemu et la baie de Faaroa. Empruntez-la sur plusieurs kilomètres jusqu'au **belvédère**, qui dégage de superbes perspectives de la baie de Faaroa, de la côte et des montagnes environnantes. Redescendez ensuite vers la baie de Faroa pour accéder, en bord de route, au site géologique des **gabbros**, des concrétions nées de l'effondrement du flanc du volcan à l'origine de Raiatea.

JEAN-BERNARD CARILLET ©

À NE PAS MANQUER
LE MARAE TAPUTAPUATEA

Ce n'est certes pas le Machu Picchu, mais le *marae* Taputapuatea dégage une impression grandiose. Très bien restauré, ce site cérémoniel, le plus important de Polynésie, est inscrit sur la Liste du patrimoine mondial de l'Unesco depuis 2017.

Un lieu historique majeur

Consacré au culte d'Oro, le dieu de la Guerre, ce *marae* a joué un rôle éminent dans l'histoire de la Polynésie. Il fut bâti au XVIIe siècle pour remplacer un ancien *marae* dédié à Taaroa, le dieu de la Création, situé vers l'intérieur des terres. À l'arrivée des Européens, il constituait le siège du pouvoir spirituel et temporel en Polynésie. Son rayonnement était international, à l'échelle du monde maori, puisque des *arii* (chefs) originaires d'autres îles de la Société, des Australes, des îles Cook, voire de Nouvelle-Zélande, venaient prendre part à des cérémonies sur le site. Tout nouveau *marae* sur les îles voisines devait incorporer une pierre de ce grand marae, à titre d'allégeance et afin de symboliser le lignage spirituel.

Découvrir le site

Cet ensemble religieux se compose de plusieurs éléments : un *marae* international, un *marae* de district et un *marae* familial. La partie principale du *marae* est constituée d'une grande plate-forme dallée et d'un long *ahu* (autel). À l'extrémité du cap, le petit *marae* Tauraa présente un enclos *tapu* (sacré) et une haute "pierre d'investiture", où les jeunes chefs étaient intronisés. Au bord du lagon, le *marae* Hauviri possède également une pierre dressée. L'ensemble est construit avec des morceaux de corail prélevés sur le platier. Les énormes pirogues doubles des pèlerins royaux empruntaient la passe Te Ava Moa, la "passe sacrée", pour se rendre au *marae*.

BON À SAVOIR

- Le *marae* s'étend dans une grande clairière, entre la route de ceinture et le lagon, face à la passe Te Ava Moa.
- Des panneaux explicatifs sont installés à l'entrée, mais mieux vaut se faire accompagner d'un guide, qui restituera au site toute sa dimension culturelle.
- Les excursions tour de l'île en 4x4 incluent systématiquement la visite de ce *marae*.
- Pour plus d'informations sur les *marae*, consultez les chapitres *Civilisation polynésienne* p. 409 et *Sites archéologiques* p. 412.

De la baie de Faatemu à Tevaitoa

La route longe la côte, franchissant parfois des chaussées délimitant de petites anses aux eaux calmes, jusqu'au village de **Fetuna**, aux airs de bout du monde. Durant la Seconde Guerre mondiale, l'armée américaine qui occupait Bora Bora a construit ici une piste d'atterrissage.

Le superbe **motu Nao Nao**, en face du village, possède une plage attrayante. La route traverse ensuite **Vaiaau**, puis **Tehurui**, deux coquets hameaux.

Au cœur du village de **Tevaitoa** se dresse le plus ancien temple protestant de l'île, une curiosité architecturale bâtie sur un terrain en bord de lagon. Derrière le temple, les imposants blocs en coraux du **marae Tainuu** s'étendent sur un peu plus de 50 m, avec quelques pierres massives dressées, de plus de 4 m de hauteur.

De Tevaitoa à la marina Apooiti

Du *marae* Tainuu à la marina Apooiti, la route continue à longer la côte échancrée, offrant de splendides panoramas. Cette partie de l'île est exposée à de magnifiques couchers de soleil.

Dans la **marina Apooiti**, qui rassemble de nombreux voiliers, vous trouverez quelques boutiques et un centre de plongée.

À partir de la marina, la route longe l'aérodrome et revient à Uturoa.

Activités

Plongée sous-marine et snorkeling

La plongée est l'une des principales activités de loisir de l'île. Une dizaine de sites pour tous niveaux sont exploités, sur la côte est, sur la côte ouest, ainsi qu'autour de Tahaa. Raiatea offre la seule plongée sur épave de Polynésie française, le *Nordby*, qui repose juste devant l'ancien hôtel Hawaiki Nui. Reportez-vous au chapitre *Plongée* p. 40 pour plus de détails sur les sites.

Hémisphère Sub PLONGÉE, SNORKELING
(☎ 40 66 12 49, 87 72 19 52 ; www.hemispheresub.com ; marina Apooiti ; baptême 8 200 CFP, explo 7 500 CFP, 2 plongées successives 14 000 CFP, forfait 6/10 plongées 39 800/64 000 CFP ; ⏲ tlj). Structure bien tenue, très pro, et bon accueil. Sortie snorkeling privée / familiale de 1 à 6 personnes à la demi journée (40 000 CFP). Plongées au Nitrox possibles (supplément de 1 000 CFP/plongée). Membre du **Pass Te Moana** (pass 10 plongées à 72 000 CFP valable pour 2 plongeurs dans 14 centres sur 10 îles ; www.temoanadiving.com). Transferts assurés dans les pensions et hôtels au nord de l'île.

Te Mara Nui PLONGÉE, SNORKELING
(☎ 87 72 60 19 ; www.temaranui.pf ; marina d'Uturoa ; baptême 8 000 CFP, explo 7 200 CFP, formation niveau 1 38 500 CFP ; ⏲ tlj). Petite structure (une monitrice) à l'accueil personnalisé. Pour les non-plongeurs, Floriane propose également une intéressante randonnée palmée, guidée, dans la passe de Teavapiti (5 000 CFP, minimum 2 pers), avec un arrêt sur le joli motu Ofetaro, au bord de la passe, ainsi qu'une excursion lagonaire à Tahaa à la demi-journée. Transferts assurés dans les pensions et hôtels au nord de l'île. Paiement en espèces (euros acceptés).

Kayak et paddle

Lagon Aventure LOCATION KAYAKS ET PADDLE
(☎ 87 79 26 27 ; www.raiatea-activites.com ; marina d'Uturoa). Le kayak de mer et le paddle sont bien adaptés à la découverte du lagon, notamment pour approcher la barrière de corail. Ce prestataire basé à la marina d'Uturoa loue des kayaks biplaces (2 500 CFP l'heure) et des paddles (1 500 CFP l'heure). Séance encadrée de windsurf (4 000 CFP).

Paddle Sports PADDLE ET PIROGUE A VOILE
(☎ 87 37 25 85 ; www.paddlesports.fr ; demi-journée/journée 4 000/6 000 CFP). Location de paddle partout sur l'île et initiation sur le lagon. Ce prestataire propose également d'embarquer à bord d'une pirogue à voile pour des sessions de 2 heures (6 000 CFP/pers) ou des excursions à la demi-journée (avec pause snorkeling au motu et snack local) sur la côte est de Raiatea (10 000 CFP/pers).

Excursions sur le lagon

Aucun prestataire ne propose le tour du lagon de Raiatea, trop grand et jugé moins attrayant que celui de Tahaa. La plupart des excursions ont donc lieu autour du lagon de Tahaa, au départ de Raiatea ou de Tahaa (voir p. 192).

Baignade et snorkeling

Certaines parties du sud de l'île comportent une mince frange de sable blanc, mais ne sont pas facilement accessibles. Dans le reste de l'île, pour faire trempette, vous devrez vous contenter des pontons qui équipent les pensions ou hôtels installés au bord de l'eau. En revanche, certains motu du récif sont magnifiques et se prêtent tout à fait aux joies de la baignade et du snorkeling, notamment le **motu Iriru**, à l'est de l'île, facile d'accès en kayak, et le **motu Ofetaro**, accessible depuis Uturoa (voir l'encadré p. 184). Les pensions ou les prestataires spécialisés peuvent organiser une sortie sur le premier.

Navigation de plaisance

Raiatea est le principal centre nautique des îles Sous-le-Vent et le point de départ de nombreuses croisières, pour la plupart dans les îles Sous-le-Vent (comptez de 7 à 10 jours pour Tahaa, Huahine et Bora Bora). Vous aurez le choix entre des formules "*bareboat*" (bateau seul) ou avec skipper et/ou hôtesse et des croisières avec cabine, sur des monocoques ou des catamarans. Contactez les sociétés suivantes :

Sunsail Tahiti LOCATION DE VOILIER, CROISIÈRE
(☎40 60 04 85 ; www.sunsail.com ; marina Apooiti). Monocoques et catamarans. Croisières à la carte dans les îles Sous-le-Vent et les Tuamotu (skipper obligatoire pour les Tuamotu).

The Moorings LOCATION DE VOILIERS, CROISIÈRES
(☎40 66 35 93 ; www.moorings.com ; marina Apooiti). Croisières à la carte dans les îles Sous-le-Vent.

Tahiti Yacht Charter LOCATION DE VOILIERS, CROISIÈRES
(☎40 66 28 80 ; www.tahitiyachtcharter.com ; marina Apooiti). Catamarans. Croisières privatives.

Dream Yacht Charter LOCATION DE VOILIERS, CROISIÈRES
(☎40 66 18 80, 87 28 42 64 ; www.dreamyacht-charter.com ; marina d'Uturoa). Catamarans et monocoques. Croisières à la carte dans les îles Sous-le-Vent.

Balades équestres

Cadichon Vallée ÉQUITATION
(☎87 22 21 65 ; www.facebook.com/cadichonvallee ; PK 7,5 côte est ; balade guidée 4 000-10 000 CFP ; ⏲sur réservation). Ce magnifique ranch légèrement à l'écart de la route de ceinture (signalé) fait très bonne impression. Les moniteurs, qualifiés, assurent des balades équestres sur des petits chevaux marquisiens, d'une durée de 1 heure à 3 heures, pour tous les niveaux. Vous découvrirez une belle forêt dans les alentours et une portion de littoral.

Randonnée pédestre

Il existe de belles possibilités de randonnée pédestre à Raiatea, encore largement sous-exploitées. Vous serez seul ou presque dans des paysages magnifiques, présentant un intérêt culturel ou botanique.

Deux petites randonnées accessibles à tous marcheurs permettent de jouir de superbes panoramas. Au départ du *marae* Taputapuata, le sentier **Te Ara Hiti Ni'a** mène à un belvédère embrassant la baie de Opoa avec le site archéologique au premier plan. Inoubliable ! Ombragé et bien aménagé (avec des marches parfois), le chemin peut être très glissant quand

À NE PAS MANQUER

LA REMONTÉE DE LA FAAROA EN KAYAK OU EN PIROGUE

Envie de faire une excursion différente des habituels tours du lagon ? La Faaroa, la seule rivière navigable de Polynésie, peut se remonter en pirogue ou en kayak sur quelques kilomètres. L'excursion fait découvrir un autre visage de l'île, au milieu d'une végétation aux airs de "petite Amazonie". La sortie ne présente pas de difficultés, car il n'y a pas de vent ni de vagues.

- **Lagon Aventure** (☎87 79 26 27 ; www.raiatea-activites.com ; 5 000 CFP/pers ; ⏲sur réservation). Propose une approche originale, sous la forme d'une randonnée guidée en kayak de mer (monoplace ou biplace), au cours de laquelle on remonte la rivière sur 2 km environ (demi-journée, minimum 2 pers). Le guide donne des explications sur la flore et la faune. Possibilité de combiner cette activité avec la visite du *marae* Taputapuatea et les points de vue de la route traversière l'après-midi (10 000 CFP/pers, pique-nique inclus). Les transferts sont inclus.
- **Manava Tours** (☎40 66 28 26 ; adulte/4-11 ans 7 000/3 500 CFP/pers ; ⏲sur réservation). Organise la remontée en pirogue de la rivière Faaroa couplée avec la visite du *marae* Taputapuatea, deux arrêts snorkeling et une baignade au motu Iriru (demi-journée, minimum 6 pers). Départ de la pension Manava. Transferts inclus.

il a plu. Comptez 1 heure aller-retour. Un dépliant avec les points d'intérêt de la rando est distribué à la guérite d'accueil du site de Taputapuata.

Un peu plus raide (il faut parfois s'aider de cordes), le chemin de la **crête des Macaranga** part du belvédère de la route traversière (1 heure aller-retour), il mène à un promontoire offrant une vue magnifique sur la vallée de Faaora et la baie de Faatemu. Dommage que le frou-frou de la cigale bleue endémique de Raiatea – la seule cigale de Polynésie- soit parfois couvert par le vroum-vroum de la piste de moto-cross en contrebas.

Plateau du Temehani Ce plateau, à 750 m d'altitude, dans le nord de l'île, est l'une des plus belles randonnées des îles Sous-le-Vent. Ascension par l'ouest, et retour par le même chemin. Montée progressive dans une forêt de pins qui débouche sur un plateau vallonné, à la végétation plus rase. On traverse le plateau jusqu'à une grande dalle creusée de vasques, d'où l'on embrasse une vue spectaculaire sur la côte est et le centre de l'île. Sur le plateau, le guide vous montrera des plants du célèbre *Tiare apetahi* (voir l'encadré p. 182). Prévoir environ 7 heures. Guide indispensable.

Les Trois Cascades Cette très belle randonnée dure environ 3 heures aller-retour, au départ du PK 6, sur la côte est. Un guide est conseillé, car le sentier quoique bien délimité n'est pas balisé et l'on peut se perdre. Bambous géants, ylang-ylang, *mape*, fougères, gingembre, cordyline, *purau*, basilic sauvage, *tarua*, goyaviers, etc. forment un superbe décor végétal. L'itinéraire débute par une marche d'approche jusqu'à la première cascade. La progression devient ensuite plus abrupte. On passe la deuxième cascade, avant de traverser une forêt de bambous, le long du lit de la rivière. Certains passages sont équipés d'une main courante pour faciliter la progression. L'arrivée à la troisième cascade est une vraie récompense ; la chute d'eau, en deux parties, mesure une quarantaine de mètres, et l'on peut se baigner dans la vasque.

Malheureusement, à la suite de la mort accidentelle d'un jeune homme en septembre 2020, l'accès au **mont Tapioi** (294 m) est désormais interdit.

Raiatea Randonnée GUIDE DE RANDONNÉE
(☎87 77 91 23 ; raiatearando@mail.pf ; ⌚sur réservation). Thierry Laroche, guide professionnel, connaît bien la flore de l'île. Comptez 5 000 CFP/pers pour les Trois Cascades et 9 000 CFP/pers pour le plateau du Temehani (pique-nique inclus) Transferts gratuits ou 1 000 CFP par pers si l'hébergement se situe à plus de 40 km du départ des randos.

Temehani Rando GUIDE DE RANDONNÉE
(☎87 27 23 00 ; kiam.marti@gmail.com ; ⌚sur réservation). Kiam, le fils des propriétaires de la chambre d'hôtes Temehani (p. 184), est guide diplômé et propose des randonnées guidées aux Trois Cascades (5 000 CFP/pers) et au plateau du Temehani (9 000 CFP/pers, transferts et pique-nique inclus). Deux personnes minimum.

Tour de l'île guidé

Trucky Tour EXCURSION EN MINIBUS
(☎87 78 23 36, 87 75 66 02 ; 6 000 CFP/pers, minimum 4 pers ; ⌚sur réservation). Circuit à la journée, à bord d'un minibus. Visite d'une plantation de vanille, d'une ferme perlière, arrêts à différents points de vue, visite du *marae* Taputapuatea. Le tarif inclut un déjeuner. Excellente réputation.

Fêtes et festivals

Comme partout en Polynésie, les **fêtes de Juillet** (Tiurai) sont très suivies par la population locale, mobilisée pendant un mois. Vous pourrez assister à des spectacles de danse traditionnelle, sans compter l'animation autour des "baraques" (fête foraine). Début novembre, la célèbre course de pirogues traditionnelles **Hawaiki Nui Va'a** fait étape à Raiatea et passe à Tahaa.

Où se loger

Les lieux d'hébergement de Raiatea sont surtout concentrés dans la partie nord de l'île. Aucun ne se situe aux abords d'une plage, mais certains ont aménagé un ponton pour faciliter la baignade dans le lagon.

Uturoa et environs

Hôtel Hinano HÔTEL €
(☎40 66 13 13, 87 70 82 40 ; www.hotelhinano.com ; d 8 000 CFP, pers supp 2 000 CFP (1000 pour les – de 12 ans) ; ❄📶). Cet établissement de style motel n'évoque en rien un lieu de vacances, mais peut dépanner les petits budgets ou ceux qui veulent loger au centre-ville. Situé

1

3

1. Hauteurs d'Uturoa (p. 174)
Vue d'Uturoa, la deuxième agglomération de Polynésie française, et de ses deux marinas, au bord de Raiatea.

2. Motu, lagon de Raiatea (p. 184)
Le lagon de Raiatea est piqueté de jolis motu, faciles d'accès à l'occasion d'une sortie lagonaire.

3. Excursion sur la Faaroa (p. 178)
Jouez les aventuriers en remontant la rivière Faaroa en kayak de mer.

à 100 m du quai, il possède 10 chambres impersonnelles mais spacieuses et fonctionnelles, équipées de la télévision et de la clim (majoration de 1 000 CFP/nuit), disposées autour d'un patio central. Préférez les chambres qui donnent sur l'arrière, côté mer, bien plus lumineuses que celles dont la seule fenêtre ouvre sur le patio et que celles donnant sur la route plus exposées au bruit en matinée ; Petit-déjeuner sur demande (1 000 CFP) et service de laverie (1 500 CFP). Le transfert aller-retour à l'aéroport est payant (2 000 CFP l'aller-retour).

Te Ava Piti Lodge CHAMBRES €
(☎ 40 66 39 43, 87 73 96 48 ; www.teavapitilodge.eu ; PK 2,2 ; d 8 440-8 865 CFP ;). Un point de chute sans mauvaise surprise, au sud de la ville, avec 2 chambres sans superflu mais propres, dans un faré bien tenu, situé à une centaine de mètres du bord de mer (il y a un accès). L'Hibiscus, un peu moins chère, dispose d'une sdb privative extérieure. La Tipanier, avec une sdb séparée de la chambre par un rideau, a été rafraîchie en 2020 dans les tons crème. Des kayaks et des vélos sont à disposition. Pas de service de repas mais la cuisine commune peut dépanner et il existe quelques options de restauration dans le secteur. Petite piscine hors sol à l'arrière pour se rafraîchir. L'adresse (non indiquée) se situe au niveau du magasin Sup'Tepua. Transferts à l'aérodrome 1 500 CFP par trajet pour 2 personnes. Paiement par carte ou en espèces.

Villa Ixora AUBERGE €
(☎ 40 66 33 00 ; www.villa-ixora.com ; PK 2,7 ; d 15 000-17 000 CFP, qua 21 000 CFP ; ; fermé jan à mi-fév). Également connu pour son restaurant (voir p. 186), ce petit établissement dans une propriété compacte mais fleurie, en bord de mer (pas de plage), loue 4 bungalows contigus, avec façade en bambou tressé, agrémentés de belles touches décoratives et d'une literie de qualité. Kayaks et vélos gratuits. Une minipiscine complète les infrastructures. Petit-déj sur demande (1 800 CFP). Le transfert à l'aérodrome est facturé 4 000 CFP l'aller-retour pour une ou deux personnes. Accueil courtois et professionnel.

♥ **Villa Tonoi** BUNGALOWS €€
(☎ 40 66 44 55, 87 29 21 79, 87 29 89 06 ; www.villatonoi.com ; PK 2 ; bungalows d 15 000 CFP, pers supp 2 000 CFP, -12 ans 1 000 CFP ;). La plus belle vue de Raiatea ! Cette structure tenue par un couple de jeunes *popa'a* dispose de 5 bungalows très lumineux, aux finitions soignées et d'un excellent confort, équipés d'une kitchenette et d'une terrasse. Perchés à flanc de colline, ils offrent un panorama inégalable sur le lagon et une partie de la côte est. Cerise sur le gâteau : une petite piscine, entourée d'un deck entre deux bungalows, pour se rafraîchir. À savoir : l'accès se fait par une rampe en béton, très pentue, d'environ 300 m, depuis la route de ceinture. Vélos à disposition (en bas de la côte). Pas de service de restauration sauf petit-déj (1 500 CFP). Si vous n'avez plus le courage de redescendre pour les repas, service traiteur midi et soir, ou faites-vous livrer un plat de Chez Stef (p. 185).

Côte est

Opeha BUNGALOWS €
(☎ 40 66 19 48, 87 79 88 92 ; pensionopeha@mail.pf ; PK 10,5 ; bungalows d/fam avec petit-déj 14 000/22 000 CFP, pers supp 3000 CFP ;). Cette pension a bonne réputation. Certes, avec leurs toits en tôle et leurs revêtements extérieurs en vinyle, les 7 bungalows (dont deux familiaux), ressemblent davantage à des maisons classiques qu'aux bungalows polynésiens des cartes postales. Mais la propreté est irréprochable, les petits-déj copieux, et les tarifs incluent le prêt de kayaks. La propriété donne directement sur le lagon (pas vraiment turquoise à cet endroit), mais il n'y a aucune possibilité de baignade, même si un ponton a été aménagé. L'idéal est de se faire déposer au motu Iriru ou de s'y rendre en kayak. L'un

TIARE APETAHI, L'EMBLÈME DE RAIATEA

Raiatea abrite l'une des fleurs les plus rares au monde, le *Tiare apetahi*. Fragile et menacée, cette espèce endémique ne pousse que dans le massif du mont Temehani. De couleur blanche, elle a la forme d'une demi-corolle qui s'ouvre à l'aube en produisant, dit-on, un petit claquement. Malheureusement, il est de plus en plus rare de pouvoir l'observer, car il ne reste plus qu'une soixantaine de plants sur une zone de 202 ha. Les deux derniers pieds accessibles ont été clôturés en 2022. Ils ne sont accessibles qu'en présence d'un guide.

des bungalows est directement au bord de l'eau. Paiement en espèces.

Manava BUNGALOWS €

(☎40 66 28 26 ; PK 6 ; bungalows d 10 500-11 500 CFP, 2 nuits min ;). Située côté montagne, cette adresse n'a pas de vue sur le lagon et ne dispose d'aucun accès mer, mais la prestation est correcte, d'autant plus qu'elle est agrémentée d'une jolie piscine hors sol. Les 5 bungalows, spacieux, avec cuisine extérieure, recouverts de bambou tressé, sont disséminés dans un beau jardin tropical. Les cloisons de certaines sdb ne montent pas jusqu'au plafond. Le bruit de la route est perceptible, mais la circulation est limitée la nuit. Excursion sur Raiatea (voir encadré p. 178) et vente de jolis paréos peints à la main par la propriétaire. Pas de service de restauration (sauf petit-déj, 2 500 CFP), mais une carte traiteur (1 500 CFP du dimanche au jeudi). Location de voitures. Transferts pour l'aérodrome (2 000 CFP aller-retour).

Les 3 Cascades BUNGALOWS €

(☎40 66 10 90, 87 78 33 28 ; www.pensionles3cascades.com ; PK 6 ; d avec sdb commune 7 000 CFP, bungalows d 12 000-16 000 CFP, pers supp 1 500 CFP ;). Dans une propriété verdoyante au bord de la route de ceinture, sans accès à la mer, cette pension propose plusieurs types d'hébergement. Les 3 chambres, de plain-pied, dans un *fare*, petites et sans charme mais bien tenues, avec une bonne literie et des sanitaires communs propres, peuvent dépanner pour une nuit ou deux (une cuisine est à disposition). Cinq bungalows (dont trois familiaux), au confort inégal, sont dispersés dans le jardin ; les plus récents, le Ora et le Apetahi, face à la montagne, sont lumineux, spacieux (42 m²), confortables et mieux conçus que les trois autres, plus anciens, qui mériteraient un sérieux lifting. Petit-déj, simple, à 1 600 CFP. Vélos à disposition. Les transferts à l'aérodrome coûtent 800 CFP/pers par trajet.

Le Nelica BUNGALOWS €€

(☎87 76 95 13 ; PK 21 ; bungalow qua 25 000 CFP ;). Pas de coq, pas de chien, très peu de voitures... Seuls le souffle du vent et le clapotis de l'eau viennent troubler le silence de cette adresse nichée à l'entrée sud de la baie de Faarao. Outre leur calme, les deux bungalows en dur, construits en 2021 et dotés de toutes les commodités (cuisine avec four, clim, télé...), ont l'avantage de disposer chacun d'une petite plage ombragée. La zone de baignade, sécurisée par des rochers, fera le bonheur des familles. Au-delà, les eaux très poisonneuses raviront les pêcheurs, nombreux à choisir cette adresse. Prêt de kayak. Faites vos provisions avant de venir : il n'y a pas de restauration sur place et le commerce le plus proche est à dix kilomètres. Transferts aérodrome (3 000 CFP). Location de voiture (5 000 CFP/journée).

Atiapiti HÔTEL €€

(☎40 66 16 65 ; www.atiapiti.com ; PK 32 ; d bungalow jardin/plage 22 600/26 300 CFP, pers supp adulte/-12 ans 3 600 CFP/1 800 CFP ;). L'emplacement est superbe. Le *marae* Taputapuatea d'un côté, la mer de l'autre, la propriété se déploie sur plus d'un hectare. De la place pour accueillir 7 bungalows sans se marcher sur les pieds. Un seul – d'une capacité de 5 adultes – se situe côté jardin, les 6 autres donnent sur une plage étroite de sable fin. Deux peuvent être jumelés pour accueillir jusqu'à 7 adultes. Bien ventilés, très propres, ils ont fait l'objet d'une rénovation intérieure en 2020. La literie est neuve et la déco a du caractère : couvre-lits tissés à la main, bibliothèque, clin d'œil à la culture polynésienne dans le choix du mobilier. On se sent vite chez soi. L'hôtel dispose de son restaurant (voir p. 187). Location de kayaks (2 000 CFP) pour aller observer les raies et les tortues (et parfois les baleines) qui fraient à quelques centaines de mètres du rivage. Location de vélos (1 500 CFP le séjour). Transfert aller-retour 6 000 CFP.

♥ **Opoa Beach** HÔTEL €€€

(☎40 60 05 10 ; www.opoabeach.com ; PK 37 ; bungalows jardin/vue lagon en demi-pension 52 800-60 500 CFP selon orientation ; ; fermé jan). Les clients ne tarissent pas d'éloges sur cet établissement de charme, complètement isolé dans le sud-est de l'île. L'Opoa Beach se déploie sur un terrain en bord de mer, habilement mis en valeur avec sable blanc et jolis cocotiers. Les 9 bungalows sont assez proches les uns des autres : 3 unités ont vue sur le lagon, 3 donnent sur la piscine centrale, 3 sont en retrait dans le jardin. Si leur aspect extérieur est dénué de caractère local, l'intérieur est agencé avec goût, et la décoration s'appuie sur des matériaux locaux (fibres végétales, coquillages) et des meubles en teck cérusé blanc. Un ponton permet d'accéder à une belle zone de baignade dans le lagon. L'hôtel étant situé en face du motu Oatara, il est possible de s'y rendre à condition de pagayer 30 minutes en

VAUT LE DÉTOUR

LE MOTU OFETARO

Vous n'avez pas le temps de faire le tour du lagon de Tahaa ? Vous avez une matinée à meubler ? Vous souhaitez faire une pause farniente sans vous éloigner de Raiatea ? Le motu Ofetaro, à seulement 10 minutes de bateau d'Uturoa, répondra à vos attentes. Cet îlot aménagé, avec des abris pour pique-nique et des sanitaires, borde la passe Teavapiti. Côté carte postale, rien ne manque : cocotiers, petite plage, lagon turquoise, jardins coralliens fréquentés par des raies, zone de baignade sécurisante... Pour vous y faire conduire, contactez **Te Mara Nui** (☎40 66 11 88, 87 72 60 19 ; www.temaranui.pf ; marina d'Uturoa ; ⏲ sur rendez-vous), qui demande 2 500 CFP/pers pour le transfert aller-retour (2 pers mininum).

kayak (à disposition). Vélos électriques (600 CFP/journée). L'Opoa Beach est également réputé pour sa table raffinée. Compte tenu de l'éloignement, la location d'un véhicule est souhaitable ; d'autant que le coût des transferts est élevé (5 800 CFP/pers l'aller-retour).

Côte ouest

Sunset Beach Motel BUNGALOWS, CAMPING €€
(☎40 66 33 47 ; www.sunset-raiatea.pf ; PK 5 ; camping 2 500 CFP/pers, bungalows d/qua 14 800-16 800/17 000 CFP, pers supp 2 000 CFP ; Wi-Fi). Une valeur sûre, qui n'a de motel que le nom. Le cadre est superbe : 6 bungalows alignés sur une pelouse impeccable, dans une magnifique cocoteraie, face au lagon et au coucher du soleil. Suffisamment espacés les uns des autres, ils ont l'avantage d'être spacieux, équipés d'une cuisine et d'un brasseur d'air. Les propriétaires ont même pensé aux campeurs, qui pourront planter leur tente dans un espace qui leur est réservé et profiter d'une cuisine équipée et d'un bloc sanitaire (eau froide) bien entretenu. Un abri pour tente est disponible en cas de pluie. Sachez qu'il n'y a pas de plage de sable, mais un long ponton sur le lagon permet de trouver un peu de profondeur. L'adresse affichant l'un des meilleurs rapport qualité/prix de l'île, n'hésitez pas à réserver longtemps à l'avance (les tarifs sont même dégressifs en fonction de la durée). Hormis le petit-déjeuner (1 900 CFP), le Sunset Beach ne propose pas de service de restauration. Pour faire vos courses et cuisiner, arrangez-vous avec les propriétaires, qui vont tous les jours à Uturoa. Possibilité de se faire livrer un repas (contactez Chez Stef, voir ci-contre). Parmi les petits plus : des kayaks et des équipements de snorkeling (gratuits). À signaler : le Wi-Fi est payant dans les chambres (500 CFP pour le séjour), gratuit à la réception. Les transferts à l'aérodrome sont inclus (2 km). À environ 5 km du centre-ville d'Uturoa.

Raiatea Lodge HÔTEL-RESTAURANT €€€
(☎40 66 20 00 ; www.raiateahotel.com ; PK 8,8 ; d standard/supérieure/suite fam 39 000/49 000 /65 000 CFP en demi-pension, bungalows d/fam 53 000/71 000 CFP en demi-pension ; ❄ 🏊 Wi-Fi ; ⏲ fermé mi-jan à mi-fév). Immanquable grâce au bleu turquoise de ses bungalows et de son logis principal encadrant de manière symétrique une pelouse soignée, cette adresse de charme offre deux visages. Les 7 bungalows neufs inaugurés en 2021, aux airs de cabines de plage luxueuses, affichent une déco moderne – tons clairs et mobilier en bois cérusé. Les 1 et 2 jouissent d'une vue sur Bora Bora. Notre préférence ira toutefois aux 15 chambres de style colonial logées à l'étage du bâtiment central : elles séduisent par leur confort et la chaleur dégagée par le parquet ciré et la peinture des murs (réalisée par un artiste local). Le balcon-terrasse offre une vue sur le lagon, sauf pour les chambres situées aux extrémités (les 1,2,15 et 16 moins chères). L'établissement dispose d'un excellent restaurant (mention très bien pour l'excellent petit-déj), d'un bar et d'une très belle piscine. Il n'y a pas de plage, mais on peut s'adonner au snorkeling au bout d'un ponton aménagé sur le lagon, ou rejoindre un petit îlot, le motu Miri Miri, en kayak (gratuit) en 15 minutes environ. Vélos à disposition et prêt de palmes, masques et tubas. Les transferts aller-retour à l'aérodrome sont facturés 2 500 CFP le trajet jusqu'à 4 personnes. Tarifs négociables selon saison et durée du séjour.

Temehani CHAMBRES D'HÔTES €€
(☎40 66 12 88, 87 77 54 87 ; www.vacances-tahiti.com ; PK 11,4 ; s/d avec petit-déj 10 500-13 500/ 11 500-14 500 CFP, pers supp 2000 CFP, 2 nuits min ; Wi-Fi). On tombe vite sous le charme de cette

chambre d'hôtes, dans laquelle diverses essences de bois créent une atmosphère cosy. Sur les 3 chambres (dont 2 avec vue sur le lagon, équipées d'un deck ; la troisième donne sur le jardin), pas très grandes, une seule possède sa propre sdb intérieure. Elles sont disposées de part et d'autre d'un vaste séjour ; l'intimité n'est donc pas le point fort, mais la convivialité est au rendez-vous. On est en bord de lagon, et une mini-plage permet de faire trempette ou, mieux encore, se rendre en kayak (gratuit) jusqu'à un banc de sable, en face de la pension, ou au motu Miri Miri. Des vélos sont également à disposition. Pourvu d'une petite cuisine extérieure et d'une table, le deck au bord de l'eau invite à dîner au soleil couchant. Le propriétaire organise des sorties à la voile (monocoque) dans les lagons de Raiatea et de Tahaa, à la journée (10 000 CFP). Transferts gratuits pour l'aérodrome. Paiement en espèces ou par virement.

Fare Vai Nui BUNGALOWS €€

(☎ 40 66 30 96, 87 77 03 64 ; www.facebook.com/farevainuiraiatea ; PK 22,5, Tehurui ; bungalows d/fam 17 000/26 000-35 000 CFP ; ❄ ≋ ᯤ). Certes, on se sent un peu loin de tout au Fare Vai Nui, mais les prestations sont de qualité. Les 5 bungalows, chaleureux et confortables, entièrement en bois, dans le style balinais, sont exposés plein ouest – les couchers de soleil sont splendides. Le plus cher abrite 2 chambres et peut accueillir jusqu'à 5 personnes. Pas vraiment de baignade possible devant l'établissement (l'eau n'est pas cristalline), mais il suffit de prendre un kayak (à disposition) pour rejoindre un petit motu à 10 minutes, ou de barboter dans la jolie piscine. Le petit plus : un bon restaurant sur place, réputé pour sa cuisine variée, ouvert tous les jours pour les clients. Prêt de vélos et location de voitures (8 000 CFP/jour avec 150 km inclus), indispensable vu l'isolement. À quelques centaines de mètres au sud du village de Tehurui. Transferts à l'aérodrome 4 000 CFP/pers l'aller-retour.

Où se restaurer et prendre un verre

Si vous effectuez le tour de l'île, sachez qu'en dehors d'Uturoa, les possibilités de restauration sont très limitées.

♥ **Bon Apetahi** PÂTISSERIE, SALON DE THÉ €

(☎ 40 66 40 00 ; gare maritime, Uturoa ; plats 400-800 CFP ; ⏲ 6h30-16h lun-mar et jeu-ven, 6h30-14h mer, 6h30-11h sam). Gourmands et becs sucrés, vous allez vous régaler. Imaginez des pâtisseries faites dans les règles de l'art, notamment des éclairs, tartes au chocolat, tartes au citron ou Paris-Brest... auxquelles s'ajoutent des parts de pizzas, des sandwichs et des quiches, que l'on peut déguster sur la terrasse, devant les bateaux à quai, en sirotant un vrai café ou un chocolat chaud. Au centre d'Uturoa, à la gare maritime.

♥ **Chez Stef** TRAITEUR €

(☎ 87 74 42 10 ; Uturoa ; plats 1 300-1 500 CFP ; ⏲ tlj soir, sur commande). Avec Stef, c'est simple comme un coup de fil : on passe commande par téléphone avant midi (ou via la pension dans laquelle on est logé), en choisissant parmi une dizaine de plats (lasagnes de poisson, poisson cru, carpaccio de thon, poulet au curry, etc.), réalisés à partir de produits frais, et on se fait livrer à son bungalow le soir vers 19h. Zone de livraison : entre le Sunset Beach Motel et la pension Opeha. Très pratique !

Maraamu BRASSERIE €

(☎ 40 66 46 64 ; Uturoa ; plats 1 400-2 100 CFP ; ⏲ 6h30-14h lun-ven, 9h30-14h30 sam). Une halte sans prétention mais bien pratique à Uturoa, à la gare maritime, côté centre-ville. C'est ici que les habitants prennent leur petit-déjeuner en lisant le journal, avant d'aller travailler, ou un café avant de prendre le bateau pour Tahaa. À condition d'avoir le temps, bon choix de plats chinois et de spécialités polynésiennes.

Le Napoli PIZZERIA-RESTAURANT €

(☎ 40 66 10 77 ; Uturoa ; plats 1 800-2 500 CFP ; ⏲ 11h30-13h30 mer-ven, 18h30-20h45 lun-sam). Cette pizzeria en bord de route, près de l'aérodrome, contentera tous les appétits et tous les budgets, avec des spécialités italiennes (pâtes, pizzas cuites au feu de bois), des salades et des plats de viande et de poisson. L'intérieur est accueillant, avec quelques petites touches de couleur, mais le bruit de la route est perceptible, surtout à midi. Également plats à emporter.

Snack Tonoi SNACK €

(☎ 40 66 32 56 ; PK 1, côte est ; plats 1 400-2 700 CFP ; ⏲ 11h-13h30 tlj sf sam, 18h-20h30 jeu-ven et dim). Principal atout de ce snack : son emplacement, au bord du lagon, avec un jardin arboré, et des tables posées sur le sable protégées par de petits abris. Dans l'assiette, les classiques de la cuisine locale (mahi-mahi, tartare de thon, sashimi), quelques viandes, des burgers et des sandwichs. Mieux vaut avoir un solide appétit car les portions sont généreuses. À la sortie d'Uturoa, vers l'est.

Tamara Snack SNACK €

(☎40 66 42 29 ; PK 32, côte est ; plats 1 000-1 300 CFP ; ⌚8h-13h30 mar-sam 17h30-19h30 tlj). Le seul snack de la côte sud-est (à 1 km du *marae* Taputapuatea) propose burgers, *chao men*, poulet au curry ou poisson cru chinois. À manger sur place en terrasse (couverte) ou à emporter.

♥ **Villa Ixora** RESTAURANT €€

(☎40 66 33 00 ; www.facebook.com/villaixora ; PK 2,7, côte est ; plats 2 500-3 900 CFP ; ⌚11h30-13h15 et 18h30-20h15 mar-sam, fermé jan à mi-fév). Assurément l'une des meilleures tables de l'île grâce au savoir-faire du chef Terence, à l'atmosphère accueillante et au service de bon aloi. Ces points positifs font oublier l'absence de vue. La cuisine marie les influences méditerranéennes et polynésiennes dans une symphonie de saveurs. Les desserts ne sont pas en reste, comme la tartelette à la noix de coco avec sauce au chocolat chaud. Les tables sont suffisamment espacées pour respecter l'intimité des convives. Il est préférable de réserver.

♥ **Raiatea Lodge** RESTAURANT D'HÔTEL €€

(☎40 66 20 00 ; PK 8,8, côte ouest ; plats 2 600-3 200 CFP ; ⌚12h30-13h et 18h-20h tlj sur réservation). On apprécie le cadre : mobilier de style colonial, plancher, tables joliment dressées, éclairage tamisé le soir, et une salle ouverte donnant sur la pelouse et la piscine. La cuisine, à la présentation soignée, laisse un bon souvenir. Le chef fait preuve d'une certaine inventivité, en travaillant des produits en grande partie issus de l'île. Parmi les plats phares, citons le poisson du lagon confit à l'huile d'olive et vanille et le filet de bœuf grillé et, en dessert, la très demandée crème brûlée à la vanille de Tahaa. La carte comprend également des plats végétariens. Le bar permet de savourer un cocktail (1000-1 500 CFP) face au soleil couchant.

Fare Vai Nui RESTAURANT €€

(☎40 66 30 96, 87 77 03 64 ; www.facebook.com/farevainuiraiatea ; PK 22,5, Tehurui, côte ouest ; plats 1 500-3 000 CFP ; ⌚11h-13h30 et 18h30-20h30 mer-dim). Envie de changement ? Venez goûter à la seule cuisine d'influence basque et réunionnaise (cabri massalé, tripes à la basquaise, boudon noir, civet de cochon sauvage) de l'île ! Les plats classiques (thon, mahi-mahi, *chao men*) ont également droit de cité sur la carte. Ouvert aux non-résidents en fin de semaine, le restaurant de ce petit établissement en bord de mer est une bonne surprise. En dessert, signalons des glaces et des sorbets maison. Salle climatisée, avec une terrasse face à la mer.

Fish and blue POISSON €€

(☎40 66 49 25 ; fr-fr.facebook.com/fishandblueraiatea/ ; PK 9,3, côte ouest ; plats 3 800-4 000 CFP ;

HAWAIKI NUI VA'A, LA PLUS GRANDE COURSE DE PIROGUES AU MONDE

En Polynésie française, le grand événement sportif, à l'occasion duquel toute la Polynésie s'installe devant ses postes de télévision en débattant passionnément des favoris et des challengers, est la course de pirogues Hawaiki Nui Va'a, organisée durant 3 jours, sur 4 îles et couvrant 116 km, où participent jusqu'à 150 pirogues de 6 places (sans compter près de 400 bateaux suiveurs !) provenant de toutes les îles et de plus loin encore : on a déjà compté des équipes venues de Hawaii et même d'Allemagne.

Cette course, organisée fin octobre ou début novembre, débute sur l'île de Huahine et traverse le lagon puis l'océan sur 44,5 km jusqu'à Raiatea. Les pirogues offrent un spectacle magnifique, filmé en direct par la télévision durant les 4 heures de traversée. Les pagayeurs, arborant souvent de splendides tatouages polynésiens, pagayent par groupes de 3 de chaque côté de la pirogue pendant 10 coups de pagaie environ, puis changent de côté dans un mouvement aussi synchronisé que rapide.

Durant la deuxième journée, les pirogues effectuent une course de vitesse de 20 km dans le lagon qui sépare les îles jumelles de Raiatea et de Tahaa. Le troisième jour, un samedi, constitue l'épreuve la plus spectaculaire de la course, la traversée de l'océan sur 52 km jusqu'à Bora Bora. Les concurrents partent vers 6h30 pour terminer sur la ligne d'arrivée de la plage Matira, environ 4 heures plus tard, accueillis par une foule en liesse. Plus d'informations sur www.hawaikinuivaa.com.

16h-30-22h mar-sam). Ne vous fiez pas à la palissade fatiguée de l'enseigne. Car de l'autre côté, vous attend une série de clichés "instragramables" : déco raffinée bretonnisante (bleu dominant et bois flotté), cocktails multicolores, tables les pieds dans le sable, transats sur un ponton s'élançant sur le lagon. Rien ne manque pour assouvir votre soif de souvenirs inoubliables. Et dans l'assiette alors ? Sans être d'une folle originalité (steack de thon, crevettes au curry ou magret de canard), les plats - aux tarifs un peu élevés - passent l'épreuve du bon goût. Au final, une belle adresse à privilégier pour un *sunset* gourmand en amoureux.

Atiapiti RESTAURANT €€
(40 66 16 65 ; PK 31, côte est ; plats 1 950 -4 200 CFP ; 12h-13h30 tlj sf sam). Principal avantage de ce restaurant situé dans le petit complexe hôtelier éponyme: il est juste à côté du *marae* Taputapuatea, dans un secteur où les possibilités de restauration sont plus que limitées. Idéal, donc, si vous faites le tour de l'île et cherchez un endroit pour vous restaurer au déjeuner. L'entrée est délimitée par une très belle pirogue royale en bois. La salle et la terrasse sont égayées d'objets décoratifs polynésiens, et la vue sur le lagon et le motu aux Oiseaux vaut son pesant d'or. Carte à la hauteur, avec des fruits de mer (crabe, langouste en saison, crevettes locales), des plats de poisson, des entrecôtes et des salades.

Opoa Beach RESTAURANT D'HÔTEL €€€
(40 60 05 10 ; www.opoabeach.com ; PK 37, côte est ; plats 3 500 CFP ; 11h-15h 18h-22h tlj). À midi, le restaurant de l'Opoa Beach reste une bonne adresse pour une pause déjeuner de qualité lorsqu'on fait le tour de l'île. On se déchausse pour entrer dans la belle salle aérée, en bois peint en blanc, en retrait du lagon. À moins de préférer le beach-bar face à la mer pour manger les pieds dans le sable. Faites-vous plaisir avec un délicieux burger, un soufflé lardon-crevettes, une grillade ou un plat végétarien. Le soir, aux bougies, régalez vos papilles d'une cuisine élégamment préparée et savoureuse, dans un cadre romantique.

Champion SUPERMARCHÉ €
(Uturoa ; 6h30-18h30 lun-sam, 5h30-13h dim). Supermarché bien approvisionné, sur le front de mer.

Liaut SUPERMARCHÉ €
(Uturoa ; 6h30-18h30 lun-sam, 5h30-11h30 dim). Pâtisseries et plats à emporter maison, fruits et légumes, boucherie, poissonnerie. Peut livrer les plaisanciers à bord du bateau pour tout achat supérieur à 15 000 CFP. Dans la rue principale.

Achats

La plupart des boutiques sont regroupées à Uturoa et sur la côte est.

Marché couvert MARCHÉ
(Uturoa ; 8h-15h lun-ven, 8h-11h sam). En face de la gare maritime. La galerie à l'étage est consacrée aux objets artisanaux. Également vente de vanille.

Arii Création VÊTEMENTS
(40 66 35 54 ; Uturoa ; 8h-17hlun-ven, 8h-12h sam). Boutique spécialisée dans les tissus polynésiens, T-shirts, chemises, débardeurs et sacs. Dans la rue principale.

Galerie Anuanua GALERIE D'ART
(40 66 12 66 ; www.galerie-anuanua.com ; Uturoa ; 8h-17h lun-ven, 8h-12h sam). Galerie d'art regroupant les créations d'artisans de différentes îles. Vous y trouverez des sculptures, des poteries, des tableaux, des paréos et des objets en nacre. Dans la rue principale.

Te Fare ARTISANAT
(40 66 17 17 ; Uturoa ; 8h-12h et 13h-17h lun-ven, 8h30-12h sam). Côté quai, cette boutique vend des tissus, des tableaux, des bijoux, de la vannerie et des sculptures.

Vairua Perles PERLES
(40 66 38 39 ; www.facebook.com/vairuaperles ; PK 6,3, côte est ; 9h-16h lun-ven, 9h-12h sam). Petite ferme perlière familiale proposant des perles nues et montées sur de l'or ou de l'argent. Possibilité de visite. C'est sans prétention, mais les tarifs sont abordables. La récolte a lieu en juillet et en août, et les greffes en octobre ou en novembre.

Renseignements

Tous les services sont regroupés à Uturoa. Plusieurs médecins libéraux exercent à Uturoa. L'hôpital se situe en face de la poste. Également une pharmacie dans la rue principale.

Banque de Polynésie (Uturoa ; 7h45-12h et 12h45-16h lun-jeu, 7h45-12h et 12h45-15h ven). Dans la rue principale, près du marché. Distributeur automatique de billets, et opérations de change (commission de 1 000 CFP).

Banque de Tahiti (Uturoa ; ⊙8h-12h et 13h-15h30 lun-ven). Dans la rue principale, près du marché. Distributeur automatique de billets, et opérations de change (commission de 800 CFP pour le change des euros).

OPT (Uturoa ; ⊙8h-12h30 et 14h-16h lun-ven, 8h-10h sam). Bureau de poste. Légèrement à l'écart du centre-ville, en direction de l'aérodrome. Accès Internet et Wi-Fi, fonctionnant avec la carte Vinispot (en vente sur place ou en ligne). Distributeur automatique de billets.

Socredo (Uturoa ; ⊙7h30-11h30 et 13h-15h lun-ven). Distributeur automatique de billets, et opérations de change (commission de 1 000 CFP). Au centre d'Uturoa.

ℹ Depuis/vers Raiatea

Raiatea est située à 220 km au nord-ouest de Tahiti, à 40 km au sud-est de Bora Bora, et elle est séparée de Tahaa par un chenal de 3 km de large.

AVION

Air Tahiti dessert Raiatea 5 à 9 fois par jour au départ de Tahiti, directement ou via Moorea et/ou Huahine (aller simple 16 400 CFP). La durée du vol direct est de 40 minutes. Raiatea est également reliée à Huahine (8 800 CFP) et à Bora Bora (9 000 CFP) au moins une fois par jour, ainsi qu'à Maupiti (à partir de 10 800 CFP) 3 fois par semaine. Reportez-vous au chapitre *Transports* p. 450 pour les cartes de réduction et les différents pass inter-îles proposés par Air Tahiti.

Air Tahiti (☎40 60 04 44, 40 60 04 40, réservation centrale 40 86 42 42 ; www.airtahiti.fr ; ⊙7h30-11h30 et 13h-16h30 lun-ven, 8h-11h30 sam). Bureau à l'aérodrome. Depuis mars 2022, **Tahiti Air Charter** (☎40 50 54 86 ; www.tac.pf) propose chaque semaine 5 vols aller-retour entre Raiatea et Bora Bora, 4 vols vers Maupiti et 3 vols vers Huahine à bord de Cessna 7 places (à partir de 8 000 CFP l'aller).

BATEAUX INTER-ÎLES

Depuis/vers Tahaa

Les quatre **navettes Te Haere Maru** (☎40 65 61 33, 87 74 53 40) circulent entre le quai d'Uturoa (au centre-ville) et la plupart des baies de Tahaa (Vaitoare, Poutoru, Tiva, Tapuamu, quai Amaru, Haamene). Ce service fonctionne tous les jours du lundi au samedi midi, mais pas le dimanche. Comptez environ 15 minutes de traversée d'Uturoa à la marina Apu, l'escale la plus proche à Tahaa (mais près d'une heure pour les villages du nord de l'île). Deux navettes par jour en semaine (départ vers 5h et 11h de Tahaa, départ vers 10h et 16h du port d'Uturoa), et une le samedi matin (départ vers 5h30 de Tahaa et 10h de Raiatea), à partir de 500 CFP l'aller simple (1 000 CFP pour les villages au nord). Vous pouvez acheter les billets directement à bord. Appelez la société pour confirmer les horaires exacts de départ.

Autre option : la navette de **Tahaa Transport Rapide** (☎87 74 72 22), qui assure quatre liaisons par jour entre Raiatea et Tahaa (Vaitoare et Faaha uniquement) du lundi au vendredi, deux liaisons le samedi et le dimanche. Les tarifs sont de 800 CFP l'aller au départ de Vaitoare, et de 1 000 CFP depuis Faaha. Appelez pour les horaires exacts.

La navette **Enota** (☎87 25 66 78 , 1000 CFP) assure la liaison entre Poutoru et Raïatea deux fois par jour, sauf le week-end. Se renseigner sur les horaires.

Depuis/vers les autres îles de l'archipel

Spécifiquement prévu pour le transport de passagers, le **Maupiti Express 2** (☎40 67 66 69, 87 72 30 48, 87 78 27 22), basé à Bora Bora, circule entre Bora Bora, Tahaa (au quai de Poutoru) et Raiatea, trois jours par semaine. Les lundi et vendredi, il quitte Vaitape (Bora Bora) à 7h, passe à Tahaa (quai de Poutoru) vers 8h30 et arrive à Uturoa (Raiatea) vers 9h, et refait le trajet en sens inverse au départ de Raiatea à 16h (le lundi) et à 17h (le vendredi) ; le dimanche, il quitte Vaitape (Bora Bora) à 14h et repart de Uturoa (Raiatea) à 16h30 pour arriver à Bora Bora vers 19h. Comptez 5 400 CFP le passage Raitea-Bora Bora (2 700 CFP sur présentation de la carte d'étudiant ou d'écolier, même si vous n'êtes pas résident) et 750 CFP le passage Raiatea-Tahaa.

Filiale d'Aremiti, la compagnie **Apetahi Express** (☎40, 50 54 59 ; www.apetahiexpress.pf) propose 3 allers par semaine (jeu, sam et lun à 9h) en direction de Huahine (7 900 CFP) et Tahiti (14 000 CFP). Pour Taha'a (3000CFP) et Bora Bora (8 100 CFP), départ mer, ven à 12h et dim à 13h

ℹ Comment circuler

DESSERTE DE L'AÉRODROME

L'aérodrome n'est distant que de 3 km du centre d'Uturoa. Des taxis attendent devant l'aérogare, mais les hôtels et les pensions viennent chercher leurs clients qui ont réservé, gratuitement ou non.

SCOOTER

Raiatea Location (☎40 66 34 06 ; www.raiatealocation.com) loue des scooters 50 cm^3 (3 800/jour) et 125 cm^3 (4 300 CFP/jour).

TAXI

La **station de taxis** se trouve à proximité du marché couvert. Des taxis stationnent également à l'aérogare. Comptez 1 000 CFP la course entre l'aérodrome et le centre-ville.

TRANSPORTS EN COMMUN

Ne comptez pas sur les bus locaux. Leurs rares passages les rendent peu pratiques pour les touristes.

VOITURE

La location d'une voiture reste la formule la plus adaptée pour découvrir l'ensemble de l'île. Le tour de l'île fait 98 km, entièrement bitumé. Quatre sociétés de location se partagent le marché à Raiatea et ont aligné leurs tarifs ces dernières années : 6 500 CFP/jour pour un véhicule de catégorie A en kilométrage illimité). Les stations-service sont à Uturoa.

Il est conseillé de réserver. À votre demande, le véhicule peut vous être livré gratuitement à l'aérodrome.

Raiatea Rent Car (☎ 40 66 35 35, 87 20 74 24 ; www.raiatearentcar.com).

Raiatea Location (☎ 40 66 34 06; 87 73 53 74 ; www.raiatealocation.com)

Renault Rent (☎ 40 66 34 35, 87 78 22 90 ; www.facebook.com/RenaultRentRaiatea)

Moana Rent a Car (☎ 87 75 08 30 ; www.moanarentacar.com/page2.html).

TAHAA

5 300 HABITANTS

Ceux qui ont pris le temps de l'explorer sont unanimes : Tahaa est un bijou. Accessible par bateau uniquement, elle a gardé une atmosphère toute villageoise, faite de bonhomie et de simplicité. Tahaa est également réputée pour sa vanille, qui passe pour l'une des meilleures du monde (d'où son surnom d'"île vanille").

Une route côtière sinueuse fait le tour de l'île, mais la circulation est rare et les transports publics inexistants. Comme Raiatea, elle ne possède aucune plage digne de ce nom, mais les motu de la barrière de corail sont superbes.

Les activités ne manquent pas : snorkeling, tour de l'île guidé, visite d'une vanilleraie ou d'une ferme perlière, découverte de la flore, plongée... Le lagon facilement navigable et ses mouillages abrités en font une destination de prédilection des plaisanciers.

TAHAA, L'ÎLE VANILLE

Tahaa est fort justement surnommée "l'île vanille". L'île assure en effet les trois quarts de la production polynésienne de vanille, estimée à 20 tonnes par an environ. On est très loin des 150 à 200 tonnes du début du siècle, lorsque cette culture était florissante dans l'archipel de la Société.

Quelques vanilleraies sont ouvertes au public. Il s'agit de petites exploitations familiales, où vous pourrez vous procurer des gousses à des tarifs avantageux (comptez 6 000 CFP les 100 g, en très nette hausse depuis plusieurs années en raison de l'effondrement de la vanille de Madagascar) et où l'on vous expliquera les techniques du "mariage" (fécondation artificielle) de la vanille. Sa culture est très délicate et assez technique, car la fécondation de la fleur est pratiquée à la main. Neuf mois plus tard, les gousses sont mises à sécher et à brunir pendant 4 à 5 mois ; elles sont ensuite triées, calibrées, puis empaquetées dans des sachets ou des tubes en bambou avant d'être commercialisées à Papeete ou exportées.

Histoire

Tahaa s'appelait jadis Kuporu ou Uporu, nom que l'on rencontre ailleurs en Polynésie et peut-être associé aux grandes migrations. Il pourrait provenir de l'île samoane d'Upolu. Tahaa vécut dans l'ombre de Raiatea, sa puissante voisine, mais fut durant quelques temps un enjeu stratégique dans le cadre des luttes qui opposèrent Raiatea et Bora Bora, au XVIIIe siècle.

Les premiers missionnaires arrivèrent de Raiatea en 1822 et Tahaa tomba sous la domination française à la même époque que sa grande voisine, à la fin du XIXe siècle. Plus proche de nous, Tahaa a récemment connu son heure de gloire télévisuelle : les onze motu au nord de l'île ont servi de décor à la saison 2020-2021 de *Koh-Lanta*.

Orientation

Le littoral au nord de l'île forme une bande relativement continue, alors que le sud de l'île est creusé de profondes et magnifiques baies. Une route de ceinture de 70 km, asphaltée, suit le tracé du littoral. Une piste traversière, carrossable (4x4 uniquement), relie Patio au nord à Haamene au sud. La population est regroupée dans 8 villages principaux, tous au bord de la côte. Patio est le centre administratif de l'île, et abrite divers services, dont une poste et une banque. Le mont Ohiri (598 m) est le point culminant de l'île.

La numérotation des bornes kilométriques PK, qui débute à Haamene, s'achève vers le PK 25 dans le sens des aiguilles d'une montre, à Patio, et reprend à partir de là en décroissant jusqu'à Haamene.

À voir

La route côtière fait environ 70 km et traverse de magnifiques paysages. Vous ne croiserez guère d'autres véhicules. L'essentiel du trajet présenté ci-dessous se fait le long du littoral, sauf à quelques endroits où la route bifurque vers l'intérieur, gravissant quelques raidillons. Louez un véhicule ou passez par l'intermédiaire d'un prestataire organisant un tour de l'île en 4x4.

De Vaitoare à Haamene

À l'extrémité sud de l'île, la **ferme perlière Champon** (☎40 65 66 26 ; www.tahiti-perle-online.com ; visite 8h-16h tlj) commercialise des perles de très bonne qualité. Pour la visite commentée de la ferme, il est préférable de prendre rendez-vous.

La route longe ensuite la côte en contournant la **baie d'Apu**. Au fond de la baie, une bifurcation mène vers le sud jusqu'au village de **Poutoru**. On passe devant le site écotouristique de Tiarere, un parc fruitier communal ouvert au public en passe d'accueillir des lutrins explicatifs lors de notre passage en 2022. Puis la route mène au hameau de **Pati**, où elle termine en cul-de-sac. L'itinéraire côtier quitte le littoral, part vers l'intérieur des terres, franchit quelques collines, puis redescend jusqu'au plus grand village de **Haamene**.

De Haamene à Patio

La route s'élève à nouveau dans la montagne, puis redescend dans la magnifique **baie de Hurepiti**, qu'elle longe jusqu'au village de **Tiva**, avec Bora Bora en arrière-plan. Notez la petite église colorée au bord du lagon.

Continuez quelques kilomètres vers le nord, jusqu'à **Tapuamu**, qui possède le principal quai de l'île. De là, on découvre le collier d'îlots cernant le littoral septentrional de l'île, dont le **motu Tau Tau**, sur lequel se déploie l'hôtel Tahaa Private Island & Spa. À Tapuamu, vous pourrez visiter la distillerie **Pari Pari** (☎40 65 61 74 ; www.domaineparipari.com ; entrée libre ; 9h-17h lun-sam, 9h-12h dim), à la sortie nord du village, spécialisée dans la production de rhum local. En face de la station Total, **Mana'o Tahiti** (☎87 33 35 56 ; www.manao.pf ; 8h30-17h30 lun-sam, 8h30-12h

Tahaa

dim) propose également une dégustation-vente de rhum de Tahaa.

Avant de rejoindre **Patio**, la principale localité de l'île, tout au nord, où sont regroupés les services administratifs, faites halte aux fermes perlières Ia **Orana Pearl Farm** (☎87 76 59 03 ; ⏲8h30-16h30 tlj) et/ou **Love Here Pearl Farm** (☎40 65 62 62 ; www.facebook.com/loveherepearlfarm ; ⏲9h-17h lun-ven, 9h-13h sam-dim) pour tout apprendre sur la perliculture.

De Patio à Haamene

Au-delà de Patio, la route se poursuit en épousant les contours de la côte, passant par des plantations de coprah, jusqu'à **Faaha** et la baie du même nom. Avant d'arriver à Faaha, arrêtez-vous à la **Vallée de la vanille** (☎40 65 74 89 ; sites.google.com/site/vanillatahaa ; ⏲9h-17h lun-sam, 8h30-12h dim), une exploitation familiale spécialisée dans la vanilliculture où vous pourrez faire une visite guidée (gratuite). La route côtière débouche ensuite dans la baie de Haamene, et au paisible village de Haamene.

De Haamene à Vaitoare

Après Haamene, la route suit la rive sud de la baie, serpente interminablement autour de petites baies et traverse le hameau de **Vaitoare**.

Activités

Plongée sous-marine

Tahaa Diving PLONGÉE, SNORKELING
(☎87 24 80 69 ; www.tahaa-diving.com ; baptême 9 800 CFP, explo 9 300 CFP, sortie 2 plongées successives 16 800 CFP ; ⏲tlj sur réservation). Basé à l'hôtel Tahaa Private Island & Spa, ce petit centre (un seul moniteur) propose des plongées en petit comité au nord-ouest de l'île, à l'extérieur du lagon (passe de Tiva, Tau Tau, Tapu Tapu) et, pour les baptêmes, à l'intérieur du lagon. Comptez de 20 à 45 minutes de bateau. Les sites de Raiatea sont également accessibles au départ de Tahaa. Membre du **Pass Te Moana** (pass 10 plongées à 72 000 CFP valable pour 2 plongeurs dans 14 centres sur 11 îles ; www.temoanadiving.com). Également sorties snorkeling (6 000 CFP). Consultez le chapitre *Plongée* p. 40 pour plus de détails sur les sites. Service de ramassage possible dans les hôtels et les pensions de Tahaa, et tarifs préférentiels via certains hébergements. Paiement en espèces.

Baignade et snorkeling

Comme Raiatea, Tahaa est dépourvue de plage, à l'exception de la **"plage Joe Dassin"** (voir l'encadré p. 193) difficilement accessible, mais elle est réputée pour ses fonds coralliens propices au snorkeling. On peut se rendre sur les motu, notamment le **motu Tau Tau**, à l'ouest, le **motu Toahotu** ou le **motu Atger**, à l'est, vraiment superbes. Il existe un magnifique jardin de corail à proximité du motu Tau Tau ; la plupart des tours du lagon s'y arrêtent. Attention toutefois aux nombreux oursins cachés dans les patates de corail.

Certaines pensions peuvent vous déposer sur un motu, pour la journée. Sinon, joignez-vous à une excursion organisée en pirogue (voir ci-dessous), où des arrêts baignade et snorkeling sont prévus.

Tahaa

À voir

1 Ferme perlière Champon ... B3
2 Love Here Pearl ... B1
3 Mana'o Tahiti ... B2
Pari Pari (distillerie) ... (voir 3)
4 Vallée de la Vanille ... C2

Activités

Tahaa Diving ... (voir 10)
5 Vanilla Tours ... B2

Où se loger

6 Au Phil du Temps ... B2
7 Fare Pea Iti ... B1
8 L'Hibiscus ... C2
9 La Pirogue Api – Private Island ... C2
10 Le Tahaa Island Resort & Spa ... A2
11 Pension Atger ... C2
12 Titaina ... B2
13 Vahine Island Resort & Spa ... C1

Où se restaurer

14 Boutique Philo ... B3
Le Ficus ... (voir 14)
Ma'a Viti Pizza ... (voir 3)
15 Tahaa Maitai ... B2

Achats

Ferme perlière Champon ... (voir 1)
16 Ia Orana Pearl Farm ... B1
Love Here Pearl Farm ... (voir 2)
Mana'o Tahiti ... (voir 3)
Pari Pari – Distillerie de Tahaa ... (voir 3)
Vallée de la Vanille ... (voir 4)

Excursions sur le lagon

Le lagon de Tahaa est superbe. Les prestataires proposent peu ou prou le même parcours, au départ de Tahaa ou de Raiatea : à bord d'une pirogue à moteur (couverte), arrêts baignade et snorkeling à proximité de plusieurs motu (dont le motu Toahotu, à l'est de l'île, ou le superbe motu Tau Tau, à l'ouest de l'île, où se trouve le Tahaa Island Resort & Spa), visite d'une vanilleraie et d'une ferme perlière. Si vous logez à Raiatea, les prestataires basés à Tahaa (et, a fortiori, ceux de Raiatea) viennent vous chercher (gratuitement) à la marina d'Uturoa à Raiatea ou au ponton de votre hébergement.

N'hésitez pas à faire jouer la concurrence. Chaque prestataire a son style. Par ailleurs, il est préférable d'opter pour des sorties en petit comité (certains opérateurs peuvent embarquer plus d'une vingtaine de clients, tandis que d'autres se limitent à 12 participants).

Destination Lagon EXCURSION LAGONAIRE
(☎87 29 89 06, 87 29 50 37 ; www.facebook.com/destinationlagon ; Raiatea ; 10 000 CFP/pers ; ⏲ sur réservation). Bonne réputation. En pirogue ou en monocoque, visite de la ferme perlière Champon, d'une des deux rhumeries, snorkeling guidé au jardin de corail du motu Tau Tau, visite de la Vallée de la vanille, repas au motu Atger et baignade devant le motu Céran. Accueil cordial des guides. Sortie en petit groupe (12 personnes maximum).

Arii Moana Tours EXCURSION LAGONAIRE
(☎87 79 69 72, 87 29 05 87 ; www.ariimoanatours.com ; Raiatea ; 12 000 CFP/pers ; ⏲ sur réservation). Bateau confortable (de grande capacité, une vingtaine de passagers). Visite de la ferme perlière Champon, snorkeling guidé au jardin de corail du motu Tau Tau, visite de la Vallée de la vanille et repas sur une plage.

L'Excursion Bleue EXCURSION LAGONAIRE
(☎40 66 10 90, 87 78 33 28 ; www.tahaa.net ; Raiatea ; 12 000 CFP/pers ; ⏲ sur réservation). Visite de la Vallée de la vanille, de la ferme perlière Ia Ora Pearl Farm, de la rhumerie Pari-Pari, snorkeling guidé dans deux jardins de corail (l'un au nord-est de l'île, l'autre au motu Tau Tau), arrêt snorkeling avec des requins pointes noires, puis repas préparé par une famille polynésienne. Petit groupe (maximum 12 personnes) et bon accueil.

Tahaa Tour Excursion EXCURSION LAGONAIRE
(☎87 71 90 53 ; tahaatourexcursion.com ; Tahaa ; 9 000 CFP/pers, 4 500 CFP de 4 à 10 ans ; ⏲ sur réservation). Tour mixte (terrestre et lagonaire) : tour de l'île en 4x4, avec visite de la Vallée de la vanille, de la rhumerie Pari-Pari et de la ferme perlière Love Here, snorkeling au motu Tau Tau, repas dans la maison du prestataire.

LE MOTU TAU TAU, VICTIME DE SON SUCCÈS

Depuis quelques années, le magnifique jardin corallien situé à hauteur du motu Tau Tau, à hauteur de l'hôtel Tahaa Private Island & Spa, peuplé d'une faune bariolée, est victime de son succès. La plupart des prestataires nautiques de Raiatea et de Tahaa y conduisent leurs clients ; ainsi, il n'est pas rare d'y retrouver une centaine de personnes au même moment. Le problème, c'est que cet écosystème est fragile. Les visiteurs, malgré les consignes données (ou non...) par les guides, marchent sur le corail, ce qui contribue à la dégradation progressive du site. Certains opérateurs commencent à se détourner de ce motu et proposent désormais des jardins coralliens mieux préservés et plus sauvages, dans le secteur nord de l'île de Tahaa. Dans tous les cas, ne touchez pas aux massifs coralliens, contrôlez votre flottabilité et évitez de donner des coups de palme intempestifs.

Toa Nui Tours EXCURSION LAGONAIRE
(☎87 36 70 36, 87 79 04 29 ; Raiatea ; 9 000 CFP/pers ; ⏲ sur réservation). Snorkeling guidé au motu Tau Tau, visite de la ferme perlière Love Here, de la Vallée de la vanille et repas au motu Atger ou sur un autre site.

Vaituariki Taxi Motu EXCURSION LAGONAIRE
(☎87 70 56 94, 40 66 40 09 ; Raiatea ; 8 000-9 000 CFP/pers ; ⏲ sur réservation). Visite d'une ferme perlière (Perle d'Ô, à Raiatea, ou Love Here, à Tahaa), de la Vallée de la vanille, snorkeling au motu Tau Tau et repas sur l'île principale, à Tapuamu.

Randonnée pédestre

En raison de son caractère sauvage, atténué ci et là par d'inattendues prairies peuplées de vaches, Tahaa n'est pas une île de randonnée. À l'exception notable de la piste traversière entre Haamene et Patio empruntant le col de Vaitoetoe qui offre un superbe panorama sur les baies de Faaha et d'Apu.

Pour y accéder, empruntez le sentier bien visible qui débute côté montagne en face de la caserne des pompiers de Haamene, au niveau d'un portail tenu par deux poteaux de fer (à bien refermer pour ne pas que les vaches s'échappent). Comptez de 1h15 à 1h30 sans difficulté pour arriver au col. De là, vous pouvez faire demi-tour ou continuer pour arriver à Patio.

Tour de l'île guidé

Plusieurs prestataires organisent des tours de l'île en 4x4, généralement d'une demi-journée, incluant la visite d'une vanilleraie, d'une boutique de perles, de diverses plantations, en prenant éventuellement la piste traversière. Réservez dès votre arrivée, car un nombre minimum de participants est requis (généralement entre 4 et 6).

Vanilla Tours CIRCUIT BOTANIQUE
(☎87 35 86 39 ; www.facebook.com/Vanilla.Tours. Tahaa ; demi-journée/journée 6 000/9 000 CFP/pers ; ⏲sur réservation). Une prestation originale et instructive : Noé Plantier axe son circuit sur la botanique, avec des explications sur la flore et ses utilisations traditionnelles et médicinales. Les plaisanciers pourront le contacter par le canal VHF 9 et mouiller devant la maison. Excursion à la demi-journée ou la journée (incluant la traversière), au départ de Hurepiti (ajoutez 500 CFP/pers pour le transfert).

Où se loger

Les divers lieux d'hébergement qu'offre Tahaa sont disséminés dans l'île. Il n'y a donc pas de zone touristique à proprement parler. Pensez à réserver pour que vos hôtes viennent vous chercher au quai de l'un des villages de Tahaa si vous arrivez par les navettes en provenance de Raiatea, ou éventuellement à l'aérodrome d'Uturoa, sur Raiatea (comptez entre 20 et 45 minutes de traversée, selon l'endroit où vous débarquez).

Est de l'île

Le Passage BUNGALOWS €
(☎40 65 65 65, 87 78 28 81 ; baie de Haamene ; bungalows d 9 500 CFP avec petit-déj ; 📶). Ces 2 bungalows fatigués conviendront aux budgets serrés. Préférez celui en hauteur qui offre une vue sur la mer, quand l'autre donne sur les arbres du jardin. À l'intérieur, le confort est réduit au minimum : les lits à baldaquin ont fait leur temps et un simple rideau sépare la douche et les toilettes de la chambre carrelée. La petite terrasse est dotée d'une kitchenette extérieure. Le petit-déjeuner se prend sur une grande table commune sous un *fare* jouxtant une mini-piscine. Pas de plage, mais la faible profondeur du lagon à cet endroit en fait un lieu de baignade agréable. Le tombant, 50 mètres plus loin, ravira les amateurs de snorkeling.

L'Hibiscus BUNGALOWS €€
(☎40 65 65 65, 87 78 28 81 ; baie de Haamene ; bungalows d/tr/qua 12 500/14 000/15 000 CFP ; 📶). Cette adresse vieillissante a été reprise en 2021 par une famille lyonnaise, motivée pour rafraîchir petit à petit les lieux. En attendant, les bungalows, sans être mirobolants, offrent un confort acceptable (pas de clim, mais frigo et télé), même s'il faudra régler certains petits dysfonctionnement pour être à la hauteur des prix affichés. On accède aux bungalows espacés les uns des

VAUT LE DÉTOUR

PATI ET LA PLAGE JOE DASSIN

Elle n'est connue que d'une poignée d'initiés… La "plage Joe Dassin", au nord de Poutoru, est une bande littorale sauvage, accessible uniquement à pied ou par bateau. La "plage" elle-même se limite à une mince bande de sable corallien. Cette propriété déserte encadrée de cocotiers a appartenu au chanteur Joe Dassin, d'où son nom. Jusqu'en 2022, il était possible d'y accéder à pied au départ de Pati, en traversant quelques propriétés privées longeant le littoral. Un propriétaire sourcilleux refuse désormais que les visiteurs passent par chez lui, ce qui complique l'accès à la plage. Lors de notre passage, la commune de Poutoru cherchait à négocier avec lui un droit de passage. En attendant, vous pouvez tenter votre chance en passant par l'autre côté, en traversant des terrains privés aux propriétaires plus accueillants sans oublier de vous signaler auprès d'eux. Ou bien y accéder via la mer, en kayak. N'oubliez pas alors votre équipement de snorkeling, car le jardin corallien qui se déploie devant la plage est splendide. Pensez aussi au produit antimoustique.

1

3

1. Motu près de la passe de Céran (p. 192)
Il figure au programme des excursions lagonaires sur le lagon de Tahaa.

2. Gousses de vanille (p. 189)
Certaines exploitations, comme la Vallée de la Vanille (p. 198), ouvrent leurs portes aux visiteurs. L'occasion d'en savoir plus sur le produit phare de Tahaa.

3. Perles (p. 198)
Tahaa est réputée pour sa production de perles. Si vous voulez faire l'acquisition d'une perle nue ou montée, rendez-vous dans les fermes perlières ou dans les boutiques de l'île.

autres via une rampe de béton verte fissurée au milieu d'un jardin luxuriant. Pour le dîner, préférez la grande terrasse donnant sur la mer. Menu unique (4 200 CFP) ouvert aux non-résidents de l'hôtel sur réservation. Pas de plage, mais un mini-motu avec transats auquel on accède via un ponton. Wi-Fi au restaurant. Kayaks et vélos à disposition. Vélos électriques 2 000 CFP. Les transferts depuis l'aéroport de Raiatea sont possibles moyennant 5 000 CFP pour deux et par trajet.

Nord de l'île

Fare Pea Iti PETITE HÔTELLERIE €€€

(☎40 60 81 11, 87 76 98 55 ; www.farepeaiti.pf ; Patio ; bungalows d jardin 27 000-37 000 CFP, bungalows d lagon 37 000-45 000 CFP, pers supp 5 000 CFP ;). Un agréable cocon tropical, près de Patio, en bord de lagon, même s'il n'y a aucune plage et pas de possibilité de baignade digne de ce nom (platier récifal pas assez profond – sauf au bout du ponton). Une petite piscine permet de se rafraîchir. Au choix : 3 bungalows confortables et très spacieux (75 m²), en bord de mer, face aux motu ; un petit bungalow jardin (non climatisé), intimiste, idéal pour les couples ; un bungalow doté d'un jardinet tropical clôturé, plus en retrait (non climatisé). Tous sont habillés de beau bois et de sculptures locales. Le personnel est aux petits soins pour les clients, qui apprécient la tranquillité, les prestations personnalisées, la qualité de la table d'hôtes (8 900 CFP la demi-pension) et les services offerts (kayaks, vélos). Le petit plus : vous pouvez vous faire déposer sur des motu privés en face de l'établissement (1 000 CFP/pers). Malgré tout, les tarifs des suites "plage", presque équivalents à ceux d'un hôtel de luxe, sont surévalués. Les transferts à l'aérodrome ou au port d'Uturoa coûtent 13 000 CFP/pers l'aller-retour. Le restaurant (menu fixe à 6 100 CFP) est ouvert aux clients extérieurs, sur réservation.

Ouest de l'île

Titaina BUNGALOWS €€

(☎40 65 69 58, 87 29 17 13 ; www.pension-titaina.com ; Poutoru ; bungalows d 12 500 CFP, 2 500 CFP pers supp, 2 nuits min). Situé au bord d'une route sans issue, calme et tranquillité sont de mise dans cette pension tenue par un couple de *popa'a*, très attachés à la propreté des lieux. Implantés dans un joli jardin tropical, les 3 bungalows au sol en linoléum, avec sdb séparée de la chambre par un rideau, arborent une déco coloré. Le bungalow familial contient deux chambres et une cuisine extérieure. Lits king-size très confortable. Bouilloire, frigo, coffre-fort, ventilateur, moustiquaire... tout est là. Pas de plage mais un bon spot de snorkeling dans la baie, à quelques dizaines de mètres, et la proximité de la plage Joe Dassin, que l'on peut rejoindre avec les kayaks à disposition. Prêt de vélos neufs. Demi-pension (5 500 CFP/pers) de qualité à base de produits frais. L'apéro au rhum arrangé est offert chaque soir dans la maison des propriétaires. Pas de transfert à Uturoa, mais le quai de Poutoru (où s'arrêtent les navettes et le *Maupiti Express*) n'est qu'à 200 m. Possibilité de transfert privé (7 900 CFP pour 2 pers) depuis l'aérodrome. Paiement en espèces ou par virement.

Au Phil du Temps BUNGALOWS, CHAMBRE €€

(☎40 65 64 19, 87 23 79 49 ; www.auphildutempstahaa.com ; Tapuamu ; bungalow ou ch d avec petit-déj 18 500 CFP, 6 000 CFP pers supp, 2 nuits minimum ; fermé mi-déc à mi-jan ;). La chambre, dans la maison principale (avec entrée indépendante), tout comme les 2 bungalows, dans le jardin (aucun des deux n'est orienté face au lagon), respire la propreté et sont dotés d'une literie confortable. À quelques mètres du bord de mer (pas de plage), côté montagne, à la sortie de Tapuamu, l'adresse dispose d'un bel atout : une ancienne ferme perlière transformé en abri de bord de mer à laquelle on accède via un ponton : un deck doté de transats permet d'apprécier les couchers de soleil sur Bora Bora et une échelle de mise à l'eau de faire du snorkeling dans un endroit où il n'est pas rare d'apercevoir des raies mantas. Les petits-déjeuners sont frais et copieux ; les dîners (3 800 CFP, trois plats), sur réservation, mêlent produits locaux et influences françaises. Notez que les propriétaires organisent eux-mêmes les excursions sur l'île (6 000 CFP) ou vous proposeront un package combinant l'hébergement, la demi-pension et une excursion par jour moyennant 16 000 CFP/pers (minimum 3 nuitées). On peut se contenter de se faire déposer au motu Tau Tau (2 500 CFP l'aller-retour par famille). Kayaks et vélos à disposition. Transfert gratuit au quai de Tapuamu si vous arrivez par la navette. Paiement en espèces ou virement.

Sur les motu

Pension Atger BUNGALOWS, CHAMBRES €
(☎87 28 26 81 ; atgertheodore@mail.pf ; motu Atger ; ch avec sdb ext/ch et bungalows 8 000/9 000 CFP/pers en pension complète ; 📶). Choisie pour abriter des candidats de l'émission *Koh-Lanta* lors du tournage de la saison 2020, la pension Atger, plantée sur le motu éponyme, a dû se résoudre à quelques menus travaux. Désormais les 5 chambres arborent des cloisons montant jusqu'au plafond et elles disposent toutes d'une salle d'eau privative (à l'extérieur pour 3 d'entre elles). Quant aux 5 bungalows de conception sommaire avec sdb et ventilateur, à quelques mètres du bord de mer, ils restent convenables. Tout cela à des prix défiant toute concurrence étant donné le cadre : de tous côtés, les eaux limpides du lagon, et de magnifiques possibilités de snorkeling à quelques mètres du rivage. Kayaks à disposition. La cuisine (servie sous forme de buffet) est très simple mais copieuse, et l'ambiance familiale sans chichis. Venez de préférence en semaine, beaucoup plus calme que le week-end, lorsque les locaux débarquent en famille. Transferts 5 000 CFP/bateau l'aller-retour depuis Uturoa. Pas toujours réactif, le propriétaire peut avoir tendance à s'emmêler les pinceaux dans les dates. Privilégier les textos pour communiquer.

Vahine Island Resort & Spa HÔTEL €€€
(☎40 65 67 38 ; www.vahine-island.com ; motu Tuuvahine ; d 70 000-100 000 CFP, 2 nuits min ; ❄📶). Rien ne manque : la tranquillité absolue (une vingtaine de clients, au maximum), une cocoteraie somptueuse, un motu paradisiaque léché par les eaux turquoise du lagon d'un côté et battu par les vagues de l'autre côté, un accueil personnalisé, un service attentif et une ambiance authentique, à la différence des hôtels de luxe de Bora Bora… Cette valeur sûre propose un hébergement de charme, typiquement polynésien, dans ses 9 unités, réparties en 3 bungalows plage et 3 "suites" plage (plus spacieuses), orientés face à Bora Bora, et 3 bungalows sur pilotis, rénovés, avec accès direct au lagon par une échelle. Seul (petit) bémol : les pilotis ne sont pas très grands et sont proches les uns des autres. Un bon choix d'activités est proposé sur le motu : pêche, snorkeling (matériel fourni), balade sur le récif, initiation au tressage de feuilles de cocotier, etc. Des kayaks et des paddles sont à disposition. L'ajout d'un petit spa, construit au bord d'un chenal turquoise, que l'on rejoint par une petite passerelle, est un vrai plus. Les plus beaux jardins coralliens de l'île sont à proximité immédiate. Les transferts en bateau privé à l'aérodrome d'Uturoa (45 minutes) coûtent 9 000 CFP/pers l'aller-retour. Le restaurant, réputé, au bord du lagon, est ouvert aux non-résidents, sur réservation (plats 2 000-3 500 CFP au déjeuner).

La Pirogue Api – Private Island HÔTEL €€€
(☎87 27 56 00 ; www.hotellapirogueapi.net ; motu Moute ; bungalows d 65 000-72 000 CFP, fam 77 000 CFP, 2 nuits minimum ; 🕒fermé fév ; ❄📶). Sur un minuscule motu situé à l'est cette adresse de charme joue désormais à fond la carte de l'écologie et de la déconnexion : plus de clim, plus de jacuzzi, cuves de récupération d'eau de pluie, électricité solaire, Wi-Fi uniquement à la réception (il reste néanmoins la télé dans les chambres). Très spacieux (105 m² avec la terrasse), les 5 bungalows sont assez espacés les uns des autres pour conserver l'intimité des "Robinson" qui choisissent l'endroit pour un séjour "loin de tout". Le bungalow familial situé face à l'océan (exposé aux vents dominants) dispose d'une plage privée. Les autres, face au lagon, les pieds dans l'eau, avec Bora Bora en toile de fond, sont épargnés par les vents en journée. Le confort est sans reproche, tout comme la déco, qui fait la part belle aux matériaux naturels. On peut vite se sentir à l'étroit sur ce confetti, mais paddles, kayaks et équipement de snorkeling sont à disposition pour profiter du lagon ; d'autant que protégé par une double barrière de corail, l'eau est ici d'une limpidité extraordinaire. Reste les tarifs élévés semblables à un hôtel de luxe. La restauration (demi-pension 11 000 CFP/pers, à la carte) est de qualité. Petite carte le midi (2 800 CPF). Transferts en bateau privé à l'aérodrome d'Uturoa 10 000 CFP/pers l'aller-retour.

Le Taha'a by Pearl Resorts HÔTEL €€€
(☎40 60 84 00 ; www.letahaa.com ; motu Tau Tau ; villas plage 94 000-99 500 CFP, villas royales 300 000 CFP, bungalows d avec petit-déj 104 300-174 500 CFP ; ❄🏊📶). L'un des porte-drapeaux de l'hôtellerie de luxe en Polynésie, le Tahaa Island Resort & Spa se déploie dans le cadre exceptionnel du motu Tau Tau, à l'ouest de l'île. Les bungalows spacieux, répartis en 11 suites sur la plage (avec piscine privée) et 48 bungalows sur pilotis de 90 m² (certains avec vue sur Bora Bora) s'intègrent harmonieusement dans leur environnement. Excepté les villas

dites royales, les suites plage ont une vue partiellement bouchée par les bungalows sur pilotis. Ces dernières années, des rénovations ont redonné du lustre aux parties communes (hall d'accueil, restaurant, bar de la piscine) en conservant l'esprit authentique des lieux. Bon plan pour profiter du motu Tau Tau si vous n'êtes pas client de l'hôtel : réservez une table (les pieds dans le sable) à l'excellent restaurant Titiraina (plat 3 300 CFP ; le transfert est gratuit.

Où se restaurer

Il existe de modestes épiceries dans chaque village. Côté restaurant, l'éventail des possibilités est très réduit en dehors des structures d'hébergement ; la plupart des touristes optent pour la demi-pension. Les hôtels situés sur la barrière de corail acceptent les clients extérieurs sur réservation, et en fonction des disponibilités.

Ma'a Viti Pizza PIZZERIA €
(☎87 73 57 11 ; Tiva ; plats 600-1 600 CFP ; ⏲11h-14h et 17h30-21h mer-dim). Cette paillote fait des heureux avec ses pizzas et ses burgers. Rien d'extraordinaire, mais les portions sont généreuses. Également quelques desserts. Service de livraison possible entre Haamene et Patio.

Mac China SNACK €
(☎40 65 67 81 ; Haamene ; plats 800-1 650 CFP ; ⏲7h-16h lun-sam). Des pizzas, des burgers, des sandwichs, des plats asiatiques tels que le canard aux tamarins ou les crevettes au curry et de bonnes pâtisseries (dont les très appréciés *paï*, sorte de beignets fourrés aux fruits). Petite terrasse couverte et aéré où il fait bon se restaurer.

♥ **Tahaa Maitai** RESTAURANT €€
(☎40 65 70 85 ; Haamene ; plats 2 000-3 500 CFP ; ⏲11h30-13h30 et 18h30-20h mar-ven, 18h30-20h sam, 11h30-13h30 dim ; 📶). Une adresse recommandée pour sa constance. On se régale de spécialités françaises élaborées à partir de produits locaux (magret de canard à la goyave, chaud-froid de thon, crevettes au miel). Préférez la terrasse (bétonnée), avec vue sur la baie, à la salle carrelée, plus impersonnelle. Belle carte des vins et de whiskys (120 références !). Carte bancaire acceptée.

Le Ficus RESTAURANT €€
(☎87 34 98 38 ; baie d'Apu ; menu 6 500 CFP, buffet 8 000 CFP ; ⏲soir sur réservation). Ce restaurant spécialisé dans la cuisine polynésienne traditionnelle est généralement ouvert en fin de semaine (téléphonez pour confirmer) et sert un menu complet (boissons incluses) dans un cadre avenant, au bord de la baie d'Apu. Les mercredi et vendredi, le buffet inclut un petit show de danse polynésienne. Les plaisanciers, nombreux à mouiller devant l'établissement, adorent !

Où prendre un verre et sortir

Impossible de faire des folies nocturnes à Tahaa. Les rares divertissements se limitent aux spectacles de danse polynésienne organisés en général une fois par semaine dans les hôtels.

Achats

Si vous participez à un tour de l'île guidé, un arrêt est prévu dans une vanilleraie et dans une ferme perlière.

Ferme perlière Champon PERLES, BIJOUX
(☎40 65 66 26 ; www.tahiti-perle-online.com ; ⏲8h-16h tlj sur rendez-vous). Cet établissement réputé, installé dans une belle demeure de style colonial, propose un très bon choix de perles nues ou montées, ainsi que des keshis, à des tarifs élevés mais la qualité le justifie. Accueil moins familial et plus commercial que les adresses ci-dessous. Carte bancaire acceptée. Au sud de l'île.

Love Here Pearl Farm PERLES, BIJOUX
(☎40 65 62 62 ; www.facebook.com/loveherepearlfarm ; ⏲9h-17h lun-ven, 9h-13h sam et dim). Une ferme perlière bien organisée, où vous pourrez acheter des perles (nues ou montées), des bijoux et des objets décoratifs à tous les prix. Entre Tapuamu et Patio, au nord-ouest de l'île.

Ia Orana Pearl Farm PERLES
(☎87 76 59 03 ; Murifenua ; ⏲7h30-16h30 lun-sam). On peut visiter librement cette ferme perlière en activité tout en bénéficiant d'explications claires et pédagogiques sur la perliculture. Perles nues ou montées (colliers, bracelets, boucles d'oreille) à tous les prix.

Vallée de la vanille VANILLE
(☎40 65 74 89 ; sites.google.com/site/vanillatahaa ; ⏲9h-17h lun-sam, dim 8h30-12h). Une exploitation familiale où vous pourrez acheter des gousses et des produits dérivés de la vanille (poudre, rhum à la vanille, miel à la vanille, etc.), ainsi que de l'huile de *tamanu*

et de l'huile de coco. Pour les gousses, comptez 6 000 CFP les 100 grammes. Carte bancaire et euros acceptés. Entre Faaha et Hipu, sur la route de ceinture.

Pari Pari – Distillerie de Tahaa RHUM

(☎ 40 65 61 74 ; www.domaineparipari.com ; Tapuamu ; ⌚ 9h-17h lun-sam, 9h-12h dim). Ne pas manquer la visite de cette distillerie de rhum qui travaille à partir de la récolte d'une trentaine de producteurs de canne à sucre de l'île. La maturation et l'élevage se font dans des cuves en inox ou en fûts de chêne. La récolte a lieu de juillet à décembre. Parmi les produits phares : le rhum vieux agricole entre 7 900 et 8 900 CFP. Également vanille (préparée à l'ancienne, 3 500 CFP les 40 grammes), huile de coco et huile de tamanu. À la sortie nord de Tapuamu.

Mana'o Tahiti RHUM

(☎ 87 33 35 56 ; www.manao.pf ; Tapuamu ; ⌚ 8h30-17h30 lun-sam, 8h30-12h dim). Dégustation et vente de rhum blanc, de rhum de Rangiroa, de rhum ambré et de rhum vieux (à partir de 4 000 CFP), sans oublier du pur jus de canne à sucre bio. Au centre de Tapuamu.

Renseignements

Médecin et pharmacie à Haamene.

ACCÈS INTERNET

Les bureaux de l'**OPT** à Patio et à Haamene fonctionnent avec le réseau Wi-Fi Vinispot.

ARGENT

Trois distributeurs de billets sur l'île : à la banque Socredo de Patio, à l'OPT de Patio et à l'OPT de Haamene. La **Socredo** (Patio ; ⌚ 8h-12h et 13h-15h30 lun-ven) pratique également les opérations de change (commission de 1 000 CFP).

Depuis/vers Tahaa

Tahaa ne possède pas d'aérodrome, mais celui de Raiatea n'est qu'à une vingtaine de minutes de bateau (au plus court), de l'autre côté du lagon.

BATEAUX INTER-ÎLES

Un service de navettes maritimes existe entre Uturoa et les différents villages de Tahaa, du lundi au samedi. Il est également possible de faire appel aux services d'un *taxi-boat*.

Voir la rubrique *Depuis/vers Raiatea* p. 188 pour tous les détails relatifs à ces services maritimes.

La navette **Maupiti Express 2** (☎ 40 67 66 69, 87 72 30 48, 87 78 27 22), basé à Bora Bora, circule entre Bora Bora, Tahaa (au quai de Poutoru) et Raiatea, trois jours par semaine. Les lundi et vendredi, elle quitte Vaitape (Bora Bora) à 7h, passe à Tahaa (quai de Poutoru) vers 8h30 et arrive à Uturoa (Raiatea) vers 9h, et refait le trajet en sens inverse au départ de Raiatea à 16h (lundi) et à 16h30 (le vendredi) ; le dimanche, elle quitte Vaitape (Bora Bora) à 14h et repart d'Uturoa (Raiatea) à 16h30, passe à Tahaa (quai de Poutoru) vers 17h pour arriver à Bora Bora vers 19h. Comptez 5 400 CFP le passage Raiatea-Bora Bora (2 700 CFP sur présentation de la carte d'étudiant ou d'écolier, même si vous n'êtes pas résident) et 800 CFP le passage Raiatea-Tahaa.

Filiale d'Aremiti, la compagnie **Apetahi Express** (☎ 40, 50 54 59 ; www.apetahiexpress.pf) propose 3 allers par semaine (jeu, sam et lun à 8h) en direction de Raiatea (3 000 CFP), Huahine (8 500 CFP) et Tahiti (15 000 CFP). Pour Bora Bora, départ mer, ven à 13h et dim à 14h (7 500 CFP)

Comment circuler

Certains hébergements assurent le transfert de l'aérodrome de Raiatea en bateau.

Il n'y a pas de transports en commun à Tahaa, et la circulation est très clairsemée. La route de ceinture, entièrement goudronnée, fait environ 70 km.

VÉLO

Tahaa Enjoy Cycling (☎ 87 36 11 32). Location de vélos à la journée : vélo/ électrique/tandem 2000/4500/ 10 000 CFP la journée

VOITURE ET SCOOTER

Vous trouverez des stations-service à Patio et à Tapuamu – ouvertes du lundi au samedi (et parfois en début de matinée le dimanche).

Tahaa Locations (☎ 40 65 69 95, 87 79 55 07 ; www.tahaarentacar-tours.com). Voiture à 6 000 CFP pour 8 heures au départ de Vaitore (2 000 CFP pour la livraison du véhicule) et de scooters biplaces (5 000 CFP pour 8 heures).

Debo Locations (☎ 87 20 18 75). Voiture à 5 500 CFP les 8 heures , 7 000 CFP les 24 heures. Transfert : 2 000 CFP)

Tahaa Autos Locations (☎ 87 72 07 71, 87 26 12 77 ; tahaaautolocation@gmail.com). Locations de voitures à 6 500 CFP les 8 heures, 7 500 CFP les 24 heures. Livraison gratuite.

EN BREF

POPULATION
10 605 habitants

SIGNES DISTINCTIFS
La plus visitée des îles de Polynésie française (110 000 touristes/an)

MEILLEUR RESTAURANT LES PIEDS DANS L'EAU
Le Bora Bora Beach Club (p. 222)

EXCURSION ÉCOLO SUR LE LAGON
Bora Bora Cultural Lagoon Tour (p. 208)

HÉBERGEMENT LE PLUS ABORDABLE SUR UN MOTU
Chez Alice et Raphaël (p. 218)

COMMENT Y ALLER

Bateau Des navettes rapides desservent plusieurs fois par semaine les autres île de l'archipel de la Société (p. 224).

Avion Entre 8 et 10 vols par jour depuis Papeete avec Air Tahiti. La compagnie dessert également les autres îles de l'archipel de la Société et l'archipel des Tuamotu (p. 224).

Vue de Bora Bora
JEAN-BERNARD CARILLET ©

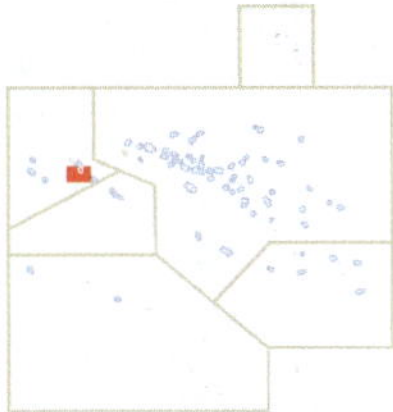

SCANNEZ POUR VOIR LA VIDÉO

Bora Bora

La voilà enfin, la star du Pacifique ! Quand elle fait son apparition à travers les hublots de l'avion, on écarquille les yeux, ébloui par l'harmonie de ses proportions : une île au relief puissant, recouverte d'une végétation d'un vert lumineux, un lagon aux extraordinaires camaïeux de bleu et de turquoise, et un chapelet d'îlots frangés par le sable blanc qui l'encercle comme une étincelante parure. En un mot : à la hauteur de sa réputation.

Le lagon de Bora est parfaitement adapté aux loisirs nautiques : plongée, snorkeling, excursions en pirogue, parachute ascensionnel... Pour le farniente et la baignade, l'unique plage de l'île, Matira, fait magnifiquement l'affaire. À terre, des tours de l'île en 4x4 permettent de découvrir quelques sites historiques méconnus.

Le côté authentique de Bora Bora s'est un peu estompé avec le développement du parc hôtelier, en grande partie composé d'hôtels de luxe, dont les bungalows sur pilotis attirent les couples en lune de miel venus du monde entier. Malgré tout, Bora Bora demeure une escale idyllique. Ici, contrairement à d'autres îles célèbres en Asie ou dans les Caraïbes, la tranquillité reste garantie, et la magie opère toujours.

DANS CE CHAPITRE

À ne pas manquer

1. **Nager avec les raies pastenagues** dans le lagon (p. 207)
2. Découvrir les vestiges de la Seconde Guerre mondiale lors d'un **tour de l'île en 4x4** (p. 215)
3. Jouer les Robinsons sur un **motu** (p. 209)
4. Effectuer une **randonnée** pour profiter d'un panorama époustouflant (p. 211)
5. Explorer les richesses du lagon avec un **bateau à moteur de location** (p. 209)
6. Lézarder sur la **plage de Matira** (p. 208)

Histoire

Le nom de Bora Bora, qui pourrait se traduire par "premier-né", laisse penser qu'elle fut l'île la plus importante après l'île "sacrée" de Raiatea. Hiro, premier roi légendaire de Raiatea, l'"île sacrée", aurait envoyé son fils Ohatatama gouverner Bora Bora. L'exiguïté des terres favorisa les conflits interclaniques, mais aussi avec les autres îles de l'archipel de la Société.

Premier Européen à apercevoir Bora Bora en 1769, James Cook y fit brièvement relâche en 1777, durant son dernier voyage. Une mission de la London Missionary Society (LMS) s'y implanta en 1820 ; depuis cette date, Bora Bora est une île essentiellement protestante. L'île soutint les Pomaré dans leur prise de pouvoir sur Tahiti. Bora Bora résista à l'influence française jusqu'à son annexion en 1888.

Bora Bora est pionnière en matière de développement touristique. Les premières constructions hôtelières ont vu le jour dans les années 1960. Les années 1980 ont confirmé cette tendance, avec la construction d'hôtels de luxe, et des célèbres bungalows sur pilotis qui ont contribué à façonner le mythe de Bora Bora. L'île compte aujourd'hui plus de 10 000 habitants.

Orientation

Comme la presque totalité des îles Sous-le-Vent, Bora Bora est une île haute, au relief d'origine volcanique, cernée par un lagon. Les sommets de l'île sont les monts Pahia (661 m) et Otemanu (727 m). L'île principale s'étend sur environ 9 km de long du nord au sud et 4 km dans sa plus grande largeur. Une route bitumée de 32 km fait le tour de la côte. Il existe deux traversières, au nord et au sud. Attention, contrairement aux indications de certains GPS, elles sont impraticables en voiture.

La passe de Teavanui, sur la côte occidentale, est l'unique passe franchissant la barrière de corail. Vaitape, à l'ouest, est la principale localité. Faanui et Anau sont deux agglomérations de moindre importance.

La plupart des établissements et des activités touristiques sont concentrés à proximité de la pointe Matira, péninsule bordée d'une plage qui s'avance dans le lagon, au sud. Le quai de la navigation inter-îles est situé à Vaitape. L'aérodrome se trouve sur le motu Mute.

Désagréments et dangers

Les plaisanciers mouillant à Bora Bora devront prendre toutes leurs précautions contre le vol. Veillez sur vos annexes, ne laissez pas d'affaires sans surveillance sur la plage de Matira et fermez vos bungalows à clé.

À voir

L'attraction principale de Bora Bora est son lagon, mais l'île elle-même peut donner lieu à une agréable balade d'une demi-journée. Vous verrez les villages, les pointes et les baies, et quelques vestiges historiques, sans oublier la sublime plage de Matira. Les 32 km de route côtière longent le littoral sur presque tout l'itinéraire. Très plane (à l'exception d'un raidillon, près d'Anau), la route se prête au déplacement à vélo. Vous pouvez également louer une voiture ou passer par l'intermédiaire d'un prestataire spécialisé dans les tours de l'île en 4x4.

L'itinéraire décrit ci-dessous débute à Vaitape et s'effectue dans le sens contraire des aiguilles d'une montre.

Vaitape VILLAGE

Malgré quelques récents aménagements à proximité du quai, la principale localité de l'île n'a pas beaucoup de charme. Elle concentre la plupart des services utiles aux touristes : banques, supermarchés, office du tourisme, etc. Elle est animée en journée, mais l'effervescence décroît en fin d'après-midi, moment choisi par les joueurs de

CE QUE BORA BORA N'EST PAS...

- Bora Bora est tournée vers les joies du lagon, elle n'est pas une destination plage. L'île n'en compte qu'une seule (Matira). Celles des grands hôtels sont artificielles.
- Bora Bora n'est ni Saint-Tropez ni Ibiza. Les soirées sont très calmes sur l'île. Il y a très peu d'animation (sauf pendant la période du Heiva, en juillet). Les principales distractions se déroulent dans les grands hôtels, sous forme de spectacles de danse traditionnelle.
- Bora Bora n'est pas Hawaii. L'île est "touristique", mais à l'échelle de la Polynésie. Sur place, même en haute saison, vous serez surpris par son calme et sa tranquillité.
- Bora Bora n'est pas non plus Saint-Barth'. Le shopping de luxe se limite aux boutiques de perles.
- Bora Bora est une île chère, mais il n'y a pas que des hôtels de luxe ; on trouve plusieurs établissements pratiquant des tarifs abordables et des offres sur Airbnb.
- De juin à août, lorsque souffle le *maraamu* (fort vent d'est), il arrive que le lagon soit démonté ; la plupart des sorties sont susceptibles d'être annulées.
- Hormis quelques *marae* et des vestiges militaires de la Seconde Guerre mondiale, il n'y a pas de sites historiques ou culturels à Bora Bora.

Bora Bora

0 2 km
Muri Muri
(Vallée blanche)
Aéroport
Motu
Mute
Haapiti
Jardin
de Corail
Motu Paahi
15
Motu
Ome
Navette Vaitape-aéroport
Motu
Tevairoa
53
Baie d'Hitiaa
18
Motu
Tofari
Pointe
Tereia
1
4
12
14
Pointe
Farepiti
6
Baie
de Faanui
Faanui
Mont
Mataihua
(314 m)
27
Motu
Ahuna
11
Navires
inter-îles
34
3
2
10
Pointe
Fitiiu
46
Anau
13
Tapu
Passe de
Teavanui
24
8
Mont Pahia
(661 m)
22
28
Mont Otemanu
(727 m)
Motu Tapu
Vaitape
Mont
Ohue
Anau
21
Voir encart
de Vaitape
25
Mont
Mauaohunoa
(148 m)
29
Motu
Piti Aau
Motu
Toopua
Baie de Povai
17
Toopua
32
Mont Pahonu
(139 m)
Spot des raies
Motu
Toopuaiti
Toopua Iti
Pointe Raititi
7
Plage de Matira
Motu Piti Uu Tai
Motu
Piti Uu Uta
Jardin
de corail
Motu
Fanfan
Pointe
Tupitipiti
Pointe Matira
Voir encart
de la Pointe Matira
Spot des raies
et des requins
Vaitape
36
37
43
Centre
commercial
Pahia
38
31
35
41
54
48
5
50
51
52
Quai
48
47
0 200 m
0 200 m
26
9
42
45
23
44
33
Baie
Rofau
49
39
40
30
19
16
20
Plage de Matira
et pointe Matira

Bora Bora

À voir

1 Canon de défense côtière B3
2 Canons de défense côtière C4
3 Canons de défense côtière B4
4 Marae Fare Opu B3
5 Monument à Alain Gerbault A7

Activités

6 Bora Bora Cultural Lagoon Tours B4
7 Bora Diving Centre B6
8 Bora Ocean Adventure B4
9 La Plage D1
10 Reef Discovery C3
Topdive .... (voir 21)

Où se loger

11 Bora Bora Holidays Lodge B4
12 Bora Bora Pearl Beach Resort & Spa A3
13 Bora Eco Camping D4
14 Bora Vaïte Lodge C3
15 Chez Alice et Raphael C2
16 Chez Nono D2
17 Conrad Bora Bora Nui B5
18 Four Seasons Resort Bora Bora D3
19 Hôtel Matira D2
20 Intercontinental Bora Bora Le Moana Resort D2
21 Intercontinental Bora Bora Resort & Thalasso Spa D5
22 Le Méridien Bora Bora D4
23 Maitai Polynesia Bora Bora D1
24 Oa Oa Lodge B4
25 Rohotu Fare Lodge C5
26 Royal Bora Bora D1
27 Saint Regis Resort D4
28 Sunset Hill Lodge B4
29 Villa Rea Hanaa C5
30 Village Temanuata D2

Où se restaurer

31 Aloe Cafe A7
32 Bloody Mary's C5
33 Bora Bora Beach Club D2
34 Bora Bora Yacht Club B4
35 Chin Lee A7
Fare Manuia – The Lucky House .... (voir 30)
36 Le Panda d'Or A6
37 Le St James A6
38 Les Délices A6
39 Magasin Matira D2
40 Moi-Here Matira Beach D2
41 Roulottes A7
42 Snack Matira C1
Snack Otoamana .... (voir 19)
43 Super U A6
44 Tama'a Maitai D1
45 Tiare Market D1

Où prendre un verre

Bora Bora Beach Club .... (voir 33)
Bora Bora Yacht Club .... (voir 34)
46 Le Récif B4
Le St James .... (voir 37)
Maikai Bora Bora .... (voir 24)

Achats

47 Bora Art Upstairs A7
48 Bora i Te Fanau Tahi – Artisanat A7
Deep Sea Pearls .... (voir 31)
La Perle de Maimiti .... (voir 52)
49 Marama Tattoo D2
Nuanua L'Atelier .... (voir 31)
50 Teavanui Shop A7

Transports

51 Air Tahiti A7
52 Albert A7
Bora Bora – Avis .... (voir 51)
53 Bora Rent B3
54 Europcar A7

pétanque pour s'installer devant le centre artisanal. Le dimanche matin, on vient de toute l'île pour acheter les éléments de base du brunch tahitien, vendus sur le bord de la route : le *taioro*, les *firi firi*, le poisson cru, le *taro*...

À proximité du quai de Vaitape (à côté du centre artisanal) s'élève un **monument dédié à Alain Gerbault**, le navigateur français (1893-1941). Lors d'un tour du monde à bord de son voilier le *Firecrest*, il accoste à Bora Bora en 1926 avant de s'y établir de 1934 à 1940. Mort à Timor en 1941, ses cendres furent rapatriées à Bora Bora en 1947 et le monument fut érigé en 1951.

Baie de Povai BAIE

Passées les dernières maisons au sud de Vaitape, la route suit les contours de la baie de Povai, un lieu de mouillage très apprécié des plaisanciers. Ce n'est pourtant pas la baie la plus spectaculaire de l'île, car les couleurs du lagon ne sont pas éclatantes et il n'y a aucune possibilité de baignade.

Plage de Matira BAIGNADE

Aaaahhhh, la voilà ! Elle se dévoile enfin à partir de l'ancien hôtel Bora Bora, dans toute sa splendeur. Vous entrez dans l'univers de "carte postale" que vous attendiez tant... Le long de la route côtière s'égrènent quelques boutiques de souvenirs ainsi qu'une poignée de snacks, de restaurants et d'établissements hôteliers.

Par beau temps, la vision de la plage de Matira fait l'effet d'un choc, tant les couleurs sont resplendissantes. C'est Bora Bora telle qu'on se l'imagine, avec une immense piscine turquoise qui scintille, bordée par une plage de sable clair, suffisamment large – c'est assez rare en Polynésie française pour le signaler – pour soigner son bronzage. Elle descend en pente douce, ce qui en fait un site rassurant pour la baignade des enfants. C'est sur cette plage que s'achève en apothéose la dernière étape de la célèbre course de pirogues Hawaiki Nui, organisée chaque année en novembre, de Raiatea à Bora Bora (voir l'encadré p. 186).

Notez qu'il s'agit d'une plage publique, avec plusieurs accès publics, dont l'un se trouve juste en face de l'entrée de l'hôtel Intercontinental Le Moana Resort. Un autre accès (avec quelques places de parking) se trouvent à hauteur du snack Moi-Here, dans un virage. Même au plus fort de sa fréquentation, elle n'est que rarement bondée – c'est tout le charme de la Polynésie...

Pointe Matira PÉNINSULE

La plage de Matira est séparée de la baie voisine (également frangée d'une mince plage de sable blanc) par une péninsule, la pointe Matira, qui forme un long doigt pointé dans le lagon turquoise. Elle est occupée par des maisons et plusieurs établissements touristiques. La partie est de la pointe Matira est en grande partie occupée par les infrastructures de l'hôtel Intercontinental Le Moana Resort.

Après la pointe Matira, la route côtière longe une zone touristique bordée de quelques magasins et d'une poignée d'hôtels, dont le Maitai et le Royal Bora-Bora. Après les bungalows sur pilotis de l'ex-Sofitel, aujourd'hui fermé, la route passe à hauteur de l'ancien Club Med (km 9), laissé à l'abandon, qui se déploie autour d'une superbe baie (pas d'accès possible). La route descend ensuite vers la côte et rejoint Anau.

OPÉRATION BOBCAT, DES AMÉRICAINS À BORA BORA

Bien que la Seconde Guerre mondiale ait épargné le sud de la Polynésie, elle a eu un impact important à Bora Bora. Peu après l'attaque de Pearl Harbor le 7 décembre 1941, les Américains prirent la décision d'installer sur l'île une base de ravitaillement. Les forces américaines quittèrent la Caroline du Sud à la fin de janvier 1942, emportant à bord de leurs 9 navires 20 000 tonnes de matériel et près de 5 000 hommes. De début 1942 à mi-1946, l'opération Bobcat allait métamorphoser l'île, qui accueillit jusqu'à 6 000 soldats. Cette base approvisionnait les convois en route pour les îles Salomon. La piste d'atterrissage aménagée sur le motu Mute date de cette période. De nombreux métissages se produisirent pendant cette période.

Anau VILLAGE

À Anau, changement de décor. On passe de l'autre côté du miroir, dans un village de pêcheurs dépourvu d'infrastructures touristiques, qui s'étire le long d'une portion de littoral sans aucune possibilité de baignade (dans ce secteur, l'eau est saumâtre). C'est un visage de Bora Bora plus traditionnel.

Pointe Fitiiu PÉNINSULE

Sur cette étroite péninsule s'allongeant dans le lagon, la route s'élève brièvement au-dessus du littoral. Lorsque la route arrive à un petit col, on trouve un sentier qui conduit à l'extrémité de la péninsule en une dizaine de minutes, et où se trouvent deux superbes batteries de **canons de défense côtière** de la Seconde Guerre mondiale, sur une crête. Le terrain étant privé, il faut régler 500 CFP aux habitants de la maison située au bord de la route, avant d'emprunter le sentier.

Baie d'Hitiaa CÔTE SAUVAGE

La route côtière se poursuit le long de la côte nord, la partie la plus sauvage de Bora Bora, très peu habitée. C'est d'ici que part le sentier menant au mont Popoti (voir randonnées).

Baie de Faanui VESTIGES HISTORIQUES

La baie de Faanui fut le site de la principale base militaire américaine durant la Seconde Guerre mondiale. Il reste quelques vestiges de cette époque. À hauteur de la pointe Tereia, côté montagne, levez la tête et vous apercevrez un **canon de défense côtière** sur une colline, au milieu de la végétation (prenez comme repère la base de l'hôtel Pearl Beach Resort, c'est à 50 m vers le nord, sur la piste qui monte en pente raide à droite).

FEEDING OR NOT FEEDING ?

Le Code tahitien de l'environnement proscrit l'approche des animaux sous quelque forme que ce soit, mais ne nous leurrons pas : si les requins pointes noires et les raies pastenagues se donnent rendez-vous chaque matin à certains endroits du lagon, c'est bien qu'ils s'attendent à y trouver des friandises. En cela, interdire complètement le *feeding* (le nourrissage) multiplierait les risques de revenir bredouille des excursions d'observation de la faune du lagon. Difficilement envisageable, et pour les visiteurs avides d'approcher au plus près ces animaux exceptionnels, et pour les nombreuses entreprises vivant de cette manne. Les prestataires les plus sérieux s'accordent toutefois sur un point : il faut cesser les orgies de poissons, susceptibles de détraquer le cycle des animaux. D'où l'idée d'un nourrissage unique, en début de matinée avant le début des excursions, réalisé par un opérateur commun à tous les prestataires. Ne reste plus qu'à mettre tout le monde d'accord... sous l'œil d'un "gendarme" capable de sanction en cas de non-respect de l'accord. Des précédents peuvent inciter à l'optimisme : le nourrissage des requins-citrons pour les attirer en surface est désormais marginal à Bora Bora. N'hésitez pas à discuter de ces questions avec vos prestataires, vous contribuerez au changement de mentalité nécessaire à la régulation du *feeding*.

Juste avant le panneau signalant l'entrée du village de Faanui, le **marae Fare Opu** s'étend au bord de la route, entre le bas-côté et le rivage. Le site est très petit, mais les deux dalles ornées des pétroglyphes de tortues, animaux sacrés des anciens Polynésiens, méritent le coup d'œil.

Au village de **Faanui**, la pittoresque église s'élevant dans le fond de la baie monopolise le regard.

Pointe Farepiti — POINTE

Un peu avant (comptez 300 m) d'arriver au **quai de Farepiti**, où accostent les cargos assurant le ravitaillement inter-îles, une piste pour 4×4 s'enfonce côté montagne et conduit à deux superbes **canons de défense côtière** et à des casemates (comptez 20 minutes de marche, à l'ombre). Autre attrait : l'époustouflant panorama sur le lagon. Le chemin n'est pas signalé ; demandez que l'on vous l'indique.

Activités

À Bora Bora, presque toutes les activités sont orientées vers le lagon. La plupart des prestataires viennent chercher gratuitement les clients à leur pension ou à leur hôtel. Contactez-les dès votre arrivée.

Excursions sur le lagon

C'est l'activité phare de Bora Bora. Elle comporte le tour de l'île à l'intérieur du lagon à bord d'une pirogue à moteur, avec plusieurs arrêts pour profiter des joies de celui-ci : un "déjeuner des raies", l'observation des petits requins pointes noires (qui s'approchent dans l'espoir de grappiller un peu de nourriture), un pique-nique sous forme de barbecue, éventuellement accompagné d'un orchestre, ainsi que plusieurs arrêts baignade et snorkeling sur les plus beaux jardins coralliens. Les raies pastenagues sont presque apprivoisées et se laissent approcher, mais évitez de les caresser pour ne pas enlever le mucus qui recouvre leur peau. Sachez également que leur dard a été coupé pour éviter tout incident...

L'excursion lagonaire est tellement incontournable qu'elle est devenue un produit touristique standardisé. Vous serez en compagnie d'une dizaine, voire d'une vingtaine d'autres touristes. Malgré tout, pour les personnes ne pratiquant pas de plongée, ou pour une famille, cette prestation constitue une sortie inoubliable, car elle permet d'approcher de près des petits requins pointes noires et des raies pastenagues et de profiter de sites autrement inaccessibles. Prévoyez des sandalettes en plastique, un couvre-chef, de la crème solaire et un maillot de bain (et si possible votre propre matériel de snorkeling).

La concurrence fait rage entre la trentaine d'opérateurs, qui organisent des tours de l'île d'une demi-journée ou d'une journée. Si vous êtes du genre hyperactif, préférez les demi-journée de snorkeling aux journées découvertes : après le repas, l'après-midi (qui s'arrête à 15h) est davantage dévolu au farniente.

Passer en direct par un prestataire indépendant vous reviendra moins cher qu'en réservant via votre hôtel ou votre pension (qui prélève une commission). Un nombre minimum de participants - généralement quatre - est requis. Les pirogues, couvertes, ont une capacité de 10 à 20 personnes environ. Certains opérateurs essaient de se démarquer en proposant des services plus personnalisés et en effectuant des arrêts à des horaires légèrement décalés pour éviter "l'effet de masse" sur les sites.

Les transferts depuis/vers les lieux d'hébergement sont gratuits.

Voici quelques prestataires reconnus pour leur service plus qualitatif (voir aussi la rubrique *Baignade et snorkeling*, ci-dessous) :

Lagoon Service EXCURSION LAGONAIRE
(☎87 75 69 57 ; www.lagoonservice.com ; demi-journée/journée 11 500/15 500 CFP ; ⏲ surréservation). Flotte de pirogues modernes et confortables (12 pers max), et personnel professionnel. Tour de l'île au son du ukulélé avec trois arrêts pour la baignade et le snorkeling. À la demi-journée, dégustation de fruits dans l'eau, sur un banc de sable. À la journée, pique-nique sur un motu.

Manu Taxi Boat EXCURSION LAGONAIRE
(☎87 79 11 62 ; demi-journée/journée 7 500 /11 300 CFP ; ⏲sur réservation). Tour du lagon en pirogue à la demi-journée, avec 3 arrêts snorkeling à différents endroits du lagon et dégustation de fruits dans le cadre idyllique du motu Fanfan, à la pointe sud du motu Piti Aau, ou à la journée, avec pique-nique, également sur le motu Fanfan (voir l'encadré ci-contre).

Bora Bora Cultural Lagoon Tour EXCURSION LAGONAIRE
(☎87 78 65 86 ; www.boraboralagoontours.com ; demi-journée/journée 10 000/14 000 CFP ; ⏲sur réservation). Ancien de Lagoon Service, Narii défend une approche environnementaliste : pas de nourrissage, explications qualitatives sur la faune, la flore et la géologie de l'île. Dans une pirogue fonctionnelle (couverte, avec une table et un filet de catamaran), l'excursion à la demi-journée comprend trois arrêts snorkeling : raies pastenague, requins à pointes noires et raies manta si possible. À la journée, repas sur le motu familial au nord de l'île, suivi d'une balade instructive dans un jardin botanique et d'activités diverses (tressage de palme de cocotier, confection de bracelet de nacre, initiation au maniement du *va'a*, la pirogue polynésienne.

Baignade et snorkeling

À Bora Bora, comme d'ailleurs dans la plupart des îles de Polynésie, ne vous attendez pas à un ruban ininterrompu de grandes plages de sable blanc. Sur l'île principale, la seule plage digne de ce nom est la **plage de Matira** au sud, où sont rassemblées la plupart des infrastructures touristiques. Restent les **motu** sur la barrière de corail (voir l'encadré ci-contre) : ce sont eux qui offrent un cadre idyllique, avec une vue fantastique sur l'île. La plupart sont privés, et donc interdits aux visiteurs (même si, en théorie, il est possible d'y débarquer et de profiter de la bande littorale uniquement). D'autres sont occupés par les hôtels de luxe, où des plages (artificielles) ont été aménagées, mais elles sont réservées aux clients de l'hôtel.

Le spot de snorkeling le plus fréquenté est le **Jardin de corail**, juste derrière le motu Piti Uu Uta. Il est accessible en kayak depuis la pointe Matira en 20-30 minutes environ. Location chez **Matira Jet Tours** (☎87 77 63 63 ; demi-journée simple/double 3 000/3 500 CFP) juste à côté de la pension chez Nono.

Il existe d'autres magnifiques jardins coralliens, mais moins faciles d'accès, du côté de l'aéroport. La solution la plus pratique pour accéder aux plus beaux sites de baignade et de snorkeling consiste à participer à une excursion sur le lagon (voir p. 207). La plupart des prestataires prévoient en effet des arrêts sur plusieurs jardins coralliens à l'intérieur du lagon. Autre formule, très intéressante pour ceux qui préfèrent découvrir le lagon en toute indépendance : la location d'un bateau à moteur sans permis (voir l'encadré ci-contre).

Quelques prestataires spécialisés et reconnus :

Tohora Bora Bora SNORKELING LAGONAIRE
(☎87 79 53 83 ; www.tohoraborabora.com ; demi-journée 10 000 CFP, 9 000 CFP -12 ans ; ⏲sur réservation). Belle sortie lagonaire à la demi-journée à bord d'un pneumatique ou d'un bateau rigide bien équipé, axé sur le snorkeling, avec 3 à 4 arrêts selon la présence des espèces (raies aigles, raies mantas, requins à pointe noire...) et le temp passé sur chacun des spots. Des explications vous seront données sur l'écosystème du lagon. Petit groupe uniquement (8 personnes maximum).

DÉCOUVRIR LES MOTU ET LE LAGON AUTREMENT

Ah, les idylliques motu de Bora Bora. Ils sont là, à portée de mains, tentateurs... Et pourtant il n'est pas très facile de profiter de leur cadre merveilleux. Certains d'entre eux appartiennent aux hôtels de luxe et ne sont donc pas accessibles aux non-résidents (sauf éventuellement pour les repas, sur réservation) ; les autres sont privés et donc ne sont accessibles que par l'intermédiaire d'un prestataire. Quelques pistes :

➡ **La Plage** (☎87 28 48 66 ; www.laplage-borabora.com ; 4 heures/journée 18 000/25 000 CFP, essence incluse ; ⏲8h-17h tlj). Ce prestataire basé dans l'enceinte de l'hôtel Maitai loue des bateaux à moteur sans permis (6CV ou électrique) – l'idéal pour découvrir le lagon à votre guise. La formule est certes onéreuse mais est amortie à partir de 3 personnes (comparé aux excursions lagonaires). Les bateaux sont prévus pour 4 personnes au maximum (2 adultes et 2 enfants de moins de 12 ans) et sont équipés d'un taud de protection solaire. Également des modèles "Pontoon", plus stables, silencieux et plus confortables, pour 4 adultes (28 000/40 000 CFP pour 4 heures/journée). Un téléphone portable et une carte détaillée du lagon vous sont fournis, avec la localisation des principaux sites dignes d'intérêt, les jardins coralliens, et un motu accessible sans autorisation (près du motu Fanfan). Transferts gratuits depuis/vers votre lieu d'hébergement sur l'île principale.

➡ **Manu Taxi Boat** (☎87 79 11 62 ; ⏲9h-16h30 tlj). Dépose les clients à la demande sur son motu familial, le **motu Fanfan**, à l'extrémité sud du motu Piti Aau, moyennant 3 000 CFP le transfert aller-retour par personne. Le site est époustouflant, à quelques mètres d'une zone corallienne où sont immergés des tikis concrétionnés et d'un chenal emprunté par des raies aigles. La petite plage de sable corallien est idéale pour la baignade ou la bronzette. Le motu est équipé de chaises longues, de sanitaires, de douches, et l'on peut commander un pique-nique (3 000 CFP/pers, minimum 4 pers ; 5 000 CFP/pers le forfait combinant le transfert et le pique-nique) et des boissons.

H20 SNORKELING LAGONAIRE
(☎87 72 90 52, 87 30 61 36 ; www.boraborah2o.com ; demi-journée 11 500 CFP ; ⏲sur réservation). Tour lagonaire encadré par un moniteur de plongée expérimenté. Entre trois et cinq arrêts sont prévus au cours de la demi-journée, en petit groupe uniquement (6 personnes maximum). Visite naturelle du lagon et des zones récifales internes pour observer les raies aigles et les raies mantas dans leur station de nettoyage. Pas de nourrissage et approche respectueuse du milieu.

Reef Discovery SNORKELING LAGONAIRE
(☎87 76 43 43 ; www.reefdiscovery.com ; demi-journée 13 000 CFP ; ⏲sur réservation). Sorties à la demi-journée à bord d'un speed-boat confortable avec un nombre de clients est limité à 8. Sorties plus sportives dans un esprit de respect de l'environnement avec des explications sur la faune observée et les coraux. Le tour inclut 4 arrêts de snorkeling guidé à la rencontre des raies aigles et si possible des raies mantas. Également tours privés (60 000-80 000 CPF) avec différentes options : pique-nique sur un motu, chasse au trésor, coucher du soleil...)

Plongée sous-marine

La plongée sous-marine est une activité importante à Bora Bora, même si les fonds marins ne peuvent rivaliser avec ceux des Tuamotu. Raies, requins (notamment un groupe de requins-citrons, présents sur le site de Tapu) et faune du récif abondent et peuvent être observés à très petite profondeur, dans le lagon ou à l'extérieur du récif. Les coraux, malmenés par le cyclone Oli en 2010, ont bien repoussé depuis, et le paysage sous-marin a conservé sa magie. Sachez que l'éventail des sites est restreint – quatre ou cinq sites seulement sont proposés par les centres de plongée de l'île. Dans le lagon, le site Anau, une station de nettoyage des raies mantas, est très prisé. Reportez-vous au chapitre *Plongée* (p. 47) pour des informations plus détaillées sur les sites.

Bora Bora convient également parfaitement pour un baptême ou une formation pour débutant car les sites sont sécurisants.

Topdive PLONGÉE

(☎40 60 50 50 ; www.topdive.com/scuba-diving-bora-bora ; baptême 13 200 CFP, explo 10 400 CFP, 2 plongées successives 19 900 CFP ; ⏲tlj). Cette structure, à la mécanique bien huilée, bénéficie de la notoriété de l'enseigne Topdive, implantée dans plusieurs îles de Polynésie. Elle dispose d'une base à l'hôtel Intercontinental Resort & Thalasso Spa (mais peut récupérer gratuitement les plongeurs qui logent dans d'autres établissements de l'île). Les tarifs sont élevés, mais les plongées au Nitrox se font sans supplément, les bateaux sont confortables et il existe des forfaits de 6, 10 ou 20 plongées pour 2 personnes à 58 000/91 500/175 000 CFP, également valables dans les centres Topdive de Tahiti, Moorea, Rangiroa et Fakarava.

Bora Diving Centre - Eleuthera PLONGÉE

(☎87 77 67 46 ; www.eleutheraboradiving.com ; baptême 12 000 CFP, explo 9 700 CFP, 2 plongées successives 18 700 CFP ; ⏲tlj). Les prestations proposées par ce centre sont de qualité. Divers forfaits, de 6 à 10 plongées, valables pour un ou deux plongeurs, affichent des tarifs préférentiels. Nitrox gratuit sur demande. Service de ramassage gratuit. À proximité de la pointe Matira, en bord de lagon.

Diveasy Bora Bora PLONGÉE

(☎87 79 22 55 ; www.diveasyborabora.com ; baptême ou explo 13 000 CFP, 2 plongées successives 20 500 CFP ; ⏲tlj). Prestations personnalisées (un seul moniteur), souplesse d'organisation et plongées en petit comité. Service de ramassage gratuit.

Observation des cétacés

Longtemps l'apanage de Tahiti, Moorea et Rurutu, l'observation des baleines entre fin juillet et octobre a connu un essor certain au cours des dernières années, avec des sorties de qualité permettant d'approcher - dans les règles - les cétacés (baleines en saison, dauphins toute l'année, et parfois globicéphales), régulièrement présents au large de l'île.

Les mises à l'eau, encadrées par un guide, sont possibles si les conditions sont réunies (c'est le guide qui est seul compétent pour décider si l'immersion est possible et sans danger pour l'animal et les nageurs) ; notez que les apnées sont interdites. Si vous êtes sujet au mal de mer, évitez les sorties lorsque la mer est agitée.

Notez cependant qu'il n'y a aucune garantie ; certaines années sont plus "prolifiques" que d'autres, et le comportement des baleines reste imprévisible. C'est la nature qui commande, ne l'oubliez pas.

À Bora Bora, cinq prestataires disposent de l'agrément ministériel autorisant l'approche des baleines. Comptez au moins 3 heures 30 d'excursion.

Tohora Bora Bora SORTIE CÉTACÉS

(☎87 79 53 83 ; www.tohoraborabora.com ; 14 000 CFP/pers (12 000 CFP -12 ans) ; ⏲sur réservation). Prestataire passionné doté d'une solide expérience en matière de sorties d'observation des cétacés. Huit personnes max à bord d'un pneumatique ou d'un bateau rigide.

Bora Ocean Adventures SORTIE CÉTACÉS

(☎87 76 60 61 ; www.boraoceanadventures.com ; 19 500 CFP/pers ; ⏲sur réservation). De 1 à 12 personnes sur un bateau confortable. Heure de départ 8 h ou 13h.

Reef Discovery SORTIE CÉTACÉS

(☎87 76 43 43 ; www.reefdiscovery.com ; 21 000 CFP/pers ; ⏲sur réservation). Sur un speed-boat couvert de 6 personnes maximum.

Parachute ascensionnel

Bora Bora Parasailing PARACHUTE ASCENSIONNEL

(☎87 70 56 62 ; www.boraboraparasailing.com ; vols solo ou duo 30 000-48 000 CFP selon longueur corde et durée, + 10 000 CFP en trio ; ⏲fermé jeu et dim, et jan-fév). Envie de prendre de la hauteur ? Essayez le parachute ascensionnel. Deux options sont possibles : un vol avec 100 m de corde (environ 50 m au-dessus du lagon) ou un vol avec 300 m de corde (environ 130 m au-dessus du lagon), seul ou biplace, dans le secteur situé entre la pointe Matira et l'hôtel Four Seasons. L'activité ne présente aucun risque, et l'on reste sec en permanence - un excellent moyen d'apprécier le lagon vu d'en haut. Les enfants sont acceptés dès 4 ans. Les vols durent 15 ou 25 minutes. Transfert gratuit sur l'île.

Stand-up paddle et ski nautique

Bora Bora Stand-Up Paddle PADDLE

(☎87 29 14 15 ; www.boraborastanduppaddle.com, www.kitesurf-school-polynesie.com ; sortie paddle 1/2 pers à partir de 10 000/16 000 CFP ; ⏲sur réservation). Sortie de 1 heure 30 accompagnée ou simple location de paddle (2 500 CFP/heure) à partir de la pointe

FÊTES ET FESTIVALS À BORA BORA

L'animation à Bora Bora est très réduite, sauf à deux périodes de l'année. En juillet, à l'occasion des festivités du **Heiva**, l'île est en pleine effervescence. Plusieurs soirs par semaine, les groupes de danse des différents districts de l'île font la démonstration de leurs talents sur une grande scène aménagée sur le quai à Vaitape. Le programme inclut également des compétitions sportives, des défilés et des concours de chant. Le Heiva de Bora Bora est le plus réputé de Polynésie après celui de Papeete. Les manifestations débutent vers 18h (environ 1 000 CFP). Les hôtels disposent de places réservées et y emmènent leurs clients.

Autre temps fort : l'arrivée de la course de pirogues **Hawaiki Nui** (voir l'encadré p. 186) sur la plage de Matira, début novembre. Les centaines de pirogues colorées qui envahissent la plage constituent un spectacle inoubliable, et l'ambiance est très festive.

Matira. Wakeboard, foil, ski nautique, bouée tractée et cours de kitesurf (tarifs sur demande).

Scooter électrique sous-marin

Bora Ocean Adventures

(☎87 76 60 61 ; www.boraoceanadventures.com ; scooter 41 000 CFP, propulseur snorkeling/plongée 29 500/149 000 CFP). Une découverte originale du lagon par 3 mètres de profondeur à l'intérieur d'un scooter électrique, engin hybride entre le sous-marin de poche et le scaphandrier pour deux. Intéressant pour les allergiques au tuba. Basé dans l'enceinte du Oa Oa Lodge, ce prestataire propose également des sorties snorkeling et plongées (3 heures) muni d'un propulseur électrique tenu à bout de bras. Les amateurs de James Bond apprécieront.

Survol de l'île en hélicoptère

Tahiti Nui Hélicopters TOUR EN HÉLICOPTÈRE

(☎87 77 72 56 ; www.tahitinuihelicopters.com ; ⏲sur réservation). Par beau temps, Bora Bora vue d'en haut laisse un souvenir extraordinaire. Cette société propose des vols touristiques en vol partagé (4 pers min) de 10 minutes (15 000 CFP/pers), de 20 minutes (29 000 CFP, tour complet de l'île et survol de son lagon) et de 30 minutes (43 000 CFP, incluant le survol de l'île voisine de Tupai). Les vols privés (jusqu'à 5 personnes) vont de 55 000 à 155 000 CFP. Pas de transfert, il faudra vous rendre à la base (situé derrière le stade sportif) par vos propres moyens.

Randonnée pédestre

Il serait dommage de quitter Bora Bora sans avoir visité l'intérieur de l'île, au relief très spectaculaire, noyé dans une végétation touffue. Deux randonnées faciles – à condition de disposer d'une bonne forme physique, d'un couvre-chef et de bonnes chaussures – sont réalisables en autonomie.

L'ascension du **mont Popoti** (230 m), petit mamelon au nord de l'île, délivre un panorama sublime sur le lagon et sur les monts Pohie et Pahaia. Le sentier démarre au creux de la baie d'Hitiaa, derrière une grille rouillée en face d'une casse de voiture. La piste (empruntée par les 4×4) est assez raide au début avant de s'aplanir et de se transformer en sentier. Comptez 1 heure 40 aller-retour.

Plus facile, car plus ombragé et au dénivelé plus progressif, le **sentier des crêtes** mène à un panorama à 360° embrassant la pointe de Matira et la baie de Povai. Le point de départ de situe à 100 m avant le Bloody Mary au niveau d'un transformateur vert. Suivez la piste en partie recouverte par la végétation (la plus à gauche quand on est face à la montagne) : elle débouche sur une antenne télégraphique rouge et blanche avant d'emprunter un agréable sentier sous les pins australiens. Comptez 2h aller-retour.

Deux autres possibilités pour prendre de la hauteur, même si les panoramas sont moins époustouflants : la traversière au sud de l'île et la traversée entre Anau-Faanui (45 min) sur une piste tracée par les Américains dans les années 1940.

Pour le reste, compte tenu de l'absence de tout chemin balisé et du relief parfois abrupt, il est indispensable de passer par l'intermédiaire d'un guide. Sachez que l'ascension du **mont Ohue** (656 m) est difficile (donc réservée aux marcheurs entraînés), et comporte des passages aériens, équipés de cordes. La chaleur rend cette ascension d'environ 6 heures 30 aller-retour (départ de Vaitape) très éprouvante. La grotte d'Anau, percée dans la paroi volcanique, à

JEAN-BERNARD CARILLET ©

1. Visite de l'île (p. 203) Le vélo est un bon moyen pour arpenter Bora Bora par la route côtière.

2. Excursions lagonaires (p. 207) Certains motu sont aménagés pour des pique-nique lors des excursions lagonaires.

3. Bungalows sur pilotis (p. 215) Les hôtels dotés de bungalows sur pilotis sont aménagés sur la barrière de corail

4. Randonnée (p. 211) Des sentiers mènent sur les hauteurs de Bora Bora d'où l'on profite de vues spectaculaires sur le lagon.

1. Snorkeling dans les eaux turquoise du lagon de Bora Bora (p. 208) **2.** Les raies pastenagues se laissent facilement approcher **3.** Motu Fanfan (p. 209)

environ 400 m d'altitude, offre également de belles perspectives sur le lagon (comptez 6 heures de marche aller-retour). Ne vous fiez pas au GPS – nous insistons sur le fait qu'il est indispensable d'être accompagné d'un guide.

Tahitian Hiking RANDONNÉE
(☎87 26 68 11 ; 6 000-12 000 CFP/pers ; ⏲sur réservation). Wesley Olson, jeune guide diplômé, fait preuve de sérieux avec ses clients. En fonction de leurs capacités, il peut leur proposer de monter jusqu'au mont Pahia, le deuxième plus haut sommet de l'île (le Otemanu, reste lui inaccessible).

Bora Hiking Explorer RANDONNÉE
(☎89 68 36 36 ; 8 000-15 000 CFP/pers ; ⏲sur réservation). Détenteur d'un diplôme d'État, Django propose des boucles sur les crêtes de Matira et dans la vallée de Fanui, en plus des deux ascensions vers Ohue et la grotte d'Anau.

Tour de l'île guidé

Le tour guidé de l'île en 4×4 est une option intéressante pour ceux qui voyagent seuls ou n'ont que peu de temps et ne peuvent pas partager les frais de location d'une voiture, d'autant plus que certains sites, cachés dans la végétation et non signalisés, ne sont pas faciles à trouver par ses propres moyens.

Tupuna Mountain Safari EXCURSION EN 4X4
(☎40 67 75 06 ; www.tupunasafari.com ; 7 000 CFP/pers ; ⏲sur réservation). Excursion d'une demi-journée. Quatre arrêts sont prévus, incluant 3 points de vue, les canons américains de Faanui et une dégustation de fruits dans un atelier de fabrication de paréos.

Bora Bora Explorer – Vavau Adventures EXCURSION EN 4X4
(☎89 45 45 45 ; www.boraboraexplorer.com ; 6 500 CFP/pers ; ⏲sur réservation). Sortie d'une demi-journée, avec arrêts sur des points de vue, les vestiges américains (canons) et une dégustation de fruits.

Natura Discovery EXCURSION EN 4X4
(☎87 25 72 00 ; www.naturadiscoverybora.com ; 7 000 CFP/pers ; ⏲sur réservation). Tour de l'île d'environ 3 heures 30 comprenant trois arrêts à des points de vue panoramiques, la visite de quatre canons américains de la Seconde Guerre mondiale, une dégustation de fruits de saison et la visite d'un atelier de fabrication de paréos.

Où se loger

Bora Bora a bâti sa réputation autour de ses hôtels de luxe et de ses bungalows sur pilotis, symboles de l'éden tropical. En réalité, même si Bora Bora est une île onéreuse, la gamme d'hébergements est un peu plus étoffée qu'on ne l'imagine, avec plusieurs structures de gamme moyenne, relativement abordables. En revanche, il n'y a pratiquement aucune option pour les petits budgets ; consultez les plates-formes de réservation en ligne, de type Airbnb, pour bénéficier d'une offre plus large si tout est complet.

La majeure partie des hébergements sont regroupés dans le secteur de la pointe Matira, le plus idyllique de l'île.

Les motu accueillent les hôtels de luxe équipés de bungalows sur pilotis.

Certains hôtels de luxe proposent des "day pass" aux clients extérieurs, qui permettent de profiter du cadre, du restaurant et éventuellement de la piscine pendant la journée (téléphonez à la réception de chaque établissement pour plus d'information).

Vaitape et côte nord

Bora Vaïte Lodge CHAMBRES, STUDIOS €
(☎40 67 55 69, 87 73 57 71 ; Hitiaa ; s/d/tr avec sdb commune et petit-déj 8 900/11 900/14 900 CFP, appartements 16 900 CFP ; 📶). Un plan B, plutôt qu'un lieu de vacances. En effet, cette pension est isolée au nord de l'île, loin des principaux sites touristiques, mais les propriétaires, un ancien chef de cuisine et sa femme, sont arrangeants et peuvent vous conduire à Matira moyennant 800 CFP/pers l'aller-retour (en journée seulement). La maison en dur se compose de 3 chambres, carrelées, propres et fonctionnelles, avec cuisine et sdb commune. Préférez celle donnant sur le lagon plus lumineuse et plus aérée. Pour plus d'intimité, optez pour l'un des deux studios-appartements, entièrement équipés (clim en sus 1 500 CFP/jour) et dotés de 4 couchages dans deux pièces séparées (le prix est le même que vous soyez 2 ou 4). Pas de repas, mais épicerie à 300 m ; au dîner, les restaurants Fare Manuia – Lucky House, St James et Bora Bora Yacht Club peuvent venir vous chercher. Transferts gratuits au quai de Vaitape. Paiement en espèces.

♥ **Sunset Hill Lodge** STUDIOS €€
(☎87 79 26 48 ; www.sunset-hill-borabora.biz ; Vaitape ; bungalows d côté montagne 11 500-17 500 CFP, côté lagon 16 300-18 800 CFP, pers supp 2500 CFP ; ❄📶). Un bon pied-à-terre,

notamment pour les familles. Le Sunset Hill Lodge se distingue par ses tarifs corrects, ainsi que par la qualité et la propreté irréprochable des studios, bien conçus, colorés, pouvant accueillir jusqu'à 6 personnes. Ils sont situés à deux endroits différents. Les plus chers – 4 studios équipés et climatisés – sont au bord du lagon (baignade possible dans une zone assez profonde, mais pas de plage), dans une grande maison bleue juste après une station-service, à la sortie nord de Vaitape. Les 7 autres studios se trouvent de l'autre côté de la route, côté montagne, dans un petit lotissement rouge brique ; trois d'entre eux, les plus spacieux, sont aménagés au-dessus de l'habitation du propriétaire, et possèdent une terrasse avec vue sur le lagon ; les quatre autres, moins chers, sont accolés à la maison, autour d'un patio japonisant. Toutes les commodités de Vaitape (banques, commerces, restaurants, supermarchés) sont à 10-15 minutes de marche environ. La plage de Matira est à 8 km (on peut s'y faire déposer gratuitement). Paiement en espèces. Transferts gratuits au quai de Vaitape.

Oa Oa Lodge BUNGALOWS €€

(☎ 40 67 67 17, 87 72 45 49 ; oaoalodge@gmail.com ; Vaitape ; bungalows d jardin 12 000-18 500 CFP, d pilotis 24 000 CFP ; ❄📶). Cette structure de gamme moyenne, qui propose 8 bungalows, dont 3 semi-pilotis (seul l'avant est sur le lagon), dans une petite propriété en bord de mer à la sortie nord de Vaitape, ne possède pas de grands atouts (le lagon est profond, le voisinage n'a rien d'une carte postale, les bungalows sont très proches les uns des autres ; seuls deux sont climatisés) mais l'ensemble est bien tenu et peut dépanner pour un séjour de quelques nuits si vous n'avez rien trouvé du côté de Matira. Prévoir impérativement la location d'un véhicule (vélo si vous êtes en forme, ou voiture) pour aller à la plage de Matira (8 km), ce qui renchérit le coût de l'hébergement (élevé en ce qui concerne les pilotis). Une réouverture du restaurant attenant à la piscine était prévu lors de notre passage.

Bora Bora Holidays Lodge CHAMBRES, STUDIOS €€

(☎ 89 43 88 88 ; www.boraboraholidayslodge.com ; ch d/tr 17 500-23 500/29 000 CFP, bungalow 35 000 CFP, appartements 46 500 CFP ; 📶❄). L'adresse est sympathique malgré son emplacement côté montagne. Autour d'une belle piscine, 4 pavillons, souscrivent au même aménagement : 2 chambres au rez-de-chaussée et 1 appartement à l'étage avec cuisine équipée pouvant accueillir jusqu'à 5 personnes. Les chambres sont simples mais très propres et contiennent toutes les commodités (bouilloire, frigo, TV, clim). L'une d'elles est aménagée pour les personnes à mobilité réduite. En hauteur de la propriété, 3 petits bungalows avec kitchenette offrent une vue magnifique sur le lagon avec la silhouette de Maupiti au loin. Propres et fonctionnels, leurs tarifs est toutefois surestimés. L'adresse est à 2 km des commerces de Vaitape, à une centaine de mètres du Bora Bora Yacht Club. Bon à savoir, on accède au panorama des canons de la pointe de Farepiti (voir p. 207) en 30 minutes depuis l'arrière du parc. Accueil souriant et professionnel.

Baie de Povai (côte ouest)

Rohotu Fare BUNGALOWS €€

(☎ 87 70 77 99 ; www.rohotufarelodge.com ; baie de Povai ; bungalows 35 700 CFP, 3 nuits min ; ❄📶). Accrochés à flanc de colline, les 3 bungalows de ce "sanctuaire tropical", confortables, spacieux et dotés d'une kitchenette sortent de l'ordinaire. Mobilier colonial en teck, sdb en extérieur avec douche coulant d'une vasque tenue par une statue, balcon avec chaises longues pour profiter de la vue sur la baie de Povai (2 bungalows seulement, le troisième n'a pas la même orientation). Au milieu d'un jardin tropical luxuriant (300 espèces de plantes), Nir, le propriétaire, a créé une ambiance, entre Indiana Jones et Bougainville, à nulle autre pareille. Aucune plage à proximité ni de service de restauration, mais vous pourrez vous rendre à vélo (prêté) dans la baie de Povai, à Vaitape ou à la plage de Matira, à 10 minutes environ, ainsi que dans les bons restaurants du secteur (courage pour gravir le raidillon menant à la propriété, au retour !). Transfert gratuit en voiture pour la plage de Matira et pour Vaitape.

Villa Yrondi VILLA D'HÔTES €€

(☎ 87 32 99 30 ; www.villayrondi.com; baie de Povai ; ch 16 000 CFP, appt 18 000-35 000 CFP ; ❄📶). À mi-chemin entre la pension et l'hôtel, l'immense villa à l'italienne du peintre-sculpteur Garrick Yrondi (où se trouve également son atelier-galerie) est accrochée légèrement en hauteur, en retrait de la route de ceinture. Elle abrite 5 appartements avec kitchenette (sauf un), spacieux, personnalisés, pleins de caractère, avec de la pierre et du marbre, offrant une vue superbe sur la baie de Povai. Une chambre, baptisée la Monacale, donne sur un agréable patio pourvu d'un petit bassin. La villa est à mi-chemin entre Vaitape et la plage de Matira au bout du sentier partant de la boutique "White House" ; un vélo (1 500 CFP/jour) est nécessaire pour circuler. Petit-déj à 1 700 CFP.

Pointe Matira et environs

La pointe Matira est le principal pôle touristique de Bora Bora. C'est là que s'égrènent les lieux d'hébergement le long de la plage.

Les transferts jusqu'à la navette pour l'aéroport coûtent de 500 à 1 000 CFP par trajet.

Chez Nono BUNGALOWS, VILLAS €€
(☎40 67 71 38, 87 78 27 61 ; www.cheznonobora.com ; bungalows d/tr/qua 15 000/17 000/19 000 CFP, villa d 17 500 CFP ; ❄📶). Directement sur la plage de Matira, face au soleil couchant, cette pension bénéficie d'un emplacement splendide pour des prix relativement corrects. Les 2 bungalows, de forme circulaire, de conception simple, disposent d'une sdb (dont les murs ne montent pas jusqu'au plafond), d'un lit double et de deux lits incurvés épousant le mur. Déroutant au premier abord, mais on y dort bien. Quant aux 2 villas – 2 suites récupérées d'un ancien hôtel de luxe – elles comprennent deux chambres indépendantes et un salon-cuisine, ainsi qu'une terrasse en bois. Elles sont en principe louées en entier (35 000 CFP) mais, en basse saison, elles peuvent être louées à la chambre (17 500 CFP). Les restaurants et les épiceries de la pointe Matira ne sont qu'à quelques minutes à pied.

Village Temanuata PETITE HÔTELLERIE €€
(☎40 67 75 61 ; www.temanuata.com ; bungalows d 25 000-30 000 CFP ; 📶). En guise de village, 14 bungalows de style local, dotés de murs en bambou et de toit en niau, disposés le long d'une chemin de sable blanc dans une propriété bien entretenue. Dommage que chaque centimètre carré de terrain ait été méticuleusement exploité… d'où la sensation d'être à l'étroit, malgré des haies végétales pour maintenir un peu d'intimité. Tous sont dotés d'un brasseur d'air, d'une sdb – dont les cloisons ne montent pas jusqu'au plafond –, et d'une terrasse ; ils sont convenables, mais une mise au goût du jour leur ferait le plus grand bien. La propriété est en bord de lagon, mais 2 bungalows seulement (le n°1 et le n°6) donnent sur la mince plage de sable blanc, que prolonge une belle zone de baignade. Les autres s'entassent sur une pelouse, en retrait, sans vue. On peut se faire servir le petit-déjeuner sur sa terrasse (1 700 CFP). Deux kayaks en location (3 000 CFP la demi-journée) et des vélos (2 000 CFP/jour). Offres promotionnelles à certaines périodes de l'année. Les restaurants et commerces de Matira sont tous à quelques minutes à pied.

Maitai Polynesia Bora Bora HÔTEL €€
(☎40 60 30 00 ; www.hotelmaitai.com ; ch avec petit-déj 26 500-40 000 CFP, bungalow plage 50 000-57 000 CFP, pilotis 78 000-84 000 CFP ; ❄📶). Principal atout du Maitai, que l'on pourrait qualifier de trois-étoiles : il permet de s'offrir un hôtel de bonne gamme à des tarifs accessibles, notamment en basse saison. L'hôtel s'étend sur une vaste superficie de part et d'autre de la route de ceinture, côté lagon et côté montagne. L'ambiance conviviale et l'absence de tape-à-l'œil en font une escale très correcte. Côté montagne, les 48 chambres, climatisées, carrelées, dans le style "motel", sont réparties dans 2 bâtiments légèrement en hauteur, avec balcon et vue sur le jardin ou, nettement mieux, une vue panoramique sur le lagon (demandez celles à l'étage supérieur). Côté lagon : 13 bungalows plage et 13 bungalows sur pilotis (les moins chers de Bora Bora), très proches de la route (donc un peu de bruit en journée), avec une belle zone de baignade et de snorkeling. Équipements de snorkeling et kayak à disposition.

Le Royal Bora Bora HÔTEL €€
(☎40 60 86 86 ; www.royalborabora.com ; d 30 000-40 000 CFP avec petit-déj ; ❄📶🏊). Autour d'un luxuriant parc arboré joliment entretenu, le "Royal" se compose de 10 pavillons de 8 chambres réparties sur deux étages. L'ensemble est standardisé mais les chambres affichent plusieurs atouts non négligeables : la déco est neuve (l'hôtel a réouvert en 2020), elles sont assez spacieuses pour accueillir des lits king-size au matelas épais, un élégant mobilier en teck et toutes les commodités (clim, TV, coffre-fort, bouilloire et minibar). Le plus : la belle piscine à débordement qui donnent sur une superbe plage de sable blanc. Le moins : il faut traverser la route pour y

accéder car les logements sont bâtis côté montagne. Quant au restaurant de l'hôtel, la cuisine y est correcte, mais le service vraiment longuet. Planté à la sortie est de Matira, l'établissement se situe à une quinzaine de minutes à pied des restaurants et des commerces. Vélos (2 500 CFP/jour) et kayaks (2 000 CFP/jour).

Hôtel Matira BUNGALOWS €€

(☎40 67 70 51, 40 60 58 40 ; www.hotel-matira.com ; bungalows d 23 000-38 000 CFP, pers supp 9 000 CFP, petit-déj 2 800 CFP ; 📶). Cette petite résidence hôtelière vaut pour son emplacement, au début de la plage de Matira, malgré la proximité immédiate de la route de ceinture et de hauts murs en béton un peu incongrus. Les 14 bungalows, spacieux, en bois sombre, sont aménagés sur une pelouse soignée, débouchant directement sur la plage. Ils offrent un confort correct (malgré l'absence de clim et des sdb sans porte) mais ne sont pas très lumineux. La différence de prix, énorme, entre les bungalows tient à l'orientation : ceux qui ont vue sur le lagon (notamment le n°1 et le n°11, les plus proches de la plage) se louent au prix fort, tandis que ceux qui sont à l'arrière de la propriété sont moins chers. Dans tous les cas, ne laissez pas d'affaires de valeur à l'intérieur, vu la proximité immédiate de la plage publique et l'absence de clôture. Le prix des transferts au quai est particulièrement élevé (aller-retour 2 600 CFP/pers). Le Wi-Fi capte mal et il faut aller parfois à la réception.

Intercontinental Bora Bora Le Moana Resort HÔTEL €€€

(☎40 60 49 00 ; www.lemoana.intercontinental.com ; bungalows d 108 000-197 000 CFP, petit-déj 5 200 CFP ; ❄🏊📶). Le doyen des hôtels de Bora (ouvert en 1991), que l'on pourrait classer quatre-étoiles, traverse les années sans prendre de rides, ou presque, grâce à un entretien régulier. Son emplacement, sur la façade est de la pointe Matira, avec des bungalows sur pilotis construits au milieu de splendides jardins coralliens, est enviable (même s'ils sont exposés plein est, donc sans possibilité d'apprécier le coucher du soleil). Les mieux orientés sont ceux numérotés de 11 à 18. Quant aux bungalows plage, ils séduisent avec leur grande baie vitrée (à condition d'éviter ceux qui se trouvent en limite de propriété), qui les rend très lumineux. Avec 64 unités d'hébergement, cet établissement reste à taille humaine, et sa plage est l'une des plus jolies de l'île. Il se caractérise par son esprit polynésien, autant dans la déco (tons blond et miel) que dans l'ambiance, à laquelle contribue le personnel, très majoritairement local. Kayaks, paddles et équipements de plage sont à disposition. Autres atouts : la belle piscine à débordement et la proximité immédiate des commodités du secteur de Matira. En revanche, si c'est l'intimité et la tranquillité absolue que vous recherchez, loin des regards, mieux vaut opter pour un établissement sur un motu.

Sur les motu

Tranquillité et dépaysement absolus sont garantis si vous logez sur un motu. Par beau temps, la vue sur l'intérieur de l'île principale est inoubliable. Bon à savoir : les hôtels facturent très cher les transferts en bateau sur l'île principale, dans le but de garder leurs clients "captifs"...

Bora Eco camping CAMPING €

(☎87 77 91 80 ; bora-bora-camping-motu-ecologique.business.site/ ; motu Manutaiarii ; emplacement 2 pers 3 100 CFP, tentes et matelas, 2 pers/4 pers 4 600/10 200 CFP, draps non fournis). La solution la moins chère pour dormir sur un des motu de Bora-Bora. Coincé entre une petite plage de sable fin et un récif coralien fossilisé aux faux airs de côte bretonne, le lieu est magique : les îles Tahaa et Raiatea en ligne de mire d'un côté, le mont Otemanu aux allures de mont Saint-Michel, de l'autre. Les emplacements des tentes, délimités par des coraux et judicieusement ombragés par des pandanus font bonne figure. En revanche, on vous prévient, les commodités sont ici réduites au strict minimum : pas d'électricité, pas d'eau courante, un seau d'eau en guise de chasse d'eau et un camel-bag pour se doucher. Bref, pour une robinsonnade, vous êtes au bon endroit... n'y aurait-il les repas végétariens (4 000 CFP) et les petits-déjeuners (1 500 CFP) de Tahia la propriétaire, cuisinière hors-pair qui accomplit des miracles dans sa cuisine à ciel ouvert. Transfert 2 000 CFP depuis la base du Méridien à Anau. Arrivée avant 16h.

♥ Chez Alice et Raphael BUNGALOWS €€

(☎87 70 37 10 ; www.pensionaliceetraphaelbora-bora.com ; motu Ome ; bungalows d avec petit-déj 25 000 CFP). La seule adresse abordable sur les motu. Tenu par un couple de jeunes *popa'a*, cet établissement isolé sur le motu Ome se compose de trois bungalows aux jolies finitions, réalisés en matériaux locaux, avec sdb (les murs ne montent pas jusqu'au plafond), brasseur d'air, moustiquaire (indispensable) et literie de qualité, dans une cocoteraie remarquablement aménagée, au bord du lagon, face au mont Otemanu. La propriété est traversante, donc vous avez accès au lagon (bel endroit pour faire trempette) et au superbe récif fossilisé, côté océan. En kayak ou en paddle (gratuit), on peut explorer de beaux sites lagonaires à proximité. Possibilité d'initiation à la planche à voile et à la pirogue à voile avec le propriétaire. Au dîner (3 800 CFP), produits locaux, eau filtrée, miel du jardin et œufs du poulailler... en accord avec la sensibilité écolo des hôtes ; pour le déjeuner, des en-cas sont proposés (950-1 200 CFP). Un beau salon complète les prestations. Les transferts sur l'île sont possibles, moyennant supplément (700 CFP/pers l'aller-retour pour le nord de l'île ; il faudra ensuite vous débrouiller pour circuler). Transferts à l'aérodrome inclus. Paiement en espèces ou virement. Pas de Wi-Fi sur cette partie du motu (mais la 3G fonctionne).

Saint Regis Resort HÔTEL €€€

(☎40 60 78 88 ; www.marriott.fr ; bungalows d à partir de 150 000 CFP ; ❄ 🏊 📶). Établissement de prestige, le Saint Regis a la faveur d'une clientèle internationale huppée. Les 77 villas sur pilotis et 13 villas (d'une superficie de 145 m², avec piscine) sont élégamment décorées, avec des bois précieux et des tissus de très haute qualité. Parmi les 5 catégories de villas sur pilotis, nous conseillons les "Premium Otemanu View", avec un petit Jacuzzi et une vue plus dégagée. Points forts de l'hôtel : la restauration (4 restaurants et 2 bars) à orientation gastronomique, les deux piscines et la configuration du site, qui a été aménagé autour de plusieurs îlots, chenaux et lagunes. Il existe même un "lagoonarium", où évoluent d'imposants napoléons nourris par des biologistes, au milieu duquel trône le magnifique spa Miri Miri, autre fierté de l'établissement. Les non-résidents ont également accès à ce petit paradis, dans l'un des restaurants (sur réservation uniquement).

♥ **Bora Bora by Pearl Resorts** HÔTEL €€€

(☎40 60 52 00 ; www.leborabora.com ; motu Tevairoa ; bungalows d 85 000-160 000 CFP ; ❄ 🏊 📶). Situé sur le motu le plus grand du lagon de Bora Bora, face au mont Otemanu, le plus polynésien des hôtels de luxe de Bora Bora a subi un lifting complet achevé en 2021. Parois de nacre, frise en bois sculptés, mobilier évoquant des tambours tahitiens, papier peint historié de pétroglyphes... La déco "moderno-authentique" des chambres est franchement réussie. À l'extérieur, les murs en bambou et les toits en pandanus complètent le cachet local des 108 bungalows de ce bel ensemble qui a l'avantage d'être éloigné des autres hôtels de luxe, tous situés de l'autre côté de l'île. Les bungalows sur pilotis (notamment les deux suites dotés de salles de bain entièrement vitrées) offrent une vue éblouissante sur l'île principale. Les bungalows donnant sur la belle plage aménagée (la seule à être naturelle parmi les hôtels des motus) conviennent bien aux familles. Les 20 bungalows jardin, dotés d'une piscine et d'un jardinet tropical entouré d'une palissade, sont logés assez loin les uns des autres dans un parc très bien entretenu, Très joli spa, édifié au milieu d'une végétation exubérante. Un *wine-bar* panoramique, une grande piscine, ainsi que divers équipements nautiques (kayaks), complètent les installations. Les transferts sur l'île sont gratuits, et le restaurant est ouvert aux clients extérieurs, sur réservation.

♥ **Conrad Bora Bora Nui** HÔTEL €€€

(☎40 60 33 00 ; www.hiltonhotels.com ; motu Toopua ; bungalow jardin/ pilotis 105 000-125 000 CFP/150 000-350 000 CFP ; ❄ 🏊 📶). Le Conrad est le seul hôtel sur les motu qui n'est pas orienté face à l'île principale, mais vers l'océan, avec une perspective dégagée, vers l'ouest (idéal pour profiter des couchers de soleil). Ce motu a également la particularité de ne pas être plat – il forme une petite colline. Tout a été vu en grand dans ce bel hôtel de luxe au style résolument moderne et design, qui totalise 120 unités et se déploie sur plus d'un kilomètre. Ce secteur du lagon est idyllique, et la grande plage aménagée fait presque 800 m de long (dommage que la vue soit en partie bouchée par l'ensemble de bungalows sur pilotis, situés devant). Les 88 bungalows sur pilotis (dont 22 avec petite piscine privée), disposés devant la plage et autour d'un îlot séparé, offrent différentes orientations (on en pince pour les "Otemanu Views", plus à l'écart, donc plus tranquilles). À terre, de superbes villas sont disséminées dans le jardin et à flanc de colline. Les unités les moins chères, les "Suites Lagoon View" et "Garden View", occupent un bâtiment sur deux niveaux en retrait du bord de mer et n'ont qu'une vue très limitée sur le lagon mais sont très spacieuses. S'y ajoutent une splendide piscine de 1 000 m², 6 restaurants, un centre de remise en forme, et toute la gamme des activités nautiques. Le *kids club* est très apprécié. Autre point fort : le magnifique spa aménagé au sommet de la colline (auquel on accède en voiturette), d'où l'on embrasse une vue extraordinaire. L'accès à Vaitape sur l'île principale (2 200 CFP) est facile (5 min). Côté ambiance, on mise ici sur la "décontraction chic", la convivialité et une attention au client de tous les instants.

Le Méridien Bora Bora HÔTEL €€€

(☎40 60 51 51 ; www.marriott.fr ; motu Piti Aau ; bungalows d à partir de 64 000 CFP ;). Lors de notre passage, le Méridien était en travaux pour une extension-rénovation complète. Au risque de conforter l'image de cités-dortoirs sur pilotis qui colle parfois aux hôtels de luxe de Bora-Bora, une quarantaine de nouveaux bungalows (plus spacieux) s'apprêtaient à rejoindre la centaine d'unités déjà existantes. Pour le reste, le Méridien continuera à valoriser ses atouts : en plus de l'ensemble des commodités imaginables (bar, restaurants, piscine, spa...) une vue magnifique sur le mont Otemanu, dont le profil apparaît en lame de couteau, de grands espaces au sol en verre et un "Turtle Centre", un centre de réhabilitation des tortues marines, qui proposera des activités pour les clients (nourrissage, ateliers éducatifs). Réouverture prévue en 2023.

♥ Intercontinental Bora Bora Resort & Thalasso Spa HÔTEL €€€

(☎40 60 76 00 ; www.thalasso.intercontinental.com ; motu Piti Aau ; bungalows d à partir de 110 000 CFP ;). Vue d'avion, la configuration des 84 villas sur pilotis (dont 10 avec piscine privative) du "Thalasso" ressemble à deux pinces de crabe géantes. Moins pointues depuis l'ouverture en 2019 des 4 villas dites "Brando", suites hyper luxueuse n'ayant pour vis-à-vis que le mont Otemanu. Moins onéreuses, les "Diamant Otemanu" jouissent elles aussi d'une vue imprenable sur le mont grâce aux grandes baies vitrées qui donnent l'impression de flotter sur le lagon depuis son lit. L'esprit de la déco est plutôt design, avec un mélange de matériaux en bois, en chrome et en pierre, peu en rapport avec le style polynésien. Parmi les trois restaurants de l'établissement, le Corail rivalise avec les meilleures adresses gastronomiques françaises. Autre point fort, le spa à l'eau de mer, exceptionnel, avec un bel éventail de soins (ouvert aux non-résidents). Une curiosité : la chapelle des mariages est construite sur une lagune, et dispose d'un sol en partie en verre... Belles possibilités de baignade devant l'hôtel, mais snorkeling décevant (les fonds sont sableux). Belle atmosphère sauvage côté récif. Navettes régulières (mais payantes) pour l'Intercontinental Bora Bora Le Moana Resort, sur la pointe Matira.

Four Seasons Resort Bora Bora HÔTEL €€€

(☎40 60 31 30 ; www.fourseasons.com/borabora ; motu Tehotu ; bungalows d à partir de 160 000 CFP ;). On ne vient pas à Bora Bora, mais au Four Seasons. Tout est dit. Cet établissement de très grand standing est l'une des étapes des VIP et des célébrités de Hollywood (et d'ailleurs). Situé sur un motu au nord-est de l'île, l'hôtel comprend 100 bungalows sur pilotis, immenses (entre 100 et 160 m² !), avec des expositions différentes, et une petite piscine privée pour les plus chers, ainsi qu'une quinzaine de somptueuses villas de 300 m², avec piscine privée, au bord du lagon. Lagune aménagée et spa magnifique. Par rapport aux autres hôtels de l'île, le Four Seasons est une "forteresse" qui se distingue par sa politique de "vase clos" : les visiteurs extérieurs n'y sont pas admis, et tout est fait pour que les clients séjournant à l'hôtel ne consomment pas de prestations à l'extérieur de celui-ci (ainsi, il y a peu de navettes pour l'île principale, et elles sont payantes). L'hôtel n'accueille pas que des couples ; les familles y sont les bienvenues (programme d'animations pour les enfants et les adolescents).

Où se restaurer

Rapporté à l'importance touristique de l'île, le choix en matière de restauration est plutôt restreint. En dehors des restaurants indépendants, vous pouvez aussi faire l'expérience d'un buffet-spectacle dans un grand hôtel.

Sur l'île, la plupart des établissements ferment leurs portes vers 21h.

Vaitape et environs

♥ Roulottes COMMERCES AMBULANTS €

(plats 1 100-1 600 CFP ; soir tlj). Des roulottes prennent position chaque soir aux abords de la place centrale de Vaitape. Elles servent des plats simples, à base de viande ou de poisson, à des tarifs économiques.

Aloe Cafe SNACK, PÂTISSERIE €
(☎ 40 67 78 88 ; plats 1 300-2 700 CFP ; ⏲ 6h30-18h lun-sam ; 📶). Dans le centre commercial, en face du temple, ce snack possède une belle carte brasserie, à des tarifs avantageux. Sur la terrasse ombragée, sans aucune vue malheureusement, vous pourrez prendre un petit-déjeuner (plusieurs formules de 2 100 à 3 200 CFP), diverses pâtisseries maison, une salade, des pâtes, des plats de poisson ou de viande, une pizza ou une glace maison. Service en continu jusqu'à 17h.

Le Panda d'Or RESTAURANT €
(☎ 40 67 62 81 ; plats 1 500-2 800 CFP ; ⏲ 11h-13h et 18h-21h lun-sam). Ce restaurant chinois offre deux options : un service en salle, dans une grande pièce carrelée, ornée de lampions, très banale ; et, sur le côté, un comptoir de vente à emporter, où l'on voit les cuisiniers s'activer autour d'énormes woks (avis aux amateurs, les parts seront plus généreuses si vous apportez votre propre récipient). La cuisine est très convenable pour le prix. Optez pour un *chao men*, un poulet citron ou des chevrettes (crevettes d'eau douce) panées. À la sortie nord de Vaitape.

♥ **Les Délices** FRUIT DE MER €€
(☎ 89 40 08 48 ; plats 1800-3500 CFP ; Vaitape ; ⏲ 11h-13h30 mar-sam et 18h-21h30 jeu-sam). Ouverte en 2020, cette adresse séduit grâce à une cuisine très à cheval sur la fraîcheur des produits. Axée sur le poisson, la carte cède aux traditionnels *chao men*, poisson cru au lait de coco et sashimi de thon, mais ose aussi de délicieuses exclusivités comme ce tartare de crevettes ou ce *paraha peue* au citron confit. Au bord de la route, côté montagne, l'établissement n'a pas de tables en extérieur. On mange dans une salle (un peu trop) climatisée, à la déco moderne dans les tons gris et rose. Antipasti, petits pains chaud, mise en bouche... le service est impeccable. Et on vous proposera un *doggy bag* si vous n'avez pas tout fini. Livraison possible. Concert les vendredis et samedis soir.

♥ **Le St James** RESTAURANT €€€
(☎ 40 67 64 62 ; plats 2 500-7 400 CFP ; ⏲ 11h30-14h30 18h-21h lun-sam ; 📶). Une halte agréable et soignée, avec un deck bien ventilé surplombant le lagon, et du mobilier en bois. Cuisine recherchée, d'inspiration française à base de produits locaux, savoureuse et élégamment présentée. Réservation fortement conseillée le soir pour bénéficier d'une table sur le ponton et profiter de la vue sur les voiliers qui mouillent dans la baie. En 2021, une cave à vins et une pâtisserie sont venus compléter ce petit coin de France. On peut prendre son sandwich et venir le manger dans la partie bar (au sol recouvert de sable blanc) pour profiter de la vue sur mer. Les petits-déjeuners (1 500-3 100 CFP) au soleil levant sont aussi très appréciés. Service de transport gratuit le soir.

♥ **Bora Bora Yacht Club** RESTAURANT €€
(☎ 40 67 60 47 ; VHF canal 69 ; www.boraborayacht-club.net ; plats 1 700-3 700 CFP ; ⏲ 11h30-14h et 18h30-21h ; 📶). Avec son superbe deck sur le lagon et un éclairage étudié le soir, le Yacht Club fait bonne impression. En plein jour, les marques du temps de cette institution (depuis 1972) se remarquent davantage, mais la cuisine, d'inspiration française, maintient sa réputation : bon choix de tartares, de viandes et de poisson. Tapas, pizzas et burgers pour les petites faims. Service de transport gratuit le soir. Spectacle de danse le mardi soir.

Vous trouverez plusieurs supermarchés à Vaitape :

Super U (⏲ 5h30-19h lun-sam). Grand supermarché. Carte bancaire acceptée.

Chin Lee (⏲ 5h-20h tlj). Supermarché bien approvisionné, à la sortie nord de Vaitape. Carte bancaire acceptée.

De Vaitape à la pointe Matira

Bloody Mary's RESTAURANT €€
(☎ 40 67 69 10 ; www.bloodymarys.com ; baie de Povai ; plats 3 000-3 700 CFP ; ⏲ 11h-14h 18h-21h30 lun-sam ; 📶). Attrape-touristes ou véritable institution ? Un peu des deux. Depuis 1979, le Bloody Mary's fait le plein tous les soirs ou presque, en appliquant la même formule. Des poissons du lagon et du large sont présentés sur un lit de glace, à l'entrée. Il n'y a pas de carte, on regarde, on écoute les explications de l'hôte(sse) polyglotte, et on commande, selon son envie (quelques viandes sont également disponibles). Le décor vaut le coup d'œil. À l'intérieur d'un immense *fare* en bambou, des tables et des tabourets en tronc de cocotier sont posés sur du sable, au milieu d'une végétation tropicale. Au déjeuner, la carte de burgers et de snacks n'a pas grand intérêt. Si l'établissement est surtout fréquenté par une clientèle internationale à l'heure du dîner, le public

est beaucoup plus bigarré au moment de la happy-hour en fin d'après-midi et lors des soirées-concerts organisées régulièrement. À 5 km de Vaitape, dans la baie de Povai. Service de transport le soir (1000 CFP).

Pointe Matira et environs

Snack Matira SNACK €
(☎40 67 77 32 ; plats 500-2 200 CFP ; 9h-16h mar-dim). Emplacement mirifique, directement sur la plage de Matira. Décor tout simple, avec une salle carrelée ouverte et des tables en bois recouvertes d'une toile cirée, cuisine sans façon (poisson cru, omelettes, steak-frites, pizzas, sandwichs, burgers, poisson) et tarifs sages. Idéal pour reprendre des forces au déjeuner entre deux séances de bronzette ou deux plongées. La formule "plats à emporter" est possible.

Bora Bora Beach Club RESTAURANT €
(☎40 67 52 50, 89 41 00 60 ; www.borabora-beach-club.com ; plats 2 100-3 700 CFP ; 11h30-14h et 18h-21h30 tlj). Le meilleur rapport qualité-prix de l'île pour les fins connaisseurs de l'île. Loin de se reposer sur son emplacement exceptionnel, les pieds dans l'eau, sur la plage de Matira, le Beach Club revisite avec brio des plats classiques (viandes, poissons, burgers et salades) façon bistronomie. À l'image de ce succulent tataki au thon rouge. Demandez une table en terrasse pour vous repaître de la vue inégalable sur le lagon. Service de navette gratuite le soir.

Snack Otoamana SNACK €
(☎87 72 41 84 ; plats 500-1 700 CFP ; 11h-17h tlj sf sam). On l'appelle aussi "Chez Mamie", car c'est une mamma polynésienne qui est aux fourneaux dans ce snack simplissime caché derrière un mur de béton. Sur place, changement de perspective : on mange à quelques mètres de la plage de Matira, dans un cadre informel, avec le lagon scintillant en arrière-plan. Pas de prétention gastronomique, juste une cuisine familiale sans chichis (paninis, sandwichs, mahi-mahi-frites, salades). Le poisson cru au lait de coco et le thon grillé (1 300 CFP) ont laissé de bons souvenirs.

Moi-Here Matira Beach SNACK €
(☎40 67 56 46 ; plats 1 000-1 500 CFP ; 11h-18h tlj). Le cadre, une charmante terrasse en bois directement en surplomb de la plage de Matira, avec le lagon turquoise au premier plan (et de fabuleux couchers de soleil), est digne d'un cinq-étoiles mais la cuisine vous ramènera vite à la réalité ; la qualité des plats (steak-frites, *chao men*, burgers) est décevante. Contentez-vous d'une boisson. Paiement en espèces.

Tama'a Maitai SNACK D'HÔTEL €€
(☎40 60 30 00 ; plats 1 800-3 300 CFP ; 12h-21h tlj ; wifi). Le snack de l'hôtel Maitai (p. 217), agréablement situé en bord de lagon (mais la vue est partiellement bouchée par les bungalows sur pilotis), est idéal pour un repas sans prétention, dans un cadre accueillant et bien aéré, sans se ruiner. Carte très variée (pâtes, pizzas, salades, burgers, viandes, plats végétariens et poisson de pêche locale). Quelques desserts originaux, comme le tiramisu à la mangue ou le moelleux au coco. À signaler : service en continu (bien pratique pour caler une faim à toute heure).

Fare Manuia – The Lucky House RESTAURANT €€
(☎40 67 68 08 ; www.theluckyhouseborabora.com ; plats 1 700-3 900 CFP ; 11h30-15h et 18h-21h30 tlj ; wifi). Une adresse incontournable dans le secteur de la pointe Matira, appréciée autant par les touristes que par les locaux pour sa carte très étoffée, ses généreux plats de viande (entrecôte, filet de bœuf) et de poisson, et pizzas au feu de bois. Rien de renversant, mais on y mange bien et le service est irréprochable. Décor de style mi-auberge, mi-paillote, avec au fond un minuscule espace lounge en terrasse, disposé autour d'une piscine au format timbre-poste. Le restaurant est situé côté route, donc aucune vue digne d'intérêt. Service de transport gratuit le soir.

Pour ceux qui préfèrent faire leurs courses :

Tiare Market (6h30-19h lun-sam, 6h30-13h et 15h-18h dim). Le Tiare Market, bien approvisionné, fait le bonheur des touristes qui n'ont pas choisi la formule demi-pension dans leur hébergement.

Magasin Matira (6h-19h30 lun-sam, 5h30-10h dim). Très pratique, cette supérette se trouve à deux pas de la plage de Matira. Vente de sandwichs et de plats cuisinés.

Où prendre un verre

Gardez à l'esprit que, comme dans le reste de la Polynésie, vos soirées seront très calmes à Bora Bora. Offrez-vous le plaisir, d'un cocktail au bar d'un des hôtels de luxe de Bora Bora, sur l'île principale. Le cadre est superbe, et vous ne débourserez qu'environ 1 700 CFP (guère plus que dans un bar "normal"). Afin d'éviter toute déconvenue, téléphonez avant pour savoir si le bar de l'hôtel est accessible aux visiteurs extérieurs.

Plusieurs restaurants font également office de bar en soirée. L'ambiance n'est pas spécialement électrique, mais c'est un bon moyen de sortir du cadre aseptisé des hôtels.

Bora Bora Beach Club BAR
(☎40 67 52 50 ; www.borabora-beachclub.com ; ⏰10h-22h30 tlj sf jeu). La déco branchée, où dominent les tons turquoise et chocolat, ainsi que la superbe terrasse en balcon sur la plage de Matira, font de cet établissement le lieu idéal pour siroter un cocktail à toute heure du jour.

Le St James BAR
(☎40 67 64 62 ; Vaitape ; ⏰6h30h-23h lun-sam). Jolie terrasse-*lounge* au bord de l'eau. Le soir, un spot est allumé, pour attirer les raies et les poissons tout près du bord. Belle carte de cocktails (dont le "Saint James Special", à base de rhum), à partir de 1 800 CFP.

Bora Bora Yacht Club BAR
(☎40 67 60 47 ; VHF canal 69 ; www.boraborayacht-club.net ; secteur de Vaitape ; ⏰11h30-14h30 et 18h30-23h ;). Superbe deck sur l'eau, avec du mobilier moderne, face au soleil couchant. À moins d'opter pour le bassin avec tabouret immergé afin de boire un verre les fesses dans l'eau. Cocktails à partir de 1 600 CFP.

Où sortir

Bora Bora n'offre pas de vie nocturne digne de ce nom. À 1 km au nord de Vaitape, les soirées de la seule discothèque de l'île, **Le Récif** (☎40 67 73 87 ; www.facebook.com/disco-bora ; Faatahi ; ⏰mer-sam 18h-2h) alternent entre show karaoké et soirée DJ. Les touristes y sont rares, mais bienvenus à condition de rester respectueux (envers la gent féminine notamment). Certains restaurants organisent aussi des soirées. Pour une ambiance de "bringue" locale avec force synthé et voix autotunée, surveillez la programmation des Délices (voir p. 221). Pour des concerts de groupes locaux, renseignez-vous du côté du Bloody Mary (voir p. 221) Autre possibilités : les buffets-spectacles (ou "shows polynésiens") dans les grands hôtels. Le buffet est accompagné d'un spectacle de danses traditionnelles, interprété par des groupes locaux. Il n'est pas toujours nécessaire de payer le buffet (de 8 000 à 10 000 CFP/pers selon les établissements) pour assister au spectacle ; parfois, une consommation au bar suffit, ou un droit d'entrée. Chaque grand hôtel organise en moyenne une représentation une à deux fois par semaine. Renseignez-vous à la réception sur les jours de spectacle et sur la politique d'accueil des clients extérieurs.

Achats

Les boutiques d'artisanat, de souvenirs ou de perles, de qualité variable, sont assez nombreuses sur l'île. Prenez le temps de comparer avant tout achat. Bora Bora compte une quinzaine de boutiques de perles, qui se livrent une concurrence acharnée.

Bora i Te Fanau Tahi – Artisanat ARTISANAT
(Vaitape ; ⏰8h-15h30 lun-ven). À Vaitape, sur le quai. Vous y trouverez de nombreux objets (parures en coquillage, nappes, bijoux...) réalisés par les mammas de l'île. Ouvert le week-end lors des arrivées de bateaux.

Nuanua L'Atelier BIJOUX
(☎87 29 91 86 ; www.facebook.com/latelier.nuanua ; Vaitape ; ⏰10h-17h lun-ven, 9h-12h sam). Le type de commerce que l'on aime dénicher. Dans sa boutique-atelier à deux pas du quai de Vaitape, Lucie crée avec patience et minutie des bracelets, des boucles d'oreille, des colliers et des bagues – pour hommes et femmes – réalisés avec des perles, des *mabe* et des *keshi*.

Teavanui Shop PRODUITS LOCAUX
(☎89 47 70 15 ; www.teavanui.com ; Vaitape ; ⏰8h30-12h30 13h30-17h lun-ven 9h-12h 14h-17h sam). Du sel de Bora-Bora, des confitures de Moorea, des céramiques de Tahiti, des savons 100% naturel ... Ici, on vend local et écoresponsable. Également un bar à monoï pour fabriquer votre propre huile de beauté (2 100 CFP) à partir d'une palette de 36 essences différentes.

Bora Art Upstairs ART
(☎40 67 71 82, 87 70 75 60 ; www.facebook.com/boraartupstairsbora ; Vaitape ; ⏰9h30-17h lun-sam). Cette belle galerie est une caverne d'Ali Baba pour les amateurs d'art local. Elle diffuse les œuvres (tableaux ou reproductions) d'une quinzaine d'artistes de l'île, ainsi que des peintures sur *kere* (fibre de cocotier) et des spathes de Bora Bora peintes à la main.

Marama Tattoo TATOUAGES
(☎87 74 57 92 ; pointe Matira ; ⏰sur rendez-vous). Marama est l'un des meilleurs tatoueurs

des îles Sous-le-Vent. Son portfolio est convaincant (beau répertoire de motifs traditionnels, avec une touche de modernisme) et il respecte toutes les normes d'hygiène. Prenez rendez-vous plusieurs jours (voire plusieurs semaines !) à l'avance. À la pointe Matira, derrière l'agence Avis.

La Perle de Maimiti PERLES
(☎87 75 60 29 ; www.maimiti.com ; Vaitape ; ⏲9h-16h30 lun-sam). Ce particulier qui a longtemps exercé dans les boutiques de perles de l'île connaît très bien son affaire et pratique la vente privée à domicile. Le choix est plus réduit que dans les boutiques mais la sélection des perles, en provenance des Gambier, est de qualité. Au centre de Vaitape, derrière la gendarmerie. Carte bancaire acceptée.

Deep Sea Pearls PERLES
(☎40 67 61 76 ; Vaitape ; ⏲9h-17h30 lun-ven et 9h-17h sam). Cette enseigne, située dans le centre commercial Pahia (près de l'Aloe Café), nous a été recommandée car elle pratique "des marges raisonnables" (pour Bora Bora). Le choix est varié, avec des perles de qualité, les vendeurs de bon conseil sans être trop insistants, et la boutique se double d'un atelier bijouterie pour personnaliser son montage de perles.

Renseignements

Plusieurs médecins exercent sur l'île, et il existe un centre médical. Vous trouverez également une **pharmacie** à Vaitape.

La plupart des services sont à Vaitape :

Aloe Cafe (⏲7h30-18h lun-sam). Cafétéria dans le centre commercial Pahia, en face du temple. Accès Wi-Fi gratuit pour les clients qui consomment.

Banque de Polynésie (⏲change 7h45-11h45 lun-ven). Opérations de change (commission de 10 €) et distributeur de billets.

Banque Socredo (⏲7h30-11h30 et 13h-15h30 lun-ven). Opérations de change (commission de 1 000 CFP) et distributeur de billets.

Maison du tourisme (☎40 67 76 36 ; www.borabora-tourisme.com ; ⏲9h-12h et 13h-16h45 lun-ven, 9h-12h sam). Sur le quai à Vaitape. Quelques brochures à disposition. Accès Wi-Fi.

OPT (⏲7h15-15h15 lun-jeu, 7h15-14h15 ven, 8h-10h sam). Bureau de poste. Vente de cartes téléphoniques, accès Wi-Fi (fonctionnant avec le réseau Vinispot). Distributeur de billets.

Depuis/vers Bora Bora

Bora Bora est située à 270 km au nord-ouest de Tahiti, et à 15 km à l'ouest de Tahaa.

Avion

Air Tahiti (☎40 60 53 53, 40 60 53 54, réservation centrale 40 86 42 42 ; www.airtahiti.fr ; ⏲7h30-11h30 et 13h30-16h30 lun-ven, 8h-11h30 sam). Bureau à Vaitape, sur le quai. La compagnie assure de 8 à 10 liaisons quotidiennes entre Papeete et Bora Bora ; certaines sont directes et durent 50 minutes environ, d'autres transitent par Moorea, Huahine ou Raiatea. L'aller simple depuis/vers Huahine coûte 12 600 CFP, depuis/vers Moorea à partir de 26 000 CFP, depuis/vers Papeete à partir de 21 500 CFP, depuis/vers Raiatea 9 900 CFP et depuis/vers Maupiti à partir de 11 800 CFP. Les rotations sont susceptibles de changer. Les vols de la semaine sont indiqués sur la porte de l'office du tourisme.

Bora Bora est également reliée à Rangiroa et à Tikehau, dans l'archipel des Tuamotu, mais uniquement dans le sens Bora Bora-Tuamotu (aller simple 32 000 CFP, 1 heure 15), quatre à cinq fois par semaine pour Bora Bora-Rangiroa, et une fois par semaine pour Bora Bora-Tikehau (ou tous les jours avec correspondance via Rangiroa). La liaison était néanmoins suspendue lors de notre passage.

Depuis mars 2022, **Tahiti Air Charter** (☎40 50 54 86 ; www.tac.pf) propose chaque semaine 5 vols aller-retour entre Raiatea et Bora Bora, 4 vols aller-retour entre Bora Bora et Huahine, 4 vols aller-retour entre Maupiti et Bora Bora à bord de Cessna 7 places (à partir de 8 000 CFP l'aller).

Reportez-vous au chapitre *Transports* p. 450 pour les cartes de réduction et les différents pass inter-îles proposés par Air Tahiti.

Bateaux inter-îles

Le **Maupiti Express 2** (☎40 67 66 69 à Vaitape) dessert Tahaa et Raiatea (respectivement 1 heure 30 et 2 heures) au départ de Bora Bora, les lundis et vendredis (départ à 7h, retour de Raiatea à 16h ou 17h), ainsi que le dimanche (départ à 14h, retour de Raiatea à 16h). Un départ pour Maupiti a lieu chaque mardi à 8h pour un retour, le jeudi à 16h. Dans tous les cas comptez 5 400 CFP pour un aller (2 700 CFP sur présentation de la carte d'étudiant ou d'écolier, même si vous n'êtes pas résident).

Les billets sont en vente dans le bureau du *Maupiti Express 2* sur le quai de Vaitape ou directement à l'embarquement.

Filiale d'Aremiti, la compagnie **Apetahi Express** (☎40, 50 54 59 ; www.apetahiexpress.pf) propose 3 allers-retours par semaine (jeu, sam et lun à 6h30) en direction de Taha'a (7 500 CFP) , Raiatea (8 100 CFP), Huahine (9000 CFP) et Tahiti (16 200 CFP).

Quant aux deux **cargos** au départ du port de Papeete et à destination des différents archipels de la Polynésie, ils ont cessé de prendre des voyageurs depuis la crise de la Covid-19.

Comment circuler

DESSERTE DE L'AÉROPORT

L'aéroport est aménagé sur le motu Mute, au nord du lagon. Air Tahiti assure gratuitement (sur présentation de votre billet d'avion) le transfert maritime de ses passagers entre l'aérodrome et le quai de Vaitape, à bord de deux grands catamarans. Au moment de quitter l'île, il faut se présenter au quai de Vaitape au plus tard 1 heure 15 avant l'heure du décollage.

D'ordinaire, les grands hôtels assurent eux-mêmes le transfert de leur clientèle. Certains établissements viennent directement accueillir leurs clients à l'aérodrome, d'autres viennent les chercher au quai de Vaitape. Un service de taxi (sur réservation, par l'intermédiaire de votre hébergement) assure également les transferts entre le quai et plusieurs établissements de la pointe Matira (500 CFP), à chaque arrivée (et départ) d'avion.

VOITURE ET VÉLO

En l'absence de transports en commun, la location d'une voiture ou d'un vélo reste la formule la plus adaptée pour couvrir les 32 km du tour de l'île. Plusieurs pensions et hôtels louent des vélos à leurs clients. Dans tous les cas, il est conseillé de réserver son véhicule.

Les deux seules **stations-service** de l'île sont à Vaitape. Elles sont ouvertes du lundi au samedi de 6h à 17h30 environ, et l'une des deux est en principe ouverte le dimanche matin de 6h à 11h.

Albert (☎ 40 67 75 55 ; ⊙ 9h-17h lun-sam). Voiture/scooter/vélo à 12 000/8 000/2 000 CFP les 24 heures. Réductions à partir de 2 jours de location. Au centre de Vaitape.

Bora Bora– Avis (☎ 40 67 70 15 ; www.avis-borabora.com ; ⊙ 8h-17h tlj). Location de voitures (11 900 CFP les 24 heures), de scooters (6 800 CFP les 24 heures) et de vélos (2 100 CFP). Également des vélos à assistance électrique (4 200 CFP pour 24 heures). Tarifs dégressifs. Au centre de Vaitape. Également un bureau représenté à la pointe Matira, près de l'hôtel Maitai.

Europcar (☎ 40 67 69 60, 87 71 73 31 ; borabora@europcar.pf ; ⊙ 8h-12h et 13h-16h30 lun-ven, 8h-12h et 13h-16h sam). Voiture à 13 500 CFP les 24 heures (dégressif). Dans un petit bungalow en bois, au centre de Vaitape.

Bora Rent (☎ 89 29 99 21 ; ⊙ 8h30-16h30). Location de vélos (2 000 CFP/jour), de vélos électriques 3 500 CFP/jour) et de scooters (5 000 CFP/jour) à la pointe Tereia, face à l'embarcadère du Bora Bora by Pearl Resorts.

EN BREF

POPULATION
1 230 habitants

SIGNE DISTINCTIF
L'île la plus paisible de l'archipel de la Société (pas d'hôtels, très peu de circulation automobile).

MEILLEURE ADRESSE LES PIEDS DANS L'EAU
Maupiti Residence (p. 235)

MOMENT MAGIQUE SUR LE LAGON
La rencontre avec les raies mantas (p. 233)

EXPÉRIENCE CULINAIRE TRADITIONNELLE
Le four tahitien du samedi (p. 237)

COMMENT Y ALLER

Bateau Le Maupiti Express effectue la traversée entre Bora Bora et Maupiti une fois par semaine (p. 239).

Avion Air Tahiti relie Maupiti à Papeete 4 à 5 fois par semaine par vols directs ou via Raiatea et Bora Bora. Réservez bien à l'avance car les avions sont vite remplis. Tahiti Air Charter propose également des vols en direction de Maupiti depuis Raiatea et Bora Bora (p. 237).

Pointe Tereia (p. 229)
JEAN-BERNARD CARILLET ©

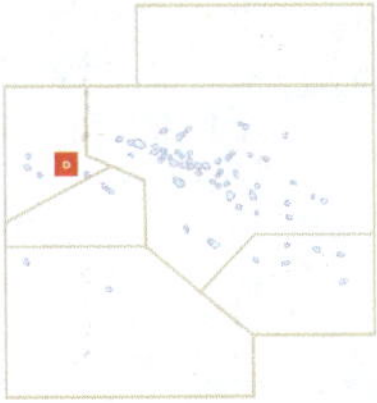

Maupiti

Coup de cœur assuré pour Maupiti ! Toutes les composantes du petit paradis que l'on est venu chercher en Polynésie sont rassemblées ici : un lagon aux dégradés de bleu, la tranquillité absolue, une île au format miniature où l'on circule à vélo, un chapelet d'îlots ourlés d'un liseré de sable blanc et la douceur de vivre d'un village fleuri adossé à une impressionnante falaise de basalte.

Depuis plusieurs années, Maupiti a la cote auprès des touristes, séduits par son cachet intimiste et authentique. Ici, pas de bungalows sur pilotis, pas de boutiques de perles, pas de pirogues surchargées de touristes, pas de Jet-Skis et encore moins d'animations nocturnes. Il n'y a pas d'hôtels (la population s'y est opposée), juste des pensions de famille, installées sur l'île ou sur les motu (îlots) de la barrière de corail. Tout est à taille humaine. Les visiteurs découvrent les richesses du lagon, en kayak ou en bateau, pique-niquent sur un îlot ou font le tour de l'île à vélo. Les plus sportifs entreprennent la montée jusqu'au sommet de l'île pour profiter d'un panorama exceptionnel, tandis que les hédonistes lézardent à l'ombre des cocotiers. Prévoyez d'y rester au moins trois nuits.

On oppose généralement Maupiti à sa prestigieuse voisine Bora Bora, à 40 km à l'est ; en réalité, les deux îles, reliées par avion, sont très complémentaires.

DANS CE CHAPITRE

À ne pas manquer

1. Profiter du coucher du soleil sur la petite **plage de Tereia** (ci-contre)
2. Admirer le ballet des **raies mantas** dans le lagon (p. 233)
3. Admirer le panorama sur le lagon depuis le sommet du **mont Teurafaatiu** (p. 231)
4. Faire le **tour du lagon** en bateau (p. 230)
5. Découvrir le passé mystérieux de Maupiti grâce aux **pétroglyphes de Haranae** (p. 229)

Histoire

Comme Raiatea, Maupiti a jadis joué un rôle éminent dans la civilisation polynésienne. Les chefs des autres îles se rendaient fréquemment à Maupiti à l'occasion de certaines cérémonies.

Le premier Européen à avoir découvert Maupiti est l'explorateur hollandais Jakob Roggeveen, en 1722, soit près d'un demi-siècle avant que Wallis, Bougainville et Cook n'accostent à Tahiti.

Au début du XIXe siècle, l'île passa sous l'influence de Bora Bora. L'arrivée de missionnaires européens se traduisit par un nouveau conflit de pouvoir, qui déboucha sur la suprématie de la religion protestante. Plus tard, un conflit opposa Maupiti à Bora Bora pour la possession de l'atoll de Scilly. L'influence française commença à se faire sentir, mais les missionnaires et les chefs coutumiers continuèrent à exercer leur pouvoir jusqu'après la Seconde Guerre mondiale.

Fin 1997, le cyclone Oséa a dévasté une partie des infrastructures de l'île.

Le tourisme, l'agriculture et la pêche sont aujourd'hui les principales ressources de cet île de 1 200 habitants.

Orientation

Les habitants de Maupiti aiment comparer leur "pays" au ventre d'une femme enceinte : l'île centrale figure le fœtus ; les motu du Nord font office de placenta, quand ceux du Sud symbolisent l'utérus avec la passe Onoiau comme échappatoire. Une route fait le tour de l'île, soit environ 10 km. La presque totalité de la population vit dans l'unique village, qui s'étire tout en longueur sur la côte est, au pied d'une ligne de crête acérée. L'intérieur de l'île est dominé par le mont Teurafaatiu (380 m).

L'île est cernée par un large lagon très peu profond, délimité par un chapelet de motu.

L'aérodrome se situe sur un motu. À l'extrémité sud du lagon, les deux plus petits motu, Tiapaa et Pitihahei, flanquent l'unique passe franchissable de Maupiti, la passe Onoiau, réputée dangereuse pour la navigation. Une autre passe, au nord, à hauteur du motu Paeao, est appelée "fausse passe", car elle n'est pas praticable.

L'île principale ne comprend qu'une seule (petite) plage, à la pointe Tereia. Les motu sont en revanche pourvus d'étroites bandes de sable blanc.

À voir

Vaiea — VILLAGE

Le village, tout en longueur, se pelotonne au pied d'une impressionnante barre rocheuse, aux angles taillés à la serpette, qui se termine par une falaise, au sud, appelée Hotu Paraoa. Les habitations s'alignent sagement le long de l'unique route bétonnée. Leur architecture fonctionnelle et sans véritable charme – il s'agit pour l'essentiel de "*fare* MTR", sortes de maisonnettes standardisées, conçues pour résister aux cyclones – contraste avec les parterres et les jardins généreusement fleuris.

Ne soyez pas surpris d'apercevoir les tombes familiales juste devant les terrasses... Il n'y a pas de cimetière communal à Maupiti, comme dans de nombreuses îles de Polynésie.

Vous repérerez facilement les bâtiments abritant les services administratifs (mairie, poste), les lieux de culte (protestant, adventiste, mormon), les écoles, les terrains de sport et les quelques épiceries.

Pétroglyphes de Haranae — SITE ARCHÉOLOGIQUE

La datation de ces gravures de tortues et de crabes reste inconnue mais pourrait remonter au premier peuplement de l'île aux alentours du premier millénaire.

Pour trouver ce petit site archéologique, il faut ouvrir l'œil ! Trouver d'abord le panneau "Pétroglyphes" en partie caché par la végétation : au nord de Vaiea, il est situé côté montagne entre l'église mormone blanche au clocher effilé et le Palais de la Mer. Une piste monte sur 200 m jusqu'à une station de pompage. De là, longez la rivière en observant attentivement les rochers qui la bordent. Les pétroglyphes sont là !

Le Palais de la Mer — CULTURE

(☎87 21 74 40 ; 2 000 CFP ; ⏲sur réservation). Impossible de ne pas remarquer cette maison étrange construite en blocs de coraux sculptés et en coquillages, à la sortie nord du village, côté lagon. Il s'agit de l'équivalent local, toutes proportions gardées, du Palais du facteur Cheval, en France. C'est Ahky Firuu, une "figure" de l'île, qui vous accueille et vous fait partager son univers durant une heure. Cet ancien chanteur vous donnera la sérénade, racontera quelques légendes et vous proposera de déguster divers produits (des bénitiers, des squilles...), et vous repartirez avec un chapeau tressé. Une expérience insolite, qui reste un peu chère (même si c'est gratuit pour les moins de 5 ans).

Pointe Tereia — PLAGE

Un paysage de carte postale vous attend sur la **plage de Tereia**. C'est une petite étendue de sable blanc de part et d'autre d'une pointe dans le lagon, baignée par des eaux cristallines. Il faudrait juste un peu plus d'ombre pour se protéger de l'ardeur du soleil... D'un côté de la pointe, le lagon est si peu profond qu'on peut le traverser à pied (vous aurez de l'eau jusqu'à la taille à marée basse) et rejoindre le motu Auira, en face (prévoyez des sandales en plastique). De l'autre, il y a beaucoup plus de fond et l'on peut nager ou faire du snorkeling. Pour caler une petite faim, le snack Chez Mimi fera l'affaire.

À marée basse, en longeant le littoral à pied vers le sud, on rejoint des **criques sablonneuses** derrière la pointe Tereia Varua. Le bout du monde !

Marae Vaiahu — SITE ARCHÉOLOGIQUE

Faute de panneaux explicatifs, cet ancien site cérémoniel au bord du lagon n'est pas très évocateur mais vaut le coup d'œil. Faites-vous accompagner par quelqu'un qui pourra vous restituer l'histoire du lieu et les légendes qui s'y rattachent. Ce *marae*, le plus important de l'île, est recouvert d'un dallage où subsiste un "coffre à poissons", structure formée de grandes dalles de corail, dont une qui fait office de couvercle. L'ensemble était utilisé lors des cérémonies destinées à assurer une pêche fructueuse. Il est signalé au bord de la route côtière, au sud-est de l'île, mais la dalle de pierre portant l'inscription n'est pas très visible ; il est à une cinquantaine de mètres de la pension Orovaru.

Motu — ILÔTS

Les motu de Maupiti offrent un cadre encore sauvage et idyllique. Plusieurs pensions sont d'ailleurs installées sur le **motu Tiapaa**, frangé d'une mince plage de sable blanc (côté lagon). On y accède par bateau depuis le port, au sud du village. Le **motu Auira** est accessible à pied, en traversant le lagon, depuis la plage de Tereia. Si vous résidez au village, demandez à votre pension de vous déposer en bateau sur l'un des motu (le transfert dure quelques minutes à peine), ou faites l'excursion sur le lagon (voir ci-dessous).

Activités

Snorkeling et excursions sur le lagon

Le lagon de Maupiti est magnifique, avec un étonnant camaïeu de bleus. La magie se prolonge sous la surface ; les meilleurs spots de snorkeling se trouvent aux abords de la **passe Onoiau** (mais gare aux courants !), ainsi qu'à proximité du **motu Paeao**, sur un site appelé la "fausse passe", riche en jardins coralliens autour desquels virevoltent des poissons colorés.

Toutes les pensions proposent des **tours de l'île en bateau** incluant une séance de snorkeling sur le site des raies mantas, un arrêt dans un jardin de corail et un pique-nique sur un motu moyennant 7 000 à 8 000 CFP/pers.

Sammy Tours EXCURSION LAGONAIRE
(☎87 76 99 28 ; www.sammy-maupiti.fr ; excursion demi-journée/journée 4 000/7 000 CFP ; ⏲sur réservation). Ce prestataire indépendant, auquel plusieurs pensions font appel, a bonne réputation. À la demi-journée, la sortie inclut du snorkeling sur le site des raies mantas et dans un jardin de corail ; à la journée, ajoutez un pique-nique sur un motu et le tour complet de l'île.

Cristal Kayak LOCATION DE BATEAU
(☎40 67 81 43 ; ⏲sur réservation). Les propriétaires de Vaitia Artisanat (voir p. 237) louent un petit bateau à moteur (sans permis) qui vous permettra de découvrir le lagon à votre

Maupiti

rythme (8 000/10 000 CFP la demi-journée/journée). Également un kayak transparent à louer (3 500/5 000 CFP la demi-journée/journée).

Plongée sous-marine

Les plongées à Maupiti sont superbes – les coraux sont de bonne qualité et la faune corallienne est au rendez-vous – mais l'activité est relativement confidentielle en raison de la géographie de l'île. En effet, la configuration de la passe, dangereuse en cas de houle, limite les possibilités de sortie en océan. Le centre de plongée local est donc tributaire de l'état de la mer. En règle générale, la saison la plus propice aux plongées à l'extérieur du lagon va de novembre à mars. Dans le lagon, près de la passe Onoiau, les plongeurs peuvent approcher une station de nettoyage pour raies mantas (voir l'encadré p. 233), dans une dizaine de mètres d'eau.

Maupiti Diving PLONGÉE

(☎40 67 83 80 ; www.maupitidiving.com ; explo 7 000 CFP, forfait 10 plongées 60 000 CFP non nominatif ; ⏲tlj sur réservation). Cette petite structure est tenue par un seul moniteur. En général, le matin, la plongée a lieu sur le site des raies mantas (gardez à l'esprit que leur présence n'est pas garantie) ; l'après-midi, à condition que l'état de la mer le permette, côté océan, le long de la barrière de corail (voir le chapitre *Plongée* p. 40). Attention ! Les palanquées sont limitées à 4 plongeurs (5 pour les sorties sur le site des raies mantas) ; il est donc conseillé de réserver plusieurs jours à l'avance. Paiement en espèces. Service de ramassage dans les pensions.

Observation des baleines

D'août à octobre, les baleines à bosse fréquentent les parages de Maupiti, à l'extérieur du récif. L'activité d'observation des cétacés est beaucoup moins développée qu'à Tahiti ou Moorea, notamment en raison de la configuration dangereuse de la passe, mais certaines pensions organisent des sorties d'observation, sous réserve que la mer soit très calme.

Randonnée pédestre

Vue de loin, la muraille rocheuse qui domine le centre de l'île paraît imprenable. Pourtant, il est possible d'y monter à pied. Sensations fortes et panoramas garantis ! Vous pouvez vous faire guider par Albert Firuu (☎40 67 83 64), toujours prompt à narrer les légendes rattachées à Maupiti.

Mont Teurafaatiu RANDONNÉE

Expérience inoubliable, l'ascension du Teurafaatiu, le point culminant de l'île (380 m), ménage des points de vue sublimes sur le lagon, la barrière de corail et une bonne partie de l'île. Il faut cependant signaler qu'elle ne peut être entreprise que par des personnes en bonne forme physique et non sujettes au vertige, car certains passages relèvent plus de la varappe que de la randonnée. Comptez 3 heures pour l'aller-retour et prévoyez suffisamment d'eau car la chaleur est étouffante. Abstenez-vous s'il a plu, car la roche est très glissante et certaines sections sont friables. Le sentier débute au village, peu après le snack Tarona, à hauteur du panneau "Maupiti massage" et d'une petite fontaine publique bleue. La montée est ombragée sur une bonne partie

Maupiti

À voir
1 Le Palais de la Mer C2
2 Marae Vaiahu C3
3 Pétroglyphes de Haranae C2

Où se loger
4 Camping Taumatatea C4
5 Espace Beach B3
6 Maupiti Camping B3
Maupiti Résidence .... (voir 5)
7 Maupiti Village D4
8 Papahani – Chez Vilna C4
9 Pension I love Maupiti B3
10 Pension Ludo et Moyra C2
11 Pension Mitiana B3
12 Pension Orovaru – Chez Rose et Firmin C3
13 Pension Taputea D4
14 Pension Taravanui C3
15 Pension Teheimana B3
16 Pension Tereia B2
17 Tautiare Village B3

Où se restaurer
Chez Mimi .... (voir 5)
18 Magasin Mareto D4
19 Tarona D3

Achats
20 Vaitia artisanat/Cristal Kayak B2
21 Otetiare D4

de l'itinéraire. La partie la plus technique se situe en fin de parcours, lorsqu'il faut progresser sur des rochers escarpés pour accéder à la crête puis au sommet ; par endroits, des cordes ont été installées pour faciliter l'ascension. On peut effectuer cette montée sans guide, le chemin étant relativement bien tracé (car régulièrement emprunté), mais il y a des fausses pistes ; soyez vigilant. On trouve quelques flèches jaunes ou orange pour se repérer à certains endroits. Pour celles et ceux qui préféreraient effectuer une boucle pour revenir au village plutôt qu'un aller-retour, un sentier redescend du sommet en longeant la ligne de crête. Il est balisé d'un trait rouge sur fond blanc et débouche sur la route de ceinture au niveau d'une grotte entre l'ancien terrain de basket (aujourd'hui une vaste dalle de béton) et l'église blanche au clocher effilée. Avantage, il est moins pentu et prolonge le spectacle panoramique. Inconvénient, il n'est pas ombragé.

Kayak

Certaines pensions mettent à disposition de leurs clients des kayaks, une formule tout indiquée pour naviguer en toute sécurité et à votre guise sur le lagon (évitez le secteur de la passe, exposé aux courants). N'hésitez pas à demander un gilet de sécurité.

Vélos

La plupart des pensions proposent de prêter ou de louer des vélos. Vous pouvez sinon vous adresser à Loana (☎87 78 94 38 ; 1000 CFP/jour) qui amène et récupère les vélos sur votre lieu de séjour.

MAUPITI À VÉLO

Pour mieux vous imprégner de l'ambiance paisible de Maupiti, louez un vélo (1 000 CFP/jour), par l'intermédiaire de votre pension, et faites le tour de l'île. Le parcours (environ 10 km) est en majeure partie plat (mais pas ombragé) et la route longe le lagon, à l'exception d'un court tronçon, appelé la "traversière", où elle bifurque à l'intérieur des terres pour franchir un petit col, à proximité de la pointe Tereia. À cet endroit, fiez-vous aux panneaux indiquant de mettre pied à terre. Sans d'excellents freins, la pente est très dangereuse.

Fêtes et festivals

Comme les autres îles de l'archipel, Maupiti vibre pendant les **fêtes de juillet**, dites "Tiurai". Des animations ont lieu tous les jours (concours de danse, concours sportifs, tours de l'île, démonstrations artisanales, baraques foraines). Le programme des festivités est affiché dans les épiceries.

Où se loger

Les possibilités de restauration se limitant à deux snacks et à quelques épiceries au village, il vaut mieux choisir la formule demi-pension. Attention ! Prévoyez suffisamment d'espèces pour couvrir tous vos frais, car il n'y a pas de distributeur et la carte bancaire n'est pas acceptée dans la plupart des pensions. Quelques pensions viennent vous chercher directement à l'aérodrome, mais la plupart vous récupèreront à l'embarcadère de Vaiea. On y accède depuis l'aérodrome en "bateau-taxi" moyennant 500 CFP.

Sur l'île

Pension Tereia CHEZ L'HABITANT €
(☎40 67 82 02, 87 70 50 78 ; www.pension-tereia.sitew.com ; s/d 10 000/18 000 CFP en demi-pension ; wifi). Pour un séjour en toute simplicité dans une famille polynésienne, la pension Tereia est un bon point de chute, d'autant plus qu'elle est montée en gamme dernièrement grâce à l'ajout de sdb privatives dans les trois chambres (dont une familiale), propres et colorées. Climatisation en option (1 000 CFP/jour). Vos hôtes, Sandra et Kete, sont accueillants et disponibles. À défaut d'être en bord de mer, la pension n'est qu'à 2 minutes à pied de la plage de Tereia et du snack Mimi. Les dîners, copieux, à base de produits locaux, se prennent entre hôtes. À midi, vous pourrez utiliser la cuisine. On vient vous chercher au village, après votre trajet en navette depuis l'aérodrome.

Pension Ludo et Moyra CHEZ L'HABITANT €
(☎40 67 84 07, 87 22 66 43 ; www.pensionludo.sitew.com ; s/d avec sdb commune 8 500/15 000 CFP en demi-pension, pers supp 7 500 CFP ; wifi). Ludo et Moyra, aux petits soins pour leurs clients, font l'unanimité pour leur bonne humeur et l'ambiance, souvent festive, qu'ils font régner dans leur pension. Si vous souhaitez une immersion en famille, c'est l'adresse qu'il vous faut. Ces points forts compensent le confort modeste et l'intimité inexistante

À NE PAS MANQUER

RENCONTRE AVEC LES RAIES MANTAS

À l'intérieur du lagon, à proximité de la passe, plusieurs raies mantas (deux à quatre individus en moyenne) viennent se faire nettoyer par des labres, dans moins de 10 m d'eau sur un fond sableux. Elles en profitent également pour se livrer à des parades amoureuses. Les raies mantas sont en principe présentes toute l'année dans le lagon de Maupiti, mais les parades se déroulent plutôt pendant la période allant de fin juin à novembre. Sachez toutefois qu'il n'y a aucune garantie de les apercevoir – les raies mantas ne donnent pas rendez-vous, et certaines années sont plus propices que d'autres à l'observation. La visibilité est parfois réduite, en fonction de la direction de la houle, et les courants peuvent être forts.

Les pensions organisent des sorties d'observation moyennant 3 000 CFP/pers (plus si elles sont combinées avec du snorkeling et un pique-nique), au cours desquelles on reste en surface, en snorkeling (évitez les apnées, qui les dérangent et les font s'éloigner). Pour assister au spectacle sous l'eau, contactez le centre de plongée local.

Un second site est parfois utilisé dans le lagon ; il n'attire généralement qu'une ou deux mantas mais il a l'avantage d'être moins profond (environ 6 m) et sans courant, donc mieux adapté au snorkeling.

de l'habitation (une sorte de mobil-home amélioré), dans laquelle 4 chambres, propres mais petites et à l'insonorisation limitée, partagent une sdb, bien entretenue. Il est prévu que 2 chambres soient équipée d'une sdb privative extérieure. Les repas, copieux, se prennent avec la famille. L'emplacement ne présente pas d'attraits particuliers (pas de plage, pas de zone de baignade, pas de vue sur le lagon, pas de kayak), mais la plage de Tereia est accessible à vélo (1 000 CFP/jour) en 10 à 15 minutes environ. Transferts à l'aérodrome 1 000 CFP/pers l'aller-retour.

Pension Teheimana CHEZ L'HABITANT €
(☎40 67 81 45, 87 71 29 97 ; www.pensionteheimana.blogspot.com ; ch s/d 8 500/13 000 CFP, 3-10 ans 4 250 CFP, petit-déj 500 CPF, 11 000/15 500 CFP en demi-pension ; 📶). Située dans un endroit retiré de l'île, non loin de la plage de Tereia (accessible à pied en longeant le littoral en 10 à 15 minutes), cette modeste pension dispose de 4 chambres (dont une familiale) avec ventilateur dans un faré au confort simple. Évitez la chambre dont la salle de bain est à l'extérieur, qui n'est pas moins chère que les 3 autres chambres. Les repas se prennent sous un abri traditionnel, au bord de l'eau. La pension donne sur le lagon, mais il n'y a pas de plage. Un seul kayak à disposition. Transferts à l'embarcadère (500 CFP/pers l'aller-retour).

Pension Orovaru CHEZ L'HABITANT €
(☎40 67 82 13, 87 70 74 81 ; s/d avec sdb commune 7 000/13 000 CFP en demi-pension, 5-11 ans 4 000 CFP ; 📶). Dans cette pension située à proximité du village, à côté du *marae* Vaiahu, le confort est très limité et l'intimité réduite, mais l'accueil de Rose et Firmin fait oublier l'impression de confinement. La maison, un *fare* MTR (voir ci-dessus), dispose de 4 chambres au format riquiqui, enjolivées de tentures fleuries, qui se partagent une sdb. Malgré la situation en bord de mer, la baignade n'est pas engageante, mais les propriétaires proposent de déposer leurs clients sur le motu Tiapaa au tarif raisonnable de 1 000 CFP/pers l'aller-retour. Conteur, musicien et guide, Firmin est l'animateur du four tahitien (voir l'encadré p. 237).

Tautiare Village CHAMBRES €
(☎40 60 15 90, 87 32 42 67 ; www.pension-tautiarevillage.com ; s/d 8 000/12 000 CFP/pers avec petit-déj, 10 000/16 000 CFP en demi-pension ; 📶). Une adresse discrète au rapport qualité/prix correct. Ici, les 4 chambres mitoyennes, avec sdb, occupent un bâtiment en dur, à côté de la maison familiale. La propreté est exemplaire. Les sdb sont presque aussi grandes que la pièce principale. Chacune possède une petite terrasse, exposée aux vents dominants (un peu gênant pendant les mois les plus frais, mais très agréable pendant la saison la plus chaude), qui ouvre sur une pelouse, à quelques mètres de la mer. Notez que le secteur n'est pas propice à la baignade, à cause des fonds récifaux plutôt saumâtres et de la faible profondeur, mais un ponton donne accès à une zone où l'on peut faire trempette. Le soir, les touristes dînent

BIEN CHOISIR SON STYLE D'HÉBERGEMENT À MAUPITI

À la différence d'autres îles de l'archipel de la Société, les pensions à Maupiti recouvrent plusieurs types d'hébergement différents : l'hébergement en chambre chez l'habitant ; les bungalows indépendants ; et l'hébergement en chambre dans une habitation indépendante. Chacune a ses adeptes ! Pour réserver la pension qui convient à vos attentes, il est important de bien connaître les caractéristiques de chaque formule.

Camping

À condition de ne pas être trop tatillon sur l'équipement de la cuisine commune et sur la modernité des sanitaires, il est possible de camper à Maupiti. Le **Maupiti Camping** (☎87 26 66 60 ; 2 000 CFP/pers en demi-pension, location tente 1 000-2 000 CFP pour le séjour) propose 5 emplacements sur un petit terrain de sable en surplomb de la route, à l'ombre d'un arbre à pain, à 15 minutes à pied de la plage de Tereia. Pièce en dur pour ranger ses affaires et casiers à clé. Accueil très sympa. Le **camping Taumatatea** (☎87 25 41 38 ; pensiontaumatatea@gmail.com ; tente 2 pers 3 000 CFP, location tente et matelas 1 500 CFP pour le séjour) est situé sur le motu Tiapaa avec la mer de chaque côté du terrain.

Chambre chez l'habitant

Vous logez dans un "*fare* MTR", une sorte de maisonnette semblable à un grand mobil-home, conçue pour résister aux cyclones. La famille vit sur place. Les chambres sont petites, l'insonorisation est limitée, et la sdb commune. Avantage : vous partagez la vie d'une famille polynésienne, en "immersion". L'ambiance est conviviale, souvent animée. Inconvénient : un sentiment de promiscuité (voire de confinement, surtout en cas de pluie, quand on passe la journée à l'intérieur) et peu d'intimité. Pensions concernées : Espace Beach (les chambres), Pension Chez Ludo et Moyra, Pension Orovaru , Pension Teheimana, Pension Tereia. Ces pensions sont toutes situées sur l'île principale.

Bungalows

Les bungalows sont sur la propriété familiale. Vous bénéficiez de plus d'autonomie et d'intimité, mais la prestation est plus classique, le contact avec les hôtes plus conventionnel et l'ambiance plus aseptisée. Pensions concernées : Taravanui, Maupiti Résidence, Maupiti Village, Papahani – Chez Vilna, Espace Beach. Certaines sont sur l'île, d'autres sur les motu.

Chambre dans une habitation indépendante

C'est la formule intermédiaire. Vous logez dans une chambre dans une habitation en dur, plus confortable qu'un *fare* MTR, séparée de la maison des propriétaires. Pensions concernées : Tautiare Village, Pension Taputea. Sur l'île uniquement.

Île principale ou motu ?

Les pensions établies sur les motu offrent un cadre exceptionnel, au bord du lagon et de petites plages sablonneuses, mais on peut se sentir "captif". Pour rejoindre l'île principale, vous êtes dépendant des prestataires, qui font payer le transfert (pas très cher, heureusement). Si vous recherchez l'atmosphère d'un village polynésien et souhaitez être autonome dans vos déplacements, préférez les pensions installées sur l'île. L'idéal : combinez un séjour sur l'île et un séjour sur un motu.

dans une salle à manger moderne. À 3 km du centre du village et à un peu plus de 30 minutes à pied de la plage de Tereia. Transfert aérodrome : 2 000 CFP/pers.

Pension Taputea CHAMBRES ET BUNGALOWS €
(☎87 75 21 44, 87 33 39 99 ; pension.taputea@yahoo.fr ; ch s/d avec sdb commune 8 000 CFP par pers en demi-pension, avec sdb privative 8 500 CFP par pers en demi-pension ; wifi). Dans cette pension colorée et accueillante, vous serez aux premières loges pour observer la vie du village, mais il n'y a aucune zone de baignade à proximité. Si vous choisissez l'option chambre, vous logerez convenablement dans une maison en dur, dotée d'un

salon, d'une terrasse et d'une salle à manger ouverte sur l'extérieur. Les 3 chambres (dont deux familiale et une plus petite avec sdb privative) sont sans fioritures mais bien tenues, avec ventilateur. Même verdict pour les 3 bungalows autour de la maison, eux aussi en dur, et qui peuvent accueillir jusqu'à 3 personnes. Les propriétaires habitent dans une maison séparée, à l'arrière. Trois kayaks et quelques vélos à disposition.

Taravanui CHAMBRES ET BUNGALOWS €

(☎87 71 97 97 ; www.pension-taravanui.business.site/ ; bungalows 11 000 CFP par pers en demi-pension, ch avec sdb privative 10 000 CFP par pers en demi-pension ; 5-12 ans 3 000 CPF, gratuit -5 ans ; wifi). Inaugurés en 2019, les deux bungalows de cette pension familiale ont l'avantage de disposer d'une bonne literie. Construits en dur, habillés à l'intérieur de bambous, ils n'ont pas la clim, mais le vent dominant dans cette partie de l'île – au sud, à un kilomètre de Vaiea – se charge de rafraîchir les lieux. Les 3 chambres bénéficient elles, de la clim et d'une salle de bains privative. En bord de mer, la propriété touche le *marae* Vaiahu mais ne dispose pas de plage. Celle de Tereia est à 30 minutes à pied environ. Bon point pour la cuisine de Luana qui en faisant la part belle aux légumes et aux fruits, reste légère tout en étant copieuse. Vélo à 1 000 CPF durant le séjour. Prêt de kayaks. Paiement par carte possible.

Pension I love Maupiti CHAMBRES €

(☎87 30 10 71 ; ch 9 500 CFP par pers en demi-pension, 5-11 ans 6 500 CFP, gratuit -4 ans ; wifi). Voilà un bon plan pour les groupes, les familles nombreuses ou les voyageurs qui aiment avoir de la place. Située en bord de route, à 10 minutes à pied de la plage de Tereia, cette grande maison au toit rouge et aux murs blancs "tatoués" d'espadon et de raies mantas, abrite 2 grandes chambres. Au rez-de-chaussée, une suite colorée avec 3 lits doubles dotés d'épais matelas. À l'étage, sous les toits, une chambre dépouillée de tout ornement, assez grande pour accueillir un régiment. Dans les deux cas, la grande terrasse et le balcon couverts s'avèrent providentiels en cas de pluie. Côté restauration, Lovina cuisine le thon et l'espadon rapporté par son mari Aoni, pêcheur professionnel. Accueil détendu et très souriant. Vélos 1 000 CFP. Pas de kayaks. Transfert à l'embarcadère inclus dans le prix.

♥ **Pension Mitiana** CHAMBRES €

(☎87 27 51 68 ; 9 500 CFP par pers en demi-pension, 3-12 ans 4 500 CFP, gratuit -3 ans ; wifi). Mobiles de coquillages, fleurs et cocotiers peints au mur... La palme de la meilleure déco de l'île revient à cette pension tenue par un jeune couple. Au rez-de-chaussée d'un bâtiment en dur, séparé de la maison familiale, 2 chambres très simple aux lits sommaires, sans clim, avec ventilateur et moustiquaire. Préférez la "miti" plus grande et dont la salle de bains arbore des sculptures de coquillages. Lors de notre passage, une "suite" de 2 chambres étaient en construction à l'étage du bâtiment des hôtes. La pension n'est pas en bord de mer, mais à 15 minutes de la plage de Tereia en longeant le rivage. La cour de gravier et sable blanc sous les manguiers est très agréable, d'autant que le vent est rafraîchissant de ce côté de l'île. Côté cuisine, on déguste dans une salle à manger, ouverte sur l'extérieur, les langoustes et les cigales de mer pêchées par Vatea et cuisinés par Gladys. Pas de kayaks, mais on vous prête des vélos. Les familles sont ici les bienvenues : accompagnés de leurs enfants, les parents ont droit à une réduction de 1 000 CFP par personne et par jour et on vient chercher tout le monde gratuitement à l'aéroport.

♥ **Maupiti Résidence** BUNGALOWS €€

(☎40 67 82 61 ; www.maupitiresidence.info ; plage de Tereia ; bungalows d 10 800-15 800 CFP, qua 15 800-19 800 CFP ; clim wifi). Une excellente adresse, au bout d'une voie sans issue, destinée à ceux qui privilégient l'indépendance. Le cadre, directement sur la plage de Tereia (très sûre pour les enfants), face au lagon étincelant et au soleil couchant, a l'allure d'une carte postale. Les 2 *fare* d'hôtes, avec terrasse, sont spacieux (2 chambres et un grand séjour-cuisine) et d'une propreté irréprochable, les prestations très pratiques : clim dans la chambre (500 CFP + conso), coin cuisine, machine à laver, prêt de vélos, de kayaks et de paddles. Certes, il n'y a pas de service de restauration, mais le snack Chez Mimi est juste à côté. Une réduction de 10% est accordée pour les longs séjours, qui sont d'ailleurs privilégiés. Carte de crédit acceptée. À signaler : Maupiti Résidence affiche souvent complet plus d'un an à l'avance. Transfert depuis l'embarcadère.

Espace Beach CHAMBRES, BUNGALOW €€

(☎40 67 80 29, 87 77 77 19 ; www.pensionespacebeachmaupiti.com ; plage de Tereia ; ch s/d avec

LES TORTUES PASSENT À LA CASSEROLE

Les habitants de Maupiti ont du tempérament (par référendum, ils ont refusé la construction d'un hôtel sur leur île voilà quelques années), mais ils ont aussi la réputation d'être des amateurs de chair de tortue, qu'ils n'hésitent pas à braconner jusqu'à l'île de Mopelia, bien à l'est, au mépris de toutes les lois existantes. La difficulté des contrôles (la gendarmerie la plus proche est à Bora Bora) renforce le sentiment d'impunité des braconniers. Vous ne verrez évidemment aucune tortue tuée ou consommée (tout se passe sous le manteau), mais n'hésitez pas à manifester votre opposition à ces pratiques, jugées un peu hâtivement "culturelles" alors qu'il s'agit avant tout d'une affaire de gros sous ; le kilo se négocie entre 5 000 et 8 000 CFP.

sdb commune 15 060/19 720 CFP en demi-pension, bungalow s/d/qua 23 460/26 020/52 040 CFP en demi-pension ;). Rien à redire sur l'emplacement, superbe : Espace Beach donne directement sur la plage de Tereia et le lagon. Un petit espace balnéaire, avec des chaises longues, a été aménagé. Donnant sur la plage, les trois bungalows (deux doubles et un familial) sont réalisés en matériaux locaux (sol en corail, murs en cocotier tressé). Disposant d'une sdb privative (séparée de la chambre par un rideau), ils jouent le charme de l'authenticité, mais arborent des tarifs prohibitifs. Quant aux 4 chambres, bien tenues mais exiguës, elles n'ont pas de vue sur le lagon et partagent un salon et deux sdb (dont une à l'extérieur). Les repas se prennent sous un abri traditionnel, au bord du lagon. Dommage que l'accueil un peu froid ne soit pas à la hauteur du cadre, ni du prix. Kayaks, paddles et vélos à disposition. Transferts à l'aérodrome 3 000 CFP/pers l'aller-retour. Carte de crédit acceptée.

Sur les motu

Maupiti Village BUNGALOWS €

(40 67 80 08, 87 21 98 51 ; maupiti.village@mail.pf ; motu Tiapaa ; bungalows 10 000 CFP/pers en demi-pension ;). Cette pension peut convenir aux voyageurs pas trop exigeants. L'hébergement, très simple, se compose de 2 bungalows sommairement agencés mais rénovés, en contreplaqué (demandez celui qui donne sur la plage), avec sdb. La cuisine d'Audine, la propriétaire, à base de produits frais, fait l'unanimité. Sandwichs et poisson cru (500-1 500 CFP) disponible le midi sur demande. Ambiance bon enfant et sans chichis. Installée côté océan et soumis aux vents dominants, l'endroit ne dispose pas de plage, mais on peut faire du snorkeling dans la petite zone lagonaire qui précède le récif, ou traverser le motu en 3 minutes jusqu'à une zone de baignade côté lagon. Le transfert à l'aérodrome coûte 2 000 CFP/pers l'aller-retour, et 1 000 CFP pour le village.

Papahani – chez Vilna BUNGALOWS €€

(40 60 15 35, 87 71 97 97 ; pensionpapahani@hotmail.fr ; motu Tiapaa ; bungalows jardin/vue lagon/plage 13 650/14 650/15 750 CFP par pers en demi-pension, demi-tarif pour les 2-12 ans ;). La plus ancienne pension de Maupiti (depuis 1979) se situe sur l'un des plus beaux sites de Maupiti. Imaginez une jolie plage de sable blanc, une belle zone de baignade et un terrain où foisonne une végétation exotique, face au soleil couchant. On prend un kayak (à disposition) et on glisse sur le lagon limpide. Le rêve ! Les tarifs, plus élevés que la moyenne, s'en ressentent. Les 5 bungalows, fonctionnels, aux airs de petits chalets, possèdent une sdb carrelée, un ventilateur, une moustiquaire et une petite terrasse. Un bon point pour le *fare*-restaurant, de style traditionnel, près de la plage, et la cuisine. Petite restauration sur demande à midi. Le spot des raies, juste en face, est accessible en kayak. Aspect notable, l'adresse s'est engagée dans une démarche écolo en installant panneaux solaires et bassins de récupération d'eau de pluie ; quant aux œufs et au miel des repas, ils viennent du poulailler et des ruches de la maison. Le transfert au village revient à 1 500 CFP/pers l'aller-retour. Transferts à l'aérodrome inclus.

Où se restaurer

La plupart des visiteurs optent pour la formule demi-pension, proposée par presque tous les hébergements de l'île. Au village, quelques modestes magasins vendent des produits alimentaires de base. Au village, deux snacks – Chez Bouboule et Chez Katia – se font face et proposent des casse-croûte et des pizzas à emporter midi et soir (sauf le dim).

Chez Mimi SNACK €
(plage de Tereia ; sandwichs 350-500 CFP, plats 1 000-1 100 CFP ; ⏲11h-15h tlj). Ce snack aux allures de paillotte est magnifiquement situé, à quelques mètres des fonds de couleur jade de la plage de Tereia. On s'installe sur des tables en cocotier, sur le sable. L'idéal pour caler un petit creux à midi, sans se ruiner. Carte très limitée (uniquement du poisson grillé, du poisson cru, des steaks frites et d'imposants sandwichs) et sans aucune prétention. Service très longuet. Les plats de poisson sont vite épuisés – venez avant 13h.

Tarona SNACK €
(☎87 24 53 17, 87 71 19 45 ; village ; plats 1 400-1 700 CFP ; ⏲11h30-13h30 lun-ven). Le soir, possibilité de plat à emporter, sur réservation pendant la journée. Ce snack possède une carte variée (poissons, viandes, *chao men*) mais la disponibilité des plats est parfois aléatoire. Goûtez aux crevettes panées, si elles sont au menu ! On mange sur des tables en plastique, à quelques mètres de l'eau. Cuisine correcte et copieuse. Au nord du village.

Magasin Mareto BOULANGERIE-QUINCAILLERIE-PIZZERIA €
(☎87 76 37 21 ; village ; pizza 2 100-2 400 CFP ; ⏲18h-20h mer-dim). Outre du pain frais et des choux à la crème très appréciés, le "supermarché" de Maupiti – au centre du village – se transforme en pizzeria la moitié de la semaine. Pizzas XXL aux lardons, au chorizo ou au thon.

LE FOUR TAHITIEN DU SAMEDI

Expérience à ne pas manquer, un four tahitien est organisé tous les samedis entre 11h et 15h30 sur le motu Tiapaa, près de la passe. Les clients de toutes les pensions s'y retrouvent pour partager un buffet de spécialités polynésiennes (si vous avez des enfants difficiles, prévoyez un en-cas de substitution). S'ensuivent diverses animations (lancer de noix de coco, danse traditionnelle), dans la bonne humeur et la convivialité. Cette cérémonie à l'atmosphère très "mariage" a beau être avant tout destinée aux touristes, on y fait de belles rencontres et les habitants ne boudent pas leur plaisir d'être là. Comptez 2 000 CFP/pers et 1 000 CFP pour le transfert aller-retour. Adressez-vous à votre pension, qui se chargera de l'organisation.

Achats

Hormis les boutiques ci-dessous, quelques particuliers vendent des objets artisanaux à leur domicile, notamment des *penu* (pilons), réalisés en granit noir.

Vaitia artisanat/Cristal Kayak SOUVENIRS
(☎40 67 81 43 ; ⏲8h30-17h tlj). Ce couple de Français propose de petits bijoux en bois et en nacre, des porte-clés, des tire-bouchons en forme de *penu* de Maupiti, des barrettes de cheveux en coco et même d'excellentes confitures de fruits tropicaux. Au bord de la route à côté de la pension Ludo et Moyra.

Otetiare SOUVENIRS
(village ; ⏲tlj). Vente de parures en coquillages, de nacres et de mobiles en épines d'oursins confectionnés avec délicatesse par 4 sœurs. Au centre du village, côté montagne (signalé par un panneau).

Renseignements

Au village sont regroupés la mairie, le bureau de poste et l'agence d'Air Tahiti. Le Wi-Fi est proposé gratuitement par les hébergements. Un médecin exerce sur l'île. Depuis fin 2022, la poste est équipée d'un DAB accessible 24h/24.

Depuis/vers Maupiti

Maupiti est située à 320 km au nord-ouest de Tahiti, et à 40 km à l'ouest de Bora Bora.

AVION

Air Tahiti (☎40 60 15 05, réservation centrale 40 86 42 42 ; www.airtahiti.pf ; ⏲8h-10h lun-jeu) assure en moyenne 4 vols par semaine de Papeete à Maupiti (et jusqu'à 5 vols en période de longues vacances scolaires), directs ou via Raiatea ou Bora Bora. Comptez entre 22 000 et 28 000 CFP pour un aller simple Papeete-Maupiti, 12 000 CFP pour un Raiatea-Maupiti et 11 000 CFP Bora Bora-Maupiti). Pour bénéficier de tarifs plus avantageux, achetez une carte de réduction ou un pass inter-îles proposé par Air Tahiti (voir le chapitre *Transports* p. 450 pour les détails).

Réservez bien à l'avance, car cette ligne est fréquentée, et les avions, des ATR 42, sont vite remplis. Sachez également que lorsque la météo est défavorable, il arrive que l'avion ne puisse atterrir (ou décoller), ce qui peut perturber l'organisation d'un séjour. Laissez-vous une marge d'au moins 24 heures pour prendre un vol international à Papeete. Il existe un projet d'extension de la piste.

1. Par endroits, la route cotière semble plonger dans le lagon
2. À Maupiti, des franges de sable corallien invitent au farniente
3. Panorama sur le lagon depuis le mont Teurafaatiu (p. 231)

Basée à l'aéroport de Raiatea, **Tahiti Air Charter** (☎ 40 50 54 86 ; www.tac.pf) propose chaque semaine 4 vols aller-retour entre Raiatea et Maupiti (à partir de 9 000 CFP l'aller) et 4 vols aller-retour entre Maupiti et Bora Bora (à partir de 8 000 CFP l'aller) à bord d'un Cessna 7 places.

BATEAUX INTER-ÎLES

Maupiti Express effectue un aller-retour entre Maupiti et Bora Bora une fois par semaine. Départ de Bora Bora le mardi à 8h. Départ de Maupiti le jeudi à 16h. Comptez 5 400 CFP pour un aller (2 700 CFP sur présentation de la carte d'étudiant ou d'écolier, même si vous n'êtes pas résident).

Le bateau accoste au port, à l'extrémité sud du village, après avoir franchi la **passe Onoiau**, à l'extrémité sud du lagon, l'unique accès au lagon de Maupiti. Cette passe étroite aux courants violents est franchie avec de grandes précautions par des navires de ravitaillement de faible tonnage, qui devront souvent attendre des conditions de marée optimales. Des pêcheurs proposent aussi la liaison Maupiti-Bora Bora sur demande moyennant 6000 CFP environ.

ℹ Comment circuler

DESSERTE DE L'AÉRODROME

Certaines pensions viennent directement chercher leurs clients à l'aérodrome moyennant 2 000 CFP/pers l'aller-retour. D'autres pensions incluent les transferts dans leurs tarifs d'hébergement ou demandent à leurs client d'emprunter la navette qui relie l'aérodrome au quai sur l'île principale, où ils les récupèrent ; le trajet dure 15 minutes et l'aller simple adulte/enfant coûte 500/300 CFP.

BATEAU

Presque chaque famille possède une embarcation, et il est facile d'organiser un déplacement. Comptez de 500 à 1 000 CFP le trajet entre l'île et les motu.

VÉLO

Pour la location d'un vélo, adressez-vous à votre pension, qui contactera un loueur au village. Comptez 1 000 CFP la journée.

EN BREF

POPULATION
15 800 habitants

SIGNE DISTINCTIF
Un archipel composé d'atolls (îles basses)

LE BOUT DU MONDE
La pension Matariva, sur l'atoll de Toau (p. 279)

L'ÎLOT LE PLUS PARADISIAQUE
Les Sables Roses, à Fakarava ; p. 271)

L'EXPÉRIENCE MARQUANTE
Plonger avec une famille de dauphins (passe de Tiputa ; p. 249)

L'HÉBERGEMENT DE CHARME
Raimiti Fakarava (p. 280)

COMMENT Y ALLER

Avion
Rangiroa, Fakarava, Tikehau, Mataiva, Ahe et Manihi sont desservies par des vols directs depuis Papeete (1 heure à 1 heure 30). Il existe aussi des liaisons entre certains atolls de l'archipel, notamment de/vers Rangiroa.

Bateau
Il n'existe pas de ligne régulière de passagers pour les Tuamotu.

Rangiroa (p. 245)
JEAN-BERNARD CARILLET

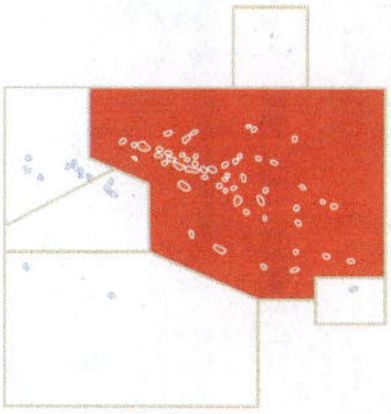

Tuamotu

De tous les archipels polynésiens, les Tuamotu sont sans doute le plus déroutant pour les visiteurs. Imaginez un chapelet de 78 atolls à fleur d'eau, plantés de cocotiers, dispersés sur 1 500 km du nord-ouest au sud-est et sur 500 km d'est en ouest. Pas le moindre relief, seulement une platitude absolue, un vertige liquide allant du bleu outremer au turquoise. Rien de commun avec les îles de la Société ou les Marquises, au relief montagneux tranchant comme un dard.

Le dépaysement est absolu. Le quotidien des Paumotu (habitants des Tuamotu) est rythmé par la pêche, les travaux dans les cocoteraies, les offices religieux, les arrivées d'avion ou de cargos. On ne compte qu'une poignée d'hôtels ; le mode d'hébergement le plus répandu est la pension de famille. La vie est simple, les distractions sont rares.

Paradis bleus par excellence, les atolls des Tuamotu font rêver les plongeurs et les snorkeleurs. Dans les passes, lieu d'échange entre le lagon et l'océan, prolifère une faune dense, notamment les requins. Que les non-plongeurs se rassurent, ils découvriront les lagons à l'occasion d'excursions en bateau.

Seule une poignée d'atolls bénéficient d'une bonne desserte aérienne depuis Tahiti et sont équipés pour recevoir les visiteurs : Rangiroa, Fakarava, Tikehau et, dans une moindre mesure, Mataiva, Ahe et Manihi. Les autres atolls forment un monde à part et beaucoup moins accessible.

DANS CE CHAPITRE

À ne pas manquer

1 Pique-niquer sur un motu lors d'une excursion en bateau au **lagon Bleu** (p. 248), à Rangiroa

2 Se baigner dans une eau translucide aux **Sables roses,** à Fakarava (p. 271)

3 Se prélasser au bord du lagon à **Tikehau** (p. 262)

4 Plonger avec les requins et les dauphins dans la **passe de Tiputa** à Rangiroa (p. 249)

5 Se laisser dériver dans le courant en snorkeling ou en plongée dans la **passe de Tumakohua (passe Sud)** à Fakarava (p. 271)

6 Goûter à la vie de Robinson à **Mataiva** (p. 267)

7 Se sentir au bout du monde à **Ahe** (p. 283)

Histoire

Le passé de l'archipel des Tuamotu reste encore nimbé de mystère. Les Tuamotu ont toujours été perçues comme un monde en marge, dangereuses pour la navigation, avec un potentiel économique limité et à la merci des perturbations climatiques. Cet archipel, auquel Bougainville accola l'épithète "dangereux" en 1768, en raison des conditions de navigation, est longtemps resté dans l'ombre des îles de la Société qui correspondaient mieux aux représentations édéniques des Européens.

La période pré-européenne

L'origine des Paumotu (habitants des Tua-motu) n'est pas clairement établie. Certains formulent l'hypothèse qu'ils auraient pour ancêtres des insulaires chassés des îles Sous-le-Vent et des Marquises à la suite de conflits survenus entre le XIVe et le XVIe siècle. Pour d'autres, les Tuamotu de l'Est auraient été peuplées lors de la grande diaspora polynésienne joignant les Marquises aux Gambier et à l'île de Pâques autour de l'an mil.

Les passages des navigateurs

L'explorateur portugais Magellan fut le premier Européen à faire une brève escale aux Tuamotu, à Puka Puka, en 1521. D'autres navigateurs lui emboîtèrent le pas, mais aucun n'osa s'attarder dans ces eaux inhospitalières. Les noms qu'ils donnèrent aux atolls découverts témoignent de la répulsion qu'ils suscitaient : les Hollandais Le Maire et Schouten parlent d'"île des Chiens", d'"îles sans Fond" ou d'"île des Mouches". Tout aussi évocateur le nom d'"île Pernicieuse" donné en 1722 à Takapoto par Jakob Roggeveen, le découvreur de l'île de Pâques. Bougainville en 1768 et Dupetit-Thouars en 1838 ne furent guère plus enthousiastes.

Les Européens tournèrent leur attention vers les îles de la Société, jugées plus accueillantes. La connaissance de ces atolls progressa quelque peu grâce au passage de Darwin dans les années 1830, suivi des Russes Bellingshausen et Kotzebue et de l'Américain Wilkes. Ce n'est qu'en 1950 que la marine française acheva définitivement de dresser la carte de l'archipel.

L'hégémonie d'Anaa

Vers le XVIe siècle, les Tuamotu du Centre et de l'Ouest étaient déchirées par des guerres intestines. L'atoll d'Anaa, grâce à la férocité, restée légendaire, de ses guerriers, réussit à s'imposer à la fin du XVIIIe siècle. Les insulaires vaincus des autres atolls trouvèrent refuge à Tahiti où les Pomaré, qui avaient des ancêtres à Anaa et à Fakarava, les prirent sous leur protection.

De retour en 1817, convertis par les missionnaires à Tahiti, les insulaires entreprirent de rallier à la cause chrétienne le reste de la population paumotu, signant là le début de la christianisation de l'archipel.

La paix ne fut définitivement conclue entre l'atoll d'Anaa et ses adversaires qu'en 1821, sous l'égide du roi Pomaré III, qui étendit de facto sa souveraineté sur cette zone. Lorsque Tahiti fut annexée par la France en 1880, les Tuamotu, considérées comme dépendances du royaume Pomaré, tombèrent également dans l'escarcelle des Français.

Coprah, nacre et phosphate

Les Tuamotu ne sortirent vraiment de l'ombre qu'avec l'exploitation de la nacre, ainsi que la production du coprah, encouragée par les missionnaires catholiques à partir de 1870. De vastes cocoteraies furent plantées, provoquant un bouleversement sans précédent du paysage. En 1900, le coprah représentait environ 40% des exportations totales des Établissements français d'Océanie (ÉFO).

Le commerce des huîtres nacrières, destinées à l'industrie boutonnière, connut un âge d'or dès 1850. Les lagons des Tuamotu furent écumés par des commerçants chiliens, australiens ou américains. L'épuisement des

COMBIEN DE JOURS AUX TUAMOTU ?

Voici une durée (indicative) pour découvrir l'essentiel de chaque île. Les jours de vol (arrivée et départ) ne sont pas comptés :

- **Rangiroa :** 3 jours (non-plongeurs), au moins 5 jours (plongeurs)
- **Fakarava :** 3 jours (non-plongeurs), au moins 5 jours (plongeurs) ; si combiné Nord et Sud, au moins 6 jours
- **Tikehau :** 3 jours (non-plongeurs), au moins 4 jours (plongeurs)
- **Mataiva :** 3 jours
- **Ahe :** 3 jours
- **Manihi :** 3 jours (plongeurs)

À QUOI S'ATTENDRE AUX TUAMOTU ?

- On ne va pas aux Tuamotu pour visiter des monuments ou faire les boutiques. Les activités sont invariablement orientées autour des joies de l'eau (snorkeling, plongée sous-marine, excursions sur le lagon).
- Les distractions nocturnes sont très rares. On vit au rythme du soleil : on se lève tôt et on se couche tôt.
- Les jours de pluie (cela arrive...), il n'y a pas d'alternative aux sorties sur le lagon. Prévoir quelques bons livres...
- Pour profiter des différentes activités proposées, vous devrez faire appel à un prestataire local. Prévoyez un budget suffisant pour couvrir ces dépenses.
- Les plages coralliennes de type carte postale sont le plus souvent situées sur des îlots, loin des villages et de votre lieu d'hébergement (sauf à Tikehau et à Fakarava). Là aussi, le recours aux services (payants) d'un prestataire est indispensable pour qu'il vous conduise en bateau sur les spots les plus idylliques, où vous passerez la demi-journée ou la journée.
- Les plages ne sont pas formées de sable fin comme du talc, mais de résidus coralliens assez grossiers.
- Les seuls distributeurs de billets de l'archipel sont à Rangiroa (deux) et à Fakarava (un), et la carte de crédit n'est pas acceptée partout. Prévoyez suffisamment d'espèces.
- La formule d'hébergement la plus répandue dans l'archipel est la pension de famille, dans des bungalows indépendants, et des logements de type faré en formule Airbnb. Seuls Rangiroa et Tikehau disposent d'un hôtel de classe internationale.
- Le camping est possible, sur trois atolls (Rangiroa, Fakarava, Tikehau).
- Attention à la localisation : "en bord de lagon" n'est pas synonyme de bord de plage... On devrait plutôt dire "en bord de récif", ce qui ne désigne pas la même réalité.
- Compte tenu des rares possibilités de restauration indépendante, la formule généralement en usage est la demi-pension (petit-déjeuner et dîner inclus).

stocks naturels et la production de boutons en plastique dans les années 1960 mirent un terme à cette industrie.

Au coprah et à la nacre s'ajouta l'exploitation de la richesse en phosphate de l'atoll de Makatea de 1911 à 1966 (voir l'encadré p. 252).

Les Tuamotu, terres de mission

Au XIXe siècle, les seuls Occidentaux installés dans l'archipel étaient des missionnaires chrétiens. Catholiques et protestants se livrèrent à une course à l'évangélisation plus ou moins fructueuse selon les atolls. La concurrence entre ces deux pôles du christianisme explique la diversité des cultes dans l'archipel : catholiques, protestants, mormons, adventistes et sanitos.

De la nacre à l'atome et à la perle

Les méthodes d'élevage rationnel, appliquées dans le courant des années 1960, ont donné un second souffle à la culture des nacres. Couplées avec les techniques de greffe, elles ont donné naissance à une nouvelle industrie, la perliculture, qui a connu un essor sans précédent à partir des années 1970.

L'installation du Centre d'expérimentation du Pacifique (CEP) à Hao, à Moruroa et à Fangataufa en 1964 inaugurait une ère tristement célèbre qui allait durer plus de trente ans (voir l'encadré p. 352).

L'impact économique de la perliculture et du nucléaire a été considérable. De multiples emplois ont été générés, mettant ainsi fin à l'exode des Paumotu vers Tahiti. Des cargos (toujours appelés goélettes) ont pris la relève des goélettes en bois et des infrastructures aéroportuaires ont été aménagées sur de nombreux atolls, contribuant ainsi au désenclavement de l'archipel.

Les Tuamotu aujourd'hui

Les Tuamotu du Nord, notamment les atolls de Rangiroa, de Tikehau et de Fakarava, les plus touristiques, sont désormais bien desservies et correctement reliées au reste de la Polynésie. En revanche, les Tuamotu du

Centre et de l'Est souffrent encore d'un relatif isolement, malgré une desserte aérienne et maritime suffisante.

La pêche et le coprah restent les activités traditionnelles dominantes, mais plusieurs atolls s'orientent vers le tourisme bleu, notamment Fakarava et Tikehau, suivant ainsi l'exemple de Rangiroa, qui s'est ouvert à la plongée sous-marine au début des années 1980. D'autres atolls, voisins, misent également sur le tourisme, tels Mataiva et Ahe, mais à très petite échelle. Le tourisme représente incontestablement un vecteur de développement, mais la fragilité du milieu naturel, et notamment la rareté des ressources en eau potable, interdit toute exploitation à grande échelle.

L'archipel est très vulnérable aux excès climatiques : de décembre 1982 à avril 1983, il a été dévasté par une série de cyclones. Plus récemment, en janvier 1998, d'autres dépressions tropicales ont partiellement détruit les infrastructures de plusieurs atolls des Tuamotu du Nord-Ouest.

Depuis quelques années, l'archipel est touché de plein fouet par la crise de la perliculture. Après l'effondrement des cours de la perle de Tahiti, beaucoup de fermes perlières ont dû cesser leur activité.

Depuis/vers les Tuamotu

AVION

Le maillage de l'archipel est fort complet. À ce jour, 32 atolls sont équipés d'une piste d'atterrissage et sont régulièrement desservis par Air Tahiti à bord d'ATR-72, d'ATR-42, de Twin Otter et de Beechcraft. L'essentiel du trafic se fait avec Papeete mais il existe quelques liaisons directes entre Bora Bora, Rangiroa et Tikehau, ce qui évite de repasser par Tahiti. Au sein de l'archipel, Rangiroa est la principale plaque tournante.

BATEAUX INTER-ÎLES

Il n'y a pas de navires spécifiquement prévus pour le transport de passagers entre les Tuamotu et les autres archipels. Les seules possibilités existantes se limitent aux **cargos inter-îles**, qui acheminent le fret au départ de Papeete. La plupart acceptent d'embarquer des passagers, mais les conditions de confort sont minimales et leur régularité aléatoire – à ne conseiller qu'aux voyageurs rompus à ce type d'expérience et dotés d'un solide pied marin. Le **Saint Xavier Maris Stella**, le **Cobia**, le **Mareva Nui**, le **Nuku Hau** et l'**Aranui** desservent l'archipel, au départ de Papeete. Depuis Tahiti, comptez au moins deux jours de navigation jusqu'à Rangiroa.

Reportez-vous à *Transports* p. 446 pour plus de renseignements.

Comment circuler

Les infrastructures routières sur les atolls se limitent le plus souvent à une piste de longueur variable (de quelques kilomètres à quelques dizaines de kilomètres), en soupe de corail ou recouverte de sable, qui relie le village à l'aérodrome et aux parties de l'atoll inhabitées. Les voitures sont rares.

Les aérodromes sont parfois attenants aux villages, parfois situés sur un motu à l'opposé, sur le lagon. Si vous avez réservé votre hébergement, vos hôtes viendront vous chercher. Sachez que les transferts ne sont pas systématiquement gratuits. Leur éventuelle facturation dépend de la distance et du moyen de déplacement.

Les transports publics étant inexistants, vous devrez vous adresser à votre hôtel ou à votre pension pour vos déplacements terrestres, ou louer un vélo ou un scooter.

SCANNEZ POUR VOIR LA VIDÉO

RANGIROA

2 567 HABITANTS

Certes, "Rangi" a perdu de sa superbe au profit de Fakarava et, dans une moindre mesure, Tikehau, mais, pour les plongeurs, cet atoll résonne encore comme un sésame susceptible de leur ouvrir les portes d'un paradis sous-marin peuplé de créatures de toutes tailles, notamment les requins et les dauphins, dans la passe de Tiputa.

Cet atoll est celui de tous les superlatifs, et pas seulement sous la surface. Ses dimensions, 75 km d'est en ouest et 25 km du nord au sud, le classent deuxième atoll du monde par sa superficie. Son lagon est si grand qu'il pourrait contenir l'île entière de Tahiti. D'un bord, il est impossible d'apercevoir la rive opposée.

Les infrastructures, bien que relativement "développées" par rapport aux autres atolls des Tuamotu, n'ont pas dénaturé l'aspect sauvage de l'île. L'essentiel des structures d'hébergement se compose de pensions de famille et de petites unités d'une dizaine de bungalows tout au plus, ainsi que d'un hôtel de luxe.

Si la plongée constitue la motivation première d'un séjour à Rangiroa, il existe également quelques activités complémentaires pour contenter les non-plongeurs,

Rangiroa

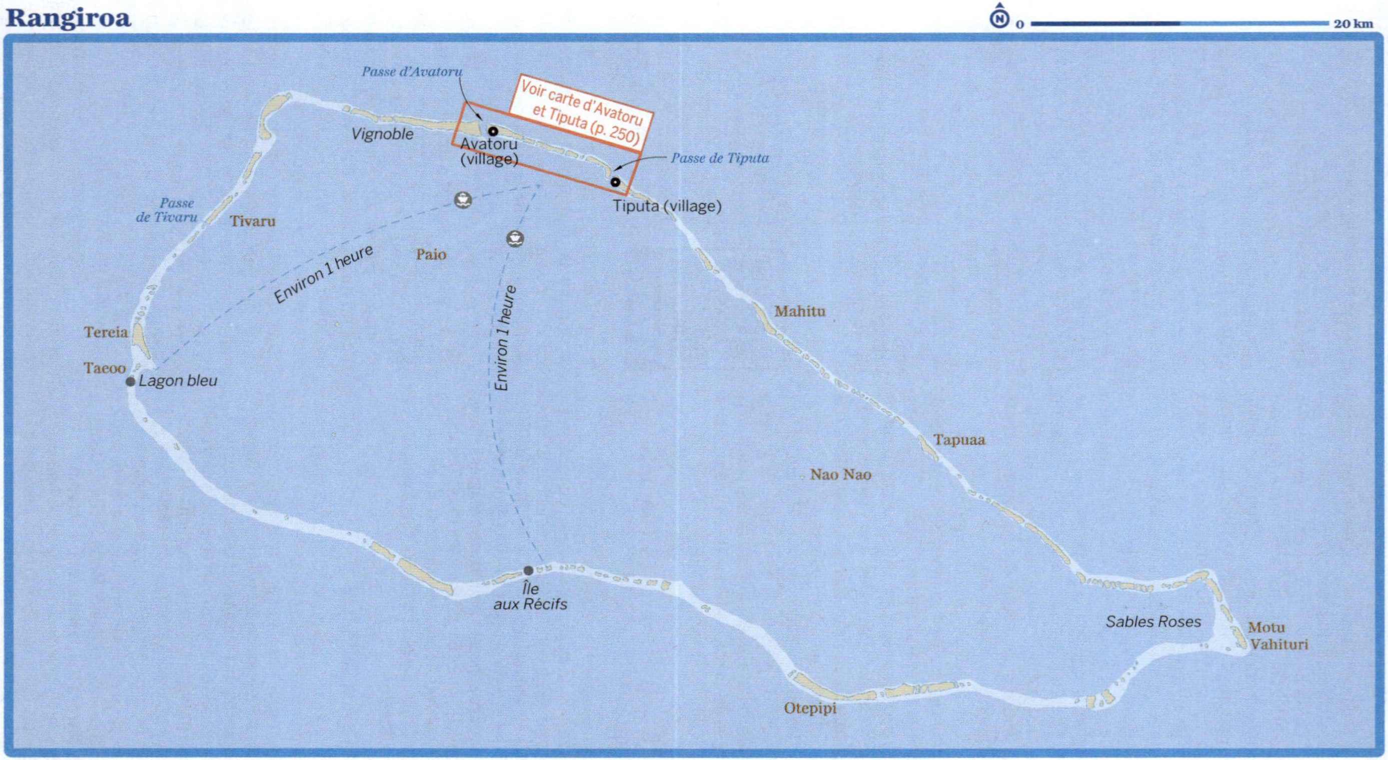
0
20 km
Passe d'Avatoru
Voir carte d'Avatoru et Tiputa (p. 250)
Vignoble
Avatoru (village)
Passe de Tiputa
Tiputa (village)
Passe de Tivaru
Tivaru
Paio
Environ 1 heure
Environ 1 heure
Tereia
Taeoo
Lagon bleu
Mahitu
Tapuaa
Nao Nao
Île aux Récifs
Sables Roses
Motu Vahituri
Otepipi

comme les excursions en bateau à la découverte des plus beaux endroits du lagon. En revanche, si c'est le farniente sur la plage que vous recherchez, vous resterez sur votre faim ; il n'y a pas de plage. Mieux vaut dans ce cas choisir Fakarava ou Tikehau.

Histoire

L'atoll de Rangiroa rassemble plus de 10% de la population de l'archipel. Jadis, il était certainement beaucoup plus peuplé. Des *marae* (sites cérémoniels) et des fosses de culture attestent l'existence de multiples foyers de peuplement répartis sur l'atoll.

Rangiroa eut à affronter deux types de menace au cours de son histoire : les actes de piraterie des guerriers de l'atoll d'Anaa, au sud-est, et les cyclones dévastateurs. Face aux exactions des premiers, les habitants de Rangiroa se réfugièrent, au XVIIe siècle, à proximité du motu Taeoo (actuellement le site appelé lagon Bleu), au sud-ouest de l'atoll. Quant aux catastrophes climatiques, un cataclysme, vraisemblablement un tsunami, aurait ravagé vers 1560 les implantations humaines de la partie ouest de l'atoll.

Deux siècles plus tard, la population était majoritairement établie aux abords des passes de Tivaru, d'Avatoru et de Tiputa. Rangiroa noua d'importantes relations avec les autres atolls des Tuamotu septentrionales. Cette prospérité fut éphémère, car, à la fin des années 1770, les guerriers d'Anaa pillèrent à nouveau l'atoll et détruisirent les édifices collectifs. Les survivants furent contraints de s'exiler à Tikehau ou à Tahiti où les rois Pomaré les prirent sous leur aile protectrice. Ils purent regagner Rangiroa en 1821 et repeuplèrent l'atoll.

Bien que découvert par le navigateur hollandais Le Maire le 18 avril 1616, Rangiroa ne vit s'établir les premiers Européens qu'en 1851, en l'occurrence des missionnaires chrétiens qui introduisirent des cocotiers pour la culture du coprah. La coprahculture connut un essor constant jusqu'à ce que la pêche prenne le relais dans le courant du XXe siècle. Avant que les boutons de plastique ne supplantent ceux de nacre, la culture des huîtres nacrières était florissante à Rangiroa. Aujourd'hui, elle est remplacée par le tourisme.

Orientation

L'atoll forme un vaste périmètre de plus de 200 km composé d'îles, de motu et de *hoa* (chenaux). Le lagon s'ouvre sur l'océan par trois passes : Tivaru à l'ouest, Avatoru et Tiputa au nord. La passe de Tivaru est étroite et peu profonde, tandis que celles d'Avatoru et de Tiputa dépassent 200 m de largeur. Seules Tiputa et Avatoru sont empruntées par les navires.

Rangiroa compte deux villages, Avatoru et Tiputa, situés en bordure des passes éponymes, sur deux îlots séparés. Une route asphaltée, presque rectiligne, relie le village d'Avatoru, situé à l'extrémité ouest de la chaîne d'îlots, à la passe de Tiputa, quelque 10 km plus loin, à l'extrémité est. L'essentiel des infrastructures touristiques et hôtelières est disséminé tout le long de cette route, mais le centre de gravité de l'île a tendance à se déplacer vers l'est, entre l'aéroport et la passe de Tiputa, où se trouvent tous les centres de plongée. Le village de Tiputa, de l'autre côté de la passe, est plus isolé ; on s'y rend en *taxi-boat*.

MAIS OÙ SONT LES PLAGES À RANGIROA ?

Qu'on se le dise : Rangiroa est une destination pour la plongée, pas une destination balnéaire. Certains touristes arrivent à Rangiroa dans l'espoir de passer un séjour farniente, de type Seychelles ou île Maurice, confortablement installés sur une longue plage de sable fin. Or il n'y a pas de plage sur la chaîne d'îlots d'Avatoru (comme dans bon nombre d'atolls, au demeurant), sauf devant l'hôtel Kia Ora (p. 257), où une mince bande de sable a été aménagée (réservée aux clients de l'hôtel), et sur une bien modeste "plage publique" située à proximité. Si les bungalows de la plupart des pensions donnent effectivement sur le lagon, le bord de l'eau est constitué tantôt de gravier corallien ou de "*beach rock*" (blocs coralliens), peu propices à l'étalage de serviettes... Attention donc à la confusion sémantique entre "bord de lagon" et "bord de plage". Pour autant, la baignade est possible. Certains établissements disposent de pontons sur le lagon, qui mènent à des zones suffisamment profondes pour la baignade.

À voir

Avatoru — VILLAGE

Ce village, à l'extrémité ouest de la chaîne d'îlots, est blotti en bordure de la passe et du lagon. Seuls bâtiments remarquables, les édifices religieux attirent le regard, notamment l'église catholique, postée en sentinelle au bord de la passe. L'église réorganisée de Jésus-Christ-des-Saints-des-Derniers-Jours, à la flèche effilée, s'élève un peu plus à l'écart. Quelques petits commerces et boutiques sont installés dans le village, ainsi que les principaux services (banque, poste, mairie).

Tiputa — VILLAGE

Un *taxi-boat* au quai d'Ohotu vous conduira en 5 minutes au village de Tiputa. Le contraste est frappant avec Avatoru. Le cadre et l'atmosphère sont plus intimes. Les *popa'a* (étrangers) y sont moins nombreux et les contacts avec la population, plus spontanés. Flânez dans les ruelles du village, bordées de maisons proprettes entourées de jardinets fleuris. Au milieu du village se dresse l'église catholique, à la blancheur immaculée. Dans la même rue, légèrement en retrait, on peut distinguer un discret autel marial orné de nacres. Un petit temple sanito fait presque face à la mairie. Approchez-vous de la passe, à deux pas du village, vous apercevrez peut-être des dauphins qui cabriolent dans le courant, généralement en fin d'après-midi.

Après la sortie du village, à l'est, la piste mène à un lotissement, puis continue dans la cocoteraie jusqu'aux prochains chenaux. Au-delà, il n'y a plus que quelques habitations éparses.

Lagon Bleu — SITE LAGONAIRE

Ce site emblématique est situé à 1 heure de bateau, à l'ouest de l'atoll. Quelques motu et récifs coralliens délimitent une piscine naturelle à la lisière de la couronne récifale principale, à l'intérieur du lagon. Autrement dit, il s'agit d'un lagon dans le lagon. Sable blanc étincelant, cocotiers et eaux de couleur lapis-lazuli lui ont valu l'appellation justifiée de "lagon Bleu".

Les fonds de faible profondeur et les patates de corail entourées de poissons conviennent pour le snorkeling et la baignade. Vous aurez l'occasion d'apercevoir de nombreux petits requins pointes noires, qui viennent manger les restes des pique-nique, ainsi que, sur certains motu, plusieurs espèces d'oiseaux.

Ce site n'est accessible qu'à l'occasion d'une excursion en bateau (voir p. 252), à la journée.

Île aux Récifs — SITE LAGONAIRE

Les alentours du motu Ai Ai, au sud de l'atoll, à 1 heure de bateau environ d'Avatoru, sont parsemés de *feo*, formations coralliennes surélevées burinées par l'érosion qui composent d'étranges silhouettes pétrifiées. On ne les voit pas immédiatement en arrivant sur le motu, car elles se trouvent côté océan. Elles s'étirent sur plusieurs centaines de mètres, entrecoupées de petits chenaux et de vasques qui forment de superbes piscines naturelles. Les pique-niques se font côté lagon, dans une cocoteraie, au bord d'une plage et d'un chenal propice à la baignade. De nombreux massifs coralliens, de faible profondeur, offrent des conditions idéales pour le snorkeling.

Ce site n'est accessible qu'à l'occasion d'une excursion en bateau (voir p. 252), à la journée.

Gauguin's Pearl — FERME PERLIÈRE

(☎40 93 11 30 ; www.gauguinspearl.com ; accès libre ; ⌚visites guidées 10h et 14h lun-ven). Seule ferme perlière encore en activité à Rangiroa, Gauguin's Pearl se visite et pratique la vente directe. La visite guidée (40 minutes), gratuite, comprend la découverte des installations et une démonstration de greffe et de récolte, suivie d'une présentation de perles nues dans la salle d'exposition. Pour les achats, la carte de crédit est acceptée. À 800 m à l'est de l'aéroport, côté lagon. Navette gratuite sur appel téléphonique.

Cité des Dauphins — POINT DE VUE

Ce site au bord du récif a été aménagé spécialement pour l'observation des dauphins dans la passe de Tiputa. Venez de préférence lorsque le courant est sortant ; c'est la période que les dauphins préfèrent pour effectuer des cabrioles dans les vagues. C'est également un site agréable pour savourer le coucher de soleil en sirotant une bière. À l'extrémité de la chaîne d'îlots, au niveau de l'arrondi de la passe de Tiputa, côté récif (signalé).

Cave de Rangiroa — DÉGUSTATION

((☎87 79 07 45 ; 2 500 CFP/pers ; ⌚17h lun-sam). Ne manquez pas l'occasion de visiter le chai où est vinifié le vin de Rangiroa (voir p. 252). La visite se prolonge par une dégustation des différents vins du domaine (blanc de corail, rosé nacarat, Clos du Récif

LA PLONGÉE À RANGIROA : QUELQUES CONSEILS

La plongée étant une activité qui s'est fortement démocratisée, de plus en plus de plongeurs qui viennent à Rangiroa ne possèdent qu'un niveau 1. Inspirés par les nombreux reportages consacrés à l'atoll, ils n'ont qu'une hâte : plonger dans les passes pour observer les requins et les dauphins. Avant de passer à l'acte, il est nécessaire d'apporter quelques précisions pour passer un séjour idéal.

Avec quel centre plonger ?

Rangiroa compte 6 centres, qui se livrent une concurrence acharnée. Ils emploient des moniteurs qualifiés, mais pas toujours expérimentés. Chaque centre a son style, sa personnalité, son organisation, sa "vision" de la plongée à Rangiroa. Plus qu'ailleurs, le choix d'un centre de plongée sur cet atoll est déterminant, compte tenu des plongées très spécifiques dans les courants de la passe. Avant de vous décider pour tel ou tel centre, nous vous conseillons de les contacter tous pour comparer leurs prestations, évaluer leur accueil et l'état du matériel, sentir l'ambiance et rencontrer les moniteurs. Si, après une ou deux plongées, vous n'êtes pas content de la prestation (le moniteur ou l'organisation des sorties ne vous conviennent pas, l'ambiance de la structure ne vous est pas adaptée ou, pire, vous estimez que vos exigences en matière de sécurité et d'encadrement n'ont pas été assez prises en compte), n'hésitez pas à faire part de votre mécontentement et à changer de centre de plongée.

La passe de Tiputa : quel niveau de plongeur faut-il avoir ?

De nombreux abus ont été commis par les centres de plongée par le passé, certains n'ayant aucun scrupule à faire plonger des novices dans la passe de Tiputa – le fonds de commerce des centres – en plein courant dès la première plongée. Ce n'est pas tant la profondeur qui pose problème, mais le côté intimidant dû au courant, qui peut provoquer une perte de repère et une surconsommation d'air pour les plongeurs peu entraînés.

Nous estimons qu'il est irresponsable d'emmener un plongeur de niveau 1 dans la passe de Tiputa en dérivante s'il n'a pas fait au moins deux plongées sans courant aux abords de la passe. Selon nous, la plongée dans la passe de Tiputa par courant établi devrait être réservée aux plongeurs à partir du niveau 2 et, à la rigueur, aux niveau 1 très à l'aise dans l'eau et faisant preuve d'une solide expérience et d'une bonne condition physique.

et Monamona) et du rhum Mana'o, produit avec des cannes à sucre de Rangiroa. Vente sur place (boutique ouverte de 16h30 à 18h30). Possibilité de transfert en taxi depuis les hébergements (en sus).

Activités

Plongée sous-marine

En matière de plongée sous-marine, Rangiroa a acquis une notoriété mondiale. Les requins ont longtemps été la principale attraction, mais, depuis quelques années, les dauphins qui se sont sédentarisés près de la passe de Tiputa leur ont quelque peu volé la vedette, d'autant plus qu'ils n'hésitent pas à s'approcher des plongeurs (abstenez-vous de les toucher !) et à cabrioler autour d'eux. Outre les dauphins tursiops, vous verrez des requins gris (par dizaines), des requins pointes noires, des requins-marteaux (plus rarement), des requins tigres et des espadons voiliers (très occasionnellement), des raies mantas (à certaines époques, et beaucoup moins que par le passé), des raies aigles, des tortues, et toute la petite faune récifale. En revanche, les coraux n'ont rien d'attrayant.

Les plongées ont lieu aux abords de la passe de Tiputa, accessible en quelques minutes de bateau. La plupart des sites sont à la portée des niveaux 1, mais il est préférable de commencer par au moins deux plongées faciles, sans courant, avant de se frotter aux plongées dérivantes dans la passe, plus sportives (voir l'encadré). Pour les débutants, des baptêmes et des formations sont prévues, au motu Nuhi Nuhi. Pour un brevet niveau 1, comptez trois jours. Notez cependant qu'en haute saison les moniteurs ne sont pas toujours disponibles pour assurer des formations. Pour plus de détails sur ces sites, consultez le chapitre *Plongée*

Avatoru et Tiputa

Avatoru-Tiputa

À voir

1	Cave de Rangiroa	C1
2	Cité des Dauphins	H2
3	Gauguin's Pearl	C1

Activités

4	Rangiroa Plongée	G2
5	The Six Passengers	F1
6	Topdive	G1
7	Y'aka Plongée	G1

Où se loger

8	Bounty Lodge Rangiroa	G1
	Fare Ani	(voir 24)
9	Fare Atimutimu	D1
10	Kia Ora Resort & Spa	G1
11	Le Coconut Lodge	F1
12	Les Relais de Joséphine	H2
13	Maitai Rangiroa	D1
	Manurani Homes	(voir 8)
14	Miki Miki Lodge	G1
15	Pension Chez Cécile	C1
	Poé Guesthouse	(voir 20)
16	Raira Lagon	D1
17	Rangiroa Plage	B1
	Rangiroa Reef Lodge	(voir 9)
18	Tevahine Dream	C1
19	Turiroa Village – chez Olga	D1
20	Vaaitemoana	G2
	Vahaui Paradis	(voir 14)

p. 48. Quant à l'autre passe, celle d'Avatoru, jadis très fréquentée, elle est aujourd'hui délaissée par tous les centres, qui préfèrent exploiter la passe de Tiputa.

Les centres locaux organisent entre deux et quatre sorties par jour (deux le matin, une en début d'après-midi et une "sunset", en fin d'après-midi) et proposent tous un service de ramassage gratuit. Les horaires des plongées sont, en principe, adaptés aux courants et aux marées.

Rangiroa Plongée PLONGÉE, SNORKELING

(☎87 77 65 86 ; www.rangiroaplongee.pf ; baptême 10 000 CFP, explo 8 000 CFP ; ⏲tlj). Petite structure à la fois simple et conviviale, tenue par Claudio, qui a une bonne expérience de la plongée dans les Tuamotu. Plongée (exploration et formation) en petit comité et tarifs compétitifs. Pour l'achat de 5 à 9 plongées (pack non nominatif), la plongée coûte 7 500 CFP. Une remise de 250 CFP est accordée aux plongeurs équipés de leur matériel. Nitrox sur demande (1 800 CFP en sus par plongée). Également snorkeling dans la passe (voir p. 249). Le local se trouve près du snack Puna, à l'est de l'atoll. Ce centre n'hésite pas à plonger à des horaires légèrement décalés pour éviter la présence d'autres bateaux sur les sites.

Y'aka Plongée PLONGÉE

(☎87 20 68 98 ; www.yakaplongee.com ; baptême et explo 9 500 CFP, forfait 6/10 plongées 46 200/72 000 CFP ; ⏲tlj). Ce petit centre installé dans un conteneur aménagé en bord de lagon est tenu par une jeune monitrice. Il allie professionnalisme, sécurité et convivialité. Les petites palanquées (4 plongeurs) sont privilégiées. Les forfaits sont valables pour 2 personnes. À l'est de l'atoll, à côté du centre Topdive.

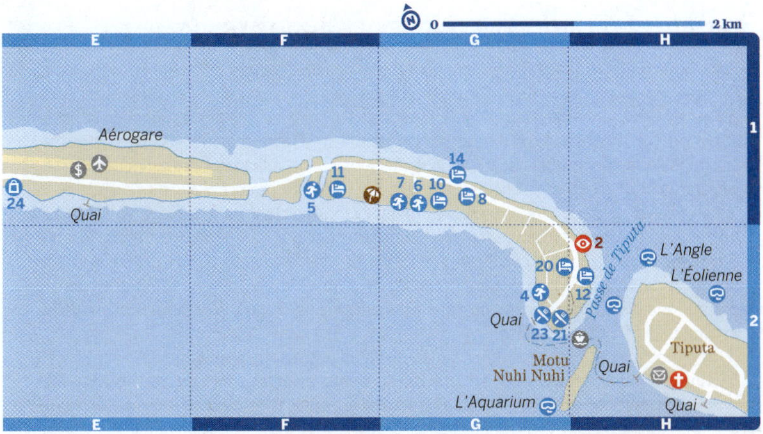

Où se restaurer

21 Chez Lili G2
La Roulotte .... (voir 17)
Les Relais de Joséphine – Le Dauphin Gourmand .... (voir 12)
22 Ma'a Mika D1
Maitai Rangiroa – Le Lagon Bleu .... (voir 13)
Mitivai .... (voir 6)
Pizzeria Moanatea .... (voir 12)
23 Puna G2
Snack du Six Passenger .... (voir 5)
Vaaitemoana .... (voir 20)

Où prendre un verre et sortir

Kia Ora Resort & Spa – Le Miki Miki .... (voir 10)
Maitai Rangiroa – Le Mawake .... (voir 13)

Achats

24 Ana Créations E1
Gauguin's Pearl .... (voir 3)
25 Ikimasho C1
Pearly .... (voir 16)
Rairoa Création .... (voir 7)

Topdive PLONGÉE, SNORKELING
(☎40 96 05 60 ; www.topdive.fr ; baptême 13 200 CFP, explo 10 400 CFP, 2 plongées 20 000 CFP ; ⏲tlj). Cette enseigne représentée sur plusieurs îles de Polynésie est une valeur sûre. Tarifs plus élevés que les centres concurrents, mais les plongées au Nitrox sont sans supplément (et vivement recommandées par les moniteurs du centre). Cette enseigne propose aussi un pass inter-îles de 6, 10 ou 20 plongées pour 2 personnes à 60 000/92 000/175 000 CFP, également valables dans les centres Topdive de Tahiti, Bora Bora, Fakarava et deux centres partenaires à Moorea et Raiatea. Possibilité de snorkeling (descente de la passe de Tiputa). Le petit plus : un snack sur place.

The 6 Passengers PLONGÉE, SNORKELING
(☎87 30 32 59 ; www.the6passengers.com ; baptême 10 900 CFP, explo 9 500 CFP ; ⏲tlj). Centre de plus grande capacité que les autres, moderne et accueillant, équipé d'un *deck* et d'un snack (bien pratique au retour de la plongée en fin de matinée). Prestations fiables. Pour l'achat d'au moins 5 plongées, le tarif baisse à 8 500 CFP la plongée. Sorties snorkeling dans la passe de Tiputa sur demande (6 500 CFP). Plongée au Nitrox avec supplément (2 200 CFP).

Descente de passe en snorkeling

Il s'agit de descendre la **passe de Tiputa** équipé d'un masque, de palmes, d'un tuba et d'un gilet de flottabilité, accompagné d'un guide connaissant parfaitement le courant et la faune. Un bateau suit le groupe en permanence. L'activité s'adresse aussi bien aux plongeurs qui veulent varier les plaisirs et voir la passe "de haut" qu'aux débutants et aux non-plongeurs souhaitant éprouver une sensation de grand bleu. La mise à l'eau a

DU VIN (ET DU RHUM) À L'OMBRE DES COCOTIERS

Faire pousser de la vigne et produire du vin à Rangiroa ? Ce pari osé a été relevé par deux Français passionnés de vin. Après de multiples tests réalisés partout en Polynésie, ils ont planté *ex nihilo* une vigne sur plusieurs hectares à Rangiroa, à 5 km à l'ouest de la passe d'Avatoru. Les obstacles n'ont pas manqué : crabes de terre gourmands, parasites, cochons sauvages, embruns, absence de saisons… Trois cépages, connus pour être résistants et productifs, ont finalement pu s'épanouir sur ce sol corallien très spécial : le carignan en cépage rouge, le muscat Italia en cépage blanc et le muscat de Hambourg en cépage rosé. Les vendanges se déroulent deux fois par an. Le raisin est apporté à bord de petits bateaux jusqu'au chai climatisé, près du village d'Avatoru, où il est élevé en fût de chêne ou en cuve Inox pendant un an, avant d'être mis en bouteille sur place puis commercialisé à Tahiti et dans quelques restaurants en France. La production annuelle avoisine les 35 000 bouteilles.

Les spécialistes sont unanimes : le vin de Tahiti (c'est son appellation officielle), très surprenant, ne ressemble à aucun autre. À vous de juger, entre les deux blancs secs (l'un est appelé Vin de corail, sec et fruité, l'autre, appelé Clos du récif, est un blanc sec plus riche, plus ample, légèrement boisé), le blanc moelleux ou le rosé nacarat. Il est en vente dans les magasins de l'atoll et servi dans les restaurants. C'est aussi un excellent souvenir à rapporter, même si le tarif est élevé (de 2 500 à 5 000 CFP le prix moyen d'une bouteille). Le domaine produit également du rhum Mana'o à partir de plants de canne à sucre qui poussent sur l'atoll. La canne est récoltée, broyée et fermentée sur place, puis envoyée à Tahiti pour distillation.

Plus d'informations sur www.vindetahiti.com.

lieu à l'extérieur de la passe, dans l'arrondi du tombant. Elle est suivie de la descente de la passe proprement dite en se laissant dériver par le courant rentrant, puis se termine par l'exploration du **motu Nuhi Nuhi**, également appelé "L'Aquarium". La descente est renouvelée deux fois à des endroits différents de la passe, mais les rencontres ne sont pas garanties.

En plus du prestataire mentionné ci-dessous, la plupart des centres de plongée proposent cette activité, moyennant un nombre minimum de participants.

Dédé Excursion SNORKELING
(☎ 87 78 47 17 ; www.facebook.com/dedeexcursion ; ⏲ sur réservation). Sortie snorkeling (descente de passe et snorkeling au motu Nuhi Nuhi) ou sortie d'observation des dauphins dans la passe de Tiputa, suivie d'une séance de snorkeling au motu Nuhi Nuhi (l'Aquarium), à bord d'un petit bateau avec taud (6 personnes maximum). Comptez 6 000 CFP/pers (2 heures).

Excursions sur le lagon

L'immense atoll de Rangiroa recèle deux sites sauvages et idylliques – le **lagon Bleu** et l'**île aux Récifs** –, mais ils sont à l'opposé du lagon par rapport aux lieux d'hébergement… Vous devrez donc obligatoirement passer par l'intermédiaire d'un prestataire pour les découvrir, à l'occasion d'une excursion en bateau à la journée.

Un nombre minimal de participants est requis, généralement 6. À certaines périodes chargées de l'année, notamment juillet-août, ces sorties sont complètes plusieurs jours à l'avance, et il n'est pas rare d'être intégré à un groupe de 20 personnes. À d'autres périodes, plus creuses, c'est le phénomène inverse : les prestataires sollicitent toutes les pensions la veille pour trouver le nombre minimum de participants. Il est conseillé de réserver dès l'arrivée en contactant l'un des prestataires mentionnés ci-après ou en s'adressant à votre pension qui fera le nécessaire. Les transferts sont gratuits.

Ces excursions sont tributaires des conditions météorologiques et de l'état du lagon. En cas de pluie ou de vent – notamment le *maraamu*, vent du sud-est qui souffle parfois pendant la saison sèche et démonte le lagon –, elles sont annulées. La traversée, à bord de hors-bord relativement puissants et confortables, dure au moins une heure (voire 1 heure 30 en fonction de l'état de la mer) et peut se révéler inconfortable si le lagon est agité. Gare au mal de mer !

Munissez-vous impérativement de crème solaire, de lunettes de soleil, de sandalettes en plastique (pour marcher sur le récif), d'un maillot de bain et de vêtements de rechange. Les équipements de snorkeling (palmes, masques et tuba) ne sont pas fournis par le prestataire (ou, s'ils le sont, ils ne sont pas en très bon état) ; venez donc avec votre matériel.

Plusieurs petites entreprises touristiques assurent ces sorties à la journée. Si vous résidez dans une pension, vos hôtes serviront d'intermédiaires (service gratuit). Les départs ont lieu vers 8h30, et les retours vers 16h. Les prestataires organisent un pique-nique à base de poisson.

Paati Excursions – Léon EXCURSION LAGONAIRE
(☎87 79 24 63 ; 10 000 CFP/pers ; ⏲sur réservation). Prestataire spécialisé dans les excursions à l'île aux Récifs. Bonne réputation. De tous les prestataires desservant l'île aux Récifs, c'est Paati qui a le plus beau spot pour le snorkeling. Pique-nique (avec un délicieux pain coco !) avec atelier de tressage et accompagnement musical. À la fin du trajet retour, arrêt snorkeling au motu Nuhi Nuhi et observation des dauphins dans la passe de Tiputa.

Haiatua Excursion EXCURSION LAGONAIRE
(☎87 73 12 59, 40 93 12 65 ; www.rangiroa-activities.com ; 10 500 CFP/pers ; ⏲sur réservation). Prestataire spécialisé dans les excursions au lagon Bleu et à l'île aux Récifs. Au lagon Bleu, le site choisi, le "motu aux oiseaux", sur un grand motu côté est du lagon, est plus sauvage et plus étendu que le motu utilisé par d'autres prestataires, et il fait face à des bancs de sable rose. Excellent pique-nique avec atelier de tressage et accompagnement musical. En quittant le lagon Bleu, observation des requins pointes noires et des requins-citrons à la "Cité des requins" puis, à la fin du trajet retour, arrêt snorkeling à proximité de la passe d'Avatoru. Au retour de l'île aux Récifs, arrêt snorkeling au motu Nuhi Nuhi et observation des dauphins dans la passe de Tiputa. Propose aussi un combiné lagon Bleu et île aux Récifs à la journée (14 000 CFP), que nous ne recommandons guère (trop de trajet en bateau et journée trop dense).

Rairoa Fishing & Tours EXCURSION LAGONAIRE
(☎87 72 04 21 ; www.rairoafishingandtours.com ; 10 500 CFP/pers ; ⏲sur réservation). Prestataire spécialisé dans les excursions au lagon Bleu. Au lagon Bleu, le site choisi pour le pique-nique est le "motu aux oiseaux", face à des bancs de sable rose, plus sauvage que le motu utilisé par certains autres prestataires. En arrivant au lagon Bleu, observation des requins pointes noires et des requins-citrons à la "Cité des requins" puis, à la fin du trajet retour, arrêt snorkeling au motu Nuhi Nuhi et observation des dauphins dans la passe de Tiputa.

Kaimana Excursions EXCURSION LAGONAIRE
(☎87 71 83 41 ; www.rangiroa-activites.com ; 10 500 CFP/pers ; ⏲sur réservation). Sorties au lagon Bleu uniquement. Ce prestataire utilise un joli motu, doté d'une superbe langue de sable qui s'avance dans le lagon, pour le pique-nique. Le petit plus : un transfert en bateau depuis ce motu jusqu'au "motu aux oiseaux" pour observer les volatiles et les crabes de cocotier, et profiter du jardin de corail (plus fourni en poissons) juste à côté.

Orava Excursions EXCURSION LAGONAIRE
(☎87 75 13 90, 87 31 92 98 ; www.oravaexcursions.com ; 10 000-13 000 CFP/pers ; ⏲sur réservation). Sorties au lagon Bleu, à l'île aux Récifs, et "Triangle" (combiné des deux – pas conseillé, journée épuisante avec plus de 3 heures de trajet en bateau). Au lagon Bleu, le motu utilisé pour le pique-nique est partagé avec d'autres prestataires. Orava propose également un combiné original (et moins fatigant que le "Triangle"), l'île aux Récifs et l'ancien village d'Otepipi, où se trouve une ancienne église en moellons de corail, à moins de 30 minutes à l'est de l'île aux Récifs.

Rangiroa Excursion EXCURSION LAGONAIRE
(☎87 79 24 66 ; www.rangiroaexcursion.com ; 10 500-14 000 CFP/pers ; ⏲sur réservation). Mêmes sorties que les concurrents au lagon Bleu et à l'île aux Récifs, et "Triangle" (combiné des deux – pas conseillé, journée épuisante avec plus de 3 heures de trajet en bateau). Au lagon Bleu, le motu utilisé pour le pique-nique est partagé avec d'autres prestataires. À noter : Rangiroa Excursion propose aussi une sortie lagonaire à la demi-journée, au "lagon Vert", une petite anse naturelle abritée, bordée de sable, idéale pour le farniente, la baignade, le paddle et le kayak (mis à disposition), située de l'autre côté de la passe d'Avatoru (et donc très facile d'accès), à 6 500 CFP, repas inclus.

Fêtes et festivals

Comme partout en Polynésie, les fêtes de Juillet (Tiurai) apportent une note d'animation bienvenue au village d'Avatoru, avec des concours de danses et diverses animations plusieurs soirs par semaine.

Farerei Haga CULTURE TRADITIONNELLE
Chaque année pendant une semaine à la fin du mois de septembre, les festivités du Farerei Haga mettent à l'honneur la culture polynésienne traditionnelle. Au programme : courses de pirogues, sports traditionnels (lancer de javelot, lever de pierre, montée au cocotier), beach-volley, concours de tressage, chants, danses... C'est une sorte de "mini Heiva des Tuamotu".

Où se loger

Du luxueux bungalow sur pilotis au bungalow plus familial, en passant par le dortoir et le camping, vous aurez l'embarras du choix à Rangiroa. La plupart des établissements se trouvent à l'est de l'aéroport. Les transferts aller-retour à l'aéroport sont inclus, sauf mention contraire.

Rangiroa Plage DORTOIR, CAMPING, CHAMBRES €
(☎87 75 43 40 ; www.rangiroaplage.com ; camping 2 000 CFP/pers, dort 2 500-2 700 CFP/pers, d avec sdb commune 8 000-9 000 CFP, d 9 000 10 000 CFP ; 📶). Ne vous fiez pas à l'appellation, il n'y a pas de "plage" (comme partout à Rangiroa), mais un terrain composé de débris coralliens situé en bord de lagon. Cette structure sommaire propose divers hébergements : un petit espace camping (3 places), au bord de l'eau (gare à l'inconfort du sol corallien) ; une chambre de 4 lits superposés louée en dortoir et une autre de 2 lits également en formule dortoir ; et 4 chambres au format boîte d'allumettes, côté route ou côté lagon, avec sdb (eau à température ambiante) pour les deux plus chères. Chaque unité dispose d'un ventilateur. Le tout tient dans un seul *fare*, autant dire que l'intimité est inexistante. Évitez les chambres qui donnent sur la cuisine commune ; préférez celles donnant sur le lagon, un peu plus agréables. Le bloc sanitaire extérieur comporte deux toilettes et deux douches (eau froide) et est dans un un état acceptable. La cuisine commune, sans gazinière (juste un micro-ondes), n'est guère pratique. Heureusement, le snack La Roulotte (p. 258) est attenant. Autres prestations : des kayaks (gratuits) et une machine à laver (600 CFP). Notre verdict : peut dépanner, mais les tarifs sont surévalués (tarifs dégressifs pour un séjour d'au moins 5 nuits). La propriété n'étant pas fermée, ne laissez pas d'objets de valeur sur place. Au village d'Avatoru. Paiement en espèces.

Turiroa Village – chez Olga DORTOIR, BUNGALOWS €
(☎40 96 04 27, 87 70 59 21 ; pension.turiroa@mail.pf ; dort 4 000 CFP/pers, ch d avec sdb commune 8 000 CFP, bungalows 1-3 pers 12 000 CFP ; 📶). Chez Olga, il y en a pour tous les prix et tous les styles. Ici, pas de demi-pension, car Olga ne cuisine pas pour ses hôtes. On fait sa popote soi-même (épicerie à proximité) dans la cuisine commune (en très bon état) ou dans la kitchenette de son bungalow, ou on prend ses repas dans l'un des snacks tout proches. Un bon plan, aussi bien dans le dortoir (6 lits, très convenables ; ventilateur et draps fournis), moderne, que pour les 2 chambres avec sdb commune et ventilateur, également bien tenues, dont l'une donne directement sur le lagon. Le bloc sanitaire (eau chaude) est sans reproche. Quant aux 4 bungalows en dur, spacieux, avec sdb, kitchenette et terrasse, ils représentent aussi une bonne option (réservez l'un des deux bungalows les plus proches du lagon). Seul regret, ce petit complexe n'a aucun cachet local ; tout est en béton (le propriétaire est entrepreneur de travaux publics). Pas de plage mais un ponton sur le lagon pour accéder à une zone de baignade. Kayaks. À environ 1 km à l'ouest de l'aéroport.

Fare Atimutimu CHAMBRES, CAMPING €
(☎87 20 06 82 ; merituams@hotmail.com ; camping avec petit-déj 2 500 CFP/pers, s/d avec sdb commune et petit-déj 4 000/8 000 CFP ; 📶). Apiculteur et guide ornithologique, Ludwig s'est fait un nom auprès des voyageurs à petit budget (mais pas seulement), qui trouvent là une halte providentielle pour poser leur sac. Il loue 2 chambres, impeccables, dans sa maison située au bord d'un joli chenal avec vue partielle sur l'océan, et autorise les campeurs à planter la tente dans le jardin, près du chenal (4 tentes maximum). On peut faire trempette dans les petites vasques, quand le courant n'est pas trop fort. Pour les repas, on utilise la cuisine commune. Deux vélos, un paddle et un kayak à disposition. Vente de miel. Les transferts sont inclus pour les hôtes en chambre ; les campeurs devront se débrouiller (taxi ou stop). Bonne ambiance. Possibilité de Wwoofing de novembre à mai. Paiement en espèces.

♥ **Rangiroa Reef Lodge** BUNGALOWS €
(☎87 21 85 91 ; arnouxhiria@icloud.com ; bungalow d 12 000 CFP ; ❄📶). Les 3 bungalows que loue le sympathique et discret Hiria sont impeccables et bien équipés (kitchenette,

clim, terrasse) et peuvent accueillir jusqu'à 4 personnes. Ils donnent sur un *hoa* (chenal), où il est possible de barboter quand il n'y a pas de courant. Petit-déjeuner sur demande (1 000 CFP), service de laverie (900 CFP) et vélos à disposition. Supérette à 5 minutes à pied. Un excellent rapport qualité/prix.

Fare Hani BUNGALOW €
(☎87 35 31 34 ; jjaog@mail.pf, stephanemellado@live.fr ; bungalow d 9 500 CFP ; ❄ 📶). Une bonne affaire ! Certes, l'unique bungalow n'est pas en bord de mer, mais il est très propre, bien agencé, tout équipé, et dispose de la clim, d'une machine à laver et d'une bonne literie. Près de l'aéroport, derrière la boutique Ana Créations. Supérette à proximité.

Manurani Homes BUNGALOWS €
(☎87 28 62 05 ; www.facebook.com/manurani-homes ; bungalow d 10 000 CFP ; ❄ 📶). Trois bungalows équipés à louer, à côté de la maison des propriétaires, à 50 m du lagon (dans le secteur de la plage de l'hôtel Kia Ora). Bien tenu, bonne literie et terrasse. Vélos et kayaks à disposition.

Poé Guesthouse CHAMBRES, BUNGALOWS €
(☎87 24 64 09 ; willserafini@live.fr ; ch s 3 000-6 000 CFP, d 5 000-7 000 CFP, avec sdb commune, bungalow d 11 000 CFP ; 📶). Cette grande maison comporte 4 chambres, très simples mais propres, ouvertes sur l'extérieur (et donc sans intimité) pour 3 d'entre elles (la plus chère est fermée), une sdb partagée, un salon commun, une cuisine et une terrasse. Les couples opteront pour le bungalow, juste à côté, avec sdb. Points forts : l'ambiance conviviale et la proximité du lagon, à 50 m, avec une belle zone de baignade dans une eau turquoise et des kayaks à disposition. Petit-déjeuner (basique) en option (500 CFP). Bon accueil de Hinano, qui aime faire partager sa culture polynésienne.

Tevahine Dream BUNGALOWS €
(☎40 93 12 75 ; www.tevahinedream-rangiroa.com ; bungalows d 20 000-27 000 CFP, 3 nuits min ; 📶). Cet établissement de style "rustique chic" séduit grâce à une décoration originale, réalisée avec des matériaux locaux (coquillages, bois flotté, bambou, cocotier, pandanus tressé, sdb en corail). Trois bungalows, face au lagon, dégagent beaucoup de charme. Une autre unité, un peu plus en retrait, est construite en bois et dispos d'une toute petite piscine privative. Tous ont une kitchenette. Seul hic : l'agencement des bungalows n'est pas du goût de tous les clients car il n'y a pas de serrures, pas de placards et pas de porte pour la sdb – l'ensemble est très ouvert. Sachez également qu'il n'y a pas de plage, mais on peut se baigner dans le lagon. Matériel de snorkeling sont à disposition. Vélos en location et petit-déjeuner en option (1 500 CFP). Épicerie et snack à proximité. À la sortie du village d'Avatoru. Paiement en espèces.

Le Coconut Lodge BUNGALOWS €€
(☎87 33 78 28 ; www.lecoconutlodge.com ; bungalows d avec petit-déj 27 000-50 000 CFP ; ❄ 📶). Un sans-faute, ou presque, pour cet hébergement tenu par Alice et Nicolas, un couple de métropolitains dotés d'une solide expérience dans le tourisme. Les trois bungalows sur jardin, mitoyens (mais privatifs, donc en principe on n'entend pas ses voisins) se distinguent par leur architecture en bois, leurs beaux volumes, leur déco épurée, leur literie haut de gamme et leurs généreux espaces, notamment les sdb. Un cran au-dessus, les 3 bungalows vue mer (dont 2 avec 2 chambres, adaptés aux familles), sont installés à l'avant, face au lagon. La clim est un vrai plus. Quant aux dîners, en option, ils se prennent sous un abri traditionnel, près du joli bord de mer (4 600 CFP, entrée-plat-dessert, eau incluse). Kayaks, vélos, paddle et matériel de snorkeling à disposition, transats, et baignade possible devant la pension. Accueil courtois. À l'est du motu, près de la plage publique.

Pension Chez Cécile BUNGALOWS €€
(☎40 93 12 65, 87 77 55 72 ; www.rangiroa-cecile.com ; bungalows jardin s/d 11 000/22 100 CFP en demi-pension, bungalows lagon s 12 000-14 100 CFP en demi-pension, d 24 100-28 100 CFP en demi-pension ; 📶). Cette pension à l'atmosphère familiale a longtemps fait partie des valeurs sûres de l'atoll. Les 9 bungalows (dont 7 avec vue sur le lagon et 2 jardin) sont sans fioritures – préférez l'un des 4 bungalows plus spacieux avec vue sur le lagon. Dans les bungalows moins chers, les sdb n'ont pas de porte, mais seulement un rideau. La cuisine, copieuse et goûteuse, se déguste dans une bâtisse en dur, avec du sable sur le sol, installée au milieu d'un agréable décor végétal où abondent les plants de tiaré. Le bord de lagon mériterait d'être arrangé, même si un ponton a été construit sur le lagon, avec un abri, idéal pour le farniente, ainsi qu'une une échelle pour se mettre à l'eau et barboter dans le lagon. Vélos (déglingués) et kayaks à

disposition. Soirée polynésienne (buffet avec spectacle de danse) le jeudi, ouverte aux extérieurs (4 500 CFP avec service de taxi). À côté de la gendarmerie.

Vaaitemoana BUNGALOWS, DORTOIR **€€**
(☎87 32 36 16 ; www.vaaitemoana.com ; s avec petit-déj 10 000-21 500 CFP, d avec petit-déj 15 500-24 000 CFP, dortoir 5 000-6 000 CFP selon saison ; 📶). Pas d'accès au lagon pour cet établissement situé sur un terrain corallien, pas très loin de la passe de Tiputa, mais l'absence de cadre est compensée par la qualité des installations : les 3 bungalows sont bien tenus, exposés au vent dominant (donc bien ventilés), dotés d'une bonne literie et d'une terrasse. À l'arrière de la maison des propriétaires, une petite chambre carrelée de 4 lits, fonctionnelle, fait office de dortoir ; la sdb commune est irréprochable et une kitchenette est à disposition. Une autre petite chambre, avec sdb, est également disponible à côté du dortoir. Vélos gratuits. Petit-déj sur demande (1 500 CFP). Les propriétaires prévoyaient d'ajouter des tentes de style "glamping".

Raira Lagon PETITE HÔTELLERIE **€€**
(☎40 93 12 30 ; www.raira-lagon.pf ; bungalows s 15 000-18 000 CFP en demi-pension, d 30 000-36 000 CFP en demi-pension ; ❄📶). Les 10 bungalows de ce petit complexe, intermédiaire entre une pension et un hôtel, sont situés dans une propriété verdoyante au bord du lagon, sans plage mais avec une zone de baignade. Ils sont accueillants, joliment décorés (tapa marquisien au mur, revêtement de bambou), impeccablement entretenus et suffisamment espacés les uns des autres pour respecter l'intimité de chacun. D'une surface de 23 m², ils possèdent une sdb carrelée, la clim, un sol en parquet flottant, une baie vitrée et une petite terrasse, et le ménage est assuré quotidiennement. Ils sont divisés en deux catégories : jardin et vue lagon (plus un "Premium Plage", le Raira, le plus proche du lagon). On appréciera les kayaks, les vélos et le matériel de snorkeling (gratuits), et le *fare* salle à manger, face au lagon. Il ne manque qu'une petite pointe de fantaisie et un peu d'atmosphère.

Les Relais de Joséphine BUNGALOWS **€€**
(☎40 96 02 00 ; www.relais-josephine-rangiroa.com ; bungalows s/d 27 000/41 000 CFP en demi-pension ; 📶). Cette pension cible les couples en voyage de noces. Les 7 bungalows (4 "jardin" et 3 "bord de passe") sont disposés dans une propriété arborée, au bord de la mythique passe de Tiputa. Il n'y a pas de plage (ni de possibilité de baignade), mais la vue des dauphins cabriolant dans la passe, depuis le *deck* au bord de l'eau, vaut son pesant d'or. La décoration, de style colonial, avec des tons chocolat et blanc et des charpentes cérusées, et des sdb modernisées, fait bonne impression, en dépit de petites erreurs dans l'agencement (la partie supérieure de la façade à l'avant des bungalows est ajourée, ce qui limite l'intimité, et il n'y a pas de clim). Le tarif est identique pour tous les bungalows ; certains clients préfèrent les bungalows "bord de passe", d'autres les trouvent trop exposés au bruit des vagues qui déferlent et optent pour les "jardin", plus au calme. On prend ses repas à la table d'hôte ou, pour ceux qui veulent plus d'intimité, à une table séparée. Cuisine soignée, que l'on pourra accompagner de bons vins. Vélos à disposition.

Vahaui Paradis BUNGALOWS **€€**
(☎87 75 86 98 ; pierre.papay@gmail.com ; bungalows d avec petit-déj 23 000 CFP ; 📶). Quelqu'un a enfin osé ! Cette pension est directement implantée côté océan, à quelques mètres du platier récifal. Cette localisation a des inconvénients : beaucoup de vent et beaucoup de bruit dû aux vagues. Mais par beau temps, l'aspect sauvage des lieux et la vue imprenable sur l'indigo du Pacifique sont inoubliables. Le bungalow le plus proche du platier, le Fare Arenui, entièrement équipé, se distingue par son côté typiquement polynésien (sol en soupe de corail, bois locaux) et son intérieur de style bateau, avec mezzanine ; il peut accueillir jusqu'à 6 personnes. La deuxième unité, le Fare Tinihau, avec kitchenette et clim, est un ancien bungalow de l'hôtel Kia Ora qui a été rénové pour être installé à côté de la maison des propriétaires. Le Fare Taniera a une vue directe sur l'océan. Joli *deck* en bois et paillotte au bord de l'eau. Pour la baignade (pas vraiment possible dans les vasques du platier), il suffit de se rendre à la petite plage corallienne attenante au Kia Ora Resort & Spa. Vélos à disposition. Dîner sur demande (3 000 CFP). Paiement en espèces.

Miki Miki Lodge BUNGALOWS **€€**
(☎87 70 96 55 ; www.rangiroa-mikimiki-lodge.com ; bungalows d avec petit-déj 21 000-22 000 CFP ; ❄📶). Le terme de "lodge" n'est pas approprié pour cet hébergement situé côté océan (c'est d'ailleurs l'une des deux structures

de l'atoll, avec sa voisine Vahaui Paradis, à offrir cette caractéristique). Il s'agit en réalité de 3 bungalows de l'hôtel Kia Ora qui ont été rénovés et installés sur une parcelle de terrain donnant directement sur le platier récifal (pas de baignade, donc, mais un emplacement spectaculaire, face à l'océan). Le premier bungalow dispose d'une vue mer ; le deuxième n'a qu'une vue oblique sur l'océan et donne en partie sur la route ; et le troisième (climatisé, le plus cher), à l'arrière, n'a aucune vue et donne sur la route. Devant le premier bungalow, une petite paillote (commune aux trois bungalows) permet de profiter de la vue. La gérante prépare des repas sur demande (3 000 CFP). Paiement en espèces.

Bounty Lodge Rangiroa BUNGALOWS €€
(☎87 33 64 26 ; www.bounty-rangiroa.com ; studio avec petit-déj s/d 11 000/18 000 CFP/pers ; wifi). Une pension sans histoire, reprise en 2022 par un couple de trentenaires (Marc est moniteur de plongée et skipper, Léty est vidéaste et prof de yoga). Sur un lopin de corail végétalisé, 4 studios petits mais fonctionnels et bien équipés (kitchenette, moustiquaire, brasseur d'air, terrasse, bonne literie), mitoyens (les terrasses sont séparées par une haie fleurie), sont prévus pour des couples (familles avec enfants, s'abstenir). Il n'y a aucune vue dans cette propriété close, mais le lagon et la plage de l'hôtel Kia Ora ne sont qu'à 2 minutes à pied, tout comme les centres de plongée Topdive et Y'aka Plongée. Dîner en option (3 500 CFP). Prêt de vélos, bien pratique pour circuler dans cette partie de l'atoll ou aller se ravitailler à l'épicerie, à 800 m.

Maitai Rangiroa HÔTEL €€€
(☎40 93 13 50 ; www.rangiroa.hotelmaitai.com ; bungalows d à partir de 38 000 CFP avec petit-déj ; clim, piscine, wifi). Les 34 bungalows du Maitai, répartis en trois catégories différentes (dont 6 "bungalows lagon", en bord de mer, avec une belle vue dégagée), sont modernes, bien équipés et confortables, à défaut d'avoir du charme. Dommage qu'ils soient les uns sur les autres, que les terrasses ne soient pas fermées (on voit ses voisins) et qu'il n'y ait pas la moindre plage pour poser sa serviette. À cet endroit, le bord de mer est rocailleux (et donc ne convient pas à des enfants ou à des personnes âgées) ; pour pallier cet inconvénient, un ponton avec échelle de mise à l'eau a été installé sur le lagon, ainsi qu'une petite piscine à débordement. Le bon plan : la première rangée de "Premium Jardin" dispose d'une vue lagon. Quant aux 16 bungalows sur le jardin, ils sont jumelés et sans intimité. Bar et restaurant sur place. Notez que certains extras sont facturés : transferts aller-retour pour l'aérodrome (à seulement 2 minutes !) 2 100 CFP et vélos (1 500 CFP les 2 heures). Kayaks et équipements de snorkeling à disposition.

Kia Ora Resort & Spa HÔTEL €€€
(☎40 93 11 11 ; www.hotelkiaroa.com/fr ; clim, piscine, wifi). Cet hôtel, d'un standing quatre-étoiles, avec des villas dans une magnifique cocoteraie et des bungalows sur pilotis, devrait fermer pour d'importants travaux de modernisation et d'agrandissement en 2023 ou début 2024. Nul doute qu'il figurera parmi les établissements les plus prestigieux de Polynésie après cette cure de jouvence. L'établissement dispose d'un mince ruban de plage (artificielle) – un vrai luxe à Rangiroa. À 2,5 km à l'est de l'aéroport.

Où se restaurer

La plupart des visiteurs choisissent la formule demi-pension (petit-déjeuner et dîner), très pratique. Il existe également quelques options de restauration indépendante, surtout au déjeuner.

Avatoru et Tiputa comptent plusieurs magasins d'alimentation assez bien approvisionnés. Ils sont en principe ouverts du lundi au samedi, ainsi que le dimanche matin.

♥ Chez Lili SNACK €
(☎87 32 42 50 ; Avatoru, quai de Ohotu ; plats 1 800-2 900 CFP ; ⌚11h30-14h mer-jeu, 18h30-20h mar-dim ; wifi). La cuisine aux accents exotiques de la dynamique Lili, d'origine malgache, fait beaucoup d'heureux à Rangiroa, même si les tarifs se sont envolés. Sa carte apporte une note d'originalité bienvenue sur l'atoll, avec du boudin noir à la créole, du rougail saucisse à la malgache, du filet de poisson du jour façon Lili, en plus des plats plus classiques (mahi-mahi, trilogie de thon). Arrosez le tout d'une excellente citronnade au gingembre maison (1 000 CFP le pichet), et vous repartirez requinqué. Également pâtisseries du jour. Cadre simple mais accueillant, avec une terrasse en soupe de corail offrant une vue sur le lagon. Juste en face du snack Puna, à l'extrémité est de la chaîne d'îlots, à hauteur du quai. Horaires et jours d'ouverture pas toujours respectés – téléphonez au préalable – et service très lent.

Pizzeria Moanatea PIZZERIA €
(☎87 26 49 14 ; Ohotu ; plats 1 200-2 000 CFP ; ⏲tlj 11h30-14h et 17h30-21h). Installée dans un faré un peu avant le quai de Ohotu, en retrait de la route (suivre le panneau indicateur), cette pizzeria est une bénédiction sur l'atoll, ne serait-ce que pour ses jours d'ouverture et ses horaires élargis. Au choix, une quarantaine de garnitures, dont l'Avatoru, avec du poisson frais, ainsi que des crêpes salées et sucrées (350-1 500 CFP). Possibilité de livraison dans son hébergement (300 CFP en sus).

Mitivai SNACK €
(☎87 34 02 82 ; Avatoru ; plats 1 200-2 100 CFP ; ⏲7h-14h30 tlj). Un bon rapport qualité/prix/emplacement. Ce snack est situé entre les centres de plongée Topdive et Y'aka Plongée, à quelques mètres du lagon. Après leur plongée du matin, les plongeurs affamés se régalent de plats bien mitonnés (burgers, sandwichs, sashimi, paninis, tartare de poisson, carpaccio), sur un petit *deck* en bois, avec le lagon en arrière-plan. Sandwichs à partir de 300 CFP.

Puna SNACK €
(☎87 73 76 10 ; Avatoru, quai de Ohotu ; plats 1 800-2 000 CFP ; ⏲11h-14h et 18h-20h30 lun, mer-sam, 11h-14h dim ; 📶). Ce snack tout simple ne désemplit pas au déjeuner. Pour une somme modique, on dévore une brochette de poisson, un *chao men*, du poisson grillé ou cru ou un poulet citron sur une petite terrasse couverte directement posée sur le lagon, face à la baie du Kia Ora et aux voiliers aux mouillages. À l'extrémité est du motu, à hauteur du quai. Horaires et jours d'ouverture irréguliers (téléphonez au préalable). Carte bancaire à partir de 2 500 CFP.

La Roulotte SNACK €
(☎87 75 43 40 ; Avatoru ; plats 1 200-2 200 CFP ; ⏲18h-20h15 mar-dim). Au même endroit que la pension Rangiroa Plage (p. 254), ce snack concocte des plats et des en-cas sans prétention mais copieux (sandwiches à partir de 600 CFP, burgers, tartare maison, steak de thon rouge). Les plats de poisson sont réalisés avec la pêche du jour. S'il vous reste de l'appétit, laissez-vous tenter par les desserts maison. On peut prendre une table en bord de lagon. Au village.

Ma'a Mika TRAITEUR, SNACK €
(☎87 33 75 67 ; plats 1 800-2 200 CFP ; ⏲9h-14h lun-sam et 17h-18h30 lun-ven mai-déc, 9h-13h lun-sam et 17h-18h30 lun-ven jan-avr). Une adresse rare sur un atoll : ici vous pourrez acheter du fromage à la coupe et de la charcuterie ! En plus de son activité de traiteur, Ma'a Mika concocte deux petits plats du jour ainsi qu'une assiette de fromage ou de charcuterie et deux sortes de sandwichs (à partir de 600 CFP). Le soir, à emporter uniquement.

Snack du 6 Passengers SNACK €€
(☎87 20 18 78 ; plats 2 100-2 500 CFP ; ⏲11h30-13h lun-sam). Dans l'enceinte même du centre de plongée The Six Passengers (voir p. 251), mais ouvert à tous, ce snack fait bonne impression, avec des tables au bord du lagon, un *deck* ombragé, et une bonne cuisine à base de poisson à la plancha.

Vaaitemoana CUISINE DU MONDE €€
(☎87 32 36 16 ; www.vaaitemoana.com ; plats 1 200-3 200 CFP, menu 4 200 CFP ; ⏲19h mar, mer, ven et sam). La pension du même nom (voir p. 256) propose certains soirs un service de restauration ouvert aux extérieurs, sur réservation (idéalement la veille). Le menu de 3 plats (servi les mardis, mercredis et samedis) change tous les mois. Le vendredi, spécialité de pizza, et le samedi, cuisine japonaise.

Maitai Rangiroa – Le Lagon Bleu RESTAURANT D'HÔTEL €€
(voir p. 257 ; ☎40 93 13 50 ; plats 1 900-4 200 CFP ; ⏲11h45-13h45 et 18h45-20h30 tlj). Le décor de la salle de restaurant est avenant, avec du mobilier contemporain, à quelques mètres du lagon et de la piscine. Carte variée et cuisine correcte, sans plus, tournée vers les spécialités de poisson, ainsi que quelques plats de pâtes et de viande. Les clients du restaurant peuvent profiter de la piscine.

Les Relais de Joséphine – Le Dauphin Gourmand TABLE D'HÔTES €€
(voir p. 256 ; ☎40 96 02 00 ; menu soir 5 500 CFP ; ⏲tlj 11h30-13h45, soir 19h sur réservation). Au dîner, cette pension propose une formule table d'hôte (entrée, plat et dessert) pour les clients extérieurs, sur réservation. Le tarif est élevé, mais la cuisine sort de l'ordinaire, le service est personnalisé et l'atmosphère, romantique. Au déjeuner, une assiette composée (2 100 CFP) ainsi que des paninis et des tartes salées sont proposés (pas de réservation nécessaire). On profite d'un lieu unique, car la terrasse carrelée se prolonge par un *deck* donnant directement sur la passe de Tiputa ! Transfert gratuit le soir sur appel téléphonique.

Où prendre un verre

À l'exception de la semaine du Farerei Haga (voir *Fêtes et festivals*, p. 232) et des animations foraines à Avatoru en juillet, n'espérez guère d'animation sur l'atoll. Vos soirées seront très calmes.

Kia Ora Rangiroa – Le Miki Miki BAR D'HÔTEL
(voir p. 257 ; tlj 10h30-23h). Pour siroter un cocktail au soleil couchant, le bar lounge de l'hôtel Kia Ora, sur pilotis, en surplomb du lagon, est très agréable. Les tarifs restent raisonnables (cocktails environ 1 800 CFP). Coup de cœur pour le "Sweet Honeymoon", une Piña Colada avec du miel de Rangiroa.

Maitai Rangiroa – Le Mawake BAR D'HÔTEL
(voir p. 257 ; tlj 11h-22h). Le bar de l'hôtel Maitai Rangiroa tire honorablement son épingle du jeu, avec un cadre avenant, de style *deck*, au bord du lagon. Cocktails à partir de 1 300 CFP.

Achats

Ana Créations PERLES
(87 35 31 34 ; 9h-12h et 14h-17h lun-sam). Petite boutique commercialisant des perles nues ou montées (sur de l'argent). Perçage gratuit pour les clients. Dans le secteur de l'aérodrome.

Ikimasho PERLES, BIJOUX
(40 96 03 91 ; www.tahitigemfair.com ; 9h-17h30 lun-sam). Vente de boucles d'oreille réalisées avec des perles, des colliers, des perles nues et montées, ainsi que des pendentifs et des bagues associant os, perle, or et rostre d'espadon.

Gauguin's Pearl FERME PERLIÈRE
(40 93 11 30 ; www.gauguinspearl.com ; 8h-17h lun-ven, 9h-12h sam). Cette ferme perlière pratique la vente directe de perles nues ou montées. Bon choix et personnel de bon conseil. À 800 m à l'est de l'aéroport, côté lagon. Navette gratuite.

Pearly FERME PERLIÈRE
(87 32 55 60 ; pearly@mail.pf ; 9h-12h et 14h-17h tlj). Stéphane Ripa, diplômé du centre des Métiers de la nacre et de la perliculture de Rangiroa, a créé sa propre boutique après avoir longtemps exercé à Gauguin's Pearl. Il dispose d'un bel assortiment de perles montées sur argent rhodié et or, notamment des bracelets, des boucles d'oreille, des colliers, des chevillères et des pendentifs, à tous les prix (à partir de 3 500 CFP). Également des perles nues à partir de 1 500 CFP. Dans le secteur de l'aérodrome, en face de l'hôtel Raira Lagon.

Rairoa Création ARTISANAT LOCAL
(87 21 88 97 ; 10h-18h tlj). Cette boutique est réputée pour la qualité de ses tableaux de terre, qui représentent des motifs traditionnels polynésiens (geckos, tikis, animaux marins) peints avec des couleurs naturelles. Également collection de T-shirts et de paréos, et vente de colliers, de sculptures sur bois et de bracelets en coquillages. À quelques mètres des centres de plongée Topdive et Y'Aka Plongée (signalé).

Renseignements

Comme partout dans l'archipel, prévoyez suffisamment d'espèces, car la carte bancaire n'est pas acceptée partout, et l'atoll ne compte que deux distributeurs. Vous trouverez une pharmacie à Avatoru.

Centre médical d'Avatoru (40 96 03 75 ; Avatoru ; 7h30-15h30 lun-ven). Médecin. Également un cabinet médical privé dans le village. Pharmacie.

OPT (Avatoru) (7h-15h lun-jeu, jusqu'à 14h ven). Bureau de poste. Wi-Fi dans un rayon de 50 m, fonctionnant avec la carte Vinispot, en vente sur place. Au centre du village.

OPT (Tiputa). Bureau de poste. Au centre du village.

Socredo (7h30-11h30 et 13h30-16h lun, mar, jeu et ven, 13h30-16h mer). À coté du parking de l'aérogare. Deux distributeurs de billets accessibles 24h/24.

Depuis/vers Rangiroa

Rangiroa est à 350 km au nord-est de Tahiti, à 50 km à l'est de Tikehau et 80 km au sud-est de Mataiva.

AVION

La desserte de Rangiroa est excellente.

Air Tahiti (40 93 14 00, 40 93 14 01, réservation centrale 40 86 42 42 ; www.airtahiti.pf ; Avatoru ; 7h30-11h30 et 13h30-15h30 lun-ven) relie Rangiroa à Tahiti (2 à 4 vols quotidiens, 1 heure) et à d'autres atolls des Tuamotu (Tikehau, Mataiva et Fakarava). Il existe également des liaisons directes entre Bora Bora et Rangiroa (4 à 5 vols/sem), mais uniquement dans le sens Bora Bora-Rangiroa. Les vols Bora Bora-Rangiroa sont en correspondance avec Tikehau et Fakarava certains jours.

L'aller simple Rangiroa-Papeete revient à 27 500 CFP, Rangiroa-Tikehau, Rangiroa-Mataiva et Rangiroa-Fakarava à 10 500 CFP, et Bora Bora-Rangiroa 32 500 CFP. Pour

1

3

1. Île aux Récifs (p. 248)
Site d'excursion emblématique de Rangiroa, l'île aux Récifs se caractérise par des paysages lunaires.

2. Rangiroa (p. 252)
Dans les lagons des Tuamotu, l'eau est exceptionnellement cristalline.

3. Rangiroa (p. 252)
Eau turquoise, plage de sable corallien, cocotiers : le cocktail de rêve des Tuamotu !

bénéficier de tarifs plus avantageux, achetez une carte de réduction ou un pass inter-îles proposé par Air Tahiti (voir le chapitre *Transports* p. 446 pour les détails).

BATEAUX INTER-ÎLES

Les cargos **Mareva Nui** et **Saint Xavier Maris Stella** desservent Rangiroa, au départ de Papeete (voir p. 453 pour plus de détails). Ils chargent et déchargent le fret en plusieurs endroits : au quai situé dans la passe d'Avatoru, au quai situé à l'autre bout de la chaîne de motu, et au quai de Tiputa.

L'**Aranui** (www.aranui.com), sur le chemin du retour des Marquises, toutes les 3 semaines environ, effectue également une escale d'une demi-journée à Rangiroa, l'avant-dernière avant Papeete, et jette l'ancre en face de l'hôtel Kia Ora.

Comment circuler

Il n'y a pas de transport en commun sur l'atoll.

DESSERTE DE L'AÉRODROME

L'aérodrome est au milieu de l'atoll, à 5,5 km à l'est du village d'Avatoru. Si vous avez réservé votre hébergement, vos hôtes viendront vous accueillir à l'aérodrome. Les transferts sont généralement inclus dans le tarif de l'hébergement.

TAXI-BOAT

Pour franchir la passe de Tiputa et rejoindre le village de Tiputa, il existe un service de *taxi-boat* quotidien (6h30-16h30 tlj en général), assuré par **Nova Transport** (✆87 26 78 06), entre le quai situé tout au bout de la chaîne d'îlots d'Avatoru, et le quai du village de Tiputa. Comptez 600 CFP le passage aller-retour (1 000 CFP avec un vélo). La traversée ne dure que 5 minutes.

VÉLO, SCOOTER ET VOITURE

L'unique route de 10 km est parfaitement plate. Attention, elle n'est pas éclairée la nuit. Certains hébergements disposent de vélos, d'autres font appel à des prestataires extérieurs (1 000-1 500 CFP par jour). Il est également possible de louer une voiture. Contactez **Vaiata Haamaru** (✆87 70 37 85 ; vaiata.haamaru@gmail.com ; demi-journée/journée 4 000/6 000 CFP) ou **Rangiroa Location** (✆87 30 79 25 ; rangiroalocation@gmail.com ; demi-journée/journée 5 000/6 900 CFP). Livraison du véhicule à votre hébergement. Pour un scooter, adressez-vous à **Salty Ride** (✆87 32 36 16 ; demi-journée/journée 3 000/4 000 CFP).

TIKEHAU

529 HABITANTS

La plupart des visiteurs ont un coup de cœur pour Tikehau. Le décor de carte postale des motu et la quiétude de Tuherahera, l'unique village, font de cet atoll une étape de plus en plus prisée par les touristes. On vient ici pour lézarder sur des plages de sable corallien à l'ombre des cocotiers (Tikehau est l'un des rares atolls de l'archipel offrant des plages facilement accessibles), plonger sur les sites splendides de la passe de Tuheiava, faire du snorkeling sur des jardins coralliens multicolores et visiter des îlots sur le lagon où nichent plusieurs espèces d'oiseaux. Facile d'accès aussi bien depuis Tahiti, Bora Bora ou Rangiroa, Tikehau mérite impérativement qu'on lui consacre quelques jours.

Orientation

L'atoll forme un anneau légèrement ovale d'un diamètre maximal de 26 km entrecoupé d'une seule passe, Tuheiava, à l'ouest. Une poignée de motu parsèment le lagon et servent de lieu de nidification à plusieurs espèces d'oiseaux. Le seul village de l'atoll, Tuherahera, est au sud.

À voir

Tuherahera — VILLAGE

Seule localité de l'île, Tuherahera, au sud-ouest, est un charmant village, tout en longueur, au bord du lagon. Ses trois rues principales sont égayées de rangées d'uru, de cocotiers, de bougainvillées et d'hibiscus. Il rassemble des lieux de culte de plusieurs confessions : catholique, sanito, adventiste et protestant. Prenez un vélo et suivez la piste qui longe le récif, côté océan. Ici et là, le bord de mer est parsemé de gros blocs de corail – un spectacle de toute beauté au soleil couchant – et de petites plages de sable corallien, où l'on peut faire trempette (mais pas véritablement nager).

Côté lagon, de belles **plages** de sable blanc ou rose-orangé s'étendent au voisinage immédiat de Tuherahera. Elles se situent dans le secteur de l'aérodrome (à l'est), là où se sont installées la plupart des pensions ; allez jusqu'au bout de la route qui longe la piste, jusqu'au chenal, où se trouve un site très "carte postale". La plage qui s'étend à l'autre extrémité du village (à l'ouest), au bord du chenal, est plus petite mais tout aussi idyllique, avec un sable de couleur légèrement rosée.

Île aux Oiseaux SITE LAGONAIRE

Le motu Puarua, au nord-est, est colonisé par plusieurs espèces nicheuses qui construisent leur nid à même le sol, dans les buissons de *miki miki* et dans les arbres. Le noddi brun, la sterne et le fou à pieds rouges sont les plus fréquemment rencontrés. L'île aux Oiseaux, éloignée du village, dans la partie nord du lagon, n'est accessible qu'à l'occasion d'une excursion lagonaire.

Activités

Plongée sous-marine

En matière de plongée sous-marine, Tikehau talonne désormais Rangiroa et Fakarava. Les plongées se déroulent dans la magnifique passe de Tuheiava et sur les tombants extérieurs, à environ 35 minutes de bateau du village (le trajet peut se révéler inconfortable à certaines saisons). La formule la plus couramment proposée est la sortie deux plongées successives en matinée, avec un retour au village vers 13h30. Ambiance sauvage garantie, avec deux ou trois bateaux maximum. Reportez-vous au chapitre *Plongée* p. 40 pour plus de renseignements sur les sites de plongée.

Raie Manta Club PLONGÉE, SNORKELING

(☎87 24 60 65 ; raiemantaclubtikehau@gmail.com ; baptême 10 000 CFP, explo 8 500 CFP, 2 plongées successives 15 000 CFP ; ⏲tlj). Petite structure installée au Tikehau Village. Forfait 10 plongées à 67 000 CFP, valable pour 2 personnes. Plongées à la passe, à des horaires adaptés pour bénéficier du courant rentrant, et plongée "sunset" (minimum 4 personnes). Les non-plongeurs peuvent embarquer sur le bateau et pratiquer le snorkeling sur les sites de plongée (5 000 CFP). Service de ramassage dans les pensions. Carte bancaire acceptée.

Tikehau

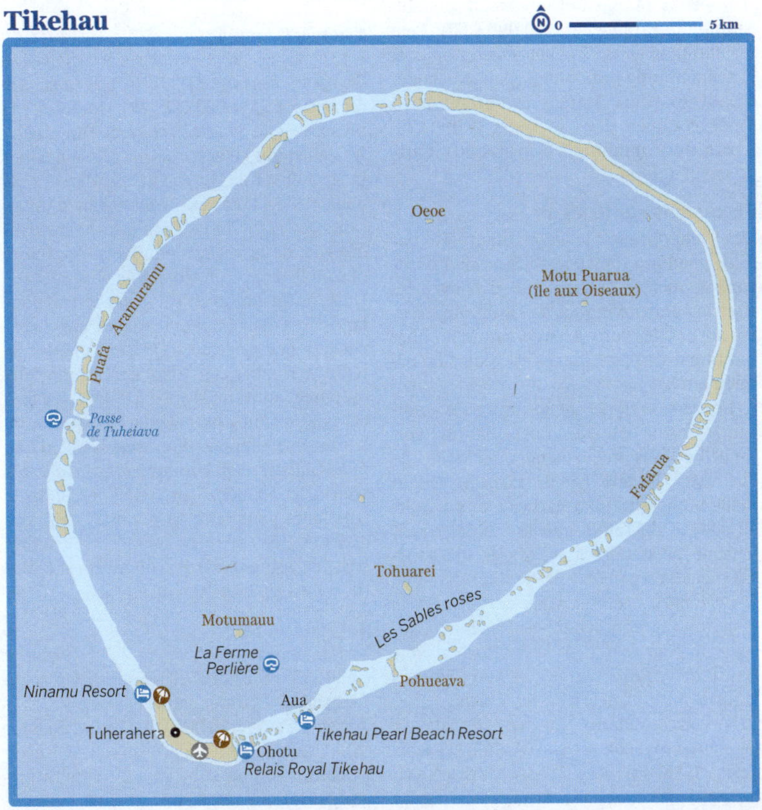

Coco Dive PLONGÉE, SNORKELING
(☎87 70 42 21 ; www.cocodivetikehau.com ; baptême 9 700 CFP, 2 plongées successives 16 000 CFP ; ⏱tlj). Petite structure installée à la pension Hotu. Forfait 10 plongées à 60 000 CFP. Plongées à la passe et plongée spécifique sur le site de la Ferme aux Mantas dans le lagon (8 200 CFP). Pour la plongée "sunset", comptez 10 200 CFP (minimum 3 pers). Pour les non-plongeurs, snorkeling possible (avec surveillance surface) à la passe, pendant les horaires de plongée. Tarifs préférentiels pour les clients de la pension Hotu. Service de ramassage dans les pensions. Carte bancaire acceptée.

Tikehau Diving PLONGÉE, SNORKELING
(☎87 32 62 56, 87 28 27 07 ; www.tikehaudiving.com ; baptême 9 500 CFP, 2 plongées successives 15 500 CFP ; ⏱tlj). Cette structure est basée au village, sur le quai. Sorties à la passe tous les jours, avec arrêt snorkeling à la Ferme aux Mantas lors du trajet aller. Tarifs dégressifs en fonction du nombre de plongées. Plongée "sunset" à la passe l'après-midi possible (minimum 4 plongeurs, 10 000 CFP). Pour les non-plongeurs, Tikehau Diving propose également une randonnée palmée guidée à la Ferme aux Mantas et sur un haut-fonds corallien dans le lagon (7 000 CFP, 5 personnes minimum, 3 heures 30). Carte de crédit acceptée.

Excursions sur le lagon

Des excursions sur le lagon, organisées par l'intermédiaire des pensions ou de l'hôtel, vous donneront l'occasion de découvrir les sites les plus idylliques de l'atoll. Réservez vos sorties dès votre arrivée, car un nombre minimum de participants est requis (généralement 4).

L'excursion type inclut un arrêt snorkeling sur le site des raies mantas (voir l'encadré), éventuellement une visite de l'île aux Oiseaux (motu Puarua) et un pique-nique sur un très beau motu isolé, au sud-est de l'atoll, appelé "Sables roses" (chaque prestataire a son motu, qui généralement appartient à la famille). Sur l'île aux Oiseaux, abstenez-vous de toucher les poussins, et n'approchez pas des oiseaux qui couvent pour éviter de les perturber (voir l'encadré p. 428). Comptez 9 500 CFP/pers la sortie à la journée, transferts inclus.

Si vous souhaitez un tour privatif et personnalisé, contactez **TIkehau Ocean Tour** (☎87 37 47 37 ; www.tikehauocean-tour.com ; forfait bateau demi-journée/journée 60 000/100 000 CFP). Denis Grosmaire, ancien champion d'apnée, fait découvrir les plus beaux sites et jardins coralliens du lagon à bord d'un confortable bateau (6 personnes maximum).

Où se loger

Pension Hotu BUNGALOWS €
(☎40 96 22 89, 87 76 75 17, 89 36 33 74 ; www.pensionhotu.com ; bungalows s/d 10 500/21 000 CFP en demi-pension ; 📶). Un bon point pour le site : les bungalows sont à quelques mètres seulement de la plage de sable corallien et du lagon (avec une très belle zone de baignade), sur un terrain ombragé. Ils sont sobres et pas bien grands mais corrects, avec une bonne literie, un brasseur d'air et une moustiquaire. Les sdb n'ont pas de porte (sauf dans deux bungalows), juste un rideau. Les repas, très convenables, se prennent dans un *fare* assez impersonnel, sans vue. Centre de plongée sur place. Kayaks et vélos à disposition et transferts à l'aérodrome inclus.

Tikehau Glamping TIPIS, CAMPING €
(☎87 36 56 97 ; www.facebook.com/TikehauGlamping ; camping 3 000 CFP, tipis avec sdb commune 4 500-6 000 CFP ; 📶). L'adresse la plus atypique de l'atoll, voire de l'archipel... Au centre du village, rien ne laisse deviner la grande et belle cocoteraie derrière la maison de l'hôte, que prolongent d'imposants *feo* (gros blocs coralliens terrestres) dégagés de la végétation. Turia, originaire de l'atoll, a vécu en Colombie et aux États-Unis, avant de revenir sur ses terres pour lancer cet hébergement adapté aux backpackers peu exigeants. On peut planter sa tente à l'ombre, au fond de la propriété, ou opter pour l'un des trois "tipis" en bois et *niau* (palmes de cocotier) en forme de V renversé, équipés d'un matelas et d'une moustiquaire. Sdb commune (avec toilettes sèches et douche au seau) et cuisine (rustique) pour faire sa popote. Ambiance décontractée et cosmopolite. Wwoofing possible, selon profil. Pas de transfert à l'aérodrome (venir en stop ou en taxi).

Rai Tikehau B&B – chez Marie CHAMBRES €
(☎89 55 99 88, 87 79 61 20 ; www.facebook.com/TikehauRaiBnB ; d avec sdb commune 8 000 CFP, maison entière 20 000 CFP ; min 3 nuits ; 📶). Une maison bien entretenue, avec 2 chambres, une sdb (eau à température ambiante), un salon, une cuisine équipée

et une grande terrasse, dans le secteur de l'aérodrome, face au lagon, et 2 vélos à disposition. Transferts inclus.

Chez Christiane BUNGALOW €€
(☎87 74 76 51 ; chrisbrouillet@gmail.com ; bungalow d 18 000 CFP ; min 3 nuits ; 📶). Le bungalow que loue Christiane est simplement agencé (sdb avec eau à température ambiante, séparée de la chambre par un rideau, ventilateur) mais décoré avec goût, coloré et accueillant, sans compter l'emplacement, côté océan, sur une agréable plage face au couchant, avec le lagon à quelques mètres (possibilité de faire trempette). La propriétaire vit dans le faré juste à côté. Pas de repas, mais une cuisine équipée est à disposition. Kayaks, paddles et vélos. Transferts inclus.

Tikehau Vaikihei One CHAMBRES €
(☎87 73 53 14 ; leetahiariki@mail.pf ; bungalows d/qua 9 500/12 000 CFP ; min 2 nuits ; 📶). Principal atout de cette adresse : son emplacement, tout au bout du village (à l'ouest), sur la petite plage dotée d'une belle zone de baignade dans le lagon. Les deux chambres, colorées, simples et propres, avec ventilateur et moustiquaire, partagent une sdb (mais elles ne sont pas louées séparément, donc l'intimité est assurée), un salon et une cuisine. Vélos à disposition. Page Facebook "Tikehau Vaikihei One".

Teakura BUNGALOWS €€
(☎87 31 64 44 ; manovaikea@gmail.com ; d 15 000 CFP ; 📶). À côté de l'adresse précédente, donc bénéficiant du même cadre idyllique, sur la plage. Une grande maison équipée, avec 2 chambres (idéale pour une famille), et 2 bungalows. Sdb avec eau à température ambiante. Vélos et kayaks.

Bungalow Hiti Tikehau – chez Konea BUNGALOW €€
(☎87 73 19 87 ; hiti.tikehau@gmail.com ; d 15 000 CFP ; ❄📶). Konea loue un bungalow en très bon état, climatisé et équipé, à l'écart du village, côté océan, dans une belle propriété végétalisée, avec une très jolie vue sur le récif. On peut barboter dans les vasques du platier ou profiter d'une petite plage à proximité. Vélos à disposition. Transferts à l'aérodrome inclus.

Tikehau Village BUNGALOWS €€
(☎40 96 22 86 ; pensiontikehauvillage@gmail.com ; bungalows s/d 18 000/28 000 CFP en demi-pension ; 📶). Le cadre de cette pension est adorable, directement sur une belle plage léchée par les eaux turquoise du lagon. Paea et Caroline Tefaiao, les propriétaires, et leur fille, louent 9 bungalows de style traditionnel, avec ventilateur, aménagés directement sur la plage, avec une vue imprenable sur le lagon. Certains clients les trouvent un peu trop rustiques, et la sdb séparée de la chambre par un rideau peut ne pas convenir à tout le monde. La cuisine a bonne réputation (voir p. 266). Vélos et kayaks à disposition, et centre de plongée sur place. À la sortie du village, un peu avant l'aérodrome. Transferts à l'aérodrome inclus. Carte bancaire acceptée.

Relais Royal Tikehau BUNGALOWS €€
(☎40 96 23 37 ; www.royaltikehau.pf ; bungalows s 17 000-18 000 CFP en demi-pension, bungalows d 27 000-29 000 CFP en demi-pension, 2 nuits min ; 📶). Le Relais Royal Tikehau offre un dépaysement maximal, à seulement 5 minutes de bateau du village, sur un motu privé (accès en bateau, ou à pied à marée basse en une quinzaine de minutes, en traversant deux chenaux). L'emplacement est magique : 3 bungalows donnent sur un chenal translucide (où batifolent de petits requins pointes noires !), cinq autres ouvrent sur une belle plage de sable corallien et le lagon. Tous

À NE PAS MANQUER

LA FERME AUX MANTAS

Magique ! Elles sont là, dans 8 m d'eau environ, réalisant de majestueux ballets sous les yeux ébahis des touristes qui font du snorkeling en surface... Chaque matin, sur le site appelé "la Ferme perlière", à côté d'une ancienne ferme perlière dans le lagon, des raies mantas viennent se faire déparasiter par des labres et s'offrent en spectacle aux plongeurs et aux snorkeleurs. Les prestataires d'excursions lagonaires et les centres de plongée y emmènent leurs clients. Veillez à respecter les règles d'approche : ne pas palmer vers les mantas, se glisser dans l'eau sans faire de bruit et s'abstenir de les déranger de quelque manière que ce soit, sinon elles ne restent pas et s'éloignent. Malheureusement, certains prestataires d'excursions n'informent pas leurs clients sur les règles d'observation et se contentent de les transporter jusqu'au site, sans brief préalable, au détriment du bien-être des animaux.

offrent un bon confort, avec quelques touches décoratives, mais les sdb n'ont pas de porte (rideau) et le mobilier de plage est usé. Également deux farés jardin, plus classiques, adaptés aux familles (44 000 CFP pour 4 personnes en demi-pension). La salle du restaurant est directement en surplomb du chenal ; la cuisine est correcte, sans plus. Kayaks à disposition. Transferts à l'aérodrome 1 200 CFP/pers l'aller-retour. Carte bancaire acceptée. Le débit du Wi-Fi est très faible.

Ninamu BUNGALOWS €€€

(☎87 28 56 88 ; www.motuninamu.com ; bungalows d à partir de 32 000 CFP/pers tout inclus ; 📶). Dans cette petite bulle paradisiaque située sur un motu privé recouvert de végétation à 10 minutes de bateau du village, vous aurez la sensation d'être hors du temps. Les 9 bungalows, tous différents (les plus chers ont la clim et un solarium privé), réalisés avec des matériaux locaux, sont magnifiquement décorés et meublés et se fondent à merveille dans leur environnement. Seul hic : on fait vite le tour de l'îlot, vraiment minuscule (mais bien adapté au farniente et à la baignade, car entouré d'une bande de sable corallien). Heureusement, la formule inclut la mise à disposition de kayaks, de paddles et de matériel de snorkeling, et les transferts au village (5 minutes) peuvent être facilement organisés. Tous les publics se croisent et se sentent à l'aise, du couple en lune de miel aux surfeurs et au trader londonien. Notez cependant qu'il ne s'agit pas d'un hôtel conventionnel avec service à toute heure – ainsi, les repas se prennent à heure fixe, avec un menu lui aussi fixe. Matériel nautique à disposition. Carte bancaire acceptée et transferts à l'aérodrome inclus.

Le Tikehau by Pearl Resorts HÔTEL €€€

(☎40 96 23 00 ; www.letikehau.com). L'un des meilleurs hôtels des Tuamotu, sur un petit motu, à environ 5 km (15 minutes de bateau) du village. L'hôtel a fermé ses portes pour une rénovation complète en 2023 – renseignez-vous sur place.

Où se restaurer

En dehors des hébergements, les possibilités de restauration sont très limitées. Au village, vous trouverez deux modestes épiceries multiservices, une boulangerie et un snack. Pour les plongeurs, c'est un casse-tête : lorsqu'ils reviennent de leur sortie plongée le matin à la passe, il est souvent trop tard, tout est fermé... Prévenez votre pension pour qu'on vous prépare un sandwich.

Snack Ohina SNACK €

(☎87 27 77 03 ; Tuherahera ; plats 1 000-1 800 CFP ; 🕒11h-14h lun-sam). Ce petit snack avec quelques tables en terrasse est sans prétention, mais on se délecte d'un remarquable de sashimi de thon, de mahi-mahi et de poisson cru à la chinoise, entre autres. Sur place ou à emporter. Sur le quai. Pendant les grandes vacances polynésiennes, également une annexe au village.

Snack Tiehau SNACK €

(☎87 29 26 99 ; Tuherahera ; plats 1 200-1 600 CFP ; 🕒11h-14h et 18h-20h30 dim-ven). Petit snack doté de quelques tables en plastique recouvertes d'une toile cirée colorée. Le poulet citron a bonne réputation.

Roulotte SNACK €

(☎87 79 94 70 ; Tuherahera ; plats 1 100-1 500 CFP ; 🕒17h-20h mer, ven-dim). Proche de la boulangerie, cette roulotte mitonne de copieux *chao men*, du poulet citron et du bœuf légumes à des prix très sages.

Tikehau Village RESTAURANT €€

(voir p. 265 ; Tuherahera ; ☎40 96 22 86 ; menu midi 3 000 CFP ; 🕒tlj sur réservation). Cette pension réputée pour la qualité de sa cuisine accepte les clients extérieurs (sur réservation) au déjeuner. La petite salle de restaurant, de style local, coquettement décorée avec des coquillages et des tissus à fleurs, au bord du lagon, se prolonge par un *deck* sur la plage.

ℹ Renseignements

Attention, vous ne trouverez pas de banque ni de distributeur de billets à Tikehau.

ℹ Depuis/vers Tikehau

Tikehau est à 300 km de Tahiti et à 14 km de Rangiroa.

AVION

Air Tahiti (☎40 96 22 66, réservation centrale 40 86 42 42 ; www.airtahiti.pf) assure cinq à sept vols hebdomadaires entre Papeete et Tikehau (28 000 CFP). Il existe aussi plusieurs vols hebdomadaires entre Rangiroa et Tikehau (9 900 CFP) et des vols Bora Bora-Tikehau via Rangiroa. Pour bénéficier de tarifs plus avantageux, achetez une carte de réduction ou un pass inter-îles proposé par Air Tahiti (voir le chapitre *Transports* p. 446 pour les détails).

BATEAUX INTER-ÎLES

Le **Mareva Nui** et le **Saint Xavier Maris Stella** font escale à Tikehau et accostent au quai du village, situé côté lagon (voir p. 453 pour plus de détails).

Comment circuler

Une piste d'une dizaine de kilomètres fait le tour du motu, où est situé Tuherahera, et passe par l'aérodrome, situé à un peu plus de 1 km de l'entrée du village, à l'est.

Les pensions prêtent des vélos, dont l'état de fonctionnement laisse souvent à désirer, à leurs clients.

MATAIVA

280 HABITANTS

Atoll encore inconnu voici quelques années, Mataiva bénéficie d'une cote grandissante grâce au bouche-à-oreille. Tous les visiteurs tombent sous le charme de ce petit paradis, doté de sites naturels enchanteurs et de deux pensions accueillantes. Atoll aux dimensions modestes, Mataiva se découvre facilement, autant sur terre que sur le lagon. Ce dernier possède une structure particulière, dite "réticulée", comme une peau de léopard : les massifs coralliens affleurant à la surface constituent de véritables cloisons larges de 50 à 300 m, qui délimitent environ 70 vasques d'une profondeur maximale d'une dizaine de mètres. Vu d'avion, c'est spectaculaire.

On se laisse rapidement séduire par le rythme de vie, très décontracté. Par ailleurs, Mataiva est l'un des rares atolls touristiques dans lesquels la plongée n'est pas l'attraction première ; pour les non-plongeurs, c'est une destination idéale. Les liaisons aériennes d'Air Tahiti avec Rangiroa et Papeete permettent de s'offrir une agréable parenthèse de quelques jours, rythmée par les excursions organisées par les pensions.

Situé à l'extrémité nord-ouest de l'archipel des Tuamotu, Mataiva a été abordé pour la première fois par l'explorateur russe Fabian von Bellingshausen en 1820. Sa physionomie a failli être bouleversée : voici quelques années, il était question d'exploiter le sous-sol lagonaire, riche d'environ 70 gisements de phosphates, pour prendre le relais de Makatea dont l'exploitation a cessé en 1966. À la suite de la mobilisation de la population, ce projet n'a pas vu le jour.

À voir

Pahua — VILLAGE

Le seul village de l'île est blotti de part et d'autre d'une passe étroite. À hauteur du récif, sa largeur de quelques mètres autorise seulement le passage d'embarcations légères. Un pont relie les deux côtés du village. La majorité des habitants vivent de la pêche et de la coprahculture.

Plages — BAIGNADE

Les plages de sable corallien blanc (et par endroits, avec des nuances de rose) comptent parmi les principaux atouts de l'atoll. Vos hôtes vous les feront découvrir lors des excursions.

La Piscine — BAIGNADE

Imaginez un ancien bassin naturel de la taille d'une piscine olympique ou presque, au bord du lagon, rempli d'eau turquoise, et vous comprendrez pourquoi ce site a été surnommé ainsi. La baignade est idéale mais il y a tout de suite du fond. Ce bassin est artificiel ; il a été autrefois creusé pour l'extraction du phosphate.

Rocher de la Tortue — SITE NATUREL

À environ 4,5 km du village (par la piste qui débute côté nord de la passe), ce rocher, appelé Ofai Tau Noa par les habitants de l'atoll, est le vestige d'un ancien récif corallien soulevé (*feo*), en forme de champignon évasé.

Marae Papiro — SITE ARCHÉOLOGIQUE

Ce site cérémoniel bien entretenu est à environ 14 km du village, au sud-est de l'atoll, au bout de la piste. Au centre de ce *marae*, on distingue nettement le trône en dalles

MATAIVA : DES PENSIONS PAS COMME LES AUTRES

Le fonctionnement des deux pensions de l'atoll est différent de ce qui se pratique habituellement en Polynésie. Ici, c'est la formule "tout inclus" qui a cours, à des tarifs compétitifs. Les visiteurs n'ont à s'occuper de rien pendant leur séjour – tout est organisé selon un programme d'activités et d'excursions quotidiennes (en voiture et en bateau), qui rassemble les clients de chaque pension. Ce principe de fonctionnement, bien adapté à la découverte de cet atoll dépourvu d'infrastructures et de prestataires indépendants, fait mouche auprès des touristes, à l'exception d'une minorité qui trouvent que cette formule "encadrée" laisse peu de marge de manœuvre et d'initiative personnelle.

de corail depuis lequel, selon la légende, le géant Tu guettait toute invasion. En cas d'attaque de tribus ennemies, il lui suffisait de trois foulées pour bouter les assaillants hors de l'île et les écraser. Tu est l'une des divinités du panthéon tahitien. C'est également le nom porté par un farouche roi guerrier, originaire de l'atoll d'Anaa, ancêtre des Pomaré, qui conquit les atolls environnants jusqu'à Fakarava. Le *marae* Papiro est entouré d'autres *marae*, plus petits, de forme rectangulaire, délimités par de petits blocs de calcaire corallien fichés dans le sol.

Île aux Oiseaux SITE NATUREL

Dans le lagon, cette langue corallienne en forme de croissant, recouverte d'arbustes, est le domaine de prédilection des noddis, des sternes huppées et des fous à pieds rouges, qui y nidifient. Abstenez-vous d'approcher (et encore moins de toucher !) les oisillons dans les nids (voir l'encadré p. 428).

Nombril de Mataiva SITE NATUREL

Si l'on en croit la légende, un rocher affleurant dans le lagon à proximité de l'île aux Oiseaux, appelé Mataiva Papa, ou nombril de Mataiva, correspondrait à l'endroit où le géant Tu aurait effectué sa première foulée. La tradition veut que l'étranger débarquant à Mataiva aille poser le pied sur ce rocher.

Activités

Compte tenu de la faible profondeur, les eaux du lagon sont laiteuses et peu adaptées au snorkeling. Il existe cependant des spots magnifiques dans les chenaux situés au sud-est de l'atoll, près du *marae* Papiro, là où l'eau est très claire. N'oubliez pas votre masque et vos palmes !

Où se loger et se restaurer

Les deux seules pensions de l'atoll sont au village. Les prix s'entendent transferts aller-retour à l'aérodrome inclus. Le village compte quelques modestes épiceries et un petit snack.

Pension Ariiheevai BUNGALOWS, FARÉS €

(☎ 87 76 73 23, 40 96 32 50 ; pensionariiheevai@gmail.com ; bungalows s/d 10 500/21 000 CFP en pension complète, excursions incluses, farés d/q 5 000/10 000 CFP ; ❄📶). Le meilleur rapport qualité/prix de l'archipel. Cette pension impeccablement gérée et organisée – prise en charge complète dès l'arrivée à l'aéroport – est idéalement située au bord d'une lagune émeraude bordée d'une étroite plage de sable blanc. Agréable atmosphère de style "petit village de vacances, version Tuamotu", où tout est organisé. Les 8 bungalows (dont 5 familiaux, spacieux), propres, climatisés, avec sdb (eau à température ambiante) et terrasse, ressemblent à des maisonnettes, disséminées dans un jardin planté de tiarés, à quelques mètres du lagon. Également 3 faré meublés, équipés et climatisés, à la sortie du village, proposés en location seule, avec repas et excursions en option (1 500-2 000 CFP) – idéal pour celles et ceux qui préfèrent un séjour plus en autonomie. Cuisine familiale simple et copieuse, servie sous forme de buffet. Les tarifs incluent une excursion et une activité par jour, dès votre arrivée : baignade à la Piscine, visite de l'île aux Oiseaux et du *marae* Papiro, réalisation de couronnes de fleurs et de chapeaux, pique-nique sur un motu, snorkeling... Kayaks et quelques vélos (déglingués) à disposition. Paiement en espèces. Page Facebook "Pension Ariiheevai Mataiva".

Mataiva Village BUNGALOWS €

(☎ 40 96 32 95, 87 78 36 05 ; www.facebook.com/Pension.mataiva.village ; bungalows s/d 11 000/22 000 CFP en pension complète, excursions incluses ; ❄📶). Le Mataiva Village a calqué son fonctionnement sur celui de la pension concurrente et propose la même formule "tout inclus", plébiscitée par les touristes. Le propriétaire propose donc la pension complète et un programme quotidien d'excursions et d'activités artisanales, les mêmes que celles de la pension précédente (mais à des jours différents, ce qui évite aux deux clientèles d'être présentes sur les mêmes sites aux mêmes moments). La propriété, en bord de passe, comprend 10 bungalows de bon confort, avec sdb (eau chaude) et clim, mais seuls les deux premiers ont une vue directe sur le lagon (pas de plage). Également 5 chambres mitoyennes, qui ouvrent sur le jardin. Les repas sont pris dans une vaste salle à manger que prolonge une terrasse surplombant la passe. Vélos/kayaks à disposition. Paiement en espèces.

Renseignements

Il n'y a ni banque ni distributeur de billets sur l'atoll, aussi munissez-vous de suffisamment d'espèces. Les pensions n'acceptent pas la carte de crédit. Le village, Pahua, compte plusieurs petits magasins et une poste, situés côté sud du pont. Pas de médecin, mais un dispensaire.

Depuis/vers Mataiva

Mataiva est à 350 km au nord-est de Tahiti et à 100 km à l'ouest de Rangiroa.

AVION

Air Tahiti (☎ 40 96 32 48, réservation centrale 40 86 42 42 ; www.airtahiti.pf) assure la liaison Papeete-Mataiva deux jours par semaine, en principe les jeudis (via Rangiroa) et dimanches (direct). Le retour Mataiva-Papeete a lieu les mêmes jours (direct le jeudi, via Rangiroa le dimanche). L'aller simple Papeete-Mataiva/Mataiva-Rangiroa coûte 24 000/9 900 CFP.

Reportez-vous au chapitre *Transports* p. 446 pour les cartes de réduction proposées par Air Tahiti. Attention, Mataiva ne fait pas partie des îles éligibles à l'un des pass inter-îles de la compagnie. Pour bénéficier de tarifs avantageux, vous pouvez opter pour la formule "Séjour dans les îles" (forfait avion plus hébergement) d'Air Tahiti (voir p. 451).

BATEAUX INTER-ÎLES

Mataiva est desservie par le **Mareva Nui** et le **Saint Xavier Maris Stella** (voir p. 453 pour plus de détails). Bon plan : Mataiva est la première île touchée par ces deux bateaux depuis Papeete, ce qui rend cette option attractive (à l'aller) pour les petits budgets.

Comment circuler

Une piste fait presque le tour complet de l'île, au milieu de la cocoteraie. Par le nord, elle se termine au *marae* Papiro (14 km). Par le sud, comptez environ 10 km jusqu'au terminus.

En pratique, vous n'aurez pas à vous soucier de l'organisation de vos déplacements puisque tout est pris en charge par les pensions. Elles prêtent des vélos mais leur état est, au mieux, très moyen.

SCANNEZ POUR VOIR LA VIDÉO

FAKARAVA

824 HABITANTS

Encore un atoll qui fait tourner la tête des plongeurs, avec ses deux passes, la Nord et la Sud, très poissonneuses… "Faka" est aujourd'hui aussi célèbre que "Rangi", grâce à la richesse de ses fonds marins, de classe mondiale, et à la beauté de ses îlots, en partie bordés de petites plages aux délicates nuances variant du blanc au rose clair. Classé réserve de biosphère par l'Unesco, c'est aujourd'hui un atoll de villégiature très demandé, et les pensions de famille affichent souvent complet. Par rapport à celles de Rangiroa, elles présentent l'avantage d'être mieux situées, au bord de zones lagonaires propices à la baignade et au snorkeling et de "plages" de sable corallien blanc, ce qui fait de Fakarava une destination idéale à la fois pour les plongeurs et les non-plongeurs.

L'essentiel de la population vit dans le village de Rotoava, au nord-est. Une poignée d'habitants vit également dans le hameau de Tetamanu, au bord de la passe sud.

Orientation

Fakarava est le second atoll des Tuamotu par sa superficie. L'anneau corallien s'étend sur 60 km de longueur pour 25 km de largeur. Ce géant possède deux passes, celles de Garuae au nord et de Tumakohua au sud.

Le village de Rotoava est au nord de l'atoll. Il est relié par une route goudronnée à l'aérodrome, à 4 km. Vers le sud, cette même route continue sur 15 km. Aucune route ne dessert le hameau de Tetamanu (passe Sud), au sud de l'atoll ; il faut s'y rendre en bateau.

À voir

Rotoava VILLAGE

Le village de Rotoava regroupe tous les services et quelques commerces. L'atmosphère est paisible. Seule l'arrivée des cargos inter-îles et des paquebots apporte un peu d'animation. Outre le farniente et la plongée, on peut se balader à vélo dans le village, admirer les vagues qui se fracassent sur le récif côté océan ou les voiliers au mouillage côté lagon, acheter une perle ou un bijou dans une boutique, savourer un plat bien mitonné dans un snack, piquer une tête dans le lagon...

À hauteur du Relais Marama, côté récif, vous remarquerez un monument de forme pyramidale, en cailloux : il s'agit de l'ancien **phare de Taputavaka**, vieux de 80 ans.

Ancien phare de Topaka — MONUMENT

Ne manquez pas cette impressionnante construction en gradins édifiée en 1957, haute d'une quinzaine de mètres, située côté récif, vers le PK 2,5. Il servait de repère visuel aux navigateurs et aux pêcheurs.

Plage du PK 9 — BAIGNADE

Depuis Rotoava, la route, puis la piste, se dirige vers la passe Nord. À hauteur du PK 9, côté lagon, une étroite plage de sable corallien, ombragée de cocotiers, très photogénique, n'attend que vous. À quelques dizaines de mètres du bord, de belles patates de corail raviront les amateurs de snorkeling. Le bain, abrité des vents et des courants, peu profond, est très sécurisant, y compris pour des enfants. En semaine, vous serez certainement seuls à profiter du site. Le week-end, les habitants de Rotoava ont l'habitude d'y pique-niquer.

Marae Tahiri Vairau — SITE ARCHÉOLOGIQUE

À environ 300 m après la plage du PK 9, sur la gauche, les vestiges en partie restaurés de ce *marae*, composé de blocs coralliens, méritent le coup d'œil. À côté se trouve une plage de sable corallien, propice à la baignade, au snorkeling et à un pique-nique.

PK 10,5 — SITE NATUREL

Terminus ! La piste s'arrête là, au bord de la **passe de Garuae** ("passe Nord"). La sensation de bout du monde est intense. Impossible de se baigner, les eaux de la passe défilent à toute vitesse, en fonction des courants de marée.

Lagon Bleu (motu Tehatea) — SITE LAGONAIRE

De magnifiques motu sont situés au nord-ouest de l'atoll, dont le motu Tehatea,

Fakarava

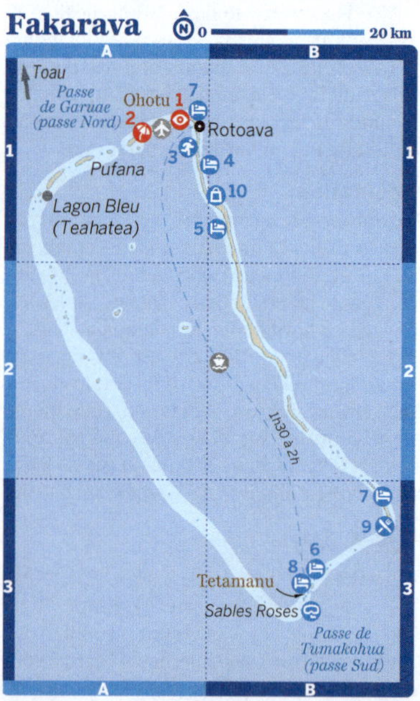

Fakarava

À voir
- 1 Ancien phare de Topaka A1
- Marae Tahiti Vairau .... (voir 2)
- 2 Plage du PK 9 .... A1

Activités
- Dive Spirit .... (voir 3)
- Enata Fakarava Diving .... (voir 7)
- 3 O2 Fakarava A1
- Tetamanu Diving .... (voir 8)
- Topdive (Fakarava Sud) .... (voir 6)

Où se loger
- Auorotini Beach House .... (voir 3)
- 4 Camping Tekopa Village A1
- Chez Sab .... (voir 8)
- Chez Turere et Marc .... (voir 3)
- 5 Fafapiti Lodge B1
- Fakarava Lodge .... (voir 1)
- Kori Kori Lodge .... (voir 3)
- 6 Motu Aito Paradise B3
- Paparara .... (voir 4)
- 7 Raimiti Fakarava B3
- 8 Tetamanu Village B3
- Tokerau Village .... (voir 4)
- Vaiama Village .... (voir 4)
- Veke Veke Village .... (voir 3)

Où se restaurer
- Chez Elda .... (voir 3)
- Korikori .... (voir 3)
- 9 Snack Hirifa B3

Achats
- 10 Hinano Pearls B1
- Poeata Créations .... (voir 3)

entouré d'une superbe lagune intérieure appelée lagon Bleu, idéale pour le snorkeling et la baignade, et de jolies bandes de sable corallien. À proximité se trouve le **lagon Vert**, une zone dans laquelle l'eau du lagon a des teintes émeraude. Ce site est accessible à l'occasion d'une excursion en bateau depuis le village, à la demi-journée ou à la journée ; comptez une demi-heure de navigation.

Hirifa SITE LAGONAIRE

On se frotte les yeux quand on découvre ce site d'une incroyable beauté au sud-est de l'atoll : une cocoteraie bordée d'une longue plage claire, une langue de sable rose qui s'avance dans le bleu turquoise du lagon, quelques voiliers qui mouillent au large, et des kitesurfeurs qui réalisent des sauts (voir p. 274)... Le paradis sur terre ! Hirifa n'a qu'un seul défaut (et c'est son charme) : il n'est accessible qu'en voilier ou en bateau privé, ou en kayak depuis la pension Raimiti. Les prestataires lagonaires ne le desservent pas. Il n'y a pas d'infastructures sur place, à l'exception d'un snack (p. 282). Les kitesurfeurs pourront loger à bord des voiliers loués en formule bateau d'hôtes avec **Kite Tuamotu** (p. 274).

Tetamanu HAMEAU

Le hameau de Tetamanu est à la pointe sud de l'atoll, au bord de la **passe de Tumakohua**, également appelée passe Sud, célèbre auprès des plongeurs. Le hameau compte une modeste église et un ancien cimetière avec des tombes en corail. Une poignée d'habitants continue à vivre dans cet endroit reculé, que les touristes visitent lorsqu'ils séjournent à la pension Tetamanu Village, implantée à cet endroit. Si vous participez à l'excursion aux Sables roses, vous aurez également de débarquer à Tetamanu et de visiter le site.

Les Sables roses SITE LAGONAIRE

Véritable carte postale tout au sud de l'atoll, à proximité de la passe Sud et de Tetamanu, le site des Sables roses doit son nom aux petites langues de sable qui s'avancent dans le lagon. Elles sont composées de résidus des concrétions coralliennes qui prennent des reflets légèrement rosés ou orangés selon l'ensoleillement. On se glisse avec délice dans ces eaux d'un bleu cristallin, avec les cocotiers en arrière-plan. Notez cependant que ce site est idéal pour la baignade et l'ambiance "carte postale", mais pas pour le snorkeling, car il est peu poissonneux. Sauvage et isolé, les Sables roses ne sont accessibles qu'à l'occasion d'excursions en bateau (1 heure 30 de trajet environ depuis le village de Rotoava au nord, quelques minutes depuis Tetamanu). Notez que ce site perd tout intérêt si le ciel est nuageux, car les couleurs disparaissent totalement.

BIEN ORGANISER SON SÉJOUR À FAKARAVA

Compte tenu de l'éloignement entre le nord et le sud de l'atoll, et l'absence de route ou de piste entre les deux (transfert en bateau seulement), il faut considérer Fakarava comme deux îles distinctes. Si votre budget vous le permet, faites un séjour combiné 3 ou 4 nuits dans le Nord et 3 nuits dans le Sud ; les prestataires du Sud montent quasiment tous les jours dans le Nord pour chercher des clients à l'aérodrome et pourront vous récupérer au village.

La visite du sud de l'atoll est possible depuis le nord (via un centre de plongée ou une excursion organisée par les pensions du nord ; transfert 3 heures aller-retour en bateau), mais pas l'inverse. Les excursions du nord vers le sud ne peuvent cependant pas être organisées à l'avance car elles sont tributaires des conditions météo et des horaires des courants et des marées (pour les plongées dans la passe Sud). Aucune garantie, donc.

Activités

Plongée sous-marine

Le must ! Fakarava constitue l'un des hauts lieux de la plongée dans le Pacifique. Suite à de nombreux reportages et documentaires, le "mur de requins" observable dans la passe Sud et la reproduction des mérous (fin juin) sont devenus mondialement célèbres, et "Faka" est en passe de détrôner "Rangi"... La visibilité est souvent bonne et la concentration d'espèces, pélagiques et récifales, hors pair. Comme à Rangiroa, les rencontres avec le "gros", notamment les requins (plusieurs espèces), les raies mantas, les barracudas et les thons, sont monnaie courante. Autre privilège de Fakarava : les massifs coralliens sont sains et bien préservés. En revanche, il est très rare d'apercevoir des dauphins en

DU COCO AU COPRAH

Omniprésent aux Tuamotu et aux Marquises, le coprah se reconnaît à l'odeur sûre et rance qui s'en dégage dans les cocoteraies, sur les séchoirs à claies ou dans les entrepôts à proximité des quais.

Le coprah (du tamoul *kopparah*) est le résidu sec de la matière blanche qui tapisse l'intérieur de la noix de coco. Riche en matières grasses végétales (la palmitine), il est régulièrement collecté dans la plupart des atolls par les cargos qui l'acheminent jusqu'à Papeete. Broyé, chauffé, pressé et raffiné dans une huilerie, il est ensuite vendu à des industries alimentaires et cosmétiques.

L'exploitation du coprah est relativement récente : introduite par les missionnaires vers la fin des années 1860, elle n'a cessé de se développer et constitue, encore aujourd'hui, une activité économique essentielle (bien que largement subventionnée) dans de nombreux atolls et îles de Polynésie, ce qui permet à une population non qualifiée de vivre décemment sans devoir quitter l'atoll.

Les coprahculteurs se rendent dans les cocoteraies et rassemblent les noix de coco tombées à terre et les pourfendent d'un coup de machette. Les demi-noix sont ensuite retournées et laissées au soleil pendant quelques jours.

La deuxième opération consiste à évider la noix de coco, avec un *pana*, un outil spécial qui permet de séparer l'amande séchée de la coque. Les copeaux récoltés sont alors déposés sur des séchoirs à coprah, sortes de claies surélevées et surmontées d'un toit mobile destiné à les protéger de la pluie, jusqu'à dessiccation complète.

Enfin, ils sont empaquetés dans des sacs de toile de jute, pesés et remisés dans un hangar en attendant le passage des goélettes. Le coprahculteur est payé directement par le contrôleur au moment de la pesée.

plongée, contrairement à Rangiroa, dont c'est devenu l'une des attractions.

On compte deux zones de plongée : la passe de Garuae, dite "passe Nord", un monstre de 1,6 km de largeur au nord de l'atoll, et la passe de Tumakohua, dite "passe Sud", à l'extrémité sud de l'atoll, de plus en plus demandée, car de nombreux reportages et documentaires de télévision lui ont été consacrés au cours des dernières années. Toutes deux sont superbes. Elles n'ont qu'un seul défaut : celui d'être distantes de 60 km l'une de l'autre, ce qui complique la logistique d'accès pour les plongeurs qui veulent plonger dans les deux passes. Les centres installés au nord proposent régulièrement des plongées dans la passe Sud (compter 1 heure 30 de bateau en moyenne), mais les sorties sont tributaires des conditions météo et des horaires des courants et des marées. En revanche, si vous logez dans l'un des quatre établissements au sud, vous ne pourrez pas plonger dans la passe Nord, car les centres ne "montent" pas au nord ; dans ce cas, il faudra combiner un séjour dans le sud et un séjour dans le Nord, ce qui est assez facile à mettre en place.

Comme dans la majorité des atolls, les plongées se déroulent à l'intérieur et aux abords externes des passes. Lorsque le courant est rentrant, on s'immerge côté océan et on se laisse porter par le courant dans le lagon, en empruntant la passe. Par courant sortant, les plongées se déroulent sur la pente externe du récif, à l'écart du courant. La plupart des sites sont accessibles dès le niveau 1, à l'exception de la plongée dérivante dans la passe Nord, plus sportive, réservée aux niveau 2 (ou aux excellents niveau 1). Reportez-vous au chapitre *Plongée* p. 40 pour plus de détails sur les sites.

Topdive (Fakarava Nord) PLONGÉE
(☎ 40 98 43 76 ; www.topdive.com ; PK 1, Rotoava ; baptême 13 200 CFP, explo 10 400 CFP, 2 plongées successives 20 000 CFP ; ⏲ tlj). Cette enseigne, dont la base principale est au village, pratique des tarifs largement supérieurs à la moyenne mais elle offre le Nitrox, un grand confort en plongée. Elle propose des forfaits de 6, 10 ou 20 plongées pour 2 personnes à 60 000/92 000/175 000 CFP, également valables dans les autres centres Topdive de Polynésie. Sorties quotidiennes le matin à la passe Nord ; les sorties à la journée à la passe Sud (33 000 CFP les 2 plongées avec pique-nique ou repas au Motu Aito Paradise) sont possibles en fonction des conditions météo, de l'état de la mer et des horaires du courant

rentrant. Bateaux équipés de taud. Service de ramassage gratuit.

Topdive (Fakarava Sud) PLONGÉE

(☎40 98 43 76 ; www.topdive.com ; Motu Aito ; ⏲tlj). Annexe de Topdive, basée à Fakarava Sud, dans le Motu Aito Paradise (voir p. 280). Mêmes tarifs que le centre Topdive de Fakarava Nord, mais les plongées ont lieu à la passe Sud, distante d'une dizaine de minutes seulement. L'intervalle de surface entre les deux plongées successives se déroulent généralement à Tetamanu.

Dive Spirit PLONGÉE

(☎40 98 41 40, 87 32 79 87 ; www.divespirit-fakarava.com ; PK 4, Fakarava Nord ; baptême 10 000-12 000 CFP, explo 8 700 CFP ; ⏲tlj ; 📶). Cette petite structure allie professionnalisme, sécurité et convivialité. Elle est idéalement située, à proximité immédiate des snacks Chez Elda et Kori Kori, bien pratiques au retour des plongées du matin. Tarifs dégressifs dès la troisième plongée. Les plongées ont lieu tous les jours à la passe Nord. Pour la passe Sud, Dive Spirit s'efforce d'y aller plusieurs fois par semaine (31 500 CFP les 2 plongées avec pique-nique), en fonction des conditions météo, de l'état de la mer et des horaires du courant rentrant.

O2 Fakarava PLONGÉE

(☎87 24 94 94 ; www.o2fakarava.com ; PK3, Fakarava Nord ; baptême 10 000 CFP, explo 8 500 CFP, 2 plongées successives 16 000 CFP ; ⏲tlj). Centre agréable. Plongées à la passe Nord à bord d'un bateau avec taud, ainsi qu'à la passe Sud (majoration de 10 000 CFP/pers), en fonction de la demande (minimum 4 plongeurs), de la météo et des horaires de marée. Le forfait 10 plongées, à 70 000 CFP (non nominatif), est particulièrement intéressant. Plongée au Nitrox possible, moyennant supplément. L'atoll de Toau est très occasionnellement proposé (une fois par mois en moyenne). Service de ramassage gratuit.

Kaina Plongée PLONGÉE

(☎87 22 82 04 ; www.kainaplongee.com ; PK 0, Rotoava ; baptême 7 500 CFP, explo 6 900 CFP ; ⏲tlj). Cette petite structure travaille un peu différemment des autres centres ; elle assure une plongée le matin et une plongée l'après-midi à la passe Nord, ce qui évite le désagrément de l'intervalle de surface d'une heure sur le bateau entre deux plongées. Outre les habituelles plongées à la passe Nord, Kaina Plongée propose occasionnellement des sorties à la journée à l'atoll voisin de Toau s'il y a une demande suffisante (minimum 4 plongeurs, uniquement par mer très calme, et selon les conditions de courant ; 22 000 CFP, incluant 2 plongées et le pique-nique) – en moyenne une fois par mois. Également sorties régulières à la passe Sud (22 000 CFP, incluant 2 plongées et un pique-nique) lorsque la demande est suffisante et uniquement si les conditions le permettent. Tarifs dégressifs à partir de 10 plongées. À la sortie nord du village (en direction de l'aérodrome). Service de ramassage gratuit.

Enata Fakarava Diving PLONGÉE

(☎87 70 15 08 ; www.enatafakaravadiving.com ; Fakarava Sud ; baptême 12 000 CFP, explo 10 000 CFP, 2 plongées successives 18 000 CFP ; ⏲tlj). Basé à la pension Raimiti, l'Enata Fakarava Diving est un centre de qualité aux prestations sans fausse note. Tous les matins, à des horaires variables selon le courant et la marée, les départs ont lieu pour la passe Sud, distante de 30 minutes environ.

Tetamanu Diving PLONGÉE

(☎87 71 38 34 ; www.tetamanudiving.com ; Fakarava Sud ; baptême 8 000 CFP, explo 7 500 CFP ; ⏲tlj). Basé à la pension Tetamanu Village, à deux minutes de bateau de la passe Sud, Tetamanu Diving organise plusieurs plongées par jour dans la passe, en fonction des courants, ainsi que des plongées de nuit (8 500 CFP), vers 18h, au début du cycle de prédation des requins (et fort heureusement, avant la phase de frénésie), uniquement pour les plongeurs ayant démontré leur aisance préalable dans l'eau. Forfait nominatif 10 plongées à 70 000 CFP. Plongée au Nitrox possible (9 000 CFP) et snorkeling guidé à 2 500 CFP.

Excursions sur le lagon

L'immense lagon de Fakarava ne manque pas de sites idylliques, accessibles en bateau lors d'excursions organisées (adressez-vous à votre pension). Les deux sorties les plus couramment proposées sont le **lagon Bleu (Teahatea)**, à la demi-journée (à partir de 7 000 CFP sans pique-nique) ou à la journée (à partir de 9 000 CFP avec pique-nique), et la **passe Sud-Les Sables roses** (journée, à partir de 12 000 CFP avec snorkeling dans la passe Sud, visite du hameau de Tetamanu et pique-nique au bord du lagon à Tetamanu). Un nombre minimum de participants est nécessaire (généralement 5). Attention aux distances et à la durée des trajets : de Rotoava, au nord, au site des Sables roses, il faut compter 1 heure 30 de navigation sur le lagon, parfois éprouvante si la mer est forte. Les prestations se valent, quels que soient les opérateurs (Tamatoa Excursions, Kariga 2 Excursions).

Kitesurf

Hirifa, au sud-est de l'atoll, est non seulement l'un des plus beaux sites de Polynésie, c'est également l'un des meilleurs spots pour la pratique du kitesurf, avec un plan d'eau idéal, dépourvu d'obstacles et régulièrement venté.

Kite Tuamotu KITECAMP

(87 23 08 45 ; www.kitetuamotu.com ; Hirifa ; hébergement 9 000 CFP/pers ; avr-sept). Ce "kitecamp" original est géré par un jeune couple passionné de glisse. Adrien, moniteur de kite, propose des formules adaptées à tous les niveaux, à partir de 13 000 CFP par personne pour 2 heures, avec utilisation de casques radio. L'hébergement se fait à bord d'un catamaran ou d'un monocoque, mis à disposition en formule "bateaux d'hôtes", ancrés juste devant la plage de Hirifa, où se trouve le snack (p. 282). Le transfert depuis l'aérodrome peut être organisé. Service de ramassage gratuit pour les clients de la pension Raimiti ou pour les voiliers qui mouillent dans le secteur ; pour Tetamanu, comptez 6 000 CFP.

Excursions culturelles

Fakarava Tour DÉCOUVERTE CULTURELLE

(87 31 98 22 ; www.facebook.com/fakaravatour ; excursion 5 000-6 000 CFP/pers ; sur réservation). Enoha organise une excursion culturelle terrestre à la demi-journée, dans la partie nord de l'île, pour découvrir les richesses patrimoniales et les plantes médicinales. Le soir, il propose une balade sur le récif, pour se familiariser avec la faune (oursins, crabes, coquillages). Minimum 2 personnes.

Où se loger

La plupart des établissements se situent au nord de l'atoll, entre le village et le PK 7.

Rotoava et environs (nord de l'atoll)

Relais Marama BUNGALOWS, CAMPING €

(40 98 42 51, 87 24 08 04 ; www.relais-marama.com ; Rotoava ; camping avec petit-déj 3 500 CFP/pers, bungalows s/d avec petit-déj et sdb commune 8 000/16 000 CFP ;). Au village, un point de chute sympathique pour les voyageurs solos qui recherchent de la convivialité, à quelques minutes à vélo de toutes les commodités. L'option camping est idéale, dans une grande parcelle bien entretenue, avec de l'ombre et de l'herbe, à quelques dizaines de mètres de l'océan (mais pas de plage ni de vue particulière). Quant aux 9 bungalows, mi-cabanes, mi-chalets, ils sont minuscules, de conception très simple et n'offrent pas beaucoup d'intimité, mais ils sont propres, espacés et dotés d'un petit ventilateur et d'une moustiquaire. Malgré la présence de 2 lits dans chacun, ils conviennent plutôt pour une personne, vu les tarifs peu intéressants en double ; si vous êtes deux, mieux vaut opter pour une formule en demi-pension dans un autre établissement. Mention très bien pour les 2 blocs sanitaires (communs aux bungalows et au camping ; eau chaude), impeccables, ainsi que pour la cuisine équipée, fonctionnelle et d'une propreté exemplaire, où sont servis les petits-déjeuners. Les petits plus : prêt de vélos (en bon état) selon disponibilité, transfert gratuit pour l'aérodrome, petit-déj et Wi-Fi inclus, et pièce de stockage fermée avec prises électriques pour les campeurs. Carte bancaire acceptée.

Camping Tekopa Village CAMPING, BUNGALOWS €

(40 98 40 40, 87 34 76 01 ; tekopavillage.wixsite.com/tekopa ; PK 5,8 ; camping 2 100 CFP/pers, bungalow d/qua avec sdb commune et petit-déj 6 500-7 500/11 500 CFP ;). Un bon point de chute pour les campeurs. Peut-on rêver plus paradisiaque qu'une belle zone de sable corallien au bord du lagon turquoise pour planter sa tente, à l'ombre des *kahaia* ? La restauration n'est pas proposée mais une cuisine commune, dans un *fare* en matériaux traditionnels, est à disposition, sur la plage. Quant au bloc sanitaire (eau à température ambiante), il est rudimentaire. Vous pouvez aussi opter pour l'un des 3 bungalows (2 autres sont prévus), mais ils sont très rustiques (sol en soupe de corail pour le plus petit, matelas mous, pas de ventilateur). Pour faciliter vos déplacements, il est conseillé de louer un vélo. Transfert pour l'aérodrome 1 500 CFP/pers l'aller-retour. Bon accueil de Tehau. Paiement en espèces.

Bungalows Fakarava BUNGALOWS €

(87 29 30 66 ; www.bungalowfakarava.com ; Rotoava ; d avec sdb commune 9 000 CFP juil-oct,

s/d 6 500/9 000 CFP nov-mai ; 3 nuits min ; 📶). À la sortie sud du village, côté océan, Olivia et Jean-Charles louent 2 bungalows en bois, aux airs de petites cabanes colorées, très simples mais convenables, avec du sol en gravier corallien. Ils partagent une sdb. Aucun repas n'est assuré mais on a accès à une cuisine commune, et les snacks du village ne sont pas très loin. Transferts pour l'aérodrome inclus. Paiement en espèces.

Chez Turere et Marc BUNGALOWS €
(☎87 79 06 01 ; tureremarc@gmail.com ; PK 3 ; s 5 000-6 000 CFP, d 10 000-12 000 CFP, avec petit-déj ; ❄📶). Une adresse discrète et confidentielle, au bord du lagon, à 100 m du centre de plongée O2 Fakarava. Turere, qui travaille à la mairie, et son conjoint Marc, installé depuis plus de 50 ans en Polynésie, louent 3 bungalows (dont deux climatisés, les plus chers), simplement conçus mais bien tenus. Le bungalow avec ventilateur, spacieux, tout en bois, est à l'ombre d'un imposant *aito*, presque les pieds dans l'eau. À noter : les 3 sdb sont privatives, mais à l'extérieur, dans un bloc sanitaire. Une cuisine commune est à disposition ou, pour 2 personnes maximum, on peut partager le repas avec les hôtes (2 000 CFP). Marc peut organiser des excursions lagonaires sur mesure. Transferts à l'aérodrome inclus. Paiement en espèces.

Kaipolanie Garden BUNGALOWS €€
(☎89 70 46 96 ; www.kaipolaniegrd.wordpress.com ; Rotoava ; s/d 13 000/19 000 CFP en demi-pension ; 3 nuits min ; ❄📶). Certes, cet établissement n'est pas directement au bord du lagon, mais c'est le seul inconvénient. Cédric et Vanina accueillent leurs hôtes dans 2 bungalows de bon confort (et climatisés, une rareté sur l'atoll) et joliment décorés, avec terrasse et jardin privatifs, dans une propriété calme et bien située au village. Excellente cuisine (Vanina a exercé comme cheffe cuisinière au Havaiki Fakarava).

Fakarava Lodge BUNGALOWS €€
(☎87 27 81 23 ; fakaravalodge@outlook.fr ; s 7 500-8 500 CFP, d 13 500-15 500 CFP, avec petit-déj ; 2 nuits min ; 📶). L'emplacement de cette pension est original : elle se trouve côté récif (donc côté océan), à 2 km du village en direction de l'aérodrome. Pas de baignade possible mais le cadre et l'ambiance, sauvages, font leur effet. Les 3 bungalows (dont un avec clim), équipés, sont de qualité, avec de petites touches décoratives, et offrent une vue partielle sur l'océan. Prêt de vélos et dîner en option (2 000 CFP). Les transferts à l'aérodrome sont inclus. Bon accueil de Sidonie. Son compagnon, Vincent, est moniteur de plongée (Kaina Plongée).

Auorotini Beach House CHAMBRES €€
(☎87 73 62 87 ; www.sunsetbeachhousefakarava.com ; PK 3,2 ; s/d 6 000/12 000 CFP ; 📶). Une adresse sans mauvaise surprise, très bien située, entourée d'un beau jardin fleuri. Les 2 chambres, fonctionnelles, carrelées, occupent une maisonnette en dur qui donne directement sur le lagon. Cuisine commune à disposition et prêt de vélos et de kayaks. Sur demande, la propriétaire peut assurer un service de restauration (dîner 2 000 CFP). Les transferts à l'aérodrome sont inclus.

Kori Kori Lodge BUNGALOWS €€
(☎89 29 35 38 ; www.korikori-fakarava.com ; PK 4 ; bungalows s/d avec petit-déj 11 700/15 900 CFP ; 📶). "Lodge", le terme n'est pas approprié, mais cette adresse combine bien des atouts : un site superbe en bord de lagon (au turquoise bien prononcé, mais sans réelle plage), une atmosphère apaisante, un snack (avec, pour les clients de la pension, un menu du soir à 2 300 CFP), des vélos (en location) et des kayaks à disposition. Quant aux 3 bungalows, ils sont simples et bien agencés. Transfert pour l'aérodrome 2 000 CFP/pers l'aller-retour. Carte bancaire acceptée.

Veke Veke Village BUNGALOWS €€
(☎40 98 42 80, 87 70 17 90 ; www.vekeveke.com ; PK 4 ; bungalows s/d à partir de 17 500/28 500 CFP en demi-pension ; 📶). Le cadre est enchanteur : imaginez une petite anse ourlée d'une plage de sable corallien, avec 2 *fare* les pieds dans l'eau, assez rustiques, et 6 autres bungalows face au lagon, rénovés en 2018, confortables et modernes, avec ventilateur et moustiquaire, et sdb. Agréable salle de restaurant directement au bord du lagon, et beau ponton pour la bronzette, la baignade ou le snorkeling. Vélos en location et kayaks à disposition. Très pratique, le centre de plongée Dive Spirit et les snacks Chez Elda et Kori Kori sont à côté de la pension. Transfert pour l'aérodrome 2 000 CFP/pers l'aller-retour. Carte bancaire acceptée.

♥ **Havaiki Fakarava** PETITE HÔTELLERIE €€
(☎40 93 40 15 ; www.havaiki.com ; PK 2 ; bungalows jardin/plage d 27 000/37 000 CFP en demi-pension ; 3 nuits min ; ❄📶). En l'absence de véritable hôtel à Fakarava, le Havaiki y est l'adresse de référence. Idéalement situé,

1

L F FILE/SHUTTERSTOCK ©

2

4

JEAN-BERNARD CARILLET ©

JEAN-BERNARD CARILLET ©

JEAN-BERNARD CARILLET ©

1. Ahe (p. 283)
L'atoll d'Ahe, constellé de massifs coralliens, est le paradis du snorkeling.

2. Mataiva (p. 267)
Le lagon de Mataiva ne ressemble à aucun autre : il se compose de bassins coralliens peu profonds.

3. Fakarava (p. 269)
La plage du PK9 a l'allure d'une carte postale

4. Tikehau (p. 262)
Le motu aux Oiseaux, au nord du lagon, est un havre pour plusieurs espèces aviaires.

au bord du lagon, à 1 km au sud du village, il comprend 10 petits bungalows plage, climatisés, au confort soigné, face au lagon scintillant, sur une bande de sable blanc. À l'arrière, légèrement en retrait dans le jardin, 3 maisonnettes sur pilotis (appelées "bungalows jardin") comprennent chacune 2 chambres mitoyennes, également de bon standing, mais non climatisées (ventilateur uniquement), avec une vue sur le lagon depuis la terrasse. Restaurant, snack de plage et bar sur place, et possibilité de massages. Dommage que l'ensemble soit très ramassé et que l'intimité soit par conséquent limitée. Kayaks, matériel de snorkeling et vélos à disposition, et boutique de perles à l'intérieur du restaurant. Transfert pour l'aérodrome 2 000 CFP/pers l'aller-retour. La durée de séjour minimale de 3 nuits peut être ramenée à 2 nuits en basse saison. Carte bancaire acceptée.

Paparara BUNGALOWS €€
(40 98 42 66, 87 74 69 10 ; www.fakaravadivelodge.com ; PK 6 ; bungalows d/qua 26 500/57 000 CFP en demi-pension, 2 nuits min ; wifi). Cette pension vaut principalement pour son environnement – une mince plage de sable corallien et une belle zone de baignade – et son atmosphère décontractée. Les 4 bungalows en bord de plage, de style polynésien, avec ventilateur et sdb (eau chaude) séparée de la chambre par un rideau, sont corrects à condition de ne pas être trop regardant sur les finitions. Également un grand bungalow aménagé sur le ponton, pour les familles, et un bungalow plus récent et mieux conçu, Kofai, en bord de mer. La cuisine est copieuse et de qualité, aux dires des clients ; dommage que le restaurant ne donne pas sur la plage. Vélos en location et kayaks gratuits. Transfert pour l'aérodrome 2 500 CFP/pers l'aller-retour. Carte bancaire acceptée (supplément de 2%).

Tokerau Village BUNGALOWS €€
(40 98 41 09, 87 70 82 19 ; www.tokerauvillage.com ; PK 6,7 ; bungalows s/d 24 000/30 100 CFP en demi-pension, 2 nuits min ; wifi). Le plus beau jardin de l'atoll ! Cette belle propriété attenante au lagon rassemble des plantes et des arbustes impeccablement taillés. La petite plage de sable blanc, devant la pension, conforte cette impression flatteuse, même si les 4 bungalows, bien espacés, ne sont pas directement exposés face au lagon (les deux premiers ont vue mer). Rien à redire sur la propreté et le confort. La cuisine a bonne réputation. Dommage que le *fare*-restaurant soit à l'arrière de la propriété, sans vue sur la mer, et non au bord du lagon. Vélos en location et kayaks à disposition. Transfert pour l'aérodrome 2 500 CFP/pers l'aller-retour. Carte bancaire acceptée.

Vaiama Village BUNGALOWS €€
(40 98 41 13, 87 70 81 99 ; www.fakaravavaiama.com ; PK 6,9 ; bungalows s/d 23 000/25 600 CFP en demi-pension ; 2 nuits min ; wifi). Le Vaiama Village occupe un site splendide, dans une petite baie frangée d'une mince bande de sable blanc. Alignés face au lagon, pratiquement les pieds dans l'eau, les 4 bungalows, de style traditionnel, sont sans superflu mais coquets et bien tenus, avec terrasse, ventilateur et sdb. Entre chaque bungalow, une haie végétale préserve l'intimité. Deux autres bungalows (dont deux adaptés aux familles), légèrement en retrait, sont disponibles, au même prix. Les repas se prennent dans une grande salle carrelée et moderne. Belle zone de baignade et de snorkeling, avec patates de corail. Pour la bronzette, profitez du ponton avec solarium. Vélos en location et kayaks gratuits. Transfert pour l'aérodrome 2 500 CFP/pers l'aller-retour. Carte bancaire acceptée.

Fafapiti Lodge BUNGALOWS €€
(87 24 01 21 ; www.fafapitilodgefakarava.com ; PK 15 ; bungalows s/d 25 700/28 200 CFP en demi-pension ; 2 nuits min ; wifi). Ouvert en 2021, le dernier-né des hébergements à Fakarava est conçu dans l'esprit d'une pension de famille haut de gamme, avec 3 bungalows impeccables, construits avec des matériaux de qualité et bien agencés, avec moustiquaire et brasseur d'air (mais pas de clim) sur un terrain corallien en bord de lagon, au bout de la route asphaltée, au PK15. Isolement et tranquillité assurés, donc, même si la construction d'un petit lotissement juste à côté rend le site un peu moins sauvage qu'espéré. Le *deck* invite à la détente, face au couchant. Belle zone de baignade et de snorkeling. Kayaks et vélos à disposition. Cuisine soignée, à base de produits locaux (menu 2 plats). Accueil courtois de Valérie et René, qui a longtemps exercé comme moniteur de plongée dans l'archipel. Carte bancaire acceptée.

Tetamanu (sud de l'atoll)

Pour les amateurs d'isolement et de tranquillité, le hameau de Tetamanu, à l'autre

ESCAPADE À TOAU

Pas de piste d'atterrissage, pas de route, et seulement une dizaine d'habitants à l'année... Petit frère de Fakarava, à environ 1 heure de bateau (au plus court), également classé réserve naturelle de biosphère par l'Unesco, l'atoll de Toau est insurpassable en matière de dépaysement, mais il reste difficile d'accès (sauf pour les plaisanciers). Certains centres de plongée de Fakarava y organisent des plongées à la journée quand les conditions météo le permettent (voir p. 273). Pour vivre le dépaysement ultime, vous pouvez loger à la **Pension Matariva** (☎ 87 23 26 42 ; 15 000 CFP/pers en pension complète), à l'Anse Amyot, au nord de l'atoll, qui dispose de jolis bungalows traditionnels face à une petite plage et au lagon. Le site est exceptionnel, et la cuisine savoureuse et ultra copieuse. Les transferts sont organisés depuis Fakarava (comptez 10 000 CFP/pers l'aller-retour, au moins 1 heure 30 de traversée). Un séjour de 3 nuits minimum est recommandé (réservez bien à l'avance, car les propriétaires vivent à Fakarava et doivent préparer la logistique). Diverses excursions sont proposées (parcs à poissons, visite des motu, pique-nique, pêche). Pour plus de renseignements sur la plongée dans les passes de Toau, consultez le chapitre *Plongée* p. 40.

extrémité de Fakarava, près de la passe de Tumakohua (passe Sud), et les motu avoisinants incarnent le rêve absolu et correspondent réellement à l'image que l'on se fait de la Polynésie. Quatre hébergements sont implantés dans ce secteur. Sachez cependant que le trajet en bateau depuis l'aérodrome, à l'autre bout de l'atoll, est long et éprouvant (comptez au moins 1 heure 30) et que vous êtes "captif" sur ces motu ; en cas de mauvais temps, vous risquez de trouver le temps long.

Les plongeurs noteront qu'aucun transfert n'est assuré pour plonger à la passe Nord (tandis que les plongeurs qui logent dans les pensions du nord de l'atoll ont la possibilité de plonger à la passe Sud).

Compte tenu de l'absence de possibilités de restauration indépendante, les hébergements proposent la pension complète.

Chez Sab CAMPING, CHAMBRES €
(☎ 87 34 94 36 ; camping avec petit-déj 3 500 CFP/pers, d avec petit-déj et sdb commune 4 000 CFP, d avec petit-déj 5 000 CFP ; Wi-Fi). Enfin, une adresse abordable pour les petits budgets à la passe Sud ! Sur le même motu que le Tetamanu Village (attenant), et donc partageant le même site idyllique, Chez Sab dispose de plusieurs chambres dans 2 farés distincts. Le premier, au bord du lagon, comporte une cuisine commune et 2 petites chambres mitoyennes, spartiates, avec moustiquaire (mais pas de ventilateur), qui partagent une sdb rudimentaire (eau à température ambiance, chasse d'eau au seau). Plus en retrait, à côté de l'église, le "faré du prêtre" comporte 2 chambres, un peu plus confortables. Les campeurs plantent la tente à l'ombre, directement au bord du lagon, et utilisent les sanitaires et la cuisine du premier faré. Repas sur demande (1 500-2 000 CFP) et Wi-Fi payant (2 000 CFP pour 7 jours). Les transferts pour l'aérodrome sont organisés par le Tetamanu Village (7 000 CFP l'aller-retour si l'on plonge au Tetamanu, sinon 10 000 CFP). Une adresse simple et pratique, dont le cadre unique compense l'absence de confort. Paiement en espèces.

Tetamanu Village BUNGALOWS €€
(☎ 87 71 38 34 ; www.tetamanuvillage.pf ; bungalows 2/3/4 nuits en pension complète 40 000/58 000/71 000 CFP par personne, 2 nuits min ; Wi-Fi). Cette pension majoritaiement fréquentée par des plongeurs occupe l'un des plus beaux "spots" des Tuamotu, dans un cadre absolument paradisiaque au bord de la passe Sud, face à un exceptionnel jardin de corail, mais le plaisir est parfois gâché par le relatif amateurisme des prestations, en dents de scie. Certains clients ont passé un excellent séjour, d'autres ont un peu moins apprécié... Les 8 bungalows, de style local, au confort rudimentaire (sdb sans porte avec eau froide), donnent directement sur le lagon, tout comme le restaurant sur pilotis, au-dessus d'un exceptionnel petit tombant corallien. La cuisine, sous forme de buffet, est très simple. Évitez les 2 bungalows qui ont vue sur l'arrière du restaurant. Pour les petits budgets, des matelas dans 2 mezzanines étouffantes, avec sdb commune, sont proposés (12 000-14 000 CFP/pers en pension

complète). Le site, longtemps très tranquille, est aujourd'hui plus "fréquenté" (plongeurs, excursionnistes à la journée, pension Chez Sab à côté). Une annexe mieux préservée, le **Tetamanu Sauvage**, comprend une dizaine de bungalows supplémentaires sur un motu voisin, dans un endroit plus retiré, accessible en quelques minutes à pied par une passerelle en bois. Là encore, le confort est modeste mais l'endroit est sublime. Le site des Sables roses n'est qu'à 5 minutes en bateau (on peut s'y faire déposer tous les matins). Le vrai plus : un centre de plongée sur place, Tetamanu Diving (voir p. 273). Les transferts à l'aérodrome (1 heure 30 de trajet) sont inclus. Pour une occupation du bungalow en simple, un supplément de 15% est facturé. Carte bancaire acceptée. Wi-Fi payant (2 000 CFP pour 7 jours).

Motu Aito Paradise BUNGALOWS €€

(☎40 83 50 60 ; www.motuaito.com ; bungalows s 29 000-37 000 CFP, d 38 000-45 000 CFP en pension complète, 2 nuits min ; Wi-Fi). Un petit coin de paradis où l'on se sent au bout du monde, à moins de 10 minutes en bateau de la passe Sud. Le club de plongée Topdive étant sur place, la clientèle est principalement composée de plongeurs. Les 8 bungalows, de style polynésien, avec du bois, du corail, des palmes de cocotier et... des tôles, sont disposés les uns à côté des autres au bord du motu, les pieds dans l'eau (certains profitent du lever du soleil, d'autres sont exposés plein ouest), ombragés par des aito. Sdb privée (avec rideau de séparation), avec eau à température ambiante, moustiquaire et ventilation naturelle. Les plus spacieux peuvent accueillir 5 personnes. Ambiance sympathique et bonne cuisine préparée par les gérants, que l'on déguste sur une grande table commune, au bord du chenal. La formule inclut une excursion gratuite par séjour (aux Sables Roses, en principe). Wi-Fi payant (2 000 CFP pour 7 jours).

♥ **Raimiti Fakarava** BUNGALOWS €€€

(☎87 71 07 63 ; www.raimiti-fakarava.com ; bungalows "Robinson" 3 nuits en pension complète s/d 82 000/130 000 000 CFP, bungalows "Crusoe" 3 nuits en pension complète s/d 97 000/145 000 CFP ; Wi-Fi). Cette pension sort du lot grâce à un concept original, la "robinsonnade" simple et chic, qui fait mouche auprès d'une clientèle de citadins prêts à mettre le prix pour déconnecter, dans un confort subtilement dosé (rideaux colorés en lieu de portes, cuisine soignée). Face au lagon, les 5 *fare* "Robinson", construits à partir de matériaux traditionnels, ressemblent à des petites cabanes, sobres mais douillettes (la sdb privative, avec douche chaude, est à l'extérieur). Côté océan, les 5 *fare* "Crusoe", spacieux, plus confortables, avec sdb privée intérieure (sans porte), ménagent une vue panoramique sur le récif (et sont exposés aux vents dominants et en plein soleil le matin) – une autre ambiance. Le site réunit tous les ingrédients du rêve – silence, cocotiers, corail, lagon turquoise. Tous sauf... une plage pour poser sa serviette (le bord de mer est formé de rochers, idéal pour le snorkeling uniquement). Kayaks et équipement de snorkeling à disposition. Les activités hors plongée (snorkeling à la passe, pêche, pique-nique sur un motu...) sont incluses dans le tarif (une par jour). En kayak, on peut rejoindre le site idyllique de Hirifa (plage de sable rose) en 45 minutes environ. Le petit plus : un centre de plongée sur place (Enata Fakarava Diving) et un bar aménagé sur un grand deck sur l'eau (ouvert aux extérieurs). À savoir : les transferts à l'aérodrome (inclus) durent environ 1 heure 30. Wi-Fi payant (2 500 CFP pour le séjour).

Où se restaurer

La plupart des visiteurs optent pour la formule demi-pension, et se contentent d'un pique-nique ou d'une collation au déjeuner. Au village, vous trouverez deux épiceries (fermées le dimanche après-midi) et une boulangerie.

♥ **Korikori** SNACK €

(☎87 79 57 46 ; PK 4 ; plats 1 300-2 000 CFP ; ⏲11h30-14h lun-sam ; Wi-Fi). Une sympathique trouvaille, qu'il faut aller dénicher du côté du PK 4, dans la pension du même nom, à proximité immédiate du centre de plongée Dive Spirit. Quelle bonne idée d'avoir installé un *fare*-restaurant avec une terrasse directement sur le lagon ! La cuisine fait la part belle aux burgers, au poisson grillé et aux salades. Également vente d'artisanat local. Paiement en espèces. Possibilité de transfert gratuit sur appel téléphonique.

Toa Pizza Fakarava PIZZERIA €

(☎87 37 35 46, 89 37 35 46 ; Rotoava ; pizzas 1 300-2 100 CFP ; ⏲18h-20h30 mar-dim). Une pizzeria toute simple au village. Le service est un peu longuet mais les pizzas (une vingtaine de garnitures différentes, dont une végétarienne et une avec du poisson du jour) sont très correctes.

MAKATEA, UN DEMI-SIÈCLE D'ÉPOPÉE INDUSTRIELLE

Dans l'avion vous transportant de Papeete à Rangiroa, à 210 km au nord-est de Tahiti, le pilote attirera peut-être votre attention sur l'atoll soulevé de Makatea, le seul des Tuamotu ayant cette configuration géomorphologique. Il se présente comme un plateau en forme de haricot, limité par des falaises hautes de 80 m environ. Ces falaises sont en fait l'ancien récif-barrière, tandis que le plateau correspond à la cuvette comblée de l'ancien lagon où se sont accumulées d'importantes quantités de phosphates.

Le destin de cette île a basculé lorsque les Européens mirent en évidence ses gisements de phosphates, à la fin du XIXe siècle. La CFPO (Compagnie française des phosphates d'Océanie) est créée en 1908 afin d'exploiter à grande échelle le gisement. Makatea se couvre alors d'installations minières et d'infrastructures, édifiées *ex nihilo* : équipements industriels (dont un réseau de chemin de fer), habitations, écoles, cinéma, lieux de culte et commerces. Jusqu'au début des années 1950, la main-d'œuvre est essentiellement d'origine asiatique.

Le phosphate de Makatea devient rapidement le fleuron de l'économie polynésienne. De 12 000 tonnes en 1911, l'extraction passe à 400 000 tonnes en 1960, année record. Jusqu'à la Seconde Guerre mondiale, l'essentiel de la production est absorbé par le Japon, relayé ensuite par la Nouvelle-Zélande et l'Australie. À partir de 1956, le phosphate devient le premier poste des exportations en valeur, devant le coprah et la vanille.

Avec plus de 3 071 habitants en 1962, Makatea est l'île la plus peuplée des Tuamotu. Vaitepaua a des allures de ville-champignon de la ruée vers l'or. Seul point noir : la présence de hauts-fonds et l'absence de lagon contraignent les navires minéraliers à s'ancrer à distance du port. Les transbordements se font par chalands jusqu'en 1954, date à laquelle sera construite une jetée métallique de 100 m.

L'épuisement des réserves en 1966 referme la parenthèse sur cette épopée industrielle. Près de 11 millions de tonnes de phosphates auront été arrachées aux entrailles de l'atoll. En quelques semaines, le personnel plie bagages et la cité minière n'est plus qu'une ville fantôme. Aujourd'hui, une trentaine d'habitants vivent sur l'île et tirent leurs revenus du coprah et de la vente de *kaveu* (crabe de cocotier) à des bonitiers de passage.

La fin de l'activité extractive à Makatea a été occultée par une nouvelle dynamique : trois ans auparavant, le CEP (Centre d'expérimentation du Pacifique) s'était installé à Moruroa et à Fangataufa. La Polynésie venait d'entrer de plain-pied dans l'ère du nucléaire.

Aujourd'hui, Makatea sort quelque peu de son isolement et commence à attirer des visiteurs. Certains prestataires organisent des découvertes de l'île à bord d'un catamaran, au départ de Tahiti, à certaines dates, sur affrètement. Contactez **Herevai Charter** (www.herevaicharter.com), **Poé Charter** (www.poecharter.pf), **Wanderlust Charter** (www.facebook.com/The.Wanderlust.Boat) ou **Volume Océan** (www.volume-ocean.com).

Il est même possible de séjourner dans l'île, qui compte un hébergement, la **Pension Makatea** (☎ 89 74 20 14, 87 74 20 89 ; www.facebook.com/PensionMakatea ; 9 000 CFP/pers en pension complète, activités incluses). La grande aventure !

Rotoava Grill SNACK €

(☎ 87 76 80 76 ; Rotoava ; plats 1 100-1 600 CFP ; ⏰ 11h30-14h mer-sam, 18h-20h30 ven-dim). Ce snack n'affiche aucune prétention, si ce n'est celle de vous rassasier avec quelques plats polynésiens, dont un excellent poisson cru au lait de coco, que l'on savoure sur des tables en plastique devant le lagon. Au village. Paiement en espèces.

Chez Elda SNACK €

(☎ 87 23 66 42 ; PK 4,1 ; plats 1 700-2 100 CFP ; ⏰ 11h-14h tlj, 18h30-20h30 lun-sam). Un *deck* en surplomb du lagon, avec le passage de requins dormeurs pour assurer le spectacle, et de généreux plats de poisson (sashimi, tartare, carpaccio, grillades)... Il n'en faut pas plus pour faire de Chez Elda une halte qui mérite le détour. Les jours et heures d'ouverture sont en principe respectés, "sauf quand c'est fermé", disent les locaux, non sans une pointe d'ironie – appelez au préalable. Service de transfert gratuit au déjeuner. Paiement en espèces.

Snack du Requin Dormeur– Havaiki Fakarava SNACK-RESTAURANT €€

(voir p. 278 ; ☎ 40 93 40 15 ; snack midi 1 800-2 200 CFP, menu soir 4 000 CFP ; ⏰ 11h-14h tlj, soir

19h sur réservation). Au déjeuner, cet établissement vous séduira par son snack en bord de lagon, les pieds dans le sable ou, le *nec plus ultra*, assis les fesses dans l'eau autour d'une table-paillote directement dans le lagon ! À l'ardoise, des poke bowls et quelques plats de poisson et de viande. On déplore que le service soit souvent débordé (venir dès l'ouverture si l'on n'est pas patient). Changement de décor et d'ambiance le soir, au restaurant (ouvert aux clients extérieurs, sur réservation uniquement) : on s'attable dans une grande salle carrelée qui manque un peu de cachet. Pas de carte, mais un menu fixe qui change tous les jours. Carte bancaire acceptée.

♥ Hinariki Lounge — RESTAURANT, BAR €€

(☎40 94 68 56 ; www.facebook.com/TemoanaRangihei ; Rotoava ; plats 1 500-2 700 CFP ; ⏱11h-13h30 et 18h-20h30 jeu-dim, 11h-13h30 lun ; 📶). L'adresse "branchée" qui manquait à Fakarava ! Ce restaurant indépendant, au village, près du quai, est une halte providentielle pour savourer une cuisine qui diffère de celle des habituels snacks ou des pensions. On apprécie le cadre agréable, tropical, ouvert sur l'extérieur, et des plats bien présentés à base de poisson ou de viande. Le bar ouvre à partir de 17h30 et ferme à 21h ; on peut commander des tapas (à partir de 500 CFP) et d'excellents cocktails (1 500 CFP). Réservation recommandée le soir. Carte bancaire acceptée à partir de 5 000 CFP.

♥ Snack Hirifa — SNACK €

(☎87 79 87 56 ; Hirifa ; menu 2 500 CFP ⏱mars-sept, midi et soir sur réservation). Sur la plage de Hirifa, dans l'un des secteurs les plus paradisiaques de l'atoll, ce snack du bout du monde propose aux chanceux qui se trouvent dans le secteur - essentiellement les plaisanciers, qui connaissent l'adresse et mouillent devant le snack - des spécialités polynésiennes dans un cadre de rêve. Le menu comprend une entrée, un plat et un dessert. Lorsqu'il y a suffisamment de monde, un buffet tahitien ou un cochon à la broche est proposé. Si vous logez à la pension Raimiti, vous pourrez rejoindre le site en kayak en 45 minutes environ.

Achats

Trésor Kaina — ARTISANAT

(☎87 32 56 78 ; PK 1, Rotoava ; ⏱8h-13h lun-sam, 8h-12h dim). Petite boutique dans laquelle on peut trouver quelques trésors, dont des textiles faits main à Fakarava (robes, sacs, trousses, chapeaux) et d'autres petits objets déco dans un esprit upcycling. En face du centre de plongée Topdive.

Art Nature — ARTISANAT

(☎87 31 98 22 ; PK 2, Rotoava ; ⏱tlj du lever au coucher du soleil). Dans sa boutique de style polynésien installée au bord du lagon, près de l'hôtel Havaiki, Cécile propose des pièces uniques en bois flotté, sculptées, avec des motifs d'inspiration locale. Également bijoux fantaisie avec des keshi. Possibilité d'expédition en métropole.

Hinano Pearls — PERLES

(☎87 71 68 41 ; PK 10, Rotoava ; ⏱9h-15h lun-sam). Vente de perles nues et de bijoux montés, à environ 9 km au sud de Rotoava.

Heipoe — PERLES

(☎40 98 42 15 ; Rotoava ; ⏱8h30-13h30 lun-ven). Vente de perles nues et de bijoux montés. Au village.

Poeata Créations — BIJOUX

(☎89 74 63 40 ; www.facebook.com/Aitamai.Rewel ; PK 2,5, Fakarava Nord ; ⏱8h-17h tlj). Commercialise des créations de bijoux avec des perles et de la nacre. À quelques kilomètres au sud de Rotoava. Service de transfert gratuit sur appel téléphonique.

Havaiki Fakarava — PERLES

(☎40 93 40 15 ; www.havaiki.com ; PK 2). Boutique de perles à l'intérieur de l'établissement, et démonstration du travail perlier, avec possibilité de loterie (3 500 CFP) pour gagner une perle !

Renseignements

ACCÈS INTERNET

Au village, zone Wi-Fi Vinispot autour de l'**OPT** (⏱7h-11h30 et 13h-14h30 lun, jeu et ven, 7h-11h30 mar, 7h30-11h30 et 13h-14h mer).

Fakarava Yacht Services (☎87 75 34 84, VHF 77 ; www.fakayachtservices.com ; ⏱8h-17h tlj) propose également un accès Wi-Fi moyennant la consommation d'une boisson.

Le Wi-Fi est disponible à la passe Sud, mais la connexion est lente.

ARGENT

Il n'y a qu'un seul distributeur de billets à Fakarava, à l'**OPT** (bureau de poste ; accessible 24h/24). Prévoyez tout de même suffisamment d'espèces pour ne pas être pris au dépourvu. Plusieurs pensions acceptent la carte de crédit.

Depuis/vers Fakarava

Fakarava est au sud-est de Rangiroa et à 488 km au nord-est de Tahiti.

AVION

Air Tahiti (☎ 40 93 40 25, réservation centrale 40 86 42 42 ; www.airtahiti.pf) assure la liaison Papeete-Fakarava au moins quatre jours par semaine (aller simple 27 000 CFP), Rangiroa-Fakarava trois à quatre fois par semaine (aller simple 9 900 CFP), Fakarava-Rangiroa une à deux fois par semaine seulement. Pour bénéficier de tarifs plus avantageux, achetez une carte de réduction ou un pass inter-îles (voir le chapitre *Transports* p. 446 pour les détails).

BATEAUX INTER-ÎLES

Le **Saint Xavier Maris Stella**, le **Cobia** et le **Mareva Nui** desservent Fakarava (voir p. 453 pour plus de détails).

Comment circuler

L'aérodrome se situe à 4 km environ du village, à l'ouest en direction de la passe. Depuis l'aérodrome, une route goudronnée en excellent état descend vers le sud-est de l'atoll sur environ 15 km, puis se transforme en piste, sur 25 km supplémentaires. Vers l'ouest, la route se prolonge par une piste sur environ 5,5 km jusqu'au PK 10,5, à hauteur de la passe de Garuae. Attention, Tetamanu et Fakarava Sud ne sont accessibles qu'en bateau (environ 1 heure 30 de trajet depuis Rotoava).

Pour louer un vélo (1 500 CFP/jour) ou un vélo à assistance électrique (3 000/5 000 CFP la demi-journée/journée), contactez **Fakarava Yacht Services** (☎ 87 75 34 84, VHF 77 ; www.fakayachtservices.com). Livraison de cycles dans les pensions.

AHE

552 HABITANTS

Jusqu'à récemment, l'atoll de Ahe, à 15 km à l'ouest de Manihi, n'était connu que des perliculteurs, dont il a assuré la fortune, et des plaisanciers qui avaient coutume d'y faire relâche de mai à août. Il tente depuis peu d'attirer des touristes en quête d'authenticité et désireux de s'écarter des sentiers balisés. On ne peut qu'apprécier la quiétude, les paysages idylliques et la douceur de vivre de cet atoll, ainsi que la qualité des deux pensions, qui comptent parmi les plus fiables de l'archipel.

Mesurant près de 20 km de longueur sur 10 de largeur, l'atoll dispose d'une seule passe, à l'ouest. Tenukupara, le village, se trouve au sud-ouest. Une quinzaine de fermes perlières sont disséminées sur le pourtour du lagon et assurent la prospérité de l'atoll.

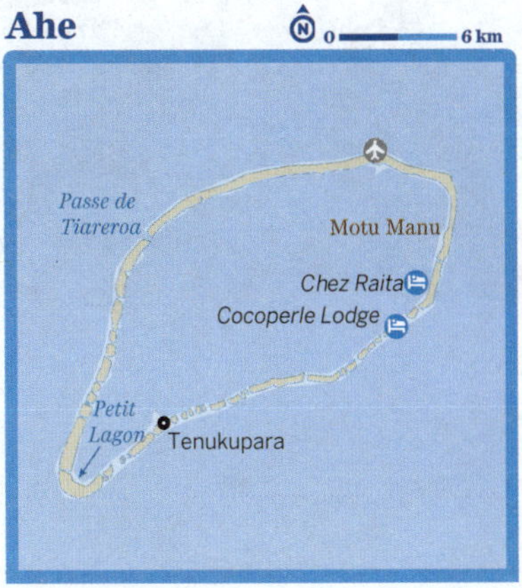

À voir et à faire

Les deux pensions se chargent d'organiser les activités. Au programme : excursions sur le lagon, notamment vers un site appelé le **"petit lagon"** (il s'agit d'un lagon dans le lagon, aux eaux couleur émeraude, à l'extrémité sud de l'atoll), pique-nique sur des motu déserts, **snorkeling** à la passe ou autour de magnifiques jardins de corail dans le lagon, pêche... Vous irez également sur le **motu Manu** (île aux Oiseaux), où se trouve la seule forêt primaire restante des Tuamotu, composée de *Pisonia grandis*, qui abrite une colonie de fous à pieds rouges.

Où se loger et se restaurer

Cocoperle Lodge BUNGALOWS €€
(☎ 40 96 44 08, 87 73 15 67 ; www.cocoperle-lodge.com ; bungalows 14 100-16 500 CFP/pers en demi-pension ; wifi). Un motu isolé, un lagon émeraude, une petite plage donnant sur un *hoa* (chenal), des cocotiers... Cette agréable pension est idéale pour décompresser. Les 6 bungalows en bois sont coquets mais n'ont rien de luxueux et sont situés face au lagon, de part et d'autre du restaurant. Quatre d'entre eux sont assez près les uns des autres ; pour plus d'intimité, préférez les 2 unités qui sont à gauche du restaurant. Côté confort, les plus chers sont équipés de belles sdb ; les deux autres possèdent également une sdb

JEAN-BERNARD CARILLET ©

HORS DES SENTIERS BATTUS
ESCAPADE À MANIHI

Et si c'était la plus belle surprise des Tuamotu ? L'atoll de Manihi, tout près d'Ahe (avec lequel il se combine très bien, notamment dans le cadre du pass Corail d'Air Tahiti), mérite le détour si l'on aime la plongée encore confidentielle et personnalisée.

À SAVOIR

➜ L'île compte un seul centre de plongée, le **Manihi Blue Way** (☎40 96 41 89, 87 24 98 68 ; www.blueway-manihi.com ; baptême 7 500-8 000 CFP, plongée explo 7 500-8 000 CFP).

Des conditions de plongée en or

Les plongées se déroulent dans la passe et à l'extérieur ; les sites (voir p. 50 pour les détails), totalement préservés car protégés par une interdiction de pêche dans le secteur de la passe, offrent la garantie d'être particulièrement poissonneux, avec, en prime, des coraux en excellent état. À la notable différence des autres atolls des Tuamotu, il n'y a sur les sites qu'un seul bateau de plongée – le vôtre – avec jamais plus de 4 personnes à bord ! Les poissons, peu farouches, se laissent facilement approcher. La reproduction des loches marbrées dans la passe, en juin, est un événement exceptionnel à ne pas manquer.

Si l'activité principale est la plongée (deux plongées successives en matinée), il est aussi possible de réserver une excursion à la découverte des plus beaux spots (forfait 22 000 CFP par bateau), notamment les piscines naturelles couleur émeraude à l'extrémité est du lagon, à 30 minutes de bateau du lodge.

Séjourner à Manihi

Le **Manihi Blue Way** (ch 16 200 CFP/pers en pension complète, bungalow 18 600 CFP/pers en pension complète ; wifi) propose également une formule d'hébergement dans l'esprit "dive lodge", pour 4 personnes maximum. Situé sur un joli motu privé et isolé, à 30 minutes de bateau de la passe et de l'aérodrome, il comprend un bungalow très coquet, avec sdb (eau chaude) et ventilateur, et une confortable chambre attenante à la maison des propriétaires (un couple de Français). La cuisine (menu 3 plats, à l'assiette) est délicieuse.

les détails). Attention, Ahe n'est pas reliée aux autres atolls touristiques de l'archipel, notamment Fakarava, Rangiroa et Tikehau.

BATEAUX INTER-ÎLES

Le **Saint Xavier Maris Stella** et le **Mareva Nui** desservent Ahe (voir p. 453 pour plus de détails).

TUAMOTU SUD ET EST

Le bout du monde, vous y voilà ! Les Tuamotu sud et est, *terra incognita* du tourisme, n'ont rien de vraiment attirant, à moins d'avoir un goût prononcé pour la solitude et les espaces confinés. Ce n'est plus un voyage, mais une expérience, à mille lieues des paysages de carte postale et des brochures sur papier glacé.

La pêche et la coprahculture sont le dénominateur commun des îles de ce groupe, totalement à l'écart des sentiers battus, où les structures d'accueil sont quasi inexistantes, tout comme les visiteurs. Notez cependant que la présence du Centre d'expérimentation du Pacifique (CEP) a rendu certains atolls tristement célèbres, notamment **Moruroa**, à 1 250 km au sud-est de Tahiti (voir l'encadré p. 371), et **Fangataufa**. Ces atolls furent retenus pour leur éloignement de toute zone habitée. Ils ont été cédés gracieusement à l'État français en 1964. Suite à l'arrêt définitif des essais en 1996, ils ont été rétrocédés au Territoire, et toutes les installations ont été démontées, mais ils restent encore sous surveillance militaire.

Hao (1 130 habitants) fait figure de centre régional. Découvert par l'explorateur portugais Pedro Fernandes de Queirós en 1606, cet atoll situé au centre des Tuamotu, ouvert par une seule passe et mesurant près de 60 km de longueur, a connu une forte croissance démographique depuis les années 1960, dans le cadre du CEP. Des infrastructures de premier plan ont été mises en place, notamment une piste d'aviation de 3 300 m permettant l'atterrissage de gros porteurs militaires qui transportaient du matériel sensible destiné à Moruroa, à 500 km au sud-est. Plaque tournante pour les avions à destination des Tuamotu sud et des Gambier, Hao abrite également un collège et un centre médical.

Il n'existe pas d'établissement répondant spécifiquement aux besoins d'éventuels touristes de passage. Le plus simple est de s'adresser directement aux habitants, et de négocier une chambre, ou de contacter les mairies à l'avance.

Certains atolls sont desservis par **Air Tahiti** (www.airtahiti.pf). Les bateaux inter-îles *Mareva Nui* et *Nuku Hau* desservent en partie les Tuamotu sud et est.

EN BREF

POPULATION
9 260 habitants

SIGNE DISTINCTIF
Des îles volcaniques jeunes, dépourvues de lagon

LE TIKI LE PLUS ÉNIGMATIQUE
Le tiki souriant, à Hiva Oa (p. 325)

LE PLUS BEAU POINT DE VUE
Le Grand Z, à Nuku Hiva (p. 295)

L'HÉBERGEMENT DE CHARME
Hôtel Hanakéé, à Hiva Oa (p. 324)

COMMENT Y ALLER

Avion Nuku Hiva et Hiva Oa sont desservies par un vol quotidien direct (3 heures 15) depuis Papeete. Pour les autres îles, il faut prendre une navette maritime ou un petit avion.

Bateau En croisière à bord du cargo mixte *Aranui*, au départ de Papeete (environ 19 rotations annuelles)

Baie des Vierges, Fatu Hiva (p. 334)
JEAN-BERNARD CARILLET ©

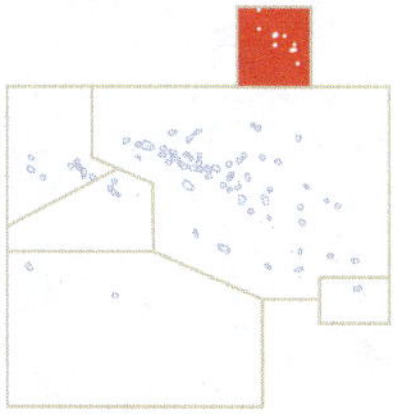

Marquises

M*ave mai* (bienvenue) aux Marquises. Isolé à 1 400 km de Tahiti, cet archipel, géologiquement plus jeune que les autres îles de la Polynésie, présente un paysage radicalement différent. Ici, pas de lagon ; les massifs basaltiques sont directement exposés à la houle océanique. Le relief se compose de pics, de plateaux tantôt arides, tantôt verdoyants, de falaises abruptes, de vallées impénétrables zébrées de cascades et de cratères volcaniques en forme d'amphithéâtre où se nichent les rares localités. De loin, on croirait des châteaux forts posés sur le cobalt du Pacifique.

Les Marquises cultivent leur singularité à travers leurs traditions, leurs danses, leurs légendes et leur langue. Elles possèdent les plus importants vestiges archéologiques de Polynésie. L'artisanat, notamment la sculpture, passe pour l'un des plus aboutis du Pacifique, tout comme le tatouage.

Malgré l'isolement, les Marquises ne sont pas coupées du monde, grâce à une bonne desserte aérienne des deux îles principales. Aux antipodes du tourisme de masse, l'archipel ne compte qu'une poignée de pensions de famille et à peine deux hôtels. La démarche d'inscription de plusieurs sites au patrimoine mondial de l'Unesco devrait contribuer à mieux faire connaître son potentiel extraordinaire.

DANS CE CHAPITRE

À ne pas manquer

1. Remonter la **vallée de Hakaui**, à Nuku Hiva (p. 301)
2. Visiter les plus grands tikis de Polynésie à **Puamau** (p. 327)
3. Plonger sur des sites vierges à **Hiva Oa** (p. 320)
4. S'imprégner de la culture ancestrale marquisienne sur le site archéologique de **Hatiheu** (p. 302)
5. Rejoindre à pied la plage et la **baie de Hanatekuua**, à Hiva Oa (p. 330)
6. Pique-niquer sur une **plage**, à Tahuata (p. 3312)
7. **Randonner** autour du grand cratère à Ua Huka (p. 314)
8. Admirer la **baie des Vierges** au soleil couchant, à Fatu Hiva (p. 334)

Histoire

La période pré-européenne

Les Marquises sont le premier lieu d'installation des Polynésiens lors des grandes migrations océaniques dans le Pacifique Sud. Mélanésie, Tonga, Samoa, puis Marquises, ce scénario de peuplement fait désormais l'unanimité. Les Marquises auraient ensuite servi de centre de dispersion vers l'ensemble du triangle polynésien, de Hawaii à l'île de Pâques et à la Nouvelle-Zélande.

Les spécialistes pensent que la phase de colonisation initiale aurait eu lieu entre 900 et 1 100.

Cette période se caractérise par l'affirmation d'une identité originale. En témoignent les multiples vestiges archéologiques (maisons en pierre, plates-formes cérémonielles, tikis, sculptures sur bois, sur pierre et sur os) qui ont subsisté jusqu'à nos jours.

La découverte par les Espagnols

L'isolement des Marquises s'est terminé en juillet 1595. Le navigateur espagnol Álvaro de Mendaña de Neira arrive en vue de Fatu Hiva par le plus pur hasard. L'expédition avait quitté le Pérou un mois plus tôt dans le but de découvrir l'hypothétique Terra Australis Incognita qui regorgeait, croyait-on à l'époque, d'or et d'épices.

Ce premier contact inopiné se solda par la mort de plusieurs insulaires. La flotte de Mendaña longea ensuite Motane et Hiva Oa, puis jeta l'ancre une dizaine de jours dans la baie de Vaitahu à Tahuata.

Mendaña baptisa ces quatre îles Las Marquesas de Mendoza, en l'honneur du vice-roi du Pérou, Garcia Hurtado de Mendoza, marquis de Cañete, qui l'avait soutenu dans son entreprise. Ne trouvant ni or ni épices, les navires reprirent la mer et les Marquises tombèrent dans l'oubli.

Les expéditions scientifiques

En avril 1774, le capitaine Cook, au cours de son deuxième grand voyage, fit une escale de 4 jours à Tahuata. Il réussit à nouer un contact plus amical avec la population que ses prédécesseurs européens.

C'est à l'Américain Ingraham que revint la primeur de la découverte en avril 1791 du groupe nord des Marquises. Il devança de peu le Français Étienne Marchand, qui se ravitailla à Tahuata, puis débarqua à Ua Pou en juin 1791.

En 1797, un jeune pasteur protestant de la London Missionary Society, William Crook, arriva à Tahuata. Ses tentatives d'évangélisation restèrent infructueuses. Il laissa malgré tout d'irremplaçables témoignages sur la société marquisienne.

Une mission géographique et commerciale russe amena l'amiral Krusenstern à Nuku Hiva en 1804. À bord du navire se trouvaient des hommes de science et des artistes.

L'ère des aventuriers

À partir du début du XIXe siècle, le trafic maritime s'intensifia dans cette zone du Pacifique. Un circuit commercial triangulaire s'instaura entre les Marquises, la Chine et l'Australie. C'était le temps des santaliers, qui pillèrent les ressources de ce précieux bois en quelques décennies.

Vint ensuite l'époque des baleiniers pour qui les Marquises constituaient une base de ravitaillement. À bord de l'un d'eux voyageait le futur écrivain Herman Melville.

Dans le contexte du conflit opposant la jeune république américaine à l'Angleterre, le capitaine américain Porter fit de Nuku Hiva une base navale en 1813. La présence américaine fut toutefois brève, car les visées territoriales de Porter ne furent pas soutenues par son gouvernement.

L'annexion par la France

Du côté français, il s'agissait de contrer l'expansion anglaise dans le Pacifique. Après un premier voyage de reconnaissance en 1838, le contre-amiral Abel Dupetit-Thouars prit possession de Tahuata le 1er mai 1842, puis des autres îles de l'archipel au nom du roi Louis-Philippe.

Les chefs marquisiens, peu conscients de la portée de l'événement, ne s'opposèrent pas à ce transfert de souveraineté. Seul Iotete, un chef de Tahuata, se rebiffa quelques mois plus tard, mais en vain.

Paradoxalement, la colonisation resta embryonnaire. Les Marquises furent marginalisées au profit de Papeete. Seuls les missionnaires catholiques, actifs depuis leur arrivée à Tahuata en 1838, s'accrochèrent à ces arpents de terre. Leurs entreprises d'évangélisation furent plus fructueuses que celles de leurs rivaux protestants de la LMS (London Missionary Society) ou de la Hawaiian Missionary Society, arrivés dès 1825 et 1831. Le catholicisme s'enracina durablement aux Marquises.

Une colonie qui s'éteint

Au contact de la "civilisation" occidentale, les fondements de la société marquisienne volèrent en éclats. Les équipages des baleiniers, en majorité des desperados et des aventuriers de tous poils, apportèrent dans leurs bagages alcool, armes à feu, syphilis et autres maladies. L'administration coloniale et les missionnaires firent peu de cas des valeurs ancestrales du peuple marquisien. Le déclin démographique foudroyant reflète

COMBIEN DE JOURS AUX ÎLES MARQUISES ?

Voici une durée (indicative) pour découvrir l'essentiel de chaque île. Les jours de vol (arrivée et départ) ne sont pas comptés :

- **Nuku Hiva :** 4 jours (non-marcheurs), 5 jours (marcheurs)
- **Hiva Oa et Tahuata :** 4 jours
- **Ua Pou :** 3 jours
- **Ua Huka :** 3 jours
- **Fatu Hiva :** 2-3 jours

FUSEAU HORAIRE

Les Marquises, situées au nord-est par rapport aux îles de la Société, sont en avance d'une demi-heure par rapport à Papeete. Quand il est 12h à Papeete, il est 12h30 aux Marquises.

LES MARQUISES À BORD DE L'ARANUI

JEAN-BERNARD CARILLET ©

Cordon ombilical depuis plus de 30 ans entre Tahiti et les Marquises, l'Aranui ("grand chemin") fait partie intégrante de la vie de l'archipel. Long de 26 m, ce cargo effectue 19 à 20 traversées annuelles au départ de Papeete. Il touche successivement un atoll dans les Tuamotu (Fakarava ou Kauehi, selon les périodes), les six îles habitées des Marquises, et, sur le chemin du retour, Rangiroa ou Makatea, en 12 jours/11 nuits (dont 8 aux Marquises). À noter : depuis 2019, des croisières aux Australes, aux Gambier et à Pitcairn ainsi qu'aux îles Cook sont également proposées plusieurs fois dans l'année.

UNE FORMULE INÉDITE

Il ne s'agit pas d'une croisière classique. L'*Aranui* a gardé sa vocation initiale, à savoir le ravitaillement régulier de l'archipel, mission dont il s'acquitte depuis 1984. Afin d'augmenter la rentabilité de la tournée, les armateurs ont décidé, en 1990, d'aménager des cabines à l'usage d'une clientèle touristique et de prévoir des excursions à terre pendant que les matelots effectuent l'embarquement et le débarquement du fret. Plusieurs navires *Aranui* se sont succédé. Le plus récent, l'*Aranui 5*, a été mis en service en 2015.

Plus prosaïquement, l'*Aranui* représente l'une des rares possibilités réalistes de visiter l'ensemble de l'archipel ainsi que deux atolls des Tuamotu en un laps de temps assez court, à un tarif somme toute intéressant en rapport à ce que coûterait l'organisation d'un tel voyage par ses propres moyens.

ORGANISATION ET SERVICES À BORD

L'*Aranui* est un cargo mixte, à tous points de vue. L'avant du navire ressemble à n'importe quel cargo, avec des grues à tourelles et des cales remplies de marchandises. L'arrière évoque en revanche celui d'un paquebot, avec des cabines, plusieurs ponts, une piscine, une salle de gym, un sun-deck, une salle de restaurant, un bar servant de l'alcool, un petit salon-bibliothèque et une salle vidéo. Le change des devises est possible, ainsi que les règlements par carte

La découverte des Marquises à bord de l'Aranui, cargo mixte transportant à la fois des marchandises et des passagers, constitue sans doute l'une des prestations les plus originales de Polynésie.

bancaire (avec prélèvement d'une commission). Le Wi-Fi (payant) est disponible.

Un médecin est présent en permanence et dispose d'une infirmerie.

HÉBERGEMENT

On distingue plusieurs catégories d'hébergement : 3 types de suites (Royale, Premium, Junior sans balcon, d'une superficie de 15 m^2 à 22 m^2, selon la gamme), 4 types de cabines (Deluxe avec balcon, Standard, Standard avec vue obstruée et Standard Single, d'une superficie de 9 m^2 à 15 m^2) et la "classe C", un confortable dortoir avec hublots de 24 places répartis dans 4 unités (13 m2) de 4 lits et une unité de 8 lits, chacune avec sdb. Tout est climatisé. Quelle que soit la catégorie d'hébergement, les serviettes sont fournies, la literie est changée et un service de laverie (lavage/séchage) est assuré deux fois par semaine. Le restaurant sert de copieuses spécialités françaises et polynésiennes.

VISITES À TERRE

Les visites à terre se déroulent pendant que les matelots transbordent le fret. Pratiquement tous les villages des Marquises sont desservis, ainsi que deux atolls des Tuamotu (Fakarava, Kauehi, Rangiroa ou Makatea). Lorsqu'il n'y a pas de quai, les débarquements des passagers se font comme le fret : par baleinière, autrement dit sur de grosses chaloupes pouvant contenir une trentaine de personnes.

Des conférenciers européens ou nord-américains sont invités à bord de la croisière et apportent des éclairages culturels.

Aucune nuit n'est passée à terre. Les excursions durent une demi-journée ou une journée. Toutes les visites sont guidées et commentées par des guides qui connaissent bien l'archipel.

À noter : les passagers font une halte culinaire dans plusieurs adresses spécialisées en cuisine marquisienne : Tata Rosalie à Ua Pou, Chez Yvonne et Chez Simon à Nuku Hiva et Chez Céline à Ua Huka.

QUEL PUBLIC ?

La clientèle de l'*Aranui* vient d'horizons très différents, ce qui contribue également à l'originalité de la croisière. Les nationalités française et américaine sont les plus représentées.

La croisière convient à tout type de public, mais, compte tenu des débarquements parfois acrobatiques en baleinière (il n'y a que trois mises à quai), elle peut ne pas convenir aux personnes handicapées (même si le navire possède trois cabines pour personnes à mobilité réduite) ou aux personnes âgées ou fragiles. L'aménagement des cabines et le programme d'excursions sont par ailleurs assez peu adaptés aux enfants en bas âge.

Les clients déçus sont ceux qui, mal informés, s'attendent aux prestations prestigieuses qu'offrirait un véritable navire de croisière, avec soirées de gala, salle de bal, atmosphère feutrée, etc.

TARIFS ET RÉSERVATIONS

Les prix mentionnés s'entendent par adulte en pension complète, excursions guidées prévues au programme incluses, pour une durée de 12 jours, hors prestations facultatives. Il vous en coûtera 3 146 € en classe C-dortoir, à partir de 4 748 € en cabine (sur la base de 2 personnes, sinon le tarif en simple est de 6 834 €), et à partir de 6 468 € en suite (sur la base de 2 personnes). Les enfants bénéficient d'un tarif réduit.

Pour réserver, contactez un agent de voyages spécialiste de la Polynésie ou directement l'armateur, la **Compagnie polynésienne de transport maritime** (CPTM ; ☎ 40 42 62 42 ; www.aranui.com).

GARE AUX NONOS !

Aux Marquises, préparez-vous à affronter un ennemi (presque) invisible et redoutable : le nono. Il s'agit d'une minuscule mouche des sables, endémique, qui mord la peau de l'infortuné touriste. Le nono blanc (*Leptoconops albiventris* ou nono blanc des plages) vit sur les plages, le nono noir (*Simulium buissoni* ou nono noir des rivières) dans les vallées. La piqûre, indolore à l'origine, provoque des démangeaisons insupportables qui peuvent s'infecter. Les démangeaisons ne sont pas immédiates ; elles se déclenchent parfois deux jours plus tard. Tous les endroits ne sont cependant pas infestés en permanence. Sachez que le nono, comme le moustique, n'aime pas les endroits exposés aux vents.

Seule prévention : s'enduire de monoï ou d'huile de *tamanu* (le nono s'y englue) ou de produit répulsif, et bien se couvrir.

la désagrégation de la société insulaire : de 18 000 (estimés) en 1842, la population chuta à 5 264 en 1887 et à 2 096 en 1926.

De nouvelles perspectives

Grâce à Louis Rollin, médecin en poste aux Marquises de 1923 à 1930, l'hémorragie démographique put être endiguée. Vaccinations, mesures sanitaires et accueil de nouvelles populations contribuèrent à la reprise. L'installation du peintre impressionniste Paul Gauguin à Hiva Oa, en 1901, puis celle, plus tardive, du chanteur Jacques Brel attirèrent l'attention sur les Marquises.

Notoirement sous-équipées jusqu'au début des années 1980, les Marquises ont comblé leur retard dans les domaines de l'électricité, des télécommunications (dont Internet) et des biens d'équipement. Par ailleurs, la construction d'infrastructures et une amélioration de la desserte aérienne ont contribué au désenclavement de l'archipel. L'essentiel des ressources provient du secteur agricole, notamment de l'exploitation du coprah. La fonction publique est également dispensatrice d'emplois, et le tourisme et l'artisanat apportent un complément.

Les découvertes des archéologues redonnent ses lettres de noblesse à cette civilisation. Les Marquisiens accomplissent désormais une renaissance culturelle, qu'il reste à mieux faire connaître au monde extérieur. Cette reconnaissance pourrait prendre la forme d'un classement d'une partie de l'archipel au patrimoine mondial de l'Unesco – la demande, déposée par la France en 2018, pourrait être validée en 2024.

Depuis/vers les Marquises

AVION

Les îles de Hiva Oa et de Nuku Hiva sont reliées à Papeete par vol direct. Au départ des îles Sous-le-Vent ou des Tuamotu, on ne peut rallier directement les Marquises ; il faut obligatoirement transiter par Papeete.

Seules les îles de Nuku Hiva, Hiva Oa, Ua Huka et Ua Pou sont équipées d'un aérodrome. Ua Pou et Ua Huka possèdent chacune un aérodrome secondaire permettant d'accueillir des avions plus petits depuis Nuku Hiva ou Hiva Oa.

Faute de concurrence, soyez sans illusion sur les tarifs pratiqués entre Papeete et les Marquises : ils sont exorbitants par rapport à la distance parcourue (environ 800 € l'aller-retour depuis Papeete). La solution la plus économique consiste à prendre un Pass Air Tahiti avec l'extension Marquises (voir p. 450).

La durée d'un vol direct au départ de Tahiti est en moyenne de 3 heures.

BATEAUX INTER-ÎLES

Le cargo mixte **Aranui** (www.aranui.com) dessert l'archipel, au départ de Papeete, via les Tuamotu (Rangiroa), à raison d'une vingtaine de rotations annuelles (voir l'encadré p. 290).

Le *Taporo IX* dessert également les Marquises mais ne prend pas de passagers.

Seuls Taiohae (Nuku Hiva), Hakahau (Ua Pou) et Atuona (Hiva Oa) sont équipés de quais permettant l'accostage. Dans les autres baies, les transbordements s'effectuent par baleinières.

Comment circuler

DESSERTE DES AÉRODROMES

Si vous avez réservé votre hébergement, vos hôtes viendront vous chercher ou dépêcheront un taxi 4x4 à l'aérodrome. Les transferts sont généralement payants et ne sont pas compris dans le tarif de l'hébergement.

LIAISONS INTER-MARQUISES

La circulation inter-îles aux Marquises est plus problématique que dans les autres archipels. Le voyageur devra accepter une certaine part d'aléatoire s'il compte combiner plusieurs îles de l'archipel dans un laps de temps restreint.

Plusieurs modes de transport sont utilisés : l'avion (un petit Twin Otter), les bonitiers (bateaux équipés pour la pêche mais servant également au transport de passagers) et le cargo mixte

Aranui (voir l'encadré p. 290). Il existe également une navette maritime entre Hiva Oa, Tahuata et Fatu Hiva, ainsi qu'une navette maritime entre Nuku Hiva, Ua Pou et Ua Huka.

Les liaisons inter-îles sont très variables selon les îles. Nuku Hiva, l'île la mieux équipée en matière d'infrastructures de transports, fait office de plaque tournante. Elle est reliée à Hiva Oa, à Ua Pou et à Ua Huka et son aérodrome peut accueillir les ATR 72. En revanche, Fatu Hiva, dans le groupe sud, dépourvue d'aérodrome, est la plus isolée et la plus mal desservie.

À L'INTÉRIEUR DES ÎLES

Compte tenu du relief et du cloisonnement des vallées marquisiennes, les déplacements à l'intérieur d'une même île sont plus difficiles que dans les autres archipels, mais le réseau routier s'est nettement amélioré au cours de la dernière décennie. La majorité des routes desservant les principales vallées sont désormais cimentées. Les déplacements se font en 4x4, sur des routes et des pistes qui forment d'interminables lacets, car il n'y a ni pont ni tunnel. Il est quasi impossible de faire un "tour de l'île" par la route. Quant aux transports en commun, ils sont inexistants.

Par voie maritime, les speed-boats sont parfois utilisés pour relier certaines vallées entre elles. Il n'y a pas de navettes régulières ; tout fonctionne par affrètement.

Bien que peu pratiqué en raison de la très faible circulation, le stop est possible. Postez-vous sur le bord de la piste ou adressez-vous directement aux propriétaires des 4x4 ou d'utilitaires devant les magasins, la poste, le centre médical ou la mairie. En effet, les habitants des vallées viennent régulièrement dans la ville principale de l'île.

SCANNEZ POUR VOIR LA VIDÉO

NUKU HIVA

2 966 HABITANTS

Facilement accessible depuis Papeete grâce à une bonne desserte aérienne, Nuku Hiva, la plus visitée et la plus étendue des îles Marquises, est aussi l'une des plus envoûtantes, avec des paysages exceptionnels très contrastés : falaises, plateaux, canyons, crêtes acérées, forêts luxuriantes, étendues arides, vallées mystérieuses, cascades, baies isolées et pics volcaniques déchirant l'azur. De grands noms de la littérature, dont Herman Melville et Robert Louis Stevenson, ont succombé à cette nature souveraine. Pour s'imprégner de ces paysages et de ces ambiances, on peut choisir entre de superbes balades pédestres ou équestres et des excursions en 4x4. Nuku Hiva est également réputée pour son artisanat et ses vestiges archéologiques, plutôt bien mis en valeur.

La majeure partie des habitants vit à Taiohae, le chef-lieu administratif de l'archipel, sur la côte sud. Les autres se répartissent entre Hatiheu sur la côte nord, Taipivai sur la côte ouest, et quelques autres hameaux.

Histoire

Découverte en 1791 par l'Américain Ingraham, Nuku Hiva a connu une histoire mouvementée. Dans la première moitié du XIXe siècle, santaliers et baleiniers faisaient relâche dans la baie de Taiohae. Parmi ceux-ci, Herman Melville, le futur auteur de *Moby Dick*, qui déserta et passa trois semaines à Taipivai. En 1813, le capitaine américain Porter fit construire une place forte à Nuku Hiva. Sa tentative d'annexion fut toutefois éphémère. L'évangélisation catholique débuta en 1839, confortée par la prise de possession de l'archipel par les Français en 1842. À la fin du XIXe siècle, Nuku Hiva, ravagée par les maladies, était exsangue.

Taiohae

La "capitale" de l'archipel (1 700 habitants) s'enroule autour d'une immense rade en demi-cercle de près de 3,5 km (l'ancienne caldeira effondrée), avec, en arrière-plan, la masse grise du mont Muake (864 m), taillé en lame de couteau. En flânant sur le front de mer, on ne se lasse pas du spectacle de cette baie, dans laquelle les voiliers parcourant le monde ont coutume de faire relâche. L'entrée de la baie, ouverte vers le sud, est flanquée de deux îlots, la Sentinelle de l'Est et la Sentinelle de l'Ouest.

Dans cette bourgade de bout du monde, on trouve les principaux services utiles aux visiteurs (y compris les seules possibilités d'hébergement de l'île) mais pas d'animation. La vie est très paisible, sauf le samedi matin, sur le petit quai, lorsque les pêcheurs débarquent leurs prises – une tranche de vie à ne pas manquer.

À voir

Notre-Dame-des-Îles-Marquises CATHÉDRALE

Le monument le plus remarquable de Taiohae, beau mélange de pierre et de bois, se dresse sur le Tohua Mauia, lieu sacré et vénéré des anciens Marquisiens. On aperçoit, sculptée dans un arbre, la statue

Nuku Hiva

0
5 km
Baie de Hakaehu
Pua
Pointe Hinahaapapa
Aéroport de Nuku Ataha (Terre Déserte)
Baie de Hakaea
Pointe Vaetea
Pointe Temoe
Baie de Hatiheu
Baie d'Anaho
Cap Maatautoa
Baie de Haaopu
Aakapa
Hatiheu
Anaho
(218 m)
Col Teavaimaoaoa
Haatuatua
Baie de Haatuatua
Randonnée du plateau de Toovii
Hikokua et Kamuihei
Mont Anaotako (789 m)
Col Teavaitapuhiva (443 m)
Mont Tekao (1 224 m)
Terre Déserte
Paeke
Plateau de Toovii
Taipivai
Pointe Topatuoho
Mont Muake (864 m)
Hooumi
Le Grand Z
Cascade de Vaipo
Mont Moukaopaoho (527 m)
Taiohae
Baie Marquisienne
Vallée de Hakaui
Baie du Contrôleur
Baie de Taiohae
La Sentinelle
Pointe Matateteiko
Baie Colette
Grotte Ekamako
Cap Tikapo (cap Martin)
Hakaui
Plage de Hakatea
Sentinelle de l'Ouest
Sentinelle de l'Est
Baie de Hakatea
Pointe Motumano

de Mgr Dordillon, évêque des Marquises de 1848 à 1888. Il reçut le terrain du chef traditionnel Moana afin d'y bâtir une école. La cathédrale a été érigée à côté en 1977. Les pierres ayant servi à la construction proviennent des six îles habitées : sur la façade est, le *keetu* (tuf volcanique) rouge de Hiva Oa et le grès blanc de Nuku Hiva, au nord, des pierres de Ua Pou, à l'ouest, des pierres de Ua Huka et Fatu Hiva et au sud, une pierre ponce de Tahuata. Le parvis est constitué de plaques de phonolithe de Ua Pou. Ne manquez pas d'assister à la messe dominicale, pleine de ferveur, à 8h.

Piki Vehine (Temehea) SITE ARCHÉOLOGIQUE
(accès libre). Sur le front de mer, le site de Piki Vehine, également appelé Temehea, belle esplanade aménagée en musée de la sculpture moderne en plein air, sera certainement votre premier contact avec la culture marquisienne pré-européenne. Il se compose de la reconstitution d'un *hae* (maison traditionnelle) grandeur nature et d'une dizaine de magnifiques tikis et autres sculptures imposantes, réalisés par les sculpteurs de l'île et par des artisans de l'île de Pâques. Devant le *hae*, une sculpture représente une maison traditionnelle marquisienne. Sur les flancs, on distingue un personnage en train de préparer un repas, assisté d'un autre personnage tenant un pilon. Sur l'autre flanc, une personne de haut rang, probablement la reine Vaekehu, est figurée avec deux de ses sujets. Sur la face avant, on retrouve une scène de repas, avec cinq personnages mangeant dans un même *umete*, symbole d'unité. On retrouve cette même thématique dans une sculpture située plus à l'est, représentant une assemblée de Marquisiens autour d'un grand bol. D'autres statues attireront votre attention : une pirogue de guerre double coque avec, au milieu, une anguille, animal légendaire, un homme-oiseau, un œuf avec une tête de tiki et une tête de moai.

Monument aux morts OBÉLISQUE
Sur le front de mer, à hauteur du magasin Kamake, s'élève un monument aux morts, sorte d'obélisque sur lequel est apposée une plaque commémorative en l'honneur du capitaine Étienne Marchand qui aborda en 1791 le groupe nord des Marquises. À côté, les hommes jouent le dimanche à la pétanque.

Tohua Koueva SITE ARCHÉOLOGIQUE
(accès libre). Cet imposant *tohua*, à 1,5 km en amont du front de mer, se compose d'une esplanade pavée d'environ 90 m de longueur sur 30 m de largeur, ombragée par d'énormes banians. Selon les spécialistes, ce site communautaire, restauré à partir de 1998, appartenait au chef guerrier Pakoko. Lors d'un affrontement avec les Français en 1845, il tua cinq soldats sur ce *tohua* avant d'être arrêté et exécuté. Le site est accessible, en 4x4 ou à pied, par la route de Taipivai (à hauteur du concasseur, traverser le ruisseau et suivre la piste vers l'amont ; à une patte d'oie, prendre à la piste de gauche ; comptez un quart d'heure de marche environ).

Stèle d'Herman Melville MONUMENT
Dans l'ouest de la ville, entre le cimetière et le club nautique, se dresse la stèle de l'écrivain Herman Melville. Cette magistrale sculpture en bois, réalisée par un sculpteur local, a été inaugurée en juillet 1992. Elle mériterait d'être mieux entretenue.

Plages BAIGNADE
Les plages ne sont pas le point fort de Taiohae. Vous devrez vous contenter de la plage située à l'ouest de la localité, près de l'hôtel Hee Tai Inn, pas très attrayante, ou de celle à l'est (en contrebas du centre médical, près des courts de tennis), un peu plus avenante, mais avec des galets.

Activités

Randonnée pédestre

Au départ de Taiohae, il existe quelques belles possibilités de balade, faisables sans guide, notamment la baie Colette et la Sentinelle (voir l'encadré p. 298). Autre option, cette fois au départ de Hatiheu : la baie d'Anaho (voir l'encadré p. 306). L'accès à la cascade de Vaipo (voir p. 301), à l'ouest de l'île, est également une randonnée à ne pas manquer, mais vous devrez passer par l'intermédiaire d'un prestataire.

Dans le secteur du plateau de Toovii, au centre de l'île, deux itinéraires ont été balisés et signalés par des panneaux : la **randonnée du plateau de Toovii**, un superbe parcours de 13 km aller-retour (comptez entre 4 heures 30 et 5 heures 30, avec un dénivelé positif de 650 m), à travers une forêt humide, jusqu'à des points de vue exceptionnels sur les pitons basaltiques d'Aakapa et la côte nord ; et la **randonnée de la crête Teivipakeka (le Grand Z)**, un parcours superbe de 12 km (aller) qui emprunte une piste forestière ombragée par des hauts pins jusqu'à une table d'orientation, d'où l'on savoure un panorama époustouflant sur la partie sud-ouest de l'île, avec la vallée de Hakaui et d'autres vallées secrètes. Pour accéder aux débuts de ces sentiers, il faut louer un véhicule.

Vous pouvez également faire appel à un guide, qui vous fera découvrir des paysages encore plus sauvages et reculés. Contactez **Kimi Rando** (☎87 75 39 69 ; kimi.rando@hotmail.fr ; ⏲sur réservation), qui demande 8 000 CFP par personne, ou **Tamahautini Rando** (☎87 28 61 56 ; tamahautinirando@gmail.com et page Facebook ; ⏲sur réservation), basé à Hooumi, qui propose des randonnées accompagnées dans les parties sud/sud-est de l'île et demande 10 000 CFP par personne (minimum 2 participants).

Promenade équestre

Il n'y a pas de "centre équestre" au sens habituel du terme, mais des prestataires individuels qui peuvent organiser des balades à cheval.

Antoine SORTIE ÉQUESTRE
(☎87 22 75 80 ; 6 000 CFP/pers ; ⏲sur réservation). Balade équestre dans le secteur de Taiohae. Minimum 2 personnes.

Roberto Nui GUIDE ÉQUESTRE
(☎87 25 44 87 ; journée 12 000 CFP/pers ; ⏲sur réservation). Roberto Nui propose une superbe randonnée entre Hatiheu, Anaho et la plage sauvage de Haatuatua, au nord-est de l'île. Minimum 4 personnes. Prévoir le transfert jusqu'à Hatiheu.

Plongée sous-marine

Nuku Hiva a le potentiel d'une grande destination plongée, grâce à de splendides sites le long de la côte sud, mais, en l'absence d'une clientèle de plongeurs suffisamment importante, l'activité reste encore confidentielle.

Les conditions de plongée (notamment la visibilité plus réduite et l'importance de la houle), les paysages sous-marins et la faune sont très différents de ceux des autres archipels. Reportez-vous au chapitre *Plongée* p. 40 pour les détails sur les sites.

Centre Plongée Marquises PLONGÉE
(☎40 92 00 88 ; marquisesdives@mail.pf ; ⏲sur réservation). Le fonctionnement de cette structure diffère des autres centres de plongée en Polynésie. Ici, pas de programme, mais des sorties occasionnelles, sans encadrement, pour plongeurs confirmés et autonomes uniquement, selon la disponibilité du propriétaire, avec un tarif forfaitaire de 15 000 CFP les deux plongées (3 plongeurs minimum), comprenant le matériel (bien vérifier l'état de celui-ci ou, mieux encore, venir avec le sien), la sortie en bateau, 2 plongées successives, et un

Taiohae

brief complet sur les sites. Étant donné que ce sont surtout les résidents locaux qui plongent avec ce centre, vous aurez plus de chance de vous joindre à un groupe les week-ends. Dans tous les cas, contactez le prestataire suffisamment à l'avance.

E-Bike

E-Marquises VAE ET SCOOTERS
(☎87 71 51 99 ; www.facebook.com/emarquises ; VTT 6 000-8 000 CFP/jour, scooter électrique 8 000 CFP ; ⏲8h30-11h30 et 13h-16h lun-ven, 8h30-11h30 sam). Une prestation originale et ludique pour monter au point de vue de Muake, découvrir les vallées de Taipivai, Hooumi (à la demi-journée), le plateau de Toovii (notamment la piste du Grand Z) et de Hatiheu (à la journée) avec un VTT à assistance électrique, en solo ou en compagnie d'un guide (ajoutez 12 500 CFP). Également location de scooters électriques. À 100 m de la banque Socredo.

Excursions en 4x4

À Taiohae, plusieurs prestataires organisent des excursions à bord de confortables 4x4 vers les sites touristiques et villages de l'île.

Maté Excursions EXCURSIONS GUIDÉES
(☎87 24 74 44 ; www.facebook.com/mate.excursions). Visite des trois vallées, 15 000 CFP pour 2 personnes.

Jocelyne Henua Enana Tours EXCURSIONS GUIDÉES
(☎40 92 08 32, 87 74 42 23 ; www.facebook.com/jocelynehenuaenanatours). Assure tout type d'excursions dans l'île, notamment les 3 vallées (Taiohae, Taipivai et Hatiheu) moyennant 17 500 CFP la journée pour 2 personnes (repas en sus).

Taiohae

À voir et à faire

Centre Plongée Marquises ..... (voir 18)
1 Monument aux morts C2
2 Notre-Dame-des-Îles-Marquises B2
3 Piki Vehine B2
4 Stèle d'Herman Melville A3

Où se loger

5 E-Marquises Lodge C2
6 Hee Tai Inn A3
7 Koakoa Lodge A3
8 Koku'u C1
9 Le Nuku Hiva A3
10 Mave Mai D2
11 Moana Nui B2
12 Pension Bellevue – Chez Joss A3

Où se restaurer

13 Boulangerie-snack Joseph B2
Le Nuku Hiva ..... (voir 9)
14 Magasin Kamake C2
15 Magasin Larson C2
16 Marché D2
Moana Nui ..... (voir 11)
17 Snack Au Petit Quai D3
Snack Tematapuaua/ Snack du Marché ..... (voir 16)

Achats

18 Boutique du Centre Plongée Marquises D3
Centre artisanal ..... (voir 16)
19 Patiki Tattoo Shop D2

Renseignements

Office du tourisme ..... (voir 16)
Yacht Services Nuku Hiva ..... (voir 18)

Où se loger

Koakoa Lodge CHAMBRES €
(☎87 20 12 61 ; deboralodge201@gmail.com ; ch d avec sdb commune 6 000 CFP avec petit-déj ; 📶). Dans une grande maison à l'ouest de la baie, voici un point de chute abordable, avec deux chambres à l'étage (dont une familiale, de 3 lits doubles, 2 000 CFP/pers supplémentaire) qui se partagent une sdb au rez-de-chaussée. Ce qui fait le plus de cette adresse, c'est l'accueil de Debora et sa fille Aniata, toutes deux très engagées dans la valorisation de la culture marquisienne. Elles assurent d'ailleurs elles-mêmes les excursions sur les sites archéologiques. Dîner sur demande (2 000 CFP).

E-Marquises Lodge BUNGALOWS €
(☎87 71 51 99 ; emarquisespolynesia@gmail.com ; s/d avec sdb commune 5 000/8 000 CFP ; 📶). Ce "lodge" au-dessus de la boutique E-Marquises (voir ci-contre) se compose en réalité de plusieurs conteneurs habillés et accolés judicieusement réaménagés en 3 (petites) chambres, qui se partagent une cuisine commune, une terrasse et une sdb. C'est simple et fonctionnel. Page Facebook.

Kena Family Room CHAMBRES €
(☎87 31 19 15 ; kenafamilyroom@gmail.com ; s/d avec sdb commune 8 000/16 000 CFP en demi-pension, 2 nuits minimum ; 📶). Immersion familiale garantie chez Priscille et les siens, qui logent leurs hôtes dans leur maison, à l'écart du centre, dans la Vallée française.

VAUT LE DÉTOUR

LA BAIE COLETTE ET LA SENTINELLE (TEHAATIKI)

Envie d'une petite balade facile depuis Taiohae ? Cap sur la **baie Colette**, une petite anse inhabitée, située par-delà le contrefort ouest de la baie de Taiohae, à 3,5 km du centre. Cette baie est ainsi nommée car un bateau français, le *Colette*, fit naufrage à cet endroit et les Français baptisèrent ce lieu ainsi car le terme marquisien, "Haaotupa", leur paraissait trop difficile à prononcer.

À hauteur de l'hôtel Hee Tai Inn, prenez la piste qui monte en direction de l'hôtel Le Nuku Hiva. Au bout d'une centaine de mètres, à une patte d'oie, empruntez le côté droit de la fourche (celle de gauche mène à l'hôtel Le Nuku Hiva), faites 20 m et, au carrefour en T, prenez à droite et restez sur la piste principale, qui décrit un grand S le long du flanc ouest de la colline. Au sommet, sur la gauche (ne pas prendre la piste qui descend tout droit), vous verrez une clôture qui empêche les animaux de s'échapper ; ouvrez-la (sans oublier de la refermer derrière vous) et descendez la piste, sous une agréable frondaison végétale, jusqu'à la baie Colette. Par mer calme, on peut se baigner dans la baie, mais la plage de gros galets noirs est souvent envahie par les nonos, ces moucherons piqueurs quasi invisibles (voir l'encadré p. 292). Comptez 45 minutes environ depuis l'hôtel Hee Tai Inn.

Autre balade assez facile, ne nécessitant pas de guide : la **Sentinelle (Tehaatiki)** à l'extrémité est de la baie. Passez l'hôpital, puis continuez jusqu'au panneau indicateur rouge, qui indique la direction. Comptez 45 minutes aller, sur un sentier bien aménagé, en pente modérée. Un point de vue sur la baie a été aménagé.

Les 2 chambres, convenables, carrelées, avec ventilateur, se partagent une sdb. Miano, le père, peut initier les hôtes à la sculpture. Également deux 4x4 en location (10 000 CFP). Page Facebook.

Pension Chez Mel CHAMBRES €

(☎ 87 20 49 63 ; www.chezmel.net ; s/d avec sdb commune 5 100/7 100 CFP ; ❄ 📶). Une adresse qui peut dépanner. Deux chambres sobres mais convenables se partagent une sdb. Gros avantage, elles sont climatisées. Repas en option (petit déj à partir de 800 CFP, dîner plat-dessert 2 500 CFP).

Koku'u CHAMBRES €€

(☎ 40 92 07 74, 87 24 04 66 ; www.pensionkokuu.marquises.sitew.com ; 8 000 CFP/pers avec petit-déj, 10 000 CFP/pers en demi-pension ; 📶). Cet établissement pas comme les autres s'adresse aux touristes qui souhaitent partager la vie d'une famille marquisienne, en immersion, dans l'esprit "pension de famille". Alvane et Claudine logent leurs hôtes dans 2 chambres avec sdb (avec rideau), ventilateur et clim portative, à l'intérieur de leur maison, à environ 500 m du front de mer (soit environ 15 min à pied). Le confort et l'intimité sont limités mais l'atmosphère et la cuisine familiales plaisent à certains visiteurs – sans parler de la vue depuis la terrasse sur la vallée. Alvane assure lui-même les excursions (7 000 CFP/pers, minimum 2 pers) et vous impressionnera par une démonstration de Haka Pua (danse du cochon) sur un site archéologique. Paiement en espèces.

Moana Nui HÔTEL €€

(☎ 40 92 03 30, 87 78 50 41 ; pensionmoananui@gmail.com ; s/d avec petit-déj 9 000/13 000 CFP, 12 200/20 500 CFP en demi-pension ; ❄ 📶). Un bon point pour l'emplacement, très central, sur le front de mer, au milieu de la baie. Côté confort, ce petit motel familial est sans prétention mais peut constituer un pied-à-terre pratique. Les 7 chambres, au-dessus du restaurant (voir p. 300), sont assez modestes mais ont bénéficié d'un petit rafraîchissement en 2022. Elles sont correctement équipées : eau chaude, réfrigérateur et clim. À noter : certaines sdb n'ont pas de porte, juste un rideau. La n°1 et la n°2 donnent sur le front de mer. Location de 4x4. Carte bancaire acceptée.

Hee Tai Inn HÔTEL €€

(☎ 40 92 03 82, 87 73 53 12 ; www.marquesas-inn.com ; s avec petit-déj 11 500-12 000 CFP ; d avec petit-déj 12 000-13 000 CFP ; ❄ 📶). Difficile de trouver le moindre charme à cet établissement qui s'élève à l'extrémité ouest de la baie, juste en dessous de l'hôtel Le Nuku Hiva. L'architecture s'inspire d'un motel, sans la moindre touche locale. L'intérieur est impersonnel, avec 7 chambres carrelées et juste fonctionnelles. Celles à l'étage, un peu plus chères, ont une vue dégagée sur la baie. Terrasse ou balcon, communs.

Pension Bellevue – Chez Joss
CHAMBRES D'HÔTES €€

(☎87 74 42 23 ; www.pensionbellevue-nuku-hiva.com ; d avec petit-déj et sdb commune 7 500-9 500 CFP, d avec petit-déj 10 500 CFP, chalet d avec petit-déj 11 500 CFP ;). La volubile Jocelyne, organisatrice d'excursions dans l'île (voir p. 297), loue 3 chambres (dont une avec sdb privative), avec ventilateur, dans une grande maison située en retrait du front de mer, entourée d'un jardin, à l'ouest de la baie. La terrasse commune ménage une jolie vue. La chambre n°3, la moins chère, est au rez-de-chaussée (la sdb commune est à l'étage). Également un petit chalet, avec une vue partielle sur la baie. Dîner (plat-dessert) sur demande (2 800 CFP), chez la propriétaire, à 500 m (transfert gratuit).

Mave Mai
CHAMBRES €€

(☎40 92 08 10, 87 71 95 60 ; pension-mavemai@mail.pf ; s/d avec petit-déj 9 000/11 000 CFP ;). Cette pension n'offre aucun attrait particulier mais a l'avantage d'être bien située, près de la marina. La maison en dur, moderne, comprend 8 chambres (dont trois à l'étage, avec balcon, les mieux), assez petites mais correctes, avec vue sur la baie. La convivialité n'est pas le point fort du lieu, et l'on se sent un peu livré à soi-même. Pas de service de restauration hormis le petit-déjeuner, mais une cuisine commune est à disposition et il y a un snack tout proche. À signaler, la clim n'est utilisable que de 18h à 8h. Carte bancaire acceptée.

Ti Ama'raa Lodge
BUNGALOW €€

(☎87 30 30 01 ; tiamaraa-lodge.mozello.fr ; d avec petit-déj 13 000 CFP, 3 nuits minimum ;). Une adresse accueillante, dans une zone résidentielle et calme en amont de la Vallée française, tenue par un couple de "voileux" français partis de métropole en 2014. On se sent bien dans le coquet bungalow en bois, dans le jardin, à côté de la maison des propriétaires, doté d'une terrasse offrant une vue panoramique sur la baie. Il possède une sdb mais celle-ci n'est pas fermée (pas de porte). Le petit plus : un pack excursions combinant 4x4 et catamaran (aménagé en bateau d'hôtes, pour la vallée de Hakaui, avec possibilité de passer la nuit dans la baie de Hakatea), moyennant 23 000 CFP/pers. Repas le soir sur demande (menu 2 plats, 2 200 CFP). Pour rejoindre du centre de Taiohae (ou en revenir), s'arranger avec les hôtes pour les transferts.

Le Nuku Hiva
HÔTEL €€€

(☎40 92 07 10 ; www.lenukuhiva.com ; VHF 68 ; package 3 nuits bungalows s/d en demi-pension avec activités à partir de 145 000/189 000 CFP ;). Tout à l'ouest de la baie, ce complexe de bon confort se compose de 20 bungalows impeccables (dont 4 Premium, très spacieux), réalisés en matériaux locaux, étagés à flanc de colline ; les "Bay View", en position surélevée et avancée, bénéficient d'une vue imprenable. L'intérieur est agrémenté de tableaux sculptés et de *tapa* (étoffe en écorce battue) aux murs. L'ambiance est décontractée et les soirées sont très calmes (pas d'animation, sauf le vendredi soir), mais plusieurs programmes d'excursions quotidiennes, encadrées par des guides de l'hôtel, sont inclus dans la formule package. La terrasse du restaurant donne sur une toute petite piscine à débordement. L'hôtel est excentré, à l'extrémité ouest de la baie de Taiohae, mais deux navettes gratuites par jour sont proposées pour le centre du bourg. Carte bancaire acceptée.

Où se restaurer et prendre un verre

Snack Au Petit Quai
SNACK €

(☎40 92 05 51 ; quai ; plats 1 000-1 200 CFP ; 6h-20h lun-ven, sam et dim 6h-14h ;). Au bout du quai de la marina, cette modeste cambuse dotée de quelques chaises et tables en plastique protégées par un auvent, installé devant un ancien local de pêcheurs, dépanne les voiliers au mouillage et les touristes de passage, avec de délicieux jus de pamplemousse frais (200 CFP), quelques plats simples à des tarifs imbattables (poisson cru ou grillé, sashimi, bœuf, poulet), un service à toute heure (mais il ne reste plus grand chose après 14h) et le Wi-Fi gratuit pour les clients. Également pâtisseries maison (*firi firi*, croissants), crêpes et fruits. Au petit-déjeuner, goûtez au *kii piha*, une viennoiserie marquisienne. Ne sert pas d'alcool.

Snack Tematapuaua/ Snack du Marché
SNACK €

(quai ; plats 1 100-1 300 CFP ; 6h-14h lun-sam ;). À l'intérieur du marché, ce snack a bonne presse auprès des locaux. On cale un petit creux avec des plats sans prétention mais bien préparés, à des tarifs avantageux (plusieurs sortes de poisson cru, poisson grillé, gratin de pommes de terre, *chao men*...). Également sandwichs (350-500 CFP), que l'on peut accompagner d'une bière, et plusieurs formules de petit déjeuner (salé).

Boulangerie-snack Joseph SNACK €
(☎40 92 04 31 ; front de mer ; plats 1 100-1 800 CFP ; ⌚11h-13h30 et 18h-20h30 lun-ven, 18h-20h30 sam). Installée sur le front de mer, cette adresse discrète propose quelques plats d'inspiration chinoise (chao men, poisson cru à la chinoise, bœuf braisé) dans une salle climatisée. Ne sert pas d'alcool.

Moana Nui RESTAURANT-PIZZERIA €
(☎40 92 03 30 ; front de mer ; plats 1 600-3 000 CFP ; ⌚11h30-13h30 et 18h30-20h30 lun-ven, 18h30-20h30 sam ; Wi-Fi). Marquisiens, touristes et plaisanciers, tout le monde passe par cet établissement situé sur le front de mer. Attablé sur la terrasse, dotée d'un mobilier en plastique hors d'âge, on profite de la vue sur la baie, tout en piochant dans la carte, variée (salades, viandes, poissons, burgers, sandwichs et plats du jour). En plus des classiques de la cuisine polynésienne, on trouve des spécialités françaises comme l'andouillette grillée sauce moutarde. Le soir, on peut aussi commander une pizza (une vingtaine de garnitures différentes), cuite au feu de bois dans un four en briques, de qualité très acceptable (notamment la pizza avec du poisson frais). Carte bancaire acceptée.

Le Nuku Hiva RESTAURANT D'HÔTEL €€
(☎40 92 07 10 ; front de mer ; plats 1 500-3 000 CFP ; ⌚tlj 11h30-13h30 et 18h-20h30 ; Wi-Fi). Le restaurant du Keikahanui vaut par son cadre, surtout si vous réservez une table en terrasse, à côté de la piscine, avec une superbe vue sur la baie. La cuisine, réalisée par un chef local, est réussie, avec des spécialités variées, présentées de manière contemporaine, comme la chèvre des Marquises au lait de coco ou la nage de mahi mahi. Carte plus légère à midi, aux tarifs abordables (1 500-1 900 CFP), avec notamment un bon burger au poisson. Le bar s'anime le vendredi soir (happy hour de 18h à 20h). Carte bancaire acceptée.

Faire ses courses

Magasin Larson (front de mer ; ⌚7h30-11h30 et 14h30-18h30 lun-sam, 7h30-11h30 dim). Supermarché : alimentation et quincaillerie.

Magasin Kamake (front de mer ; ⌚5h30-11h30 et 14h-18h lun-sam, 5h-11h dim). Supermarché bien approvisionné. Également vente de pain.

Marché (quai ; ⌚7h-15h lun-sam). Petit marché couvert, à côté de l'office du tourisme. Vente de légumes et de fruits.

Achats

Centre artisanal ARTISANAT LOCAL
(quai ; ⌚7h30-16h lun-sam). Situé à l'entrée de la marina. Vous trouverez les productions de plusieurs artisans de l'île, notamment des colliers, des bracelets, du monoï, du miel et de nombreuses sculptures. En général, il y a suffisamment de stock.

Patiki Tattoo Shop TATOUEURS
(☎87 70 78 74 ; front de mer). Ce petit studio de tatouage était en stand-by lors de notre passage mais devrait à nouveau accueillir différents tatoueurs.

Boutique du Centre Plongée Marquises ARTISANAT LOCAL
(quai ; ⌚8h-11h mar, 8h-11h et 14h30-17h mer-ven). Vente de paréos faits localement et importés, de bijoux en os, en bois, en corne et en nacre, de T-shirts, de *tapa* et de sculptures. Sur le quai de la marina.

Renseignements

Taiohae compte également une pharmacie.

Hôpital (☎40 91 20 00). À l'est de la baie. Service de médecine générale et de chirurgie. Également un dentiste (en libéral).

Office du tourisme (☎40 92 08 25 ; comitedutourisme.nukuhiva@gmail.com ; ⌚7h30-11h30 et 12h30-15h30 lun-ven). Près du quai de la marina. Quelques brochures. Horaires pas toujours respectés.

OPT (⌚7h-11h30 et 12h30-15h30 lun-jeu, 7h-11h30 et 12h30-14h30 ven). Bureau de poste. À l'est de la baie de Taiohae. Vente de recharges pour téléphones portables. Distributeur de billets accessible 24h/24. Zone Wi-Fi Vinispot.

Socredo. Au centre de la localité, sur le front de mer. Deux distributeurs de billets, accessibles 24h/24.

Yacht Services Nuku Hiva (☎40 92 07 50, 87 22 68 72 ; www.yachtservicesnukuhiva.com ; VHF 72 ; ⌚8h-14h lun-ven). Sur le quai de la marina. Scanner et imprimante, laverie (1 500 CFP les 5 kg lavés-séchés), services aux voiliers (déclaration en douane, réparations mécaniques, voilerie) et vente d'objets artisanaux. Wi-Fi (600 CFP).

Plateau de Toovii

Des plantations de conifères et de résineux, des fougères arborescentes, des vastes prairies où paissent des bovins semi-domestiqués, des nappes de brouillard à certaines époques... Bienvenue dans la "petite Nouvelle-Zélande des Marquises", comme on l'appelle parfois sur place. Le plateau de Toovii, que l'on traverse en empruntant la piste Taiohae-Terre Déserte (aéroport), s'élève à une altitude moyenne de 800 m. Il s'agit du fond d'un ancien lac de cratère formé dans la caldeira principale du volcan. Partiellement cerné par une chaîne montagneuse, il connaît une fraîcheur inhabituelle (et une forte pluviométrie) contrastant avec la touffeur des baies. On peut visiter le secteur à cheval, en voiture, à pied (voir p. 295) ou en vélo à assistance électrique (voir p. 297).

Vallée de Hakaui

La **vallée de Hakaui** est l'un des sites les plus grandioses de Nuku Hiva. Elle dessine une profonde saignée dans le socle basaltique. De part et d'autre de la rivière se dressent des murailles verticales atteignant près de 800 m, flanquées par endroits d'excroissances en forme de pains de sucre. Au fond de la vallée, la **cascade de Vaipo**, haute de 350 m, se déverse à pic dans une vasque à travers une étroite gouttière naturelle. Ne vous attendez pas à une chute d'eau spectaculaire car, en raison d'épisodes de sécheresse prolongée, la cascade est la plupart du temps réduite, au mieux, à un mince filet d'eau, voire inexistante.

Aujourd'hui presque inhabitée, la vallée était autrefois le fief du roi Te Moana et de la reine Vaekehu. De nombreux vestiges archéologiques témoignent d'une occupation humaine ancienne. Une route empierrée, ancienne **voie royale**, remonte la vallée le long de la rivière. Dans les parois des falaises sont dissimulées des grottes funéraires abritant les dépouilles de chefs placées dans des pirogues mortuaires.

Activités

La vallée de Hakaui est à environ 8 km à vol d'oiseau à l'ouest de Taiohae. L'accès se fait en bateau, jusqu'à la **baie de Hakatea**, très bien protégée, où le bateau mouille. De là, il faut marcher de 2 heures à 2 heures 30 pour rejoindre le fond de la vallée. Le sentier, plat et sans difficultés particulières hormis quelques passages à gué (vous aurez de l'eau jusqu'à mi-cuisse), suit le cours de la rivière et emprunte des tronçons de l'ancienne voie royale pavée.

Au fur et à mesure de la progression, la vallée, de plus en plus encaissée, ne forme bientôt plus qu'un défilé. En réalité, on n'aperçoit la cascade que sur un court tronçon, aux deux tiers du parcours environ ; elle est dissimulée par des contreforts rocheux. En raison des risques importants d'éboulement, il est formellement déconseillé de marcher jusqu'au bassin d'écoulement de la cascade ; on s'arrête à 300 m en aval.

De retour à la baie de Hakatea, vous pourrez profiter de la jolie **plage de Hakatea**, au sable clair, où il est possible de se baigner.

Un droit de passage de 1 000 CFP est demandé par la famille qui est établie dans la baie de Hakatea. **Chez Kua** propose également un déjeuner moyennant 1 000-1 500 CFP (non inclus dans le tarif de l'excursion).

Plusieurs prestataires assurent le transfert en bateau de Taiohae jusqu'à la baie de Hakaui, puis vous guident dans la vallée.

Attention ! La vallée de Hakaui est infestée de nonos (voir l'encadré p. 292), tout comme la plage de Hakatea à certaines époques. Couvrez-vous au maximum et enduisez-vous de monoï. Prévoyez des sandales en plastique, des vêtements de rechange, un maillot de bain, un produit antimoustique et des sacs étanches pour les appareils photo. Sachez également que le trajet en bateau (30-40 min) jusqu'au mouillage dans la baie de Hakatea est parfois inconfortable, surtout en cas de houle. Pensez à réserver suffisamment à l'avance.

Te Amoka EXCURSIONS

(☎40 92 06 88, 87 26 75 43 ; www.facebook.com/excursionhakaui ; ⏲sur réservation). Sorties à la journée dans la vallée de Hakaui, au départ de la marina de Taiohae, sur un bateau équipé de taud. Sur la base de 4 personnes minimum, l'excursion revient à 9 000 CFP/personne, droit de passage à Hakatea inclus. Prévoyez un pique-nique ou de quoi régler un repas chez Kua, à l'entrée de la vallée.

Toka Eva EXCURSIONS

(☎87 28 93 19, 87 28 93 08 ; entreprisetokaeva@gmail.com ; ⏲sur réservation). Matu Bonno est un pêcheur qui connaît le littoral de Nuku Hiva comme sa poche. Il organise des sorties en bateau autour de l'île (notamment à Anaho, ainsi que le long des côtes est et ouest, 15 000 CFP/personne avec repas), et propose une excursion à la journée la vallée de Hakaui (4 personnes minimum, 9 000 CFP, hors repas), au départ de la marina de Taiohae.

Taipivai

Ancien fief des Taipi, Taipivai s'étire au fond d'une vallée qui débouche dans la majestueuse **baie du Contrôleur**, estuaire qui remonte profondément à l'intérieur des terres, à 16 km au nord-est de Taiohae.

Les habitants de Taipivai s'illustrèrent par la farouche opposition livrée au capitaine américain Porter qui voulait annexer l'île en 1813. Ses soldats eurent recours au canon pour massacrer la population.

Cette vallée a été rendue célèbre par l'écrivain Herman Melville. Engagé comme matelot, il déserte lorsque son bateau fait relâche dans la baie en 1842 et gagne la vallée de Taipivai, où il réussit à se faire accepter par les farouches Taipi, dont il partage l'existence durant trois semaines avant de s'engager sur un baleinier pour Tahiti. Cette expérience hors du commun est relatée dans *Taïpi* (Folio Gallimard, 1984).

La route Taiohae-Taipivai est entièrement goudronnée.

Il n'y a pas d'hébergement à Taipivai, qui se visite généralement en chemin lorsqu'on se rend à Hatiheu.

À voir

Paeke SITE ARCHÉOLOGIQUE

(accès libre). En remontant la vallée, ne manquez pas ce site archéologique, aménagé au milieu d'une clairière, à flanc de colline. Il comprend deux plates-formes, flanquées d'une batterie de tikis de taille respectable, adossés aux parements. Ces tikis se signalent par leurs membres inférieurs particulièrement développés, leurs bras sur l'abdomen et leur tête dépassant (pour certains) la plate-forme. Le matériau utilisé, du tuf rouge, leur donne une coloration brique. Malheureusement, le site n'est pas toujours entretenu et la végétation gagne du terrain.

Depuis le petit pont à l'entrée de Taipivai, prenez la route en direction de Hatiheu (en amont) sur environ 1 km. Un petit panneau en bois, à peine lisible car très usé, signale l'accès au site, sur la droite (si le panneau n'est plus là, demandez aux habitants). Le sentier monte à droite et serpente à flanc de colline. Comptez 20 minutes de marche. Prévoyez du produit antimoustique et de quoi vous protéger du soleil.

Hooumi

Jadis peuplé par les Teavaaki, ce charmant hameau où s'épanouit une végétation luxuriante est situé à 4 km environ à l'est de Taipivai. La route cimentée qui y conduit, d'abord en corniche, offre de belles échappées sur la baie du Contrôleur. En traversant le village, on distingue une enfilade de *pae pae* (plates-formes) sur lesquels sont érigées des maisons. Sur la droite, une petite église en bois, au chambranle et aux arêtes soulignés de bleu, ressemble à une maison de poupée. La route se termine sur une plage de sable gris, face à l'une des deux échancrures de la baie du Contrôleur. L'endroit est malheureusement infesté de nonos et de moustiques.

Hatiheu

Coup de cœur pour ce village plein de charme, dans le nord-est de l'île, adossé à une paroi montagneuse qui paraît infranchissable. On reste sans voix devant le spectacle des pics basaltiques aux allures de château fort, burinés par l'érosion, qui s'élèvent à l'ouest. Sur l'un d'eux, à 300 m d'altitude, une Vierge blanche a été hissée en 1872. Au centre du village, adossée à la montagne, se profile l'église en bois et en pierre, dotée de deux clochetons symétriques rouges. Le front de mer engazonné et planté de cocotiers est ornementé de tikis, œuvres de sculpteurs locaux, et bordé par une plage de sable noir.

La principale route d'accès, depuis Taipivai (12 km), est superbe. La montée très raide jusqu'au **col de Teavaitapuhiva** (443 m), à 7,5 km de Taipivai, est impressionnante. Peu avant le col, vous jouirez de perspectives magnifiques sur plusieurs **cascades**, à travers la végétation. Au col, un belvédère a été aménagé, d'où l'on découvre toute la baie de Hatiheu.

Hatiheu mérite le détour pour ses sites archéologiques, admirablement restaurés, situés un peu avant l'entrée du village. C'est également le point de passage obligé pour se rendre dans la baie d'Anaho.

À voir

Comme partout aux Marquises, en l'absence de signalétique, les sites ne sont pas très "parlants" pour un œil non spécialiste. Une excursion en 4x4 guidée au départ de Taiohae (voir p. 297) est une bonne option, même si les commentaires des guides ne sont pas toujours très "scientifiques". Pour plus de renseignements sur les vestiges archéologiques, consultez les chapitres *Civilisation polynésienne*, p. 409 et *Sites archéologiques* p. 412.

Kamuihei, Tahakia et Teiipoka SITES ARCHÉOLOGIQUES

(accès libre). Ces trois sites adjacents, restaurés en 1998, puis réaménagés pour le Festival des Marquises de 2011, se déploient de part et d'autre de la route, à quelques centaines de mètres avant d'arriver au village. Ils rassemblent tous les éléments architecturaux d'un clan : vestiges des plates-formes d'habitation (*pae pae*), de lieux de festivités et de réunion (*tohua*), de sites religieux (*meae*), pétroglyphes, fosses alimentaires de stockage et banians (arbre sacré). L'importance et le nombre de ces structures témoignent de la forte densité de population qui occupait jadis cette vallée : on estime qu'elle était dix fois supérieure à ce qu'elle est aujourd'hui.

Le site de **Kamuihei**, sur la droite quand on vient de Taipivai, est le plus spectaculaire, ne serait-ce que pour l'ambiance étrange qui se dégage de cet amas de blocs basaltiques couverts de mousse. Tout près de la route, à hauteur d'un énorme banian, se trouve le site de **Teiipoka** ; essayez de repérer les deux grosses pierres ornées de superbes **pétroglyphes**, représentant des figures humaines, des oiseaux, des chiens, des tortues, des cercles concentriques et des poissons (dont un régalec, qui ressemble au mahi-mahi). Aucune datation n'a encore été faite.

De l'autre côté de la route s'étend un autre *tohua* restauré, celui de **Tahakia**, et quelques *pae pae*. Ce site était celui du clan du guerrier Keikahanui. Un panneau explicatif a été installé, mais, en l'absence de fléchage, il n'est pas très facile de trouver par soi-même certains des vestiges décrits.

Hikokua SITE ARCHÉOLOGIQUE

(accès libre). Ce site est à 400 m plus en aval du précédent, sur la piste principale en direction de Hatiheu, légèrement en retrait sur la droite. Cet ancien lieu de festivités et de sacrifices humains fait coexister sculptures anciennes et œuvres récentes. Découvert par l'archéologue R. Suggs en 1957, le site a été restauré par les habitants de Hatiheu. Il daterait de 1250 et aurait été utilisé jusqu'au siècle dernier. Le cadre est magnifique : à travers les cocotiers, on distingue, vers le nord-ouest, les pics qui bordent la baie de Hatiheu.

À l'entrée du site, sur une plate-forme à gauche, vous ne manquerez pas d'apercevoir un **tiki** phallus d'un bon mètre. Tout près, une fosse alimentaire (*ua ma*), d'origine cette fois, est également visible.

La partie centrale du site se compose d'une vaste **esplanade**, rectangulaire, qui était réservée aux danses lors des festivités communautaires. Elle est flanquée de petites plates-formes en bloc de basalte à un ou deux niveaux, qui faisaient office de gradins. La partie basse des gradins était occupée par les spectateurs des castes inférieures, le second niveau, par les castes supérieures. Cette esplanade prête son cadre à des danses traditionnelles – dont l'impressionnante danse du Cochon – exécutées par le groupe de Hatiheu, notamment lors du passage des touristes de l'*Aranui*.

Sur la terrasse est, on distingue un groupe de deux **statues** et un rocher plat. Les deux sculptures, modernes, ont été réalisées par un sculpteur de l'île. L'une représente un guerrier victorieux venant de terrasser ses deux ennemis. La roche plate qui se trouve posée à côté est une pierre d'origine, utilisée à diverses fins : elle servait de "podium"

PETIT LEXIQUE D'ARCHÉOLOGIE MARQUISIENNE

Reportez-vous aux chapitres *Sites archéologiques* p. 412 et *Civilisation polynésienne* p. 409 pour de plus amples renseignements sur les vestiges archéologiques.

- **Tohua** : esplanade ou plate-forme communautaire, pavée, entourée de terrasses, où se déroulaient des festivités, des danses, des jeux...
- **Tiki** : statue en pierre représentant un dieu ou un ancêtre divinisé. Certains tiki ont du *mana* (puissance surnaturelle).
- **Pae pae** : plate-forme composée de blocs rocheux, à 2 niveaux, sur laquelle étaient construites les anciennes habitations marquisiennes.
- **Meae** : espace sacré et *tapu* (interdit), où se déroulaient les rituels. Seuls les prêtres y avaient accès. Également lieu d'exposition des dépouilles mortuaires.

1

2

4

1. Ua Huka (p. 315)
Vue sur les paysages arides et lunaires des cratères de l'île.

2. Ua Pou (p. 311)
La plage de Hakanaii, facile d'accès, se loge au fond d'une baie.

3. Nuku Hiva (p. 302)
Sur la côte nord, le village de Hatiheu se distingue par son église pimpante.

4. Nuku Hiva (p. 300)
La route reliant l'aérodrome à au bourg de Taiohae traverse des paysages verdoyants dans le secteur du plateau de Toovii.

VAUT LE DÉTOUR

ESCAPADE À ANAHO ET HAATUATUA

Un air de bout du monde, la quiétude d'une cocoteraie, la mer à quelques mètres… Venez vous ressourcer dans la magnifique **baie d'Anaho**, presque inhabitée. La mince plage de sable blanc qui se déploie sur près d'un kilomètre donne envie de se baigner, mais il faudra composer avec les nonos, sauf quand soufflent les alizés. La baie est parsemée de jardins de corail, propices au snorkeling.

En 1888 déjà, l'écrivain écossais R. L. Stevenson, croisant dans le Pacifique à bord de son voilier *Casco*, mouilla en baie d'Anaho et tomba sous son charme. Cernée par un cirque montagneux, la baie est protégée de la houle et constitue un lieu de mouillage privilégié pour les plaisanciers. Un platier corallien (formations coralliennes au bord du littoral), le seul des Marquises, a pu s'y développer et évoque un lagon. Quelques séchoirs à coprah, une cocoteraie magnifique et une minuscule chapelle bordent le rivage.

Anaho n'est accessible qu'à pied ou en speed-boat (15 min, 7 000 CFP), également depuis Hatiheu. À Hatiheu, au carrefour situé à 100 m à l'est du restaurant Hinakonui, empruntez la route cimentée qui monte à droite. Quelque 500 m plus loin, au terminus de la route cimentée, on débouche sur une petite clairière ; le départ du sentier se situe sur la gauche. Depuis le début du sentier, comptez une bonne heure de marche jusqu'à la plage d'Anaho, au milieu d'une cocoteraie. Au **col Teavaimaoaoa** (218 m), accessible en 25 minutes environ, vous jouirez d'une vue imprenable sur la baie d'Anaho. La descente, au beau milieu d'une immense cocoteraie, est assez raide. Prévoyez des chaussures de marche, de l'eau et du produit antimoustique. À Anaho, le meilleur angle pour profiter du spectacle naturel se situe à l'extrémité gauche (ouest) de la baie.

D'Anaho, on peut rejoindre à pied la **plage de Haatuatua** (comptez 35 à 40 minutes, sans difficulté), en longeant le bord de mer, plein est (le chemin est bien tracé). Après avoir franchi un petit col, on débouche dans la baie de Haatuatua. Une pure merveille : une longue plage de sable jaune, mangée par quelques herbes folles, est encadrée par des massifs montagneux, et pas âme qui vive. Seuls les nonos (et les méduses, à certaines époques de l'année, ainsi que des détritus amenés par les courants) vous ramèneront à la dure réalité…

À l'extrémité ouest de la baie, vous pourrez, avec un peu de chance, vous restaurer chez Louise ; il n'y a pas vraiment d'horaire ni de jours d'ouverture, renseignez-vous sur place.

pour les danses en solo ; afin d'accomplir des rites liés à la puberté, comme exposer les corps et les parties génitales des jeunes garçons ou filles ; ou pour exhiber les premiers tatouages des personnages importants. La seconde sculpture figure une cheffesse avec un enfant.

Devant l'esplanade, légèrement à l'est, s'égrènent six **tombes chrétiennes** faites avec des petites dalles de *keetu* (tuf volcanique rouge). On suppose qu'elles datent de l'époque de l'arrivée des premiers missionnaires, après l'abandon du site.

La **plate-forme** du fond (au nord de l'esplanade, côté océan) était le centre des activités cérémonielles. Elle est flanquée de dalles de *keetu* et, sur le devant, de trois tikis, dont un est relativement bien conservé. Vers l'arrière, vous verrez un tiki moderne figurant d'un côté une tortue, animal symbolique. C'est à cet endroit qu'avaient lieu les sacrifices et l'exposition des victimes.

Salle patrimoniale MUSÉE

(entrée libre ; sur demande). Les archéologues qui ont travaillé sur la restauration des sites de Hatiheu ont créé un petit musée bien conçu consacré à l'histoire du peuplement aux Marquises et à l'archéologie dans l'archipel. La muséographie s'appuie sur des panneaux explicatifs, des moulages, et des objets mis en dépôt par des particuliers. Il n'y a pas d'heures d'ouverture ; passez au restaurant Chez Yvonne, tout proche, de préférence à l'heure du déjeuner, et demandez à ce que l'on vous accompagne.

Où se restaurer

Chez Yvonne – restaurant Hinakonui CUISINE MARQUISIENNE €

(40 92 02 97 ; plats 1 900-3 000 CFP ; lun-sam midi, sur réservation). C'est une cuisine simple mais pleine de tempérament qui vous attend dans ce restaurant ouvrant sur le front de mer. Goûtez aux spécialités locales, notamment la langouste flambée au whisky,

la chèvre au lait de coco, le poisson au curry ou les assiettes "gastronomiques", accompagnées de fruit à pain, de manioc et de riz. Il est préférable de réserver (la cuisine n'est pas systématiquement ouverte) et d'arriver avant 13h. Petite épicerie attenante.

La côte nord

C'est la partie la plus sauvage de l'île. À l'opposé de Taiohae sur la côte nord, le village d'**Aakapa** est situé dans un cadre naturel extraordinaire, au fond d'une baie dominée par une série de pics qui forment une muraille acérée. Aakapa depuis Hatiheu : les cinq premiers kilomètres sont cimentés, puis la piste (pour 4x4) descend jusqu'à Aakapa.

Passé Aakapa, la piste devient cahoteuse (mais reste praticable avec un 4x4, sauf par temps de pluie) et continue vers l'ouest en traversant des paysages époustouflants, alternant des baies échancrées, des montagnes et des plateaux désertiques, avant de déboucher sur la piste qui mène à l'aéroport. Le secteur est pratiquement inhabité ; on ne compte qu'un hameau, à **Pua**, où vit une famille.

Depuis/vers Nuku Hiva

AVION

Avec sa piste d'atterrissage qui peut accueillir des ATR 72, Nuku Hiva est la plaque tournante du trafic aérien aux Marquises. La durée du vol direct Papeete-Nuku Hiva est de 3 heures 15 environ. Nuku Hiva est reliée quotidiennement à Papeete (aller simple 46 000 CFP), quatre à cinq fois par semaine à Hiva Oa (18 000 CFP). Au moment de la rédaction de cet ouvrage, il était prévu qu'Air Tahiti reprenne la desserte de Ua Pou et Ua Huka depuis Nuku Hiva.

Pour bénéficier de tarifs plus avantageux, achetez une carte de réduction ou le pass Marquises proposé par Air Tahiti (voir le chapitre *Transports* p. 451).

Air Tahiti (☎ 40 91 02 25, 40 92 01 45 à l'aéroport, réservation centrale 40 86 42 42 ; www.airtahiti.pf ; ⏲ 8h-12h mar et jeu, 8h-12h et 13h30-16h30 lun, mer et ven). Sur le front de mer, à Taiohae.

BATEAUX INTER-ÎLES

Il existe un service de navette maritime entre Nuku Hiva, Ua Pou et Ua Huka, avec le bateau **Kaoha Tini** (☎ 40 92 73 07, 40 91 03 69 ; reservation@codim.pf) . Les réservations peuvent se faire par email mais le paiement ne peut se faire qu'auprès de la mairie de Nuku Hiva, aux heures d'ouverture (aucun paiement sur le bateau ou à l'embarquement). Le mardi, le Kaoha Tini effectue la liaison Nuku Hiva-Ua Pou (2 heures) et retour ; le mercredi, Nuku Hiva-Ua Huka (2 heures) ; le vendredi, il dessert les deux îles au départ de Taiohae, dans un sens ou l'autre. Le passage coûte 3 500 CFP. Bien se faire confirmer les jours et les horaires à l'avance.

Le cargo mixte **Aranui** (www.aranui.com ; voir l'encadré p. 290) dessert Taiohae.

Comment circuler

Un réseau de routes et de pistes dessert l'aéroport, Taiohae, Taipivai, Hooumi, Hatiheu, Aakapa et Pua. La route est goudronnée entre Taiohae et Taipivai (puis cimentée jusqu'à Hooumi et Hatiheu). Elle est également goudronnée (ou cimentée) entre Taiohae et l'aéroport, via le plateau de Toovii. De Hatiheu, la route est cimentée sur 5 km en direction de Aakapa, jusqu'à un belvédère ; de là, elle se prolonge par une piste cahoteuse (4x4 indispensable) jusqu'à Aakapa, puis Pua et l'aéroport.

DESSERTE DE L'AÉROPORT

Des taxis 4x4 attendent généralement à chaque arrivée. Il est toutefois plus prudent de réserver, par l'intermédiaire de votre hôtel ou pension. La course aéroport-Taiohae est facturée entre 3 000 CFP et 3 500 CFP/pers.

La route qui relie Taiohae à l'aéroport de Nuku Ataha, situé à Terre Déserte, de l'autre côté de l'île, traverse de superbes paysages, dont le plateau de Toovii. Il faut compter 1 heure 15 de trajet (davantage s'il a plu), très sinueux. Le parcours est goudronné (ou cimenté). Les taxis ont coutume de marquer plusieurs arrêts photos à hauteur de belvédères naturels.

4X4

L'état des routes s'étant amélioré, il n'est pas indispensable de louer une voiture avec chauffeur. Plusieurs sociétés louent des 4x4, dont **Tony Loc**

HOOPU, LA PLAGE SECRÈTE

Seuls les visiteurs dans la confidence ont le privilège de visiter la plage et la baie de Hoopu, dans le secteur de l'aérodrome à Terre Déserte. L'isolement et les 6 km de piste cahoteuse font de cette plage une pépite aux airs d'abri pour pirates... On y accède en 4x4 uniquement, depuis la route principale qui mène à l'aérogare. En l'absence panneau indicateur, fiez-vous au GPS ou à la borne d'incendie rouge, à 600 m de l'aérogare, sur la droite quand on vient de l'aérodrome ; la piste démarre à cet endroit. La baie, assez étroite, est bordée de falaises arides qui enserrent une plage de sable clair.

(☎40 92 03 30 ; pensionmoananui@gmail.com), **Laelia** (☎87 29 36 39) ou **Laelia** (☎87 79 27 87). Les tarifs oscillent entre 9 000 CFP et 11 000 CFP les 24 heures, selon le modèle. On peut se faire livrer le véhicule à l'aéroport moyennant un supplément de 1 500 CFP.

Si vous comptez effectuer le tour de l'île via Aakapa et Pua sur la côte nord, il est vivement conseillé de louer un modèle 4x4 suffisamment puissant. En cas de pluie, les pistes sont impraticables ou dangereuses ; restez sur les routes goudronnées ou cimentées.

Une **station-service** est située sur le grand quai, à l'est de la baie de Taiohae. Elle est fermée le samedi après-midi et le dimanche.

UA POU

2 200 HABITANTS

De loin, on dirait un palais de conte de fées. Plantés sur un socle volcanique, les 12 pitons d'origine volcanique qui s'élancent vers le ciel, à plus de 1 000 m d'altitude, ont des allures de donjons. L'auréole de nuages qui les entoure presque en permanence renforce cette impression de mystère. Tout autour de l'île, la côte est creusée de baies dans lesquelles se blottissent une poignée de villages et de hameaux.

Le centre de Ua Pou est parcouru de plusieurs sentiers qui permettent de contempler ce fantastique relief. La visite des villages et une pause farniente sur une plage offrent un agréable complément. L'île mérite également que l'on s'intéresse à son patrimoine archéologique, notamment le site de Hohoi, restauré à l'occasion du Festival des arts des îles Marquises. Les sculpteurs sur bois et sur pierre d'Ua Pou jouissent d'une bonne renommée.

Ua Pou passe pour l'île la plus engagée dans la défense de la culture marquisienne. La plupart des groupes de danse et des chanteurs marquisiens connus sont originaires de Ua Pou.

L'île a été signalée en avril 1791 par l'Américain Ingraham. Le Français Étienne Marchand l'aborda en juin 1791 et la revendiqua au nom de la France le 22 juin.

Hakahau

Il fait bon flâner dans ce bourg sans histoire, chef-lieu de l'île, niché dans une baie grandiose et encadré de montagnes. L'animation est rare, sauf aux abords du collège en période scolaire. Les rues convergent toutes vers le front de mer, avec sa grande plage de sable (sans nonos), fréquentée par de jeunes surfeurs. On peut s'y baigner en sécurité à l'extrémité est.

À voir

Église catholique MONUMENT

Seule construction digne d'intérêt, l'église en pierre et en bois abrite des sculptures remarquables signées par des artisans locaux. La monumentale chaire, figurant une proue de bateau en équilibre sur un filet et sa pêche miraculeuse, est un modèle du genre. Derrière l'autel se dresse un grand Christ en *tou* (un bois prisé par les sculpteurs) aux lignes épurées.

Pae pae SITE ARCHÉOLOGIQUE

Au centre du bourg, un *pae pae* restauré témoigne des maisons d'habitation traditionnelles, à savoir une plate-forme composée de blocs de pierre massifs, qui supportait un abri en matières végétales. À chaque passage du cargo mixte *Aranui*, un groupe de danse livre d'impressionnants hakas.

Anahoa PLAGE

À 25 minutes de marche à l'est de Hakahau, la plage d'Anahoa, de sable doré, contraste avec la rudesse des paysages volcaniques environnants. On peut s'y baigner (avec prudence). Les nonos sont occasionnellement présents.

La piste débute à proximité du quai à Hakahau. Après une dizaine de minutes d'ascension, on parvient à un col d'où l'on découvre une vue splendide sur la baie de Hakahau, la plage en contrebas et les pics.

Croix en pierre POINT DE VUE

Pour une belle vue sur la baie de Hakahau et celle d'Anahoa, montez à la croix qui s'élève sur une falaise à l'est de la localité : de la pension-restaurant Pukuéé, prenez la piste jusqu'à un petit col (la même qui conduit à la plage d'Anahoa). Au col, là où la piste commence à descendre, prenez la bifurcation à droite. De là, comptez 5 à 10 minutes de montée assez raide.

Activités

Randonnée pédestre

Sans guide, il est possible de rejoindre les différents villages en suivant la piste principale. En revanche, si vous voulez quitter la piste et découvrir le cœur de l'île, la présence d'un guide est indispensable, car les sentiers ne sont pas balisés et la plupart

Ua Pou

des terres sont privées. Contactez directement Jérôme, de la pension-restaurant Pukuéé (ci-contre), guide professionnel, doté d'une solide expérience – comptez 11 500/13 500/18 000 CFP la journée pour 1/2/3 personnes.

Les deux itinéraires les plus couramment proposés sont les suivants :

Traversière Hakahau-Hakahetau
Environ 4 heures 30 aller, avec les pauses. Elle franchit deux cols (450 m de dénivelé cumulé). Superbes paysages et vues panoramiques. Baignade à la cascade Vai'ea dans la vallée de Hakahetau.

Boucle de Poumaka Un peu plus difficile (environ 4 à 5 heures avec les pauses, 700 m de dénivelé), mais on atteint un pic mythique. On passe chez Manfred, un Allemand qui fait du chocolat maison, et à la cascade Vai'ea dans la vallée de Hakahetau. Quelques passages d'aide au franchissement avec une corde à nœuds.

Où se loger et se restaurer

Pukuéé – Chez Elisa et Jérôme PENSION-RESTAURANT €€
(☎40 92 50 83, 87 34 95 58, 87 72 90 08 ; www.pensionpukuee.com ; ch avec sdb commune 11 700 CFP/pers en demi-pension, d 12 600 CFP/pers en demi-pension ;). Géré par un couple franco-marquisien, ce restaurant-pension-bar bénéficie d'une localisation exceptionnelle, à flanc de colline, non loin du front de mer. Au choix : 2 chambres, mitoyennes avec balcon ; une troisième chambre dans un bâtiment séparé (avec une sdb dotée d'un rideau) et, accolée, une "chambre-dortoir" de 4 lits avec sdb commune. L'ensemble est propre et bien tenu. Parmi les points positifs : la vue sur la baie, les pics et le bourg, la qualité de la cuisine et la petite piscine, dans le jardin. Le restaurant sert des spécialités marquisiennes, que l'on savoure sur une terrasse couverte, en forme de deck. Jérôme, le propriétaire, ancien militaire,

passionné par son île d'adoption, propose diverses activités (excursions en 4x4, randonnées pédestres). Service de blanchisserie (1 500 CFP) et location de vélos électriques (4 000/7 000 CFP la demi-journée/journée), idéal pour se rendre à Hohoi ou Hakahetau. Carte bancaire et euros acceptés. Transferts à l'aérodrome inclus.

Pension Vehine CHAMBRES €€

(☎40 92 53 21, 87 70 84 32 ; heato@mail.pf ; bungalow s/d 9 000/18 000 CFP en demi-pension ; 📶). Derrière le snack Vehine, à environ 500 m du front de mer. Les propriétaires louent 2 bungalows corrects, avec sdb (eau chaude), ventilateur et moustiquaire, sur un petit terrain dégagé. Dommage que les bungalows ne soient pas orientés côté pics ! Heato, le fils, est un bon connaisseur de la culture marquisienne. Les petits-déjeuners sont servis sur une grande terrasse offrant une belle vue sur le bourg. Pour le déjeuner et le dîner, vous n'avez que 30 m à faire jusqu'au snack Vehine. Paiement en espèces.

Snack Vehine SNACK €

(☎40 92 53 05 ; plats 1 200-1 900 CFP ; ⏲11h30-13h30 et 18h-20h lun-sam). Snack tout simple, servant les plats habituels (poisson cru, sashimi de thon, crevettes aux légumes, etc.), ainsi que des pizzas au feu de bois. Le samedi soir, pizzas uniquement. À hauteur de la pension Vehine.

Chez Doudou SNACK €

(☎40 92 51 45 ; plats 1 300-1 900 CFP ; ⏲11h-13h15 et 17h30-19h15 mer-jeu, jusqu'à 20h30 ven-sam, 17h30-20h dim ; 📶). Mi-roulotte, mi-snack, Chez Doudou est une halte idéale pour se régaler de burgers, de poisson grillé, de bœuf braisé, de poulet aux légumes, de pizzas ou d'un panini (600 CFP), tout près du front de mer, en contrebas de la pension Pukuéé. Wi-Fi gratuit pour les clients.

Boulangerie-snack Hiamoekuha BOULANGERIE €

(☎40 92 52 57, 87 33 05 88 ; plats 1 300 CFP ; ⏲5h-14h lun-sam, 5h-8h dim ; 📶). À côté du terrain de foot. Plats locaux au déjeuner (poulet, chao men, poisson), ainsi que des sandwiches (300-500 CFP), des crêpes et des viennoiseries. On peut s'attabler sous un flamboyant dans la propriété. Wi-Fi gratuit pour les clients, et service de laverie (1 000 CFP).

Achats

Ua Pou compte plusieurs sculpteurs qui travaillent la pierre volcanique, le basalte, l'os et le tuf, ainsi que le bois. Votre pension vous mettra en rapport avec eux et vous pourrez visiter leur atelier, voire participer à une initiation à la sculpture.

Fare artisanal ARTISANAT

(Hakahau ; ⏲8h-15h lun-ven). Ce centre artisanal rassemble les productions de plusieurs artisans de l'île. Vous y trouverez des colliers, des bijoux, des sculptures, des objets tressés, du monoï, des *tapa* et des pierres fleuries.

Renseignements

Hakahau dispose d'un petit centre médical, où exercent un médecin et un dentiste.

OPT (⏲7h-15h lun-jeu, 7h-14h ven). Bureau de poste. Sur le front de mer. Zone Wi-Fi (Vinispot) autour du bâtiment, vente de recharges pour téléphones portables, et distributeur de billets (accessible 24h/24).

Point Presse (⏲9h-18h lun-ven). Juste derrière le marché, sur le front de mer (pas d'enseigne). Accès Wi-Fi.

Socredo. Au centre du village, à côté de la poste. Distributeur de billets, accessible 24h/24.

Vallée et plage de Hakamoui

Cette vallée, également appelée "vallée des Rois", est aujourd'hui déserte (sauf sur la plage, où se trouve une pension, Hakamoui Beach). Jadis habitée par la tribu des Atipapa d'où était issu Heato, le chef de l'île, elle était l'un des principaux foyers de peuplement de Ua Pou. Elle regorge de sites archéologiques témoignant de cette présence humaine ; malheureusement, rien n'est entretenu et la végétation a tout recouvert ou presque, et des barbelés en interdisent l'accès. Petite consolation : cette vallée se termine par une jolie cocoteraie que borde une plage de galets noirs. On peut faire trempette dans le petit bassin protégé à l'extrémité gauche (quand on est face à l'océan).

La vallée de Hakamoui est facilement accessible depuis Hakahau. Suivez la route qui conduit à Hohoi sur 3 km environ et empruntez la bifurcation sur la gauche qui descend vers l'est, en direction de l'océan.

Hohoi

À Hohoi, le temps semble s'être figé. La luxuriance de la végétation forme un contraste saisissant avec l'aridité des plateaux du nord-ouest de l'île. Ce village bucolique est accessible depuis Hakahau. La piste déroule ses 12 km sous un couvert végétal aux essences multiples, et ménage quelques points de vue remarquables sur le littoral.

À voir

Tohua Mauia SITE ARCHÉOLOGIQUE

(500 CFP). Ce site archéologique majeur en forme de L a été remis en état à l'occasion du Festival des arts des îles Marquises en 2007 et en 2019, lorsqu'il a accueilli des représentations de haka. À l'entrée du village, cette grande esplanade bordée de gradins et de plates-formes en pierre accueillait diverses cérémonies aux temps anciens. Plusieurs grands tikis récents se trouvent sur les plates-formes, elles-mêmes surmontées de maisons traditionnelles reconstituées.

Galets fleuris PHONOLITHES

Descendez jusqu'à la plage de galets (ne pas se baigner, car cette zone est exposée à la houle), bordée d'une frondaison de bois de rose et cernée, à l'extrémité sud, par de superbes orgues basaltiques. Avec beaucoup de chance, vous trouverez les fameux "galets fleuris" qui font la réputation de Hohoi. Il s'agit de phonolithes, découverts par les géologues en 1972, contenant deux minerais, dont la cristallisation prend la forme de fleurs de couleur ambrée ou verdâtre. Les artisans de l'île en font de très jolies pièces sculptées.

Hakatao

De Hohoi, on peut continuer jusqu'au village de Hakatao (sur la côte ouest) en suivant une piste qui traverse l'île. Le front de mer est bordé de galets noirs, et des pirogues sont abritées sous un arbre à l'extrémité de la baie. Ambiance de bout du monde assuré !

Plages de Hakanaii et de Kaapiti

En contrebas de la piste menant à Hakahetau, à 11 km du bourg, la superbe baie de Hakanaii Nui, préservée, est un lieu de pique-nique des habitants de Ua Pou. Elle a été surnommée "plage aux Requins", eu égard aux nombreux squales (essentiellement des pointes noires) qui la fréquentent vers septembre et octobre, période de reproduction des poulpes dont ils raffolent. Munissez-vous impérativement de répulsif, car les nonos y sévissent. La petite plage voisine de Kaapiti est plus propice à la baignade et est dépourvue de nonos.

Hakahetau

Entre Hakahau et Hakahetau, les 15 km de piste, très pittoresque, serpentent parmi les plateaux dénudés du nord-ouest de l'île. Entre Hakahau et le terrain d'aviation d'Aneou, vous apercevrez des chevaux et des chèvres. En toile de fond, le profil en lame de couteau de l'Oave s'offre à votre vue, tandis qu'au nord se dessinent les contours de Nuku Hiva.

On se sent vite enveloppé par l'atmosphère paisible de ce coquet village, égayé de maisons multicolores, d'où se détache le clocher rouge de l'église. Hakahetau fut la résidence de Mgr Le Cleac'h (1915-2012), évêque catholique français connu pour sa traduction de la Bible en marquisien. Les habitants vivent de la culture du coprah, de la pêche et de l'artisanat.

À voir

Cascade Vai'ea BAIGNADE

Au fond de la vallée (suivre la piste sur 1,5 km puis le sentier, indiqué, pendant un quart d'heure environ), cette petite cascade rafraîchissante coule dans un bassin où l'on peut se baigner.

Où se restaurer

Ti'Piero SNACK €

(☎40 92 55 82, 87 20 17 59 ; plats 2 200 CFP ; déj tlj, sur réservation la veille ; Wi-Fi). Tenu par un couple franco-marquisien, ce snack-table d'hôtes fait de réels efforts pour proposer des spécialités originales, de type "cuisine du monde" avec une touche marquisienne. Parmi les plats habituellement proposés figurent la chèvre de sept heures, le trio de poisson et le tajine de chèvre au miel local et aux mangues... En dessert (300-600 CFP), demandez la tarte aux fruits ou la mousse au chocolat. Ambiance familiale et décontractée. Wi-Fi gratuit pour les clients.

De Haakuti à Hakamaii

Depuis Hakahetau, une piste sinueuse continue plein sud jusqu'à **Haakuti**, à environ 7 km. Dans ce village minuscule, vous ressentirez la sensation d'être parvenu au bout du monde. L'unique rue, de forte déclivité, sert de trait d'union entre l'église en pierre bâtie sur un *pae pae*, en haut du village, et le minuscule quai battu par la houle.

LES MARQUISES, TERRE ORIGINELLE DU HAKA

JEAN-BERNARD CARILLET ©

C'est dans les Marquises que le haka s'exprime dans sa forme la plus authentique, la plus complète et la plus brute. Marqueur essentiel de la culture marquisienne, et très différent des danses tahitiennes, le haka a longtemps été tapu (interdit) car considéré comme licencieux par les colons et les missionnaires européens.

LA RENAISSANCE DU HAKA

Le haka s'est progressivement imposé comme la vitrine de l'archipel grâce à la mobilisation d'une poignée d'insulaires qui, à la fin des années 1970, décident de ranimer une flamme vacillante. En 1979, ils créent une association, Motu Haka, et entreprennent un long travail de reconstruction du tissu mémoriel.

À la manière d'ethnologues passionnés, les activistes de Motu Haka arpentent chaque vallée marquisienne pour réactiver les mémoires des personnes détentrices d'un savoir ancien. Un cap décisif est franchi en 1987, lors de la création du premier festival culturel sur l'île d'Ua Pou. La culture marquisienne sort enfin de plusieurs siècles de marginalisation et de silence pour éclater au grand jour. Depuis, le Festival des arts des îles Marquises est monté en puissance. Tous les deux ans, il rassemble plusieurs milliers de Marquisiens qui se retrouvent pour danser le haka, effectuer des démonstrations artisanales et culinaires, restaurer des sites archéologiques et participer à des repas communautaires. Plus que jamais, le haka s'affirme comme le fer de lance de cette revitalisation identitaire et le symbole d'une fierté retrouvée.

UN ART AUX MULTIPLES FACETTES

Le haka marquisien, codifié, s'appuie sur plusieurs tableaux. Parmi les plus spectaculaires : le **Haka Puaka (danse du Cochon)**. L'ensemble de la troupe reproduit les comportements de cet animal qui occupe une place symbolique dans la mythologie polynésienne. Les hommes produisent des grognements cadencés, gutturaux, qui évoquent les râles de l'animal en rut, et miment sa gestuelle. Autre temps fort : la **Haka Manu (danse de l'Oiseau)**, mimant un amour – forcément impossible – entre une princesse et un guerrier. Galvanisés par les chants, des couples mixtes, ornés de

L'impressionnante danse rituelle qui ouvre les matchs de rugby des All Blacks est le symbole médiatisé de l'identité des Maoris néo-zélandais. En réalité, le haka puise son origine aux Marquises.

plumes colorées, les bras déployés comme des ailes, imitent des oiseaux en phase de séduction. Une interprétation voluptueuse, d'une fluidité ondoyante et d'une grâce aérienne. Pour les visiteurs étrangers, c'est le **Haka Taua**, la danse guerrière d'intimidation, qui offre le souvenir le plus mémorable. Harangués par la voix de stentor du chef de groupe, portés par les pulsations des énormes *pahu* (tambours pouvant mesurer 2 m de haut) situés derrière eux, une cohorte de danseurs aux profils d'Hercules tatoués, parés de franges végétales et de pagnes en *tapa* (écorces de mûrier), arborant des défenses de cochon en guise de collier, livrent une chorégraphie qui semble surgir de la nuit des temps. Dans une synchronisation millimétrée, les guerriers s'avancent par bonds, frappant alternativement leur torse bombé, leurs coudes et leurs cuisses écartées, proférant des paroles de défi et hurlant des incantations. L'esprit de la nature et des puissances tutélaires, le *mana*, s'empare d'eux et les mène à un état d'exaltation proche de la transe. Animé par une énergie mystique, le Haka Taua est explosif, percutant, pulsionnel.

Si la cinétique du haka a une connotation virile, la place des femmes est néanmoins très importante. Elles jouent un rôle prépondérant dans les phases incantatoires et d'invocation des divinités. Les enfants sont également intégrés dans certaines représentations, signe que le haka est bien un ciment communautaire.

CONTROVERSES RÉCENTES

Le haka, tiré des oubliettes de l'histoire par les Marquisiens, restera-t-il figé dans sa forme actuelle ? Manifestement non. Pour la première fois dans l'histoire de cette danse, une dissidence est apparue en 2019 lors du festival à Ua Pou, provoquant des controverses à la tonalité très passionnelle. De jeunes Marquisiens créent des haka encore plus engagés dans le but de bousculer certains codes. Notamment en introduisant des scènes évoquant le rôle du christianisme dans l'effacement de la culture traditionnelle. Un sujet encore ultra-sensible. Pour la jeune génération, le combat continue. C'est l'essence même du haka.

JEAN-BERNARD CARILLET ©

JEAN-BERNARD CARILLET ©

À la tombée de la nuit, ne manquez pas le retour des pêcheurs.

L'atmosphère est similaire à **Hakamaii**, un village qui s'étire le long d'une rivière, dans une luxuriante vallée débouchant sur une plage de gros galets noirs. La population vit au rythme de la pêche et de la culture du coprah.

La façade de l'église de pierre, fièrement dressée face à l'océan, est curieusement habillée : des panneaux de bois peints en jaune, bleu et rouge imitent des vitraux.

Depuis/vers Ua Pou

AVION

Au moment de la rédaction de cet ouvrage, il était prévu qu'Air Tahiti reprenne la desserte de Ua Pou depuis Nuku Hiva.

Reportez-vous au chapitre *Transports* p. 451 pour les cartes de réduction et le pass Marquises proposés par Air Tahiti.

Air Tahiti (☎ 40 91 52 25, 40 92 51 08 à l'aérodrome, réservation centrale 40 86 42 42 ; www.airtahiti.pf ; ⏲14h30-16h30 mar, mer et ven). À Hakahau, sur le front de mer. Les horaires changent régulièrement.

BATEAUX INTER-ÎLES

Depuis fin 2022, il existe un service de navettes maritimes entre Ua Pou, Ua Huka et Nuku Hiva (voir p. 307).

Le cargo mixte **Aranui** (www.aranui.com ; voir l'encadré p. 290) dessert Ua Pou (Hakahau et Hakahetau).

Comment circuler

Sur la côte est, une piste relie Hakahau à Hohoi (13 km) et se prolonge jusqu'à Hakatao sur la côte ouest. Hakahau est reliée, sur la côte ouest, à Hakahetau (15 km), à Haakuti (22 km) et à Hakamaii. La piste ne fait donc pas complètement le tour de l'île.

DESSERTE DE L'AÉRODROME

L'aérodrome est situé à Aneou, à une dizaine de kilomètres à l'ouest de Hakahau, sur la piste de Hakahetau. Vos hôtes viendront vous chercher si vous avez réservé. Comptez 4 000 CFP/pers le transfert aller-retour.

4X4

Les déplacements se font en général en 4x4 avec chauffeur lors d'excursions guidées. Adressez-vous aux propriétaires des pensions. Comptez entre 12 500 CFP et 19 000 CFP par jour et par véhicule, selon la distance et les villages visités. Il est également possible de louer un 4x4 chez **Teuu Location** (☎ 87 31 47 29) moyennant 10 000 CFP pour 24 heures.

Ua Huka

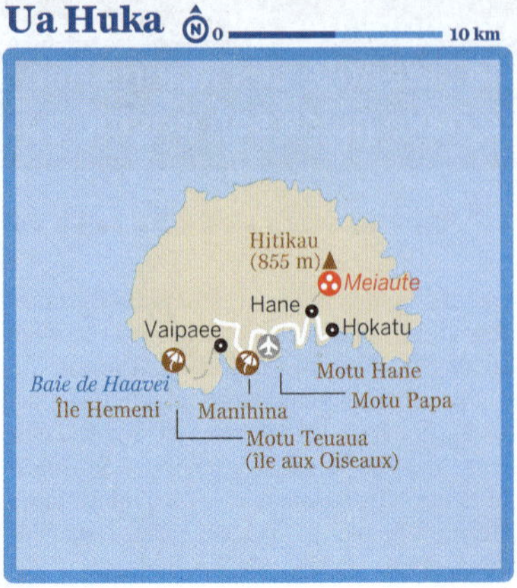

UA HUKA

621 HABITANTS

Changement de décor à Ua Huka. Par rapport aux autres îles de l'archipel, Ua Huka, la moins arrosée des îles de Polynésie, se distingue par de vastes étendues presque désertiques au sud, qui lui donnent un aspect lunaire vraiment étrange. Certains paysages côtiers entre Vaipaee, Hane et Hokatu, les trois villages de l'île, distillent une atmosphère incomparable de Far West, dont on peut s'imprégner à l'occasion d'une randonnée pédestre. Pendant longtemps, Ua Huka a été appelée l'"île aux Chevaux", mais, en raison de la sécheresse qui a décimé une partie des troupeaux qui évoluaient en semi-liberté, ce surnom n'a plus vraiment de raison d'être.

Ua Huka possède quelques beaux vestiges archéologiques, dissimulés dans un cadre naturel de toute beauté, ainsi que de jolies plages sauvages. L'artisanat n'est pas en reste. Chacun des trois villages abrite un centre d'exposition-vente. Enfin, totalement inattendu en pareil endroit, un arboretum fait la fierté de l'île.

Ua Huka est située à 50 km à l'est de Nuku Hiva et à 56 km au nord-est de Ua Pou. Les touristes sont encore rares. Vous aurez l'impression d'avoir l'île pour vous tout seul. Profitez de cette quiétude en lui consacrant au moins trois jours.

À voir

Vaipaee VILLAGE

Le chef-lieu de l'île est situé au fond d'une échancrure très profonde et étroite, mesurant près de 1 km. Elle est à juste titre surnommée "Baie invisible". Lorsque l'*Aranui* y pénètre, il manœuvre dans un mouchoir de poche et s'amarre aux parois avec des aussières. Le village s'étire tout en longueur, dans une vallée encaissée. Sur la petite esplanade près de la mairie est érigée une **plaque commémorative**, dédiée au capitaine Étienne Marchand qui, peut-on lire, aborda en juin 1791 le groupe nord des Marquises.

Arboretum JARDIN BOTANIQUE

(accès libre). À mi-chemin de Vaipaee et de Hane, l'arboretum mérite une petite visite. Ce sanctuaire végétal rassemble des dizaines d'espèces du monde entier qui sont acclimatées et cultivées, ainsi que trois champs de vanille et une trentaine de variétés de mangues. Autre record, 250 sortes d'agrumes ont été plantées. Le contraste est frappant entre cette arche de Noé végétale et la relative aridité de l'île. On vous fera déguster des fruits de saison.

Musée communal de Ua Huka MUSÉE

(entrée libre, don apprécié ; ⏲à la demande). Une excellente surprise ! Aménagé dans le secteur de l'aérodrome, au milieu de nulle part, ce musée bien conçu abrite des témoignages de la vie ancienne, des tikis, des sculptures (dont de belles pirogues à voile), des objets de la vie quotidienne (notamment des pilons, des hameçons et des récipients), des herminettes, des tambours, des parures diverses et des reproductions de photos d'époque. On y trouve également des reconstitutions, à l'échelle, d'objets (pagaies, casse-tête, échasses), d'une grotte funéraire et d'une cuisine. À côté se trouvent plusieurs maisons d'accueil, avec des poteaux sculptés, réalisées à l'occasion du Festival des arts des îles Marquises qui s'est tenu à Ua Huka en 2017.

Hane VILLAGE

Des rouleaux déferlent sur la plage de galets noirs de ce village blotti au bord d'une splendide baie. À l'est de la baie, le regard ne peut se détourner du **motu Hane**, un imposant îlot en forme de pain de sucre. Sur le front de mer, une petite maison abrite le **centre artisanal** et un modeste **musée de la Mer** (entrée libre), où sont rassemblés quelques pirogues traditionnelles, ainsi que des hameçons pour la pêche au requin.

Si l'on en croit les spécialistes, la première installation des Polynésiens aux Marquises aurait eu lieu dans ce village.

Meiaute SITE ARCHÉOLOGIQUE

(Hane). Sur les hauteurs du village de Hane, ce site comprend trois tikis en tuf rouge de plus d'un mètre, placés sur un même alignement, qui veillent sur un ensemble de structures en pierre, *pae pae* (plates-formes sur lesquelles étaient construites les habitations) et *meae* (plates-formes cérémonielles), en partie restaurées. Deux de ces tikis, trapus et massifs, aux contours finement dessinés, ont des oreilles saillantes, à la différence de la plupart de leurs homologues. Le tiki situé sur la gauche possède des jambes et un sexe, bien visibles, alors que les deux autres ont des jambes tronquées. Entre le tiki de gauche et le tiki au centre, notez la présence d'une pierre sculptée représentant le buste d'une femme en train d'accoucher. La clairière forme un belvédère naturel d'où l'on jouit d'une magnifique vue sur la baie de Hane.

Les pensions proposent la visite de ce site lors de la découverte des trois vallées. Vous pouvez aussi vous y rendre par vos propres moyens. Du front de mer, remontez la rue principale vers l'intérieur de l'île. La route cimentée se termine à un carrefour. Continuez tout droit sur la piste (ne pas prendre la piste qui part à gauche et passe au-dessus de la rivière). Faites environ 900 m, dans la cocoteraie, jusqu'à ce que vous arriviez à hauteur d'un sentier sur la droite, qui serpente en montant sur une butte ; le sentier est en principe bien visible et aménagé, car les touristes de l'*Aranui* l'empruntent régulièrement. Comptez 5-10 minutes de montée jusqu'à la clairière.

Hokatu VILLAGE

En arrivant à Hokatu, à 3 km à l'est de Hane, on a la délicieuse impression d'être arrivé au bout du monde. Rien ne semble pouvoir troubler la quiétude de cette communauté où la vie s'écoule paisiblement. Une seule rue, quelques maisons entourées de fleurs, un **centre artisanal**, un petit **musée** consacré aux pétroglyphes, une plage de galets noirs, une baie protégée que garde l'imposante sentinelle du motu Hane, les parois de l'ancien volcan en toile de fond... Adorable !

Le dimanche après-midi, les femmes se rassemblent dans un local près de la plage pour jouer au bingo. Ambiance authentique garantie.

Dans la baie située derrière les bungalows de la pension Chez Maurice et Delphine, on peut se baigner dans des petites vasques naturelles près du bord.

Grotte aux Pas GROTTE

Cette grotte située entre Vaipaee et Haavei serait hantée par des *tupapau* (esprits)...

La légende dit qu'un pêcheur de l'île y aurait trouvé refuge lors d'une tempête. À son réveil, le lendemain matin, il aurait remarqué avec effroi de grandes empreintes de pied sur le sable autour de lui. Quelques jours plus tard, et alors que la marée montante aurait dû les effacer, les empreintes étaient toujours là.

Cette grotte plutôt lugubre est visible lors d'une excursion en mer.

Île aux Oiseaux (motu Teuaua) ÎLOTS

Ce site aurait pu inspirer Hitchcock. Imaginez des milliers de sternes fuligineuses (*kaveka*) qui nichent sur deux îlots inhabités, **Hemeni** et **Teuaua**, dans une assourdissante cacophonie. Les habitants de Ua Huka se rendent régulièrement à Teuaua pour y prélever des œufs. Dégustés en omelette, ils constituent un mets apprécié.

L'accès à Hemeni est interdit afin de protéger l'espèce. L'accès à Teuaua est une petite aventure. Du speed-boat, il faut donc sauter sur un replat rocheux, à 2 m au-dessus de la surface de l'eau, puis escalader la paroi en s'aidant d'une corde sur 6 m. L'embarcation ne peut s'en approcher trop près, sous peine d'être drossée par la houle contre la paroi rocheuse.

Autre épreuve : l'odeur nauséabonde des milliers de volatiles qui couvent à même le sol. D'une couleur blanchâtre, mouchetés de taches brunes ou noires, les œufs ne sont pas tous propres à la consommation. Seul un œil expert peut faire la différence. Sur votre passage, les *kaveka* s'envolent, furieux. Les plus téméraires s'enhardissent à fondre sur votre tête. Si malgré tout l'expérience vous tente, munissez-vous d'un couvre-chef, d'un pantalon et d'une paire de baskets.

Motu Papa ÎLOT

Ce motu situé au large du plateau où est édifié le terrain d'aviation, entre Vaipaee et Hane, est un gros bloc volcanique qui, à marée basse, dévoile un replat rocheux assez large. C'est un site propice à la pêche.

Manihina PLAGE

Près de l'aérodrome, la plage de Manihina, accessible par une piste, est festonnée de gros galets, avec quelques parties sablonneuses de couleur gris clair envahies par des herbes rases qui lui donnent un aspect sauvage. Bien protégée par des falaises, à gauche, et un contrefort basaltique, à droite, elle offre d'excellentes possibilités de plongée libre. Malheureusement, la présence des nonos risque de gâcher le plaisir (sauf par grand vent). Prévoyez des produits répulsifs.

Hatuana PLAGE

La plage de Hatuana, dans l'ouest de l'île, abrite quelques pétroglyphes. On s'y rend en speed-boat. C'est un lieu de pique-nique idéal lors d'une journée d'excursion en mer.

Haavei PLAGE

La plage de Haavei est une superbe crique, bordée de sable blanc. Le site étant privé, il n'est malheureusement pas accessible sans l'autorisation des propriétaires.

Activités

Contactez directement les pensions pour l'organisation des activités (sorties en bateau, excursions en 4x4 ou cheval, randonnée pédestre).

Randonnée pédestre

La route côtière, cimentée, entre Haavei à l'ouest et Hokatu à l'est, ménage des vues spectaculaires et se prête à la promenade. D'autres randonnées nécessitent la présence d'un guide (adressez-vous à votre pension), en l'absence de tout balisage :

Petit cratère RANDONNÉE

Magnifique balade de 1 heure 30, sans dénivelé, autour du cratère d'un ancien petit volcan. On chemine sur le rebord de la caldeira (en partie clôturé, car le site est privé). Très belles vues sur la vallée de Vaipaee, le grand cratère, l'aérodrome, la plage de Manihina, et un plateau aride où évoluent des chevaux. Pas de dénivelé, mais quelques passages escarpés. Possibilité de terminer cette balade sur la plage de Manihina.

Grand cratère RANDONNÉE

Superbe randonnée autour du grand cratère, à l'ouest de Vaipaee, dans le secteur le plus aride de l'île. La terre est rouge et aucune végétation n'est présente, ce qui confère un aspect lunaire à ce site. Comptez 4 heures de marche. Attention, il n'y a pas d'ombre.

Traversière Hokatu-Hane RANDONNÉE

Piste facile, qui relie les deux villages, en passant par un col. Prévoir environ 2 heures. Un guide n'est pas nécessaire.

Pokopoko RANDONNÉE

Balade relativement courte (environ 45 minutes l'aller) sur les hauteurs de Hokatu. Faites-vous déposer à la fin de la route cimentée, à Hokatu. De là, on marche à travers une forêt de pandanus, jusqu'à une étroite crête rocheuse, que l'on longe. Panoramas splendides sur la baie de Hokatu. Mieux vaut ne pas être sujet au vertige.

Promenade équestre

Il est possible de faire de belles balades à cheval à proximité de chaque village. Il n'y a pas d'itinéraires types ; voyez avec les propriétaires de la pension où vous séjournez, qui se chargeront d'organiser la prestation. À la demi-journée, vous pouvez monter jusqu'aux tikis de Hane (p. 315). À la journée, il est possible de se rendre jusqu'au plateau de Vaikivi. Comptez 6 000/10 000 CFP la demi-journée/journée.

Excursions en mer

Les pensions peuvent organiser une excursion en mer à la journée, au cours de laquelle vous visiterez le motu Papa, l'île aux Oiseaux et les plages de Manihina et de Hatuana. Comptez 5 000 CFP/pers (minimum 4 pers).

Où se loger

Ua Huka Horse House BUNGALOWS €
(☎89 53 63 88 ; www.facebook.com/uahukahorsehouse ; Vaipaee ; bungalows d 6 000-10 000 CFP ; ❄📶). L'adresse la plus récente de l'île se démarque par des prestations de qualité. Les 3 bungalows (dont deux climatisés) offrent un confort très convenable et partagent une cuisine équipée. Comme son nom l'indique, les balades équestres sont le point fort de l'établissement (8 000 CFP/pers, 7 circuits au choix, accompagnés par un guide certifié). Des excursions en mer sont également au programme ainsi que des excursions en 4x4. Repas (2 000 CFP) en option. Transferts à l'aérodrome 2 000 CFP/pers l'aller-retour.

Chez Maurice et Delphine BUNGALOWS €
(☎40 92 60 55 ; chezmauriceetdelphine@gmail.com ; Hokatu ; bungalows 6 000 CFP/pers en demi-pension ; 📶). Le stress du monde moderne n'est plus qu'un lointain souvenir chez les Rootuehine. Maurice, l'un des meilleurs sculpteurs de l'île, vous fera visiter son atelier, derrière sa maison. Delphine, elle, connaît bien l'histoire de son île. Les 5 bungalows sont à 5 minutes à pied de la maison des propriétaires, perchés sur une petite butte, face au motu Hane. Leur aménagement est sommaire mais il y a l'essentiel (ventilateur, sdb avec eau chaude, terrasse, moustiquaire). Le bungalow Mata Otemanu, le mieux orienté, offre une vue directe sur le motu Hane. Les repas se prennent avec la famille, sur la terrasse de la maison. Toutes les activités peuvent être organisées, dont des balades à cheval, la visite des 3 villages, les randonnées pédestres et une excursion en mer (mais pas le dimanche). Transferts à l'aérodrome 2 000 CFP/pers l'aller-retour. Pas de Wi-Fi dans les bungalows, mais sur la terrasse où se prennent les repas. Paiement en espèces.

Mana Tupuna Village BUNGALOWS €
(☎40 92 60 08, 87 71 85 08 ; manatupuna@mail.pf ; Vaipaee ; bungalows s/d 8 500/14 500 CFP en demi-pension ; 📶). Les 4 bungalows, accrochés à flanc de colline, sur les hauteurs de Vaipaee, ont de l'allure et offrent une belle vue sur la vallée. Diverses activités peuvent être organisées au départ de la pension. Transferts à l'aérodrome 3 000 CFP/pers l'aller-retour. Paiement en espèces.

Le Rêve Marquisien BUNGALOWS €€
(☎87 79 17 07 ; revemarquisien@mail.pf ; Vaipaee ; bungalows 8 400 CFP/pers en demi-pension). Retour aux sources dans cette pension perdue au milieu d'une cocoteraie, au fond de la vallée de Vaipaee, accessible par une piste carrossable (boueuse en cas de pluie). Dans ce paradis naturel évoluent 4 espèces endémiques d'oiseaux. Les 4 bungalows sont confortables et bien équipés, avec eau chaude, parquet, terrasse et bonne literie. Sachez que l'on se sent un peu isolé (le village est à 2 km). Transferts inclus. Organisation d'activités. Paiement en espèces.

Où se restaurer

Hormis quelques magasins d'alimentation dans chaque village, le choix est restreint à Ua Huka. Fort heureusement, les pensions proposent une nourriture qui fait honneur à la cuisine marquisienne. Goûtez la succulente omelette aux œufs de *kaveka*, spécialité de l'île (à certaines époques uniquement).

Achats

Chaque village possède son centre artisanal, où sont regroupées les productions des artisans locaux. Ils sont ouverts à la demande ; adressez-vous à vos hôtes.

Renseignements

Prévoyez suffisamment d'espèces, car il n'y a pas de banque à Ua Huka, et la carte bancaire n'est acceptée nulle part.

OPT (Hane ; 🕒7h-11h lun-ven). Bureau de poste. Sur le front de mer, à Hane. Zone Wi-Fi (Vinispot) autour du bâtiment,

1

JEAN-BERNARD CARILLET ©

2

4

JEAN-BERNARD CARILLET ©

JEAN-BERNARD CARILLET ©

JEAN-BERNARD CARILLET ©

1. Tiki souriant (p. 325)
Cet étonnant tki se cache dans une clairière à quelques kilomètres d'Atuona.

2. Tahuata (p. 331)
Les deux villages de Tahuata, se nichent au fond de baies dominées par d'impressionnantes parois volcaniques.

3. Hiva Oa (p. 320)
La route qui longe la côte nord de l'île offre des points de vue exceptionnels

4. Tiki pensant (p. 328)
Récemment mis en valeur, c'est le seul tiki à être représenté avec une telle pose, le bras en appui du menton.

vente de recharges téléphoniques. Également bureau de poste à Vaipaee.

Depuis/vers Ua Huka

AVION

Au moment de la rédaction de cet ouvrage, il était prévu qu'Air Tahiti reprenne la desserte de Ua Huka depuis Nuku Hiva.

Air Tahiti (☎ 40 91 60 16, 40 92 60 44 à l'aérodrome, réservation centrale 40 86 42 42 ; www.airtahiti.pf). À Vaipaee.

BATEAUX INTER-ÎLES

Depuis fin 2022, il existe un service de navettes maritimes entre Ua Pou, Ua Huka et Nuku Hiva (voir p. 307).

L'**Aranui** (www.aranui.com ; voir l'encadré p. 290) dessert Ua Huka. S'il est de passage lors de votre séjour, vous pourrez l'emprunter jusqu'à Nuku Hiva (5 000 CFP), au départ de Vaipaee.

Comment circuler

Une route goudronnée en bon état relie Vaipaee à Hokatu, via Hane, soit 13 km. La baie de Haavei, à l'ouest, est accessible par la piste depuis Vaipaee.

L'aérodrome est situé sur un plateau aride, presque à mi-chemin de Vaipaee et de Hane. Certaines pensions facturent le transfert à l'aérodrome.

Les propriétaires des pensions disposent de 4x4 et vous feront visiter les trois vallées moyennant 10 000 CFP environ la journée (forfait pour la voiture, jusqu'à 4 personnes).

ÎLOTS INHABITÉS DU GROUPE NORD

Hatu Iti, **Eiao**, **Hatutu**, **Motu One** et le **banc Clark** sont situés au nord de Nuku Hiva. Leurs eaux sont occasionnellement fréquentées par des navires de pêche. Eiao faillit être retenu dans le cadre des essais nucléaires du CEP (Centre d'expérimentation du Pacifique).

SCANNEZ POUR VOIR LA VIDÉO

HIVA OA

2 184 HABITANTS

Luxuriante et boisée, Hiva Oa présente un profil majestueux sur toute sa superficie (40 km d'ouest en est et 10 km du nord au sud), avec des vallées cloisonnées par des lignes de crête escarpées, des sommets découpés qui culminent à plus de 1 000 m, et des baies magnifiques adossées à des cirques montagneux. L'île n'est sillonnée que de quelques routes et pistes, ce qui renforce son aspect sauvage et préservé. Pas étonnant que le peintre Paul Gauguin et le chanteur auteur-compositeur Jacques Brel, tombés sous son charme, n'en soient jamais repartis.

Comme dans le reste des Marquises, on vient à Hiva Oa non pas pour les plages (très peu nombreuses) ou le lagon, et encore moins pour l'animation, mais pour profiter d'un cadre naturel superbe, que l'on explore à l'occasion d'une balade à cheval ou d'une excursion en 4x4 dans les parties reculées de l'île. Pour les amateurs de dépaysement absolu, les hameaux de la côte nord, la plus sauvage, valent le détour.

Les passionnés d'histoire et d'archéologie seront enchantés par les vestiges de l'ancienne civilisation marquisienne, que l'on explore au milieu d'une végétation exubérante, comme à Puamau, sur la côte nord-est, où se dressent les tikis les plus représentatifs découverts à ce jour aux Marquises.

Atuona et ses environs

Cette jolie bourgade est entourée de vertigineuses parois qui culminent à plus de 1 000 m d'altitude, au nord d'une baie magnifique. Où que l'on scrute, le regard est happé par un décor grandiose : à l'ouest, l'imposant mont Temetiu barre l'horizon ; à l'est, des maisons colorées entourées de jardins soigneusement entretenus s'accrochent aux flancs de la péninsule qui sépare le centre d'Atuona de la baie voisine. En contrebas d'Atuona, une plage de sable noir, dont les rouleaux font la joie des surfeurs locaux, frange la baie. En face d'Atuona, dans la baie, se dresse l'**îlot Anakéé**.

Cette petite cité (1 300 habitants) regroupe la plupart des services et des commerces de l'île. Sa physionomie a peu changé depuis la mort de Jacques Brel, qui y vécut de 1975 à 1978, même si le monde moderne a largement fait irruption dans la vie quotidienne des habitants, qui vivent à l'heure des réseaux sociaux.

À voir

Tohua Papa Nui et centre culturel Paul-Gauguin MUSÉES

(☎ 40 92 78 97 ; adulte/enfant complexe Paul-Gauguin 600/300 CFP, espace culturel Jacques-Brel 500/250 CFP ; ⏲ 8h-12h et 14h-16h30 lun-ven).

Pour les nostalgiques de Paul Gauguin et de Jacques Brel, la visite de ces deux musées, situés au même endroit, au centre du bourg, s'impose, même s'ils valent plus par leur côté symbolique que par leur contenu, somme toute bien modeste. Le premier bâtiment rassemble des reproductions numériques de tableaux de Gauguin et évoque son œuvre avec des panneaux explicatifs. Il comprend aussi quelques objets trouvés sur des sites archéologiques. Le second bâtiment abrite *Jojo*, l'avion personnel de Brel, et vous fera plonger dans l'univers sonore du chanteur.

Cimetière du Calvaire — SITE HISTORIQUE

Jacques Brel et Paul Gauguin reposent à quelques mètres l'un de l'autre dans ce cimetière accessible par une route qui monte à hauteur de la gendarmerie (comptez 500 m de montée). Bien entretenu, fleuri, disposé en terrasses sur la colline, il domine la baie d'Atuona. Les deux tombes se trouvent dans la partie basse du cimetière, à proximité immédiate de la grande croix blanche. La **tombe de Jacques Brel** est agrémentée d'un médaillon représentant l'artiste avec sa compagne Maddly. La **tombe de Paul Gauguin** est deux rangée plus haut, à une vingtaine de mètres sur la droite. Elle est formée de petits blocs de tuf rouge, au pied d'un frangipanier. Sur l'avant est enchâssé un galet sobrement gravé de l'inscription "Paul Gauguin 1903". En arrière-plan veille la réplique de la statue d'Oviri ("sauvage"), qui représente une femme au visage inquiétant et énigmatique, tenant à la main un louveteau. Gauguin s'identifiait à la symbolique violente de cette statue et souhaitait qu'elle figurât sur sa dernière demeure.

Baie de Tahauku — BAIE

À l'est d'Atuona, cette anse forme un U presque parfait, où les voiliers qui font le tour du monde ont coutume de mouiller.

Hiva Oa, Tahuata et Motane

Atuona

Vieux cimetière de Tevitete SITE HISTORIQUE

Il règne une atmosphère mystérieuse dans cet ancien cimetière aujourd'hui abandonné, situé dans une vallée à 2 km en amont du centre d'Atuona. Les pierres tombales sont en tuf rouge ; des petits tikis sont sculptés en bas relief près de certaines d'entre elles. Dommage que le site, peu entretenu, soit en grande partie recouvert par des herbes. Empruntez l'escalier ; au fond à gauche, à environ 40 mètres, vous distinguerez un gros tronc d'arbre sculpté (sauf si les branches et les feuilles ont repoussé, auquel cas il n'est plus visible) ; juste derrière cet arbre se trouve une tombe dont l'avant est composé d'un superbe tiki en tuf rouge. La vue sur la vallée et le bourg vaut également son pesant d'or.

L'accès au cimetière est mal signalé. À hauteur de la banque Socredo, prenez la route qui part dans la vallée et faites environ 2 km. Demandez aux habitants de vous indiquer la bifurcation menant au cimetière, sur la gauche. À pied, armez-vous de courage, cela monte !

Église catholique ARCHITECTURE

Au centre d'Atuona, l'église catholique jouxte le collège Sainte-Anne, qui appartient à la congrégation des sœurs de Saint-Joseph de Cluny, fondé en 1843.

Plage SABLE NOIR

La grande plage de sable noir d'Atuona, celle-là même qui inspira Paul Gauguin, est malheureusement peu propice à la baignade en raison de la présence régulière de courants. En revanche, elle est exempte de nonos.

Tohua Pepeu SITE ARCHÉOLOGIQUE

Ce *tohua* (esplanade communautaire), en face de la banque Socredo, restauré pour les éditions 1991 et 2015 du Festival des arts des îles Marquises, comporte une reconstitution d'un *hae* (maison traditionnelle).

Activités

Promenade équestre

Il existe de très belles possibilités de randonnées équestres sur les hauteurs d'Atuona.

Jérémie BALADES ÉQUESTRES

(☎87 75 05 99 ; ⌚sur réservation). Organise des balades à cheval dans les vallées des environs d'Atuona, pour tous les niveaux. À partir de 5 000 CFP/personnes (minimum 4 personnes). Bonne réputation.

Plongée sous-marine et snorkeling

Hiva Oa accueille un centre de plongée depuis 2018, dont le fonctionnement diffère des centres des autres archipels – l'activité y est plus irrégulière car la part des plongeurs parmi les visiteurs aux Marquises est

Atuona

À voir

Où se loger

Où se restaurer

Où sortir

Achats

relativement faible, et il fonctionne lorsque le nombre de réservations est suffisante.

La faune (en particulier les raies mantas de juillet à décembre et, plus rarement, les requins marteaux) ainsi que le relief et des coraux en bonne santé sont les principaux attraits. Pour plus d'informations, reportez-vous au chapitre *Plongée* p. 40.

Marquises Diving PLONGÉE
(☎87 24 19 95, 87 25 35 39 ; www.marquisesdiving.com ; baptême 10 000 CFP, sortie 2 plongées 18 000 CFP, sortie 2 plongées Tahuata 25 000 CFP ; ⏱sur réservation). Découvrez des sites totalement préservés dans le secteur sud-ouest de Hiva Oa et nord de Tahuata avec ce centre de plongée doté d'équipements de qualité. Les sorties ont lieu à la demi-journée sur les sites le long des côtes de Hiva Oa ou à la journée (avec pique-nique sur la plage de Hanamenino, visite des villages de Vaitahu et Hapatoni à Tahuata, et observation des raies mantas en surface près de l'îlot Anakéé si elles sont présentes). Le forfait de 6 plongées revient à 53 000 CFP. Également sorties snorkeling. À signaler : il faut un minimum de 2 personnes pour les sorties à Hiva Oa et de 4 pour Tahuata.

Excursions en 4x4

Plusieurs prestataires organisent des excursions à bord de confortables 4x4 vers les différents sites touristiques et villages de l'île. Comptez entre 10 000 et 12 000 CFP la journée par personne (minimum 2 personnes, repas inclus), et 5 000 CFP la demi-journée par personne (pour Taaoa ou Hanaiapa, sans repas). Le circuit à la journée inclut généralement Hanaiapa (ou Taaoa), Puamau et le tiki souriant. Vos hôtes contacteront directement les prestataires. Assurez-vous bien de la compétence de ces derniers, car la plupart ont tendance à plus faire office de taxis que de guides apportant des éclairages culturels.

Excursions en mer

L'excursion la plus couramment proposée consiste à visiter l'île de Tahuata (p. 331) à la journée. La sortie comprend la visite des deux principaux villages de Tahuata (Vaitahu et Hapatoni), ainsi qu'un pique-nique (ou un repas dans une famille) et une pause baignade sur l'une des plages de l'île (Hanamenino, Hanahevane, Iva Iva ou Koku'u, selon les prestataires).

Les pensions se chargent d'organiser la sortie en contactant directement les prestataires ; comptez 12 500 CFP/personne selon le nombre de personnes, pique-nique inclus (minimum 6 personnes).

Randonnée pédestre

L'île ne manque pas de sentiers mais, en l'absence de guides officiels et de balisage, il est préférable de s'en tenir aux pistes et routes qui relient les différents villages.

Croisière en catamaran

Kaveka Sailing CATAMARAN
(☎87 25 50 71 ; www.kavekasailing.com ; baie de Tahauku ; ⏱sur réservation). L'équipage franco-polynésien propriétaire de ce catamaran basé à Hiva Oa organise des croisières à partir de 3 nuits dans l'archipel, à partir de 15 000 CFP par personne et par jour en pension complète sur la base de 4 personnes. Une formule idéale pour découvrir les spots les plus secrets de l'archipel. Pour le tour des îles du groupe Sud (Hiva Oa, Tahuata et Fatu Hiva), prévoir 9 nuits.

Où se loger

La plupart des structures d'accueil ne se trouvent pas dans le centre d'Atuona, mais dans la baie de Tahauku, située immédiatement à l'est du bourg.

Au bourg

Relais Moehau CHAMBRES €
(☎40 92 72 69 ; www.relaismoehau.pf ; Atuona ; s/d côté mer avec petit-déj 10 500/14 600 CFP, s/d sans vue avec petit-déj 9 500/13 600 CFP ; ❄📶). Cette pension aux allures de petit motel familial

offre un bel emplacement, à flanc de colline, à la sortie du bourg. Faites le bon choix lors de la réservation : sur les 8 chambres, 4 seulement ont une vue sur la baie d'Atuona et la plage, en contrebas. Les autres, dites "standard", sont à l'arrière avec, comme seule perspective, le talus de la colline, à quelques mètres seulement (elles sont pourtant à peine moins chères). L'ensemble est sans charme mais propre et fonctionnel, avec sdb, brasseur d'air et une bonne literie. À noter : les sdb n'ont pas de porte (juste un rideau) et leurs cloisons ne montent pas jusqu'au plafond. La climatisation est en sus (2 650 CFP par jour). La présence du restaurant au rez-de-chaussée (voir ci-contre) constitue un point positif. Carte bancaire acceptée.

Baie de Tahauku

Temetiu Village – chez Gaby BUNGALOWS €€

(☎40 92 70 60, 87 70 01 71 ; www.temetiuvillage.com ; baie de Tahauku ; bungalow d 12 000 CFP, ch d 13 000 CFP ; 🏊📶). Valeur sûre, le Temetiu Village traverse les années sans faire de vagues. Les 6 bungalows n'ont rien de luxueux mais sont accueillants et ménagent une vue sensationnelle sur la baie de Tahauku, en contrebas. Autre option, 4 chambres dans 2 *fare* tout équipés et climatisés, côté vallée. Les repas (en option), servis sur une terrasse aérée, avec une vue dégagée sur la baie, font la part belle aux spécialités locales (buffet petit-déjeuner 1 500 CFP, déjeuner ou dîner 3 000 CFP, hors boissons). S'y ajoute la possibilité de se rafraîchir dans la toute petite piscine hors sol, installée entre 2 bungalows. Le centre d'Atuona est à moins d'une demi-heure de marche. Accueil courtois et discret de la famille Heitaa. Wi-Fi dans la partie restaurant. Location de 4x4. Carte bancaire acceptée.

Pension Kanahau – chez Tania BUNGALOWS €€

(☎40 91 71 31, 87 70 16 26 ; tania.tania@live.fr ; baie de Tahauku ; bungalow s/d avec petit-déj 9 500/13 500 CFP ; 📶). Tania, une forte personnalité, loue 4 bungalows aménagés dans un jardin luxuriant, avec, en prime, une vue imprenable sur la baie de Tahauku (pour 2 d'entre eux) ou sur le fond de la vallée (les 2 autres, équipés d'une modeste kitchenette, sur la terrasse). L'intérieur n'est plus de première jeunesse mais correct, avec une sdb, un ventilateur, un réfrigérateur et une moustiquaire. Pour le repas du soir, arrangez-vous avec la propriétaire. Pour un séjour d'au moins 4 nuits, les prix baissent à 7 500/11 500 CFP en simple/double. Paiement en espèces (euros acceptés).

Villa Enata CHAMBRE, BUNGALOWS €€

(☎40 92 71 41, 87 70 20 55 ; www.sejour-hivaoa.jimdo.com ; baie de Tahauku ; ch d 11 300 CFP, bungalow d 14 300-15 000 CFP ; 🏊📶). Tout en haut d'une route bétonnée extrêmement pentue, cette maison moderne comprend 1 chambre, la "Océan", sur le côté de la terrasse, peu spacieuse mais accueillante, et, juste à côté, 2 bungalows de bon standing (mais pas climatisés), avec une vue panoramique ; optez pour le Motoi, sur des petits pilotis, plus intime. Très belle piscine dans le jardin, avec deck. La cuisine a bonne presse ; ajoutez 4 300 CFP/pers pour la demi-pension (petit-déj et dîner trois plats). Compte tenu de la difficulté d'accès, les propriétaires assurent tous les transferts gratuitement au bourg, sur demande. Service de laverie (1 200 CFP). À noter : la Villa Enata est fermée pendant les vacances scolaires polynésiennes.

Inake Lodge MAISON €€€

(www.facebook.com/InakelodgeHivaOa ; baie de Tahauku ; bungalow 22 000 CFP ; 🏊📶). Une prestation engageante et de bon standing. Il s'agit d'une grande maison en bois, entièrement équipée, avec cuisine, salon, 3 chambres climatisées, un vaste deck et une piscine, dans un lieu calme et verdoyant, au fond de la baie de Tahauku. À 5 minutes en voiture du bourg. Réservation via la plateforme Airbnb.

Hanakéé Lodge HÔTEL €€€

(☎40 92 75 87 ; www.hotelhanakee.com ; bungalows d à partir de 36 500 CFP ; ❄🏊📶). Quel cadre ! Et quelle vue ! Seul hôtel de l'île, le Hanakéé, perché à flanc de colline, avec une perspective inoubliable sur la baie de Tahauku et le mont Temetiu. Les 17 bungalows offrent un confort douillet, une bonne literie et sont joliment décorés avec des matériaux locaux, dans l'esprit marquisien. Les tarifs varient en fonction de leur orientation (certains ont une vue sur la montagne et la vallée, d'autres donnent sur la baie ou l'océan). En fin d'après-midi, il fait bon lézarder sur le deck panoramique autour de la (petite) piscine, un cocktail à la main. Bar et restaurant sur place, et boutique d'artisanat local. On est excentré, trop loin du bourg pour s'y rendre à pied, mais un service de

VAUT LE DÉTOUR

LE TIKI SOURIANT

Admirez l'un des tikis les plus étranges des Marquises, dans une clairière, au milieu d'une cocoteraie. Sur cette curieuse statue de pierre, bien préservée, on distingue très nettement les deux orbites rondes des yeux et une bouche dont la forme semble effectivement adresser un sourire aux visiteurs... Le haut de la tête semble coiffé d'un bonnet. Les mains, finement sculptées, sont disposées de part et d'autre du nombril. Derrière le tiki, à quelques mètres sur la droite, une dalle porte un bas-relief qui se compose de trois parties rectangulaires (celle de gauche est tronquée) disposées autour d'un motif gravé évoquant une vulve.

Le tiki souriant se trouve à à 4 km après l'hôtel Hanakéé Lodge en direction de l'aéroport, à 5 minutes de marche en contrebas de la route principale, par une piste qui part à droite, à hauteur d'un manguier (en principe, il y a une petite pancarte de signalisation). Autre option : demandez à vos hôtes de vous y arrêter lorsqu'ils vous transfèrent à l'aéroport, le jour de votre départ (prévoir une marge supplémentaire de 20-30 minutes par rapport à l'horaire de convocation à l'aéroport).

navette gratuite est proposé deux fois par jour. Carte bancaire acceptée.

Où se restaurer

Il n'y a qu'une poignée de snacks et de restaurants à Atuona. Vous trouverez plusieurs magasins d'alimentation bien approvisionnés.

Roulotte Heimoana ROULOTTE €

(☎40 92 72 69 ; baie de Tahauku ; plats 1 000-1 400 CFP ; 18h-20h ven-dim). Le cadre est banal – cette roulotte est installée sous un hangar, au quai de Tahauku – mais les tarifs sont sages et les plats copieux.

Snack Iris SNACK €

(☎87 39 66 49 ; Atuona ; plats 1 200-1 500 CFP ; 11h-14h lun-ven et 18h-20h ven-sam). Légèrement en retrait de la plage, ce snack sans chichis aux airs de paillote installée sur un terrain en gravier mitonne des plats consistants (*chao men*, thon grillé, cochon aux légumes) et propose également des crêpes (à partir de 250 CFP).

Relais Moehau RESTAURANT €€

(voir ci-contre ; ☎40 92 72 69 ; Atuona ; plats 1 600-3 000 CFP ; tlj 11h-13h et 18h-20h ; wi-fi). L'un des rares restaurants de l'île (ouvert tous les jours, ouf !), au même endroit que la pension éponyme. La carte est étoffée, avec des plats de poisson et de viande (bœuf braisé, chaud-froid de thon, darne de thazard), mais tout n'est pas disponible (selon arrivage). De copieuses pizzas au feu de bois sont également proposées (le soir uniquement). Desserts maison goûteux, notamment le flan coco. Le décor – une grande terrasse carrelée – est agréable, avec en fond sonore le bruit des vagues qui s'écrasent sur la plage en contrebas. Possibilité de transfert pour les clients extérieurs de la pension (notamment les plaisanciers), sur appel téléphonique. Carte bancaire acceptée. Wi-Fi payant (1 000 CFP).

Temetiu Village – chez Gaby TABLE D'HÔTES €€

(voir ci-contre ; ☎40 92 70 60 ; baie de Tahauku ; repas 3 000 CFP ; tlj 19h, sur réservation). Cette pension accueille les clients extérieurs, sur réservation, et assure les transferts sur simple appel. Assis à la table commune en terrasse, on embrasse un panorama dégagé sur les baies de Tahauku et de Taaoa, tout en goûtant à une cuisine familiale à base de spécialités locales (poisson cru, chèvre au lait de coco), proposées sous forme de menu fixe, qui change chaque jour (boissons en sus). Ambiance familiale. Carte bancaire acceptée.

Hanakéé Lodge Hiva Oa RESTAURANT D'HÔTEL €€

(voir ci-contre ; ☎40 92 75 87 ; baie de Tahauku ; plats 1 700-3 100 CFP ; tlj 12h-14h et 19h-21h). Le restaurant de cet hôtel de charme a bonne presse. Les tables en terrasse surplombent la baie de Tahauku. Savourez des spécialités locales comme le mijoté de cochon sauvage ou la pieuvre à la marquisienne à des tarifs raisonnables, tout en profitant de la vue. Bons desserts maison (crème brûlée à la vanille, tarte papaye tatin). Au déjeuner, carte snack. Le dimanche de 7h à 14h, ne manquez pas la formule brunch (3 900 CFP ; réservation conseillée). Soirée

OÙ SE FAIRE TATOUER AUX MARQUISES ?

Le savoir-faire et le talent des tatoueurs marquisiens sont reconnus dans tout le Pacifique. Pour les touristes, se faire tatouer aux Marquises est une expérience inoubliable. Paradoxalement, les tatoueurs marquisiens n'exercent pas tous sur place ; bon nombre d'entre eux se sont installés dans les îles de la Société (ainsi qu'à l'étranger), où la clientèle est plus importante. D'autres sont itinérants et alternent des séjours entre les Marquises et d'autres îles de Polynésie. On vous communiquera leurs coordonnées sur place. Parmi les plus réputés :

- **Teiki Huukena** À Taiohae (Nuku Hiva). Formateur de tatoueurs.
- **Daniel Moutarde** À Taiohae (Nuku Hiva).
- **Moana Butscher** À Taiohae (Nuku Hiva). www.facebook.com/ButscherTattoo.
- **Kina** À Ua Pou.
- **Félix Fii** À Tahuata.
- **Cyrille** À Tahuata.
- **Kaha Autuche** À Hiva Oa. Dispose d'un studio à Atuona. Voir ci-dessous.
- **Teddy** À Fatu Hiva.

marquisienne avec buffet et spectacle de haka trois fois par quinzaine au dîner d'avril à novembre (3 800 CFP). Carte bancaire acceptée. Possibilité de transfert pour les clients extérieurs sur appel téléphonique.

Où prendre un verre

Mango Bar BAR, CAFÉ

(☎87 75 36 92 ; www.facebook.com/hivaoamangobar ; Atuona ; ⊙8h-16h lun, mar et jeu, 8h-22h mer, 8h-minuit ven ; Wi-Fi). Un peu d'animation à Atuona, c'est possible ! Surtout le vendredi, jour de "bringue", avec des soirées musicales qui se tiennent dans ce petit faré coloré doté d'une terrasse, tenu par une jeune Marquisienne. Les autres jours, le Mango Bar fonctionne de manière plus classique et sert des bières (500-600 CFP), des cafés et des en-cas (gaufres, paninis, wraps, à partir de 400 CFP). Wi-Fi (300 CFP). Tout près de l'agence Air Tahiti, légèrement en retrait de la route principale.

Achats

Le Relais Moehau et l'hôtel Hanakéé Lodge Hiva Oa possèdent un stock d'objets artisanaux.

Fare artisanal ARTISANAT

(Atuona ; ⊙8h-16h lun-ven). Rassemble les productions des principaux artisans de l'île. Sculptures sur bois et sur pierre, *tapa*, bijoux. Derrière le *tohua* Pepeu (p. 322).

Tattoo Studio TATOUAGE

(☎87 23 91 81 ; kaha.patutiki@gmail.com ; Atuona ; ⊙sur rendez-vous). Le talentueux Kaha Autuche fait partie de la jeune génération de tatoueurs marquisiens. Il propose ses services dans un studio très propre et confortable. Suivez son travail sur son compte Instagram tikoeinuitattoo.

Couleurs Marquises PARÉOS

(☎87 28 68 21 ; route de l'aérodrome ; ⊙tlj). Patricia, une métropolitaine installée de longue date à Hiva Oa, propose de jolis paréos faits main et organise des ateliers de réalisation de paréos (sur rendez-vous). Également vente de miel local. Juste avant l'aérodrome (panneau). Transfert possible depuis Atuona sur appel téléphonique.

Renseignements

Plusieurs médecins exercent dans le petit hôpital situé derrière les bâtiments de la mairie. Pharmacie également. Les voiliers arrivant à Hiva Oa doivent effectuer leurs formalités à la gendarmerie.

Hiva Oa Yacht Services (☎40 92 79 85, 87 23 22 47 ; VHF 9 ; hivaoayachtservices@gmail.com). Service de blanchisserie (400 CFP/kg lavé-séché) avec Wi-Fi gratuit (pour les clients du service de blanchisserie), et aide aux démarches administratives pour les voiliers. Également vente de légumes et de fruits, et aide à l'organisation d'excursions. Situé dans un conteneur situé au sémaphore, au bout du quai de la baie de Tahauku. Joignable par téléphone ou VHF.

OPT (🕒 7h-12h et 12h30-15h lun-jeu, 7h-12h et 12h30-14h ven). Bureau de poste. Vente de recharges téléphoniques et Wi-Fi dans un rayon de 50 m par Vinispot. Distributeur de billets accessible 24h/24.

Socredo. Au centre d'Atuona. Deux distributeurs de billets fonctionnant 24h/24.

Taaoa

Le secteur de Taaoa, à 7 km au sud-ouest d'Atuona, est réputé pour sa richesse archéologique : il compte plus de 1 000 plates-formes cérémonielles. Cependant, il n'est que partiellement restauré et vous n'en verrez qu'une petite partie. Le reste est enfoui sous un entrelacs de *mape*, de *tou*, de badamiers, de banians et de cocotiers, ce qui renforce l'aspect sauvage de cette partie de l'île.

Depuis Atuona, la route cimentée, en corniche, ménage quelques points de vue sur Atuona et sa plage de sable noir, le motu Anakee et la baie de Taaoa.

À voir

Église ARCHITECTURE
En arrivant au hameau, vous serez surpris par cette belle église en pierre volcanique, la plus ancienne de Hiva Oa, construite sur un petit terrain herbeux.

Tohua Upeke SITE ARCHÉOLOGIQUE
(accès libre). En amont de la vallée, ce magnifique ensemble cérémoniel, qui a prêté son cadre à des danses lors de l'édition 2015 du Festival des arts des îles Marquises, s'étage sur plusieurs niveaux. De forme rectangulaire, la plate-forme principale (*tohua*) servait de cadre à de nombreuses festivités et cérémonies aux temps anciens : danses, chants, banquets, rites religieux... Malheureusement, lors de notre dernier passage, le site n'était plus entretenu en raison de problèmes fonciers, et les différentes plates-formes commençaient à être recouvertes par la végétation. Renseignez-vous auprès de vos hôtes.

Derrière la plate-forme supérieure, vers l'angle droit, un petit sentier s'enfonce une centaine de mètres sous le couvert de banians et mène à un **tiki** de plus d'un mètre en bon état de conservation taillé dans une dalle trônant sur une plate-forme secondaire. De loin, rien ne le distingue d'un banal bloc de basalte. En s'approchant, on distingue nettement les contours des yeux et de la bouche. L'accent est mis sur la face, large et plane, au détriment des épaules et des bras, tronqués. On suppose que c'est à cet endroit qu'étaient déposées les victimes de sacrifices humains.

Lorsque vous arriverez en vue du village de Taaoa, pour rejoindre le *tohua* Upeke, tournez à droite à hauteur de la cabine téléphonique, située à l'entrée du village, 200 m avant l'église en pierre, et remontez l'étroite route cimentée sur 1,4 km. Vous déboucherez alors dans une clairière. Le *tohua* se trouve sur la gauche.

Un panneau explicatif se trouve à l'entrée du site, mais il peut être judicieux de se faire accompagner d'un guide qui vous expliquera les différentes composantes du lieu. Adressez-vous à votre hébergement.

Achats

Haatiki Mana SCULPTURE
(📞 87 37 47 03, 87 36 03 66 ; Taaoa ; 🕒 sur rendez-vous). Cédric Teiki Taiaapu, sculpteur de son état, vend ses créations et propose d'intéressants ateliers d'initiation à la sculpture sur bois, à son domicile. Comptez environ 5 000 CFP par personne. S'arranger avec le prestataire pour l'horaire et le transfert, si vous n'êtes pas véhiculé.

D'Atuona à Puamau

En venant d'Atuona, après l'aéroport, une route va vers l'est et descend progressivement jusqu'au littoral de la côte nord, avant de bifurquer vers la droite, en corniche. Les falaises, tailladées par l'océan, ressemblent à des orteils de cyclopes, et la végétation sèche laisse apparaître une roche ocre. Les points de vue sur le large et les baies échancrées sont époustouflants. Vous passerez successivement par les hameaux de **Motuua** et de **Nahoe**, qui semblent oubliés du monde, puis la superbe **baie d'Eiaone**. Si vous êtes à bord d'un 4x4 de location, faites preuve de prudence, surtout s'il a plu, car la route, bien que presque entièrement cimentée, est étroite, en lacets et de forte déclivité.

Puamau

Cerné par un vaste cirque montagneux, Puamau possède un joli front de mer bordé d'arbres de fer et d'une plage de sable gris, mais là n'est pas son principal attrait. On vient dans ce village, à un peu plus de 1 heure 30 d'Atuona, pour admirer l'un des ensembles archéologiques les mieux préservés de l'archipel. C'est l'une des principales

GAUGUIN ET BREL, LES AMBASSADEURS DES MARQUISES

Certes, avec le temps, leur souvenir s'estompe, et pourtant... Qui, mieux que Paul Gauguin et Jacques Brel, ont su faire parler des Marquises ?

Gauguin aborde les rivages de Tahiti et des Marquises à l'âge de quarante ans. Désireux de fuir une existence plombée, le peintre espère trouver le salut dans les mers du Sud. À Tahiti, il s'attache à saisir les images de la vie quotidienne et réalise, en 1892 et 1893, une intense production picturale qu'il signe en tahitien : *Te nave nave fenua* ("Terre délicieuse"), *Manao tupapau* ("L'Esprit des morts veille") et *Arearea* ("Amusements"). L'exubérance du décor et la flamboyance des coloris, envahissent la peinture de l'artiste. Mais Gauguin vend peu de toiles et la misère le rattrape. L'heure du départ a sonné. Il embarque pour la France en 1893 et se lance dans l'écriture d'un récit, *Noa Noa*, inspiré de son époque tahitienne et destiné à faire comprendre son travail au public. Néanmoins, la reconnaissance n'est pas au rendez-vous et le peintre repart pour l'Océanie en 1895. De ce deuxième et ultime séjour, marqué par la maladie et la détresse, datent ses compositions les plus puissantes : *Te arii vahine* ("La Femme royale", 1896), *Nevermore* ("Jamais plus", 1897) ou encore *D'où venons-nous, Que sommes-nous ? Où allons-nous ?* (1897). Après une tentative de suicide, il se réfugie aux Marquises, à Hiva Hoa. Personnage sulfureux aux mœurs controversées, il défend malgré tout les habitants contre l'administration coloniale et la toute-puissance de la mission catholique. Affaibli, il ne cesse d'écrire, de dessiner, de sculpter et de peindre. Ainsi naît l'un de ses plus beaux nus, *Contes barbares* (1902). Seule la mort en mai 1903 vient interrompre son élan créateur et l'arracher à sa terre d'adoption.

Quant à Jacques Brel, il découvrit Hiva Oa au cours d'un tour du monde entrepris avec sa compagne Maddly à bord de son ketch, l'*Askoy*. Séduits par la sérénité d'Atuona, ils s'établirent en 1975 dans une petite maison sur les hauteurs du village. Jacques Brel et Maddly s'impliquèrent dans la vie du village. L'artiste assurait des évacuations sanitaires vers Papeete avec son avion, un Beechcraft baptisé *Jojo*. Malheureusement, miné par un cancer, Jacques Brel a tiré sa révérence un jour d'octobre 1978, à 49 ans. Sa dernière chanson, "Les Marquises", dans laquelle il chante "Veux-tu que je te dise, gémir n'est pas de mise... aux Marquises", résonne comme un vibrant hommage à cette terre généreuse qui avait calmé ses bleus à l'âme. Au cimetière du Calvaire d'Atuona, il repose près de Paulo, comme il appelait Gauguin.

excursions proposées par les prestataires, au départ d'Atuona.

À voir

Iipona SITE ARCHÉOLOGIQUE
(500 CFP). Déjà connu des ethnologues et archéologues au siècle dernier, ce site niché en amont de Puamau constitue l'un des plus importants témoignages laissés par la civilisation marquisienne pré-européenne, même s'il reste bien modeste par la taille. Il a fait l'objet d'opérations de restauration en 1991, sous la houlette d'archéologues français.

Il représente un sanctuaire religieux (*meae*) qui s'organise en deux grandes terrasses principales. Banians, arbres à pain, cocotiers, manguiers et papayers forment une frange ombragée. Selon les spécialistes, l'aménagement de ce site remonterait au XVIIIe siècle.

Principale attraction du lieu, les cinq tikis monumentaux se dressent dans la partie centrale et arrière du site. En avançant sur la première plate-forme, vous verrez le "tiki couché" ou **Maki Taua Pepe**. Cette sculpture inhabituelle en tuf gris clair représente une femme allongée sur le ventre, la tête en extension, yeux braqués vers le ciel. Elle présente une bouche démesurée, lippue, et une langue apparente. Les narines sont saillantes et les yeux ronds et écarquillés. L'arrondi du postérieur est bien visible. Les spécialistes supposent qu'elle évoque une femme en couches. Notez, sur le piédestal, des motifs de pétroglyphes représentant des chiens, dont la signification est inconnue.

Quelques mètres plus loin s'élève le **tiki Manuiotaa**, en tuf gris. Moins massif, il présente des proportions harmonieuses et équilibrées. Les mains sont nettement reconnaissables, ainsi que son sexe féminin. La tête, qui avait été sectionnée, a été replacée sur le tronc par les archéologues.

En gravissant la plate-forme située à l'arrière et en se dirigeant vers la droite, on distingue **Takaii**, le tiki emblématique du lieu, du nom d'un chef guerrier réputé pour sa force. Taillé dans du *keetu* (tuf volcanique rouge) et mesurant 2,67 m hors sol, c'est le plus grand tiki de Polynésie française. Bien campé sur de larges et solides appuis, la tête massive et carrée, il dégage une indéniable puissance. Le bras gauche est malheureusement partiellement mutilé.

Le **tiki Te Tovae E Noho** est implanté à gauche du précédent, sur une plate-forme plus basse. Moins finement travaillée que les autres, sa partie supérieure est difficilement reconnaissable et le tronc semble escamoté. Notez les six doigts de chaque main.

Juste derrière se dresse le **tiki Fau Poe**, taillé dans du *keetu*. Mesurant environ 1,80 m, il est représenté assis avec les jambes droites et écartées, position typique des femmes lorsqu'elles travaillent sur le sol. Les spécialistes supposent qu'il s'agit de l'épouse de Takaii.

Lors de la restauration du site en 1991, ces statues gisaient sur le sol. Elles ont été remises en place avec des portiques et des palans. En bon état de conservation, certaines ont néanmoins subi un traitement biocide pour les débarrasser des lichens blanchâtres qui les recouvraient. Des abris ont été ajoutés en 2015 au-dessus de chaque tiki pour les protéger des intempéries.

Des petites têtes de tiki posées sur des pierres ont été regroupées sur une plate-forme, aujourd'hui également sous une toiture. Il s'agit de vestiges retrouvés éparpillés sur le site. La symbolique exacte de ces tikis n'est pas encore clairement établie.

À l'arrière du site d'Iipona, prenez le chemin qui monte légèrement vers la gauche (il est en principe débroussé et entretenu) sur environ 100 mètres, et vous apercevrez, à droite, deux magnifiques **tikis** récemment mis en valeur qui trônent en majesté dans une clairière. Le plus grand, haut de plus de 1,20 m, unique en son genre aux Marquises, a comme particularité de porter une main à son menton !

Pour accéder au site depuis Puamau, empruntez la piste perpendiculaire au front de mer, à côté du terrain de football, sur 1,5 km environ. Les 500 CFP sont à régler à titre de droit d'entrée, au snack Thérèse à l'entrée du village, avant ou après votre visite.

Consultez les chapitres *Civilisation polynésienne*, p. 409, et *Sites archéologiques*, p. 412, pour plus de renseignements.

Tohua Pehe Kua SITE ARCHÉOLOGIQUE

Peu avant le site de Iipona, sur une propriété privée (demandez la "Pension Marie-Antoinette"), sur la droite, vous pourrez visiter ce *tohua* (en ayant demandé l'autorisation aux propriétaires), dont l'élément le plus intéressant est la tombe du dernier chef et de la dernière cheffesse de la vallée, décédés au début du XXe siècle. Ils furent enterrés selon les rites chrétiens, mais des éléments païens sont également présents sur leur sépulture. L'une des quatre tombes du site est en effet flanquée de deux tikis sur la partie antérieure. À côté se trouve un imposant *pae pae* (plate-forme en pierre) recouvert de végétation.

Où se loger et se restaurer

Puamau est presque systématiquement visité lors d'une excursion à la journée au départ d'Atuona. Prévoyez un pique-nique si vous venez par vos propres moyens.

Te Toa Camping CAMPING €

(☎87 25 64 67, 89 61 47 20 ; www.facebook.com/puamaurando2022 ; Puamau ; emplacement camping avec petit-déj 2 500 CFP/pers ; wifi). Un bon plan pour les petits budgets. Angelo et Anna, un jeune couple marquisien, accueillent les campeurs dans leur jardin, au centre du bourg, dans une propriété calme, herbue et ombragée. En cas de pluie, on peut planter la tente sous un petit abri. La sdb (pas d'eau chaude) et la cuisine sont dans la maison des propriétaires. Angelo est sculpteur et guide de randonnée, et vous fera découvrir les coins les plus sauvages autour de Puamau. Repas sur demande (1 000 CFP). Transfert à l'aéroport 4 000 CFP/pers l'aller-retour.

Hanapaaoa

Le temps semble s'être arrêté dans ce minuscule village de 40 habitants, situé sur la côte nord de l'île. Hanapaaoa vit au rythme de la pêche, de la chasse à la chèvre et de la culture du coprah. Près de la rivière se dresse une petite église à la façade jaunie.

Pour rejoindre Hanapaaoa depuis Atuona, comptez 1 heure 15 de trajet en 4x4. Il faut suivre la piste pour Puamau, puis, 14 km après l'embranchement pour l'aérodrome, prendre une piste qui bifurque sur la gauche (il n'y a pas de panneau de signalisation).

À voir

Tiki Moe One SITE ARCHÉOLOGIQUE

À la sortie du village de Hanapaaoa, sur une crête, se dresse l'un des tikis les plus étranges des Marquises, d'une stature avoisinant le mètre. Le sommet de la tête présente la particularité d'être orné d'une couronne de fleurs sculptée. Selon la légende, les habitants le descendaient chaque année sur la plage où ils le baignaient et l'enduisaient de monoï avant de le remettre à sa place. Il est, dit-on, doté d'un fort *mana* (puissance surnaturelle). Plusieurs *pae pae* se trouvent à proximité immédiate du tiki, ainsi que des ossements humains (fragments de crânes, tibias, mâchoires) et des dents de cochon.

Rendez-vous à la sortie du village et, aux dernières maisons, demandez aux habitants de vous indiquer l'emplacement (il n'y a aucun balisage). Comptez 5-10 minutes de montée.

Hanaiapa

On tombe vite sous le charme de ce village du nord de l'île, facilement accessible par une route cimentée depuis Atuona, à 20 km. L'unique rue, qui suit le cours d'une rivière, est bordée de jolies maisons colorées, noyées dans la végétation, et débouche sur une baie majestueuse, soulignée d'une plage de galets noirs sur laquelle patientent quelques pirogues à balancier. Le rocher que l'on aperçoit au milieu de la baie est appelé "Tête de Nègre". L'exploitation du coprah est bien vivace, comme en témoignent les séchoirs à coprah dans le village.

À l'entrée du village, sur la droite, devant une habitation, vous verrez deux **dalles de pierre sculptées** posées sur chant sur lesquelles a été gravé un visage humain.

La baie de Hanaiapa est un cul-de-sac. Il faut rebrousser chemin, sauf si l'on marche jusqu'à la baie de Hanatekuua (voir ci-dessous) en suivant un sentier.

Depuis/vers Hiva Oa

AVION

La durée d'un vol Papeete-Hiva Oa est de 3 heures 15 environ. Hiva Oa est reliée quotidiennement à Papeete (aller simple 46 000 CFP) et trois à quatre fois par semaine à Nuku Hiva (18 000 CFP). Pour bénéficier de tarifs plus avantageux, achetez une carte

VAUT LE DÉTOUR

ESCAPADE À HANATEKUUA, LA PLAGE DU BOUT DU MONDE

À l'est de Hanaiapa, la **baie de Hanatekuua**, frangée d'une plage de sable blanc et d'une cocoteraie, est une petite merveille naturelle. Inhabitée, elle est accessible à pied uniquement par un sentier. Comptez 1 heure 30 environ, sans grande difficulté (partez de préférence en début de matinée, pour éviter les fortes chaleurs). Au front de mer, franchissez le petit pont et marchez vers la droite environ 150 m pour trouver le début du sentier, à hauteur d'un manguier (c'est en principe fléché, sinon n'hésitez pas à demander). La piste s'élève le long du flanc est de la baie de Hanaiapa. Ignorez les bifurcations sur la gauche et restez sur la piste principale qui monte. Au bout d'une vingtaine de minutes, vous arriverez au **col de Hanahaoe**, à 159 m d'altitude, d'où l'on découvre une belle vue sur la baie et les falaises de la côte nord.

À cet endroit, soyez vigilant. Il ne faut pas continuer sur la piste qui descend dans la vallée suivante, mais prendre le petit sentier qui part sur la droite et contourne le vallon en restant sur la courbe de niveau. On passe un deuxième vallon, avant d'arriver à un portail, que l'on atteint au bout de 45 minutes. Franchissez-le, puis, 20 m plus loin, à une intersection, continuez sur la piste principale, tout droit. On est en terrain découvert, avec de belles perspectives sur l'océan. Attention, un court passage étroit, en corniche au-dessus de l'océan, peut se révéler périlleux. Au bout d'une heure de marche, on arrive en vue de la baie de Hanatekuua. Comptez une demi-heure de descente jusqu'à la plage, en prenant le sentier qui descend en lacets à hauteur de l'extrémité ouest de la plage (sinon vous ferez un détour en passant par la cocoteraie). Savourez l'atmosphère unique du lieu ! La plage est exempte de nonos lorsqu'il y a du vent. On peut se baigner. Pensez à emporter beaucoup d'eau (aucun ravitaillement possible) et n'entreprenez pas cette randonnée si le sol est détrempé.

Il est possible de faire le trajet aller à pied, et d'organiser le retour (20 minutes) en pirogue (8 000 CFP le bateau) – contactez votre pension qui fera le nécessaire.

de réduction ou le pass Marquises proposé par Air Tahiti (voir le chapitre *Transports* p. 446).

Air Tahiti (☏40 91 71 10, 40 92 72 31 à l'aérodrome, réservation centrale 40 86 42 42 ; www.airtahiti.pf ; ⏲8h-12h et 13h30-16h30 lun et mer, 8h-12h ven). Au centre du bourg d'Atuona.

BATEAUX INTER-ÎLES

Une navette d'une capacité de 40 passagers, le **Te Ata O Hiva** (☏40 92 73 07 ; reservation@codim.pf), circule entre Atuona et Fatu Hiva (Omoa et Hanavave) deux fois par semaine, dont une fois via Tahuata (4 000 CFP le passage jusqu'à Fatu Hiva, 3 heures 30 au minimum). Tahuata est également desservie deux fois par semaine (2 500 CFP le passage).

Notez que les services de cette navette peuvent être modifiés à tout moment ; assurez-vous du bon fonctionnement du service auprès des hébergeurs avant de planifier un tel séjour. Pour les horaires exacts de départ, renseignez-vous sur place. Notez que la traversée est longue et éprouvante si la mer est agitée.

Il est également possible d'embarquer sur des bonitiers privés qui circulent entre ces trois îles, mais il n'y a rien de garanti. Contactez les hébergements de Fatu Hiva et de Tahuata, qui vous donneront les contacts de propriétaires de bateaux effectuant régulièrement la traversée, pour le compte de particuliers ou de missions administratives ou sanitaires. Le principe consiste à partager les frais avec les autres passagers (comptez 5 000 CFP pour Fatu Hiva, 2 000 CFP pour Tahuata).

Pour Fatu Hiva, vous pouvez aussi tenter votre chance avec l'**Aranui** (www.aranui.com ; voir l'encadré p. 290), s'il est de passage à Hiva Oa pendant votre séjour, mais l'embarquement est à la discrétion du capitaine.

ℹ Comment circuler

DESSERTE DE L'AÉRODROME

L'aérodrome est à 13 km au nord d'Atuona, accessible par une route goudronnée depuis Atuona. Si vous avez réservé votre hébergement, vos hôtes viendront vous accueillir moyennant de 3 000 à 3 600 CFP/pers le trajet aller-retour (environ 20 min). Vous pouvez également essayer le stop.

VOITURE ET 4X4

Plusieurs prestataires louent des véhicules, notamment des 4x4, pour visiter l'île en toute autonomie, dont le **Temetiu Village** (☏40 92 70 60), **Rental Car** (☏87 31 11 06), **Rent a Car** (☏87 72 17 17) et **M2R Location** (☏87 70 68 70). Comptez 7 000 CFP par jour pour une berline et de 8 000 à 10 000 CFP pour un 4x4 selon le modèle. Le véhicule vous est livré sur votre lieu d'hébergement, éventuellement à l'aéroport. Faites preuve de la plus grande prudence pour manœuvrer sur les routes étroites du nord de l'île, surtout s'il a plu.

M2R Location (☏87 70 68 70) dispose également de VAE (4 500 CFP/jour).

Une **station-service** se trouve sur le quai des goélettes dans la baie de Tahauku.

TAHUATA

703 HABITANTS

La plus discrète (et la plus secrète) de l'archipel, Tahuata vit dans l'ombre de sa grande voisine Hiva Oa, dont elle n'est distante que de 4 km, de l'autre côté du canal du Bordelais. C'est une île étonnante, avec quelques vestiges archéologiques, un riche passé, des artisans au savoir-faire reconnu, et même de superbes baies et plages que l'on imaginerait plutôt dans l'archipel de la Société (les nonos en plus). Et, comme dans les autres îles de l'archipel, un relief d'origine volcanique grandiose, où alternent falaises vertigineuses et vallées cachées.

La plupart des touristes visitent Tahuata à l'occasion d'une excursion à la journée organisée au départ de Hiva Oa, en s'arrêtant dans les deux villages principaux, Vaitahu et Hapatoni, et en pique-niquant sur une plage, mais il est aussi possible de séjourner sur l'île.

Histoire

La baie de Vaitahu fut le théâtre d'épisodes qui scellèrent le destin des Marquises. En juillet 1595, le navigateur espagnol Mendaña y fit relâche et lui donna le nom de Madre de Dios. Il baptisa l'île Santa Cristina. En 1774, le capitaine Cook jeta l'ancre au même endroit, nommé cette fois Resolution Bay. En 1791, le Français Étienne Marchand mouilla au large de Hapatoni.

Après les navigateurs, les pasteurs de la London Missionary Society, puis les frères de la congrégation des Sacrés-Cœurs de Picpus arrivés sur la *Vénus* de Dupetit-Thouars, prirent pied à Vaitahu entre 1797 et 1838. Tahuata devint une tête de pont de l'évangélisation aux Marquises.

L'année 1842 est une date charnière : l'amiral français Dupetit-Thouars fit signer au chef Iotete le traité de rattachement à la France. Conscient qu'il venait d'être victime d'un marché de dupes, Iotete se rebiffa quelques mois plus tard, mais la rébellion fut matée par les Français.

À voir

Vaitahu VILLAGE

Ce village adossé aux versants escarpés de la crête centrale garde quelques vestiges de son passé mouvementé. À côté de la mairie, on peut voir une **stèle** commémorant la première rencontre, marquée du sceau de l'amitié, entre l'amiral Dupetit-Thouars et le chef Iotete le 4 août 1838. Un bâtiment voisin abrite un **musée** (entrée libre ; sur demande, s'adresser à la mairie) qui rassemble quelques objets anciens, notamment des sculptures.

Plus spectaculaire, la monumentale **église catholique** en galets s'élance face au front de mer. Financée par le Vatican, elle a été inaugurée en grande pompe le 22 août 1988. Elle rappelle l'importance de Tahuata dans l'évangélisation de l'archipel. La première messe en terre marquisienne fut célébrée ici par les Espagnols en 1595. À l'extérieur, jetez un coup d'œil sur la porte sculptée et l'imposante statue en bois qui domine l'entrée. Cette Vierge à l'Enfant de près de 4 m de hauteur, réalisée par un sculpteur de Nuku Hiva, est un chef-d'œuvre de l'art marquisien. Elle témoigne d'un syncrétisme original, alliant culture locale et archétypes catholiques. L'Enfant Jésus n'est pas blotti dans le giron de sa mère, mais tenu des deux mains vers l'avant. Ce type d'attitude n'est pas sans rappeler la posture des tikis. Enfin, il tient un *uru* en guise d'offrande, symbole même des Marquises. À l'intérieur, admirez les vitraux, la chaire en bois sculptée et le tabernacle. Devant l'église s'étend un *tohua*, gardé par quatre tikis, réalisés en 2017.

Hapatoni VILLAGE

À quelques kilomètres au sud de Vaitahu, accessible depuis Vaitahu par bateau en moins de 15 minutes ou en 4x4 par la piste, Hapatoni s'enroule autour d'une large baie.

La **voie royale** est la principale attraction du village. Construite sur une digue sur l'ordre de la reine Vaekehu II au XIXe siècle, cette chaussée pavée de galets noirs, bordée de *tamanu* centenaires, de bonnets d'évêques et d'hibiscus sauvages, longe le rivage. Au milieu du village, un superbe **meae** (plate-forme cérémonielle) sur plusieurs niveaux a été restauré. Un petit autel était réservé pour les danses ou pour exhiber les tatouages ou les victimes sacrifiées. Un superbe **pétroglyphe** orne une dalle plate, sur le côté, près du *fare* artisanal. Au pied du *meae* s'étend un cimetière, dominé par une haute croix blanche, et, à côté du *meae* se dresse une **église en pierre**.

Au bout de la voie royale, un chemin monte jusqu'à un éperon rocheux où se trouve un **oratoire en pierre**, d'où l'on jouit d'une vue magnifique sur la baie (comptez une dizaine de minutes de marche).

Plages

Les plages sont accessibles par voie maritime.

Baie de Hanahevane La baie de Hanahevane forme une crique idyllique, ourlée d'une plage de sable doré. C'est un site de pique-nique utilisé par certains organisateurs d'excursion au départ de Hiva Oa. En dépit de la présence de nonos, elle est idéale pour la baignade (les fonds descendent en pente douce) et le snorkeling, avec une eau de couleur jade et de belles zones de corail.

Baie de Hanamenino Autre baie magnifique, Hanamenino est également prisée pour les pique-niques et la baignade. Les nonos sont présents.

Baie de Koku'u Cette petite baie possède une belle plage de sable clair, mais il n'y a pas de cocotier. C'est le site choisi pour le pique-nique des touristes de l'*Aranui* et certains organisateurs d'excursion au départ de Hiva Oa.

Baie de Hanamoenoa L'enchanteresse baie de Hanamoenoa est un mouillage de prédilection pour les bateaux de plaisance entre mars et août. Elle est frangée d'une belle plage de sable clair.

Iva Iva Autre baie superbe, Iva Iva se compose de deux plages, séparées par un promontoire rocheux : Iva Nui, où se trouve la grande plage, et Iva Iti.

Activités

La piste qui relie Vaitahu à Motopu, au nord-est, soit environ 17 km, ou à Hanatetena, sur la côte est, constitue un terrain d'évolution idéal pour les amateurs de randonnée.

Où se loger et se restaurer

Pension Taniava CHAMBRES €

(87 26 35 03, 87 26 56 19 ; felixbarsinas@gmail.com, tahiatahuahi@gmail.com ; Vaitahu ; ch avec sdb commune 8 500/10 500 CFP/pers en demi-pension/pension complète ;). L'un des rares hébergements de l'île, au village de Vaitahu, sur le front de mer. Vous serez accueilli par Félix, le maire, et sa femme Jeanne-Marie, dans leur maison. Les 3 chambres,

LES OISEAUX DES MARQUISES

Les ornithologues se passionnent pour les Marquises, qui comptent plusieurs espèces endémiques, malheureusement menacées de disparition pour certaines d'entre elles.

- **Salangane des Marquises** (*Collocalia ocista*) – dans tout l'archipel (*kopekapeka* en marquisien).
- **Ptilope de Dupetit-Thouars** (*Ptilinopus dupetithouarsii*) – dans tout l'archipel (*kuku* en marquisien).
- **Rousserolle des Marquises** (*Acrocephalus mendanae*) – dans tout l'archipel (*komako* en marquisien).
- **Martin-chasseur des Marquises** (*Todiramphus godeffroyi*) – Tahuata (*pahi* en marquisien). En danger critique d'extinction.
- **Monarque pie** (*Pomarea iphis*) – Ua Huka (*patiotio* en marquisien).
- **Monarque de Fatu Hiva** (*Pomarea whitneyi*) – Fatu Hiva. En danger critique d'extinction.
- **Lori ultramarin** (*Vini ultramarina*) – Ua Huka et Fatu Hiva.
- **Carpophage des Marquises** (*Ducula galeata*) – Nuku Hiva et Ua Huka (*upe* en marquisien).
- **Gallicolombe des Marquises** (*Gallicolumba rubescens*) – Hatutu et Fatu Huku.
- **Monarque de Motane** (*Pomarea mendanae motanensis*) – Motane.

lambrissées, avec ventilateur, sont bien tenues et se partagent 3 sdb (eau chaude). Arrangez-vous avec vos hôtes pour les excursions. Transfert possible en bateau depuis Hiva Oa moyennant un forfait de 15 000 CFP par trajet.

Chez Jimmy SNACK €
(☎ 40 92 91 51, 87 23 79 98 ; VHF 8 ; Vaitahu ; plats 1 000-1 700 CFP ; ⏲ tlj sur réservation ; 📶). Presque à côté de la pension Taniava, cette paillote avec du sol garni de sable est une bonne surprise. On y sert des plats traditionnels, appréciés des plaisanciers de passage et des excursionnistes. Wi-Fi payant (500 CFP). Service de laverie. Téléphonez pour confirmer les horaires d'ouverture.

Achats

À Vaitahu officient deux vedettes de la sculpture, **Félix Fii** et **Teiki Barsinas** (dit "Topi"). Ils sculptent indifféremment le bois ou l'os et réalisent d'imposants herminettes, pagaies et bols en *tou*, santal ou *miro*, des boucles d'oreille ou des hameçons en os de bœuf, voire des poignards en os d'espadon. Félix Fii est également tatoueur. D'excellents artisans exercent également à Hapatoni – demandez **Cyrille**, tatoueur et sculpteur.

Chaque village compte également un **fare artisanal**, où vous pourrez faire l'acquisition d'*umete* (plats) en forme d'animaux (lézards, tortues...), d'herminettes, de sculptures en bois, en os de bœuf, en ivoire végétal, en dents de cochon ou en rostre d'espadon, de bijoux, de colliers de graines, d'huile de *tamanu*, entre autres.

Renseignements

Les services sont très limités à Tahuata. Prévoyez des espèces, car aucune banque n'est présente. Vous trouverez un bureau de poste à Vaitahu, ouvert le matin en semaine uniquement.

Depuis/vers Tahuata

Tahuata, dépourvue de piste d'atterrissage, n'est accessible que par voie maritime.

Une navette d'une capacité de 40 passagers, le **Te Ata O Hiva** (☎ 40 92 73 07), circule entre Atuona et Vaitahu (et retour), en principe deux fois par semaine, avec poursuite jusqu'à Fatu Hiva une fois par semaine. Comptez 2 500 CFP entre Hiva Oa et Tahuata, 4 000 CFP entre Tahuata et Fatu Hiva. Notez que les services de cette navette peuvent être modifiés ; adressez-vous à votre hébergement avant de planifier votre séjour. En principe, le navire est en carénage au mois de septembre ou octobre. Pour les horaires exacts de départ, renseignez-vous sur place.

En plus de cette navette, des particuliers circulent assez régulièrement entre Tahuata et Hiva Oa, à bord de petits bateaux à moteur ou de bonitiers privés ; contactez la pension de Tahuata, qui pourra vous mettre en relation avec des propriétaires de bateaux.

Si vous disposez de peu de temps, la solution la plus pratique consiste à visiter Tahuata lors d'une excursion à la journée au départ de Hiva Oa.

Comment circuler

Le speed-boat place Hapatoni à moins d'un quart d'heure de Vaitahu. Comptez environ 6 000 CFP la location du bateau entre Vaitahu et Hapatoni aller-retour, 7 000 à 10 000 CFP entre Vaitahu et Hanahevane.

En 4x4, une piste carrossable relie Vaitahu à Motopu en traversant l'intérieur de l'île sur 17 km, ainsi que Vaitahu à Hapatoni et Hanatetena. Comptez au moins 15 000 CFP la location à la journée, avec un chauffeur (à négocier avec votre hébergement).

FATU HIVA

636 HABITANTS

S'y rendre est longtemps resté une petite aventure : dépourvue de piste d'atterrissage, Fatu Hiva est l'île du bout du monde par excellence, même si la mise en place en 2017 d'un service de navette maritime (plus ou moins fiable...) entre Hiva Oa, Tahuata et Fatu Hiva la rend désormais plus accessible. Choc visuel garanti à l'approche de l'île, avec la baie des Vierges baignée d'une lumière chaude et coiffée de nuages irisés. Les hautes falaises plissées qui dégringolent dans les eaux bleu pétrole et les crêtes acérées traduisent l'origine volcanique de l'île, composée de deux cratères emboîtés qui forment d'immenses amphithéâtres. Les deux seuls villages de l'île, Omoa et Hanavave, s'étirent le long de deux vallées, distantes de 5 km à vol d'oiseau. Le reste de l'île est totalement sauvage.

Fatu Hiva a gardé intacte son atmosphère de paradis originel, même si les symboles de la société de consommation font partie du quotidien. Grâce à d'abondantes précipitations, manguiers, bananiers, orangers, citronniers, pamplemoussiers, arbres à pain s'épanouissent sur les pentes de l'île.

Aujourd'hui, les rares touristes qui s'aventurent à Fatu Hiva sont les passagers du cargo-mixte *Aranui*, les plaisanciers tour-du-mondistes qui mouillent dans la baie des Vierges, considérée comme l'un des plus beaux mouillages du monde, les ornithologues venus observer le monarque de Fatu Hiva (endémique à l'île) et quelques aventuriers en quête d'insolite. Tous repartent avec de jolis souvenirs ; Fatu Hiva est en effet réputée dans toute la Polynésie pour son artisanat de haut niveau.

Fatu Hiva est la première île de l'archipel à avoir été découverte par le navigateur espagnol Mendaña, le 21 juillet 1595. Il la baptisa "Santa Magdalena", du nom de la sainte du jour. L'anthropologue et navigateur norvégien Thor Heyerdahl vécut à Fatu Hiva en 1937. De son séjour d'un an et demi sur l'île, il tira l'ouvrage *Fatu Hiva, le retour à la nature* (Éd. du Pacifique, 1976).

À voir

Hanavave — VILLAGE

Le village se loge au bord de la grève, au débouché d'une vallée encaissée. L'arrivée en bateau procure une émotion ineffable, tant le paysage est spectaculaire. De part et d'autre, d'immenses pitons de basalte aux formes phalliques donnent à cette **baie des Vierges** un aspect surnaturel. Ce relief hors norme avait valu à la baie de Hanavave l'appellation de "baie des Verges". Outrés, les missionnaires s'empressèrent d'ajouter un "i" salvateur. Au couchant, cette baie s'empourpre et les pitons prennent des reflets mordorés, formant un spectacle féerique.

Près de la grève, la petite **église** blanche, très sobre, contraste avec celle d'Omoa.

Au fond de la vallée, on peut marcher jusqu'à une **cascade**. Les villageois vous indiqueront le chemin.

Omoa — VILLAGE

Dans le sud de l'île, le village d'Omoa se déploie au fond d'une vallée luxuriante. Face à la grève, encombrée d'un chapelet de pirogues, et au petit quai, le terrain de football forme une vaste esplanade. Un peu plus loin, on repère la flèche effilée de l'**église**, d'allure presque gothique, avec un toit rouge et une façade blanche.

Ouia
BAIE

Cet ancien village sur la côte est de l'île est aujourd'hui inhabité, et la végétation a tout recouvert. Les habitants d'Omoa s'y rendent pour chasser le cochon sauvage.

Activités

Randonnée pédestre

Un grand classique consiste à rallier la baie des Vierges (Hanavave) depuis Omoa par la seule piste existante. À pied, prévoyez 4 heures de marche (17 km) sans difficultés particulières, hormis l'ascension jusqu'au col séparant les deux vallées. Un guide n'est pas nécessaire, car il est impossible de se perdre (on chemine sur une piste pour 4x4, avec certaines sections cimentées).

La première partie du parcours remonte la vallée d'Omoa, en corniche, et ménage de belles vues sur le village en contrebas. Puis la piste s'enfonce vers l'intérieur de l'île. Les parois de la caldeira sont impressionnantes. La descente sur Hanavave est abrupte. Les tronçons ombragés sont peu nombreux. Munissez-vous de bonnes chaussures et de suffisamment d'eau. Ce parcours peut être effectué en 4x4 (20 000 CFP) si le sol n'est pas boueux. L'idéal est de mixer les deux : faites-vous déposer en 4x4 au col, à peu près à mi-chemin (ce qui vous évitera la pénible montée depuis Omoa), continuez à pied jusqu'à Hanavave, et revenez en bateau à Omoa ; cette option revient à 14 000 CFP (pour 4 personnes). Dans tous les cas, arrangez-vous avec le prestataire pour caler votre retour en bateau sur Omoa en fin d'après-midi et profiter du coucher de soleil sur la baie des Vierges.

On peut également rallier l'ancien village d'Ouia, dans l'est de l'île, mais le trajet est plus long.

Excursion en mer

L'excursion à ne pas manquer à Fatu Hiva consiste à longer la côte, absolument spectaculaire, entre Omoa et Hanavave, à bord d'un petit bateau à moteur. Vous découvrirez des petites baies très encaissées et des falaises impressionnantes, avant d'arriver dans la baie des Vierges, à Hanavave - inoubliable. On peut continuer un peu plus au nord de Hanavave, jusqu'à la **grotte de Vaipo**, percée dans la falaise ; on peut débarquer si la mer n'est pas trop agitée. L'idéal est de partir en milieu d'après-midi, pour profiter du spectacle du soleil déclinant qui embrase la baie des Vierges. Comptez 6 000 CFP le bateau (jusqu'à 4 personnes). Pour Ouia, le tarif est de 10 000 CFP le bateau. Le tour de l'île, faisable uniquement par mer calme, revient à 20 000 CFP le bateau.

Où se loger et se restaurer

Les infrastructures touristiques sont très limitées à Fatu Hiva. On trouve quelques modestes épiceries dans les deux villages.

Chez Léonie
CHAMBRES €

(☎ 40 92 80 07, 87 76 43 81 ; pensionchezleonie@gmail.com ; Omoa ; ch s/d 8 000/16 000 CFP en demi-pension ; wifi). Une pension agréable, au centre du village. La maison en dur compte 2 chambres, avec sdb (eau chaude), sans mauvaise surprise, et un salon. Les propriétaires n'habitent pas au même endroit mais se chargent de la préparation des repas et de l'organisation des excursions.

À NE PAS MANQUER

LES PÉTROGLYPHES D'OMOA

Omoa possède deux sites abritant de magnifiques pétroglyphes, les plus impressionnants de l'archipel. Le premier est accessible à pied en suivant une piste qui débute au milieu du village (demandez aux habitants). Comptez 15 minutes de marche. Les pierres gravées se trouvent sur une grande dalle sur la droite, dans une clairière. On distingue, à l'arrière du bloc de pierre, un superbe poisson gravé (probablement un mahi-mahi) et plusieurs motifs anthropomorphes.

Le second site est également accessible à pied mais un guide (prévoir 1 000 CFP pour 2 personnes) est nécessaire pour trouver ce pétroglyphe, bien caché dans la végétation. Vous admirerez une baleine gravée dans la roche, dans un excellent état de conservation. En chemin, vous verrez une pierre d'accouchement, utilisée à l'époque pré-européenne. Comptez une trentaine de minutes de marche, dans un cadre luxuriant, sur un sentier souvent glissant et boueux.

MARK EDWARD HARRIS/GETTY IMAGES ©

À NE PAS MANQUER
L'ARTISANAT MARQUISIEN

L'artisanat marquisien jouit d'une excellente réputation en Polynésie. La sculpture est particulièrement à l'honneur.

Acheter de l'artisanat marquisien

Les artisans réalisent des tikis, des pilons, des *umete* (plats), des lances, des herminettes, des casse-tête, des hameçons, et travaillent aussi bien le bois de *miro* ou de *tou*, la pierre volcanique que l'os. Vous trouverez également des parures (colliers, bracelets, boucles d'oreille), du monoï marquisien (*umu hei*) et les célèbres *tapa* (écorces battues et décorées de motifs traditionnels) de Fatu Hiva, très recherchés. Dans la plupart des villages, de petits centres artisanaux rassemblent une partie de la production et assurent un stock pour la vente directe. Ils sont ouverts à la demande, et systématiquement lors du passage du cargo mixte Aranui, qui constitue leur principal débouché. Cependant, rien ne vaut la "tournée des sculpteurs" et des mammas, directement à leur domicile. Avec un peu de chance, vous les verrez œuvrer dans leur atelier. Attention ! L'état de leur stock est très variable, et le choix parfois très limité. Pour peu que les touristes de l'Aranui aient fait une razzia ou que la production ait été écoulée à Papeete, vous ne trouverez pas la pièce de vos rêves.

BON À SAVOIR

- Si vous séjournez plusieurs jours sur une île, rendez visite aux artisans dès votre arrivée pour qu'ils puissent réaliser la pièce souhaitée. Au pire, ils pourront vous expédier la pièce une fois terminée.
- Prévoyez suffisamment d'espèces, car il n'est pas possible de régler par carte bancaire.
- Gardez en tête les limitations de poids pour vos bagages sur Air Tahiti – les excédents vous seront facturés.

Tarifs

Les tarifs pratiqués sont relativement élevés, mais restent inférieurs à ceux qui ont cours à Papeete. À titre indicatif, comptez au moins 1 500 à 2 500 CFP pour un petit tapa (jusqu'à 15 000 CFP pour un modèle atteignant le mètre), 3 500 CFP pour un petit tiki d'une quinzaine de centimètres (jusqu'à 100 000 CFP pour un grand modèle), 5 000 CFP pour un umete ou une herminette d'une cinquantaine de centimètres. La marge de négociation est faible.

Chez Cécile CHAMBRES €
(📞87 25 27 47 ; tahia1331@gmail.com ; Omoa ; ch s/d avec sdb commune 7 500/15 000 CFP en demi-pension ; 📶). Une pension simple mais dans laquelle on se sent bien, avec 5 chambres qui se partagent 2 sdb (eau chaude). La dynamique propriétaire s'occupe de l'organisation de toutes les excursions.

Achats

Fatu Hiva est la seule île de Polynésie française à perpétuer la fabrication du **tapa** (étoffe en écorce battue) selon les méthodes ancestrales. Les deux villages résonnent des traditionnels coups de battoir sur les écorces d'*uru* ou de mûrier. La production est écoulée auprès des touristes de l'*Aranui*, des plaisanciers ou bien va garnir les devantures des boutiques d'artisanat de Papeete.

Outre le *tapa*, vous trouverez des noix de coco sculptées, véritables petites merveilles au carrefour entre art et artisanat, et des sculptures sur bois.

L'*umu hei* (bouquet de senteurs) est une spécialité de Fatu Hiva. Il s'agit d'un assortiment de végétaux aux fragrances suaves, comme l'ylang-ylang, la vanille, des morceaux d'ananas recouverts de poudre de bois de santal et divers autres fruits et plantes. Le tout est tenu par une fibre végétale et compose un cocktail olfactif, que l'on dépose dans une pièce pour la parfumer ou que l'on noue dans les cheveux.

Presque toutes les familles de Fatu Hiva s'adonnent à l'artisanat. Vous n'aurez aucune difficulté à rencontrer les artisans à leur domicile. Certains vous proposeront de vous initier à leurs techniques.

Renseignements

Munissez-vous de suffisamment d'espèces, car il n'existe aucune structure bancaire sur l'île, et votre carte de crédit ne vous sera d'aucune utilité. Un bureau de poste (OPT) est installé à Omoa. Accès Wi-Fi par Vinispot autour de la poste.

Depuis/vers Fatu Hiva

Fatu Hiva n'est accessible que par bateau depuis Hiva Oa, située à 75 km au nord (ainsi que depuis Tahuata).

Une navette d'une capacité de 40 passagers, le **Te Ata O Hiva** (📞40 92 73 07), circule entre Atuona et Fatu Hiva (Omoa et Hanavave) deux fois par semaine (dont une fois via Tahuata). Le passage Atuona-Fatu Hiva (3 heures 30 de traversée au minimum) revient à 4 000 CFP. Sachant que ce service peut être modifié à tout moment, faites-vous confirmer les jours et les horaires exacts par l'intermédiaire de votre hébergement avant de planifier votre séjour. Notez que la traversée est éprouvante si la mer est agitée.

Autre option : depuis Atuona (Hiva Oa), embarquer sur un **bonitier** qui effectue une mission (sanitaire, administrative, etc.) à Fatu Hiva, à condition qu'une telle mission ait lieu pendant votre séjour ; dans ce cas, vous paierez environ 5 000 CFP.

Renseignez-vous aussi sur les transports de particuliers ; les habitants de Fatu Hiva circulent de temps à autre entre leur île et Hiva Oa (notamment pour prendre l'avion) ; s'il y a de la place, vous pourrez embarquer moyennant participation aux frais de carburant. Appelez l'une des deux pensions de l'île, bien informées sur les mouvements de bateau entre les deux îles.

Vous pouvez aussi tenter votre chance avec l'**Aranui** (www.aranui.com ; voir l'encadré p. 290), s'il est à Hiva Oa lors de votre séjour, mais l'embarquement est à la discrétion du capitaine.

Comment circuler

L'unique piste en terre battue (avec quelques sections néanmoins cimentées) relie Hanavave à Omoa par l'intérieur des terres, soit 17 km. Elle est impraticable par temps pluvieux, même en 4x4, car très glissante et pentue par endroits.

Les déplacements entre les deux villages se font à bord de petits bateaux en aluminium, à moteur, ou en 4x4, par la piste. Comptez 7 000 CFP le passage en bateau (tarif forfaitaire) et 20 000 CFP en 4x4 (avec chauffeur). Vous pouvez essayer le stop, mais la piste est assez peu fréquentée.

ÎLOTS INHABITÉS DU GROUPE SUD

Au sud-est de Hiva Oa et à l'est de Tahuata, l'île de **Mohotani** (Motane), au relief tabulaire interrompu par d'abruptes falaises, culmine à 520 m d'altitude. On l'aperçoit très distinctement si l'on se rend à Fatu Hiva, car les bateaux passent à proximité. D'une superficie de 15 km², elle n'est peuplée que de moutons que les habitants de Hiva Oa viennent chasser de temps à autre. Cette île est également connue des passionnés d'ornithologie, qui n'hésitent pas à affréter un bateau pour venir observer le monarque de Mohotani, une espèce endémique à l'île, dont il ne subsiste plus que 200 couples environ. L'**îlot Terihi** se trouve au sud de Motane. **Fatu Huku** est située au nord de Hiva Oa et le **rocher Thomasset** à l'est de Fatu Hiva. Leurs eaux sont occasionnellement fréquentées par des pêcheurs.

POPULATION
6 800 habitants

SIGNE DISTINCTIF
L'archipel le moins fréquenté de Polynésie

LE SOUVENIR À RAPPORTER
Un panier ou un chapeau tressé

LE PLUS BEAU POINT DE VUE
Le sommet du mont Hiro, à Raivavae (p. 359)

L'EXPÉRIENCE MARQUANTE
Nager avec des baleines à Rurutu (p. 344) ou Tubuai (p. 352)

L'HÉBERGEMENT DE CHARME
Vaitumu Village, à Rurutu (p. 347)

COMMENT Y ALLER

Avion
Rurutu, Tubuai, Rimatara et Raivavae sont desservies par des vols directs depuis Papeete (1 heure 30).

Bateau
Le cargo inter-îles **Tuhaa Pae IV** dessert les Australes environ 2 fois par mois et peut embarquer des passagers.

Cavaliers le long de la côte sud-ouest de l'île (p. 341)
JEAN-BERNARD CARILLET ©

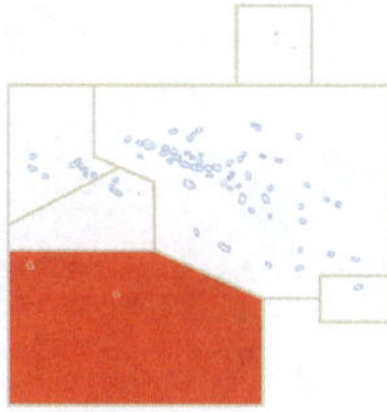

Australes

C'est un dépaysement absolu qui attend les touristes, à 1 heure 30 d'avion de Tahiti. Cet archipel encore méconnu et peu fréquenté conviendra à merveille aux voyageurs qui souhaitent s'écarter des circuits habituels. On n'y compte qu'un seul petit hôtel et une poignée de pensions de famille, implantées sur les quatre îles principales, Rurutu, Tubuai, Raivavae et Rimatara.

Première surprise, l'incroyable diversité des paysages : d'immenses falaises calcaires truffées de grottes à Rurutu, des lagons somptueux à Raivavae et à Tubuai, des petites montagnes, des plages de sable blanc ou or… Et, partout, ce sentiment d'abondance, car tout pousse à profusion aux Australes, considérées comme le grenier à blé de la Polynésie. Autre surprise : les Australes se caractérisent par un climat plus frais que celui des îles de la Société pendant l'hiver austral.

Toutes les activités sont orientées vers la nature : balades à pied, randonnées équestres, excursions sur le lagon et observation des baleines (en saison). Quelques sites archéologiques apportent une touche culturelle. Rares sont les visiteurs qui repartent les mains vides, car l'artisanat des Australes est d'une exceptionnelle qualité.

DANS CE CHAPITRE

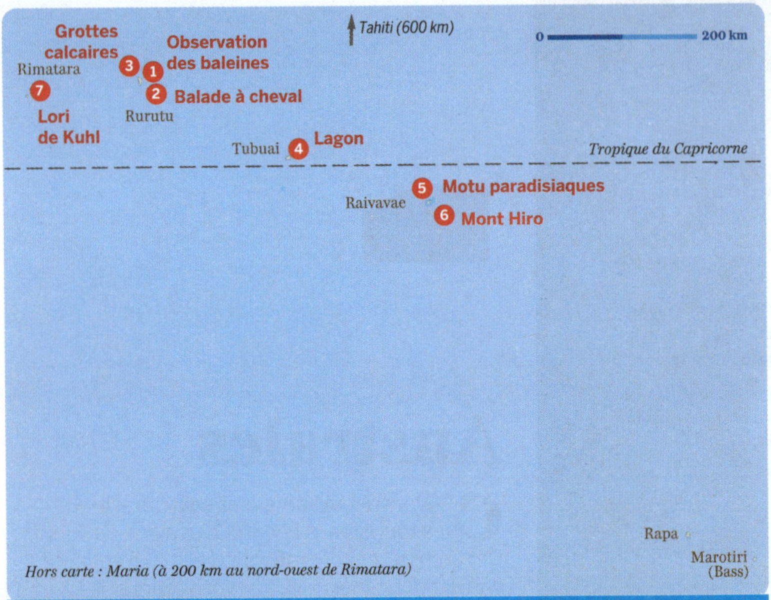

À ne pas manquer

1. Nager avec les **baleines à bosse** à Rurutu ou Tubuai, d'août à octobre (p. 345)
2. Faire une **balade à cheval** ou en **quad** sur les crêtes de Rurutu (p. 347)
3. Visiter les impressionnantes **grottes calcaires**, le long du littoral de Rurutu (p. 344)
4. Découvrir les superbes massifs coralliens du **lagon de Tubuai** (p. 355)
5. Se relaxer sur les **motu** paradisiaques du lagon de Raivavae (p. 359)
6. Marcher jusqu'au **mont Hiro**, le point culminant de Raivavae (p. 359)
7. Observer le magnifique **lori de Kuhl**, à Rimatara (p. 351)

Histoire

Les Australes furent les dernières îles polynésiennes à être colonisées. On estime que les premiers habitants arrivèrent de Tahiti entre le XIe et le XIVe siècle.

La découverte de ces îles par les Européens fut tardive. Cook découvrit Rurutu en 1769 et le capitaine Gayangos, second du commandant espagnol Boenechea, l'île de Raivavae en 1775. Cook, lors de sa troisième expédition en Polynésie, débarquait le premier à Tubuai en 1777 et le capitaine Vancouver aperçut la lointaine Rapa en 1791. Quant à Rimatara, elle ne fut révélée au monde qu'en 1811.

Hormis un palpitant chapitre de la saga du *Bounty*, au cours duquel les révoltés tentèrent de s'implanter à Tubuai, les contacts avec les Européens et le monde occidental restèrent très épisodiques jusqu'au début du XXe siècle. Ce n'est qu'en 1889 que les Français établirent leur protectorat sur les Australes ; la dernière des îles fut officiellement annexée en 1901. La longue période durant laquelle les missionnaires anglais ou, plus fréquemment, leurs représentants polynésiens maintinrent ces îles sous leur emprise explique la vitalité actuelle du protestantisme dans l'archipel.

Depuis/vers les Australes

Rurutu, Tubuai, Raivavae et Rimatara sont situées à environ 600 km au sud de Tahiti. Rapa est à 1 000 km de Tahiti.

AVION

Rurutu, Tubuai, Raivavae et Rimatara possèdent un aérodrome. Air Tahiti dessert Rurutu et Tubuai trois à quatre jours par semaine au départ de Tahiti (1 heure 30 environ) ; Raivavae

COMBINER LES 4 ÎLES : UN CASSE-TÊTE

Visiter les quatre îles principales (Rurutu, Rimatara, Tubuai et Raivavae) en avion sur une quinzaine de jours sans repasser par Tahiti est mission quasi impossible car les liaisons entre les Australes de l'Est (Tubuai et Raivavae) et les Australes de l'Ouest (Rurutu et Rimatara) sont peu nombreuses et, pour certaines, uniquement saisonnières. Entre Tubuai et Rurutu (et dans ce sens-là seulement), il n'y a ainsi qu'un vol par semaine (éventuellement deux en haute saison), et aucun vol entre Raivavae et Rurutu. Il vous faudra bien étudier les possibilités de correspondance entre les vols sur le site d'Air Tahiti. Si vous avez un solide sens de la logistique, vous pouvez combiner déplacements en avion et en cargo, à bord du *Tuhaa Pae IV* (équipé de couchettes et de cabines).

et Rimatara, deux à trois jours par semaine. L'aller simple Tahiti-Rurutu en plein tarif revient à 29 000 CFP, Tahiti-Tubuai à 32 000 CFP, Tahiti-Rimatara à 33 000 CFP et Tahiti-Raivavae à 35 000 CFP. Pour bénéficier de tarifs plus avantageux, prenez une carte de réduction ou le pass Australes commercialisé par Air Tahiti (voir le chapitre *Transports* p. 446 pour les détails).

BATEAUX INTER-ÎLES

Le cargo mixte **Tuhaa Pae IV** dessert les Australes au départ de Papeete 2 fois par mois en moyenne et prend des passagers à son bord (dortoir ou cabine). Voir p. 424 pour plus de renseignements.

Comment circuler

DESSERTE DES AÉRODROMES

Si vous avez réservé votre hébergement, vos hôtes viendront vous chercher à l'aérodrome. Selon les îles, le transfert est parfois gratuit.

LIAISONS INTER-AUSTRALES

La fréquence des liaisons aériennes inter-Australes varie : de 1 à 2 liaisons hebdomadaires entre Rimatara et Rurutu ou Tubuai et Raivavae à 2 vols par semaine entre Tubuai et Rurutu. Il n'y a pas de vol entre Rurutu et Raivavae ni entre Rimatara et Raivavae ; il faut transiter par Tubuai, l'île la plus centrale de l'archipel.

Au cours de sa tournée, le cargo **Tuhaa Pae IV** dessert Rurutu, Tubuai, Rimatara et Raivavae (2 fois par mois), et plus occasionnellement Rapa.

SCANNEZ POUR VOIR LA VIDÉO

RURUTU

2 400 HABITANTS

Rurutu est une île très verdoyante, au relief modeste mais vigoureux, qui plaira aux adeptes d'écotourisme et aux amateurs de balades pédestres et équestres. Sa physionomie particulière (c'est un *makatea* ; voir l'encadré p. 281) lui a valu le surnom d'"île troglodytique" ; le pourtour de l'île est hérissé de falaises calcaires, percées d'imposantes grottes (*ana*) agrémentées de stalactites qui ont inspiré de nombreuses légendes. Au nord s'étend un haut plateau offrant de superbes panoramas.

D'août à octobre, quelques baleines à bosse font des cabrioles à quelques dizaines de mètres des côtes. Les visiteurs peuvent les observer dans une eau claire d'un beau bleu métallique.

Rurutu est un véritable jardin d'éden. Tout y pousse à profusion : café, mandarines, bananes, goyaves, fougères, pins, landes, *mape* (châtaigniers), citrons, etc.

Côté mer, l'île est enserrée par un récif frangeant, à quelques dizaines de mètres du rivage – d'où la quasi-absence de lagon et des possibilités de baignade limitées. En revanche, les étendues de sable blanc sont superbes... et désertes.

Rurutu est un foyer artisanal important aux Australes, réputé pour ses productions d'objets tressés en feuilles de pandanus. L'agriculture (essentiellement le taro et un peu de café) constitue un autre débouché pour la population.

COMBIEN DE JOURS AUX ÎLES AUSTRALES ?

Voici une durée minimale (indicative) pour découvrir l'essentiel de chaque île, sachant que ces recommandations sont théoriques – tout est fonction des rotations aériennes. Les jours de vol (arrivée et départ) ne sont pas comptés :

- **Rurutu :** 3 jours (4 à 5 jours lors de la saison des baleines)
- **Rimatara :** 2 jours
- **Raivavae :** 3 jours
- **Tubuai :** 2-3 jours (un jour de plus lors de la saison des baleines)

Rurutu

À voir et à faire

1 Ana Aeo (grotte Mitterrand)............A2
2 Ana Tane Uapoto (grotte)................B2
3 Belvédère Matotea..........................A2
4 Grotte Tupumai..............................A1
5 Marae Tararoa................................A2
6 Popaa Beach (Te One Roa)..............A2
7 Trou du Souffleur............................A4

Où se loger

8 Manotel..B2
9 Teautamatea...................................A2
10 Vaitumu Village..............................A1

Histoire

James Cook fut le premier Européen à découvrir Rurutu, en 1769, lors de son grand périple. Il se heurta à l'attitude hostile des insulaires, soucieux de défendre leur territoire. Les contacts avec les Européens restèrent rares jusqu'au XIXe siècle, époque à laquelle les missionnaires de la LMS (London Missionary Society) envoyèrent des instituteurs insulaires y fonder une mission. Le christianisme se répandit rapidement, mais, comme dans d'autres îles de Polynésie, les maladies apportées par les Européens connurent également une expansion rapide. Pour contrer l'expansion anglaise, les Français établirent leur protectorat en 1889, avant d'annexer l'île en 1900.

Rurutu possède le plus grand *marae* (ancienne plate-forme cérémonielle), des îles Australes, le *marae* Vitaria.

Orientation

Rurutu mesure environ 10 km de longueur et 5 km de largeur. La population, rassemblée sur la côte, se répartit entre trois villages principaux, dont Moerai, le plus important. L'aérodrome se trouve à environ 4 km au nord de Moerai. Une route bétonnée fait presque entièrement le tour de l'île. Une autre route carrossable, à forte dénivellation, traverse le centre de l'île, reliant Moerai à Avera, le troisième village. La partie sud de l'île, particulièrement sauvage, est pratiquement inhabitée.

À voir

Le parcours proposé ci-après, qui fait le tour de l'île, traverse des plantations et longe de magnifiques portions côtières et des promontoires rocheux, ménageant de très belles vues.

Moerai

À Moerai, principale localité de l'île, à 4 km à l'est de l'aérodrome, on remarque le pittoresque **temple protestant**, en retrait du port, qui date des années 1865-1872. Le plus célèbre résident de l'île, l'administrateur français Éric de Bisschop, qui consacra sa vie à de périlleuses traversées entre l'Amérique du Sud et la Polynésie à bord d'embarcations de fortune, est honoré par une épitaphe. Sa tombe se trouve dans le cimetière situé côté montagne, au-delà de la route principale, au sud du village. Légèrement en retrait du front de mer, à 30 m du magasin Sinn, vous verrez également un **four à chaux de corail**, encore utilisé de nos jours pour repeindre les façades des maisons.

À Moerai se trouve également le **tombeau des rois de Rurutu**, sur une propriété privée, visible depuis la route – comme il n'est pas signalé, demandez que l'on vous indique son emplacement.

De Moerai à Hauti (Auti)

La route, bétonnée, longe la côte de Moerai jusqu'à la pointe Arei, où se trouve l'une des plus impressionnantes falaises de Rurutu.

Ana Tane Uapoto GROTTE

La falaise est percée par cette grotte, que l'on distingue en partie depuis la route. Un court sentier monte jusqu'à la cavité, truffée de stalactites et de stalagmites. La salle n'est pas immense, mais la vue sur la baie de Moerai et le bleu de l'océan à travers les colonnes de calcaire est magnifique.

Plate-forme d'observation des baleines POINT DE VUE

Juste après la grotte Ana Tane Uapoto, cette plate-forme aménagée au bord de la route, en corniche, permet d'observer les baleines, en saison.

De Hauti à Avera

Petit bourg assoupi, Hauti tend à se dépeupler au profit de Moerai. À la sortie de Hauti, la route prend des allures de montagnes russes. Montée, descente, montée, descente, et ainsi de suite jusqu'à l'extrémité sud de l'île, la **pointe Toataratara**. Ce tronçon, très sauvage, surplombe l'ancienne cuvette du lagon, que le soulèvement du récif (voir l'encadré ci-dessous) a découvert. Vous y verrez des **tarodières** (plantations de taro) magnifiquement entretenues.

Plages de Naairoa et de Toataratara BAIGNADE, PIQUE-NIQUE

Ces deux plages, aux abords de la pointe, sont formées de petites criques sauvages encadrées de formations coralliennes émergées. Ce cadre du bout du monde se prête à une pause pique-nique. Quelques bassins naturels permettent de faire trempette.

Trou du Souffleur SITE NATUREL

La piste contourne la pointe Toataratara en suivant le rivage puis se dirige vers le nord. Vous passerez à hauteur de ce "Trou du Souffleur", qui désigne un siphon dans le récif duquel s'échappent des gerbes d'écume lorsque la houle est suffisamment forte.

Avera VILLAGE

Après le Trou du Souffleur, la route s'éloigne de la côte et entame une forte montée à travers une pinède, puis redescend ensuite, offrant de magnifiques vues sur le littoral, la baie d'Avera et les principaux sommets de l'île. Avera est un petit bourg sans histoire, au bord d'une longue plage de sable clair où se déroulent, chaque année en juillet et en avril, des **courses de chevaux** très spectaculaires. À la lisière du village, vers l'intérieur des terres, vous découvrirez une grande **tarodière** irriguée.

D'Avera à Moerai

Belvédère Matotea POINT DE VUE

À la sortie d'Avera, la route monte jusqu'à ce belvédère, d'où l'on jouit d'une vue exceptionnelle sur la baie d'Avera, puis redescend vers la côte.

Marae Tararoa SITE ARCHÉOLOGIQUE

Dans le district de Vitaria, derrière la pension Teautamatea (p. 347), au milieu d'une cocoteraie, s'étend ce site sacré, de la dernière famille royale de Rurutu. On dit que jadis il s'étendait sur 1 km. C'est aujourd'hui encore un vaste site ponctué de nombreuses pierres verticales, relativement bien préservé. Demandez l'autorisation d'accès au propriétaire, à la pension.

RURUTU, UNE ÎLE PAS COMME LES AUTRES

Sur le plan géologique, Rurutu est un cas à part. C'est un exemple typique de *makatea*. Voici des millions d'années, à la suite d'un soulèvement de la croûte terrestre, l'ensemble de l'île s'est élevé au-dessus de la mer, transformant l'ancien récif frangeant en falaises côtières. Les parois abruptes qui cernent aujourd'hui la majeure partie de l'île constituaient jadis les versants extérieurs de la barrière de corail. La vallée en forme de cuvette que longe la route de Hauti à la pointe Toataratara correspond à l'ancien lagon qui s'étendait entre l'île et le récif.

Rurutu est truffée de grottes calcaires, autre souvenir du soulèvement cataclysmique qui projeta ces anciennes grottes sous-marines jusqu'à leur emplacement actuel.

L'île de Rimatara est également un *makatea*, mais beaucoup moins spectaculaire.

À NE PAS MANQUER

LE SENTIER PERDU ET LA GUEULE DU MONSTRE

Une randonnée courte (2 heures 30 environ) mais spectaculaire consiste à emprunter un sentier taillé dans le flanc de la falaise qui s'étire entre Hauti et Peva. Certains passages sont escarpés et en corniche, à une dizaine de mètres au-dessus des flots. On chemine par endroits au milieu des stalagmites et des stalactites, dans un décor digne de *Jurassic Park* (un passage très photogénique est surnommé la "Gueule du monstre"), avec de superbes vues sur l'océan. Cette randonnée, aérienne et sportive, est déconseillée aux personnes sujettes au vertige et peu agiles (certains passages nécessitent l'aide des mains). La présence d'un guide est indispensable. Votre hébergement vous mettra en relation avec l'un d'eux (comptez de 4 000 à 6 000 CFP/pers).

Plages FARNIENTE

Dans le secteur de Vitaria, le littoral est parsemé de longues étendues de sable blanc, assez larges et bordées d'arbres de fer, idéales pour le farniente, mais peu adaptées à la baignade car le récif est frangeant (pas assez de fond, et patates coralliennes). Seule la section de plage parfois appelée **Te One Roa** ("la grande plage") ou "**Popaa Beach**", à 200 m au sud de la pension Teautamatea, dispose de quelques bassins plus profonds et dépourvus de massifs coralliens, ce qui la rend propice à la baignade.

Ana Aeo GROTTE

Cette grotte, également appelée "grotte Mitterrand", en souvenir du passage de l'ancien chef de l'État en 1990, est plus en amont, à quelques centaines de mètres au nord de la pension Teautamatea, sur la droite (elle est vaguement signalée, sur une pierre). Une petite piste bifurquant vers l'intérieur conduit rapidement à cette spectaculaire cavité cachée au milieu d'une abondante végétation tropicale. Abondamment hérissée de stalactites et de stalagmites, elle évoque l'intérieur d'un palais mystérieux.

Grotte Tupumai GROTTE

La route côtière passe ensuite à hauteur de la piste de l'aérodrome. En face, côté montagne, cette autre grotte, cachée dans la végétation et accessible par un très court sentier, mérite une visite. Elle est petite, mais elle est entièrement tapissée de coquillages fossilisés.

Plate-forme d'observation POINT DE VUE

Peu avant Moerai, cette plate-forme a été aménagée sur le bord de la route, en corniche, au pied d'une falaise, ce qui permet d'observer les baleines (en saison) et d'embrasser un joli panorama sur la **baie de Moerai**.

Activités

Observation des baleines

Rurutu s'est fait connaître grâce aux possibilités d'observation des baleines à bosse. D'août à octobre (mais les dates ne sont pas fixes !), les mégaptères sont régulièrement présents sur les rivages de l'île, où ils viennent se reproduire ou mettre bas avant de repartir vers les eaux glacées de l'Antarctique. À Rurutu, il est d'autant plus facile de les observer qu'il n'y a pas de lagon (elles s'approchent donc du rivage) et que plusieurs plates-formes d'observation ont été aménagées au bord de la route. Par ailleurs, la limpidité des eaux (meilleure qu'à Tahiti ou à Moorea) facilite l'observation et la prise de vue.

Deux prestataires locaux (qui font partie de la même famille, au demeurant), organisent des sorties d'observation, accessibles à tous. Ils respectent les règles d'approche afin de ne pas déranger les animaux. À bord de petits bateaux (6-9 personnes maximum), le guide scrute l'océan et guette l'émersion de ces géants. Une fois la baleine repérée, le guide se met à l'eau et surveille le comportement de l'animal. Généralement, entre deux respirations, les baleines se posent sur le fond et observent des moments de repos – l'idéal pour les regarder en toute tranquillité. Au signal du guide, les participants se glissent dans l'eau, équipés de palmes, d'un masque et d'un tuba, et observent la baleine depuis la surface (pas d'apnée). Le moment le plus impressionnant est lorsqu'elle remonte pour respirer. Lorsque la baleine s'est éloignée, tout le monde revient à bord et le bateau accompagne l'animal à distance, jusqu'à la prochaine réimmersion. Veillez à vous tenir à bonne distance de la nageoire caudale.

Dans tous les cas, le moniteur-guide reste le seul à décider de la mise à l'eau des participants. La mise à l'eau n'est pas garantie : tout dépend de l'état de la mer et du comportement des baleines (animaux en mouvement, présence de mâles en conflit). Si les conditions sont défavorables, les clients restent sur le bateau et suivent les animaux depuis la surface.

Tareparepa Tours OBSERVATION DES BALEINES
(☎87 34 71 09 ; teiti.tavita@gmail.com ; sortie demi-journée 10 000 CFP/pers ; ⏲sur réservation, en saison). Sorties de 4 heures, matin et après-midi, incluant les transferts et l'équipement (combinaison, ciré, palmes, masque et tuba). On se change et se rince au snack Piareare, qui appartient à la famille. Bateau avec taud (toile de protection). À partir de la troisième sortie, on paie 8 000 CFP. Les enfants paient moitié prix. Ce prestataire a suivi une formation adéquate et respecte les règles d'approche.

Toatai Baleines – Tevai OBSERVATION DES BALEINES
(☎87 26 78 46 ; mali.tevai@gmail.com ; sortie demi-journée 10 000 CFP/pers ; ⏲sur réservation, en saison). Prestations quasi identiques à Tareparepa Baleines. Sorties à la demi-journée (4 heures), incluant les transferts et l'équipement (combinaison, ciré, palmes, masque et tuba). Bateau sans taud (toile de protection) mais bien équipé. On peut se changer et se rincer au snack Piareare. À partir de la troisième sortie, on paie 8 500 CFP. Ce prestataire a suivi une formation adéquate et respecte les règles d'approche. Page Facebook "Toatai Baleine Rurutu".

Randonnée pédestre

L'intérieur de l'île se prête à la randonnée pédestre. Point n'est besoin d'être un sportif accompli, car le relief est relativement doux. Au nord de l'île se trouvent les trois plus hauts sommets, le **Taatioe** (389 m), le **Manureva** (385 m) et le **Teape** (359 m), que prolonge un plateau fertile, le **Tetuanui**, à 200 m d'altitude environ. Un réseau de sentiers et d'allées forestières sillonne le plateau et mène à ces sommets. Vers le sud, on peut rejoindre le **mont Erai** (289 m).

Il est difficile de se perdre, car on a toujours vue sur la mer. Sur la route traversière, entre Moerai et Avera, faites-vous déposer au début de l'un des deux sentiers en bord de route (l'un en direction du mont Manureva, l'autre pour le Pito et le mont Erai). Vous apprécierez la vue sur les baies et la diversité de la végétation, notamment d'étonnantes forêts de pins.

Pour la randonnée du Sentier perdu (voir l'encadré ci-contre), il est en revanche impératif d'être accompagné d'un guide.

BALEINES À RURUTU : QUELQUES VÉRITÉS

- Il est déconseillé de programmer un séjour à Rurutu uniquement pour voir les baleines. L'île offre bien d'autres options de découverte.
- La présence des baleines n'est pas garantie, même en pleine saison (août à octobre). D'une année à l'autre, les chances de les observer sont très variables. Certaines années sont très bonnes, d'autres décevantes, avec des apparitions en pointillé. C'est la nature qui commande !
- Le cœur de saison est de mi-septembre à début octobre.
- Le nombre d'animaux est lui aussi très variable. Certaines années, on compte de 5 à 10 individus au même moment ; lors des "bonnes" années, on peut trouver jusqu'à 25 individus. Là encore, il n'y a pas de règle.
- Les prestataires ne remboursent pas les sorties si les baleines n'ont pas été au rendez-vous.
- Tenez compte du relatif inconfort de ces sorties, qui durent en moyenne 4 heures : comme il n'y a pas de lagon, la mer est souvent agitée (gare au mal de mer), et l'eau est fraîche en cette saison (un shorty ou une combinaison sont fournis, mais ce n'est pas suffisant ; prenez un Lycra et un coupe-vent).
- Les baleines sont généralement présentes autour d'autres îles polynésiennes, notamment Tahiti, Moorea, Raiatea, Bora Bora et Maupiti. Elles sont souvent plus nombreuses à Moorea qu'à Rurutu, mais l'eau est moins claire et, surtout, il y a beaucoup plus de bateaux autour des animaux ! Le grand avantage de Rurutu, c'est qu'il n'y a que deux prestataires, donc un nombre limité de bateaux. Pensez à réserver. À noter que Tubuai est également une île où les observations sont de qualité.

1

2

1. Femmes en tenue traditionnelle lors d'une cérémonie à Rapa Iti (p. 364) 2. La Gueule du monstre, une formation géologique spectaculaire (p. 344) 3. Falaises de Rurutu (p. 343)

3

LE TOUR DE RURUTU

Le tour de Rurutu fait environ 36 km. À moins d'être un cycliste aguerri, n'espérez guère faire le tour de l'île à vélo, sauf s'il s'agit d'un vélo électrique ; hormis le tronçon Moerai-Vitaria, pratiquement plat, le reste du parcours est très montueux, avec des raidillons qui décourageront les meilleures volontés. Optez pour le tour de l'île guidé, en 4x4, proposé par les structures d'hébergement de l'île (environ 5 000 CFP/pers). Par ailleurs, la plupart des sites dignes d'intérêt, non signalés, ne sont pas faciles à trouver sans l'aide d'un guide.

Promenade équestre

Viriamu RANDONNÉE ÉQUESTRE

(☎ 40 93 02 93, 87 70 34 65 ; www.teautamatea.blogspot.com ; sortie 2/3 heures 6 500/8 500 CFP ; ⌚ sur réservation). Viriamu, le propriétaire de la pension Teautamatea (voir ci-contre) propose de belles randonnées équestres sur les hauteurs de l'île, notamment dans le secteur du plateau Tetuanui et du mont Taatioe, ainsi que sur la plage. Les promenades sont accessibles à tous les niveaux. Des selles européennes et des bombes sont fournies. Maximum 3 personnes. Enfants à partir de 12 ans.

Quad

Vaitumu Village QUAD

(☎ 40 94 02 42 ; sortie 2 heures 20 000 CFP/quad ; ⌚ sur réservation). Les pistes de l'intérieur de l'île sont praticables en quad. Le Vaitumu Village propose des sorties guidées en comité restreint (2 quads de 2 personnes seulement), de deux heures, avec plusieurs arrêts pour profiter des points de vue. La sortie suit les crêtes et emprunte le plateau Tetuanui.

Où se loger

Le nombre d'établissements est limité à Rurutu. On ne compte qu'une poignée de structures réellement tournées vers l'accueil touristique.

Vaitumu Village BUNGALOWS €€

(☎ 40 94 02 42, 87 26 62 19 ; www.vaitumuvillage.com ; secteur de l'aérodrome ; s 12 500-14 500 CFP en demi-pension, d 20 000-22 000 CFP en demi-pension, selon saison ; ❄ 📶). La seule adresse qui se rapproche d'un hôtel dans l'archipel. Ses atouts : la qualité du service et le cadre, dans un jardin impeccablement aménagé au bord d'une plage ombragée (mais pas de baignade possible en raison du platier récifal), face au couchant avec, en prime, une jolie piscine. Les 8 bungalows (4 "plage", plus proches du bord de mer, et 4 "jardin", un peu plus en retrait, aux mêmes tarifs), intègrent du bois et des moellons de corail, ce qui leur donne une touche originale. Côté confort, ils sont équipés d'un brasseur d'air, d'une moustiquaire et d'un bon lit. Autre option : 4 chambres bien agencées, dans un bâtiment près du restaurant ; les deux à l'étage sont spacieuses et ont vue mer ; les deux autres au rez-de-chaussée, plus petites, ont vue piscine et ont l'avantage d'être climatisées. Également un grand faré familial, de 2 chambres, tout équipé (30 000-35 000 CFP pour 6 personnes). La grande salle de restaurant et le bar ouvrent sur une belle terrasse de laquelle, en saison, il n'est pas rare d'apercevoir des baleines derrière le récif. Excellente cuisine sous forme de buffet. Transferts gratuits depuis/vers l'aéroport. Location de vélos (500 CFP/jour) et de voiture (10 900 CFP), sorties d'observation des baleines, pêche, tour de l'île en bateau (8 000 CFP) et initiation au tressage. Carte bancaire acceptée. Au nord-ouest de l'île, près de l'aérodrome.

Teautamatea CHAMBRES €€

(☎ 40 93 02 93, 87 70 34 65 ; www.teautamatea.blogspot.com ; Vitaria ; s/d 9 900/15 100 CFP en demi-pension ; 📶). Une pension attachante, à l'atmosphère familiale, à quelques mètres d'un joli bord de mer bordé d'*aito* (arbres de fer). Vous logerez dans une maison en dur, composée de 3 chambres avec brasseur d'air, sans charme particulier mais propres. Les 2 chambres à l'étage, mansardées, sont égayées de pierres de corail apparentes, mais la sdb n'a pas de porte (une natte fait office de séparation). Les repas, à base de produits locaux, sont délicieux et variés, et se prennent sur une table commune dans la salle à manger ou en terrasse. Il suffit de traverser la route pour se prélasser sur la plage et profiter des somptueux couchers de soleil ; pour une zone de baignade sans coraux, vous n'avez que 200 m à faire, vers le sud. Accueil plein de naturel des propriétaires, Viriamu (qui organise également des balades à cheval et des tours de l'île) et d'Elin (d'origine galloise mais parfaitement francophone). Transferts gratuits à l'aéroport. Paiement en espèces.

Manotel BUNGALOWS €€
(☎40 93 02 25 ; www.le-manotel.com ; Peva ; bungalows s/d 11 700/16 800 CFP en demi-pension basse saison, 14 000/20 000 CFP en demi-pension haute saison ; 📶). Une pension établie de longue date. Les 6 bungalows (dont trois familiaux), propres et bien conçus, sont nichés dans un jardin tropical coloré, avec une falaise en arrière-plan, à 3 km au sud du bourg de Moerai. Pour le farniente, il suffit de traverser la route pour accéder à une petite plage de sable blanc (mais la baignade, comme partout ailleurs sur l'île, n'est pas idéale, car le récif est frangeant). Les repas se prennent dans le *fare*-restaurant. Prêt de vélos pour aller faire des courses à Moerai. Transferts à l'aéroport 1 000 CFP/pers l'aller-retour. La tarification haute saison est appliquée d'août à fin octobre (saison des baleines). Carte bancaire acceptée.

Si les trois établissements ci-dessus sont complets (ce qui peut arriver lors de la saison des baleines), vous pouvez vous rabattre sur l'une des structures suivantes :

Chez Rudy – Heiata Guesthouse CHAMBRES €
(☎40 94 07 83, 87 25 19 73 ; cdheiata@gmail.com ; Moerai ; s/d avec petit-déj 6 000/8 000 CFP, 7 000/11 000 CFP en demi-pension ; 📶). Une option de dépannage, en face du temple, à Moerai. Quatre chambres, carrelées, au confort honnête mais sans charme, avec brasseur d'air et matelas fermes.

Te Monoiti CHAMBRES €
(☎87 34 71 09 ; teiti.tavita@gmail.com ; secteur de l'aérodrome ; s/d 8 000/16 000 CFP en demi-pension ; 📶). Le propriétaire de Tareparepa Tours (p. 345) loue 6 chambres correctes, dans sa maison, en face de l'aérodrome. Elles donnent sur le salon commun, et 2 chambres seulement disposent de fenêtres. Les autres sont donc un peu sombres. Demandez celle qui donne sur l'avant, face à l'aéroport. En principe, un tarif préférentiel sur les sorties baleines est accordé aux clients de la pension (9 000 CFP au lieu de 10 000 CFP). Teiti assure également des tours de l'île (4 000 CFP).

Où se restaurer

Les snacks et restaurants étant rares sur l'île, toutes les structures d'hébergement pratiquent la formule demi-pension pour leurs hôtes. En dehors de Moerai, il faut se contenter d'épiceries dans les villages.

Piareare SNACK €
(☎87 35 82 37 ; Moerai ; plats 1 200-1 300 CFP ; ⌚11h-13h30 lun-ven, 11h-13h30 tlj saison des baleines). Face au quai, ce snack ne paie pas

LES FÊTES TRADITIONNELLES AUX AUSTRALES

Certaines fêtes traditionnelles revêtent une importance et une signification particulières à Rurutu (ainsi qu'à Rimatara et à Raivavae). Tubuai, où les Mormons sont majoritaires, n'est pas concernée.

Le Tere – La première semaine de janvier, le *tere* (défilé) est un tour de l'île au cours duquel un conteur passe de village en village et récite des légendes, tandis que les jeunes s'affrontent au lever de pierre (*amoraa ofai*), une spécialité des Australes : les participants mesurent leur force en soulevant des pierres lisses de plus de 100 kg. Les familles ont redécoré leur maison et ouvrent leurs portes aux visiteurs, qui sont parfois aspergés d'eau de Cologne ou de talc.

Le Me – Cette importante fête religieuse protestante a lieu en mai, les trois premiers week-ends du mois. Des fonds sont collectés dans chaque famille pour assurer le fonctionnement des temples. La quête se termine par un grand repas et des veillées accompagnées de chants polyphoniques religieux, les *himene tarava*.

Le Heiva – En juillet, on célèbre cette fête de la culture traditionnelle, comme dans toute la Polynésie. De nombreuses manifestations culturelles, artisanales, agricoles et sportives sont organisées, dont une remarquable course de chevaux sur la grande plage d'Avera, à Rurutu, ainsi que des courses de porteurs de fruits et des levers de pierre à Moerai.

Course de chevaux – Une tradition à Rurutu, où les jeunes s'affrontent lors de courses sur la plage, sur des chevaux montés à cru. En avril, en juillet et pendant la période de Noël (sur une journée).

de mine, mais la cuisine est remarquable de fraîcheur et les prix sont imbattables (tous les plats sont à 1 200 CFP ou 1 300 CFP). Pas de carte, mais des plats du jour (en général, trois), en fonction des arrivages. Service un peu longuet. Également vente à emporter.

Rurutu Délices SNACK €
(☎87 21 67 09 ; Moerai ; plats 900-1 300 CFP ; ⏰7h-15h lun-ven). Un modeste snack à Moerai. Commandez un plat du jour, un sandwich (350 CFP) ou des yaourts maison (110-130 CFP). Sur place ou à emporter. Pas d'alcool.

Tiare Hinano RESTAURANT €
(Moerai ; plats 1 300-1 800 CFP ; ⏰11h-13h et 17h-19h mar-sam, 16h-19h dim). Spécialités chinoises (crevettes au sel, *chao men*, porc sauce huître, poulet citron, riz cantonais) correctes à des tarifs attractifs. Intérieur impersonnel, malgré quelques lampions rouges. Pas de terrasse.

Paatu PÂTISSERIE €
(☎40 94 05 81 ; Moerai ; pâtisseries 200-500 CFP ; ⏰7h30-12h et 14h30-16h30 mar-sam, 6h-9h dim). Cette minuscule pâtisserie contentera les gourmands, avec quelques tartelettes, des éclairs au chocolat, des mille-feuilles et, le dimanche, des viennoiseries et des croissants, tous fait maison. Horaires d'ouverture irréguliers.

Marché municipal MARCHÉ €
(Moerai ; ⏰8h-15h lun-sam). On trouve des fruits, des légumes et un peu d'artisanat local dans ce petit marché couvert, sur le front de mer.

Achats

Rurutu est réputée pour son artisanat, notamment la vannerie et le tressage (chapeaux en pandanus, sacs, nattes, porte-chéquier). La matière première de la vannerie de Rurutu est le *paeore*, un pandanus poussant sur les versants ombragés, qui subit d'abord une décoloration avant d'être travaillé. On y ajoute des feuilles, comme celle du *fei* ou du *kere* (la fibre qui couvre la palme de cocotier), pour ajouter une note colorée ou une texture différente. On peut s'initier au tressage – adressez-vous à votre hébergement qui vous mettra en rapport avec une artisan, ou contactez **Doriane Teuruarii** (☎87 29 47 65), qui propose des ateliers découverte de 3 heures (3 500 CFP).

LE GARDE-MANGER DE LA POLYNÉSIE

Les Australes sont considérées comme le grenier à blé de la Polynésie. Le taro est le produit alimentaire de base des îles Australes. Cette plante à rhizome est cultivée comme le riz, dans des marécages irrigués. Les grandes tarodières sont d'ailleurs un élément familier du paysage des Australes.

Après avoir été bouilli, son tubercule est pilé, ce qui produit le *poipoi*, mets absolument dépourvu de saveur, que l'on consomme généralement additionné de miel ou de purée de fruits. La fermentation du *poipoi* durant quelques jours lui confère plus de goût.

Le tapioca et la patate douce se cultivent aisément dans les Australes, de même que les légumes communs des régions tempérées – carottes, pommes de terre et choux.

Centre artisanal ARTISANAT LOCAL
(aéroport ; ⏰à chaque mouvement d'avion). Dans ce centre artisanal situé à l'aéroport, on trouvera son bonheur parmi les chapeaux, les nattes (*peue*), les paniers, les sacs... Les chapeaux pour homme ont un fond plus haut et un bord plus étroit que les chapeaux pour femme. Comptez entre 3 000 CFP et 6 000 CFP selon la qualité.

Marché municipal MARCHÉ
(Moerai ; ⏰8h-15h lun-sam). Vente d'objets en fibres tressées (paniers, chapeaux). Sur le front de mer, à Moerai.

Renseignements

Tous les services utiles aux visiteurs sont au bourg de Moerai.

Centre médical (☎40 94 03 12). Médecin, en principe toute l'année.

OPT (⏰7h-12h et 13h-15h30 lun-jeu, 7h-12h et 13h-14h30 ven). Bureau de poste, au centre de Moerai. Wi-Fi (Vinispot) dans un rayon de 50 m. Distributeur de billets fonctionnant 24h/24.

Socredo. Un distributeur fonctionnant 24h/24.

Depuis/vers Rurutu

Située à environ 600 km au sud de Tahiti, Rurutu est l'île la mieux desservie des Australes, par les avions d'Air Tahiti et par le cargo inter-îles.

Le bureau d'**Air Tahiti** (☎ 40 93 02 50, réservation centrale 40 86 42 42 ; www.airtahiti.pf ; ⏲ 8h-12h lun, mer et ven, 8h-12h et 13h-16h mar et jeu) est à l'aérodrome. Le cargo **Tuhaa Pae IV** mouille dans la baie de Moerai. Voir aussi la rubrique *Depuis/vers les Australes*, p. 340.

Comment circuler

L'aérodrome est à environ 4 km de Moerai, le village principal où se trouve également le quai. Si vous avez réservé votre hébergement, vos hôtes viendront vous chercher à l'aéroport.

Les pensions proposent des tours de l'île guidés moyennant 5 000 CFP/pers (pique-nique non inclus), avec visite des principaux sites.

Eteroa Bike (☎ 87 76 81 23) loue des VTT (2 000 CFP/jour) et des VTT à assistance électrique (5 000-8 500 CFP), plus adaptés à un tour de l'île, compte tenu des forts dénivelés

Le **Vaitumu Village** (☎ 40 94 07 29) loue également des véhicules moyennant 10 900 CFP les 8 heures.

RIMATARA

879 HABITANTS

Bienvenue dans le paradis de l'écotourisme. Rimatara a du charme et présente une personnalité différente des autres îles de l'archipel. Comme Rurutu, elle est cernée par un récif frangeant, mais possède de belles étendues de sable blanc, des criques protégées et quelques petites falaises. Le centre de l'île est formé par un plateau qui ne dépasse pas 83 m. La tranquillité est absolue ; l'île ne compte que trois villages, et la population vit essentiellement de l'agriculture et de l'artisanat (articles en pandanus et confection de colliers de coquillages). On se laisse vite gagner par le rythme de vie décontracté et cette vie au naturel, sans artifices. Les habitants parlent un dialecte particulier, le rimatara.

LE RITUEL DU FEU À L'ARRIVÉE

Ne soyez pas surpris si, à votre descente d'avion à Rimatara, un policier communal met le feu dans deux bacs, devant l'aérogare. Il s'agit d'un rite purificatoire : vous devrez passer à travers les volutes de fumée pour vous débarrasser de votre mauvais *mana*. Ce rituel a fait l'objet d'une autorisation spéciale ; il est en effet interdit de faire du feu dans un aéroport.

Rimatara

Le destin de cette île de poche (le tour de l'île fait 9 km), toute ronde, et méconnue, a basculé en 2006, lors de l'inauguration d'une piste d'atterrissage pouvant recevoir les ATR d'Air Tahiti. Grâce à une desserte aérienne régulière, Rimatara s'est ouverte au monde extérieur. Cette ouverture reste timide, car les touristes sont encore rares. Raison de plus pour y passer quelques jours, avant (ou après) la visite de Rurutu.

Histoire

Rimatara fut la dernière des îles Australes à être "découverte" en 1811 par les Européens. À l'époque, l'île est gouvernée par une reine, Temaeva II. Les premiers missionnaires protestants insulaires de la London Missionary Society y débarquèrent en 1821. En moins de deux ans, les 300 habitants qui composaient la population de l'île furent convertis.

À voir et à faire

Vos hôtes vous proposeront un tour de l'île gratuit en 4×4, mais la route (goudronnée) se prête très bien à une **balade à pied** (9 km, pratiquement sans dénivelé) ou à vélo. De la route de ceinture, plusieurs pistes mènent au **plateau Oromana**, où sont cultivées des plantes agricoles et maraîchères, notamment des manguiers, des bananiers, des choux, du taro, des pommes de terre, des tomates, des carottes, du café, des pamplemousses…

La vie s'écoule paisiblement dans les trois villages, **Anapoto**, **Amaru** et **Mutua Ura**.

Seuls bâtiments remarquables, les temples protestants, bien entretenus. Ne manquez pas d'assister à un office le dimanche matin, les chants (himene) sont poignants.

Sous les avancées des toits des habitations, les femmes font sécher des feuilles de pandanus – l'or de Rimatara – qu'elles ont préalablement coupées. Ces longues lanières serviront à la confection d'objets artisanaux. Les hommes sont occupés à la récolte du coprah (amande séchée de la noix de coco), au travail dans les tarodières et partent à la pêche sur des petites pirogues à balancier. Plutôt étonnant dans cette île du bout du monde, on remarque des panneaux de signalisation routière, identiques à ceux que l'on trouve en France, et même un rond-point (à Amaru), alors qu'il n'y a qu'une poignée de véhicules dans toute l'île !

Sur cette île, les cimetières sont de véritables attractions. La plupart des tombes, formées de moellons de corail, sont toutes blanches. Au village d'Amaru, ne manquez pas la visite du **cimetière marin Tonohae**, qui abrite la tombe de la reine Temaeva II, qui régna au XIXe siècle.

Le village de Mutua Ura possède le cadre le plus séduisant : il donne sur une jolie baie frangée d'une **plage** de sable doré, évidemment déserte. En suivant le littoral vers l'ouest, on découvre la photogénique **baie des Vierges**, une petite baie dotée de bassins naturels entourés de *feo* (blocs de coraux émergés et érodés à la base, qui font penser à de gros champignons). Baignade impérative ! D'autres petites plages ombragées se succèdent en remontant le littoral vers Anapoto. Sur la plage d'Anapoto, vous verrez des pirogues à balancier, utilisées par les pêcheurs.

Comme à Rurutu, les **baleines** passent près des côtes entre août et octobre. Il n'y a pas de prestataire organisant des sorties d'observation (renseignez-vous tout de même auprès de votre pension), mais avec un peu de chance (et des jumelles) vous pourrez les apercevoir depuis le bord.

Où se loger et se restaurer

Il n'y a pas de restaurant, juste un petit snack et quelques modestes épiceries vendant des produits de base dans chaque village. L'île compte trois pensions. Les transferts à l'aérodrome sont inclus.

La Perruche Rouge BUNGALOWS €
(☎87 30 58 23, 40 94 44 16 ; www.facebook.com/lapensionlaperrucherouge ; secteur de l'aérodrome ; bungalows s/d 9 900/14 000 CFP en demi-pension ; Wi-Fi). Côté hébergement : 4 bungalows, corrects, mais qui mériteraient un meilleur entretien (certains n'ont pas de ventilateur ou de moustiquaire), construits sur une petite butte d'où l'on jouit d'une vue dégagée sur une partie de l'île et, pour les deux plus haut, l'océan à l'horizon. Diverses activités sont proposées (visite des tarodières, observation du lori de Kuhl, initiation au tressage du pandanus, visite des sites historiques, traversée de l'île guidée, brunch dominical chez l'habitant), toutes payantes (entre 2 500 et 6 000 CFP par activité). Cuisine à base de produits locaux. Location de vélos (1 500 CFP/jour). À 2 minutes de l'aérodrome, entre Amaru et Anapoto. Wi-Fi au restaurant.

Ue Ue BUNGALOWS €
(☎87 74 66 13, 40 94 42 88 ; www.pensionueue-rimatara.com ; Amaru ; bungalows s/d 9 000/13 000 CFP en demi-pension ; Wi-Fi). Une adresse sans histoire. Les propriétaires (elle directrice d'école à la retraite, lui ancien

À NE PAS MANQUER

OBSERVER LE LORI DE KUHL

Ornithologues, cette île est faite pour vous ! Rimatara abrite une espèce endémique rare, le lori de Kuhl (*Vini kuhlii*), appelée localement *ura*. Cet oiseau de la famille des perroquets possède un plumage de toute beauté : rouge, vert, jaune et bleu. Il vit dans les bananiers et les kapokiers, où il est assez facilement observable ; sa population est estimée à 800 individus. En 2007, 27 loris de Kuhl ont été introduits sur l'île d'Atiu (îles Cook). Rimatara compte une autre espèce endémique, la rousserolle de Rimatara (*Acrocephalus rimatarae*), appelée localement *oromao*, au plumage moins chatoyant. Des mesures draconiennes ont été prises pour éviter que le rat noir ne s'implante à Rimatara – les deux espèces d'oiseaux n'y survivraient pas. Votre pension vous proposera une sortie d'observation en compagnie d'un guide (2 500 CFP par personne). Plus d'information sur www.facebook.com/associationrimaura.

maire de la commune), ne sont pas très communiquants et l'accueil est assez minimal. Dans une propriété calme et fleurie, à la sortie d'Amaru, les 4 bungalows sont bien entretenus (sdb avec eau chaude, ventilateur) mais n'ont pas de vue particulière ; en revanche, les lieux bordent une bananeraie dans laquelle on a de bonnes chances d'apercevoir des loris de Kuhl depuis la terrasse de son bungalow. Les repas, copieux et savoureux, se prennent dans un *fare* séparé. Vélos à la location (1 000-1 500 CFP/jour). Wi-Fi au restaurant.

Pension Honotai – chez Nelly CHAMBRES €
(☎87 30 55 13 ; nel.honotai@gmail.com ; Anapoto ; s/d avec sdb commune 6 500/10 000 CFP en demi-pension ; Wi-Fi). Une bonne adresse pour celles et ceux qui souhaitent une véritable immersion dans une famille de Rimatara, dans l'esprit chambre chez l'habitant. Nelly se met en quatre pour ses hôtes, leur fait découvrir de multiples activités traditionnelles (atelier tressage, couronnes decfleurs et monoi, pique-nique sur la plage, brunch dominical ; 2 500-4 500 CFP), et sa cuisine est copieuse et généreuse (taro, avocat, fruits, poisson). Son faré, simple mais propre, dispose de 3 chambres, avec ventilateur, qui se partagent une sdb (eau chaude). Location de vélos (1 500 CFP/jour). La plage d'Anapoto est à 2 minutes à pied.

Amaru Pizza SNACK €
(☎87 25 92 74 ; Amaru ; 200-300 CFP ; ⏲6h30-19h tlj). Une toute petite structure, chez des particuliers, où l'on trouve quelques gourmandises faites maison (pizzas sur commande une heure à l'avance, gâteaux, tartelettes, croque-monsieur). Au village d'Amaru, à hauteur du carrefour, près du gros manguier.

Snack Motua Ura SNACK €
(☎87 29 80 82 ; Mutua Ura ; plats 1 100-1 300 CFP ; ⏲10h30-14h lun-jeu, 10h30-14h et 16h30-20h30 ven, 11h-20h dim). Ce modeste snack est une halte providentielle pour casser la croûte au déjeuner, au village de Mutua Ura, près du cimetière, à 50 m en retrait du front de mer (pas d'enseigne). Quelques plats simples, des sandwichs (350-500 CFP) et des desserts.

Achats

Vos hôtes vous proposeront d'aller à la rencontre des femmes qui réalisent des objets en pandanus tressés. Elles vous expliqueront l'ensemble du processus, depuis la récolte des feuilles du *raufara* (une variété de pandanus, sans piquants) jusqu'au tressage proprement dit. De beaux objets (paniers, chapeaux) à rapporter (comptez au moins 5 000 CFP).

Il est également possible de se rendre au **CJA** (Anapoto ; ⏲lun-ven), un centre de formation à l'artisanat qui accueille des élèves des Australes et leur enseigne la sculpture et la vannerie. On peut acheter sur place leurs productions.

Renseignements

La poste à Amarau est équipée d'un DAB accessible 24h/24.

Depuis/vers Rimatara

Rimatara est située à 600 km au sud-ouest de Tahiti et à 150 km à l'ouest de Rurutu. Par avion, l'île est reliée à Tahiti et à Rurutu (voir la rubrique *Depuis/vers les Australes*, p. 340). Pour rejoindre Raivavae, il faut transiter par Rurutu et Tubuai ou repasser par Tahiti. Le cargo **Tuhaa Pae IV** y accoste environ 2 fois par mois.

Comment circuler

Il est facile de se déplacer à pied, vu la configuration de l'île. Sinon, vos hôtes vous feront découvrir l'île en 4x4. Les pensions louent des vélos (1 000 CFP la journée), en plus ou moins bon état.

TUBUAI

2 300 HABITANTS

On tombe vite sous le charme de Tubuai, une île ovale entourée d'un lagon aux couleurs resplendissantes et d'une poignée de motu idylliques. Étonnamment, Tubuai reste peu fréquentée par les touristes, qui passent plus de temps à Rurutu ou à Raivavae, mieux connues. Tant mieux : on profite de l'île en toute tranquillité, en circulant à vélo sur la route de ceinture, bordée de maisons fleuries et d'un ruban de petites plages de sable aux multiples nuances de couleur. L'intérieur de l'île, facilement accessible, est consacré aux cultures maraîchères. On peut marcher jusqu'au sommet de l'île et jouir d'un panorama splendide, découvrir de superbes jardins coralliens en snorkeling ou en plongée, faire une excursion sur le lagon et pique-niquer sur un motu, et aussi, en saison, observer les baleines dans des conditions privilégiées. Quelques vestiges archéologiques apportent un complément culturel à la visite de l'île.

Les mormons ont fait de Tubuai l'un de leurs fiefs en Polynésie : leurs églises modernes, chacune complétée par un terrain de basket, ponctuent la route côtière.

Histoire

Selon certaines théories, l'île n'aurait été peuplée que quelques dizaines d'années avant l'arrivée des Européens. En 1777, lors de son troisième périple dans le Pacifique sud, Cook accosta à Tubuai. Les insulaires la défendirent avec acharnement, comme le constatèrent les mutinés du *Bounty* lorsqu'ils tentèrent de s'y établir en 1789. Des navires se dirigeant vers l'Australie commencèrent à faire escale à Tubuai au début du XIXe siècle, tandis que les missionnaires de la London Missionary Society dépêchèrent sur l'île des instituteurs polynésiens en 1822.

À la même époque, les maladies apportées par les Européens firent des ravages à Tubuai : en 1832, la population de l'île avait chuté de 3 000 habitants à moins de 300 ! Quand le roi tahitien Pomaré II se rendit dans les îles Australes en 1819, les chefs coutumiers de l'île lui cédèrent le pouvoir. Lorsque Tahiti tomba sous la coupe de la France en 1842, Tubuai suivit. L'annexion officielle par la France date de 1880.

Orientation

La côte de Tubuai présente un profil régulier, très peu échancré. Les 25 km de route côtière, cimentée et relativement plate, longent le rivage en passant devant l'aérodrome. Une route traversière coupe l'île en deux, entre Mataura au nord et Mahu au sud, et franchit un petit col à 35 m d'altitude.

Deux petites chaînes montagneuses se dressent aux extrémités de l'île, séparées par une basse vallée en dos d'âne. Elles descendent jusqu'à la mer en une succession de plaines de faible altitude. Le mont Taita (422 m), à l'est, est le point culminant de l'île.

Principale localité de l'île, Mataura est situé à 4 km à l'est de l'aéroport.

À voir

À partir du centre de **Mataura**, dans le sens des aiguilles d'une montre, la route côtière (25 km) passe devant la station météorologique de Météo France, le quai du port, puis le village de **Taahuaia**, où s'égrènent de belles **plages** de sable jaune, cachées derrière des frondaisons d'*aito*. La parcelle verdoyante et vide qui s'étend après celui-ci, du côté de la montagne, est le site du **fort**

Tubuai

EXCURSIONS CULTURELLES À TUBUAI

Les quelques sites archéologiques de l'île n'étant pas signalés, ils sont difficiles à trouver. Par ailleurs, ils sont dépourvus de panneaux explicatifs. L'idéal est de se faire accompagner par un guide. Narii, de la **pension Taitaa** (☎ 87 22 22 32), organise aussi une intéressante découverte culturelle de l'île, qui combine la visite de plusieurs *marae* (qu'il a lui-même débroussés) riches en légende, la rencontre de plusieurs artisans et le site du fort George. Comptez 3 500 CFP/pers. La pension **Wipa Lodge** (☎ 87 73 10 02) demande 3 200 CFP/pers pour une excursion d'environ 3 heures.

George des mutinés du *Bounty* (voir l'encadré ci-contre). Un panneau indicateur a été installé au milieu de la propriété.

Dans le sud-est de l'île, à l'écart de la route de ceinture, plusieurs sites archéologiques sont mis en valeur, dont le **marae Raitoro**, qui rassemble une série de pierres dressées, une pierre d'accouchement et une pierre gravée d'inscriptions, au milieu de banians et de purau. Selon les anciens, ce *marae* était le lieu de naissance des rois. Tout proche, le **marae Haunarai** comporte une grande pierre dressée, d'environ 2 m de hauteur, avec des arêtes acérées qui servaient à couper le cordon ombilical des nouveau-nés appelés à être rois.

Mahu, le troisième village de l'île, marque l'extrémité sud de la route traversière. Après Mahu, la route vire à droite sur la côte sud-ouest de l'île.

La route côtière passe ensuite à hauteur de l'aéroport avant de revenir rapidement à Mataura. Les **plages** offrant des possibilités de baignade s'étendent entre le secteur de l'aérodrome et Mataura ; celle qui se situe face à la passe Te Ara Moana, appelée **Bloody Bay –plage Tavana** (tout près de la pension Wipa Lodge), forme une belle anse protégée, et l'eau y est suffisamment profonde pour se baigner.

Activités

Randonnée pédestre

L'ascension (assez facile, sauf la dernière partie, un peu plus escarpée) du **mont Taita** (422 m) ne nécessite pas de guide, car il est impossible de se perdre. Le sentier, une piste de 4x4, débute à hauteur de la route traversière, au centre de l'île (faites-vous indiquer le début du sentier par votre hébergement). Il longe vers l'est la ligne de crête en direction des pics, puis traverse une pinède et contourne le sommet du mont Panee (392 m). À partir de là, la piste de 4x4 longe la ligne de crête. Celle-ci cède alors la place à un sentier qui, en traversant des bosquets de goyaviers (attention aux nids de guêpes) et des étendues de fougères, mène jusqu'aux rochers du sommet du mont Taita, d'où vous bénéficierez d'un panorama à 360°. Comptez 3 heures aller-retour.

Évitez de faire cette randonnée s'il a récemment plu, car le sentier est boueux.

Une autre randonnée, cette fois beaucoup plus engagée, réservée aux bons marcheurs, consiste à gravir la **montagne de l'Homme Couché** (327 m), à l'ouest de l'île. Au sommet, le panorama sur l'île et le lagon est exceptionnel. Il n'y a pas vraiment de sentier, et certaines sections sont vraiment très escarpées et il faut s'accrocher à la végétation (à déconseiller si vous êtes sujet au vertige). La présence d'un guide est indispensable ; contactez **Narii** (☎ 87 22 22 32), à la pension Taitaa, qui demande 3 000 CFP/pers. Comptez 3 heures l'aller-retour.

Plongée et observations des baleines

Un petit centre de plongée s'est installé à Tubuai en 2019. Pour plus de renseignements sur les sites, reportez-vous à la p. 53.

Depuis peu, Tubuai s'impose également comme l'une des meilleures destinations en Polynésie pour l'observation des baleines, et pourrait même détrôner Rurutu. Il n'y a pour l'instant qu'un seul bateau (celui du centre de plongée) proposant cette activité, ce qui permet des observations de grande qualité. Comme les baleines sont en confiance, elles n'hésitent pas à s'approcher, curieuses, lorsqu'on se glisse dans l'eau. On assiste aux interactions entre les mères et les baleineaux, voire à des combats entre mâles.

Tubuai Plongée PLONGÉE
(☎ 87 75 55 78 ; www.tubuaiplongee.com ; Mataura ; baptême 8 500 CFP, explo 7 500 CFP, 2 plongées successives 14 000 CFP ; ⏲ tlj sur réservation). Sorties à bord d'un bateau aluminium bien conçu. Forfait de 6/10 plongées valable pour 2 personnes à 40 000/60 000 CFP. Possibilité de sorties snorkeling et découverte du lagon (7 500 CFP) et de dépose

sur un motu (2 000 CFP l'aller-retour, 3 personnes minimum). En saison (août-octobre), sorties d'observation des baleines à bosse (9 000 CFP).

Excursions sur le lagon

Le magnifique lagon de Tubuai est une vraie surprise pour les visiteurs, qui ne s'attendent pas à ce type de paysage dans cet archipel. Par endroits, le lagon atteint 5 km de largeur. Son étendue, la quasi-absence de pollution et la température de l'eau, plus fraîche de quelques degrés que dans les archipels du Nord (évitant ainsi le phénomène de blanchiment des coraux), créent des conditions idéales pour le développement du corail. Avec un équipement de snorkeling (palmes, masque et tuba), vous nagerez autour de pinacles coralliens remarquablement préservés qui constellent le lagon. Les bénitiers pullulent et constituent un mets prisé par les habitants de l'île.

Les plus beaux sites du lagon sont au nord et à l'est. Vous découvrirez l'îlot de sable **motu One**, au nord, une langue de sable blanc au milieu du lagon, le **motu Rautaro**, le **motu Toena**, le **motu Tapapa Tavae**, le **motu Ofai** (un petit caillou sur lequel trône un cocotier, à l'est), et, au sud-est, le **motu Iriroa** et l'**îlot aux Bénitiers**, composé d'amas calcaires.

Adressez-vous à votre pension pour l'organisation de la sortie. Comptez 7 000 CFP la journée, avec pique-nique sur un motu, comprenant du poisson grillé, du pain coco, du poisson cru au lait de coco, et des fruits.

Fêtes et festivals

Comme partout en Polynésie, les fêtes de Juillet (Tiurai) sont très prisées des habitants. Vous pourrez assister à des spectacles de danse traditionnelle sur la petite esplanade à côté de la mairie à Mataura.

Raid Litchis SPORTS

Pendant une semaine fin novembre, l'île vit au rythme des activités sportives. Le raid proprement dit dure un jour et rassemble de nombreux participants sur trois circuits de difficulté variable (5 km, 11 km et 28,5 km). Les autres journées sont rythmées par d'autres événements sportifs (volley-ball, futsal, pirogue, etc.).

Où se loger et se restaurer

Vous trouverez à Mataura deux supermarchés, de même que des petits magasins disséminés autour de l'île.

Wipa Lodge BUNGALOWS €

(☎40 93 22 40 ; www.tubuaiwipalodge.com ; Mataura ; bungalows s/d 14 000/18 500 CFP en demi-pension ; Wi-Fi). Cette structure rassemble 5 bungalows spacieux et de bon confort, sur un terrain bien situé : il suffit de traverser la route pour profiter d'une belle étendue de sable doré, avec des possibilités de baignade. Les bungalows se distinguent par leur literie de qualité, leur grande sdb et les toilettes séparées. Location de voitures (9 000 CFP) et kayaks à disposition. Wi-Fi dans la salle du restaurant. Transferts à l'aérodrome 1 200 CFP/pers l'aller-retour. Carte bancaire

L'ÉPOPÉE DU BOUNTY À TUBUAI

Après avoir jeté le capitaine Bligh dans une chaloupe au large des îles Tonga, le 28 avril 1789, les mutinés du *Bounty* cinglèrent toutes voiles dehors vers Tahiti. Fletcher Christian, à l'initiative de la mutinerie, réalisa assez vite que tôt ou tard la Marine britannique se mettrait à la recherche du *Bounty*. Il devenait impératif de trouver une cache en marge des terres connues.

C'est ainsi que moins d'un mois plus tard, le 24 mai, Christian et son équipage mirent le cap sur Tubuai, avec l'intention de s'y établir. Mais c'était compter sans l'hostilité des insulaires, qui voyaient d'un très mauvais œil le débarquement de ces nouveaux venus. Une semaine plus tard, le *Bounty* repartait pour Tahiti, avant de revenir le mois suivant tenter sa chance. En vain. La résistance des habitants de Tubuai fut acharnée. Les mutinés se barricadèrent dans le fort George, une petite enceinte fortifiée qu'ils avaient construite à la hâte, à l'est du village de Taahuaia, où ils demeurèrent du 9 juillet au 15 septembre, avant que Christian ne donne l'ordre d'appareiller une nouvelle fois pour Tahiti et, de là, vers l'est, hors des limites des terres connues. Finalement, c'est à Pitcairn qu'ils purent s'établir. Plus de 60 insulaires auraient péri lors des affrontements avec les mutinés à Tubuai (voir aussi p. 382).

acceptée. À Mataura, à environ 1,5 km de la mairie, en direction de l'aérodrome.

Pension Taitaa CHAMBRES €
(☎40 95 01 50, 87 22 22 32 ; www.pension-taitaa.com ; Mataura ; s/d avec petit-déj 7 100/12 400 CFP en demi-pension ;). Cette pension n'est pas en bord de mer mais offre un cadre reposant, dans un beau jardin tropical planté de manguiers et de litchis, avec, en toile de fond, le mont Taita. Les 5 chambres mitoyennes (avec moustiquaire, ventilateur et sdb séparée de la chambre par un rideau), de plain-pied, sont petites sans grande intimité mais bien entretenues. La cuisine de Nathalie (boulangère de formation), à base de produits frais de l'île, a bonne presse ; le dîner (optionnel, 3 plats), est à 2 500 CFP. Ce qui fait réellement la différence, ce sont les prestations annexes de son *tane*, Narii, guide passionné par son île natale, qui propose de superbes excursions (pique-nique sur le motu Tapapa Tavae avec dégustation de pain coco, tour de l'île avec visite des sites archéologiques et des artisans, randonnée pédestre). Location de vélos (1 000 CFP/séjour). Transferts à l'aérodrome 1 000 CFP/pers l'aller-retour. À environ 1 km au sud de Mataura, au bord de la route traversière.

Tavaetu Guesthouse CHAMBRES €
(☎87 75 55 78 ; www.tubuaiplongee.pf ; quartier Haramea ; d avec sdb commune 6 000-8 000 CFP, avec petit-déj ;). Le centre de plongée accueille les visiteurs (plongeurs ou non) dans un joli faré à l'ouest de l'île, dans un cadre reposant, au pied de la montagne de l'Homme Couché. Il se compose de 3 chambres, d'une cuisine commune et d'un salon. Il suffit de traverser la route pour accéder à un abri au bord du lagon, idéal au coucher du soleil, et à une minuscule plage. Un paddle à disposition, et vélos en location. Hormis le petit-déjeuner, les repas ne sont pas assurés, mais vous trouverez une roulotte à 500 m.

Mara'ai – Le Spot BUNGALOW €
(☎89 73 62 20 ; maraai.le.spot@gmail.com ; Tamatoa ; ch et bungalow s/d avec petit-déj 6 000/9 600 CFP ;). Hervé est ch'ti, Ina est originaire de Tubuai. Ce couple franco-polynésien loue 2 chambres séparées par un espace commun et une petite piscine privative, sur leur terrain, séparé du lagon par une épaisse haie végétale. Ils disposent également d'un bungalow en planches, rustique, avec sdb (sans porte, avec douche et WC, mais sans lavabo), de 3 lits. Dîner en option (2 000 CFP). La baignade n'est pas idéale à cet endroit (le lagon n'est pas assez profond et il y a des sédiments), mais des kayaks (1 000 CFP/jour) permettent de pagayer jusqu'au bleu turquoise. Vélos (1 000 CFP/jour). Transferts aérodrome 2 400 CFP/pers l'aller-retour. Paiement en euros accepté.

Restaurant Nani CUISINE POLYNÉSIENNE €
(☎87 70 38 06 ; Mataura ; plats 1 500-1 700 CFP ; 11h-13h30 et 18h30-20h30 lun-ven, 18h30-20h30 sam ;). Un établissement sans histoire, en retrait de la route qui fait le tour de l'île, à Mataura. La carte ne s'écarte pas des fondamentaux de la cuisine polynésienne, avec du sashimi, du poisson grillé, du carpaccio, du poisson cru et du *chao men*. Attention, les portions sont énormes, venez avec un solide appétit !

Roulottes COMMERCES AMBULANTS €
(Mataura ; plats 700-1 100 CFP ; 11h-13h30 lun-ven). Pour un repas simple et pas cher au déjeuner, vous trouverez quelques roulottes à Mataura, à proximité de la mairie et du carrefour avec la route traversière. Les jours et heures d'ouverture sont variables, et certaines sont parfois ouvertes le soir, notamment le week-end ; renseignez-vous sur place.

Achats

Centre artisanal ARTISANAT LOCAL
(aéroport ; à chaque mouvement d'avion sauf dim). Petit centre artisanal situé à l'aéroport. Vente de colliers et parures en coquillages, et d'objets en fibres tressées (paniers, chapeaux).

Renseignements

Mataura regroupe l'essentiel des services utiles aux visiteurs. L'île compte une pharmacie.

Centre médical (Mataura ; ☎40 93 22 50). Médecin, en principe toute l'année.

OPT (Mataura ; 7h30-12h et 12h30-15h30 lun-jeu, 7h30-12h et 12h30-14h30 ven). Bureau de poste. Accès Wi-Fi (Vinispot) dans un rayon de 50 m autour de la poste. Distributeur de billets, 24h/24.

Socredo (Mataura). Distributeur de billets accessible 24h/24.

Depuis/vers Tubuai

Située à environ 600 km au sud de Tahiti, à mi-chemin environ de Rurutu, au nord-ouest, et de Raivavae, au sud-est, Tubuai est accessible par avion ou par cargo. Le bureau d'**Air Tahiti**

(✆ 40 93 22 75, réservation centrale 40 86 42 42 ; www.airtahiti.pf) est à l'aérodrome.

Le cargo **Tuhaa Pae IV** emprunte la large passe franchissant le récif au nord-ouest et accoste à Mataura. Voir aussi *Depuis/vers les Australes*, p. 340.

Comment circuler

Une route cimentée, plate, fait le tour de l'île (environ 25 km). Il existe également une piste traversière, qui relie Mataura à Mahu.

Les pensions vont chercher leurs clients ayant réservé à l'aéroport ou au port. Wipa Lodge loue des véhicules.

SCANNEZ POUR VOIR LA VIDÉO

RAIVAVAE

977 HABITANTS

Raivavae est sans doute l'une des plus belles îles du Pacifique Sud... Mais rares sont ceux qui le savent, à l'exception des résidents de Papeete. Cela dit, le secret commence à être éventé, et un nombre croissant de touristes dans la confidence viennent découvrir la "Bora Bora des Australes" (la "Maupiti des Australes" serait plus exacte), séduits par son merveilleux profil et sa douceur de vivre. Imaginez une chaîne montagneuse escarpée, d'environ 400 m de hauteur, sertie dans un vaste lagon, délimité par une barrière de corail et une série de motu idylliques, bordés par de belles plages de sable blanc. Par beau temps, le camaïeu de bleu et de turquoise est d'une insolente beauté. Les amateurs de beaux lagons n'hésitent pas à classer celui de Raivavae devant celui de Bora Bora.

Sur cette île de rêve, le temps semble s'être arrêté. Les quelques villages disséminés dans l'île sont enveloppés d'une douce quiétude, idéale pour se dépayser. Au programme : balades à pied, tour de l'île à vélo, visite des sites archéologiques, rencontres avec les artisans, pique-nique et baignade sur un motu, dégustation de bénitiers...

Les visiteurs sont encore peu nombreux, et les infrastructures se limitent à quelques pensions. C'est le moment d'en profiter !

Histoire

Raivavae abritait jadis de nombreux tikis de pierre qui se dressaient dans les *marae* de l'île. Aujourd'hui, il ne reste plus qu'un seul tiki, près de Rairua, possédant un puissant *mana* (pouvoir surnaturel). Les autres ont été transportés dans les jardins de l'ancien musée Gauguin, à Tahiti.

Le capitaine espagnol Thomas Gayangos fut le premier Européen à accoster à

Raivavae

LES ROUTES TRAVERSIÈRES : À PIED, PAS À VÉLO

Raivavae compte deux routes traversières, une grande et une petite. Toutes les deux cimentées, elles ont la particularité d'être extrêmement pentues (certaines sections atteignent 45% sur la plus grande !). À vélo, mettez impérativement le pied à terre à la montée et à la descente (un accident mortel s'est déjà produit) ou, mieux encore, empruntez-les à pied, en toute sécurité.

Vous pouvez découvrir l'île à pied en restant sur la route circulaire et en empruntant les deux routes traversières (très raides).

Raivavae, en 1775, alors qu'il naviguait de Tahiti vers le sud, à la recherche des vents d'ouest qui lui permettraient de rallier le Pérou. Comme Tubuai, l'île fut cédée au roi tahitien Pomaré II en 1819, puis devint un protectorat français en 1842 avant d'être annexée par la France en 1880.

À l'époque des premiers contacts avec les Européens, Raivavae comptait environ 3 000 habitants, navigateurs hors pair, dont l'organisation sociale était très sophistiquée. On dit qu'ils se rendaient régulièrement dans les îles de la Société et qu'ils firent même la traversée jusqu'en Nouvelle-Zélande. En 1826, la fièvre européenne qui avait ravagé Tubuai contamina Raivavae et décima presque toute la population. Seule une petite centaine d'insulaires survécut, mais leurs traditions culturelles et leur science de la navigation furent perdues. Aujourd'hui, on y pratique un peu la pêche, mais l'agriculture représente la principale activité économique : le climat tempéré et le sol fertile sont propices à la culture des choux, des pommes de terre, du taro et des oranges.

Orientation

Une route cimentée fait le tour de l'île, soit une vingtaine de kilomètres environ, essentiellement sur du plat. La principale localité est Rairua, où se trouve le quai d'embarquement de l'île. D'autres villages secondaires, dont Vaiuru, Mahanatoa et Anatonu, sont établis au bord du lagon. Une route traversière, en pente très raide, relie la côte est à la côte ouest. Une seconde route traversière, également très pentue, relie Rairua à la côte sud.

À voir

Tiki SITE ARCHÉOLOGIQUE

Le seul tiki restant de Raivavae mesure environ 1 m de hauteur. Il se trouve à quelques dizaines de mètres de la route de ceinture, près de Mahanatoa, sur une petite plate-forme de pierre, au fond d'une propriété privée. Bien que rongé par des lichens blancs, il n'a rien perdu de sa belle allure ; remarquez son ornement pectoral et la finesse de ses doigts. Il n'a plus qu'une oreille ; l'autre est mutilée. Le tiki n'est pas signalé ; pour le trouver, prenez comme repère le carrefour entre la route de ceinture et la route traversière ; la propriété est à environ 350 m à l'ouest, côté mer, juste après le magasin Florès Louise. Demandez l'autorisation (accordée sans difficulté) aux personnes qui vivent dans la maison au milieu du terrain.

Marae Pua Pua Tiare (Rinimahea) SITE ARCHÉOLOGIQUE

Ce *marae*, à 50 m à l'écart de la principale route traversière, vaut le coup d'œil. Il possède plusieurs alignements de pierres dressées, ainsi qu'une "pierre sonnante", qui résonne quand on la frappe. On suppose que le site était utilisé pour les accouchements. Il n'est pas signalé ; depuis Vaiuru, suivez la route traversière sur 900 m environ ; prenez comme repère une maison sur la gauche, devant laquelle se trouvent de gros blocs de corail ; l'accès au site se trouve en face, à 20 m sur la droite (on devine une voie d'accès, sous les manguiers). Prenez cette allée, traversez les frondaisons de purau et vous déboucherez sur le site.

Marae Pou Muavau SITE ARCHÉOLOGIQUE

Juste devant l'aérogare, une allée mène à ce petit *marae*. Sur la petite esplanade pavée, on remarque une pierre dressée d'environ 2,20 m ; selon la légende, elle servait à mesurer la taille des guerriers.

Plage du Rocher de l'Homme BAIGNADE

Une mince bande de sable clair borde une partie du littoral de la côte nord. Un joli spot pour poser sa serviette et faire trempette se trouve sur le site appelé "plage du Rocher de l'Homme", une crique encadrée de blocs coralliens, entre Anatonu et Mahanatoa. Elle n'est pas signalée mais vous la devinerez facilement au gros rocher situé sur le bord de mer ; sinon, demandez à vos hôtes de vous l'indiquer.

Anatonu VILLAGE

Des trois villages de l'île, Anatonu, qui s'étire entre la falaise basaltique et le lagon, est sans doute le plus beau. Le dimanche matin, ne manquez pas d'assister à la messe au temple. Les femmes, coiffées de magnifiques chapeaux tressés et vêtues de robes blanches ou colorées, chantent d'émouvants himene, accompagnés au tambour et à l'ukulele.

En semaine, vous pouvez aussi assister au retour des pêcheurs (derrière la mairie), qui rentrent du récif le matin en pirogue après avoir chassé (au fusil sous-marin) des perroquets, des nasons, des napoléons…

C'est aussi à Anatonu que l'on fabrique encore des traditionnelles pirogues à balancier, en bois.

Activités

Excursions sur le lagon

À ne pas rater si la météo est clémente ! Toute la partie est et sud de l'île est cernée par une ligne de motu frangés par de petites plages de sable blanc, qui constituent un décor paradisiaque, notamment le "**motu Piscine**" (voir l'encadré ci-contre) et le **motu Rani**. Les motu plus à l'est, comme le **motu Otaha**, sont également époustouflants de beauté.

Les propriétaires des pensions se chargent d'organiser les sorties en bateau sur le lagon. Comptez entre 8 000 CFP/pers, pique-nique inclus. Au programme : snorkeling (prévoir votre matériel), marche sur le récif, collecte de *pupu* (minuscules coquillages qui servent à faire des colliers), pêche aux bénitiers, dégustation de poisson grillé, baignade, farniente, kayak… À signaler : les excursions ne sont pas toujours assurées le dimanche.

Kayak

Certaines pensions louent ou prêtent des kayaks à leurs clients. C'est une bonne option pour découvrir le lagon à sa guise, mais il est préférable de ne pas trop s'éloigner du bord ; le lagon, assez grand, est parfois agité et le risque de chavirer n'est pas négligeable ; il est conseillé de porter un gilet de sauvetage, en principe fourni.

Certaines pensions disposent également d'un ou deux kayaks sur les motu où elles proposent le pique-nique lors de l'excursion lagonaire. L'idéal pour découvrir les îlots les plus beaux de la barrière de corail.

À NE PAS MANQUER

LE MOTU PISCINE… ET LES AUTRES

L'un des plus beaux motu de Polynésie est le motu Vaiamanu, également connu sous le nom de "motu Piscine", au sud-est de l'île. Ourlé d'une longue plage ombragée d'*aito*, il se termine par une magnifique langue de sable blanc orientée vers le lagon, découverte à marée basse, et baignée de part et d'autre par une lagune au camaïeu de bleus, dans laquelle on se baigne avec délice. La carte postale par excellence ! Les abords coralliens de ce motu, côté récif, regorgent de bénitiers, que les habitants viennent régulièrement collecter à l'aide d'un piquet. La chair, crue ou cuite, est délicieuse. La coquille est utilisée pour la décoration des jardins, des maisons ou pour l'artisanat.

Pendant longtemps, les pensions de l'île organisaient leur pique-nique sur ce motu lors des sorties lagonaires, mais des dissensions sont apparues entre les prestataires. Désormais, les pensions font un arrêt baignade sur le banc de sable à côté du motu Piscine, puis emmènent leurs clients sur d'autres motu : motu Rani (pension Raivavae Tama, pension Ataha, pension Chez Angélique et pension Moana) ; motu Otaha (pension Vaimano) ; motu Ruahota ou motu Mano Rahi (pension Chez Linda). On ne perd pas au change : ces motu sont aussi idylliques que le motu Piscine ! Seule la pension Nuarata utilise encore le motu Piscine.

Mont Hiro RANDONNÉE

Point culminant de l'île, le mont Hiro (437 m) offre une vue incomparable sur presque toute l'île et le lagon. Au sommet de cet éperon de basalte, on se sent infiniment petit au milieu de l'infiniment grand. On admire le ballet des pailles-en-queue, qui tournoient en contrebas.

Le sentier le plus couramment utilisé débute un peu après la pension Ataha, près du temple. La première partie du parcours, dans une forêt de pins, est très escarpée ; par endroits, des câbles ont été installés pour faciliter la progression. Ensuite, sur les crêtes, la progression est plus facile. Comptez au moins 3 heures aller-retour.

LES TIFAIFAI DE RAIVAVAE

L'une des spécialités artisanales de l'île est le *tifaifai*. Il s'agit de grands tissus composés de patchworks aux motifs floraux stylisés. Ils sont traditionnellement utilisés lors des cérémonies de mariage – le couple se drape du tissu, pour matérialiser l'union – mais ont également acquis une fonction décorative, comme dessus-de-lit ou parure sur un mur. Malheureusement, il n'est pas très simple de s'en procurer sur place, car les mamas travaillent plutôt à la commande, en prévision du Salon des Australes à Papeete qui a lieu une à deux fois par an, et selon leur envie... Il est donc difficile de trouver du stock. Contactez **Clarisse**, de la pension Vaimano (voir p. 361)), qui a été primée à plusieurs reprises pour ses superbes pièces aux motifs élaborés, et **Eleonore**, de la pension Raivavae Tama (ci-dessous), qui ont peut-être quelques pièces disponibles. Il est possible de passer commande à Raivavae, en consultant un "book", et de se faire envoyer la pièce finie.

Notez que les *tifaifai* se monnaient cher (à partir de 60 000 CFP pour ceux réalisés à la main, et jusqu'à 1 300 000 CFP pour les pièces les plus complexes !). Les *tifaifai* cousus à la machine partent à 40 000 CFP environ. Sachez que les *tifaifai* vendus moins chers à Papeete – on en trouve aux alentours de 15 000 CFP – sont entièrement confectionnés à la machine avec des tissus de piètre qualité.

Un autre accès est possible depuis Anatonu, au nord-est de l'île. Attention, certaines sections sont escarpées et peuvent ne pas convenir à un public non entraîné ou sujet au vertige ; dans ce cas, faites appel aux services d'un guide (environ 4 000 CFP). Prévoyez de bonnes chaussures et suffisamment d'eau. Adressez-vous à votre pension qui organisera la sortie.

Où se loger et se restaurer

Certaines pensions proposent de passer une nuit sur un motu. Ne vous privez pas de cette possibilité (rare en Polynésie) pour vivre un vrai moment de Robinson !

Raivavae Tama BUNGALOWS, CHAMBRES €

(☎40 95 42 74, 87 31 24 73 ; www.raivavaetama.com ; Anatonu ; ch avec sdb commune 7 000 CFP/pers en demi-pension, bungalow s/d 9 500/17 000 CFP en demi-pension ; Wi-Fi). Un superbe spot, et un accueil coloré – vous reconnaîtrez tout de suite Eleonore White, la propriétaire, à sa couronne de fleurs. On se sent dépaysé dans les 3 bungalows, construits directement au bord d'une plagette ombragée d'*aito*, avec une vue sur le lagon. Ils sont petits (2 personnes) et de conception très simple, avec sdb (sans porte, avec rideau de séparation). De l'autre côté de la route, côté montagne, les White louent 2 autres bungalows plus spacieux et modernes (sans vue sur la mer mais avec une belle perspective sur le mont Hiro depuis la terrasse), ainsi que, uniquement en dépannage, 2 minuscules chambres dans la maison principale, avec sdb commune. Les repas, servis dans un *fare*-salle à manger, sont copieux et variés (hmm, les crêpes à la banane !). Pour encore plus d'exotisme, on peut passer une nuit sur l'idyllique motu Rani dans un bungalow très simple (prestation réservée à ceux qui séjournent au moins 4 nuits ; les repas sont livrés sur place ; les transferts sont en supplément). Kayaks (1 000 CFP pour le séjour) et vélos (1 000 CFP/jour). En kayak depuis la pension, on rejoint facilement le "motu Sable", un magnifique banc de sable dans le lagon. Épicerie sur place. Wi-Fi sur la terrasse des propriétaires.

Chez Linda BUNGALOWS €€

(☎40 95 44 25, 87 23 03 16 ; www.pension-lindaraivavae.pf ; secteur aérodrome ; ch s/d 8 500/12 500 CFP en demi-pension, bungalows s/d 10 600/15 000 CFP en demi-pension ; Wi-Fi). Cette pension établie de longue date a fait ses preuves. Elle se trouve au bord de la route de ceinture, à 700 m de l'aérodrome. Les 4 bungalows, dont 2 rénovés en 2022, situés dans un jardin fleuri, offrent un confort honorable, même s'ils ne sont pas orientés face au lagon. Pour les budgets plus serrés, 2 petites chambres mitoyennes, avec terrasse et sdb non fermée, très sobres, se trouvent à l'arrière du jardin. Vous vous régalerez d'une cuisine variée à base de produits locaux (soupe de bénitiers, gratin d'*uru*, poulet *fafa*, bénitier au lait de coco, taro), servie dans une grande salle carrelée. À savoir : dans ce secteur de l'île, il n'y a pas de plage et l'eau du lagon est saumâtre, mais vous pourrez louer un vélo (1 500 CFP/jour) ou un kayak (1 000 CFP pour le séjour) pour rejoindre les motu. Un petit ponton a été aménagé au bord de l'eau pour profiter du coucher du soleil. Paiement en espèces.

Ataha – chez Odile et Terani CHAMBRES €€
(☎40 95 43 69, 87 28 92 35 ; www.pensionataha.com ; Vaiuru ; ch s/d 9 000/13 800 CFP en demi-pension ; Wi-Fi). Une pension sans mauvaise surprise, au village de Vaiuru. L'emplacement est comparable à celui de la pension Chez Linda, sur un terrain au bord de la route de ceinture, côté montagne. Autrement dit, il n'y a ni plage ni possibilité de baignade malgré la proximité du lagon. Des vélos sont loués (1 000 CFP/jour) pour vos déplacements. L'hébergement se compose d'un bâtiment en dur, avec 7 chambres mitoyennes (et donc sans grande intimité), fonctionnelles et sans charme, au format ramassé (sauf la première, familiale, avec deux pièces), avec des sdb non fermées (sauf dans la familiale). Réservez plutôt la huitième chambre, plus spacieuse et orientée face au lagon, accolée à la maison des propriétaires. Le petit plus : une robinsonnade à l'Ataha Sauvage, une cabane très rudimentaire avec matelas, lampe, toilettes extérieures et cuve d'eau, sur un site paradisiaque (mais apprécié des moustiques) du motu Rani (supplément de 4 000 CFP/pers pour le transfert en bateau). On peut aussi y camper (tentes fournies). Sur le motu, des kayaks sont à disposition. Bon accueil d'Odile, par ailleurs bonne cuisinière (bénitier au lait de coco, soupe de poisson, crêpes bananes...). Paiement en espèces.

Vaimano BUNGALOWS €€
(☎40 95 43 03, 87 20 42 33 ; vaimano@outlook.fr ; Vaiuru ; bungalows s/d 12 000/22 000 CFP en demi-pension). Bienvenue chez Clarisse, la "star du *tifaifai*" aux Australes (elle a remporté de nombreux prix). Cette Polynésienne aux doigts d'or loue 4 bungalows de bonne tenue (avec moustiquaire, mais sans ventilateur), en retrait de la route de ceinture, légèrement en hauteur, dans un secteur isolé de l'île ; ils ménagent une vue partielle sur le lagon (des haies végétales ont poussé devant les bungalows). Pour la baignade, il n'y a rien d'exploitable dans ce secteur ; prévoyez de louer un vélo (1 200 CFP/jour) pour rejoindre la plage du Rocher de l'Homme, au nord de l'île, ou de prendre un kayak (1 500 CFP/jour) pour rejoindre le motu Piscine en face (par temps calme uniquement ; comptez 45 minutes). On aime aussi la possibilité de passer la journée (et même d'y dormir) sur le superbe motu Otaha, à l'est (6 500 CFP/pers, déjeuner inclus). Transferts à l'aérodrome 1 500 CFP/pers l'aller-retour. Paiement en espèces. Pas encore de Wi-Fi disponible dans ce secteur de l'île.

ℹ BON À SAVOIR

Il n'y a qu'un seul (et modeste) snack sur l'île, et quelques épiceries dans les villages. La formule demi-pension est donc de rigueur dans les hébergements. Pour le repas de midi, les pensions peuvent préparer un sandwich ou un repas simple, sur réservation. Attention, aucune pension n'accepte la carte de crédit et il n'y a qu'un distributeur de billets sur l'île, à la poste.

Chez Angélique CHAMBRES, SNACK €€
(☎40 95 42 52, 87 33 86 99 ; angelique.nonaha@hotmail.com ; Vaiuru ; s/d avec sdb commune 6 000/11 000 CFP en demi-pension, s/d 7 000/13 000 CFP en demi-pension ; snack 1 200-1 700 CFP ; ⏲17h-20h30 tlj). Une option de dépannage tout à fait honorable, dans une maison en dur au sud-est de l'île, sans aucune touche polynésienne. Les 3 chambres (dont une avec sdb privative), carrelées, avec ventilateur, sont correctes et donnent sur une terrasse qui ménage une belle vue sur le motu Piscine (que l'on peut rejoindre en kayak ; 1 200 CFP/jour ; demandez le gilet de sécurité). Pas de baignade à proximité, et pas de Wi-Fi. Paiement en espèces. Transferts à l'aérodrome inclus. Chez Angélique fait aussi office de snack, sur la terrasse couverte, avec le sol cimenté et du mobilier en plastique. On se régale de plats simples et copieux (viande-frites, *chao men*, poulet citron, sashimi...).

Moana CHAMBRES €
(☎87316307 ; moanapension@mail.pf ; Mahanatoa ; ch avec sdb commune 7 000 CFP/pers en demi-pension ; Wi-Fi). La pension la moins chère de l'île, mais la plus rustique, avec une maisonnette en dur de 3 chambres, avec sdb commune (eau chaude) et salon. Et le Wi-Fi fonctionne ! C'est très correct vu les prix et l'emplacement – au bord d'une étroite bande de sable blanc ombragée, très calme (et une jolie plage à 300 m). On se sent au bout du monde. En réalité, il est peu probable que vous partagiez la maison avec d'autres occupants. Vous aurez la maison pour vous seuls. Quelques vélos sont à disposition ; dommage qu'il n'y ait pas de kayak.

1

3

JEAN-BERNARD CARILLET ©

1. Raivavae (p. 359)
Le mont Hiro, point culminant de l'île, est accessible en randonnée pédestre.

2. Rimatara (p. 351)
Le lori de Kuhl, un oiseau au plumage très coloré, est endémique à l'île de Rimatara.

3. Tubuai (p. 355)
Seul au bout du monde ! Le lagon de Tubuai est l'une des perles des Australes.

2

JEAN-BERNARD CARILLET ©

Accueil tout en simplicité de Ruta, qui vit à 200 m de là. Paiement en espèces. Transferts à l'aérodrome inclus.

Pension Nuarata CHAMBRES €
(☎87 78 63 50 ; www.pension-nuarata.fr ; secteur aérodrome ; s/d avec sdb commune 7 000/12 000 CFP en demi-pension ;). Une maison en dur sur deux niveaux, tout près de l'aérodrome, sans cachet particulier, mais au rapport qualité/prix honorable. Les 6 chambres, avec ventilateur, sont simples et bien tenues.

Eco-Snack SNACK €
(Rairua ; sandwichs 350-500 CFP ; 9h-15h lun-ven). Ce snack minuscule, à côté de l'infirmerie à Rairua, fait également office de cybercafé. Le choix se limite à des sandwichs très simples (pain mou et jambon industriel...). Généralement, tout est vendu avant 11h.

Roulotte chez Taputurani ROULOTTE €
(☎87 78 56 12 ; Vaiuru ; plats 1 000-1 300 CFP ; 9h-14h et 17h-21h mar-jeu, 17h-21h ven-sam). Petite roulotte sans prétention, sur un terrain privé au bord de la route de ceinture. Sert de bons petits plats sans prétention.

Achats

Les pensions organisent des tours de l'île, avec un arrêt chez des artisans. L'état des stocks étant très variable au domicile des différents artisans de l'île (sauf chez **Elvina**, à Anatonu, qui propose des colliers de coquillages), la solution la plus pratique consiste à vous rendre au **centre artisanal** (à chaque mouvement d'avion) à l'aérodrome, qui rassemble des parures, des colliers en coquillages et quelques vêtements.

Renseignements

Soyez prévoyant, car les infrastructures sont limitées sur l'île. Le débit du Wi-Fi y est faible.

OPT (Rairua ; 7h-12h et 12h30-15h lun-jeu, 7h-12h et 12h30-14h ven). Bureau de poste. Zone Wi-Fi (Vinispot) dans un rayon de 50 m autour de la poste. Distributeur de billets fonctionnant 24h/24.

Eco-Snack (Rairua ; forfait 500 CFP la journée ; 9h-15h lun-ven). Modeste cybercafé, situé à côté de l'infirmerie.

Depuis/vers Raivavae

Raivavae est située à 650 km au sud-est de Tahiti et à 200 km au sud-est de Tubuai.

L'île possède un aérodrome, desservi par des vols directs d'**Air Tahiti** (☎réservation centrale 40 86 42 42 ; www.airtahiti.pf) depuis Tahiti et Tubuai (voir p. 356). Il n'y a pas de liaison aérienne directe avec les autres îles des Australes (Rurutu et Rimatara), il faut donc transiter par Tubuai. Vous pouvez aussi embarquer sur le cargo **Tuhaa Pae IV**, qui accoste à Raivavae environ 2 fois par mois, et dispose de couchettes en dortoir et de cabines. Voir aussi la rubrique *Depuis/vers les Australes*, p. 340.

Comment circuler

La route qui fait le tour de l'île, plate, peut se négocier à vélo (une vingtaine de kilomètres environ). En revanche, ne vous aventurez pas avec un deux-roues sur les deux routes traversières, extrêmement pentues. Si vous préférez vous déplacer en voiture, adressez-vous à votre pension ; le tour de l'île en voiture revient à 2 000 CFP/pers environ.

Les transferts à l'aérodrome sont en principe ompris dans le prix de l'hébergement.

RAPA ITI (RAPA)

515 HABITANTS

Si vous êtes à la recherche d'une île ultime, Rapa, l'île la plus reculée et la plus isolée de Polynésie française, devrait faire l'affaire. L'île habitée la plus proche, Raivavae, est distante de 500 km... Cette petite planète loin des yeux du monde rassemble les ingrédients d'un éden hors du temps. L'accord parfait entre l'ambiance, la nature, l'histoire et la culture... La vie s'y organise selon une structure communautaire, présidée par un conseil des Sages. S'y rendre est un petit défi. Située très au sud, Rapa est une île austère, dépourvue de récif corallien, pelée, presque aride. En juillet, la température peut chuter jusqu'à 5°C. Qu'ils sont loin les cocotiers des Tuamotu !

L'île est appelée Rapa Iti (petite Rapa), par opposition à Rapa Nui (grande Rapa), le nom polynésien de l'île de Pâques, à quelques milliers de kilomètres à l'est.

Histoire

Jadis densément peuplée – l'île comptait une douzaine de villages –, Rapa était divisée en royaumes opposés les uns aux autres. Le surpeuplement des terres serait à l'origine de ces guerres perpétuelles.

Le navigateur britannique George Vancouver fut le premier Européen à poser le pied sur l'île en 1791. Il avait déjà accompagné Cook à deux reprises lors de ses deuxième et troisième voyages dans le Pacifique. Il fallut attendre 1816 avant qu'un autre Européen ne débarquât à Rapa, marquant le début d'une effroyable série d'épidémies. Sa population, qui comptait 2 000 habitants au moment de la première rencontre européenne, chuta à 500 habitants en 1838, puis à 150 habitants à peine en 1864. L'estocade fut administrée par les navires esclavagistes péruviens, qui déportèrent un grand nombre d'insulaires pour les faire travailler à la dure récolte du guano sur les îles au large des côtes du Pérou. Les hommes de Rapa s'emparèrent de l'un des navires et se rendirent à Tahiti pour chercher secours auprès des Français. Les Péruviens renvoyèrent chez eux plus de 300 Polynésiens, mais la plupart périrent durant la traversée et les quelques survivants qui accostèrent à Rapa rapportèrent une épidémie de variole qui décima une grande partie de la population.

Quand les navires à vapeur commencèrent à sillonner les eaux du Pacifique, on aménagea à Rapa un port de ravitaillement en charbon destiné aux vapeurs en route vers l'Australie et la Nouvelle-Zélande. Ce fut pour combattre cette influence anglo-saxonne que les Français annexèrent l'île en 1887.

Les eaux de l'île sont très poissonneuses et Rapa possède aussi une population de chèvres prolifique ; le taro est la culture principale, mais l'on y cultive aussi d'excellentes oranges et du bon café.

Orientation

L'île est le vestige d'un cône volcanique, d'où son relief déchiqueté, avec une série de pics dépassant 400 m d'altitude, le point culminant étant le mont Perau (650 m). La population se concentre dans les villages d'**Ahurei** et d'**Area**. Les liaisons s'effectuent généralement par bateau, car la route qui fait le tour de la baie est en mauvais état.

À voir et à faire

Rapa compte quelques vestiges archéologiques, notamment les *pa*. Ces fortifications datant de l'ère pré-européenne, bâties au sommet des montagnes, sont apparentées à celles des guerriers maoris de Nouvelle-Zélande. Celle de **Morongo Uta**, entre les baies de Haurei et de Hiri, est la mieux conservée. Elle fut restaurée dans les années 1950 par une équipe d'archéologues dirigés par l'anthropologue norvégien Thor Heyerdahl et l'anthropologue américain William Mulloy en 1956 (qui ont également œuvré à l'île de Pâques). Ce grand *pa* s'étage en terrasses séparées par de profonds fossés autour de la forteresse centrale. Cette dernière, dont le périmètre dépasse 300 m, est dominée par une double tour de guet pyramidale. Quant au **pa de Tevaitau**, restauré en 1960, il surplombe la baie de Haurei. D'autres *pa* se trouvent le long de la crête ou sur les cols. Ils comportent des terrasses plates et une tour de guet.

On peut se balader sur les crêtes, d'où l'on embrasse un panorama incomparable sur la baie cernée de sommets volcaniques biseautés.

Où se loger et se restaurer

Il n'y a pas d'hébergement officiel à Rapa. Appelez la mairie au 40 95 72 71 qui se chargera de vous trouver une structure d'accueil.

Depuis/vers Rapa Iti

Rapa est située à plus de 1 000 km au sud-est de Tahiti et à près de 500 km de Raivavae, l'île habitée la plus proche. Il n'y a pas de piste d'atterrissage. Le seul moyen de transport est le bateau, notamment le cargo **Tuhaa Pae IV**, qui dessert Rapa au départ de Papeete, en moyenne une fois tous les deux mois. Comme il ne reste qu'une journée sur place, votre séjour durera soit un jour, soit deux mois. Vous pouvez aussi prendre l'avion jusqu'à Raivavae et embarquer sur le *Tuhaa Pae IV* depuis Raivavae, ce qui vous épargnera une partie de la traversée. Notez tout de même que les résidents de Rapa sont prioritaires et qu'il n'y a pas souvent de place disponible pour Rapa. Autre option : visiter Rapa à l'occasion d'une croisière avec l'Aranui (www.aranui.com ; voir p. 290), organisée une à deux fois par an.

Lagon de Mangareva (p. 371)

EN BREF

POPULATION
1 400 habitants

SIGNE DISTINCTIF
Un concentré de toute la Polynésie

LE SOUVENIR À RAPPORTER
Une perle nue ou montée (p. 374)

LE PATRIMOINE INSOLITE
Des églises et une cathédrale (p. 369)

L'EXPÉRIENCE INOUBLIABLE
Le panorama au sommet du mont Mokoto ou du mont Auorotini (p. 371)

L'ACTIVITÉ À NE PAS MANQUER
La randonnée pédestre (p. 371)

COMMENT Y ALLER

Avion
Mangareva est desservie par des vols directs au départ de Papeete (4 heures). La fréquence varie selon les saisons (un à deux vols par semaine).

Bateau
Il n'existe pas de ligne régulière de passagers pour les Gambier.

SCANNEZ POUR VOIR LA VIDÉO

Gambier

E na kotu (bienvenue) ! À peine une tête d'épingle sur la carte de la Polynésie (tout en bas, à droite), loin, très loin de Tahiti… Ce minuscule archipel d'un peu plus d'un millier d'habitants, à 1 700 km de Papeete, est celui de toutes les surprises. Les voiliers tour-du-mondistes qui y font escale et les rares touristes en quête d'insolite qui s'y aventurent n'en reviennent jamais déçus, séduits par l'étonnant patchwork de paysages qui s'étale sous leurs yeux : petites montagnes, forêts de pins, lagon, barrière corallienne, plages de sable blanc ou ocre, îles et îlots – un peu de tout, comme une synthèse de l'ensemble de la Polynésie. Et une eau incroyablement cristalline…

Sur le plan historique et culturel, les Gambier sont tout aussi fascinantes. L'archipel a connu une théocratie catholique au XIXe siècle (dont il subsiste un important patrimoine) et la période des essais nucléaires au XXe siècle, avant que la perliculture ne prenne le relais. C'est dans le lagon de Mangareva que l'on récolte les plus belles perles de Polynésie. L'attachement très fort de la population à sa culture, à ses traditions, à ses danses et à sa langue (le mangarévien, plus proche du maori de Nouvelle-Zélande que du tahitien) renforce encore la singularité de cet archipel, où l'on peut passer une semaine sans s'ennuyer.

Seul regret : le coût exorbitant de l'acheminement aérien.

DANS CE CHAPITRE

À ne pas manquer

1 Visiter des **vestiges religieux** sur les îles de Taravai, d'Aukena et d'Akamaru (p. 370)

2 Pique-niquer sur un îlot lors d'une **excursion lagonaire** (p. 371)

3 Admirer l'imposante **cathédrale Saint-Michel**, à Rikitea (ci-contre)

4 Grimper au sommet du **mont Mokoto**, pour profiter d'une vue exceptionnelle sur l'île (p. 371)

5 Découvrir les secrets de la perliculture en visitant une **ferme perlière** (p. 373) en activité

Histoire

Ces îles furent peuplées en trois vagues successives, approximativement entre le Xe et le XIIIe siècle. Certains spécialistes pensent qu'elles ont été une étape importante sur les routes de migration vers la Nouvelle-Zélande ou l'île de Pâques.

L'archipel fut baptisé en 1797 par James Wilson, le capitaine du *Duff* à bord duquel se trouvaient les premiers missionnaires de la London Missionary Society se rendant à Tahiti, du nom de l'amiral anglais Gambier qui soutenait les activités de la mission. Il nomma également le point culminant des îles du nom du navire. Au début du XIXe siècle, l'archipel devint une importante escale de réapprovisionnement des navires et un centre de commerce de la nacre, que l'on trouve en abondance dans le lagon.

En 1834 fut fondée la première mission catholique de Polynésie, la congrégation du Sacré-Cœur, qui convertit rapidement l'ensemble de la population. Honoré Laval, le supérieur de la mission, et le père François Caret devinrent presque les nouveaux maîtres de l'archipel, et imposèrent de facto une quasi-théocratie aux Gambier.

En quelques décennies, Laval mit en place un système théocratique qui changea complètement la physionomie des Gambier. Il fit construire de larges routes, une imposante cathédrale, neuf églises ou chapelles, des tours de guet, des quais et divers bâtiments dont une prison. À la même époque, la population des Gambier connut un dépeuplement rapide : de 5 000 à 6 000 habitants répartis sur les quatre îles principales à l'arrivée de Laval, elle déclina très rapidement, pour ne plus compter que 463 âmes en 1887, date du premier recensement officiel. En proie à une hostilité grandissante, Laval dut s'exiler à Tahiti en 1871.

Laval est-il responsable de ce désastre démographique ? Selon les uns, à la décharge de Laval, ce sont les maladies européennes, importées par les baleiniers et les navires marchands, qui décimèrent les Mangaréviens. Selon d'autres sources, la responsabilité de Laval est flagrante ; non seulement il fit table rase de la culture insulaire, mais il se comporta comme un esclavagiste, imposant à ses ouailles, qu'il considérait plus ou moins comme des sujets, un travail surhumain pour bâtir une série de monuments religieux.

Le zèle de Laval et de Caret ne s'est pas arrêté aux Gambier. Peu après leur arrivée aux Gambier, ils tentèrent également d'implanter le catholicisme à Tahiti, pourtant déjà sous l'emprise des protestants.

Bien que la France ait établi son protectorat sur une majorité d'îles en 1844, les Gambier demeurèrent une entité semi-indépendante jusqu'à leur annexion, prononcée officiellement en 1881.

Dans les années 1960, les Gambier ont tiré avantage de l'installation du CEP (Centre d'expérimentation du Pacifique) dans les Tuamotu voisines. L'île fut équipée de bonnes infrastructures (aéroport, routes), et la population de Mangareva, pour bon nombre employée dans le cadre des activités du CEP, a vu son niveau de vie s'élever considérablement. Cette période n'a cependant pas laissé que des bons souvenirs ; la population pourrait avoir été contaminée par des retombées radioactives lors des tirs aériens à la fin des années 1960, malgré la dérisoire protection d'un abri nucléaire en tôle, démantelé en 2008. Des enquêtes sont en cours.

Aujourd'hui, malgré la crise qui touche le secteur, l'économie des îles Gambier continue de s'appuyer sur la perliculture. D'importantes fermes perlières, appartenant à Robert Wan, le magnat de la perle, sont implantées dans le lagon. Grâce à cette activité, et malgré l'éloignement, l'archipel a vu sa population augmenter entre les deux derniers recensements.

> **FUSEAU HORAIRE**
>
> Par rapport à Tahiti, le décalage horaire est de + 1 heure. Quand il est 12h à Papeete, il est 13h aux Gambier.

Orientation

Le vaste lagon est protégé par une barrière de corail que ponctuent 25 motu (îlots) dans sa partie nord. Au sud, le lagon, dépourvu de tout îlot, donne l'impression de communiquer directement avec l'océan car le récif est immergé. Trois passes donnent dans le lagon où se dressent 10 îles hautes qui sont les parties émergées du même volcan originel. La quasi-totalité de la population vit sur l'île de Mangareva, la plus étendue (8 km de long et 1,5 km dans sa plus grande largeur). Le mont Auorotini (ou mont Duff, 441 m) et le mont Mokoto (423 m) sont les points culminants. Une piste cahoteuse fait le tour de l'île (environ 23 km). Elle est bétonnée à Rikitea et dans les abords immédiats du bourg, ainsi que sur de courts tronçons, dans les montées les plus abruptes.

Les trois autres grandes îles sont Aukena, Akamaru et Taravai.

L'aérodrome est situé sur le motu Totegegie, le plus important, au nord-est du lagon.

À voir

Mangareva

Rikitea VILLAGE

Seule localité de l'île, Rikitea est une petite agglomération verdoyante et paisible, lovée autour d'une jolie baie dans laquelle les voiliers tour-du-mondistes jettent l'ancre. En toile de fond, le regard bute sur les hautes falaises du mont Auorotini et la petite chaîne montagneuse du centre de l'île. La route principale, flanquée de grands acacias, conduit à la magnifique **cathédrale Saint-Michel**, dont les impressionnantes proportions témoignent des ambitions du père Laval. Rénovée en 2011, cette cathédrale, qui peut accueillir 1 200 fidèles, fut bâtie sur le site d'un ancien centre cérémoniel traditionnel, entre 1839 et 1848. Surmontée de deux tours jumelles, elle mesure 54 m de long. L'autel et les boiseries sont incrustés de nacre. À proximité s'élèvent les vestiges de deux **tours de guet** en briques.

En face de la mairie, la petite **chapelle Sainte-Anne**, peinte en blanc et bleu, ne manque pas de charme. Au bout de la route principale, près du petit terrain de sports, l'entrée de la **chapelle Saint-Pierre** est surmontée de colonnettes blanches.

Îles Gambier

À côté, un **autel marial** en pierres noires, garni de couronnes de fleurs, a été érigé.

Derrière la cathédrale, prenez la route bétonnée qui monte à droite. Peu après la pension Bianca et Benoît (p. 373), vous distinguerez, sur votre gauche, juste devant le cimetière Saint-Pierre, l'imposant **tombeau de Maputeoa**, le dernier roi de l'île, qui se fit appeler Gregorio Stanislas après s'être converti au catholicisme, sous la pression du père Laval.

Continuez en direction du centre météorologique, puis jusqu'aux vestiges du **couvent Rouru**, où vivaient naguère 60 religieuses, au pied d'une falaise. On raconte que Laval cachait toutes les femmes de l'île dans le couvent chaque fois qu'un baleinier faisait escale, pour les soustraire à la convoitise des marins. Ne subsistent que le porche, le dortoir et quelques autres bâtiments en ruine, envahis par la végétation.

Col de Gatavake — POINT DE VUE

Une autre route bétonnée monte jusqu'au **col de Gatavake** (un belvédère a été aménagé, à quelques dizaines de mètres de la route), puis redescend sur le versant nord de l'île. La piste longe alors le lagon, piqueté de plusieurs fermes perlières qui prennent des airs de petite cité lacustre.

Taku — HAMEAU

À l'extrémité nord-est de l'île, on arrive au hameau de Taku, remarquable par sa belle église blanche et bleue, surmontée d'un clocher ajouré, au bord d'un énorme manguier. La piste continue au rythme d'abruptes montées suivies de descentes tout aussi raides, jusqu'à la côte sud-est.

Pointe Mataihutea — POINT DE VUE

À hauteur de cette pointe, signalée par un panneau, un belvédère permet d'embrasser du regard la baie de Rikitea.

Autres îles

À l'arrivée des missionnaires, les grandes îles de l'archipel étaient habitées. Aujourd'hui, seuls quelques monuments religieux rappellent cette époque si particulière, où la religion catholique réglait la vie de tous les individus.

Taravai — ÎLE

Taravai comptait autrefois jusqu'à 2 000 habitants. Aujourd'hui, ne résident plus qu'une poignée de personnes ; l'**église Saint-Gabriel** (1868), précédée d'une pelouse bien entretenue, fait belle impression, avec son porche orné de cœurs et sa façade blanche et bleue. D'autres bâtiments ont été édifiés à Agokono, le village fantôme de l'île. Taravai est également réputée pour ses très jolies petites **plages** de sable de couleur curry. On a l'impression de fouler une crème veloutée !

Akamaru — ÎLE

C'est à Akamaru que le père Laval a initialement débarqué. Témoin de cette période, l'**église Notre-Dame-de-la-Paix** (1841), construite à l'image de la cathédrale de Chartres, avec un clocher double, est précédée d'une allée fleurie. Quelques plages de sable blanc bordent l'île.

Mekiro — ÎLE

L'îlot surmonté d'une croix blanche qui se trouve immédiatement au nord d'Akamaru est **Mekiro** ; on peut y débarquer et monter jusqu'à la croix pour profiter de la vue sur le lagon. Quelques chèvres sauvages vous tiendront compagnie.

Aukena — ÎLE

D'autres vestiges datant de l'époque des missionnaires se trouvent sur cette île, notamment la petite **église Saint-Raphaël** (1839), une **tour de guet** hexagonale, qui sert toujours de point de repère, ainsi que les ruines d'un four à pain, d'un four à chaux et d'un ancien séminaire, cachés dans la végétation.

Motu Te Kava — ÎLOT

Cet îlot de la barrière de corail possède de belles étendues de sable clair, qui se prêtent très bien à un pique-nique.

Motu Taraururoa
ÎLOT

Comme le motu Te Kava, cet îlot bordé de sable clair est idéal pour un pique-nique. C'est sur cet îlot que la pension Bianca et Benoît conduit ses clients lors des sorties lagonaires.

Motu Pou'e
ÎLOT

Ce superbe motu est utilisé par la pension Maro'i pour ses pique-nique à l'occasion d'une excursion lagonaire. Il est bordé par une jolie plage, au large de lequelle se déploie un magnifique jardin de corail.

Motu Tauna
ÎLOT

Ce motu, appelé l'"île aux Oiseaux", est colonisé par des sternes et des noddis.

Activités

Randonnée pédestre

Si la météo est favorable, faites l'ascension du **mont Auorotini (mont Duff)** (441 m), le point culminant de l'île, et du **Mokoto** (425 m) : les panoramas sont à couper le souffle. Il est possible de combiner les deux, sous forme d'une boucle. Le début du sentier, signalé par un panneau, est à 300 m après le col de Gatavake, en descendant vers la côte nord, sur la gauche (le panneau indique "mont Duff, Mokoto, Auorotini". Auorotini est le nom mangarévien du mont Duff. Le sentier serpente dans un sous-bois de *purao*, puis débouche sur une forêt de pins ; au bout de 20 minutes environ, on arrive à une bifurcation, signalée ; d'un côté, on continue en direction du mont Auorotini/Duff ; de l'autre, le sentier conduit au Mokoto. Mieux vaut commencer par le Mokoto, que l'on rejoint après environ 1 heure 30 de marche depuis le départ (la montée finale est vraiment raide !). Quelle vue ! Du Mokoto, on peut ensuite suivre le sentier qui mène au mont Auorotini/Duff, en suivant la crête (balisée) – comptez au moins une heure, avec certains passages équipés de cordes pour faciliter la progression. Du sommet du mont Auorotini/Duff, on embrasse un panorama extraordinaire sur le lagon, l'île principale et les îles du lagon. Ensuite, il ne reste plus qu'à redescendre au point de départ, sur la route traversière (prévoir une heure).

N'entreprenez cette randonnée que par temps sec, car certains passages sont escarpés, et glissants s'il a plu. Renseignez-vous également sur l'état des sentiers avant d'entreprendre la montée ; s'ils n'ont pas été suffisamment entretenus par la commune, ils sont envahis par la végétation, et vous ne pourrez pas effectuer ces randonnées sans l'aide d'un guide.

Deux autres sentiers, plus faciles, et en bon état, relient la côte sud et la côte nord, via la petite chaîne montagneuse centrale. Le premier, le **chemin traversier de Kirimiro**, signalé par une pancarte, débute en face du snack Jojo (voir ci-contre). Cette ancienne allée délimitée par des blocs rocheux monte en pente douce jusqu'à un col (comptez 20 minutes), délimité par un petit tunnel en pierre, d'où l'on découvre une jolie perspective sur la baie de Rikitea, avant de descendre sur l'autre versant. L'autre sentier, le **chemin traversier de Taku– chemin traversier Ramapiko**, également signalé, débute à environ 1,5 km à l'est du snack Jojo. Comptez environ une heure pour la traversée, sans difficulté. Dans les deux cas, le parcours est ombragé, en sous-bois.

Autre option : le **chemin des 12 apôtres**, le long de la côte sud-ouest de l'île, plus facile, qui conduit à une plage.

CIRCULEZ, IL N'Y A PLUS RIEN À VOIR

L'un des principaux "vestiges" de l'île, l'ancien abri nucléaire en tôle de Rikitea, a été démantelé par l'armée française en 2008. Il ne reste donc plus aucune trace de l'époque des essais nucléaires atmosphériques qui se tenaient à Moruroa, à 400 km au nord-ouest des Gambier, entre 1966 et 1974. La population était rassemblée dans l'abri lorsque les vents soufflaient dans la direction des Gambier. Les anciens de l'île racontent qu'ils devaient parfois rester trois jours dans cet abri sinistre dépourvu de vitres. La page n'est pas pour autant entièrement tournée. Si l'archipel a connu une modernisation rapide de ses infrastructures grâce au Centre d'expérimentation du Pacifique (CEP), les répercussions de ces tirs sur la santé de la population locale font aujourd'hui l'objet de controverses. Des taux anormalement élevés de cancers de la thyroïde ont été enregistrés. Des procédures et des enquêtes sont en cours, mais elles se heurtent au secret défense opposé par les autorités françaises. Sur la question des essais nucléaires, reportez-vous p. 28 et p. 432.

JEAN-BERNARD CARILLET ©

JEAN-BERNARD CARILLET ©

1. À l'arrivée au sommet du mont Mokoto (425 m), le panorama est à couper le souffle (p. 371).
2. L'église Saint-Gabriel se dresse au bout d'une allée verdoyante sur l'île de Taravai (p. 370).

Excursions sur le lagon

Les propriétaires des pensions se chargent d'organiser les sorties sur le lagon. En général, vos hôtes proposent le tour de l'île en bateau, avec des arrêts à Aukena, Taravai, Akamaru et Mekiro, et éventuellement sur quelques îlots de la barrière de corail, dont Tauna, l'île aux Oiseaux, ou le motu Po'ue. Prenez impérativement votre masque et votre tuba ; vous serez étonné de la richesse et de la qualité des massifs coralliens. La présence d'eaux plus fraîches entre juin et octobre favorise leur épanouissement. Comptez environ 11 000 CFP/pers pour la journée, pique-nique inclus (minimum 5 personnes). Il est également possible de se faire déposer sur un motu pour y passer la journée (7 000 CFP avec un sandwich, minimum 5 personnes).

Pensez à réserver suffisamment à l'avance pour que vos hôtes puissent organiser la sortie – à la différence des prestataires des îles Sous-le-Vent ou des Tuamotu, ils ne vivent pas que du tourisme et exercent d'autres activités.

Notez que ces sorties sont tributaires des conditions météo.

Visite d'une ferme perlière

La visite d'une ferme perlière peut facilement être organisée. Chaque famille ou presque possède sa ferme. Vous pourrez assister aux différentes étapes de la production : greffe, récolte, nettoyage des nacres... Les visites sont en principe gratuites. Adressez-vous à vos hôtes.

Nanihi Pearl Product (☎87 30 96 05 ; 5 000 CFP, 6 000 CFP avec transfert ; ⏲sur rendez-vous) propose de découvrir l'univers de la perliculture. La visite d'une ferme perlière est agrémentée de démonstrations et d'explications. Achat sur place de perles possible. Page Facebook "Nanihi Pearl Product".

Où se loger et se restaurer

Attention ! Il n'y a pas de services bancaires sur l'île. Prévoyez suffisamment d'espèces.

Maro'i BUNGALOWS €€

(☎40 97 84 44, 87 70 36 55 ; www.pensionmaroi.com ; bungalows s/d 15 900/20 800 CFP en demi-pension ; 📶). Cette pension propose des prix raisonnables et un emplacement admirable, au bord du lagon, dans un cadre sauvage, avec de beaux couchers de soleil. Les 4 bungalows sont répartis dans un jardin bien entretenu et très calme ; deux d'entre eux font face au lagon, les deux autres sont plus en retrait. Pas de véritable plage, mais un ponton permet de se baigner dans le lagon, dans une zone suffisamment profonde. Vous pourrez également découvrir la baie en kayak (gratuit) et utiliser gratuitement la voiture pour faire des courses au bourg (avec participation aux frais d'essence). Les repas se prennent dans une maisonnette face au lagon, équipée d'un *deck*, très agréable en saison chaude. Accueil discret et sympathique de Marie et de sa famille. Outre les sorties lagonaires et la dépose sur un motu, Maro'i propose également des sorties pêche au large (15 000 CFP/pers). Rikitea est accessible par la route traversière, très abrupte. Carte de crédit acceptée.

Chez Bianca et Benoît BUNGALOWS, CHAMBRES €€

(☎40 97 83 76, 87 74 99 61, 87 30 67 67 ; biancabenoit@mail.pf ; s/d 13 200/18 300 CFP en demi-pension, bungalows s/d 14 500/20 600 CFP en demi-pension ; 📶 ; ⏲fermé juillet). Bel emplacement, sur les hauteurs de Rikitea, au pied des falaises du mont Duff, avec vue panoramique sur la baie. Au choix : 4 chambres mitoyennes avec sdb (eau chaude), modernes et carrelées, sans vue dégagée, et 4 bungalows, construits dans le jardin. Confortables et bien aménagés, avec plancher en bois, ils sont décorés de tableaux de sable et les murs sont recouverts de pandanus tressé. Chaque terrasse ménage une vue partielle sur la baie de Rikitea (préférez les 2 bungalows du fond, les mieux orientés). La cuisine, servie à 19h pile (horaire que l'on est tenu de respecter) dans un *fare* lumineux, orienté vers la baie, se compose de produits locaux, dont la salade de *korori* (le muscle de la nacre, spécialité de l'île), le gratin de manioc, le thazard... Les propriétaires (ou leur fille, Tania), peuvent organiser toutes les excursions et vous proposeront de visiter leur ferme perlière. À savoir : la pension est à environ 1 km du centre du village, en haut d'une montée assez raide, et il n'y a pas de vélos. Carte bancaire, euros et dollars acceptés.

Chez Jojo BUNGALOWS €€

(☎40 97 84 69, 87 76 36 24 ; pensionchezjojo@mail.pf ; bungalows s/d 12 900/18 500 CFP en demi-pension ; 📶). Les 2 bungalows, avec parquet et lambris, ont des airs de chalets et occupent un site enchanteur au bord du lagon. Ils possèdent une sdb spacieuse, et la terrasse a les pieds dans l'eau. Kayak à disposition. On est à 5 km de Rikitea (la piste est plate). Également 2 bungalows au village, derrière le snack Jojo (mêmes propriétaires et mêmes tarifs).

Kura Inn Lodge BUNGALOWS €€
(☎87 72 03 31 ; www.facebook.com/pensionkurainn ; faré d 10 000 CFP ; Wi-Fi). En face du snack Jojo, Iolanie loue plusieurs bungalows équipés, simples mais corrects. Les repas sont optionnels (demi-pension 3 500 CFP/pers).

Snack Jojo SNACK €
(☎40 97 84 69 ; Rikitea ; plats 1 000-1 400 CFP ; ⏲10h-13h30 lun-sam). Pas de carte ; il faut demander les plats du jour. Cuisine correcte (*chao men*, steak-frites, poisson cru). Cadre tout simple, avec quelques tables recouvertes d'une toile cirée. Possibilité de plats à emporter. À la sortie du bourg.

Pizzeria Aro SNACK €
(☎87 76 59 41 ; Rikitea ; plats 1 000-1 600 CFP ; ⏲17h-19h jeu, 17h-20h ven, 16h-20h dim). Une toute petite échoppe à proximité immédiate du centre médical. Une vingtaine de garnitures au choix, dont la Moana, avec du thon rouge ou blanc pêché du jour.

Snack Teava SNACK €
(☎89 75 04 01 ; Rikitea ; plats 1 200-1 600 CFP ; ⏲9h30-13h lun-sam, 17h30-20h ven-sam). Au marché artisanal. Quelques plats très simples (poulet au citron, steak frites) et des crêpes (à partir de 500 CFP).

Vous trouverez plusieurs magasins d'alimentation à Rikitea. Certains acceptent la carte bancaire. Le week-end, des particuliers installent de petits stands en différents endroits du bourg et vendent des plats à emporter.

Achats

Mangareva Art (☎87 71 95 78 ; Rikitea ; ⏲7h-14h30 lun-sam), au petit marché artisanal, propose des bijoux réalisés en nacre et en perle (montée sur de l'or et de l'argent) et des gravures sur nacre.

Derrière la petite chapelle Saint-Pierre, **Taina Pearl and Keishi** (☎87 76 26 79 ; www.facebook.com/tainapearlandkeishi ; Rikitea ; ⏲9h-11h30 lun-ven, après-midi sur rendez-vous) commercialise des colliers, des bracelets, des bagues, des boucles d'oreille et des sautoirs en perles, sur des supports en argent ou en or (pas de perles nues). Également vente de miel toutes fleurs et de vanille.

Le **Centre de gravure sur nacre** (⏲période scolaire), au collège Saint-Raphaël, expose les créations des élèves de cette école de gravure sur nacre ; il est possible de les acheter.

L'achat de perles nues est également possible directement auprès de certaines fermes perlières, notamment celles des pensions.

Renseignements

Il n'y a ni banque ni distributeur de billets sur l'île. Soyez donc prévoyant et munissez-vous de suffisamment d'espèces. Les pensions et les magasins d'alimentation acceptent la carte de crédit. Vous trouverez un bureau de poste à Rikitea, avec accès Wi-Fi dans un rayon de 50 m par le réseau Manaspot.

Tous les commerces et les services de l'île, dont la mairie, une poste, un centre médical (avec un médecin et des infirmiers), une gendarmerie, l'agence d'Air Tahiti et plusieurs petites épiceries sont regroupés dans le bourg de Rikitea.

Depuis/vers les Gambier

AVION

Air Tahiti (☎40 97 82 65, 40 86 42 42 réservation centrale ; www.airtahiti.pf) assure un à deux vols par semaine (généralement le mardi et le samedi) au départ de Papeete, selon les périodes (90 000 CFP l'aller-retour plein tarif). L'avion fait généralement une escale d'environ 45 minutes, à l'aller ou au retour, sur l'atoll de Hao. Pour bénéficier de tarifs plus avantageux, vous pouvez réserver un package vol plus hébergement avec Séjours dans les îles (voir p. 451) ou vous procurer la carte 5 archipels proposée par Air Tahiti (en Polynésie française uniquement).

BATEAUX INTER-ÎLES

Se rendre en cargo aux Gambier depuis Tahiti est une petite aventure. Les cargos **Nuku Hau** et **Taporo** font une tournée toutes les 4 semaines en moyenne pour les Gambier via les Tuamotu est (voir p. 454). Seul le *Nuku Hau* prend des passagers, à bord de cabines ou sur le pont. Il faut compter une dizaine de jours avant d'arriver à Mangareva.

Comment circuler

L'aérodrome est situé sur un îlot, le motu Totegegie. Le bateau communal assure les transferts à chaque arrivée/départ d'avion (1 000 CFP par trajet, 45 min environ).

Le tour de l'île fait environ 23 km. Seuls quelques tronçons sont cimentés. Le reste est une piste carrossable, en mauvais état. Si vous circulez à vélo, sachez que certains tronçons sont très escarpés.

Plusieurs prestataires louent des vélos (1 000 CFP/jour), des scooters (5 000 CFP/jour) et des voitures (10 000 CFP/jour). Passez par l'intermédiaire de votre pension.

Comprendre la Polynésie

Histoire

Les îles de la Polynésie sont parmi les dernières régions du monde à avoir été peuplées par l'homme et à avoir été "découvertes" par les Européens. Le peu de vestiges matériels et l'absence d'écriture ont longtemps constitué un obstacle à la connaissance de la riche histoire de la Polynésie.

Les migrations polynésiennes

L'origine géographique des Polynésiens reste encore, en partie, une énigme sur laquelle se penchent archéologues, linguistes et anthropologues depuis de longues années.

Thor Heyerdahl, anthropologue et explorateur norvégien, défendit la théorie d'une origine sud-américaine, qu'il illustra en 1947 lors de la mémorable expédition du *Kon Tiki* entre le Chili et la Polynésie. Désormais, les spécialistes estiment que les peuples polynésiens sont originaires du Sud-Est asiatique, qu'ils quittèrent à bord de grandes pirogues voici 3 000 à 4 000 ans. Les premières vagues de migration gagnèrent les îles disséminées au large de la côte septentrionale de la Nouvelle-Guinée, avant de s'étendre jusqu'aux îles Fidji et Tonga vers 1500 av. J.-C., puis s'arrêtèrent aux Samoa vers 1000 avant notre ère. Ces groupes composent le peuple aujourd'hui appelé mélanésien.

Revivez la folle épopée des six marins qui entreprirent de traverser le Pacifique d'est en ouest en 1947 en lisant *L'Expédition du Kon Tiki* (Phébus, coll. Libretto, 2010), de Thor Heyerdahl.

Un millénaire environ s'écoula avant la seconde grande vague de migration vers l'est, qui s'étendit à peu près du début de l'ère chrétienne à l'an 600, dépassant les îles de la Société et les Tuamotu pour atteindre les îles reculées des Marquises. Une nouvelle pause fut observée avant le mouvement migratoire suivant, qui se déroula vers l'an 850 dans toutes les directions : les îles Hawaii au nord, l'île de Pâques au sud-est et les îles de la Société au sud-ouest. Un dernier flux amena le peuple polynésien jusqu'aux îles Cook en passant par Rarotonga et la Nouvelle-Zélande, vers l'an 1000. De fait, les populations de Polynésie française partagent avec les Hawaïens et les Maoris de Nouvelle-Zélande des ancêtres communs originaires des Marquises.

Pourquoi ces populations ont-elles émigré ? Les thèses les plus couramment avancées font état de guerres qui auraient forcé les vaincus à partir, ou d'une pression démographique trop forte sur des terres aux ressources alimentaires limitées.

CHRONOLOGIE

2000-1000 av. J.-C.

Début des flux migratoires issus du Sud-Est asiatique. À bord de pirogues, les populations gagnent l'actuelle Mélanésie (Nouvelle-Guinée, îles Salomon).

An 0-an 1000

Colonisation des principales îles de Polynésie : îles de la Société, Tuamotu, Marquises, Hawaii, île de Pâques, îles Cook, Nouvelle-Zélande.

AU CŒUR DES MIGRATIONS : LA PIROGUE POLYNÉSIENNE

Deux facteurs essentiels ont permis la réussite des grandes migrations polynésiennes : l'art de la navigation et les embarcations. On suppose que les anciens Polynésiens avaient une connaissance empirique très fine de la course des astres et des positions des constellations, de la direction des vents, de la houle et des courants.

On ne dispose d'aucun vestige des embarcations ayant servi à accomplir ces fascinants voyages. Il faut se contenter des descriptions faites par les Européens des pirogues (*vaa*) en usage lors de leur arrivée. À l'époque de Cook, deux types d'embarcations étaient utilisés : les pirogues doubles et les pirogues monocoques à balancier. Dans les deux cas, le mode de propulsion était la voile ou la pagaie, ce qui fait au total quatre types de pirogue possibles. Tous les matériaux employés étaient d'origine végétale.

Chaque type de pirogue avait une fonction précise. Ancêtre des catamarans, la pirogue double à voile, la plus imposante, pouvait embarquer plusieurs dizaines de personnes. C'est vraisemblablement ce modèle qui a permis les grandes migrations. À son bord, les Polynésiens embarquaient des plantes, des graines et des animaux (cochons, chiens) destinés à la colonisation de leur nouvelle terre.

De nos jours, la pirogue conserve une valeur hautement symbolique. Ainsi, elle figure au centre du drapeau polynésien, avec cinq personnages à son bord, un pour chaque archipel. Grand événement sportif de l'année en Polynésie, la course de pirogues Hawaiki Nui Va'a, entre Huahine et Bora Bora, début novembre, rassemble plusieurs centaines de participants (voir l'encadré p. 186).

Les explorations européennes

Pendant longtemps, l'océan Pacifique est resté un monde en marge, hors du champ de connaissance des Européens. Les premières approches du Pacifique Sud eurent lieu au début du XVIe siècle, mais n'eurent aucune suite. Ce fut véritablement au XVIIIe siècle, fécond en grands voyages, que l'histoire de la Polynésie bascula. La découverte de la Polynésie fut l'œuvre de plusieurs circumnavigateurs espagnols, hollandais, anglais, français et russes.

Les pionniers du Pacifique

En 1520, l'explorateur portugais Ferdinand Magellan se lança dans la traversée de ce vaste océan. La seule île de Polynésie qu'il aperçut fut Puka Puka, située à l'extrémité nord-est des Tuamotu.

En 1567, l'Espagnol Álvaro de Mendaña de Neira appareilla d'Acapulco à la recherche d'une Grande Terre australe qui constituera le Graal des explorations européennes durant les deux siècles suivants. Après avoir découvert les îles Salomon, il aperçut en 1595 les îles Marquises, l'archipel

1520

L'explorateur portugais Magellan est le premier Européen à s'aventurer dans le Pacifique, jusque-là resté complètement inconnu.

1595

Les Marquises sont découvertes par Alvaro de Mendana de Neira lors de son expédition à la recherche d'une Grande Terre australe.

1606

Queirós, premier pilote de Mendaña, engage sa propre expédition et découvre les Tuamotu et les îles Cook.

situé à l'extrémité nord-est de la Polynésie, qu'il baptisa Las Marquesas de Mendoza, d'après le nom de l'épouse de son mécène, le vice-roi du Pérou. Pedro Fernandes de Queirós, son premier pilote, organisa en 1606 sa propre expédition, à l'occasion de laquelle il découvrit plusieurs îles des Tuamotu, avant de rallier les îles Cook et d'autres archipels du Pacifique. Ce voyage marqua la fin des grandes explorations espagnoles dans le Pacifique.

Le triangle polynésien, délimité par Hawaii au nord, l'île de Pâques à l'est et la Nouvelle-Zélande à l'ouest, rassemble des groupes humains ayant la même origine, et parlant une langue apparentée, le maohi.

Les Hollandais, déjà fortement implantés dans les Indes hollandaises (l'actuelle Indonésie), reprirent le flambeau en 1615-1616 avec Jacques Le Maire, qui traversa les Tuamotu en se dirigeant vers l'ouest.

Le premier Européen à voir les îles de la Société est le Hollandais Jacob Roggeveen, en 1722. Cette année-là, ce navigateur découvrit l'île de Pâques le jour de Pâques, puis prolongea sa route vers l'ouest, traversant les Tuamotu (via Makatea) pour gagner les îles de la Société où il salua Maupiti, l'île haute située le plus à l'ouest de l'archipel.

Après les Hollandais, les Anglais. En 1765, l'amiral John Byron découvrit les dernières îles des Tuamotu encore inconnues. En 1767 lui succéda l'expédition de Philip Carteret, qui commandait le *Swallow*, et de Samuel Wallis, à la tête du *Dolphin*. En contournant le cap Horn, les deux navires se perdirent de vue, chacun poursuivant de son côté l'expédition à la recherche du mythique continent austral. Carteret découvrit l'île de Pitcairn, puis les îles Salomon, que personne n'avait visitées depuis Mendaña. C'est à Samuel Wallis que revint l'honneur d'être le premier Européen à visiter Tahiti.

Wallis

Histoire du Pacifique : des origines à nos jours (Perrin, 2008), de Dominique Barde, est un ouvrage exhaustif, idéal pour approfondir le sujet.

Le *Dolphin* mouilla dans la baie de Matavai (Tahiti) vers la fin du mois de juin 1767, mais un quart de l'équipage souffrait du scorbut et Wallis, en mauvaise santé, ne put quitter le navire durant la plus grande partie de son séjour. L'arrivée de ces Européens suscita d'abord la fascination des insulaires, puis la curiosité cédant place à la peur, ceux-ci attaquèrent bientôt le *Dolphin*. De violentes représailles s'ensuivirent.

Paradoxalement, la démonstration de force des Anglais ne retourna pas les Tahitiens contre les explorateurs. Au contraire, les deux parties, trouvant un terrain d'entente sur la base de leur intérêt mutuel, mirent en place un commerce amical. L'équipage manquait de produits frais et les Tahitiens, qui ne connaissaient pas le métal, furent ravis de recevoir en échange des couteaux, des hachettes et des clous. L'équipage du *Dolphin* contribua alors à l'émergence du cliché qui allait désormais être durablement associé à Tahiti, celui d'un paradis sexuel, quand les marins découvrirent qu'un simple clou pouvait servir de monnaie d'échange pour obtenir les faveurs des Polynésiennes (voir l'encadré p. 380).

1615-1616

Les Hollandais, implantés en Indonésie, entreprennent de grandes expéditions dans le Pacifique. Jacques Le Maire traverse les Tuamotu mais ne s'y attarde pas.

1722

L'explorateur hollandais Jacob Roggeveen découvre Maupiti, dans les îles de la Société, après être passé par l'île de Pâques le dimanche de Pâques de la même année, et les Tuamotu.

1765

Les Anglais, à l'initiative de l'amiral John Byron, se lancent également dans l'aventure de l'exploration du Pacifique, et recensent les derniers atolls des Tuamotu encore inconnus.

Wallis ne séjourna que quelques semaines dans la baie de Matavai et sa brève visite allait être vite oubliée après l'arrivée sur la scène tahitienne de deux personnalités plus célèbres.

Bougainville

Louis Antoine de Bougainville, le premier grand explorateur français dans le Pacifique, arriva à Tahiti en avril 1768, moins d'un an après Wallis. Ses deux navires, *La Boudeuse* et *L'Étoile*, furent ancrés devant la côte est de Tahiti, à Hitiaa. À cette époque, comme Wallis effectuait encore son voyage de retour vers l'Angleterre, Bougainville ignorait toujours qu'il n'était pas le premier Européen à découvrir cette île. Son séjour fut bref (9 jours), mais c'est lui qui inspira la vision que développa Rousseau d'un nouveau paradis terrestre, en forgeant l'expression du "bon sauvage", chère aux philosophes français du XVIIIe siècle.

Ignorant que le drapeau anglais avait déjà été déployé sur l'île, Bougainville revendiqua Tahiti au nom de la France et baptisa l'île la Nouvelle-Cythère. Comme Wallis, il fut à son tour éclipsé par l'arrivée d'un autre explorateur, James Cook.

Cook

James Cook effectua trois grandes expéditions scientifiques dans le Pacifique Sud entre 1769 et 1779. L'une de ses missions, patronnée par la Royal Society de Londres, consistait à observer le passage de Vénus devant le Soleil, à partir de Tahiti. La deuxième mission avait pour but la découverte de la fameuse Terre australe.

Cook, navigateur et cartographe hors pair, était entouré de spécialistes de haut niveau, dont le botaniste Joseph Banks et plusieurs naturalistes. Grâce à ses expéditions, les merveilles exotiques du Pacifique Sud purent être portées à la connaissance du public européen.

À bord de l'*Endeavour*, Cook arriva en avril 1769 à Tahiti, où il séjourna trois mois dans la baie de Matavai avant de faire voile vers la Nouvelle-Zélande et l'Australie. Cook retourna à Tahiti à l'occasion d'une deuxième expédition en 1772-1775, puis lors d'une troisième en 1776-1780. Il périt au cours d'un affrontement avec des Hawaïens au début de l'année 1779. Contrairement à Bougainville, lyrique, qui s'était contenté de rapporter de Tahiti l'image d'un paradis, Cook et son entourage de scientifiques et d'artistes, plus pragmatiques, ont légué un immense travail ethnographique et scientifique sur Tahiti : outre l'étude de la flore et de la faune, ils rapportèrent des descriptions de la société traditionnelle et des coutumes polynésiennes, ainsi que de précieuses illustrations.

Chronologie des événements politiques, sociaux et culturels de Tahiti et des archipels de la Polynésie française (Au vent des îles, 2002), de Louise Peltzer, fournit plus de 1 500 repères pour mieux suivre l'histoire des Polynésiens.

1767

L'Anglais Samuel Wallis mouille dans la baie de Matavai, à Tahiti. Premiers contacts avec la population locale. Wallis, en mauvaise santé, limita son séjour à un mois.

1768

L'explorateur Louis Antoine de Bougainville arrive à Tahiti. Ses deux navires, *La Boudeuse* et *L'Étoile*, mouillent dans la baie de Matavai. Ses récits façonnent le mythe du paradis.

1769

Première expédition de l'explorateur Anglais James Cook, qui arrive à Tahiti en avril. Comme ses prédécesseurs, il mouille en baie de Matavai.

VAHINÉS ET CANNIBALES, DU PARADIS À L'ENFER

Au XVIIIe siècle, les Européens découvrirent avec émerveillement les îles du Pacifique à travers les récits de Louis Antoine de Bougainville. Il témoignait d'îles magnifiques, d'un climat d'une grande douceur, d'une nature exubérante, et de superbes vahinés dont la beauté, la nudité et la sexualité, libre au regard des mœurs occidentales de l'époque, contribuèrent à la création du mythe d'un paradis terrestre. L'explorateur anglais James Cook renforça ce mythe en décrivant la Nouvelle-Cythère (Tahiti) comme "une île où les jeunes femmes se livraient à des danses très impudiques... accompagnées de chants indécents". Les préjugés alimentés par la morale judéo-chrétienne avaient frappé...

Cette image de bon sauvage s'inversa ensuite. L'acceptation d'un commerce sexuel en échange de clous (convoités pour la confection des hameçons), offerts par les marins en visite, se transforma vite en une forme de prostitution qui contribua au déclin rapide de la culture polynésienne. L'assassinat de Cook à Hawaii, en 1779, par les insulaires révéla un visage plus sombre des îles du Pacifique. La mort du navigateur français Marion Dufresne, en 1772, mangé par des Maoris de Nouvelle-Zélande, et la disparition mystérieuse en mer de La Pérouse, en 1788, renforcèrent cette image.

Des gravures d'indigènes sauvages et anthropophages, couverts de tatouages, ébranlèrent le mythe du "bon sauvage" rapporté par Bougainville et Cook. Tout au long du XIXe siècle, les missionnaires et les colons entretiendront ces images de créatures sataniques pour justifier leurs interventions et les massacres qui en résultèrent. Les hommes étaient représentés comme de dangereux cannibales et les vahinés comme des tentatrices aux mœurs dissolues. Le mythe de l'enfer supplanta celui du paradis. En 1851 et 1931, les expositions universelles et coloniales de Londres et de Paris allèrent dans ce sens, en exhibant des "indigènes". Plus tard, le cinéma, la photographie, la publicité et la télévision reproduisirent à l'infini ce double mythe du paradis et de l'enfer.

Aujourd'hui, la vision du paradis l'a emporté, du moins sur le plan du marketing touristique : îles magnifiques, douceur de vivre, hôtels luxueux sur des lagons turquoise, soleil et ciel bleu sont largement vantés dans les brochures et dans la presse.

Boenechea

Les Espagnols, implantés en Amérique du Sud, considéraient le Pacifique comme leur arrière-cour et n'étaient guère ravis d'apprendre que d'autres navigateurs européens s'étaient rendus à Tahiti. Aussi, en 1772, le navire commandé par don Domingo de Boenechea, dépêché du Pérou, mouilla dans le lagon au large de Tautira, à Tahiti Iti (presqu'île), et, pour la troisième fois, revendiqua l'île au nom d'une nation européenne. Au cours d'un second voyage, en 1774, Boenechea fonda le premier établissement européen permanent sur l'île, composé de deux missionnaires et de deux soldats, mais il se conclut par un échec et les Espagnols renoncèrent à Tahiti. Après la dernière visite de Cook en 1779, une pause d'une dizaine

1772

Les Espagnols, implantés au Pérou, lancent une expédition commandée par don Domingo de Boenechea, qui mouille dans le lagon de Tautira, à la presqu'île de Tahiti.

1773

Deuxième voyage de Cook à Tahiti. Il reste sur place un mois et demi et repart avec Omai, un jeune Tahitien, qu'il veut présenter à la haute société londonienne.

1774

Second voyage de Boenechea à Tahiti. Il fonde la première colonie européenne sur l'île, composée de 4 personnes seulement. Sans succès.

d'années fut observée, laquelle marqua la transition entre la période précoloniale et les débuts de la colonisation.

L'émergence d'une dynastie : les Pomaré

Les contacts avec les explorateurs européens, pourtant relativement brefs, vont se traduire par une réorganisation complète des structures du pouvoir en place.

Avant l'arrivée des Européens, le pouvoir était exercé en Polynésie sur une base essentiellement locale : les chefferies, très hiérarchisées, organisées autour d'un *marae* (voir *Sites archéologiques*, p. 380). À la différence des sociétés européennes, aucun pouvoir central ne détenait une autorité ou une légitimité. Ainsi, Tahiti était divisée en de nombreuses chefferies qui, lorsqu'elles se lassaient de se battre les unes contre les autres, s'attaquaient à Moorea. De même, les chefs belliqueux de Bora Bora effectuaient de fréquentes et sanglantes incursions sur l'île voisine de Raiatea, en raison du manque de terres arables dont souffrait leur île. Mais aucun souverain n'était assez puissant pour étendre très loin sa suprématie. L'introduction des armes européennes bouleversa cet état de fait.

Les Tahitiens comprirent vite l'importance de l'armement européen. Ils pressèrent les Occidentaux de prendre parti dans les conflits insulaires. Cook et les autres explorateurs s'opposèrent énergiquement à de telles propositions, mais pas les mutinés du *Bounty*. Ceux-ci proposèrent leurs services de mercenaires au plus offrant, c'est-à-dire aux Pomaré.

Le roi Pomaré Ier, premier représentant de la dynastie, s'appelait auparavant Tu. Il était le neveu d'Obarea, une ambitieuse cheffesse, ayant noué des liens d'amitié avec Wallis, puis Cook et surtout Banks. Tous l'avaient prise pour la "reine" de Tahiti. Avant l'arrivée du *Bounty*, les Pomaré n'étaient qu'un clan parmi d'autres luttant pour le pouvoir à Tahiti. Grâce aux armes fournies par les mutinés, ils réussirent à étendre progressivement leur souveraineté à l'ensemble de Tahiti. Pomaré Ier dominait déjà la majeure partie de Tahiti l'année de sa mort en 1803, avant que son fils Pomaré II ne le remplace sur le trône.

Le temps des missionnaires, des baleiniers et des négociants

L'isolement de la Polynésie va progressivement se rompre sous l'effet conjugué de l'arrivée de missionnaires et de commerçants, qui convoitaient Tahiti pour des raisons différentes. Dans les deux cas, les répercussions furent désastreuses : la société polynésienne faillit se désintégrer à la suite de ce choc de deux civilisations.

Dans *Rescapés du Bounty : journal de bord* (Découvrance, 2007), William Bligh, commandant du *Bounty*, raconte son incroyable périple en chaloupe, sans carte ni boussole, jusqu'aux terres du Timor.

Charles Nordhoff retrace dans *Pitcairn* (Phébus, coll. Libretto, 2002), l'histoire d'une poignée de révoltés, emmenés par Fletcher Christian, qui se réfugièrent sur l'îlot de Pitcairn pour échapper à la justice britannique. Troisième volet d'une trilogie romanesque sur la révolte du *Bounty*.

1776-1779
Troisième expédition scientifique de Cook en Polynésie. Il accoste à Tautira. Il périt lors de son escale suivante, aux îles Hawaii, au cours d'affrontements avec les insulaires.

1789
Mutinerie du *Bounty*, au large des îles Tonga, à l'initiative de Fletcher Christian, le second de Bligh. Bligh et ses alliés sont débarqués sur une chaloupe, tandis que les mutinés gagnent Tubuai.

1791
L'Américain Ingraham découvre le groupe nord des Marquises. Il est suivi du Français Étienne Marchand, deux mois plus tard.

LES MUTINÉS DU BOUNTY

Les menées européennes dans l'histoire de Tahiti comportent quelques épisodes pittoresques. Aucun n'a fait autant de bruit que la légendaire mutinerie du *Bounty*, la plus célèbre de toute l'histoire maritime.

Il est presque impossible de distinguer le mythe de la réalité. Le point de départ est simple : pour nourrir les esclaves africains travaillant dans les plantations des Caraïbes, on s'avisa de l'utilité du fruit de l'arbre à pain de Polynésie, un excellent substitut au pain, au riz, aux bananes ou à tout autre féculent. Sir Joseph Banks, le botaniste de la première expédition de Cook, devenu l'homme de sciences le plus écouté d'Angleterre, estima que l'arbre à pain représentait la plante idéale. On confia alors au capitaine William Bligh, qui s'était déjà rendu à Tahiti sous les ordres de Cook, la mission de rapporter des arbres à pain tahitiens pour les introduire dans les Caraïbes.

Son expédition débuta en 1787. Il lui fut impossible de doubler le cap Horn en raison du mauvais temps et il rebroussa chemin pour rallier Tahiti par la route orientale. Le *Bounty* arriva à Tahiti après dix mois d'un pénible voyage, à une époque où les pousses d'arbres à pain ne pouvaient pas être immédiatement transplantées, et dut séjourner dans l'île pendant six mois. Les arbres à pain étant finalement chargés à bord, le *Bounty* appareilla pour les Caraïbes, vers l'ouest. Trois semaines plus tard, le 28 avril 1789, au large des îles Tonga, l'équipage se mutina et s'empara du navire sous la direction du second, Fletcher Christian.

Bligh fut jeté dans la chaloupe du *Bounty* avec dix-huit membres de l'équipage restés fidèles. Il réussit à la conduire à travers le Pacifique jusqu'à Timor, possession hollandaise, après une traversée de 48 jours et un itinéraire de 5 823 km.

Au début de l'année 1790, Bligh, de retour en Angleterre, fut rapidement lavé de tout soupçon de négligence et un navire fut dépêché à Tahiti pour y exercer les représailles de la marine britannique. Christian et les autres mutinés n'avaient pas attendu que le bras de la justice les rejoigne. Le *Bounty* était revenu à Tahiti avant de partir à la recherche d'une cache plus sûre. Il tenta à deux reprises de s'installer à Tubuai, dans les îles Australes. Après l'échec de la seconde tentative à Tubuai, Christian revint brièvement à Tahiti, où les mutinés se scindèrent en deux groupes. Les plus nombreux décidèrent de rester dans l'île, tandis que les autres appareillèrent avec Christian fin septembre pour une destination inconnue.

Ceux qui étaient restés à Tahiti jouèrent un rôle dans les conflits opposant différentes chefferies grâce à la puissance que leur conféraient leurs armes à feu. Ils finirent par être capturés par la marine britannique en 1791, avant d'être jugés et condamnés. Quant au groupe de Christian, c'est-à-dire 8 ou 9 marins britanniques accompagnés de 6 Tahitiens et de 12 Tahitiennes, il navigua jusqu'à l'île inhabitée de Pitcairn (entre la Polynésie et l'île de Pâques) où il trouva refuge. De nombreuses années plus tard, on rapporta qu'une petite colonie anglo-tahitienne y résidait, dont la moitié des habitants portaient le nom de Christian. Pitcairn est d'ailleurs l'une des dernières parcelles du vaste Empire britannique.

Bligh revint à Tahiti en 1792 à bord d'un autre navire, chargea dans ses cales des pousses d'arbres à pain et les transporta en un temps record jusqu'aux Caraïbes.

1797

Des pasteurs de la London Missionary Society (LMS) débarquent à Tahiti et se lancent dans une grande entreprise d'évangélisation.

1803

Mort du roi Pomaré Ier. Son fils Pomaré II lui succède et s'appuie sur les protestants anglais pour étendre son influence géographique.

1815

Lors de la bataille de Fei Pi, les chefs traditionnels, hostiles à Pomaré II et à toute concession aux missionnaires chrétiens, sont défaits.

Alors que les descriptions de Tahiti et de ses habitants alimentaient maintes spéculations intellectuelles en Europe quant à la notion de "bon sauvage", le clergé décida rapidement de faire quelque chose pour ces sauvages, qu'ils fussent bons ou non. C'est la London Missionary Society (LMS), dont la vocation était de sauver du paganisme les populations nouvellement découvertes, qui prit l'initiative. Pour remplir cet objectif, trente pasteurs montèrent à bord du *Duff* pour aller évangéliser le Pacifique. Au mois de mars 1797, vingt-cinq d'entre eux débarquèrent à la pointe Vénus et se mirent prestement au travail, la réussite de leur entreprise se mesurant au nombre de temples protestants qui ponctuent aujourd'hui l'ensemble des îles de la Société, des Tuamotu et des Australes.

Les missionnaires étaient certainement animés des meilleures intentions, mais les conséquences de leur présence furent souvent désastreuses sur la culture locale. Ils firent interdire les danses et les chants, jugés impudiques, ainsi que les relations sexuelles hors mariage, décrétèrent le port de vêtements couvrant tout le corps (d'où l'existence des "robes missionnaires", toujours en usage). Ils firent également proscrire les tatouages et les parures de fleurs portées dans les cheveux et imposèrent le respect du silence le dimanche.

Des visiteurs d'un autre genre, les baleiniers, bouleversèrent également, à leur façon, la société polynésienne. Ils commencèrent à fréquenter les eaux polynésiennes dans les années 1790, avant même l'arrivée des premiers missionnaires. Provenant d'Angleterre, puis plus tard, de la côte Est des États-Unis depuis peu indépendants, ces marins peu scrupuleux chassaient la baleine dans l'hémisphère sud durant les mois d'été, puis faisaient relâche l'hiver dans des îles comme Tahiti.

À terre, après les rudes conditions de vie à bord, les équipages se livraient à toutes les turpitudes. Ils introduisirent l'alcool et des maladies. Des négociants originaires des colonies pénitentiaires d'Australie se manifestèrent également, échangeant des armes contre des denrées alimentaires, encourageant la prostitution et créant des distilleries. Totalement désorientés, sans repères et souffrant de maladies contre lesquelles ils n'étaient pas naturellement immunisés, les Tahitiens virent leur population décroître très rapidement, et faillirent disparaître.

Le règne des Pomaré

L'ascension des Pomaré date de 1815. Pour étendre son influence, le roi Pomaré II, fin stratège, s'était converti au christianisme, davantage par pragmatisme que par conviction. Il s'appuya sur les missionnaires protestants anglais, dont l'emprise sur la société était grandissante – ils interféraient aussi bien dans les affaires publiques qu'économiques du royaume. Il consolida définitivement son pouvoir sur les îles Sous-le-Vent en 1815, lors de la bataille de Fei Pi, au cours de laquelle il soumit les

Règnes de la dynastie Pomaré

Roi Pomaré Ier : régna jusqu'en 1803

Roi Pomaré II : 1803-1821

Roi Pomaré III : 1821-1827

Reine Pomaré IV : 1827-1877

Roi Pomaré V : 1877-1891

Le choc de civilisation entre les Occidentaux et les Polynésiens fut très brutal, au détriment des seconds. Ainsi, la population des Marquises chuta de 80 000 à 2 000 habitants en moins d'un siècle.

1819

Mise en place d'un code de lois très puritain, le code Pomaré, influencé par les missionnaires. La culture polynésienne traditionnelle est définitivement reléguée au second plan.

1827

La jeune reine Pomaré IV monte sur le trône, prenant la suite de Pomaré III, qui n'aura régné que pendant six ans. La reine Pomaré IV restera au pouvoir durant 50 ans.

1836

Les pères Honoré Laval et François Caret débarquent près de Tautira, sur la presqu'île, pour contrer le développement du protestantisme à Tahiti. Ils sont rapidement expulsés.

chefs traditionnels, hostiles à toute alliance avec les chrétiens. Poussé par les missionnaires, Pomaré II alla plus loin encore en faisant accepter en 1819, par les grands chefs et le peuple, un code de lois qui restera dans l'histoire comme le "code Pomaré", qui mit officiellement hors la loi des pans entiers de la culture polynésienne. Inspiré de règles propres au christianisme, il marqua une véritable rupture avec la civilisation polynésienne et ses valeurs traditionnelles. Les principales dispositions du code, calquées sur la morale puritaine des missionnaires protestants, portaient notamment sur le vol, l'adultère, le mariage, le tatouage, la désertion et les pratiques sexuelles, et interdisaient les chants, les tatouages et les danses, jugés inconvenants. Il fut progressivement remplacé par l'application des lois françaises à partir des années 1860.

La Reine Pomaré : Tahiti et l'Occident 1812-1877 (L'Harmattan, 2003), de Bertrand de La Roncière, retrace, à travers le portrait de cette éminente souveraine, une période essentielle de l'histoire de Tahiti.

Pomaré II mourut en 1821, probablement d'un excès de boisson. Son fils Pomaré III lui succéda. Il décéda à peine six ans plus tard, en 1827, et fut remplacé sur le trône par la jeune reine Pomaré IV.

Son règne dura 50 ans, au cours desquels elle étendit sa souveraineté à d'autres îles des Australes et conclut des alliances stratégiques avec plusieurs îles de la Société. Elle vécut suffisamment longtemps pour voir son territoire tomber aux mains des Français.

Luttes d'influence entre protestants et catholiques et enjeux coloniaux

À cette époque, les grandes puissances coloniales européennes étaient toujours à la recherche de nouvelles colonies pour étendre leur influence, et se livraient à une véritable course poursuite. Le Pacifique Sud faisait l'objet de la convoitise des Français et des Anglais. Tahiti représentait encore un territoire vierge, susceptible d'intéresser les deux nations. À leur manière, les missionnaires incarnaient la puissance coloniale : les protestants anglais régissaient les îles de la Société, les Australes et les Tuamotu, tandis que les missionnaires catholiques français, qui s'étaient implantés aux Gambier en 1834 et aux Marquises en 1838, exerçaient leur pouvoir dans ces deux archipels. La rivalité entre ces deux courants religieux pour le contrôle, non seulement spirituel, mais aussi politique de la Polynésie était manifeste.

En 1836, les pères français Honoré Laval et François Caret quittèrent les Gambier pour débarquer discrètement non loin de Tautira, à l'extrémité orientale de Tahiti Iti. Cet accostage clandestin dans un lieu reculé s'expliquait par l'animosité que nourrissaient les missionnaires protestants anglais à l'égard de toute présence catholique à Tahiti. Lorsqu'ils arrivèrent à Papeete, ils furent aussitôt arrêtés et expulsés par la reine Pomaré IV, encouragée par un pasteur protestant, Pritchard. Cet acte mit le feu aux poudres.

1842

L'amiral Dupetit-Thouars impose le protectorat français sur Tahiti. Les Tahitiens se révoltent.

1877

Décès de la reine Pomaré IV. Son fils Pomaré V lui succède. Au cours de son bref règne (quatre ans), il fait beaucoup de concessions aux Français.

1880-1881

Après avoir fait pression sur le roi Pomaré V, les Français obtiennent qu'il leur cède ses États. Tahiti devient officiellement une colonie française. Les Gambier sont annexées.

Du protectorat à l'annexion par les Français

La France, qui détenait en fait déjà une entière souveraineté sur les Marquises, considéra le départ forcé de ses deux missionnaires de Tahiti comme un camouflet. Demandes de réparation, réclamations, contre-réclamations, indemnités et excuses se succédèrent par la voie diplomatique jusqu'en 1842, année au cours de laquelle l'amiral Dupetit-Thouars imposa le protectorat français sur Tahiti. Il s'ensuivit une période de troubles. L'ordre nouveau institué par les Français fut durement ressenti et la reine Pomaré espérait que la Grande-Bretagne réagisse, mais cette dernière prit acte de la situation. En fait, la rébellion vint des Tahitiens eux-mêmes.

Pendant trois ans, de 1844 à 1846, Français et Tahitiens se livrèrent une guerre sanglante. Les fortins français bâtis autour de Tahiti témoignent de l'âpreté de la résistance insulaire, mais les rebelles furent soumis ; en 1846, la France régnait sans partage sur Tahiti et Moorea. Si la reine Pomaré IV, qui s'était exilée à Raiatea, fut convaincue en 1847 de revenir à Tahiti, elle n'était plus qu'un prête-nom, les Français étant désormais maîtres de la situation.

La reine Pomaré mourut en 1877 ; lui succéda son fils, Pomaré V, qui abdiqua en 1881 et mourut en 1891. Sous son règne, un pas supplémentaire fut franchi dans la voie de la colonisation : jugeant le statut de protectorat trop fragile, les Français firent pression sur Pomaré V pour qu'il cède ses États à la France. Ils parvinrent à leurs fins en juin 1880 : Tahiti devint alors officiellement une colonie française. Reste que la souveraineté française ne s'exerçait pas à l'origine sur l'ensemble des îles de la Société, car certaines d'entre elles avaient conservé leurs chefs locaux et leurs conseillers missionnaires. En 1888 cependant, les îles Sous-le-Vent furent à leur tour annexées par la France, non sans quelques tentatives de rébellion, notamment à Huahine. L'annexion des Gambier date de 1881, tandis que les Australes connurent le même sort en 1900 et 1901.

La reine Pomaré IV, qui régna 50 ans, était connue pour ses frasques. Elle défendit les musiques et les danses traditionnelles, contre l'avis des missionnaires.

Ainsi, en cette fin de XIXe siècle, marqué par la rivalité entre les grandes puissances dans le Pacifique, les cinq archipels tombèrent officiellement dans l'escarcelle des Français et prirent le nom, en 1903, d'"Établissements français d'Océanie" (ÉFO).

La Polynésie au XXe siècle : les grandes mutations

Autant le XIXe siècle fut marqué par des bouleversements politiques, autant le XXe fut synonyme de transformations économiques majeures.

1888

La France annexe les îles Sous-le-Vent, non sans difficulté. Elle doit faire face à l'hostilité des insulaires, notamment à Huahine.

1903

Les îles de Polynésie annexées par la France acquièrent le statut d'"Établissements français d'Océanie" (ÉFO).

1911

Début d'une grande aventure industrielle et technique sur l'île de Makatea (Tuamotu), avec l'exploitation des gisements de phosphate. L'extraction durera jusqu'en 1966.

POUVANAA A OOPA, UN ESPOIR POUR LA CAUSE TAHITIENNE

L'homme politique le plus célèbre de Polynésie est originaire de Huahine. Né en 1895, volontaire du Bataillon du Pacifique en 1917, Pouvanaa a Oopa fonde en 1949 le Rassemblement démocratique des populations tahitiennes (RDPT) qui occupe le devant de la scène politique locale jusqu'en 1958. Il s'en prend à la puissance coloniale française, dénonce le capitalisme, prône des lois sociales et milite en faveur de l'océanisation des cadres. Issu du peuple, protestant convaincu, ce leader charismatique est très apprécié des Polynésiens, qui le considèrent comme un *metua* (père) susceptible de restaurer leur dignité face au cynisme de la métropole.

Tout bascule en 1958. Le "oui" des Polynésiens au référendum de septembre portant sur le maintien de la Polynésie dans la communauté française le déstabilise. Commence alors une longue descente aux enfers : les autorités l'accusent d'avoir donné l'ordre d'incendier Papeete dans la nuit du 10 au 11 octobre 1958. Arrêté et jugé, il est exilé en France en 1960 pour y être incarcéré. Son parti, le RDPT, rongé par des dissensions internes, ne parvient pas à se mobiliser contre l'installation du CEP en 1963. Il est dissous la même année. La voie est libre pour de Gaulle.

Gracié, il rentre au pays en 1968. Jusqu'à sa mort, en 1977, il n'a cessé de militer pour sa réhabilitation. Sans succès.

Aujourd'hui, il reste auréolé de son prestige de *metua* auprès des Polynésiens, qui lui sont reconnaissants d'avoir fait trembler la puissance coloniale.

La période des ÉFO

Les bases du système colonial, jetées dans le courant du XIXe siècle, furent consolidées au début du XXe siècle. À la veille de la Première Guerre mondiale, l'économie était florissante. Les ÉFO (Établissements français de l'Océanie) exportaient des produits locaux (vanille, coton, coprah, nacre et fruits) en échange de biens manufacturés. À partir de 1911, l'exploitation des richesses phosphatières de Makatea (Tuamotu) prit peu à peu le pas sur les autres productions et assura des revenus substantiels à la colonie jusqu'en 1966, date à laquelle le gisement fut épuisé (voir l'encadré p. 281). Cette ouverture vers l'extérieur eut son revers : les crises internationales, en particulier la crise de 1929, n'épargnèrent pas la Polynésie.

Cet essor économique et commercial exigeait une main-d'œuvre de plus en plus nombreuse, que la reprise démographique amorcée au début du siècle ne permettait pas de fournir. Des colons, en majorité français, s'implantèrent en Polynésie. En 1911, on comptait environ 3 500 Européens dans les ÉFO. L'immigration chinoise, entamée en 1864 avec l'exploitation cotonnière à Atimaono (Tahiti), se poursuivit. En 1911, cette communauté s'élevait à plus de 1 000 personnes. En dépit de

1914

Un millier de poilus tahitiens combattent aux côtés de la France contre l'Allemagne. La Polynésie n'est pas épargnée : deux croiseurs allemands bombardent Papeete et coulent un croiseur français.

1941-1942

À la suite de l'attaque de Pearl Harbour, les Américains installent une base à Bora Bora et construisent une piste d'atterrissage. De jeunes Polynésiens rejoignent les rangs du Bataillon du Pacifique.

1946

Les "Établissements français d'Océanie" acquièrent le statut de territoire d'outre-mer au sein de la République française.

relations parfois conflictuelles, ces trois communautés se mélangèrent progressivement après de multiples unions mixtes. Les bases d'une société pluriethnique étaient en place.

Bien qu'éloignée des principaux théâtres d'opération, la Polynésie participa directement aux deux conflits mondiaux. Lors de la Première Guerre mondiale, près de 1 000 poilus tahitiens combattirent en Europe contre l'Allemagne. Le 22 septembre 1914, deux croiseurs allemands, en patrouille dans le Pacifique, cherchèrent à se ravitailler dans le port de Papeete. Ils coulèrent le navire français le *Zélée* et bombardèrent le quartier du marché de Papeete.

Les ÉFO s'illustrèrent une nouvelle fois lors de la Seconde Guerre mondiale. Avec l'entrée en guerre des États-Unis en décembre 1941 consécutive à l'attaque de Pearl Harbor, la Polynésie acquit un intérêt stratégique. Afin de contrer l'avancée japonaise dans le Pacifique, les Américains se servirent de Bora Bora comme base de ravitaillement, en accord avec les autorités de la France libre. Parallèlement, des jeunes volontaires tahitiens et "demis" (métis), incorporés dans le bataillon du Pacifique, luttèrent dès avril 1941 aux côtés des forces de la France libre en Afrique du Nord, en Italie et en France.

En 1946, les ÉFO acquirent le statut de territoire d'outre-mer au sein de la République française. Une volonté d'émancipation à l'égard de la métropole vit peu à peu le jour. Un parti politique, le RDPT (Rassemblement démocratique des populations tahitiennes), créé en 1949 par le nationaliste Pouvanaa a Oopa (voir l'encadré p. 351), occupa le devant de la scène politique pendant une dizaine d'années.

La Polynésie à l'heure de la bombe

Les années 1960 marquèrent un tournant décisif. Le 22 juillet 1957, les ÉFO devinrent officiellement la Polynésie française. Lors du référendum de septembre 1958, 65% des Polynésiens manifestèrent leur volonté de rester liés à la France. Trois événements rapprochés eurent un impact considérable sur la société polynésienne. En 1961, la construction de l'aéroport international de Faa'a contribua au désenclavement de la Polynésie. Dans la foulée, le tournage de la superproduction *Les Révoltés du Bounty* avec Marlon Brando mobilisa des milliers de figurants et déversa des millions de dollars qui modifièrent l'économie de l'île. En 1963, avec l'implantation du Centre d'expérimentation du Pacifique (CEP) à Moruroa et à Fangataufa, la Polynésie entra de plain-pied dans l'ère nucléaire (voir l'encadré p. 388). Le CEP représentait la pièce maîtresse de la stratégie de dissuasion nucléaire lancée par le général de Gaulle et poursuivie par ses successeurs.

Outre l'intense controverse suscitée par ces "expérimentations" – des émeutes directement ou indirectement liées aux essais nucléaires

Cinq mille soldats américains débarquèrent à Bora Bora en février 1942. Une piste d'atterrissage de 2 000 m, la première de Polynésie, devint opérationnelle en avril 1943.

1949
Une volonté d'émancipation à l'égard de la métropole se fait jour. Un parti politique est créé par le nationaliste Pouvanaa a Oopa.

1957-1958
Les ÉFO deviennent officiellement la Polynésie française. Lors du référendum de 1958, 65% de la population manifeste sa volonté de rester dans la République française.

1960
Accusé d'avoir commandité l'incendie de Papeete en 1958, le leader nationaliste Pouvanaa a Oopa est jugé et purge sa peine en France.

ESSAIS NUCLÉAIRES : 50 ANS DE CONTROVERSE

Les essais nucléaires français débutèrent dans le désert du Sahara, avant que l'indépendance de l'Algérie ne contraigne la France à rechercher un autre site. En 1963, Moruroa et Fangataufa, dans les Tuamotu, furent retenus. Le Centre d'expérimentation du Pacifique, qui désigne par euphémisme le programme des essais nucléaires français, devint rapidement la composante majeure de l'économie polynésienne.

Le premier tir, aérien, eut lieu le 2 juillet 1966 sur l'atoll de Moruroa. Jusqu'au début des années 1980, les essais furent atmosphériques, malgré la réprobation internationale unanime. La France opta alors pour des essais souterrains, effectués dans le socle basaltique de l'atoll. Plus de 150 essais furent réalisés. En 1995, rompant le moratoire sur les essais respecté depuis 1992 par toutes les puissances nucléaires (sauf la Chine), le président Jacques Chirac, nouvellement élu, annonça la reprise d'une nouvelle série d'essais souterrains, ce qui déclencha une tempête de protestations dans le monde entier. Des émeutes éclatèrent à Papeete. Les pays riverains, Australie et Nouvelle-Zélande en particulier, s'opposèrent très fermement à cette nouvelle série. Celle-ci s'acheva, comme prévu, en janvier 1996, et la France signa en mars de la même année le traité de Rarotonga sur la dénucléarisation du Pacifique Sud. Toutes les installations ont depuis été démantelées. Moruroa et Fangataufa ont été rendus à la nature.

La controverse portant sur l'innocuité de ces essais est loin d'être close. Les langues se délient. De nombreux cancers (de la thyroïde, en particulier) seraient liés aux essais

ébranlèrent Papeete en 1987 et en 1995 –, le CEP eut pour effet de bouleverser de fond en comble les structures socio-économiques de la Polynésie, projetée sans transition dans la société de consommation, grâce aux largesses de la métropole. La signature d'un Pacte de progrès entre l'État et le territoire en 1993, par lequel la France s'engagea à poursuivre son aide sous forme de contrat de projets, renouvelés tous les 5 ans, et l'arrêt définitif des essais nucléaires en février 1996 sonnèrent le glas de ces "Trente Glorieuses" artificielles.

La France a réalisé 41 essais atmosphériques en Polynésie entre 1966 et 1974, puis 140 tirs souterrains entre 1975 et 1996.

Le "règne" de Gaston Flosse

L'histoire récente de la Polynésie est indissociable de la personnalité de Gaston Flosse. Cette figure de la vie politique locale a dirigé le territoire de 1982 à 2005, avec une légère interruption entre 1987 et 1991. Né en 1931 à Rikitea (Mangareva, Gambier) d'un père vosgien et d'une mère mangarévienne, il a d'abord exercé comme instituteur, avant de se lancer en politique. Travailleur infatigable, il gravit tous les échelons : mairie de Pirae (île de Tahiti), conseiller territorial, président de l'Assemblée territoriale, dans les années 1970. Il fonde également son propre parti, le Tahoeraa Huiraatira ("Rassemblement du peuple"), et se rapproche

1961

Construction de l'aéroport international de Tahiti-Faa'a. La Polynésie s'ouvre au tourisme.

1963

Lancement du programme nucléaire français à Moruroa et à Fangataufa, dans le cadre du Centre d'expérimentation du Pacifique (CEP).

1968

Gracié, Pouvanaa a Oopa est autorisé à revenir en Polynésie, mais il ne réussit pas à recréer une dynamique en sa faveur.

atmosphériques menés avant 1974. Des enquêtes sont en cours, mais se heurtent au secret défense. En 2010 pourtant, un cap est franchi : la loi Morin relative à la reconnaissance et l'indemnisation des victimes des essais nucléaires français reconnaît les dommages sanitaires liés aux expérimentations.

Les essais souterrains auraient fissuré l'atoll, et des matières radioactives s'échapperaient du socle basaltique. S'y ajoute le coût diplomatique. L'État français, pour se défaire de la présence gênante de Greenpeace, n'hésita pas en 1985 à dépêcher deux agents secrets à Auckland en Nouvelle-Zélande pour couler le *Rainbow Warrior*, le navire de l'organisation de défense de l'environnement. Cette opération, que l'on peut qualifier de terroriste, échoua et contribua à dégrader les relations entre la France et la Nouvelle-Zélande.

La période d'activité du CEP (Centre d'expérimentation du Pacifique) entraîna également d'autres conséquences que l'on ne soupçonnait pas. L'afflux massif d'argent, en provoquant une rupture brutale avec les structures socio-économiques traditionnelles, a provoqué une crise d'identité et une fracture sociale dont on n'a pas fini de mesurer les effets. Projetée trop brutalement dans le monde "moderne", la Polynésie a été durablement désorientée. Par ailleurs, la délicate question des conséquences sanitaires des essais nucléaires défraie la chronique en Polynésie et complique la relation entre l'État et le territoire.

du RPR de Jacques Chirac, avec qui il se lie d'amitié. Fin politique, négociateur habile et manœuvrier, Gaston Flosse, dans sa fonction de président du territoire, a exercé un pouvoir sans partage pendant plus de vingt ans, s'imposant comme l'incontournable "père" de la nation, aux commandes de presque toutes les manettes de la société polynésienne, directement ou indirectement. À tel point que l'on a pu parler d'un "système Flosse", quasi impérial, avec toutes ses ramifications et ses dérives : affairisme, corruption, scandales, clientélisme… La France, qui ne pouvait ignorer ses agissements, a fait preuve de passivité. Il faut dire que Gaston Flosse a su tisser et entretenir de solides réseaux en métropole et que la classe politique française lui sait gré d'avoir contenu les revendications indépendantistes face auxquelles il incarnait une forme de stabilité.

Sa position à l'égard de la France a varié en fonction de ses intérêts. Au départ fervent partisan du rattachement à la France, il est rapidement devenu l'un des porte-voix de l'autonomie, moins par conviction politique que pour les retombées attendues quant à l'extension de ses prérogatives. Il a par ailleurs toujours habilement agité l'épouvantail indépendantiste pour se faire réélire. Sous le pouvoir de Gaston Flosse,

1977

Nouveau statut pour la Polynésie, qui acquiert une autonomie de gestion.

1982

Gaston Flosse arrive au pouvoir. C'est le début d'un règne qui durera presque sans discontinuer jusqu'en 2004.

1984

Sous la pression de tous les partis politiques polynésiens, la Polynésie se voit accorder un nouveau statut qui accroît son autonomie.

la Polynésie a connu un incontestable essor économique, favorisé par de larges subventions décrochées en métropole. Ce système et ces méthodes n'étaient cependant pas éternels.

Pour se faire une idée du "système Flosse" et de ses pratiques douteuses, on lira avec intérêt *Polynésie : les copains d'abord* (Éd. Le Bord de l'eau, 2005), de Séverine Tessier, en gardant à l'esprit que l'auteur est une collaboratrice du député PS Christian Paul.

Le Taui : le tournant de 2004 et 2005

Incroyable coup de théâtre le 23 mai 2004 : lassés par la posture monarchique de Gaston Flosse et sa folie des grandeurs, les Polynésiens disent "non" par la voie des urnes lors d'une élection à l'Assemblée de la Polynésie française. Contre toute attente, Gaston Flosse perd le pouvoir, au profit de l'UPLD ("Union pour la démocratie"), une coalition rassemblant des autonomistes et des indépendantistes, conduite par le leader du Tavini (indépendantiste), Oscar Temaru.

Un vrai séisme politique, sans doute le plus important depuis le référendum de 1958. Les Polynésiens, hébétés, n'y crurent pas eux-mêmes ! C'est le début du *taui*, le "changement". Quelque chose s'est dénoué, la parole s'est libérée, la presse s'est enhardie, l'espoir a resurgi... Pour autant, cette victoire n'est pas un triomphe de l'UPLD, qui ne dispose que d'un siège de majorité à l'Assemblée. Les Polynésiens n'ont pas voté pour des indépendantistes, mais contre le système Flosse. C'est un vote de rejet et de protestation.

La création du GIP (groupement d'intervention de la Polynésie) reste l'un des aspects les plus décriés du système Flosse. Composé de gros bras peu recommandables, le GIP faisait office de milice privée, au service du président.

Flosse, en vieux lion de la politique, est ébranlé mais ne s'avoue pas vaincu. En octobre 2004, l'un des députés de l'UPLD rejoint le camp du Tahoeraa Huiraatira, que préside Gaston Flosse. On soupçonne ce transfuge d'avoir été acheté. Une motion de censure est déposée contre la majorité au pouvoir, et Temaru est renversé, quatre mois seulement après son élection. Gaston Flosse revient aux affaires !

Mais la partie de poker n'est pas finie. Pour un vice de procédure, le Conseil d'État annule, le 15 novembre 2004, les élections des îles du Vent (les plus peuplées, soit 37 sièges sur les 57 de l'Assemblée). Il faut faire revoter Tahiti et Moorea. Le scrutin a lieu le 13 février 2005. Cette fois, le score est sans appel : l'écart en faveur de l'UPLD d'Oscar Temaru est de plus de 6 000 voix. Les Polynésiens confirment leur volonté de changement. C'est le Taui Roa, le "grand changement". Oscar Temaru retrouve son poste de président de la Polynésie française le 3 mars 2005.

Le changement tant espéré par les Polynésiens a-t-il eu lieu ? Pas vraiment. Oscar Temaru accumule rapidement les maladresses et perd une partie de sa crédibilité dès son arrivée au pouvoir. Les dossiers économiques et sociaux s'amoncellent, et les travers politiques locaux, notamment le clientélisme, perdurent. La population déchante. Avec la France, le leader de l'UPLD entretient des relations tendues. Il multiplie les provocations à l'égard de l'"État colonial". Le 13 décembre 2006, Temaru est renversé par une motion de censure déposée par l'opposition autonomiste regroupée autour de son rival Gaston Flosse. Gaston Tong

1995

Émeutes à Papeete et à Faa'a. Des manifestants, hostiles à la reprise des essais nucléaires, décidée par Jacques Chirac, saccagent des boutiques en centre-ville et incendient l'aéroport.

1996

Annonce de l'arrêt définitif des essais nucléaires par la France. C'est la fin du CEP.

2004

La Polynésie obtient le statut de pays d'outre-mer. La même année, c'est le Taui : le leader indépendantiste Oscar Temaru arrive au pouvoir... pour quelques mois seulement.

Sang, le maire de Bora Bora, soutenu par tous les partis autonomistes et Gaston Flosse, est élu président le 26 décembre 2006. Sa majorité est cependant aussi fragile (3 voix seulement) qu'hétéroclite.

De l'instabilité à l'équilibre

Les cartes sont rebattues une nouvelle fois au moment de l'élection présidentielle française de mai 2007. Cette fois, le clivage s'instaure entre

L'ÉVOLUTION INSTITUTIONNELLE : VERS L'INDÉPENDANCE ?

Depuis 1946, date de la création des territoires d'outre-mer, la Polynésie n'a eu de cesse de s'émanciper de la tutelle politique de la France, au prix de batailles statutaires âprement disputées – tout en prenant bien soin de rester dans la République. La politique locale suivie paraît être la suivante : grignoter le maximum de prérogatives et de marges de manœuvre tout en conservant la manne financière de la France. Ainsi, en moins de trente ans, les compétences de l'État français se sont considérablement amenuisées au profit du territoire, mais pas sa participation financière.

En juillet 1977, en vertu d'un nouveau statut, la Polynésie a acquis une autonomie de gestion et, depuis septembre 1984, une autonomie interne, renforcée en 1990, puis élargie en 1996. Un autre cap a été franchi en février 2004, avec un nouveau statut qui renforce encore l'autonomie de la Polynésie. Cette collectivité d'outre-mer est désormais qualifiée de "pays d'outre-mer au sein de la République, qui se gouverne librement et démocratiquement". La Polynésie a un hymne et un drapeau, et peut désormais disposer de représentations auprès de tout État reconnu par la République française. Toutefois, il ne s'agit pas de représentations diplomatiques. L'État est toujours représenté par un haut commissaire de la République en Polynésie.

La Polynésie a donc ses propres institutions : le président de la Polynésie, élu par l'Assemblée de la Polynésie ; le gouvernement de la Polynésie, composé de ministres nommés par le président ; et l'Assemblée de la Polynésie, composée de 57 membres élus pour 5 ans au suffrage universel direct, qui votent des "lois de pays".

Que reste-t-il à l'État ? En résumé : la justice, la monnaie, la défense et la diplomatie. Jusqu'où iront les Polynésiens ? Nul ne le sait. Le statut de 2004 est sans doute l'état limite de l'autonomie. Au-delà, il n'y a plus que l'indépendance. Mais les Polynésiens hésitent à franchir le pas, malgré l'activisme du leader indépendantiste Oscar Temaru, qui souhaite un référendum sur l'autodétermination. Dans l'opinion publique polynésienne, c'est plutôt le réalisme qui prévaut. Une grande partie des Polynésiens sont conscients du fait que la Polynésie ne dispose pas d'importantes ressources comme en Nouvelle-Calédonie, et ne semblent guère décidés à s'affranchir définitivement de la République française, dont les transferts financiers permettent de soutenir, même artificiellement, un niveau de vie comptant parmi les plus élevés du Pacifique Sud.

2005

À la suite de nouvelles élections en février, Oscar Temaru revient aux affaires. C'est le Taui Roa, le grand changement.

2006

En décembre, Oscar Temaru est renversé après le vote d'une motion de censure. Il est remplacé par l'autonomiste Gaston Tong Sang.

2007

Une alliance surprise entre Gaston Flosse et le chef indépendantiste Oscar Temaru met fin à la présidence de Gaston Tong Sang. Il est remplacé par Oscar Temaru.

Gaston Flosse, ami depuis plus de trente ans de Jacques Chirac, qui ne soutient que du bout des lèvres la candidature de Nicolas Sarkozy, et Gaston Tong Sang, qui affiche résolument son choix en faveur du candidat de l'UMP. En juillet 2007, Gaston Tong Sang s'affiche en compagnie du président Sarkozy à l'Élysée. C'est la fin des réseaux chiraquiens en Polynésie française.

Gaston Flosse n'a pas dit son dernier mot et refait parler de lui en juillet 2007. Il s'allie avec son rival de toujours, Oscar Temaru. Gaston Tong Sang fait les frais de cette alliance surréaliste : il est renversé en août 2007. La rupture entre Gaston Flosse et Gaston Tong Sang est consommée.

Gaston Tong Sang crée alors son parti, To Tatou Ai'a ("Notre patrie"), en octobre 2007, et affiche la couleur : l'autonomie de la Polynésie au sein de la République. La scène politique polynésienne est désormais partagée entre trois partis, le To Tatou Ai'a, l'UPLD et le Tahoeraa Huiraatira.

À partir de 2008, la Polynésie s'enfonce dans une période d'instabilité politique chronique, rythmée par des changements d'alliance entre ces trois partis, des motions de censure, des renversements de majorité et des démissions. En 7 ans, la Polynésie connaît 13 gouvernements !

Énième coup de théâtre en mai 2013, suite aux élections territoriales qui voient la victoire du Tahoeraa. Gaston Flosse, l'insubmersible "Vieux Lion", revient sur le devant de la scène et retrouve son fauteuil de président de la Polynésie française. Pas pour très longtemps : ses ennuis judiciaires le plombent. Condamné dans une affaire d'emplois fictifs, il doit démissionner en septembre 2014. Son ex-gendre, Édouard Fritch, âgé de 62 ans, le remplace à ce poste. Tout le monde pense alors que Gaston Flosse va tirer les ficelles en coulisse, et qu'Édouard Fritch ne sera qu'une marionnette. Il n'en est rien ; Fritch s'affranchit rapidement de l'ombre tutélaire de Flosse et mène sa propre politique, malgré les luttes d'influence entretenues en sous-main par Gaston Flosse qui, secrètement, espère encore reprendre les manettes du pays, à plus de 84 ans... Une ambiance de guerre froide règne alors à l'intérieur du parti dominant, ce qui limite la production législative et entretient le flou sur l'avenir politique du territoire.

Depuis 2016, on assiste cependant au retour à un équilibre, fragile mais réel. Édouard Fritch trace son chemin – il a créé son propre parti, le Tapura Huiraatira, et a entraîné avec lui de nombreux cadres de son ancien parti – et incarne des valeurs de "modernité" et de modération auxquelles les Polynésiens sont de plus en plus réceptifs. Il mise sur la dynamique entrepreneuriale, le tourisme et l'économie bleue. La stabilité retrouvée favorise le retour des investisseurs. Les indépendantistes, pourtant largement minoritaires, continuent leur activisme, notamment auprès de l'Onu – ils ont obtenu en 2013 que la Polynésie soit inscrite sur

En sept ans (2004-2011), treize gouvernements se sont succédé (sans parler des remaniements ministériels) et le pays a connu trois présidents : Gaston Flosse (trois fois), Oscar Temaru (cinq fois) et Gaston Tong Sang (trois fois).

Février 2008

Gaston Tong Sang remporte les élections territoriales de février, mais c'est Gaston Flosse qui décroche la présidence. Gaston Tong Sang retrouve son fauteuil de président en avril à la suite d'une motion de défiance.

2011

Oscar Temaru, en août, fait voter une loi pour demander la réinscription de la Polynésie sur la liste des territoires à décoloniser de l'Onu.

2013

Suite à la victoire de son parti aux élections territoriales, Gaston Flosse redevient président de la Polynésie française.

la liste des territoires non autonomes à décoloniser. À moyen terme, ils espèrent qu'un référendum d'autodétermination aura lieu en Polynésie, calqué sur ceux qui ont été organisés en Nouvelle-Calédonie.

Lors des élections territoriales en mai 2018, le parti d'Édouard Fritch a distancé de beaucoup les indépendantistes et le parti de Gaston Flosse. Confortablement réélu président de la Polynésie française le 18 mai, il a bénéficié d'une solide majorité à l'Assemblée de Polynésie, ce qui lui a permis d'affronter la crise Covid, de 2020 à 2022, qui a durement impacté la Polynésie, tant au niveau sanitaire qu'économique. Confinements, couvre-feu, état d'urgence sanitaire, hôpitaux saturés – les îles ont payé un lourd tribut à la pandémie. Bonne nouvelle : la levée progressive des restrictions à partir de fin 2021 s'est accompagnée par une reprise très dynamique du tourisme dès le début de l'année 2022. Fin juillet 2021, la venue d'Emmanuel Macron a braqué les projecteurs sur le Territoire. Lors de sa tournée, le président français s'est notamment rendu aux Marquises, où il a affirmé son soutien à la candidature de l'archipel au patrimoine mondial de l'Unesco. Au cours de son séjour, il a également reconnu que la France avait une "dette" à l'égard de la Polynésie en raison des essais nucléaires réalisés par la France à Moruroa et à Fangataufa.

Pour mieux comprendre la complexité de la vie politique en Polynésie, procurez-vous l'ouvrage *Tahiti Nui ou les dérives de l'autonomie* (L'Harmattan, 2008), de Sémir Al Wardi.

2014
Suite à une condamnation dans une affaire d'emplois fictifs, Gaston Flosse est contraint de démissionner le 6 septembre. Il est remplacé par Édouard Fritch.

2016
Visite de François Hollande à Papeete, qui promet une révision des demandes d'indemnisation des victimes des tests nucléaires.

2017
En juillet, le *marae* Taputapuatea est inscrit sur la Liste du patrimoine mondial de l'Unesco. C'est le premier site polynésien à bénéficier de cette reconnaissance.

2022
Déplacement en Polynésie du président Emmanuel Macron. Il se rend à Papeete, Hiva Oa (Marquises) et Manihi (Tuamotu).

Culture et société

À cheval entre les codes du monde occidental et ceux, plus traditionnels, de la société polynésienne, la Polynésie française fait preuve d'une intense vitalité culturelle et se caractérise par une grande complexité. Malgré les tumultes de la colonisation, ce gigantesque territoire a gardé intacte une bonne partie de ses valeurs ancestrales, remises au goût du jour.

Un ouvrage à lire pour mieux comprendre les ressorts de la société polynésienne : *Lieux-Dits d'un malentendu culturel* (Au vent des îles, 2003), de Bernard Rigo.

Identité régionale

Les Polynésiens sont très chatouilleux sur la question de l'identité, même si la définition de l'"identité polynésienne" reste assez nébuleuse pour un œil non averti. Le socle identitaire le plus facilement perceptible, c'est le *fenua*, terme qui désigne la terre. Les Polynésiens, quelles que soient leur origine et leur condition, entretiennent un rapport viscéral, quasi charnel avec leur terre natale, ce *fenua*. Pour un Polynésien, il est inconcevable d'être *hutu painu* (à la dérive, sans attaches).

Autre aspect de la culture polynésienne qui déroute les Occidentaux : le système familial polynésien. "Système", le mot n'est pas trop fort pour qualifier des relations très complexes, étroites, parfois étouffantes, à la limite du carcan, qui lient tous les membres de la famille, au sens de "famille élargie", que l'on appelle les *fetii*. La famille n'est pas conçue comme les seuls parents et enfants, mais comme un clan englobant les oncles, tantes, grands-parents, cousins, petits-cousins, etc. La famille joue un rôle majeur dans la société polynésienne, elle est au cœur de tout le système avec, de temps à autre, de grands rassemblements autour d'un *tamaaraa* (repas traditionnel). Chacun connaît parfaitement sa généalogie. Vous aurez vite l'impression que tout le monde se connaît en Polynésie, ou que tous les Polynésiens sont *fetii* (parents) à des degrés divers, ce qui peut provoquer un sentiment d'étouffement... C'est un réseau d'entraide et de solidarité encore bien vivace, même si, avec le développement de l'individualisme, les tensions et les convoitises au sein d'un même groupe familial se développent. Aujourd'hui, ce modèle familial a tendance à s'effriter, surtout chez les jeunes couples d'actifs à Tahiti, qui n'hésitent plus à louer un appartement loin de leurs parents ; leur façon de vivre a tendance à s'aligner sur le modèle occidental.

La relation au travail diffère également de celle des Occidentaux. En Polynésie, on ne se définit pas par ce que l'on fait dans la vie. Dans les échanges quotidiens, les sujets liés au travail n'occupent qu'une place mineure. L'idée de "carrière" ou d'accomplissement professionnel n'est pas spécialement valorisée. Les Polynésiens aiment vivre au jour le jour et profiter de l'instant présent, plutôt que de se projeter et d'anticiper.

La spontanéité et la décontraction dont font preuve les Polynésiens n'existent plus lorsqu'il s'agit d'"affaires de terre", sujet ultrasensible et passionnel. Autrefois, la terre était indivise, mais avec l'avènement de la société moderne, et par conséquent de la notion de propriété privée, les batailles juridiques font rage entre les héritiers, qui se disputent des parcelles de terre après d'interminables querelles familiales... Les litiges fonciers, souvent d'une surprenante férocité, "rythment" la vie des familles polynésiennes, parfois pendant des décennies, et constituent une charge mentale importante chez de nombreuses personnes. C'est parfois très déroutant, vu de l'extérieur.

Autre grande spécificité polynésienne qui n'a pas fini d'interloquer l'Occidental fraîchement débarqué : le *faaamu*. La cellule familiale polynésienne ne doit pas être comprise comme une structure figée, administrative et possessive, à l'occidentale. Elle est plus perméable. Ainsi, à côté des enfants naturels, il y a les enfants *faaamu* (adoptifs). Il est en effet très fréquent que des enfants soient confiés à leur naissance, le plus naturellement du monde, à d'autres parents (oncle, tante, grands-parents), à une voisine ou à un couple de *popa'a* stérile cherchant un enfant à adopter (la filière polynésienne d'adoption est connue). Il y a donc les frères et les sœurs de sang, et les frères et les sœurs de lait... Un tissu familial très dense, parfois opaque, avec des dérives, comme l'inceste, répandu en Polynésie.

La religion joue un rôle de cohésion sociale important. L'influence (pour ne pas dire l'emprise) des églises, notamment protestantes, est très importante dans la vie des Polynésiens. Sur certaines îles peu peuplées, les messes et les célébrations constituent la seule "distraction" et rythment la vie de l'île.

À la naissance, le placenta est récupéré et enterré dans la propriété familiale pour sacraliser le lien avec sa terre d'origine.

Conséquence de l'isolement et de l'insularité, les Polynésiens voit la métropole comme une entité abstraite, distante, que l'on découvre lors des journaux télévisés. Comment pourrait-il en être autrement, au milieu du Grand Océan ? Au mieux, les références viennent de la Nouvelle-Zélande, qui exerce une réelle fascination chez les Polynésiens, dont les plus aisés possèdent une résidence sur place ou vont y skier, ou à Hawaii ou en Californie (ainsi qu'à Las Vegas), facilement accessibles en avion.

Vous remarquerez également que la société polynésienne est tiraillée entre des valeurs "traditionnelles" et les tentations de la société de consommation, surtout dans sa version américaine. Le matérialisme le plus forcené, incarné par les rutilants 4x4 - parfaitement inutiles sur les routes polynésiennes ou les avenues encombrées de Papeete - et un régime alimentaire largement emprunté à celui des États-Unis (chips, corned-beef, "escrim" pour les glaces), côtoie la dévotion religieuse la plus fervente, le tout sur fond de revitalisation de la culture polynésienne ancestrale (renouveau du tatouage, de la danse, des sports traditionnels comme la pirogue ou le surf, pêche, croyances aux esprits...). Par ailleurs, avec la généralisation de l'Internet haut débit, les Polynésiens, surtout la jeune génération, sont ultraconnectés - les réseaux sociaux, notamment Facebook et Instagram, font un tabac en Polynésie. Ce cocktail disparate ne manquera pas de vous étonner. La Polynésie est un carrefour culturel. Pris entre ces différentes influences, les Polynésiens ne semblent pas réellement savoir ou vouloir se situer ; ou, plutôt, ils se réfèrent à l'une ou l'autre comme bon leur semble, en fonction de ce qui les arrange...

À l'intérieur même de la Polynésie, il existe de grandes disparités de modes de vie. Le fossé est grand entre les îliens et les gens de Papeete, surtout les classes moyennes et aisées, qui se prennent pour des citadins, et jouent le jeu de la société de consommation de manière ostentatoire. Les femmes, surtout les demies métisses et chinoises, sont habillées à

LA BRINGUE

Faire la bringue, c'est faire la fête, tout simplement. La bringue occupe une place centrale dans la vie des Polynésiens. Toujours bien arrosée (généralement à la bière Hinano), elle se caractérise par sa spontanéité et son improvisation. Quelqu'un s'empare d'un ukulélé, un autre d'une guitare, un troisième assure les percussions avec un tambour ou en frappant deux cuillers l'une contre l'autre, et c'est parti pour la nuit entière ! Une poubelle en plastique sur laquelle est fixée un fil relié à un bâton fait office de contrebasse. On boit, on chante, on danse et, dans certains cas, on se bagarre...

la dernière mode et possèdent une villa aux équipements dernier cri. En parallèle, il existe des laissés-pour-compte, notamment dans les banlieues populaires de Papeete (Faa'a, Titioro, Tipaerui). Dans les îles, les disparités sont moins flagrantes et les modes de vie plus homogènes. Dans les Tuamotu, on vit encore de la pêche et de la coprahculture. Aux Marquises et aux Australes, le rapport à la nature est encore très prégnant.

Us et coutumes

En Polynésie française, les relations sociales sont en général très décontractées. Il n'y a guère de place pour les chichis, et il est assez mal vu de "faire des manières". La spontanéité, la simplicité et la légèreté l'emportent sur le fonctionnement rationnel et intellectuel et la planification, avec ses bons côtés (c'est très rafraîchissant quand on vient du monde occidental !) et aussi ses inconvénients. L'expression qui revient souvent dans les conversations est "*aita pe'a pe'a*", qui signifie "il n'y a pas de problème". Faites preuve de patience en toutes circonstances, il ne sert à rien de se stresser. Malgré tout, vous aurez peut-être affaire à des personnes *fiu*. Il s'agit d'un état passager de lassitude, de "blues", de désintérêt pour tout, pendant lequel votre interlocuteur semblera absent et peu réceptif. Ne manifestez pas votre impatience face à cette attitude, cela n'arrangera rien.

La norme du comportement social associe étiquette métropolitaine et polynésienne. Deux amis se saluent généralement en s'embrassant sur les deux joues, comme en métropole. Dans les échanges verbaux, le tutoiement est monnaie courante. Soyez simple et naturel, prenez le temps de discuter. Attention ! Le tutoiement peut dans certaines situations se révéler déplacé, par exemple avec le personnel des grands hôtels, des administrations ou avec les commerçants, ce que certains touristes indélicats oublient. Le langage gestuel le plus fréquent consiste à hausser les sourcils en signe d'acquiescement. Les codes vestimentaires sont le plus souvent aussi très souples, vestes et cravates n'étant pas requises, même dans les restaurants les plus huppés de Papeete.

Les Polynésiens sont restés des gens de mer, et la pêche est une caractéristique essentielle de la culture maohi. On pêche au harpon, à la ligne ou au filet. La pêche à bord d'un petit bateau à moteur puissant, appelé *poti marara*, est aussi répandue. Le pilote guide son embarcation d'une main et harponne la proie de l'autre.

Toutefois, décontraction ne signifie pas laisser-aller. La religion imprègne le quotidien et, contrairement à une idée reçue, les Polynésien(ne)s sont pudiques. Les vahinés à demi nues exhibant leur plastique sur une plage de sable blanc n'existent que dans votre imagination et dans les studios de certains photographes. Les femmes, sauf celles des milieux occidentalisés de Tahiti, se baignent souvent en short. Sur la plage, le nudisme n'est généralement toléré que sur les motu (îlots) isolés. À la différence des Fidji et d'autres îles du Pacifique, le monokini est autorisé, mais, à l'exception des sites balnéaires des grands hôtels, il se révélera souvent inapproprié. La dignité est sacrée ; il ne faut pas qu'un comportement "fasse honte" (*mea ma*).

Évitez également les manifestations d'affection ou d'intimité en public, qui sont hors norme en Polynésie. Vous ne verrez ainsi jamais un couple s'embrasser ou s'enlacer en public, voire tout simplement se tenir par la main. Par ailleurs, les Polynésiens sont très religieux. Abstenez-vous donc de toute critique relative à ce sujet. Si vous assistez à un office dominical, observez une tenue vestimentaire correcte et faites preuve de discrétion. Avant les repas, il est courant que le chef de famille fasse une petite prière.

Avant d'entrer chez quelqu'un, déchaussez-vous et laissez vos chaussures devant la porte, même si votre hôte insiste pour que vous n'en fassiez rien. Notez que le pourboire n'est pas d'usage en Polynésie et que les prix ne se marchandent pas (sauf pour les perles).

Respectez les propriétés privées et les panneaux d'interdiction (*tapu* ou *tabu*). La plupart des terrains et des bords de mer appartiennent à des particuliers. Avant d'y pénétrer ou de les traverser, demandez l'autorisation. De même avant de cueillir des fruits sur des arbres qui semblent n'appartenir à personne, cherchez le propriétaire.

Population

La population totale de la Polynésie française est aujourd'hui estimée à environ 284 000 habitants. Principales caractéristiques : la jeunesse de la population (les moins de 25 ans comptent pour la moitié, contre 30% environ en France métropolitaine) et son inégale répartition.

La majeure partie de la population occupe aujourd'hui les zones littorales, alors qu'aux temps anciens, elle vivait dans les vallées, à l'intérieur des îles, comme l'attestent les vestiges archéologiques. À elle seule, l'île de Tahiti rassemble 70% des Polynésiens, contre 7% pour les Tuamotu-Gambier, 3,6% pour les Marquises et 3% pour les Australes. Sur l'île même de Tahiti, le déséquilibre se poursuit : le "grand Papeete", zone urbaine littorale hypertrophiée qui s'étend sur plus de 30 km entre Punaauia à l'est et Arue à l'ouest, rassemble plus de 120 000 habitants, alors que le reste de l'île est complètement sauvage ou presque. Le contraste est saisissant entre Papeete la moderne, la bruyante, et les îles, au rythme de vie encore villageois, et certains atolls reculés, réduits parfois à une micro-communauté d'une cinquantaine d'habitants vivant presque en autarcie.

Ce déséquilibre s'accentue. Le fossé se creuse entre Papeete, qui attire beaucoup d'îliens, et le reste de la Polynésie. Le dépeuplement de certaines îles est un réel problème. Trop isolées, enclavées, certaines voient ainsi une partie de leur population rejoindre Papeete.

L'inceste, l'alcoolisme, la violence conjugale et la consommation de cannabis chez les jeunes sont des fléaux sociaux qui frappent durement la Polynésie.

Être une femme en Polynésie

Les nombreux concours de Miss qui rythment le calendrier polynésien pourraient faire croire que la femme polynésienne, la célèbre vahiné qui fait fantasmer les Occidentaux, n'est qu'un objet de convoitises… Il n'en est rien. Si un certain culte de la beauté est perceptible chez les femmes polynésiennes, celles-ci possèdent une place qui n'est pas que symbolique en Polynésie.

Actrices majeures de l'évolution de la société polynésienne, les vahinés jouent un rôle éminent et visible. C'est une longue histoire : les Polynésiens pratiquaient l'égalité des sexes bien avant le XXe siècle. Aux temps anciens, le pouvoir était dévolu indifféremment à des femmes ou à des hommes. La reine Pomaré IV à Tahiti ou les cheffesses marquisiennes (telle Vaekehu, à Nuku Hiva) en sont la plus parfaite illustration. Seule la pêche était réservée aux hommes.

Les femmes sont aujourd'hui très présentes dans le secteur tertiaire, prépondérant en Polynésie, où elles occupent jusqu'à 80% des postes, en particulier dans le commerce, l'hôtellerie, la santé, les assurances et l'action sociale. Bon nombre d'entre elles sont chefs d'entreprise. Plusieurs d'entre elles occupent des postes de ministres, et elles se voient largement représentées à l'université – elles sont d'ailleurs plus diplômées que les hommes à presque tous les âges. L'artisanat est également leur bastion (sauf aux Marquises où les sculptures et le tatouage sont l'apanage des hommes).

Dans la sphère privée, ce sont généralement les femmes qui prennent en charge la scolarisation des enfants, les travaux domestiques, les tâches administratives et autres responsabilités associatives et culturelles. Elles sont de surcroît souvent détentrices du patrimoine foncier.

Paradoxalement, la violence conjugale est également très présente. Les vahinés n'ont pas toujours la vie facile avec leur *tane* (mari).

Tergiversations et rêveries de l'écriture orale, de Flora Devatine (Au vent des îles, 1998), *Mutismes*, de Titaua Peu (Haere Po, 2003), et *Hutu Painu*, de Marie-Claude Teissier-Landgraf (Au vent des îles, 2004), sont trois cris de femmes polynésiennes, confrontées au choc de deux mondes, l'occidental et le maohi.

DE LA DIFFICULTÉ D'ÊTRE "DEMI"

Ils ressemblent à des Européens bronzés. Ils s'expriment dans un français souvent imagé, avec un phrasé facilement repérable, émaillé de "r" très roulés et d'intonations propres. Ils occupent les principaux postes politiques et administratifs du pays. Descendants des mariages mixtes entre colons français et grandes familles polynésiennes au siècle dernier, les demis jonglent, avec plus ou moins de bonheur, avec leur double culture. Par rapport aux Polynésiens "de souche", ils ont l'énorme avantage d'avoir intégré les deux cultures, et naviguent de l'une à l'autre avec une facilité déconcertante, même si cette dualité culturelle est parfois vécue péniblement. Très urbains dans leur mode de vie, maîtrisant aussi bien les concepts occidentaux que les référents culturels traditionnels (langue maohi, danse), jouissant d'un niveau d'instruction élevé, ils occupent des postes qualifiés dans la fonction publique, les banques, le transport maritime, et dominent la vie politique. Leur attitude, tant à l'égard des Français que des Maohi, est parfois ambiguë, reflétant leur position particulière au sein de la société : pas complètement maohi, pas complètement occidentaux... mais totalement polynésiens !

Les différentes cultures polynésiennes

La Polynésie est un extraordinaire hymne au métissage. Au cours de son histoire, elle a fait preuve d'une étonnante faculté d'assimilation, et Tahiti fait penser à un petit Brésil dans lequel se fondent toutes les communautés. Les origines ou la couleur de peau ne posent pas problème, et le brassage ethnique est une donnée immanente à la société polynésienne.

La souche maorie, issue des premiers navigateurs, a intégré les apports étrangers depuis plusieurs siècles déjà, et la multiculturalité est inscrite dans les faits. Malgré tout, on fait communément référence à quatre groupes au sein de la population de Polynésie française : les Polynésiens (maohi), les métis (appelés demis) polynésiens-européens ou polynésiens-chinois, les Européens et les Chinois – ou Français d'origine chinoise. Encore une fois, il faut souligner que cette distinction est théorique, puisque, dans les faits, l'ensemble de la population s'est, à des degrés divers et à des époques différentes, métissé lors des contacts avec l'extérieur. Les patronymes reflètent cette diversité ethnique et ce métissage. Vous entendrez des noms de famille aux consonances aussi bien maohi (Teariki, Tetuanui) qu'anglaises (Brotherson, Smith), françaises (Buillard, Vanizette), chinoises francisées (Chungue, Langy, Laufatte), voire allemandes ou russes.

Les Polynésiens maohi (Polynésiens de souche) comptent pour 66,5% de la population, les demis 16,3%, les Européens (*popa'a*) sont estimés à 11,9% et les Asiatiques à 4,7%. Les demis sont principalement issus de mariages mixtes qui eurent lieu à la fin du siècle dernier et au début du XXe siècle entre les colons, les administrateurs ou les commerçants européens et les femmes appartenant à des grandes familles polynésiennes. Les Polynésiens maohi, moins favorisés, sont surtout représentés dans les secteurs d'activité traditionnels, pêche et agriculture, et dans le secteur secondaire (bâtiment et construction). Ils vivent plutôt dans les villages et dans les îles, alors que les demis sont plutôt représentés à Papeete.

Les premiers Chinois débarquèrent au milieu du XIXe siècle pour travailler dans les plantations de coton. Une seconde vague d'immigration eut lieu au début du XXe siècle. Pourtant, la citoyenneté française ne leur fut accordée qu'en 1964. Partis de peu, ils illustrent des modèles d'ascension sociale et sont surtout représentés dans le secteur du commerce et des affaires. À la différence d'autres diasporas chinoises dans le monde, ils ne vivent pas dans un Chinatown géographiquement circonscrit. Parfaitement intégrés à la vie polynésienne, ils n'en continuent pas moins de préserver certaines de leurs traditions. La célébration du Nouvel An chinois, le temple bouddhique de Mamao, l'élection de Miss Dragon et la participation à diverses associations culturelles illustrent cette volonté de conserver une partie de leur patrimoine.

Quant aux *popa'a*, il s'agit essentiellement de Français installés pour quelques années en Polynésie, venus profiter d'un certain nombre d'avantages liés à leur statut (indexation des salaires très avantageuse pour les fonctionnaires, absence d'impôts sur le revenu et primes diverses) : professeurs, militaires, personnel médical, fonctionnaires, restaurateurs ou prestataires de tourisme. Ils sont surtout présents à Tahiti et à Moorea. Peu d'entre eux sont nés en Polynésie, et il n'y a pas, comme dans d'autres collectivités d'outre-mer, des Caldoches, des Z'oreilles ou des Békés.

Reste que, même si l'on ne peut pas parler vraiment de racisme, des tensions interethniques se font jour, dues à la montée des inégalités sociales et économiques, ainsi qu'à la disparition des solidarités traditionnelles. Le fossé se creuse entre, d'une part, les Français, les Chinois et les demis, grands gagnants de l'occidentalisation du pays et, d'autre part, les Polynésiens qui n'ont pas intégré le modèle culturel occidental et qui passent pour les laissés-pour-compte de la société – qu'un discours démagogue et populiste pourrait facilement manipuler.

Sports

Les jeunes Polynésiens sont assez sportifs et vous aurez l'occasion d'assister à des matchs de volley et de football.

Le "sport national" est sans conteste la course de pirogues (*vaa*), surtout à Tahiti. Vous aurez certainement l'occasion d'admirer des rameurs (et des rameuses) s'entraîner sur le lagon. Il existe plusieurs types de pirogues, des V1 (un rameur) aux V16 (16 rameurs, dans 2 pirogues de 8 places attachées côte à côte). Ne manquez pas le Hawaiki Nui Va'a, événement sportif et culturel de première importance au cours duquel s'affrontent chaque année en novembre des dizaines d'équipages au cours de 3 étapes (voir l'encadré p. 186).

Le surf (*horue*) a également le vent en poupe. Il existe une réelle culture surf chez les jeunes Polynésiens, surtout aux îles du Vent. À Papeete, les *surf shops* ont poussé comme des champignons. L'année est rythmée par des compétitions régulières sur les différents spots, surtout à Tahiti. À noter : les femmes pratiquent également assidûment ce sport.

Pour en savoir plus sur la pirogue, consultez le site www.hawaikinuivaa.com.

Religions

L'arrivée des missionnaires protestants à la fin du XVIIIe siècle, suivis des pères catholiques, a marqué la fin des pratiques et des croyances religieuses traditionnelles. Les rites, les dieux, le culte, les édifices, les symboles religieux furent oblitérés. Même la tenue vestimentaire fut normalisée. Les femmes durent se vêtir de longues robes couvrantes, appelées "robes mission", encore en usage chez les Polynésiennes d'un certain âge.

Vous serez certainement surpris par le nombre et la variété des lieux de culte par rapport au nombre d'habitants. Cette diversité des obédiences religieuses découle des luttes d'influence qui ont opposé les mouvements missionnaires au siècle dernier. La moitié de la population se réclame de l'Église évangélique de Polynésie (protestants), très largement majoritaire aux Australes et dans l'archipel de la Société. Les catholiques, essentiellement représentés aux Marquises, dans l'est des Tuamotu et aux Gambier, ainsi qu'à Tahiti chez les demis et les Chinois, représentent

Ne manquez pas d'assister à un office dominical, ne serait-ce que pour entendre les *himene* (cantiques chantés) ou admirer les magnifiques tenues d'une blancheur immaculée qu'arborent les femmes.

MAHU ET RAE RAE

Il arrive que les femmes les plus séduisantes de Papeete soient… des hommes ! En fait, il s'agit d'un *mahu* ou d'un *rae rae*, autrement dit un travesti. Les travestis ont toujours occupé une place importante dans la société polynésienne, comme en témoignent les écrits des explorateurs européens, et sont parfaitement acceptés. La présence des travestis est liée à une coutume familiale encore répandue : dans de nombreuses familles, le fils aîné est élevé comme une fille et en prend les attitudes. Dans le langage courant, les *mahu* désignent plutôt les personnages efféminés, alors que les *rae rae* sont les travestis qui se livrent expressément à la prostitution dans le quartier chaud de Papeete. Les *mahu* sont très appréciés dans la restauration et l'hôtellerie pour la finesse et la qualité de leur service.

Le Paradis en folie (Les éditions de Tahiti, 2002) et *Le Bleu qui fait mal aux yeux* (Au vent des îles, 1999) sont deux recueils de nouvelles d'Alex du Prel, journaliste local qui dévoile, au-delà des reflets turquoise des lagons, les teintes plus sombres de la Polynésie d'aujourd'hui.

de 30 à 35% de la population. Le reste s'éparpille entre les confessions mormone, adventiste, sanito (nom local de l'Église réorganisée de Jésus-Christ des Saints des Derniers Jours, branche dissidente des mormons), juive (Papeete abrite une synagogue) et les témoins de Jéhovah. Les Chinois se sont en majorité convertis au catholicisme dans les années 1950 et 1960.

Dans certaines îles, où la messe n'est souvent que la seule distraction possible, vous serez surpris par la multiplicité des lieux de culte et la ferveur religieuse des habitants. Les cimetières sont rares, car la coutume veut que l'on inhume ses morts chez soi, devant la maison, ce qui ne manque pas de surprendre les visiteurs…

Les églises, très influentes, disposent de gros moyens financiers et jouent un rôle de premier plan dans la vie sociale, politique et culturelle du pays. Les références bibliques truffent les discours politiques et la prière rituelle est souvent de mise avant les repas familiaux. Pasteurs et prêtres n'hésitent pas à prendre parti dans les affaires publiques. Ainsi, l'Église évangélique de Polynésie française avait pris position contre les essais nucléaires français. Curieusement, les églises participent aujourd'hui activement à la promotion de la culture polynésienne ancestrale, notamment par le biais de la défense de la langue tahitienne – la langue du culte – et du marquisien.

Paradoxalement, quelques survivances païennes et des superstitions sont encore bien vivaces. Dans certaines habitations, on n'éteint pas la lumière la nuit, de crainte que les *tupapau* (esprits des morts) ou les *varua ino* (esprits malfaisants) ne viennent rôder. De même, les Polynésiens respectent et craignent toujours les anciens lieux *tapu* (interdit, sacré), et pour rien au monde ils ne manipuleraient un tiki ou une pierre d'un *marae* (site cérémoniel) s'ils sont considérés comme porteurs de *mana* (pouvoir), car ils risqueraient de provoquer une malédiction. À l'occasion, ils consultent un *tahua* (guérisseur).

Arts

Les premiers missionnaires s'efforcèrent d'effacer l'art et la culture polynésiens, détruisant temples et sculptures, bannissant tatouages et danses, cherchant à éradiquer tous les temps forts de l'existence polynésienne. Fort heureusement, certaines traditions ont perduré et l'on assiste depuis quelques années à une véritable renaissance de la culture polynésienne, plus particulièrement dans les domaines de la musique, de la danse (voir p. 417) et du tatouage (voir p. 415).

Architecture

Le faré (maison) est l'habitation traditionnelle. Il est entièrement construit à partir de matériaux végétaux et édifié à même le sol, sans fondations. L'armature de la charpente est en bois de cocotier, la couverture du toit en palmes de cocotier tressées ou en feuilles de pandanus, étanches. Malheureusement, les farés traditionnels n'ont pas résisté à la vague moderniste et aux nouvelles normes de construction.

Aujourd'hui, les farés en contreplaqué ou en ciment au toit en tôle ondulée - pour mieux résister aux cyclones - ont largement supplanté le faré traditionnel. De conception très simple, ils sont malheureusement dépourvus de cachet et les belles demeures polynésiennes sont l'apanage des classes aisées. Paradoxalement, c'est dans les endroits touristiques et les hôtels de luxe que vous pourrez admirer une architecture de style traditionnel : charpentes et chevrons en bois de fer, toit en *niau* (palmes de cocotier), revêtement des murs en bambou tressé et *tapa* (étoffe en écorce) au mur. Quant aux habitations coloniales, rares sont celles qui ont été préservées. L'architecture religieuse (temples et églises) est très prolifique mais, à quelques exceptions près, ne présente pas un intérêt majeur.

Dans certaines îles, comme à Maupiti, on a remplacé les *fare* détruits par les cyclones par des "*fare* MTR" (maison territoriale de reconstruction) aux normes anticycloniques, sortes de *fare* en dur conçus sur le même modèle.

Musique et chant

La musique traditionnelle n'a pas été détrônée par les musiques modernes occidentales. Étroitement liée à la danse qu'elle accompagne, c'est à l'occasion des spectacles de danse que vous aurez l'occasion de l'apprécier. Percussions, guitares et ukulélés sont les principales composantes. Les amateurs de ce type de musique pourront facilement visionner les spectacles des groupes en vue de Tahiti sur Youtube et les réseaux sociaux. Reportez-vous au chapitre *Ori tahiti – la danse tahitienne* (p. 417) pour de plus amples informations.

Le chant, profane ou religieux, est également un point fort culturel. Au cours des offices religieux, on peut écouter de magnifiques *himene* (cantiques), qui peuvent aller jusqu'à cinq voix.

Quant à la musique polynésienne moderne, elle fait partie du paysage sonore quotidien. Dans les hôtels ou à la radio, vous entendrez les productions des artistes locaux. Il s'agit de musique de variété, avec des thèmes tantôt légers décrivant des romances sur fond de lagon, tantôt plus graves, comme la célébration de certaines revendications culturelles. Certains groupes se produisent dans les hôtels ou les discothèques. Les noms les plus connus sont Andy Tupaia, aux rythmes assez jazzy, Gabilou, Esther Tefana, Michel Poroi, Maruia, Barthélémy, Bobby, Te Ava Piti, le Royal Band, Teva LC, le Trio Kikiriri (qui se produit au Royal Kikiriri), Vaitea Nui et quelques groupes originaires de Rarotonga (îles Cook).

Les couleurs marquisiennes sont défendues par Rataro et le Kanahau Trio. Le groupe Fenua, qui a pour sa part effectué une fusion assez réussie de la musique traditionnelle et de la techno, concourt également à la défense de la culture polynésienne.

Dans un registre tout à fait différent, les frères Salmon (Aroma et Mano), originaires de Fakarava, ont formé un groupe, Tikahiri, qui se distingue par sa musique proche du *heavy metal*. Ils chantent en paumotu (la langue des Tuamotu), en anglais et en français. Ils ont représenté la Polynésie lors des Francofolies de La Rochelle 2008 et lors du festival Indétendances à Paris, en 2008.

Mention spéciale pour Angelo Ariitai Neuffer, qui se distingue par le côté très engagé de ses paroles et dont la voix haut perchée vous sera vite familière. Le titre de l'un de ses albums est sans équivoque : *Les Prophètes de l'argent*. L'une de ses chansons dénonce également les essais nucléaires.

Danse

Les danses polynésiennes furent interdites par les missionnaires. Elles continuèrent à être pratiquées dans l'ombre. Depuis les années 1950, elles reviennent en force et, loin d'être un folklore destiné à égayer les touristes, elles sont désormais l'un des meilleurs ambassadeurs de la culture polynésienne. Consultez le chapitre *Ori tahiti – la danse tahitienne* (p. 417) pour de plus amples renseignements.

LES POLYNÉSIENS ET LA LITTÉRATURE POLYNÉSIENNE

On peut s'étonner de la sous-représentation des Polynésiens "de souche" dans la production littéraire en Polynésie. Les *popa'a* (Occidentaux) semblent accaparer le secteur, mais ce monopole est en passe de vaciller. Patience ! Une génération d'écrivains polynésiens est en train de naître. Ils s'approprient peu à peu la sphère de l'écrit, en utilisant la langue de l'ancienne puissance coloniale. Il ne faut pas oublier que la Polynésie est une société de tradition orale, qui ne connaissait pas l'écrit avant l'arrivée des missionnaires. L'oralité a toujours été privilégiée, notamment sous la forme de l'art de la déclamation (l'*orero*) et de la poésie chantée. Pare Walker, Flora Devatine, Henri Hiro, Celestine Hitiura Vaite (une romancière tahitienne installée en Australie), Moetai Brotherson, Titaua Peu, Chantal Spitz et Marie-Claude Tessier-Landgraff comptent parmi les auteurs les plus en vue. Certes, aucun n'a l'envergure d'un Chamoiseau ou d'un Constant, mais le processus est à l'œuvre et il est à parier que les années à venir ouvriront une nouvelle ère dans l'expression de l'âme polynésienne, encouragée par de dynamiques maisons d'édition locales.

Littérature

La Polynésie n'a cessé de stimuler la verve et l'imagination des écrivains occidentaux depuis l'époque des découvreurs. De Robert Louis Stevenson à Victor Segalen, en passant par Herman Melville et Jack London, de grands noms de la littérature ont ainsi laissé des œuvres fortes inspirées de l'univers polynésien.

Jack London (1876-1916) raconta son périple dans le Pacifique, de 1907 à 1909, dans *La Croisière du Snark* (Phébus, coll. Libretto, 2006), publié en 1911, et ce même voyage servit de toile de fond à *Contes des mers du Sud* (Phébus, coll. Libretto, 2001), publié la même année.

Pierre Loti (1850-1923) est le nom de plume de Louis-Marie-Julien Viaud, officier de marine français. Il est le personnage principal du roman *Le Mariage de Loti* (Flammarion, 1991), basé sur ses aventures à Tahiti durant un séjour effectué en 1872.

William Somerset Maugham (1874-1965) résida en 1916 à Papeete et à Mataiea, la tanière où vécut Paul Gauguin entre 1891 et 1893. Il en tira un roman inspiré de la vie du peintre, *L'Envoûté* (10/18, 1997).

Herman Melville (1819-1891) arriva en Polynésie française en 1842, quand Tahiti était sur le point de céder son indépendance à la France. Il abandonna le baleinier *Acushnet*, véritable enfer, et s'enfuit dans une vallée presque oubliée de l'île de Nuku Hiva. Ses aventures constituèrent le matériau de *Taïpi* (Folio Gallimard, 1984), son premier succès littéraire (1846). Suivront ensuite *Omou* en 1847 (Gallimard, 1990) et *Mardi* en 1849 (Gallimard, 1990). Embarquant sur un autre baleinier australien, Melville navigua jusqu'à Tahiti, où il fut arrêté et emprisonné. Après la prise du pouvoir par les Français, Melville continua son périple jusqu'à Moorea, avant de quitter définitivement la Polynésie.

James Michener (1907-1997), romancier américain, débuta son histoire d'amour avec le Pacifique alors qu'il travaillait comme historien de la Marine, de 1944 à 1946. Son premier ouvrage, *Pacifique Sud* (1951) connut un succès immédiat et remporta le prix Pulitzer.

C'est à Victor Segalen (1878-1919), médecin de la marine française, que l'on doit parmi les plus belles pages de la littérature consacrée à la Polynésie. De son séjour d'une année dans les îles, il livra un magnifique récit, *Les Immémoriaux* (Le Livre de poche, 2001), paru en 1907, une œuvre poétique et métaphorique confinant au sublime, qui dresse le naufrage de l'ancienne civilisation polynésienne, ainsi que le *Journal des îles*, né de ses impressions au jour le jour.

Écrivaine polynésienne de langue anglaise, Célestine Hitiura Vaite, a rencontré un succès international avec sa trilogie consacrée à une famille tahitienne de Papeete. La traduction française du dernier volume, *Tiare*, est parue chez 10/18 en 2021.

Installé à Tahiti depuis de nombreuses années, Patrice Guirao est l'auteur de plusieurs romans policiers situés en Polynésie. Son dernier ouvrage en date, *Les Disparus de Pukatapu* (Robert Laffont) est paru en 2020.

Robert Louis Stevenson (1850-1894) vint dans le Pacifique pour des raisons de santé. Il affréta en 1888, à San Francisco, un navire de 74 tonneaux, le *Casco*, pour un voyage prolongé. Il fit escale à Nuku Hiva, aux Marquises, puis à Hiva Oa et à Fakarava, avant de se rendre à Papeete, qu'il n'apprécia pas, et à Tautira, à Tahiti Iti, où il effectua un agréable séjour.

Les contemporains ne sont pas en reste, et la production littéraire actuelle est prolifique, sous l'impulsion d'Européens vivant en Polynésie et jetant un regard à mi-chemin du roman et de la relation ethnographique. Chantal Kerdilès, Philippe Draperi, Marc Frémy, entre autres, sont de ceux-là. Certains se tournent vers le polar, la Polynésie offrant un cadre atypique à leurs intrigues.

Consultez le site de la maison d'édition Au vent des îles (www.auventdesiles.pf) pour connaître les nouveautés.

Peinture

Dans le sillage de Gauguin, le grand nom de la peinture tahitienne, plusieurs peintres, aquarellistes et dessinateurs, en majorité européens, sont venus trouver l'inspiration en Polynésie et contribuent à façonner un style pictural bien caractéristique qui commence à franchir le cadre du territoire. Cette production, essentiellement figurative, se décline en portraits, scènes de vie quotidienne et natures mortes, plus ou moins stylisés. Leurs œuvres peuvent être admirées directement dans leur atelier ou dans les galeries de Papeete. Outre Matisse, qui fit un court séjour à Tahiti, le plus connu est certainement Jacques Boullaire, qui a laissé de magnifiques aquarelles. Mentionnons également Charles Alfred Le Moine, considéré comme le peintre des Marquises, Christian Deloffre, François Ravello, Michèle Dallet, Bobby (également chanteur et musicien, décédé en 1991), André Marere, Jean Masson, Garrick Yrondi, Frank Fay, Jean Shelsher, A. H. Gouwe, Noguier et Erhart Lux.

Grand rendez-vous annuel en images des cultures océaniennes, le Festival international du film documentaire océanien (FIFO ; www.fifotahiti.com) se tient à Papeete tous les ans à la fin du mois de janvier.

Artisanat

L'artisanat polynésien est l'un des plus variés et des plus créatifs du Pacifique. Les Polynésiens excellent dans le travail du bois, de la pierre, de la nacre, des coquillages et des fibres végétales, qu'ils transforment en superbes objets décoratifs. On trouve aussi d'excellents cosmétiques réalisés à partir de plantes locales. Vous ne repartirez pas les mains vides !

Vêtements et parures

Universellement connu, le paréo est une pièce de tissu d'un seul tenant décorée de motifs chatoyants. Les hommes portent le paréo comme une jupe portefeuille en guise de vêtement décontracté ou à la maison. Avec les pans remontés sous forme de short, le paréo devient un vêtement de travail. Les femmes le portent de diverses manières, par exemple en jupe portefeuille avec un chemisier ou en robe dos nu ; il peut se nouer autour de la poitrine comme sur la nuque. Très pratique, il se noue de multiples façons. Ne vous faites guère d'illusions sur l'origine du produit : la plupart des paréos sont importés d'Asie, bien que l'on assiste aujourd'hui à une renaissance des paréos polynésiens peints à la main.

Le chapeau tressé, en feuille de pandanus ou en écorce de bambou, contribue à l'élégance des femmes, qui le portent systématiquement lors des offices religieux. Ils sont souvent ornés d'une couronne de fleurs ou de coquillages. Quant aux "robes mission", il s'agit d'un modèle de robe longue qu'avaient imposé les missionnaires. Elles sont encore fréquemment portées par les femmes d'âge mûr. Les motifs sont plutôt floraux, et elles sont dotées de dentelles, d'un plastron et de volants.

Les parures en coquillages sont remarquables et constituent des cadeaux appréciés. Les nacres gravées ou sculptées sont également un élément décoratif recherché. Elles ornent les costumes de danse.

Les coquillages sont très employés dans la réalisation de colliers. La tradition veut que l'on en passe un au cou de celui qui part de Polynésie.

Tifaifai

Le *tifaifai* désigne un grand tissu composé de patchworks aux motifs floraux stylisés (généralement des fleurs ou des fruits), qui sert surtout de nappes, de couvre-lits et de rideau. Ceux qui sont réalisés à la main coûtent très cher, entre 60 000 CFP et 100 000 CFP ou plus. Cet objet artisanal, qui fut introduit par les missionnaires, offre de multiples usages. Envelopper un visiteur dans un *tifaifai* est un signe de bienvenue. Traditionnellement, le *titaifai* est un cadeau de mariage. C'est aux Australes, à Raivavae, que l'on trouve les meilleures spécialistes de la confection de *tifaifai*.

Le Tifaifai : arts et artisanats de Polynésie française, de Michèle de Chazeaux et Marie-Noëlle Frémy (Au vent des îles, 2011), une présentation du patchwork polynésien, son histoire, ses techniques.

Sculpture

Ce type d'artisanat fait la renommée des Marquises (voir l'encadré p. 337). La plupart des bourgs de cet archipel possèdent des centres artisanaux. Vous pouvez également rendre visite aux artisans dans leur atelier. Tikis, *umete* (plats creux), coffres, piques à cheveux, lances, parures sont le type d'objets que l'on trouve le plus facilement. Les artisans travaillent des bois nobles, la pierre ou l'os. Les boutiques spécialisées de Papeete commercialisent les productions des sculpteurs, à des tarifs plus élevés.

Les sculpteurs marquisiens effectuent également une exposition-vente, au mois de mai, à Papeete, et sont représentés à l'occasion du Heiva des artisans (Heiva Rimai) à Papeete, de mi-juin à mi-juillet.

La sculpture contemporaine est également à l'honneur. Les poteries de Peter Owen, qui vit à Huahine, et les productions de Woody à Moorea sont recherchées.

Monoï et tamanu

Le monoï ("huile parfumée") fait partie intégrante de la culture polynésienne. Il est obtenu par macération de pétales de tiaré (*Gardenia tahitensis*) dans de l'huile de coco raffinée, avant d'être purifié. Ses vertus sont multiples : huile de beauté pour les cheveux, onguent, produit solaire ou répulsif antimoustique, il assouplit, protège et hydrate la peau.

Autre huile aux bienfaits multiples : l'huile de *tamanu*. Cette huile issue des fruits de l'arbre *Calophyllum inophyllum*, appelé "*tamanu*", est très réputée pour ses vertus cosmétiques, apaisantes et cicatrisantes. On la trouve facilement dans les centres artisanaux.

Tapa

Aujourd'hui, l'artisanat du *tapa* est presque en voie de disparition, remplacé par les tissus. Seules les mamas de Fatu Hiva (Marquises) perpétuent cette technique ancestrale.

La technique du *tapa*, pratiquée dans toute l'Océanie, permettait de confectionner des étoffes non tissées à partir de l'écorce d'arbre à pain, de banian ou de mûrier à papier (*aute*). La collecte des écorces était du ressort des hommes, la préparation du *tapa* incombait aux femmes.

Les écorces de jeunes troncs ou de branches sont fendues et décollées du bois avec une baguette taillée en pointe. Elles sont ensuite trempées dans l'eau pour les assouplir. Ensuite, on râpe la couche externe avec un coquillage pour ne garder que l'aubier. Les lamelles d'écorce, d'une largeur de 15 cm environ, sont étalées sur une enclume de pierre taillée, plate et allongée, placée face à l'opératrice assise en tailleur. Avec un battoir en *aito* (bois de fer), elle martèle à coups répétés plusieurs heures durant l'écorce, qui s'amincit et s'élargit progressivement. La teinte du *tapa* varie selon le bois employé, du blanc écru au marron clair.

Lorsque la pièce est terminée, elle est mise à sécher puis teinte avec le suc de diverses plantes ou ornée de motifs traditionnels.

Tressage et vannerie

Le tressage et la vannerie sont omniprésents, surtout dans les îles reculées. Ce domaine artisanal est l'apanage des femmes, qui confectionnent des paniers, des nattes (*peue*), des chapeaux ou des pans entiers qui serviront de couverture pour un toit ou de façade d'une maison. Elles utilisent des palmes de cocotier (*niau*) ou des feuilles de pandanus (*paeore*). C'est traditionnellement aux Australes, notamment à Rurutu, que ce type d'artisanat est le plus développé. Pour les travaux les plus recherchés, on travaille le pandanus des collines et non le pandanus commun.

Tressage : arts et artisanats de Polynésie française : objets, matières et gestes d'hier et d'aujourd'hui, de Hinanui Cauchois (Au vent des îles, 2013) présente cette technique ancestrale enracinée dans la culture polynésienne.

Fleurs

Dès votre arrivée sur le tarmac de l'aéroport, où vous serez accueilli avec une fleur de tiaré, vous vous rendrez compte que les plantes et les fleurs tiennent une grande place dans la vie quotidienne en Polynésie, que ce soit à des fins utilitaires ou décoratives. Pour les visiteurs, c'est un vrai bonheur ! À l'intérieur des habitations, dans les chambres d'hôtel, sur les tables des restaurants, dans les bureaux, portées à l'oreille, dans les jardins, en collier ou en couronne, les Polynésiens vivent avec les fleurs. Le tiaré, le jasmin, l'hibiscus et le frangipanier sont les plus couramment employés pour les colliers et les couronnes.

Poe rava – la perle de Tahiti

La perle de Tahiti s'est fait une place dans toutes les bijouteries du monde. Elle fait également partie de la parure des Polynésien(ne)s. Elle est improprement appelée "perle noire" (*poe rava*), mais son appellation officielle est "perle de culture de Tahiti", car le noir n'est que l'une des multiples nuances qu'elle peut prendre.

Histoire

Les coquilles d'huître, appelées nacres, étaient déjà utilisées aux temps anciens pour la confection de parures de cérémonie, d'hameçons ou de leurres de pêche. Au siècle dernier, elles étaient recherchées pour les besoins de l'industrie boutonnière européenne. Dans les années 1960, l'élevage d'huîtres pour la production de perles a pris le relais, à l'origine à Manihi (Tuamotu). Les premières greffes ont eu lieu au début des années 1970, et des fermes perlières ont fait leur apparition.

La filière perle

De nombreuses bijouteries-joailleries ont pignon sur rue à Papeete et dans les îles les plus touristiques, ainsi que dans les grands hôtels.

La perle représente la deuxième source de revenus du territoire, mais cette filière subit une grave crise depuis 2003, en raison d'une surproduction de perles et de l'effondrement des cours qui s'est ensuivi. Bon nombre de fermes perlières ont cessé leur activité dans les principaux centres producteurs aux Tuamotu et aux Gambier, notamment à Manihi, Takapoto, Takaroa, Arutua, Fakarava, Ahe, Makemo et Mangareva. Aujourd'hui, seuls quelques atolls, comme Ahe ou Arutua, et les Gambier, sont toujours actifs dans la production.

La taille des exploitations varie de 1 ou 2 personnes à plus de 50 pour les stations industrielles. La plupart des grosses fermes perlières possèdent leurs propres circuits de distribution. On estime que la perle fait vivre directement 2 000 personnes.

La perliculture

Les lagons polynésiens, aux eaux régulièrement renouvelées, sont propices au développement des huîtres perlières. L'espèce d'huître que l'on trouve en Polynésie s'appelle *Pinctada margaritifera*. À la différence d'autres espèces, elle donne des perles de couleur plutôt foncée.

À l'état naturel, une huître ne produit une perle que lorsqu'un corps étranger s'est accidentellement introduit dans sa coquille - fait rarissime. Pour l'éleveur, il s'agit de reproduire ce mécanisme naturel, en procédant à un élevage méthodique. La première étape est le collectage. Le perliculteur, en immergeant des supports artificiels dans le lagon, capte le naissain (les jeunes huîtres) puis l'attache sur des lignes d'élevage sous-marin, jusqu'à ce que les huîtres soient parvenues à maturité.

La greffe est l'étape décisive du processus. La première phase consiste à sacrifier une huître parfaitement saine, dite huître donneuse. Un morceau de son manteau est prélevé et débité en une cinquantaine de minuscules lambeaux, les greffons. La deuxième phase est la greffe *stricto sensu*. L'huître receveuse est fixée sur un support et maintenue ouverte par une pince. Dans un premier temps, le greffeur, au moyen d'un scalpel, incise par l'arrière la gonade (organe reproducteur) et y dépose le greffon. Puis il introduit une bille parfaitement sphérique de 6 mm de diamètre environ (nucleus) dans la gonade pour qu'elle soit en contact avec le greffon. L'opération ne dure que quelques secondes. Dès lors, les cellules du greffon se développent autour du nucleus pour former le sac perlier qui, une fois fermé, sécrétera la matière nacrière.

Les huîtres greffées sont ensuite réimmergées dans le lagon. Couche après couche, la nacre s'épaissit autour du nucleus, au rythme annuel de 1 mm. Dix-huit mois plus tard, on procède à une première récolte. Une seconde implantation (surgreffe) peut être effectuée avec un deuxième nucleus pour obtenir, quinze mois plus tard, une deuxième perle, plus grosse (15 à 20 mm). La greffe comporte des risques inhérents à toute opération chirurgicale : sur 100 huîtres greffées, 25 à 30 ne résistent pas au choc opératoire et 25 à 30 autres rejettent le nucleus. À peine 2% des perles sont parfaites.

Choisir une perle

Bagues, pendentifs et boucles d'oreille sont les trois utilisations les plus courantes. Plusieurs critères conditionnent leur valeur : le calibre (de 8 à 16 mm), la forme (ronde, soit parfaitement sphérique, cerclée, c'est-à-dire comportant des anneaux apparents, baroque, autrement dit asymétrique, et en forme de poire, ovale, en forme de bouton ou de goutte), la qualité de la surface (absence de piqûre, de rayure et de tache), l'orient (reflet irisé), le lustre (effet de miroir, brillance) et la couleur. "Perle noire" est très réducteur. La perle issue de la *Pinctada margaritifera* couvre en effet un large spectre allant du blanc nacré au noir, en passant par l'aubergine, le champagne et l'aile de mouche.

Les perles sont classées en différentes catégories selon leur degré de perfection (voir l'encadré ci-dessous). Hormis ces critères et cette classification, il n'existe pas de règle. Le choix d'une perle est d'abord un coup de cœur. Certains préfèrent les baroques, d'autres ne jurent que par la couleur aubergine…

Pour que la perle conserve son lustre originel, essuyez-la de temps à autre avec une peau de chamois ou un tissu de coton légèrement imbibé d'huile d'amande douce. Évitez de la mettre en contact avec des parfums, des laques ou des crèmes solaires, qui pourraient nuire à son éclat. Ne la portez pas dans l'eau.

Keshi et mabe

Moins connus, le *keshi* et le *mabe* (termes japonais) désignent deux autres produits issus de la culture des perles. Le *keshi* est de la nacre pure, une perle sans nucleus. Il arrive en effet que celui-ci soit rejeté mais que le greffon sécréteur continue à produire de la nacre. Les *keshi* sont utilisés pour la confection de boucles d'oreille ou de bracelets.

En revanche, le *mabe* résulte d'une manipulation volontaire. Le technicien colle un moule en plastique sur la face interne de la coquille. L'huître réagit en recouvrant peu à peu le moule par des couches de nacre. Après quelques mois, il est découpé avec un disque diamanté et démoulé. On obtient alors un *mabe* pur et creux. On le remplit avec de la résine époxy et on soude une plaquette de nacre qui servira de socle. Le *mabe* est apprécié en bijouterie pour la fabrication de pendentifs, de broches, de clips d'oreille ou de boutons de manchette.

LES CATÉGORIES DE PERLES

Les bijoutiers classent les perles en cinq catégories : "top gem", A, B, C, D selon des critères précis. La forme n'intervient pas dans ce classement. Une perle cerclée ou baroque peut être classée A si elle possède un beau lustre et très peu d'imperfections.

- **Top gem** Une "top gem" est considérée comme parfaite.
- **A** Une perle A possède un très beau lustre et ses imperfections sont localisées sur moins de 10% de sa surface.

Où acheter une perle ?

Il existe de nombreuses enseignes spécialisées. Avant de faire un achat, faites-vous d'abord une idée du produit, comparez, apprenez à reconnaître un beau lustre et un bel orient. Papeete, où les bijouteries abondent, est un bon point de départ. Visitez également le musée de la Perle (p. 75), fort instructif.

On peut faire confiance aux enseignes prestigieuses établies depuis longtemps. Certaines enseignes mettent en avant des labels, mais aucun de ces organismes ne bénéficie d'une reconnaissance officielle. Certaines vont même jusqu'à proposer une radiographie de la perle. En réalité, ces arguments sont purement commerciaux, car personne n'a intérêt à vendre une perle "truquée". Exigez malgré tout un certificat d'origine et d'authenticité.

Il est possible d'acheter directement une perle chez le producteur. Les tarifs sont nettement plus avantageux, mais le choix est bien plus restreint. Les perliculteurs gardent peu de stock et préfèrent écouler rapidement leur production. On peut cependant parfois trouver la perle de ses rêves chez un petit producteur. Dans tous les cas, évitez les vendeurs à la sauvette, sur les étals de rue, ou dans les marchés - la qualité n'est jamais au rendez-vous.

En matière de tarifs, il n'y a pas de règle. Il varie bien sûr selon que la perle est montée ou non. On trouve des perles D à 15 €, mais elles sont franchement laides. Ne choisissez que des perles A et éventuellement B. Une perle A, nue, de 8 mm, peut se négocier à 140 € ; une perle équivalente classée D vaudrait aux alentours de 70 €. Les perles sont le seul domaine où l'on peut marchander en Polynésie.

Perle nue ou montée ?

La plupart des bijouteries polynésiennes préfèrent vendre une perle montée (autrement dit, sur un bijou), plus rentable, et invoquent le fait que les bijoutiers occidentaux ne savent pas mettre en valeur la perle. S'il est vrai que les joailliers polynésiens ont une réelle expérience dans ce domaine (les grandes maisons de Papeete emploient des designers), les bons bijoutiers occidentaux connaissent désormais suffisamment le produit pour le marier harmonieusement à l'or ou au diamant.

Civilisation polynésienne

Avec l'arrivée des premiers Européens et du christianisme, la culture ancestrale polynésienne avait failli disparaître. Aujourd'hui revalorisée, elle revient au premier plan. Hormis les témoignages des premiers Occidentaux, on ne dispose d'aucune trace écrite la concernant, puisqu'il s'agissait d'une civilisation orale. C'est principalement à travers le patrimoine archéologique que le visiteur pourra en appréhender les différentes facettes.

Organisation sociale

La société polynésienne ancestrale n'avait rien à voir avec les descriptions qu'en avait faites l'explorateur français Bougainville. D'une part, elle était foncièrement aristocratique : un système de castes, très hiérarchisé et structuré, réglait les relations, de nature féodale, entre les membres de la communauté ; d'autre part, elle était très clanique, organisée autour de chefferies. Dans ces sociétés fortement ritualisées, la pratique des sacrifices humains, à titre d'offrandes aux dieux, était d'usage courant.

Le pouvoir (l'autorité politique) : l'arii

Les *arii* sont les chefs, détenteurs de l'autorité sur une parcelle de l'île. Le statut d'*arii*, héréditaire, se transmettait au fils aîné, formant ainsi une lignée royale. Leur suprématie et leur légitimité sont consacrées par la récitation de leurs généalogies lors des jours de fête par les *orero* (orateurs), qui remontaient jusqu'à l'ancêtre illustre divinisé, fondateur du clan. Les attributs de son rang et de sa dignité étaient représentés par une parure comprenant une ceinture de plumes rouges, une coiffe, une canne et un éventail. La cérémonie d'intronisation avait lieu sur le *marae*, le lieu de culte sacré. Considérés comme des personnages sacrés, ils possèdent le *mana* (puissance surnaturelle). Parfois, une île était sous l'égide d'un *arii rahi*, autrement dit un chef suprême, généralement issu du clan dominant, qui avait réussi à imposer son autorité aux autres *arii*.

Le site www.tahitiheritage.pf est une mine d'informations sur le patrimoine polynésien.

La religion (l'autorité spirituelle) : les tahua

Également membre de l'aristocratie, la caste du clergé comprenait les *tahua*, ou prêtres, alliés à l'*arii*. Dépositaires du pouvoir spirituel et responsables de la liturgie et du *marae*, ces dignitaires sacerdotaux étaient secondés par une cohorte d'officiants, dont les *haere po* (récitants, diseurs de traditions orales) et les *orero* (orateurs). Également détenteurs du *mana*, ils consultent et invoquent les dieux, pratiquent la divination, veillent au respect des rites, prononcent les *rahui* (interdits temporaires frappant la consommation de produits agricoles) et président les cérémonies.

Les plaisirs et les fêtes : les arioi

Regroupés en confréries, les *arioi* avaient un statut très particulier. Également personnages sacrés, issus de la lignée du dieu Oro, ces hommes s'apparentaient à des troubadours-artistes itinérants chargés de divertir la société polynésienne par des danses et des représentations théâtrales, à connotation parfois érotique. Choisis en fonction de leur plastique corporelle et de leur aptitude à la danse, dans l'une ou l'autre des castes, ils suivaient une longue période d'initiation.

Les *arioi* n'avaient pas le droit d'avoir d'enfant. Si leur femme accouchait, on pratiquait l'infanticide, sauf si l'enfant réussissait à crier avant qu'on le tue.

Les propriétaires fonciers : les raatira

Ils appartiennent à une caste intermédiaire, que l'on peut rapprocher de la "bourgeoisie" européenne de la fin du Moyen Âge. Leur statut leur était conféré par la propriété de terres.

Les guerriers : aito (ou toa)

On sait peu de choses sur les guerriers. On suppose que les techniques de la guerre leur étaient enseignées par des maîtres et qu'ils s'entraînaient à tous les sports (lancer de javelot, lutte, lever de pierre). Lors des sacrifices humains, ils étaient chargés de l'exécution des victimes.

La plèbe : les manahune

Cette caste, la plus basse dans la pyramide sociale, réunissait le petit peuple. Elle se composait de plusieurs sous-classes, dont les pêcheurs, les domestiques, les agriculteurs, les esclaves, les prisonniers de guerre. La seule promotion sociale possible était de devenir *arioi*, domestique d'un *arii* ou prêtre. Pour l'*arii*, ils devaient assurer des corvées et proposer des offrandes. C'est dans cette caste que l'on puisait pour les sacrifices humains.

Vie quotidienne

La religion

Pour des renseignements sur les cérémonies et les lieux de culte, consultez l'encadré *La mythologie polynésienne* ci-dessous et le chapitre *Sites archéologiques* p. 412.

La guerre

Les guerres interclaniques étaient fréquentes. Quand ils ne réussissaient pas à étendre leur royaume par des alliances matrimoniales, les différents *arii* d'une île recouraient à la conquête militaire. Après des cérémonies sur le *marae*, le chef et les guerriers partaient au combat, sur terre ou sur mer. L'issue était cruelle : les vaincus étaient souvent massacrés, et leur *marae* détruit. Le clan vainqueur prenait alors possession des terres des vaincus, et de nouvelles cérémonies d'investiture avaient lieu. Les armes employées comprenaient des casse-tête, des lances, des fouets et des frondes. Sur mer, les guerriers se déplaçaient à bord de pirogues.

On peut admirer le sexe du dieu Hiro en arrière-plan de la baie de Maroe, à Huahine.

L'art et l'artisanat

Il reste peu de choses de l'héritage artistique polynésien. Avant l'arrivée des Européens, le métal était inconnu. Les artisans façonnaient la pierre, le corail, l'os, le bois, les nacres et les coquillages, ainsi que des matières

LA MYTHOLOGIE POLYNÉSIENNE

Les Polynésiens étaient polythéistes : ils adoraient plusieurs dieux (*atua*) entourés d'un panthéon de divinités secondaires. Les principaux dieux étaient Taaroa, Tane, Tu (les dieux créateurs), Oro et Hiro. Le culte voué à un dieu n'était pas immuable ; ils se faisaient concurrence et pouvaient être détrônés. Par ailleurs, leur puissance était géographiquement limitée, car ils n'étaient pas reconnus dans tous les archipels. Ainsi, Tane fut supplanté par Taaroa, lui-même remplacé par Oro, son fils, dieu de la Guerre, dont le culte ne dépassa pas les limites de l'archipel de la Société. Hiro, dieu des Voleurs et des Marins, fut adoré à Raiatea et à Huahine. Cette mythologie était véhiculée par les légendes, qui racontent les exploits et les aventures des dieux.

LE CAS DES MARQUISES

Bien que faisant partie du même creuset que les autres Polynésiens, les Marquisiens ont élaboré au fil des siècles une culture originale, qui inclut la pratique du cannibalisme. Les guerriers capturés ou morts au combat faisaient office de victimes.

L'organisation sociale différait également du modèle polynésien. Chaque clan occupait une vallée qu'il considérait comme son *henua*, son territoire, jalousement défendu. Un chef ou une cheffesse (*hakaiki*) exerçait l'autorité et faisait respecter les interdits. Les grands prêtres (*taua*) servaient d'intermédiaires entre la tribu et les dieux. Le *toa* (chef guerrier) avait pour mission de diriger les soldats. Restait le *meie*, le peuple, au sein duquel se distinguaient les *tuhuna*, spécialistes d'une activité (tatouage, sculpture, architecture, etc.).

L'art et l'artisanat marquisiens avaient atteint un très haut degré de perfection, en particulier les tatouages. Les guerriers, au fur et à mesure de leurs actes de bravoure, étaient progressivement tatoués sur l'ensemble du corps.

C'est aux Marquises que la sculpture a pris les formes les plus achevées, avec les tikis (voir p. 414) les plus monumentaux de Polynésie.

Les instruments de musique étaient analogues à ceux utilisés dans les autres archipels. En revanche, la danse et les chants traditionnels se distinguaient des pratiques tahitiennes.

végétales. Ils réalisaient des armes, des ustensiles et des outils (plats, pilons, herminettes, pagaies, hameçons), des *tapa* (tissus faits d'écorce battue ; voir p. 405), des costumes de cérémonies (en poils et en plumes), des statues (tikis, voir p. 414). Les motifs gravés sur pierre (pétroglyphes) peuvent être considérés comme une forme d'expression artistique.

Les sports

Les Polynésiens se livraient à maints jeux d'adresse et de force. Le tir à l'arc était un divertissement aristocratique, pratiqué sur des terrasses spécialement prévues à cet effet – on peut en admirer à Moorea, dans la vallée d'Opunohu. Le surf, également très pratiqué, est un sport d'origine polynésienne. Le lancer du javelot (aux Tuamotu), les courses de pirogue et le lever de pierre étaient également monnaie courante, ainsi que la lutte.

La musique et la danse

La musique, la danse et les chants formaient un ensemble indissociable. De multiples fêtes (*heiva* ; voir l'encadré p. 84) rythmaient la vie de la communauté, et duraient parfois plusieurs jours. Les instruments étaient les tambours (*pahu*), la flûte nasale (*vivo*) et la conque (*pu*).

Les ressources

Les anciens Polynésiens assuraient leur subsistance par la pêche, l'élevage, l'agriculture et la cueillette. Le fruit de l'arbre à pain, consommé sous forme de pâte fermentée, constituait l'aliment de base, avec le taro et la patate douce. La tortue était réservée aux castes supérieures.

Mana et tapu

Le *mana* et le *tapu* sont les éléments essentiels du sens du sacré. Terme difficilement traduisible, le *mana* peut se définir comme une puissance surnaturelle, une force, une aura dont sont imprégnés une personne ou un objet. Par exemple, les prêtres et l'*arii* possédaient le *mana*, ainsi que certains tikis. Le *tapu*, terme passé dans les langues occidentales (tabou), désigne un interdit absolu. Quiconque le transgresse attire sur lui la malédiction et doit être châtié. Des lieux ou des choses pouvaient être *tapu*. Les lieux de culte, par exemple ; seules les personnes autorisées, prêtres, chefs et officiants, pouvaient assister à la cérémonie religieuse.

Sites archéologiques

Les sites archéologiques de Polynésie constituent rarement la motivation première d'un voyage dans cette région. Les joies du lagon éclipsent largement les autres centres d'intérêt, et c'est souvent par hasard que le touriste prend conscience de ces vestiges, même si l'inscription du marae Taputapuatea sur l'île de Raiatea au patrimoine mondial de l'Unesco en 2017 a favorisé une prise de conscience. Ne vous attendez pas à des sites impressionnants – rien à voir avec les statues de l'île de Pâques – et leur mise en valeur est, pour l'instant, limitée à de petits travaux de restauration. Ils permettent néanmoins de découvrir un autre visage de la Polynésie.

Sur les sites archéologiques, ne déplacez ni pierre ni tiki ; pour de nombreux Polynésiens, ces lieux sont encore "vivants" et ces actes pourraient passer pour une profanation. Respectez la propreté des lieux.

État de conservation

L'évangélisation de la Polynésie s'est traduite par l'abandon total de l'ancienne religion et des lieux de culte. Fort heureusement, les fouilles réalisées au cours du XXe siècle ont permis de mettre au jour de multiples sites qui avaient sombré dans l'oubli, envahis par la végétation. Il s'agit essentiellement de lieux de culte en pierre, de motifs gravés dans la pierre et de statues. Tout ce qui était en matière végétale - pirogues, habitation, vêtements, sculptures - a disparu.

L'état de conservation des sites est très variable. Dans certains cas, il ne s'agit que d'un amoncellement de pierres perdu dans la végétation, sans grand sens pour le visiteur. Dans d'autres, ils sont correctement entretenus et régulièrement visités, mais il reste encore beaucoup à faire pour les valoriser aux yeux des touristes. Ils sont pratiquement tous dépourvus de panneaux explicatifs.

Les différents types de sites

Chaque archipel possède des vestiges. Aux îles Sous-le-Vent, les sites sont bien entretenus et facilement accessibles. Aux Tuamotu, le patrimoine est très limité. Les Marquises sont les mieux pourvues : chaque île est un musée archéologique en plein air et comporte plusieurs sites. Certains sont laissés à l'abandon, d'autres sont correctement mis en valeur.

Pour apprécier pleinement un site archéologique en Polynésie, faites appel à un guide local compétent qui fera "vivre" le site et le restituera dans son contexte.

Marae

C'est le lieu de culte, le sanctuaire, entouré de *tapu* (interdit, sacré). Édifié en plein air, sacré, il est destiné à la célébration des rites du clan. On y honore et invoque les dieux, intronise les chefs, prépare la guerre, accomplit les cérémonies rituelles, présente les offrandes et pratique les sacrifices humains. Les *marae* étaient établis soit sur le littoral (*marae* côtiers), soit à flanc de montagne (*marae* intérieurs). Généralement, les arbres qui les entouraient, notamment le banian, étaient sacrés.

Il existait une hiérarchie des *marae*. Les plus simples sont les *marae* familiaux, où l'on célèbre les événements qui concernent la vie du clan, tels que les naissances ou les décès. Les plus complexes étaient les *marae* royaux - comme le *marae* Taputapuatea à Raiatea, de rayonnement international - qui drainaient les chefs maoris de plusieurs îles de Polynésie venus prêter allégeance à l'*arii*. Le *marae* Taputapuatea est désormais inscrit au Patrimoine mondial.

LES SPÉCIFICITÉS DES MARQUISES

C'est aux Marquises que l'on trouve les structures archéologiques les mieux conservées. Elles diffèrent quelque peu de celles des autres archipels.

Tohua

Le *tohua* désigne une esplanade pavée, une "place publique" rectangulaire, flanquée de petits gradins en pierre, où se déroulaient des fêtes et des cérémonies publiques, comme les danses. Ils peuvent mesurer jusqu'à 100 m de longueur. À une extrémité, une plate-forme est réservée aux sacrifices et aux offrandes. Des roches plates servaient de podium pour les danses individuelles et l'exhibition des tatouages des jeunes chefs. Les spectateurs prenaient place sur les gradins pavés, sur les côtés.

Pae pae

Vestiges caractéristiques de l'ancienne société marquisienne, les *pae pae* désignent des plates-formes en blocs de pierre sur lesquelles sont construites les habitations en matériaux végétaux, les *hae* (ou *fae*). Le *pae pae* est divisé en deux parties : l'avant forme un premier niveau, dévolu aux activités quotidiennes. L'arrière, légèrement surélevé, couvert, sert de lieu de couchage. Seules ont subsisté les assises en pierre. Les parties couvertes, végétales, ont été détruites. Le toit était réalisé à partir de feuilles d'arbre à pain et de palmes de cocotiers, les façades en feuilles, et l'ensemble était soutenu par plusieurs poteaux en bois.

Meae

Aux Marquises, on ne parle pas de *marae*, mais de *meae*. Il s'agit d'un site religieux édifié à partir de matériaux en basalte, juxtaposés et empilés, similaires aux *marae*. Généralement situé dans la vallée, à l'écart des lieux profanes, le *meae* est l'enceinte sacrée par excellence. Ce lieu de culte, d'inhumation et d'offrandes, strictement *tapu*, était réservé à quelques initiés dotés du *mana* (force surnaturelle), tels le *tahua* (prêtre) ou les *hakaiki* (chefs). C'est également là que se déroulaient les rites anthropophages, réservés aux seuls chefs, prêtres et guerriers, lors des sacrifices humains. Il est généralement situé à proximité d'un banian, l'arbre sacré.

Aménagement et conception

Les *marae* ressemblent à de grandes plates-formes ou à des terrasses pavées, rectangulaires, pouvant dépasser 50 m de longueur. Ils sont construits avec des blocs de basalte et des dalles de corail. Les galets étaient ensuite grossièrement façonnés et assemblés. Leur conception variait d'une île à l'autre, mais ils partageaient des principes architecturaux communs, à savoir une esplanade pavée, sorte de plate-forme rectangulaire non couverte, entourée par un muret. À une extrémité se trouve l'*ahu*, sorte d'autel, partie la plus sacrée, réservée au prêtre et à l'*arii*. Selon le type de *marae*, l'*ahu* peut comporter plusieurs niveaux : certains sont formés d'une superposition de trois ou quatre gradins s'élevant en pyramide, d'autres n'en ont qu'un.

Pour en savoir plus sur le patrimoine polynésien, consultez le site www.culture-patrimoine.pf

Sur la façade de l'*ahu* donnant sur l'esplanade sont appliquées trois dalles de corail posées sur chant, appelées "pierres dressées". Le centre de l'esplanade est garni de plusieurs "pierres dossiers", destinées aux chefs et aux prêtres, qui symbolisent leur rang social. La conception des *marae* familiaux est plus simple.

Les plus jolis pétroglyphes se situent à Maupiti et aux Marquises.

Diverses constructions annexes, en bois, tel le *fare tupapau* où étaient exposés les morts, étaient aménagées autour du *marae*. Aucune n'a perduré jusqu'à nos jours.

Pétroglyphes

Les pétroglyphes désignent des motifs gravés sur des pierres, dont la signification n'est pas clairement établie. Les dessins figurent des pieuvres, des tortues, des pirogues, des soleils, des motifs géométriques, des silhouettes anthropomorphes ou des visages très schématiques.

Pour certains, auréolés d'un *mana* (puissance spirituelle), les anciens tikis suscitent toujours une certaine crainte chez les Polynésiens, qui redoutent leur potentiel maléfique susceptible de se manifester si on les déplace.

Tikis

Au carrefour entre l'art et la religion, les tikis (*ti'i* dans l'archipel de la Société) sont des statues évoquant des visages humains, d'aspect énigmatique, taillées dans des blocs de basalte ou de tuf volcanique (*keetu*), ou dans du bois - mais ceux en bois n'ont pas résisté aux outrages du temps. Ils obéissent presque toujours aux mêmes canons : les jambes sont courtes et fléchies et les coudes sont serrés contre les flancs. Certains, incomplètement dégrossis, présentent un aspect difficilement identifiable. D'autres ont une tête bien visible mais des membres supérieurs et inférieurs à peine ébauchés. La tête prolonge directement le tronc. La bouche, démesurée, est représentée par un rectangle de grande longueur et de petite largeur, les yeux par de grands cercles concentriques. Leur taille est très variable. Le plus grand, situé aux Marquises, mesure 2,70 m. Comme ils sont généralement implantés sur ou à proximité d'un lieu sacré, les spécialistes supposent qu'ils revêtaient une fonction religieuse et symbolique, figurant le souvenir d'ancêtres divinisés ou une puissance protectrice. Ils servaient également à marquer les limites d'une propriété ou d'un endroit *tapu*. C'est aux Marquises que l'on trouve les vestiges les plus significatifs.

Le tatouage

Depuis le début des années 1980, le tatouage polynésien est en plein renouveau, en partie inspiré par l'élan donné par les grands maîtres samoans. Tout comme la danse, le chant ou l'artisanat, il fait désormais partie des vecteurs les plus vivants de la culture polynésienne traditionnelle. De jeunes Tahitiens et Marquisiens ont puisé dans les motifs du passé et ont remis cette parure ancestrale au goût du jour. Aujourd'hui, de nombreux Polynésiens, hommes et femmes, arborent de superbes tatouages, symboles de leur identité. Pour les visiteurs sincèrement épris de culture locale, c'est l'occasion de revenir chez eux avec un souvenir indélébile ! Reportez-vous aux chapitres régionaux pour les contacts des tatoueurs en exercice.

Historique

La pratique du tatouage concerne diverses civilisations, mais c'est dans le triangle polynésien (Hawaii-Marquises-Nouvelle-Zélande) qu'elle a pris les formes les plus achevées.

Ce sont les navigateurs européens qui, les premiers, au XVIIIe siècle, relatèrent cette coutume, alors inconnue en Europe. Les scientifiques qui les accompagnaient dessinèrent des schémas et des marins se firent eux-mêmes tatouer. Lorsque les missionnaires s'installèrent en Polynésie, le tatouage subit le même sort que le reste de la culture traditionnelle polynésienne : considéré comme païen, il fut interdit.

Dans la civilisation traditionnelle, le tatouage revêtait de multiples significations : il était à la fois un symbole d'appartenance à une communauté, la manifestation d'un statut social, une parure esthétique et une marque d'intimidation. Le tatouage concernait aussi bien les hommes que les femmes, mais ces dernières à moindre échelle.

La technique et les motifs obéissaient à des codes stricts. L'art du tatouage était l'apanage d'une corporation respectée, celle des maîtres-tatoueurs, qui suivaient un long apprentissage avant d'exercer leur savoir. Ils utilisaient des morceaux d'os affûtés et assemblés pour former une sorte de peigne. La gamme des motifs se compose principalement de représentations géométriques abstraites et de motifs animaliers ou végétaux stylisés, comme la tortue ou le lézard.

Aujourd'hui, les Polynésiens effectuent un retour aux sources et redécouvrent cette parure. Beaucoup de tatoueurs s'inspirent des motifs rapportés par l'ethnologue allemand Karl von den Steinen à la fin du siècle dernier. Les femmes portent de discrets motifs autour de l'oreille ou du nombril, autour du poignet ou de la cheville, ou dans le bas du dos ; les hommes se distinguent par de magnifiques parures couvrant l'épaule, le torse, les cuisses ou les mollets. Le tatouage facial connaît lui aussi un certain essor.

Le mot de tatouage vient du tahitien *tatau*, terme qui fait référence à la pratique consistant à graver sur la peau des marques indélébiles.

Aux Marquises, les guerriers se faisaient marquer le visage de larges bandes horizontales pour se donner un air effrayant face à l'ennemi.

Choisir un tatouage et un tatoueur

En Polynésie française, on estime qu'il existe une vingtaine de tatoueurs professionnels et semi-professionnels. Certains participent régulièrement à des conventions à l'étranger et sont mondialement connus, tout comme les Samoans ou les Japonais. Tous sont dotés d'un matériel professionnel (machine à tatouer) et d'aiguilles stériles répondant aux normes d'hygiène. Dans tous les cas, adressez-vous à un tatoueur réputé utilisant un matériel professionnel et respectant les procédures d'hygiène et de prévention des infections.

Choisir un tatoueur n'est pas un acte banal. Prenez d'abord rendez-vous avec l'artiste. Demandez à voir son book pour vous faire une idée de son style et de ses réalisations. Vérifiez les conditions d'hygiène de son salon. N'hésitez pas à rencontrer plusieurs artistes avant de faire votre choix.

Acte délicat, un tatouage vous engage pour le restant de votre vie. En Polynésie, optez plutôt pour des motifs traditionnels qui sont souvent mieux travaillés et les plus authentiques. Étudiez le book du tatoueur et exprimez vos souhaits. Un tatoueur digne de ce nom ne se contentera pas de reproduire au calque un motif préexistant mais fera preuve de créativité en personnalisant le motif que vous avez retenu. Le book n'est qu'un point de départ. Un tatouage est une œuvre unique, pas une décalcomanie. Outre l'esthétique, prenez également en compte la dimension symbolique du motif, que le tatoueur aura pris soin de vous expliquer. Réfléchissez à l'endroit où vous souhaitez vous faire tatouer et à la taille du motif. Les bracelets autour du bras ou des chevilles ont l'avantage d'être discrets.

Convenez également du tarif. Il n'existe pas de "barème". Différents paramètres entrent en ligne de compte, notamment la taille, la complexité et l'originalité du motif, ainsi que la notoriété de l'artiste et ses installations. Certains travaillent au forfait, d'autres à l'heure. Comptez de 8 000 à 20 000 CFP pour un bracelet autour du bras, 5 000 CFP pour un petit motif.

Le Polynesia Tatau Tattoo Convention est un festival de tatouage en Polynésie. Il se déroule une fois par an à Tahiti. Plus d'informations sur www.facebook.com/PolynesiaTatauTattooConvention. À Moorea, le premier festival Tatau i Moorea (www.facebook.com/tatauimoorea), qui a réuni des tatoueurs du monde entier, s'est tenu en septembre 2018.

Déroulement d'une séance

Lorsque vous êtes tombé d'accord sur le motif avec le tatoueur, le travail peut commencer. Vous vous installez confortablement sur un matelas ou un fauteuil. La peau est préalablement nettoyée et désinfectée. Certains travaillent en *freehand*, c'est-à-dire dessinent directement le motif sur la peau. D'autres le réalisent sur un papier et le reproduisent sur la peau avec un calque. Armé de sa machine à tatouer, l'artiste commence par encrer les contours. Pour les remplissages, il utilise un groupe de plusieurs aiguilles.

Question douleur, tout dépend de la zone considérée. Les parties les plus sensibles sont celles où la peau est la plus fine (intérieur des cuisses) et celles situées au voisinage immédiat d'un os (tibia, colonne vertébrale). De l'avis de tous les tatoués, la douleur est très supportable. Il est déconseillé de prendre de l'aspirine, car celle-ci a pour effet de fluidifier le sang et donc d'empêcher la cicatrisation.

La durée de la séance est très variable. Un petit motif peut être réalisé en une demi-heure, mais certains demandent trois heures, voire une journée… Des pauses sont évidemment prévues.

Une fois le tatouage terminé, il faut s'enduire d'une crème grasse pendant plusieurs jours. Une croûte va se former et la cicatrisation ne sera complète qu'au bout d'une à deux semaines. Pendant ce temps, il ne faut pas se baigner dans l'eau de mer ni exposer la partie tatouée au soleil. Attendez donc la fin de votre séjour pour le tatouage.

Le magnifique ouvrage *Les Marquisiens et leur art : l'ornementation primitive des mers du Sud* (Musée de Tahiti et des Îles, 2005), de Karl von den Steinen, une référence, est consacré aux tatouages marquisiens, tout comme *L'Art du tatouage aux îles Marquises* (Haere Po, 2005), du même auteur, tous deux disponibles dans les librairies de Papeete.

Ori tahiti – la danse tahitienne

Contrairement à une idée répandue, la danse tahitienne n'a rien d'un folklore pour touristes. Au contraire, elle constitue l'un des piliers les plus vivants et les plus représentatifs de la culture maohi. Derrière chaque spectacle auquel vous assisterez se cachent des mois de répétitions, une chorégraphie codifiée, une hiérarchie et un sens. Dans ce pays de tradition orale, la danse tahitienne n'est en effet pas qu'esthétique, c'est un outil de préservation de la mémoire et un enjeu identitaire. C'est aussi une discipline en constante évolution, qui reflète les tiraillements de la société tahitienne actuelle, partagée entre modernisme et tradition.

Historique

Grâce aux récits des premiers explorateurs et des missionnaires, on sait que les divertissements, dont la danse, occupaient une place capitale dans la société. Elle accompagnait les cérémonies sur le *marae* (site cérémoniel) et les rituels collectifs. Les *heiva* (spectacles) rythmaient la vie de la communauté et comportaient des danses, des chants et des mimes.

Avec l'arrivée des missionnaires, la danse subit le même sort que le tatouage ou les lieux de culte. Jugée païenne et d'une gestuelle licencieuse, elle fut interdite par le Code Pomaré en 1819 (voir p. 348). La pratique perdura dans la clandestinité.

À partir de 1956, Madeleine Moua, une ancienne institutrice, modernisa la danse et lui donna une nouvelle image en la débarrassant de ses connotations "sulfureuses". Elle mit au point des costumes et clarifia la chorégraphie tout en puisant dans le fonds culturel maohi (légendes…). Depuis, diverses troupes ont vu le jour et la danse tahitienne a retrouvé toute sa vitalité, même si les danses actuelles n'ont probablement plus grand-chose à voir avec les représentations d'autrefois.

Il est aujourd'hui envisagé de faire classer au patrimoine mondial de l'Unesco les danses polynésiennes.

L'*ori tahiti* est à la Polynésie ce que la biguine est aux Antilles : un mode d'expression privilégié, reconnu et partagé par toute la population.

Types de danses

On distingue cinq types de danses. Elles sont rarement présentées séparément, mais intégrées à un programme où elles sont exécutées alternativement.

L'otea : puissance et rythme

Impressionnante car très physique, l'*otea* est une danse collective très facilement identifiable : la musique d'accompagnement est uniquement composée de percussions, qui produisent des séquences rythmiques sur lesquelles s'exécutent les danseurs. À l'origine, cette danse guerrière était uniquement masculine. Aujourd'hui, elle est le plus souvent mixte, mais la gestuelle et le rythme conservent un caractère "viril" renforcé par les cris des danseurs.

Très éprouvante, une séquence d'*otea* ne dure que quelques minutes.

Les pas des hommes et des femmes sont radicalement différents ; les hommes utilisent surtout leurs jambes dans un mouvement très caractéristique et spectaculaire, appelé *paoti* : jambes fléchies, talons joints et légèrement décollés du sol, ils ouvrent et ferment alternativement

AUX MARQUISES, LE HAKA

Très chatouilleux sur leur particularisme culturel, les Marquisiens ont développé d'autres types de danses, très éloignés de l'*ori tahiti*. C'est aux Marquises, lors de festivals spécifiquement marquisiens (notamment le Festival des arts des îles Marquises), qu'ils se produisent.

Les Marquises sont le berceau du haka. Le tableau du haka le plus connu est le *haka manu*, calqué sur les mouvements d'un oiseau. La danse du cochon (*haka pua*), très impressionnante car très physique, imite les étapes symboliques de la vie de l'animal. La scénographie, très suggestive, est ponctuée de cris rauques ("hi" et "ha"). Seules les percussions sont employées. En principe, les costumes marquisiens, plus sobres que les tahitiens, se limitent à des pagnes végétaux (purau, cordyline).

Attention ! Ce qu'on appelle *tamure* n'est qu'une appellation récente, qui désigne les danses polynésiennes en général, mais ce terme n'est pas employé en Polynésie.

les genoux dans un mouvement de ciseau, lent ou rapide selon le tempo donné par les percussions. Chez les femmes, le mouvement de base est le déhanchement, provoqué par la flexion amplifiée et alternative des genoux, pieds à plat. Les hommes ne doivent pas bouger les hanches ; chez les femmes, le torse et les épaules doivent rester immobiles. Le répertoire des pas, surtout masculins, est très varié dans l'*otea*.

Les mouvements des bras et des mains, placés vers le haut du corps, assez brusques et angulaires, sont communs aux deux sexes. Sur scène, les danseurs sont placés en colonnes du même sexe.

Un thème sous-jacent, qui peut être évoqué par des accessoires, régit la chorégraphie ; ce peut être, par exemple, le volcan, le requin, un événement historique ou une légende.

L'aparima : entre chanson de gestes et pantomime

L'*aparima* se distingue complètement de l'*otea*. Plus fluide, plus harmonieux, il enjôle et repose le spectateur. Grossièrement résumé, l'*aparima* est une danse mixte qui raconte une légende ou une romance avec des gestes de mains et des paroles chantées. À la différence de l'*otea*, ce sont les mouvements des bras et des mains qui prédominent. Bien qu'il n'y ait pas de langage spécifique (un geste pour une signification), ils sont très expressifs et réalistes : les danseurs miment véritablement la scène en question (pagayer, ouvrir la noix de coco, etc.), en se servant éventuellement d'accessoires. L'accompagnement musical se compose de mélodies jouées par les guitares et les ukulélés. Les percussions, secondaires, ne font que donner la mesure. Les yeux et le visage des danseurs suivent les mouvements des mains.

Comme dans l'*otea*, une séquence d'*aparima* ne dure que quelques minutes.

Le hivinau

La pratique du *hivinau* a tendance à se raréfier, car elle nécessite un grand nombre de participants. Hommes et femmes forment une double ronde autour de l'orchestre (tambours uniquement) et d'un soliste vocal masculin. Le soliste déclame des paroles, et les danseurs, qui font office de chœur, lui répondent par un refrain type. Les pas sont ceux de l'*otea*, en moins complexes. Les percussions se contentent de battre le rythme.

Le paoa : dialogue et danse

Comme dans le *hivinau*, c'est le dialogue entre le meneur et le chœur qui forme l'élément clé du *paoa*. *Un* chœur mixte, assis, forme un demi-cercle. Au centre, un soliste vocal masculin déclame des paroles, dont le thème est souvent légendaire. Les membres du chœur lui répondent et soutiennent la mesure en frappant leurs cuisses des deux mains. L'orchestre de tambours se tient à côté du soliste. Un couple de danseurs rejoint alors le centre et improvise une danse, avec les pas simplifiés de l'*otea*, ponctuée de “hi” et de “ha”.

Danse du feu

Cette danse, fréquemment proposée dans les spectacles d'hôtel car impressionnante et très esthétique, serait originaire des Samoa. L'interprète, un ou plusieurs hommes uniquement, jongle avec une torche enflammée aux deux bouts, sur fond de tambours.

Instruments

Les musiciens se placent généralement sur le devant de la scène, sur le côté, pour garder un contact visuel avec le groupe.

L'orchestre est considéré comme un domaine spécifiquement masculin, surtout les percussions. Très complets, les musiciens jouent des deux types d'instruments, percussions et cordes, et chantent.

Percussions

Trois modèles sont employés. Le *toere* est un tambour sans membrane taillé dans un morceau de bois. De forme cylindrique, il est évidé et comporte une fente étroite sur toute sa longueur, ce qui produit la résonance. Les batteurs sont assis sur un petit tabouret ou à genoux. Généralement, un orchestre comprend de trois à cinq *toere*.

Le *faatete* est un tambour à une membrane. Il se joue assis avec deux baguettes et repose sur un support destiné à surélever la caisse de résonance.

Le *pahu* est un tambour à deux membranes, qui ressemble à une grosse caisse. Le batteur joue assis et frappe son tambour posé sur le flanc avec une mailloche pour rendre un son plus sourd.

Instruments à cordes

Ils représentent les apports occidentaux. L'ukulélé vient de Hawaii. Il s'agit d'une mini-guitare à quatre cordes en nylon. Les guitares *stricto sensu* font désormais également partie de l'orchestre. Les cordes accompagnent généralement les séquences d'*aparima*.

À l'origine, l'ukulélé est une mandoline portugaise. Introduite à Hawaii en 1879, elle s'est ensuite répandue dans toute la Polynésie, avec quelques adaptations. La guitare, d'origine espagnole, aurait été apportée par des marins européens au cours de la seconde moitié du XIXe siècle.

Costumes

Éléments essentiels des danses tahitiennes, les costumes réalisés à partir de matières végétales contribuent à leur éclat.

Pour l'*otea*, la parure se compose d'une couronne de fleurs fraîches sur la tête ou d'une volumineuse coiffe, très élaborée ; de colliers de fleurs ou de coquillages ; pour les femmes, d'un soutien-gorge composé de deux moitiés de noix de coco polies teintes en noir ; d'une jupe végétale (*more*), découpée en fines lanières qui sont ensuite cousues et teintes en rouge ou en jaune ; d'une ceinture décorative, portée sur le more, composée de fleurs, de nacres, de morceaux de noix de coco polie ou de coquillages ; de fibres végétales au mollet, pour les hommes ; et de plumets que les danseurs des deux sexes agitent dans chaque main, pour souligner les mouvements des bras.

Dans l'*aparima*, la parure, plus sobre, se compose généralement d'un paréo, porté à la manière d'un pagne pour les hommes, noué comme une jupe ou une robe pour les femmes. Des colliers de fleurs ou de coquillages ainsi que des chapeaux sont également utilisés.

Toutes les variations sont cependant possibles en fonction de la créativité de chaque groupe.

L'emploi d'accessoires (pagaies, par exemple) est fréquent pour renforcer l'évocation du thème. En principe, ce sont les danseurs eux-mêmes qui doivent réaliser leurs parures, mais les grands groupes font appel à des costumiers.

OÙ ASSISTER À UN SPECTACLE DE DANSE ?

Le Heiva i Tahiti

À l'occasion du Heiva i Tahiti (voir l'encadré p. 84), qui se déroule en juillet à Papeete, les meilleurs groupes de Polynésie, au grand complet, s'affrontent lors de concours où tous les types de danse et de chant sont présentés à un jury. Vous pouvez aussi assister à de magnifiques danses données par un seul groupe, en journée cette fois, sur le marae Arahurahu (voir p. 95) pendant 5 samedis consécutifs, de début juillet à début août. Si vous ne souhaitez pas rester à Papeete, sachez qu'il existe des "mini-Heiva" en juillet dans la plupart des autres îles de Polynésie.

La tradition veut que le Heiva se prolonge au mois d'août dans plusieurs grands hôtels de Tahiti (notamment au Tahiti la Ora Beach Resort). Certes, les troupes sont moins étoffées et les spectacles sont moins longs, mais les touristes n'ayant pu assister au Heiva ont ainsi la chance de voir des représentations de très bon niveau. Celles-ci ont lieu une fois par semaine (le vendredi ou le samedi), jusqu'au premier week-end de septembre.

Spectacles d'hôtel

Les hôtels de luxe proposent, deux fois par semaine en moyenne, des spectacles de danse d'excellente qualité. À Tahiti ou à Moorea, ils sont interprétés par les meilleurs groupes semi-professionnels, représentés par leur "noyau dur", soit environ une quinzaine d'interprètes. Dans les autres îles, ce sont des troupes plus amateurs. Dans tous les cas, il ne s'agit pas d'un spectacle touristico-folklorique, mais de répétitions ou d'"entraînement" grandeur nature. Ils s'accompagnent d'un buffet payant (comptez de 7 000 à 11 000 CFP), ouvert à tous. Si vous souhaitez n'assister qu'au spectacle, renseignez-vous sur place pour connaître la politique des hôtels en la matière : certains demandent un droit d'entrée, d'autres imposent la prestation buffet et d'autres encore exigent une consommation au bar. Les représentations durent environ 45 minutes.

Cérémonies

L'arrivée des paquebots de croisière donne également lieu à des spectacles, de même que les fêtes officielles et diverses manifestations locales organisées par les paroisses, les écoles, etc.

Groupes de danse

Une troupe de danse peut déployer jusqu'à 150 participants dans les grandes occasions, mais, en général, le noyau dur se compose d'une vingtaine de danseurs et de danseuses à l'année.

Il n'existe pas de groupe vraiment professionnel. Les plus connus, comme **O Tahiti E** (page Facebook), **Tahiti Ora** (page Facebook), **Hei Tahiti** et **Les Grands Ballets de Tahiti** (www.lesgrandsballetsdetahiti.com), sont semi-professionnels. Leurs membres se produisent dans les hôtels deux ou trois fois par semaine. Généralement âgés d'entre 15 et 35 ans, ils proviennent d'horizons sociaux et ethniques divers. Les critères de recrutement sont la motivation et l'expressivité corporelle, plus que la plastique elle-même, mais, vu l'énergie physique requise et l'exposition des corps, la musculature chez les hommes et une silhouette gracieuse chez les femmes sont indispensables. Il faut entre trois et six mois de répétitions avant d'espérer se produire en public.

La troupe des Grands Ballets de Tahiti effectue régulièrement des tournées en Europe, et fait salle comble à chaque fois.

Chaque troupe se distingue par son style et sa personnalité, très dépendants du chorégraphe. Certaines font des tournées à l'étranger.

La troupe est très hiérarchisée. Le chef de danse, ou *ra'atira*, fait office de chorégraphe et de chef d'orchestre. Il dirige les répétitions, choisit les costumes, sélectionne un thème et règle l'emplacement des participants sur scène. Il est parfois secondé par un *orero*, qui ne danse pas mais récite les légendes sur scène. Les danseurs et danseuses les plus expérimentés, appelés *pupahu*, sont placés devant. Les musiciens – exclusivement des hommes – font partie intégrante du groupe de danse.

Environnement

En Polynésie, c'est la nature qui règne en maître. Sur un territoire grand comme l'Europe, les multiples îles qui composent la Polynésie française déclinent toutes les facettes d'un paradis bleu et vert, encore bien préservé. Chaque archipel, chaque île a sa spécificité – la diversité des paysages est impressionnante.

Géographie

Peu facile à appréhender pour un Européen, la géographie de la Polynésie française donne le vertige. En plein cœur du Pacifique Sud, étalée entre l'Équateur et le tropique du Capricorne, à l'ouest de la ligne de changement de date, la Polynésie française est située presque à mi-distance du Chili (à 6 500 km, à l'est) et de l'Australie (à 5 200 km, à l'ouest). Les côtes californiennes sont à 6 500 km au nord-est et Paris à 15 700 km. En allant vers l'ouest, les groupes d'îles les plus proches sont les îles Cook, à environ 900 km de Tahiti. Vers l'est, en direction des côtes sud-américaines, les prochaines terres émergées sont l'île de Pâques.

Principale caractéristique géographique de la Polynésie française : son éclatement. Sur l'ensemble des 118 îles, 6 seulement excèdent 100 km^2 et 76 sont habitées. Hatutu, l'île la plus septentrionale (non habitée), aux Marquises, est distante de plus de 2 000 km de Rapa, la plus méridionale.

Ces îles sont regroupées en cinq archipels. À l'ouest, l'archipel de la Société comprend les îles du Vent (Tahiti et Moorea) et les îles Sous-le-Vent (Huahine, Raiatea, Tahaa, Bora Bora et Maupiti). Cet archipel, le plus développé, rassemble plus des trois quarts de la population et concentre la plupart des infrastructures touristiques. La capitale administrative de Polynésie, Papeete, est située sur l'île la plus importante, Tahiti (1 043 km^2), qui abrite également le point culminant, le mont Orohena (2 241 m).

L'ensemble de la surface terrestre émergée représente à peine 3 500 km^2 (à peine la moitié de la Corse).

Au sud, l'archipel des Australes chevauche le tropique du Capricorne. Il comprend cinq îles hautes et un atoll, très éloignés les uns des autres et situés entre 575 et 1 275 km au sud de Papeete.

À l'est, entre Tahiti et les Marquises, l'archipel des Tuamotu, avec ses 78 atolls, s'étire sur plus de 1 500 km du nord-ouest au sud-est, et sur plus de 500 km d'est en ouest. Le minuscule archipel des Gambier, à 1 700 km de Tahiti, est un appendice situé dans le prolongement sud-est des Tuamotu.

À 1 400 km au nord-est de Tahiti, le plus proche de l'Équateur, l'archipel des Marquises est constitué d'une quinzaine d'îles et d'îlots, dont 6 sont habités.

Géologie

Bien qu'ayant toutes la même origine volcanique, les îles polynésiennes se répartissent en îles hautes et en atolls, au profil nettement différencié.

Îles hautes

Elles sont essentiellement représentées dans les archipels de la Société, des Australes et des Marquises. Elles ont la forme de montagnes posées à la surface de l'océan, ceinturées par une couronne corallienne appelée récif-barrière. Entre le récif-barrière et l'île proprement dite s'étend le lagon, sorte de zone intermédiaire peu profonde abritant un milieu aquatique privilégié dont les calmes eaux turquoise contrastent avec le bleu profond de l'océan. Les Marquises constituent une exception : elles sont dépourvues de récif-barrière et de lagon protecteurs. Aux Australes, Rurutu et Rimatara sont entourées d'un récif frangeant, adjacent au rivage (il n'y a pas de lagon).

Le récif-barrière est souvent percé d'ouvertures appelées passes, qui permettent la navigation et les échanges entre le lagon et l'océan.

Le relief des îles hautes, souvent impressionnant, dépend des effets de l'érosion. Il comprend en général des caldeiras (ancien cratère

DE L'ÎLE HAUTE À L'ATOLL

Les îles de Polynésie sont toutes nées d'éruptions volcaniques. À partir d'un point fixe de l'asthénosphère, appelé "point chaud", une colonne ascendante de magma produit un volcan océanique ou, si les forces éruptives sont suffisamment puissantes pour percer la surface de l'océan, un volcan aérien. Conformément à la tectonique des plaques, l'île nouvellement formée dérive vers le nord-ouest à la vitesse moyenne de 10 cm par an. Le point chaud fixe, pour sa part, poursuit épisodiquement son activité éruptive et une autre île se forme qui, à son tour, se déplace vers l'ouest et ainsi de suite. On obtient donc un chapelet d'îles situées sur un même axe.

ÉTAPE 1

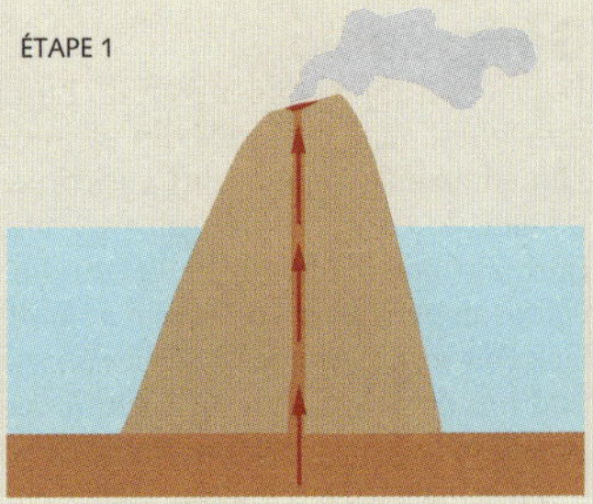

Le volcan est actif

Au cours de sa dérive vers le nord-ouest, l'île s'affaisse d'environ 1 cm par an (subsidence). D'autres processus géologiques sont à l'œuvre. Dès que le volcan est éteint, la chambre magnétique n'étant plus alimentée, elle s'effondre sous le poids de la lave accumulée au-dessus d'elle, donnant naissance à une vaste cuvette (caldeira) qui peut atteindre plusieurs kilomètres de diamètre. L'érosion contribue à modeler le relief. Des cours d'eau cisaillent la caldeira et forment des vallées.

Enfin, les eaux claires et chaudes vont provoquer le développement de constructions coralliennes. Les coraux poussent comme une frange sur le substrat rocheux des flancs sous-marins de l'île et vont peu à peu bâtir un récif frangeant, immédiatement adjacent au relief. Au fur et à mesure de l'enfoncement de l'île, les coraux poursuivent leur croissance, cherchant à se maintenir à la surface des eaux pour capter la lumière nécessaire à leur survie. Ils construisent alors une formation circulaire autour du volcan, appelée récif-barrière, de plus en plus éloignée de la côte au fur et à mesure de l'enfoncement. Entre le récif frangeant et le récif-barrière se crée un lagon de largeur variable. Finalement, le volcan originel disparaît complètement sous les eaux. Il ne reste plus que la couronne corallienne, encerclant le lagon, sorte de mer intérieure. L'atoll est né.

En somme, l'île passe progressivement du stade d'île haute volcanique à celui d'atoll, en plusieurs millions d'années. L'archipel de la Société illustre parfaitement ces différents stades évolutifs : Mehetia, proche du point chaud, est une île haute jeune sans récif corallien, Moorea une île haute avec récif corallien, Bora Bora un presque atoll avec récif-barrière, et Scilly un atoll. À terme, l'atoll continue à s'enfoncer. Si la vitesse de croissance des coraux ne peut compenser cet affaissement, l'atoll est peu à peu ennoyé et meurt.

volcanique), avec des pics, des amphithéâtres aux crêtes acérées et parfois des plateaux. L'intérieur des îles n'est pas habité. Les centres urbains sont en effet localisés le long des côtes. Le pourtour des îles est tantôt régulier, tantôt fortement échancré par de profondes et magnifiques baies, telles celles d'Opunohu et de Cook à Moorea.

Atolls

L'atoll (mot des Maldives) est le prolongement chronologique de l'île haute (voir l'encadré ci-dessous), surtout représenté dans l'archipel des Tuamotu. De profil très varié, allant du cercle au rectangle presque parfait, mesurant de 70 km de longueur pour le plus grand à 4 km pour le plus réduit, il désigne la couronne récifale corallienne émergée qui renferme le lagon. Cette bande de terre, constituée de débris coralliens

calcaires, affiche une altitude de 3 à 6 mètres. Sa largeur peut varier de quelques dizaines à quelques centaines de mètres.

Cette couronne est, dans la plupart des cas, interrompue par des ouvertures appelées passes ou des chenaux plus modestes appelés *hoa*, qui mettent en communication le lagon et l'océan, et permettent le renouvellement des eaux du lagon à chaque marée. Côté océan, le tombant, là où s'activent les coraux, plonge directement dans les abysses. Les parties émergées (motu) forment des îlots couverts d'arbustes et de cocotiers. Le lagon désigne la cuvette intérieure de l'atoll, dont la profondeur dépasse rarement 40 mètres. Des constructions coralliennes isolées, appelées pinacles ou pâtés coralliens, parsèment le lagon.

Les atolls affichent des configurations atypiques. Certains lagons sont en voie d'assèchement et de comblement. Quelques-uns, complètement fermés, ne possèdent pas de passe et l'un d'entre eux, Makatea, s'est soulevé et ressemble à une île haute bordée par des falaises.

Faune et flore

On pense que la faune et la flore du Pacifique seraient originaires d'Austronésie et auraient essaimé vers la Polynésie. Au cours de ce processus, elles ont subi un appauvrissement dû à l'éloignement des masses continentales.

Flore

La Polynésie est un paradis en matière de flore – du moins sur les îles hautes. Contrairement à ce que l'on pourrait croire, cette luxuriance est récente et "artificielle", puisqu'on la doit en grande partie à l'intervention, volontaire ou non, de l'homme. Les navigateurs polynésiens, au cours de leurs migrations vers l'est, ont apporté des plantes et des fruits qui ont facilement prospéré grâce aux conditions climatiques. Au XIXe siècle, missionnaires et colons ont importé d'autres plantes présentant un intérêt ornemental et commercial.

La végétation diffère sensiblement d'un archipel à l'autre. Ainsi, sur les atolls, plus ventés et aux sols plus pauvres, chargés de sel, les arbustes et le cocotier dominent. Dans les îles hautes, la couverture végétale, nettement plus diversifiée, varie en fonction de l'altitude. Il faut souligner que certaines plantes sont considérées comme de véritables fléaux écologiques, car elles menacent la biodiversité, comme le *Miconia calvescens*.

Voici les principales plantes que vous rencontrerez :

Ahi (*santal*). Espèce essentiellement indigène aux Marquises, elle a fait l'objet d'un pillage systématique au siècle dernier par les Occidentaux. La sciure de son bois, réputée pour ses subtiles fragrances, est mélangée à l'huile de coco et donne le pani, le monoï marquisien.

Arbre à pain (*Artocarpus altilis, uru* ou *maiore*). Cet arbre imposant à tronc gris, dont il existe plusieurs dizaines de variétés en Polynésie, donne un gros fruit grenu vert qui est à la base de la culture alimentaire locale. Sa chair blanchâtre et fibreuse est riche en fécule et peut être consommée cuite ou sous forme de pâte fermentée. L'écorce était utilisée pour le tapa.

Arbre de fer (*Casuarina equisetifolia, aito* ou *toa*). Cet arbre poussant en bord de mer ou en montagne peut atteindre 20 mètres de hauteur et ressemble à un pin. Son bois, très solide, était utilisé dans la fabrication d'armes (casse-tête, lances), d'outils ou de pièces de pirogue.

Auti ou ti (*Cordyline fructicosa*). Cette liliacée revêtait autrefois une fonction sacrée et était plantée près des édifices religieux traditionnels. Très décoratif, aménagé en petites haies pour délimiter des propriétés, son feuillage se déploie en V et présente une couleur virant du jaune au vert, en passant par le lie-de-vin.

Badamier (*Terminalia cattapa, auteraa*). Assez répandu près des plages ou au débouché des vallées, cet arbre possède des branches à l'aspect évasé caractéristique. Les feuilles prennent une teinte rouge ou jaune avant de tomber. L'amande du fruit est comestible.

Pour en savoir plus sur la flore de Tahiti, procurez-vous le *Guide des fruits de Tahiti et ses îles* (Au vent des îles, 2006), qui recense 180 espèces, photos à l'appui, et le *Guide des arbres de Polynésie française, bois et utilisations* (Au vent des îles, 2008).

LES CORAUX, BÂTISSEURS DE L'OCÉAN

Contrairement à leur apparence, les coraux, omniprésents en Polynésie, ne sont ni des rochers ni des plantes, mais des animaux. Le récif lui-même n'est qu'un immense agrégat de ces êtres vivants, appelés madréporaires dans la classification zoologique.

Les coraux possèdent tous la même structure. Ils sont composés d'une multitude de petits organismes, les polypes, qui forment l'unité de base de tout l'édifice. Cylindriques, de consistance molle, les polypes sont unis par une ossature calcaire et sont eux-mêmes enchâssés dans un calice calcaire. Ils sont pourvus d'une couronne de 6 ou 8 tentacules rétractiles, qu'ils déploient surtout la nuit pour se nourrir.

La croissance des coraux permet de comprendre la formation d'un récif. Au stade larvaire, le polype est mobile. Lorsqu'il se fixe sur un substrat rocheux, il commence à produire du calcaire (carbonate de calcium) par un processus chimique complexe. À partir de ce polype-souche, une colonie de plusieurs milliers d'individus identiques va se former. De nouveaux polypes se développent sur les squelettes morts d'anciens polypes, et ainsi de suite, à raison d'une production annuelle verticale de 1 cm. Les polypes de la colonie sont tous reliés par la même armature calcaire. À terme, avec d'autres larves qui donnent naissance à d'autres colonies, on aboutit à une "barrière de corail", à un récif en somme.

Pour que les réactions chimiques engendrant la production de calcaire puissent avoir lieu, plusieurs conditions doivent être réunies : des eaux chaudes (entre 25 et 28°C) et claires, donc pauvres en plancton qui fait écran à la lumière, et une forte salinité (donc loin de l'embouchure des rivières). Par ailleurs, des micro-algues qui vivent en symbiose dans les tissus des polypes, appelées zooxanthelles, leur apportent de l'énergie sous forme de produits issus de la photosynthèse et accélèrent le processus.

En Polynésie, les espèces les plus courantes sont les coraux *Montipora*, *Pocillopora*, les *Acropora*, porites, *Fungia* et *Millepora* ("corail de feu", urticant). Sous l'eau, leurs circonvolutions, très variables, sont un vrai régal pour les yeux. Leur rôle dans l'écosystème est capital : les récifs coralliens concentrent une faune marine diversifiée, qui trouve là un biotope idéal.

Très fragiles, ils ont subi par endroits de considérables agressions dues aux cyclones qui labourent tout sur leur passage et aux interventions humaines, tel l'urbanisation du littoral ou le rejet de sédiments dans le lagon, qui les étouffent. Mais ils continuent inlassablement leur œuvre bâtisseuse.

Balisier (*Heliconia rostrata*). Plante ornementale de jardin, donnant de superbes grappes de fleurs pendantes, rouge à bout jaune.
Bananier (*Musa sapientum*, meia). Ses feuilles sont utilisées dans le four tahitien où elles enveloppent les aliments à cuire. L'une des variétés est le *fei*, apparenté au plantain, dont les fruits ne se consomment que cuits.
Banian (*Ficus prolixa*, *ora*). Ce figuier des Indes possède de nombreuses racines aériennes qui forment un entrelacs dense. La silhouette fantomatique de cet arbre sacré est fréquemment présente à proximité des édifices religieux traditionnels. Les anciens Marquisiens avaient coutume de déposer au milieu des racines les os longs et le crâne des défunts avec une conque marine (*pu*).
Bois de rose (*Thespesia populnea*, *miro*). Il est couramment employé dans l'artisanat et la sculpture.
Bougainvillée (*Bougainvillea glabra*). Très belle plante ornementale, se déclinant dans de nombreuses nuances, notamment rouge ou rose.
Canna (*Canna lutea*, *Canna indica*). Une magnifique plante de jardin aux tons rouge dans sa version *indica* et jaune moucheté de rouge dans sa version *lutea*.
Cocotier (*Cocos nucifera*, *tumu haari*). Présent partout, il est l'arbre providentiel de la Polynésie. On suppose qu'il a été introduit par les premiers Polynésiens, puis développé par les missionnaires au siècle dernier. Il se prête à de multiples usages : l'eau de coco, stérile, sert de boisson, la pulpe râpée pressée dans un linge donne le lait de coco ou, à maturité complète et mise à sécher, le coprah. Le monoï est à base d'huile de coco. Le bois est utilisé pour fabriquer des récipients ;

la bourre de coco tressée fournit des cordes résistantes ; les palmes tressées (*niau*) donnent des nattes (*peue*), des paniers ou des couvertures de toit.
Flamboyant (*Delonix regia*). Cet arbre majestueux qui se déploie en parasol, originaire de Madagascar, donne des fleurs carmin éclatant au début de la saison des pluies, en décembre.
Frangipanier (*Plumeria acuminata, tipanie*). Cet arbrisseau s'orne de fleurs blanches à la base jaune ou rose, très odorantes, et qui entrent dans la confection des couronnes et des colliers.
Hibiscus (*Hibiscus rosinensis, aute*). Très répandue, cette plante, reconnaissable à ses superbes corolles, donne des fleurs fort odorantes aux couleurs variées, généralement jaune orangé, saumon ou rouge vif. Comme le tiaré, l'hibiscus fait partie de la décoration et de la parure. Les vahinés la portent couramment à l'oreille.
Hotu (*Barringtonia asiatica*). Cet arbre est reconnaissable à ses fruits en forme de poire, aux arêtes saillantes. La pulpe râpée du fruit mélangée à la racine de hora, agitée sous l'eau près des formations coralliennes, a la propriété de paralyser les poissons qu'on capture alors à la main.
Manguier (*Vi*). Largement cultivé en Polynésie où l'on compte plusieurs variétés, cet arbre regorge de fruits délicieux très parfumés, à la chair orangée plus ou moins fibreuse. Le tronc sert à réaliser des pirogues.
Mape (*Inocarpus fagiferus*). Cet arbre à bois blanc, souvent groupé en futaies, était autrefois présent près des édifices religieux traditionnels. Ses racines forment des contreforts qui garnissent la base du tronc. Le fruit ressemble à une châtaigne et est comestible.
Miconia calvescens. Introduite dans les années 1930, cette plante prolifère de manière spectaculaire et menace la flore de Tahiti qu'elle risque d'étouffer. Des programmes d'éradication sont à l'étude.
Miki miki (*Pemphis acidula*). Caractéristique de la flore des atolls, cet arbuste de 3 à 5 m se localise du côté de la façade océanique où il forme une brousse.
Monette (*Allamanda cathartica*). On ne peut manquer cette magnifique fleur jaune vif, d'usage plutôt décoratif, près des habitations où elle pousse en buissons.
Nono ou noni (*Morinda citrifolia*). Le fruit de cet arbre, de couleur jaunâtre, a l'aspect d'une pomme de terre boursouflée et molle. Il est comestible, mais son odeur nauséabonde de fromage de chèvre et sa saveur acide sont peu engageantes. Il possède des vertus médicinales.
Oiseau de paradis (*Strelitzia reginae*). Cette fleur est un feu d'artifice de couleurs, associant jaune clair, orange, vert et rouge. Son aspect évoquerait un oiseau.
Opuhi (*Alpinia*). Également appelée gingembre, c'est l'une des fleurs emblématiques de Polynésie, présentes dans de multiples jardins, dont elle rehausse la beauté par ses fleurs d'un rouge éclatant, verticales, et ses longues feuilles. Il en existe de nombreuses variétés.
Pandanus (*fara*). Cet arbre de 5 à 7 mètres d'envergure se reconnaît aisément à ses racines aériennes qui poussent en oblique sur le tronc et ressemblent à des arceaux. Les feuilles, résistantes, sont utilisées après séchage pour la confection de toitures traditionnelles ou d'articles de vannerie. La fleur est appelée *hinano*. On le rencontre sur les atolls et sur les îles hautes jusqu'à 800 m d'altitude.
Purau (*Hibiscus tiliaceus*). Très répandu, il forme parfois des futaies inextricables en raison des contorsions de ses branches. Les larges feuilles en forme de cœur sont utilisées dans le four tahitien. L'écorce, découpée en lanières, fait office de lien solide servant à attacher les poissons par les ouïes. Elle sert aussi à confectionner les *more* (jupes en fibres de purau) utilisées lors des danses traditionnelles. Les fleurs, éphémères, forment de belles corolles jaune orangé.
Tamanu ou ati (*Calophyllum inophyllum*). Le bois de cet arbre, de teinte brun rouge, très résistant et imputrescible, était employé dans la construction des pirogues ou pour la sculpture. L'huile réalisée à partir du fruit a des vertus apaisantes et cicatrisantes.

Le *Tiare apetahi*, endémique à Raiatea, est gravement menacé d'extinction. Il n'en reste plus que quelques dizaines de pieds sur le mont Temehani. L'homme est responsable de cette dégradation. Les rameaux cueillis ne repoussent pas.

Taro (*Colocasia esculenta*). La racine de cette plante, couleur lie-de-vin, est fréquemment consommée en Polynésie.
Tiaré (*Gardenia tahitiensis*). Sa fleur est l'emblème de la Polynésie. D'un blanc neigeux, elle dégage une subtile fragrance. On en fait des colliers ou on l'arbore derrière l'oreille. Enveloppées dans une feuille d'aluminium et une feuille de bananier, les fleurs en bouton se conservent plusieurs jours. Dans la pharmacopée traditionnelle, le tiaré est également réputé pour ses propriétés apaisantes. En cosmétologie, il entre dans la préparation du monoï de Tahiti.
Tiare apetahi. Unique au monde, protégée, cette fleur blanche, en forme de demi-corolle (les cinq pétales ne se déploient que d'un seul côté), pousse uniquement sur le mont Temehani à Raiatea.
Tou (*Cordia subcordata*). Très répandu aux Marquises, cet arbre aux feuilles en forme de cœur fournit un bois dur sombre et veiné, très prisé par les sculpteurs.
Vanille (*Vanilla tahitiensis, vanira*). Cette orchidée épiphyte produit une gousse de 20 cm de longueur, qui résulte de la fécondation de la fleur provoquée artificiellement par l'homme. Elle est surtout cultivée à Tahaa, à Huahine et à Raiatea.

Vous rencontrerez au détour d'un chemin de somptueuses roses de porcelaine, des héliconias, des gingembres, des *opuhi* et des oiseaux de paradis, plantes ornementales par excellence. Vous trouverez de très beaux bouquets au marché de Papeete. Entre autres arbres fruitiers courants, mentionnons les corossoliers (la surface du fruit est couverte d'épines molles), les plantations d'ananas (*painapo*) dont Moorea s'est fait une spécialité, les goyaviers, les avocatiers, les tamariniers (la gousse brun clair contient une chair sucrée et acidulée), les citronniers, les limes (aux Marquises ; fruit dont le jus sert à préparer le poisson cru), les pamplemoussiers du Sarawak, à la chair sucrée, les pacayers, les anacardiers, les papayers, les ramboutans et des pommiers cannelle. Le melon et la pastèque sont aussi cultivés. Le *mati* (dont les baies fournissent un colorant rouge), les acacias et les kapokiers sont assez répandus.

En altitude, outre le *puarata* (aux fleurs rouges), vous remarquerez plusieurs variétés de fougères (*maire*), utilisées pour réaliser des couronnes. L'*Albizia falcata* a été récemment introduit pour juguler les effets de l'érosion, notamment aux Marquises. L'ylang-ylang (*motoi*), pousse également en Polynésie, tout comme le jasmin (*pitate*).

Faune

En raison de l'éloignement des grands continents, la faune est plutôt pauvre. Voici un aperçu des espèces les plus courantes.

Faune terrestre

À l'époque des grandes migrations, les premiers Polynésiens ont emporté sur leurs pirogues cochons et chiens. Le rat a débarqué des navires des Occidentaux. Parmi les reptiles, on verra le margouillat (gecko), inoffensif et insectivore, sorte de petit lézard de couleur diaphane. Il n'existe aucun serpent en Polynésie.

Les chevaux, originaires du Chili, ont été introduits par l'explorateur français Dupetit-Thouars à Tahuata en 1842 et ont fait souche aux Marquises. Leur taille est intermédiaire entre celle du poney et celle du pur-sang. Les chèvres sont également un élément familier du paysage de cet archipel où elles évoluent en semi-liberté. Les bovins ont été introduits à des fins d'élevage, notamment à Tahiti, aux Australes et aux Marquises.

Les cours d'eau abritent des anguilles et des chevrettes (crevettes d'eau douce – très prisées dans la gastronomie locale).

Les crabes pullulent. Aux Tuamotu, le crabe de cocotier (*kaveu*), aux dimensions parfois impressionnantes, se nourrit la nuit de noix de coco qu'il brise avec ses pinces. Sa chair se consomme. Le crabe de terre (*tupa*) infeste les cocoteraies où il creuse un réseau de galeries.

Oiseaux

On dénombre une trentaine d'espèces d'oiseaux (*manu*) terrestres en Polynésie. À l'exception de quelques espèces communes à tout le Pacifique, la plupart sont endémiques ; autrement dit, on ne les rencontre qu'en Polynésie. Les Marquises occupent une place toute particulière, car elles comptent six espèces endémiques, dont le carpophage des Marquises, le ptilope de Dupetit-Thouars et le monarque de Fatu Hiva. Le cas de l'île de Ua Huka, dans les Marquises Nord, est à signaler, avec, outre la présence de ces six espèces, une colonie importante de sternes fuligineuses. Rimatara, aux Australes, mérite également le détour pour son magnifique lori de Kuhl, au plumage exceptionnellement coloré. L'oiseau le plus commun en Polynésie est le vini à lunettes, un petit passereau introduit dans les années 1930.

Pour en savoir plus sur les oiseaux de Polynésie, consultez le site www.manu.pf.

Avec 28 espèces d'oiseaux de mer nicheurs, la Polynésie passe pour l'une des régions les plus riches du Pacifique Sud. Parmi les oiseaux de mer, citons les sternes, les pétrels, les puffins, les noddis, les frégates, les fous et les superbes pailles-en-queue (phaétons) aux longues plumes rouges ou blanches à la queue. Tous se nourrissent de poissons. Sur les îles basses, beaucoup nichent à même le sol ou dans les arbrisseaux.

Le pigeon et le busard ont été introduits par l'homme, à l'instar du coq et de la poule, apportés lors des premières migrations et partiellement retournés à l'état sauvage.

Autrefois, les plumes de certains oiseaux étaient très recherchées pour les parures vestimentaires (coiffes, ceintures des chefs).

Insectes

Les espèces d'insectes sont peu variées. Vous aurez certainement maille à partir avec les guêpes, les blattes (cafards) et leurs prédateurs, les scolopendres cent-pieds. Ces derniers peuvent atteindre 20 cm de longueur et les crochets situés à l'avant de la tête inoculent un venin provoquant une inflammation. Les moustiques abondent et peuvent être vecteurs de la dengue et de la filariose.

Le nono (noir ou blanc) désigne un minuscule moucheron qui sévit surtout sur le littoral marquisien. Il n'est pas vecteur de maladie, mais sa morsure provoque des démangeaisons et des réactions inflammatoires (voir l'encadré p. 292).

Faune sous-marine

Les constructions coralliennes des îles hautes et des atolls constituent des biotopes privilégiés où évolue une faune diversifiée. Les requins et les raies sont la grande spécialité des eaux polynésiennes, mais il existe bien d'autres espèces intéressantes. En revanche, les coraux et les invertébrés

PAS TOUCHE AUX OISEAUX !

Il existe plusieurs "îles aux Oiseaux" en Polynésie qui font l'objet d'excursions. Il s'agit d'îlots inhabités où nidifient diverses espèces. C'est notamment le cas de Tetiaroa, Tikehau, Mataiva et Ua Huka. Il faut savoir que la venue régulière de touristes sur ces sites constitue un élément perturbateur important, d'autant qu'aucune précaution n'est prise ni aucun contrôle exercé. Mal informés, certains touristes caressent les oiseaux dans le nid, sans savoir que la mère risque alors d'abandonner l'oisillon (attitude à proscrire !). Pour l'instant, aucune mesure d'encadrement n'a encore été prise, sauf à Tetiaroa, où il n'est plus possible d'accéder à l'îlot aux oiseaux.

(nudibranches, gorgones, alcyonaires) ne sont pas le point fort de la région et ne peuvent rivaliser avec les eaux de l'océan Indien.

Crustacés et échinodermes

Très recherchées pour leur chair, la squille (*varo*) et la langouste vivent sur la pente externe du récif (aux Tuamotu) ou tapissent le fond des cavernes des falaises (aux Marquises).

Les oursins se dissimulent dans les interstices du récif. Les deux espèces les plus courantes sont l'oursin noir à longs piquants (*vana*) et l'oursin crayon (*fetue*) aux longs piquants de forme cylindrique. Leurs gonades, consommées crues, sont très prisées. Cylindrique, allongée, l'holothurie (*rori*), ou concombre de mer, ressemble à un gros boudin noir ou gris. Elle vit posée sur le sable qu'elle filtre pour se nourrir des micro-organismes.

Autrefois, la coquille de nacre servait à réaliser des hameçons, leurres, ustensiles, outils, puis, au siècle dernier, des boutons.

Mollusques

Les coquillages, autrefois utilisés comme objets de parure, esthétiques ou religieux, servent aujourd'hui à confectionner des objets décoratifs, que l'on peut se procurer dans les centres artisanaux ou les boutiques de souvenirs. La plupart sont comestibles.

Leur biotope est diversifié : anfractuosités du récif, pinacles coralliens ou fonds sableux du lagon. Les plus représentés sont les gastéropodes et les bivalves, parmi lesquels figure le symbole des Tuamotu, la nacre (huître perlière) et le bénitier (*pahua*). Les bénitiers se reconnaissent à leur manteau chamarré qui se rétracte en cas de danger. Les bords externes des coquilles forment des ondulations. La coquille du troca, en forme de tortillon pyramidal, sert à la confection d'objets en nacre.

Le cône, ainsi nommé par allusion à sa forme, est une espèce dangereuse, car il sécrète un venin très puissant. La porcelaine est recherchée par les collectionneurs en raison de sa coquille marbrée ou tigrée. Quant aux gros murex, ils remplaçaient autrefois le pu, conque marine employée comme instrument à vent pour convier la population à une cérémonie.

Poissons

Certains poissons du large, dits pélagiques, viennent chasser près du récif. C'est le cas des requins (*mao*). Très fréquent dans les Tuamotu, le requin gris (*Carcharhinus amblyrhinchos*, *raira*), puissant et fuselé, mesurant près de 2 m, abonde à proximité des passes ou des tombants. Le requin-citron (*Negaprion acutidens*, arava) a une robe légèrement jaunâtre et peut atteindre 3 m. Il évolue près du fond, y compris dans les lagons et peut se montrer agressif. Le requin à aileron blanc du récif (*Carcharhinus albimarginatus*, *tapete*) se reconnaît à sa tache blanche située à l'extrémité de la nageoire dorsale. Il fréquente les tombants des Tuamotu, à des profondeurs supérieures à celles du raira, mais peut monter en cas de stimulation alimentaire. Sa taille peut dépasser 3 m. Le requin de récif à aileron noir (*Carcharhinus melanopterus*, *mauri*) et le requin du lagon à aileron blanc (*Trianodon obesus*, *mamaru*), de petite taille, fréquentent surtout les lagons et les passes, et sont inoffensifs. Le requin-tigre, le requin-marteau, le requin soyeux et le requin dormeur peuvent être aperçus occasionnellement.

Les barracudas (*ono*), solitaires ou en bancs, identifiables à leur profil effilé et à leurs reflets métalliques, sont également des prédateurs évoluant à proximité des passes.

Trois types de raies (*fafa piti*) fréquentent les eaux polynésiennes : les raies mantas, facilement reconnaissables à leurs cornes situées des deux côtés de la bouche, peuvent atteindre 4 mètres d'envergure, les raies-léopards (également appelées raies aigles), plus petites et mouchetées de taches sombres, et les raies pastenagues qui élisent domicile sur les fonds sableux où elles s'enfouissent partiellement.

Parmi les centaines d'espèces de poissons aux dimensions plus réduites, la murène est la plus impressionnante. Tapie dans les anfractuosités coralliennes du tombant, elle ne fait apparaître que sa gueule entrouverte, garnie de crocs acérés. Le débonnaire napoléon (*mara*), à la livrée vert-bleu, à la bouche lippue et pourvu d'une bosse frontale, dépasse fréquemment le mètre. La famille des loches et des mérous (*roi*) est largement représentée, tout comme celle des chirurgiens (*maito*), notamment le chirurgien noir et le chirurgien bagnard.

Les poissons-clowns et les demoiselles vivent en symbiose avec les anémones. Le bec-de-cane et le poisson-trompette sont très effilés. Les carangues (*uruati*) se déplacent souvent en bancs. Les poissons-perroquets ont un bec avec lequel ils broutent le corail. Les nasons (*ume*) se distinguent à leur rostre faisant nettement saillie au-dessus de la bouche. Les rougets, à la robe rouge orangée, forment des bancs compacts dans les failles du récif.

La famille des perches regroupe plusieurs espèces, dont les perches à raie bleue, que l'on aperçoit souvent en banc. Celle des balistes est variée et comprend, entre autres, le poisson Picasso, qui n'hésite pas à mordre les palmes des plongeurs pour défendre son territoire. Le poisson-cocher, ainsi nommé en raison de la forme de ses longues nageoires dorsales, le poisson-empereur et le poisson-papillon en sont les plus beaux spécimens. Le poisson-pierre, difficile à repérer à cause de son mimétisme, provoque une piqûre dangereuse, tout comme le ptéroïs, qui ressemble à une rascasse. Le poisson-coffre et le tétrodon se gonflent en cas de danger.

Les daurades coryphènes (mahi-mahi), les bonites, les thazards et les thons, très estimés pour leur chair, évoluent au large, mais s'approchent parfois du récif.

Cétacés

Les péponocéphales, ou dauphins d'Électre, sont présents à Nuku Hiva aux Marquises. Ils forment des rassemblements qui peuvent atteindre plusieurs centaines d'individus. Aux Australes, à Tahiti et à Moorea, ce sont les baleines à bosse (mégaptères) qui ont la vedette, chaque année entre juillet et octobre, et l'on peut nager en leur compagnie. Elles mesurent entre 13 et 18 mètres de long et viennent en Polynésie pour se reproduire (ce que confirme la présence de mâles chanteurs) et mettre bas, avant de repartir pour l'Antarctique, leur zone d'alimentation. On suppose que les eaux polynésiennes offrent des conditions idéales pour la reproduction et la survie des nouveaux-nés ; ceux-ci, à la naissance, mesurent quatre mètres et pèsent une tonne. La baleine à bosse est plutôt solitaire ou vit en petits groupes (2 à 4 individus). Elle est souvent observée à moins de 2 km du littoral et évolue donc préférentiellement près du récif barrière ou dans les baies.

Dans tous les archipels, les dauphins (stenelles et tursiops) sont monnaie courante, surtout près des passes.

Espèces menacées

La tortue fait l'objet de mesures de protection strictes, mais le braconnage est monnaie courante dans le secteur de Maupiti. Les requins, protégés par un arrêté depuis 2006, sont également sous la menace des pêcheurs, qui convoitent leurs ailerons, malgré l'interdiction (voir l'encadré ci-dessus). Leur nombre se raréfie dans les archipels.

Écologie et environnement

Les atolls et les îles hautes sont des milieux écologiquement fragiles, très sensibles à la moindre dégradation de l'environnement et régulièrement soumis à des "crises". Malheureusement, malgré quelques efforts perceptibles depuis plusieurs années, la Polynésie accuse un retard considérable en matière de protection. L'enjeu est pourtant capital : le tourisme, principale ressource de la Polynésie, repose sur l'intégrité de son patrimoine naturel, et la pollution écorne sérieusement l'image d'un paradis.

Traitement des déchets et des eaux usées

Les décharges, sauvages ou officielles, constituent l'aspect le moins reluisant de la Polynésie. En visitant l'une ou l'autre île, vous serez immanquablement confronté au triste spectacle d'ordures souillant le cadre naturel, parfois à deux pas du lagon. Ces décharges polluent les cours d'eau qui, à leur tour, déversent les déchets dans le lagon. Dans les îles hautes, le fort ruissellement dû aux eaux de pluie n'arrange rien.

Les structures d'accueil et de tri des déchets dans les îles sont encore trop peu nombreuses, mais quelques démarches ont cependant abouti et commencent à porter leurs fruits. Pour les déchets non recyclables, des centres d'enfouissement technique, répondant à des normes strictes, ont été installés à Tahiti ; il est prévu d'étendre ce système à d'autres îles. La collecte et le traitement des déchets toxiques (batteries, huiles, bouteilles en verre) est en usage sur plusieurs îles, dont Tahiti et Moorea.

Quant aux eaux usées, il n'existe pas de système public de traitement, sauf à Bora Bora, sur une partie de Tahiti et le secteur de Haapiti à Moorea. Les fosses septiques des habitations ou les ministations

LES INTERACTIONS AVEC LA FAUNE SOUS-MARINE

S'il existe aujourd'hui des normes en matière de construction hôtelière, la réglementation s'appliquant aux prestations touristiques lagonaires s'est durcie, même si elle n'est pas toujours respectée. Le nourrissage des requins est désormais interdit (la pratique a longtemps été répandue lors des tours du lagon en pirogue dans les îles de la Société ou dans les Tuamotu). Ces interactions avaient pour effet de perturber l'écosystème et de transformer le lagon en un vaste cirque qui n'avait plus rien de naturel. Le nourrissage des raies est, quant à lui, encadré, et toléré sur certaines zones uniquement.

Le même constat peut être dressé pour l'approche à la nage des baleines ; la réglementation visant à encadrer cette activité a été renforcée en 2018. Il est en effet essentiel de ne pas les perturber et leur approche doit se faire selon des règles très précises (approche à vitesse réduite, pas de sauts depuis le bateau, pas de cris, pas de mise à l'eau bruyante, distance minimale, observation uniquement à l'extérieur du lagon et des passes), malheureusement pas toujours respectées par des individus ou des prestataires peu scrupuleux qui confondent milieu naturel et parc d'attraction.

À Rangiroa, la présence régulière de dauphins près de la passe de Tiputa attire bon nombre de plongeurs, qui ne résistent pas à la tentation de les caresser quand ils s'approchent. Cette interaction est à proscrire, car les humains peuvent transmettre des virus par le biais de la peau de l'animal. Consultez le site www.dauphinsderangiroa.org.

Des plans de gestion des espaces maritimes et des aires marines protégées, destinés à contrôler les activités lagonaires de manière rationnelle, ont été mis en place à Moorea et à Bora Bora. Chaque activité a désormais un site identifié et réservé (feeding des raies, pêche, etc.). Le respect de ces zones reste cependant soumis au bon vouloir des prestataires, faute de contrôles réguliers.

des collectivités sont mal entretenues et peu fiables, et les eaux, imparfaitement traitées, filent vers le lagon.

Le récif corallien est particulièrement vulnérable face à ces agressions. À Tahiti et à Moorea, on estime que 30% du littoral est pollué. Seule Bora Bora s'est dotée d'une station d'épuration et d'un système de tout-à-l'égout performant. Dans les autres archipels, les problèmes existent mais sont d'une ampleur bien plus limitée en raison de la faible présence humaine.

L'interdiction des sacs plastiques est effective depuis le 1er janvier 2022.

Mata Tohora (www.matatohora.com et page Facebook) est une association polynésienne qui a pour objectif la protection des baleines (entre autres). Elle mène régulièrement des actions de sensibilisation. L'association Oceania (www.facebook.com/OceaniaAssociation), basée à Moorea, est également impliquée dans la protection des cétacés.

Impact du tourisme

Le tourisme, apparemment bien contrôlé, ne défigure pas le paysage. Les grands hôtels sont soumis à des normes strictes, tant sur le plan sanitaire qu'architectural, et se marient plutôt harmonieusement au paysage. Pourtant, on compte très peu d'"hôtels verts", et la mode des écolodges n'a pas encore touché la Polynésie. Certaines limites commencent à être dépassées, notamment à Bora Bora, où le nombre d'hôtels de luxe a explosé en quelques années, modifiant sensiblement l'aspect du littoral. Les déblais et les remblais dus aux constructions contribuent à affaiblir les organismes coralliens du lagon et à détruire les biotopes des poissons habituellement inféodés à ce type d'habitat. Reste le problème de la réglementation des activités touristiques.

Impact des phénomènes naturels

Des phénomènes naturels, ou partiellement naturels, sont également facteurs de troubles. Il n'est qu'à signaler le blanchiment du corail, dû à l'élévation anormale de la température de l'eau (au-dessus de 30°C) entre 0 et -15 m et à une irradiation trop importante en rayons ultraviolets, liées au phénomène climatique El Niño. Pour les spécialistes, ce phénomène est cyclique. Il n'est en tout cas pas irréversible, et les coraux peuvent retrouver leurs vraies couleurs si la température baisse.

Autre sujet de préoccupation : les plantes envahissantes, qui menacent la biodiversité. Ainsi, treize plantes figurent sur la liste noire en raison de leur impact écologique sur les milieux naturels. Il s'agit notamment du *Miconia calvescens*, implanté en 1937 à titre de plante ornementale – il présente de jolies feuilles vertes aux reflets violets –, qui a envahi une partie du paysage à Tahiti et à Moorea. Très prolifique, il évince progressivement le reste du couvert végétal. Il est étudié de près par les autorités politiques et scientifiques, qui cherchent à combattre la progression de ce redoutable ennemi. Autres plantes dans le collimateur : le tulipier du Gabon, reconnaissable à

REQUINS, TORTUES, MÊME COMBAT

L'appât du gain à court terme aura-t-il raison des requins et des tortues de Polynésie ? On peut le craindre. Malgré l'interdiction du *shark finning* (capture des requins, pour leurs ailerons, destinés au marché asiatique) en Polynésie, en 2006, à la suite d'une mobilisation de l'opinion, la pratique, désormais illégale, se poursuit clandestinement et plusieurs espèces de requins sont encore menacées. Il est malheureusement difficile de faire respecter la loi partout en Polynésie, faute de moyens de surveillance efficaces sur un territoire maritime grand comme l'Europe.

Le sort des tortues n'est pas plus enviable. Elles bénéficient de mesures de protection strictes, mais le braconnage persiste du côté de Maupiti, là encore faute d'une "police verte". Les touristes peuvent jouer un rôle en faisant part de leur mécontentement auprès des autorités locales, notamment les mairies ou l'office du tourisme à Papeete.

ses grandes fleurs orange ou rouges, le lantana, un arbuste épineux à fleurs jaunes, oranges ou rouges, le framboisier et la fougère arborescente d'Australie.

Les insectes nuisibles font également des ravages, notamment la mouche du fruit qui dévaste les cultures fruitières, et la fourmi de feu, destructrice, dont le venin provoque des maladies sur les animaux – présente sur la côte est de Tahiti. N'ayant pas de prédateurs, elle s'est développée de manière exponentielle.

Certaines espèces introduites ont également bouleversé l'écosystème polynésien. Le merle des Moluques, introduit au XIXe siècle pour lutter contre les guêpes et les insectes, s'en prit finalement aux fruits. De même, le bulbul à ventre rouge, un passereau présent à Tahiti, à Moorea et à Raiatea, s'attaque aux plantes agricoles et aux fleurs.

Les coraux des îles de la Société ont été victimes voici quelques années d'une étoile de mer vorace, l'*Acanthaster planci*, appelée localement *taramea*.

Impact des essais nucléaires

La question des essais nucléaires (voir p. 388) à Moruroa et à Fangataufa (sud-est des Tuamotu), et de leurs répercussions, est épineuse. Tous les experts ne sont pas d'accord, mais il est difficile d'admettre que des dizaines d'explosions nucléaires dans le socle d'un atoll, fût-il basaltique, ne provoquent aucun dommage écologique. Certains estiment que l'atoll est fissuré et que des éléments radioactifs s'en échappent.

Plus graves encore, les pluies radioactives, issues des tirs dans l'atmosphère qui eurent lieu entre 1966 et 1974, ont causé des dégâts sur la santé de la population, et font actuellement l'objet d'enquêtes. Les atolls proches de Moruroa, ainsi que les Gambier, en première ligne, auraient été gravement contaminés. Selon certains rapports, les autorités auraient minimisé l'impact des retombées des nuages radioactifs pour ne pas affoler la population. Les anciens de Moruroa ont créé une association, Moruroa e Tatou, pour faire pression sur le gouvernement français. Depuis 2005, une commission d'enquête a entrepris un travail d'investigation pour mesurer les conséquences sanitaires de ces essais atmosphériques (notamment des taux de cancer de la thyroïde anormalement élevés et d'autres pathologies radio-induites chez les personnes ayant travaillé à Moruroa). Elle s'est au départ heurtée au secret défense imposé par le ministère de la Défense, mais depuis 2010 la loi Morin relative à la reconnaissance et l'indemnisation des victimes des essais nucléaires français reconnaît les dommages sanitaires liés aux expérimentations. La question de l'impact sanitaire des essais est très sensible en Polynésie et pèse sur les relations avec la métropole. Selon certaines informations révélées en 2021, la population a été exposée à des doses de radioactivité supérieures à celles annoncées par l'État, qui n'aurait donc ni alerté ni protégé la population. La venue d'Emmanuel Macron en juillet 2021 a permis de calmer le jeu, car le président français a reconnu une "dette" de la France à l'égard de la Polynésie et a promis une ouverture des archives, ce qui devrait favoriser les indemnisations. Mais ni un pardon de la part de la France ni même une reconnaissance formelle de responsabilité ne sont à l'ordre du jour.

Protection de la flore et de la faune

Les réserves marines ou terrestres sont peu nombreuses. Elles se limitent aux atolls de Scilly et de Bellinghausen (archipel de la Société), à plusieurs zones maritimes à Moorea et, depuis 2006, à une zone comprenant sept atolls des Tuamotu, dont Fakarava, qui ont obtenu le statut de "réserves de la biosphère" par l'Unesco. C'est encore bien peu pour un territoire grand comme l'Europe ! De plus en plus de spécialistes préconisent la mise en place d'aires marines protégées dans les lagons des îles touristiques. Moorea est la première île à avoir retenu cette démarche, mais son application reste limitée.

Une autre aire marine protégée est à l'étude aux Marquises, et devrait couvrir plus de la moitié des eaux de l'archipel, mais, selon les défenseurs de l'environnement, sa portée restera limitée car le développement de la pêche industrielle (thoniers, navires-usines) aux Marquises est en contradiction avec la préservation du patrimoine halieutique.

Plusieurs espèces sont protégées, notamment les raies et les tortues, ainsi que les requins depuis 2006. Certains poissons et crustacés, dont les langoustes, sont soumis à des interdictions de pêche temporaires. Malgré tout, on continue à braconner les tortues pour leur chair, traditionnellement très prisée par les Polynésiens, et leur carapace décorative. N'encouragez en aucune façon cette pratique. L'île de Scilly est devenue une réserve protégée pour qu'elles puissent pondre en toute sécurité.

Les voyageurs ont également une responsabilité dans la protection de l'environnement. Abstenez-vous de ramasser des coquillages. En plongée, évitez les coups de palme intempestifs qui brisent les coraux, très fragiles. De même, les plaisanciers au mouillage s'assureront que l'ancre ne laboure pas les massifs de coraux.

Il est également regrettable que l'on laisse s'approcher les touristes – sans précaution aucune, ni information préalable – des sites de nidification d'oiseaux dans plusieurs îles, à l'occasion d'excursions lagonaires (voir l'encadré p. 428).

Tahiti pratique

Carnet pratique

Ambassades et consulats

Les Belges, les Suisses et les Canadiens devront s'adresser à l'ambassade ou au consulat de France dans leurs pays respectifs.

Quelques pays étrangers sont représentés à Papeete par des consuls honoraires. Voici quelques contacts de ces représentations consulaires :

- **Belgique** (☎40 50 65 65 ; consulbelge@mail.pf)
- **Canada** (☎40 46 88 53 ; marc.j.siu@mail.pf)
- **Suisse** (☎40 42 00 30 ; papeete@honrep.ch)
- **Nouvelle-Zélande** (☎40 50 02 95 ; nzhonconsulate@mail.pf)
- **Chili** (☎40 43 89 19 ; chilepapeete@mail.pf)

Argent

Banques

Les trois enseignes bancaires sont la Banque de Tahiti, la Banque de Polynésie et la Socredo. La banque Socredo est la banque locale par excellence et bénéficie de l'implantation géographique la plus large. Dans certains archipels, comme aux Marquises, c'est d'ailleurs la seule enseigne représentée.

À l'exception de la Socredo, qui dispose d'un nombre égal d'agences dans les îles et à Tahiti, la plupart des succursales sont concentrées dans l'agglomération de Papeete et dans les îles les plus peuplées, principalement Moorea, Raiatea et Bora Bora. Toutes les îles de l'archipel de la Société, à l'exception de Maupiti, possèdent au moins une agence bancaire. Dans les Tuamotu, seule Rangiroa abrite des services bancaires permanents. Aux Marquises, Ua Pou, Nuku Hiva et Hiva Oa possèdent une agence Socredo. Aux Australes, Rurutu et Tubuai offrent des services bancaires.

Dans les îles dépourvues de services bancaires, il faudra être très prévoyant et vous munir de suffisamment d'espèces pour régler toutes vos dépenses (hébergement, nourriture, transferts, activités, souvenirs).

Les horaires d'ouverture varient d'une succursale à l'autre, mais, en général, les agences ouvrent de 8h à 12h et de 13h à 16h en semaine (voire 15h ou 15h30 le vendredi). Certaines à Papeete ne ferment pas durant la traditionnelle pause du déjeuner et quelques-unes sont ouvertes le samedi matin.

Cartes de crédit

Les grands hôtels et les établissements de la gamme moyenne, les pensions haut de gamme, les restaurants fréquentés des îles touristiques, les boutiques de souvenirs et les joailleries, les centres de plongée, les principaux supermarchés et la plupart des agences Air Tahiti acceptent les règlements par carte de crédit (Visa et MasterCard, principalement).

Pour les autres prestations touristiques (tour de l'île en pirogue, la plupart des pensions de famille, etc.), il faudra vous munir d'espèces.

Pour chaque description d'hôtel ou de restaurant, nous avons précisé si le paiement doit s'effectuer en espèces uniquement.

Change

Les banques ont suspendu leur service de change durant la crise Covid. Renseignez-vous sur place si vous comptez changer des espèces. Il n'y a pas de bureau de change indépendant, sauf à l'aéroport de Tahiti Faaa.

La parité du franc CFP étant fixe par rapport à l'euro (1 € pour 119,33 CFP), les fluctuations des autres devises par rapport au franc CFP suivent les fluctuations par rapport à l'euro.

Certains opérateurs touristiques (restaurants, hébergements, prestataires d'activités) acceptent d'être directement payés en euros.

Distributeurs automatiques de billets (DAB)

Les distributeurs automatiques de billets vous permettront de retirer des espèces avec votre carte Visa ou MasterCard. Sur ces transactions, il n'y a habituellement pas de commission prélevée par votre banque si vous disposez d'un compte en euros, mais mieux vaut s'en assurer avant votre départ auprès de votre agence bancaire.

Vous n'aurez aucun problème pour trouver des distributeurs à Tahiti. En revanche, dans les autres îles, leur nombre est nettement plus réduit. Vous en trouverez quatre ou cinq seulement à Moorea, Huahine, Raiatea ou Bora Bora et un à Maupiti. Dans les Tuamotu, il n'y a que trois distributeurs, (deux à Rangiroa, un à Fakarava). Aux Marquises, il existe trois distributeurs de billets à Nuku Hiva, trois à Hiva Oa et deux à Ua Pou. Aux Australes, il existe deux distributeurs à Rurutu, deux à Tubua, un à Raivavae et un à Tubuai.

Prévoyez dans tous les cas une réserve en espèces pour ne pas être pris au dépourvu.

Monnaie

L'unité monétaire de Polynésie française est le franc CFP (Confédération française du Pacifique, dit franc cours Pacifique). Les espèces se subdivisent en pièces de 1, 2, 5, 10, 20, 50 et 100 CFP et en billets de 500, 1 000, 5 000 et 10 000 CFP.

Pourboires

On a longtemps clamé que le pourboire n'était pas de mise en Polynésie, sous prétexte qu'il n'était pas adapté à la mentalité locale. Il semble que les temps commencent à changer, notamment dans les îles touristiques. Pour le personnel des hôtels et des restaurants, souvent peu payés, le pourboire peut constituer une gratification bienvenue. Pour l'instant, cette pratique n'est pas encore courante, mais n'ayez pas de scrupule à laisser un pourboire si vous êtes content du service.

On ne marchande pas en Polynésie. La seule possibilité de marchandage concerne les perles de Tahiti (mais pas dans toutes les enseignes), ainsi que les objets artisanaux vendus directement par les artisans (sculptures marquisiennes, par exemple), à condition d'en acheter plusieurs.

Taxes

Dans cet ouvrage, les tarifs s'entendent toutes taxes comprises, sauf mention contraire. La note d'hébergement est majorée d'une taxe de séjour de 50 ou 150 CFP (200 CFP à Bora Bora) selon le type d'hébergement, par jour et par personne, dans les îles les plus touristiques.

PRATIQUE

- Le courant électrique est de 220 volts à 60 MHz (contre 50 MHz en métropole). Cette légère différence ne pose pas de problème, sauf pour certains appareils, de type réveils, qui tourneront plus vite s'ils sont branchés sur le secteur. Les prises, analogues à celles de la métropole, sont dotées de deux broches rondes.
- Le système métrique est en vigueur en Polynésie française.
- La couverture par le réseau de téléphonie mobile polynésien est excellente. Les téléphones portables des opérateurs français fonctionnent si l'option "Monde" a été préalablement activée.
- Le Wi-Fi est répandu dans tous les archipels mais le débit est bon dans les îles de la Société, dans quelques atolls des Tuamotu et quelques îles des Marquises (depuis qu'un câble sous-marin a été installé entre Tahiti, les Tuamotu et les Marquises en 2019).
- Vous pourrez suivre les journaux télévisés français sur Polynésie La 1re.
- Munissez-vous de suffisamment d'espèces, car le plafond habituel de retrait hebdomadaire de votre carte de crédit risque de ne pas suffire pour couvrir vos dépenses.

Assurance

Il est conseillé de souscrire une police d'assurance qui vous couvrira en cas de vol, de perte de vos affaires ou de problèmes médicaux. Il existe une large gamme d'assurances et certaines offrent des options plus ou moins intéressantes. Prenez toujours le temps de lire attentivement toutes les clauses.

Vérifiez notamment que les "sports à risques", comme la plongée, la moto ou même la randonnée ne sont pas exclus de votre contrat, ou encore que le rapatriement médical d'urgence, en ambulance ou en avion, est couvert. De même, le fait d'acquérir un véhicule dans un autre pays ne signifie pas nécessairement que vous serez protégé par votre propre assurance.

Vous pouvez contracter une assurance qui réglera directement les hôpitaux et les médecins, vous évitant ainsi d'avancer des sommes qui ne vous seront remboursées qu'à votre retour.

Avant de souscrire une police d'assurance, vérifiez bien que vous ne bénéficiez pas déjà d'une assistance par votre carte de crédit, votre mutuelle ou votre assurance automobile.

N'oubliez pas de prendre avec vous les documents relatifs à l'assurance, ainsi que les numéros à appeler en cas d'urgence.

Climat

Gare à la déception : le climat n'est pas toujours paradisiaque en Polynésie, contrairement à une idée largement répandue. Les températures sont certes toujours clémentes, mais l'ensoleillement et le ciel bleu ne sont pas toujours au rendez-vous, loin de là. Ciel voilé, pluies fines ou torrentielles, journées de grand vent à décorner les bœufs, mer agitée... Sur la durée de votre séjour, vous n'échapperez pas à ces désagréments météorologiques. Gardez à l'esprit que la Polynésie, entre l'Équateur et le tropique du Capricorne, connaît un climat de type tropical *humide*. Il y pleut donc régulièrement, et en toutes saisons !

Saisons et températures

On a coutume de distinguer deux saisons dans l'année. La saison des pluies (été austral) s'étend de novembre à avril. Les températures sont maximales en février-mars (entre 24 et 31°C en mars à Tahiti-Faa'a), entraînant une intense évaporation au-dessus de l'océan. L'air est saturé d'humidité, la nébulosité, élevée et l'atmosphère, étouffante. Les trois quarts des précipitations annuelles s'abattent au cours de cette période, généralement sous forme de violents orages de courte durée, mais des pluies torrentielles pendant plusieurs jours sont également monnaie courante.

La saison sèche (hiver austral) couvre les mois de mai à octobre. Les pluies sont en principe moins fréquentes, l'air est plus sec et les températures légèrement plus fraîches (entre 21 et 28°C en août à Tahiti-Faaa), surtout la nuit. Pour autant, les épisodes pluvieux sont courants, même à cette période.

La température de l'eau reste, elle, relativement constante sur l'année (entre 26 et 29°C, un peu moins aux Australes et aux Gambier en juillet-août).

Nuances régionales

Le climat polynésien est loin d'être uniforme. Le relief et la latitude jouent un rôle essentiel. Aux Tuamotu, les alizés se font nettement plus sentir en raison de l'absence de relief. L'ensoleillement est maximal et avoisine 3 000 heures par an. Les Marquises, bien que proches de l'Équateur, sont l'archipel le plus sec de Polynésie (à peine 600 à 900 mm d'eau par an à Ua Huka). À la différence des autres archipels, les pluies sont surtout concentrées entre juin et août. Aux Australes et aux Gambier, les archipels les plus méridionaux, la pluviométrie est élevée et les températures nettement plus fraîches entre juin et septembre ; le mercure descend alors régulièrement sous la barre des 20°C (voire 12°C à Rapa), en particulier la nuit.

Sur une même île, les précipitations sont très variables en fonction de l'altitude, de l'exposition aux vents et du profil des vallées. Les côtes au vent sont nettement plus arrosées que les côtes sous le vent, abritées. La nébulosité, plus marquée près des sommets, donne lieu à des précipitations plus abondantes.

Régime des vents

La Polynésie française est soumise au régime des alizés, qui soufflent du secteur nord-est à sud-est avec une force de 40 à 60 km/h en toute saison. Le *maraamu* (alizé du sud-est), fréquent au cours de la saison sèche, est assez frais et apporte des précipitations et une forte nébulosité. Le *toerau* (vent du nord-nord-est) souffle occasionnellement

CONSEILS AUX VOYAGEURS

La plupart des gouvernements possèdent des sites Internet qui recensent les dangers possibles et les régions à éviter. Consultez notamment les sites suivants :

- Ministère français des Affaires étrangères (www.diplomatie.gouv.fr)
- Ministère des Affaires étrangères de Belgique (www.diplomatie.belgium.be)
- Ministère des Affaires étrangères du Canada (www.voyage.gc.ca)
- Département fédéral des Affaires étrangères suisse (www.eda.admin.ch)

durant l'été austral et il est annonciateur de pluie. Dans les îles hautes, une brise matinale bienfaisante, le *hupe*, vient atténuer la touffeur de la plaine.

Cyclones

En principe, la Polynésie devrait être épargnée par les cyclones, qui se forment plus à l'ouest. Pourtant, en raison de trajectoires anormales, la Polynésie a connu de nombreux cyclones dévastateurs au XXe siècle ; le dernier en date, Oli, a causé des dégâts à Tubuai (Australes), à Tahiti, à Bora Bora et à Maupiti en février 2010. Pendant la saison humide, il est courant que la Polynésie soit touchée par des dépressions tropicales, d'intensité moindre que les cyclones.

PLAFONDS DE RETRAIT

Attention ! Les retraits dans un distributeur avec une carte bleue internationale classique de type Visa ou MasterCard sont plafonnés (généralement 35 000 CFP, soit 295 €, sur une période de 7 jours glissants). Ce plafond hebdomadaire est rapidement atteint et, pour peu qu'ils n'aient plus d'espèces, certains touristes se retrouvent piégés, sans moyens de paiement... Il existe une solution : demandez à votre banque une carte de crédit internationale autorisant des retraits hebdomadaires d'un montant supérieur, comme la carte Visa Premier par exemple (jusqu'à 100 000 CFP par période de 7 jours glissants). Dans tous les cas, ne comptez pas uniquement sur les retraits effectués avec votre carte de crédit pour subvenir à vos besoins courants. Emportez toujours en plus des espèces.

Désagréments et dangers

Baignade

La baignade dans les eaux du lagon est généralement sûre, mais il faut se méfier des courants violents qui règnent à proximité des passes, qui peuvent vous entraîner très loin. Renseignez-vous préalablement auprès des centres de plongée, qui sont les mieux informés. Si vous faites du paddle ou du kayak, il est conseillé de vous équiper d'un gilet ; les lagons peuvent être agités et les courants peuvent vous faire dériver.

À moins de pratiquer la chasse sous-marine à l'extérieur du récif, les requins, bien que très nombreux en Polynésie, ne posent pas de danger, même si quelques incidents de type morsures ont été rapportés entre 2020 et 2022, aux Gambier, à Tikehau, à Tahiti et à Moorea. Méfiez-vous plutôt des poissons pierre, plus traîtres, car ils se confondent avec leur environnement, et leur piqûre peut être mortelle. N'oubliez pas de toujours porter des sandalettes à semelle rigide aux pieds.

Dans les environs de Papeete, certaines zones balnéaires peuvent être contaminées par des eaux d'égout non traitées.

Chutes de noix de coco

Les noix de coco présentent un réel danger. Des touristes ont perdu la vie suite à la chute de noix de coco qui se détachent de l'arbre. Pesant plusieurs kilos, elles provoquent à coup sûr de très sérieuses lésions si elles tombent sur l'infortuné qui se trouve sous l'arbre. Il est donc recommandé de ne pas bronzer sous un cocotier, ni même de passer à proximité du tronc. Les hôtels, en principe, veillent à "décocotiser" leur parcelle pour éviter ce genre d'accident. Attention aussi lors des excursions lagonaires, sur les motu isolés, si vous vous écartez du lieu de pique-nique, car les arbres ne sont pas décocotisés.

Moustiques, nonos et guêpes

Si le paludisme est inexistant en Polynésie française, la dengue et le chikungunya (voir p. 463) constituent un risque à prendre au sérieux. La présence de moustiques peut se révéler pénible, surtout pendant la saison des pluies. Ils ne posent guère de problème en bord de mer, car la brise marine les chasse au loin, mais, à l'intérieur des terres, ils peuvent constituer un véritable cauchemar. Munissez-vous impérativement de produits antimoustiques puissants et pensez à vous couvrir, malgré la chaleur.

Quant aux nonos, il s'agit d'une espèce de minuscule mouche des sables qui sévit principalement aux Marquises. Encore plus redoutable que celle des moustiques, leur morsure provoque des démangeaisons parfois insupportables, qui risquent de s'infecter. Certains voyageurs ont vu leur séjour gâché par ces nuisibles. À titre de prévention, il faut s'enduire de monoï ou d'huile de *tamanu* (le nono s'y englue), mais il n'existe pas de remède miracle. Couvrez-vous au maximum et évitez les endroits mal ventilés – comme les moustiques, les nonos n'aiment pas les endroits ventés.

Si vous randonnez, attention à d'éventuels nids de guêpes ; les piqûres infligées par ces dernières sont particulièrement douloureuses.

Chiens et coqs

Quel que soit le degré d'adoration que l'on porte aux animaux, il faut se rendre à l'évidence : en Polynésie, les chiens sont un véritable calvaire. La loi sur la divagation des chiens n'est pas appliquée, faute de volonté des maires. La nuisance n'est pas que sonore... Les Polynésiens adorent les canidés (y compris les pitbulls, qui ont été à la mode pendant quelques années), qu'ils considèrent comme des jouets quand ils sont chiots. Ils les délaissent à l'âge adulte. Plus ou moins livrés à eux-mêmes, ceux-ci forment des meutes inquiétantes dès la nuit tombée, et les attaques ne sont pas rares. Si vous vous promenez dans un endroit isolé ou à la tombée de la nuit, munissez-vous d'un bâton. Si un chien vous importune, faites mine de prendre une pierre – généralement cette menace suffit à les éloigner.

Quant aux coqs, également omniprésents en Polynésie, vous n'oublierez pas de sitôt leur chant *très* matinal. Certaines pensions qui paraissent très calmes en journée sont malheureusement environnées de coqs qui ont la fâcheuse manie de chanter à tue-tête sous la fenêtre de votre bungalow dès 3h.

Vols et agressions

Les vols et la petite délinquance sont en augmentation, principalement dans l'agglomération de Papeete. Dans les îles, les vols sont relativement rares, sauf dans les îles les plus touristiques, notamment à Moorea et à Bora Bora, où sévissent des bandes de jeunes malfrats. Les larcins sont principalement dus à l'absence de vigilance des touristes qui attisent les tentations en laissant des objets de valeur sans surveillance sur le bord de mer ou dans leur voiture de location. Dans les bungalows – même ceux qui ferment à clé –, ne laissez pas d'argent ou d'objets de valeur. Il est en effet facile d'y pénétrer par effraction. Dans les hôtels de luxe, utilisez le coffre-fort mis à disposition.

Les agressions à l'encontre des touristes sont rares. Elles sont le plus souvent le fait de jeunes en état d'ébriété ou sous l'emprise du cannabis. Peut-être serez-vous gratifié de quelques insultes telles "*taioro*" ou "*titoi*", dont nous vous laissons le soin de découvrir la signification exacte sur place. Ne répondez pas aux provocations et passez votre chemin.

Dans les endroits isolés, les femmes seules doivent faire preuve de vigilance. Les risques d'agression sexuelle ne sont pas à exclure. Choisissez systématiquement un hébergement fermant à clé et tirez les rideaux pour décourager les voyeurs.

Reportez tout incident à la gendarmerie locale ou à la police. Sur les îles peu peuplées, le représentant de l'ordre est le *mutoi* (l'équivalent d'un policier municipal), en l'absence de police ou de gendarmerie.

Alcoolisme

Vous remarquerez vite que les Polynésiens sont de grands consommateurs de bière, notamment lors des "bringues" et autres fêtes locales. Passé une certaine dose, ils ont l'alcool mauvais et aiment en découdre physiquement. On ne compte plus les altercations liées à l'abus d'alcool à la sortie de certains bars à Papeete. Vu la force légendaire des Polynésiens, éclipsez-vous rapidement. Attention également lors des fêtes de juillet, dans toutes les îles ; c'est une période pendant laquelle la population a tendance à se "lâcher" plus que d'habitude, et les beuveries près des "baraques" (les stands, près des animations) dégénèrent régulièrement en fin de soirée.

Drogue

La culture clandestine de la marijuana locale, le *pakalolo*, très fort, a pris des proportions alarmantes, et les jeunes Polynésiens en consomment très régulièrement (imités par de nombreux Occidentaux installés en Polynésie). La police intensifie ses actions à la mesure de cette recrudescence. Refusez catégoriquement toute proposition. Depuis 2005, une autre drogue, encore plus dévastatrice, l'*ice* (une sorte de crack de mauvaise qualité), sévit également à Tahiti , et est aujourd'hui considérée comme un problème de santé publique.

Insécurité routière

Liée aux deux désagréments précédemment évoqués, l'insécurité routière est un fléau dans toute la Polynésie. Il n'y a qu'à se promener à Papeete ou dans sa banlieue un soir de week-end pour prendre la mesure du phénomène. Boire ou conduire, les Polynésiens n'ont pas choisi, malgré le renforcement des contrôles de gendarmerie. À la conduite en état d'ébriété vient s'ajouter la vitesse excessive, à l'origine de nombreux accidents mortels. Le pays détient de tristes records dans ce domaine – le taux d'accidents mortels serait cinq fois supérieur à celui de la métropole. Sur la RDO (la deux fois deux voies, entre Papeete et Punaauia), les jeunes se livrent à des "runs" (courses) dévastateurs, à moto, en scooter ou en voiture, les soirs de week-end.

Faites très attention aux véhicules non signalisés ou mal éclairés, ainsi qu'aux enfants qui marchent sur le bord de la route. Dans les îles, ne relâchez pas votre vigilance. Sur les routes qui font le tour de l'île, il est tentant de se laisser absorber par le paysage et d'oublier les règles de conduite, et les accidents qui s'ensuivent peuvent être graves, d'autant plus qu'il n'y a pas de bas-côtés ou de trottoirs.

Sécurité des bateaux de plaisance

Les équipages des bateaux de plaisance devront faire tout particulièrement attention à leur matériel et à leurs objets de valeur. Les vols sont monnaie courante, surtout à Tahiti, à Bora Bora et aux îles Marquises.

Douane

Les restrictions habituelles concernant l'alcool et le tabac s'appliquent à l'arrivée en Polynésie française. Vous disposez d'une franchise de 200 cigarettes, de 2 litres de vin et de 2 litres de boissons à plus de 22°, de 500 g de café, de 100 g de thé et de 250 ml pour les eaux de toilettes. L'introduction d'animaux et de végétaux est soumise à des autorisations particulières. Les animaux arrivant à bord de voilier ne peuvent débarquer à terre.

Pour l'exportation de perles, vous bénéficiez d'une exemption de taxes jusqu'à 10 perles nues (au-delà, c'est considéré comme une activité commerciale), et autant de perles montées que vous le souhaitez.

Enfants

Les Polynésiens adorent les enfants et réservent un excellent accueil aux familles. Le climat, le cadre naturel et les joies de l'eau, tout concourt à faire de la Polynésie un paradis pour les enfants. L'absence de réel danger dû à des piqûres ou morsures est un argument rassurant. De plus, la circulation réduite (à l'exception de Papeete) limite les risques d'accident. Ils auront l'occasion d'approcher la faune marine de très près et de découvrir les richesses du milieu naturel (à l'occasion d'une balade à pied ou à cheval,par exemple), dans de bonnes conditions de sécurité. Les enfants peuvent s'initier à la plongée dès l'âge de 8 ans.

Veillez toutefois à ce que les vaccins soient à jour et emportez le carnet de santé. Prévoyez un porte-bébé, des vêtements légers mais couvrant l'ensemble du corps, ainsi que de l'écran total. Ne laissez pas votre enfant sans surveillance près des plages ou des récifs. Achetez de l'eau minérale pour les biberons et faites boire fréquemment vos enfants. Les couches sont très chères, même dans les grandes surfaces à Papeete. L'allaitement en public ne pose pas de problème.

En cas d'urgence, sachez qu'il existe des structures médicales partout en Polynésie. Le centre hospitalier du Taaone à Pirae (Tahiti ; voir p. 80) abrite un service pédiatrique ultramoderne. Assurez-vous que votre assistance rapatriement couvre également votre enfant.

Les familles embarquent prioritairement sur les avions d'Air Tahiti. La carte Famille (3 500 CFP, une photo d'identité du père et de la mère, un extrait d'acte de naissance par enfant), délivrée immédiatement à l'agence d'Air Tahiti à Papeete, vous donne droit à d'importantes réductions sur les vols en période bleue.

Dans les hôtels ou pensions, les enfants de moins de 12 ans ne paient en général que 50%, comme pour les excursions à terre ou sur le lagon. Les restaurants ne proposent que rarement des menus enfants et n'ont pas de chaises bébé, mais les familles sont les bienvenues.

Hormis à Papeete, les loueurs de voiture disposent rarement de sièges enfants.

Formalités et visas

Passeport et visas

Tous les visiteurs se rendant en Polynésie française, y compris les citoyens français, doivent se munir d'un passeport valable encore 6 mois après leur date de retour.

Les citoyens français n'ont pas besoin de visa. Les ressortissants des pays de l'Union européenne, ainsi que les Suisses et les Canadiens, peuvent séjourner en Polynésie française jusqu'à 3 mois sans visa. Les ressortissants des autres pays devront se munir d'un visa délivré par les missions diplomatiques françaises, avec la mention "valable pour la Polynésie française".

Hormis les résidents permanents, les citoyens français et les citoyens des pays de l'Union européenne, tout visiteur doit être muni d'un billet de retour ou de prolongation de son voyage. La réglementation concernant les visas d'entrée en Polynésie française étant sujette à modification, les visiteurs devront vérifier la validité de la durée des visas peu de temps avant leur départ, auprès d'un consulat français ou de leur agent de voyages.

Transit par les États-Unis

Les vols en provenance d'Europe à destination de Papeete transitent par Los Angeles, et une réglementation spécifique s'applique aux voyageurs en transit sur le sol américain.

Seuls les personnes munies d'un passeport biométrique peuvent transiter sur le sol américain. Toutefois, une autorisation de voyage électronique, appelée **ESTA**, est nécessaire pour le transit aux États-Unis. Connectez-vous au site esta.cbp.dhs.gov et remplissez en ligne le formulaire de demande. La réponse est en général immédiatement fournie par le système électronique, mais il est conseillé de s'acquitter de cette formalité au moins 72 heures avant la date du départ. Une taxe de 21 $US est exigée (payable en ligne). L'ESTA est valable deux ans.

Dans tous les autres cas, un visa est indispensable. Vous pourrez vous le procurer auprès de l'ambassade des États-Unis de votre pays d'origine. Renseignez-vous suffisamment à l'avance auprès de votre agent de voyages ou de la compagnie aérienne sur les modalités de transit aux États-Unis au moment de votre départ.

Prolongation de visa

Le séjour des étrangers ne peut excéder 3 mois. Au-delà, il faut solliciter un permis de séjour auprès des autorités consulaires françaises dans votre pays d'origine.

Permis de conduire

Pour les Français, le permis national suffit. Pour les autres nationalités, bien qu'en pratique les agences de location ne soient pas trop regardantes sur l'origine du permis, il est préférable de se munir d'un permis de conduire international.

Formalités pour les bateaux de plaisance

Outre la présentation du titre de propriété du navire, les plaisanciers sont soumis aux mêmes obligations de passeport et de visa que les personnes arrivant par avion. À moins de disposer d'un billet d'avion retour, les plaisanciers qui n'appartiennent pas à l'Union européenne doivent s'acquitter d'une caution bancaire de rapatriement d'un montant équivalent au prix d'un billet retour à destination de leur pays d'origine.

Les plaisanciers doivent signaler leur départ définitif à la police aux frontières à Papeete ou à la gendarmerie de Raiatea, qui donne alors la mainlevée de ladite caution. Cette mainlevée doit être présentée à la gendarmerie de la dernière île touchée (en règle générale, Bora Bora). Les plaisanciers peuvent alors récupérer leur caution. À noter : chaque membre d'équipage est tenu de verser la caution, déposée dans une banque locale.

La première touchée doit obligatoirement se faire dans les ports dotés d'une gendarmerie, autrement dit Papeete, Afareaitu (Moorea), Uturoa (Raiatea), Fare (Huahine), Vaitape (Bora Bora), Taiohae (Nuku Hiva, Marquises), Hakahau (Ua Pou, Marquises), Atuona (Hiva Oa, Marquises), Mataura (Tubuai, Australes), Moerai (Rurutu, Australes), Rairua (Raivavae, Australes), Avatoru (Rangiroa, Tuamotu) ou Rikitea (Mangareva, Gambier). Chaque départet chaque arrivée doivent être signalés à la gendarmerie. Toute modification d'équipage doit être notifiée.

Dans le domaine des douanes, le bateau et le matériel à bord sont considérés comme étant en franchise de taxes pendant 36 mois. À noter : si le capitaine travaille ailleurs que sur le bateau, il ne bénéficie plus de cette franchise et doit s'acquitter des droits d'importation sur le bateau. Avant d'arriver au port à Papeete, prévenez de votre arrivée sur le canal 12. Le seul mouillage autorisé est au quai des yachts. Il n'existe pas de place réservée. Présentez-vous au bureau des yachts pour remplir une déclaration d'entrée. Vous devrez vous acquitter de diverses contributions : taxe de quai journalière, taxe pour l'eau, pour l'électricité et pour les frais de poubelle. Outre la marina de Papeete, les points d'ancrage à Tahiti sont la marina de Fare Ute, le Yacht Club à Arue, la marina Taina à Punauiaa (souvent saturée), la marina Haura à Hitiaa (PK 39), la marina de Taravao (dans la baie Phaéton) et à Moorea, la marina de Vaiare. Il est interdit de mouiller dans la baie de Taaone. Prévenez la capitainerie de chacun de vos mouvements (sauf si vous allez à Moorea). Signalez sur le canal 12 votre passage près de l'aéroport.

À Papeete, les bureaux de la **police aux frontières** (☎40 80 06 05 ; ⏲8h-11h30 et 14h-16h30 lun-ven) sont à l'aéroport. La **capitainerie du port de Papeete** (☎40 47 48 54, 40 47 48 50 le dim ; www.portdepapeete.pf ; Motu Uta ; ⏲9h-11h30 et 12h-15h lun-jeu, 9h-11h30 et 12h-14h ven) et les bureaux de la **douane** (☎40 50 55 87 ; Motu Uta) sont au port de Motu Uta. Vous pouvez aussi effectuer les formalités d'entrée et de sortie du navire à la **marina de Papeete** (www.marinadepapeete.com).

Attention aux horaires, notamment si vous avez prévu de quitter Papeete le week-end. Dans ce cas, passez le jeudi pour accomplir vos formalités de départ.

Dans les autres îles, c'est la gendarmerie qui est compétente, mais vous devrez de toute façon vous présenter aux bureaux mentionnés ci-dessus, à Papeete.

Handicapés

Les voyageurs à mobilité réduite ne trouveront malheureusement que peu d'infrastructures destinées à faciliter leurs déplacements. Échelles étroites sur les bateaux, hautes marches des bus, embarquement difficile à bord des avions d'Air Tahiti, l'itinéraire du voyageur handicapé en Polynésie française ressemble à un parcours du combattant car les équipements spéciaux font cruellement défaut.

Qui plus est, les hôtels et pensions sont peu habitués à recevoir une clientèle avec des besoins particuliers et les activités nautiques et de plein air ne sont prévues que pour les personnes "valides".

Reste que, depuis quelques années, les nouvelles normes de construction intègrent les besoins des personnes handicapées. Les nouveaux hôtels et les bâtiments publics doivent désormais prévoir des accès spécifiques. Le mouvement est lancé, mais il faudra du temps avant qu'il ne soit généralisé sur tout le territoire.

Pour de plus amples renseignements, mettez-vous en rapport avec Te Niu O Te Huma, la **Fédération des handicapés de Polynésie** (www.handicap-polynesie.com). En France, contactez l'**APF** (Association des paralysés de France ; www.apf-francehandicap.org), également une bonne source d'informations. Elle gère aussi une agence de voyages spécialisée : **APF Evasion** (☎01 40 78 56 62 ; www.apf-evasion.org). com).

Hébergement

Voir le chapitre *Choisir son hébergement*, p. 36, pour tous les détails.

Heures d'ouverture

Les magasins et bureaux sont normalement ouverts du lundi au vendredi, à partir de 7h30-8h jusqu'à 17h environ. Le vendredi après-midi, il est fréquent que les bureaux, les banques, voire certains commerces, ferment une heure plus tôt.

La journée continue tend à se généraliser dans le secteur des services et du commerce, notamment à Papeete, mais bon nombre d'établissements n'ont toujours pas renoncé à la sacro-sainte pause déjeuner. Certains supermarchés et épiceries restent ouverts tard le soir.

Le week-end, les magasins sont en général ouverts le samedi matin, la plupart sont fermés le samedi après-midi et tous le sont le dimanche. Seule exception : les supermarchés et les magasins d'alimentation, ouverts 7j/7, même dans les îles (avec cependant des horaires plus restreints le week-end).

Heure locale

L'heure de Polynésie française est à GMT moins 10, et à 2 heures à l'est de la ligne internationale de changement de date. Lorsqu'il est 12h à Tahiti, il est 23h à Paris, Bruxelles ou Genève (en hiver ; 24h en été), 18h à Montréal et 15h à Los Angeles. Les Marquises ont une demi-heure d'avance sur le reste de la Polynésie française (quand il est 12h à Tahiti, il est 12h30 aux Marquises), et les Gambier, une heure (quand il est 12h à Tahiti, il est 13h aux Gambier).

Il n'y a pas d'heure d'été/hiver.

Homosexualité

En Polynésie française, il n'existe pas de réseaux ou d'associations LGBTQ ayant pignon sur rue, ni même de lieux de drague spécialement désignés, pas plus que de lieux estampillés "gay friendly". L'homosexualité et la bisexualité se vivent naturellement, sans besoin de "structuration" à l'occidentale. L'homophobie reste marginale. Les *mahu* (travestis) occupent une place importante et visible, en particulier dans la restauration et l'hôtellerie où leur tenue et leur allure ne laissent planer aucun doute. Quant aux *rae rae*, ce sont plutôt des travestis qui se livrent occasionnellement à la prostitution.

Internet (accès)

Les accès Internet se sont répandus au cours des dernières années et le Wi-Fi s'est généralisé. Les îles de la Société disposent du haut débit, donc les connexions sont rapides. Depuis 2019, quelques atolls des Tuamotu (dont Rangiroa et Fakarava) ainsi que Hiva Oa et Nuku Hiva aux Marquises disposent également du haut débit grâce à la pose d'un câble sous-marin. Tubuai et Rurutu aux Australes devraient également être équipées du haut début lorsque vous lirez ces lignes. En revanche, dans les autres îles non servies par le haut débit, les connexions restent lentes. En revanche, dans les autres îles non servies par le haut débit, notamment les Australes, les connexions restent lentes.

Tous les hôtels, ainsi que bon nombre de pensions, proposent le Wi-Fi gratuit. Très souvent, l'accès Wi-Fi se limite aux parties communes et n'est pas disponible dans les chambres.

Consultez les offres des opérateurs en Polynésie pour l'achat de forfaits Wi-Fi : **Vini** (www.vini.pf), **Vodafone** (www.vodafone.pf) et **Ora** (www.ora.pf).

Représentée à l'aéroport international (bureau à côté des loueurs de voitures), la société **Tahiti Wifi** (☎87 78 03 33 ; www.tahitiwifi.com) loue des boîtiers Wi-Fi qui fonctionnent dans une douzaine d'îles polynésiennes. On peut réserver son boîtier en ligne avant le départ sur le site Internet (ou sur place à Tahiti si nécessaire) et on le récupère dès l'arrivée à l'aéroport. Les tarifs varient en fonction de la durée d'utilisation et du volume de données. Consultez le site internet pour prendre connaissance des zones couvertes et des offres.

Jours fériés

Le calendrier des jours fériés civils et religieux est le même qu'en métropole mais compte deux autres dates :

- **Arrivée des premiers missionnaires** 5 mars
- **Fête de l'Autonomie** 29 juin

Offices du tourisme

En Polynésie

Il n'existe pas de réseau fiable d'offices du tourisme en Polynésie. Il faudra vous contenter des brochures sur les hébergements et les prestataires disponibles au bureau principal de l'office du tourisme, à Papeete. Prenez le temps d'y passer avant votre départ dans les îles, car vous ne trouverez pas d'offices du tourisme réellement efficaces dans les autres îles touristiques. Certes, dans certaines d'entre elles, il existe bien un mini-office du tourisme (généralement appelé "comité du tourisme"), mais il s'agit souvent de structures associatives, aux horaires fantaisistes, qui se contentent de vous remettre quelques brochures. En réalité, les personnes les mieux informées dans les îles sont les propriétaires des pensions et des hôtels, en contact étroit avec les prestataires et bien au fait des besoins de leurs clients.

En France

- **Tahiti Tourisme** (☎01 53 43 53 95 ; www.tahititourisme.fr). Peut renseigner également les Belges et les Suisses.

À l'étranger

- **Tahiti Tourisme Canada** (☎514-903-7066 ; www.tahititourisme.ca)

Poste

L'Office des postes et télécommunications, **OPT** (www.opt.pf), dispose d'un maillage complet en Polynésie. Vous trouverez des bureaux de poste modernes dans toutes les grandes îles.

Les bureaux de poste sont généralement ouverts du lundi au vendredi de 7h à 15h environ. À Tahiti, la poste principale de Papeete pratique des horaires plus étendus.

Sachez qu'en Polynésie française, le courrier n'est pas distribué à domicile par un facteur, mais généralement adressé à une boîte postale (BP).

Les délais d'acheminement sont assez longs. Le courrier envoyé en Europe ou en Amérique du Nord met au moins une semaine pour arriver à destination.

Téléphone

Le réseau téléphonique, géré par l'**OPT** (www.opt.pf), est moderne et fiable, mais les tarifs des communications restent assez élevés. L'usage des cartes téléphoniques prépayées, utilisables depuis un poste fixe, est une formule pratique pour les touristes. L'OPT et des revendeurs agréés commercialisent des "OPT Card" prépayées, d'un montant de 1 000 CFP ; avec cette carte, en appelant depuis un téléphone fixe, une cabine publique ou un portable local, la communication intra-île revient à 18 CFP/min, la communication inter-îles à 23 CFP/min et la liaison avec un portable local à 29 CFP/min.

Il n'y a pas de préfixe de zone à Tahiti. Les téléphones fixes commencent par 40. Les deux chiffres suivants indiquent la zone appelée :

- 56 pour Moorea
- 66 pour Raiatea
- 67 pour Bora Bora et Maupiti
- 68 pour Huahine
- 92 pour les Marquises
- 94 pour Rurutu
- 95 pour Tubuai
- 96 ou 97 pour les Tuamotu
- 97 pour l'archipel des Gambier

À Tahiti, après le 40, les numéros de téléphone sont suivis par le 4, le 5 ou le 8.

Appels internationaux

Pour appeler en Polynésie française depuis la métropole, comme depuis l'étranger, composez le code d'accès à l'international ☎00, puis le ☎689, puis le numéro local. Pour téléphoner à l'étranger depuis la Polynésie française, composez le ☎00, puis l'indicatif du pays (33 pour la France, 32 pour la Belgique, 1 pour le Canada et 41 pour la Suisse), suivi du numéro (sans le 0 initial).

Depuis un poste fixe, avec la carte prépayée OPT Card, comptez 32 CFP (environ 0,26 €) la minute de communication à l'international.

Téléphone portable

La couverture du réseau, très complète, inclut les îles du Vent et les îles Sous-le-Vent, les îles Marquises, les Australes, Mangareva aux Gambier et une quinzaine d'atolls des Tuamotu.

Les numéros de portable commencent par 87 ou 89.

Il existe trois opérateurs en Polynésie : **Vini** (www.vini.pf) et **Vodaphone** (www.vodaphone.pf) et le dernier-né, **Ora** (www.ora.pf).

Pour savoir si vous pouvez utiliser votre téléphone portable sur place, demandez à votre opérateur si la Polynésie française fait partie de la couverture du réseau. C'est le cas des opérateurs français, qui disposent d'un accord d'itinérance (*roaming*) avec les opérateurs Vini et Vodaphone. Avant votre départ, demandez l'option "monde", qui inclut la Polynésie, faites-vous expliquer la procédure, et surtout, faites-vous bien préciser les surcoûts par votre opérateur.

Autre solution, bien plus pratique et nettement moins onéreuse que le *roaming* : emportez votre portable et, sur place, achetez une carte SIM prépayée qui vous permettra d'utiliser votre portable en Polynésie. On vous attribuera un numéro de téléphone. Les kits de démarrage les moins chers ne coûtent que 1 000 CFP environ. Il suffit ensuite de recréditer sa carte avec des recharges de montant variable. Vous pourrez appeler à l'étranger, et vous faire appeler. Cette carte s'achète chez des revendeurs agréés et dans les bureaux de l'OPT. Sachez tout de même que le coût des communications reste cher (de 0,25 € à 0,50 €/min en local, et de 0,50 € à 0,90 €/min à l'international). Assurez-vous que votre modèle de portable accepte ce type de carte prépayée (certains portables n'acceptent que leur carte SIM d'origine, mais peuvent malgré tout être déverrouillés après accord de votre opérateur ; là encore, renseignez-vous auprès de votre opérateur en France).

La 4G est désormais disponible dans l'archipel de la Société, les atolls touristiques des Tuamotu et aux Marquises. Ailleurs il faudra se contenter de la 3G voire de la 2G. Vini et Vodaphone proposent également des forfaits de connexion en 4G.

Travailler en Polynésie

Le marché du travail est protégé en Polynésie et fait l'objet d'une réglementation stricte, sauf pour les Français, qui n'ont aucune formalité à accomplir. Pour les ressortissants des autres pays, il est difficile de travailler en tant que salarié en Polynésie, à moins de disposer de compétences très particulières. Les citoyens de l'Union européenne, en vertu de textes dérogatoires, doivent suivre une procédure spéciale. L'autorisation d'exercer une activité salariée en Polynésie est en effet subordonnée à l'octroi de deux permis : le permis de séjour temporaire, du ressort de l'État français, et le permis de travail, du ressort du territoire. Pour plus de renseignements, contactez le **Service de l'emploi, de la formation et de l'insertion professionnelles** (SEFI ; www.sefi.pf).

Voyager en solo

Voyager en solo est tout à fait possible en Polynésie, mais vous vous sentirez parfois bien seul(e) au milieu des couples, qui semblent former la majorité des voyageurs en Polynésie. Sur le plan financier, vous ne serez pas nécessairement désavantagé, puisque la plupart des pensions de famille pratiquent une tarification par personne (et plus rarement à la chambre, ou au bungalow).

Femmes seules

La Polynésie française est une région relativement sûre pour les femmes voyageant seules, à condition de prendre certaines précautions. Évitez de vous promener seule à la nuit tombée, notamment à Papeete. Choisissez des hébergements dont les portes ferment à clé, et enfermez-vous le soir pour éviter les importuns et les voyeurs. Passez-vous de la compagnie des Polynésiens en état d'ébriété qui, complètement désinhibés, peuvent se montrer très insistants, voire violents.

Aucune tenue vestimentaire spécifique n'est de mise. Évitez cependant le monokini en dehors des plages des hôtels, ou des plages publiques de Tahiti. Les Polynésiens et les Polynésiennes sont plutôt pudiques.

Transports

DEPUIS/VERS LA POLYNÉSIE

Tahiti se situe à 6 500 km au sud-ouest de la côte californienne, à 5 500 km au nord-est de l'Australie, à 8 000 km à l'ouest de l'Amérique du Sud, à 9 500 km au sud-est du Japon et pratiquement aux antipodes de l'Europe (15 700 km entre Paris et Papeete). Vu cet isolement géographique, il n'est pas surprenant que l'immense majorité des visiteurs arrivent à Tahiti par avion. Une minorité aborde la Polynésie à bord d'un voilier après avoir effectué la traversée du Pacifique, tandis que d'autres arrivent à bord de paquebots de croisière.

Entrer en Polynésie

À l'aéroport de Tahiti-Faa'a, les formalités d'immigration sont rapides. Pour les citoyens français, un passeport valable encore 6 mois après leur date de retour est nécessaire ; la carte d'identité n'est pas suffisante en raison du transit aux États-Unis (ESTA requis, voir p. 441) ou de l'escale dans un autre pays.

Les ressortissants de l'Union européenne, les Canadiens et les Suisses peuvent séjourner en Polynésie française jusqu'à 3 mois sans visa. Pour plus de détails, reportez-vous p. 441.

Voie aérienne

Aéroports et compagnies aériennes

L'**aéroport international de Tahiti-Faaa** (www.tahiti-aeroport.pf), à Faaa, à l'ouest de Papeete, constitue l'unique point d'arrivée en Polynésie française. Il compte une agence bancaire (la Socredo), équipée d'un distributeur de billets.

La plupart des agences de location de voitures sont représentées à l'aéroport. Vous trouverez également un bureau de poste, quelques boutiques de souvenirs, une cafétéria, une agence d'Air Tahiti (pour les vols intérieurs).

La compagnie polynésienne est **Air Tahiti Nui** (www.airtahitinui.com) ; elle dessert la France, les États-Unis, le Japon et la Nouvelle-Zélande.

Les compagnies aériennes internationales desservant Tahiti sont les suivantes :

Air Calédonie International (www.aircalin.com)

Air France (www.airfrance.com)

Air New Zealand (www.airnewzealand.com)

French Bee (www.frenchbee.com)

Hawaiian Airlines (www.hawaiianairlines.com)

Latam Airlines (www.latam.com)

United Airlines (www.united.com)

Depuis la France

Air Tahiti Nui, Air France et French Bee assurent des vols directs entre Paris et Papeete (via Los Angeles pour Air Tahiti Nui et Air France, via San Francisco pour French Bee). United Airlines assure également

AVERTISSEMENT

Les informations contenues dans ce chapitre sont particulièrement susceptibles de changements. Vérifiez directement auprès de la compagnie aérienne ou de l'agence de voyages les modalités d'utilisation de votre billet d'avion. N'hésitez pas à comparer les prestations. Les détails fournis ici doivent être considérés à titre indicatif et ne remplacent en rien une recherche personnelle attentive.

des vols en correspondance via San Francisco.

L'arrivée de la compagnie française low cost French Bee en mai 2018 et de la compagnie américaine United Airlines en octobre 2018 a contribué à faire baisser significativement les tarifs du billet aller-retour, grâce à la concurrence qui s'est installée entre les quatre compagnies. Comptez entre 1 100 et 2 800 € l'aller-retour selon la saison et la compagnie en classe économique.

Schématiquement, la basse saison s'étend de début janvier à fin avril et d'octobre à mi-décembre. La haute saison correspond à la période juillet-août et aux fêtes de fin d'année (Noël et Nouvel An). Faites jouer la concurrence en comparant les prestations proposées par chaque compagnie et les éventuelles restrictions (suppléments, type d'avion, fréquences, stop-over possible ou non, durée du vol, durée de validité du billet, frais de modification ou d'annulation, poids des bagages, horaires d'arrivée et de départ, préacheminement depuis la province, etc.). Chacune a ses avantages et ses inconvénients. Comptez en moyenne 22 heures de vol jusqu'à Papeete.

Certains voyageurs optent également pour un billet tour du monde, un peu plus cher qu'un billet au tarif haute saison, et passent par la Californie (Los Angeles ou San Francisco), le Chili et l'île de Pâques, Hawaii ou Auckland, en Nouvelle-Zélande).

Air Tahiti Nui (www.airtahitinui.com). Assure jusqu'à 7 vols par semaine, à bord de Boeing 787 Dreamliner triclasse modernes, au départ de Paris CDG (via Los Angeles). Personnel entièrement polynésien.

Air France (www.airfrance.com). Trois vols hebdomadaires, au départ de Paris CDG (via Los Angeles).

French Bee (www.frenchbee.com). Trois vols hebdomadaires, à bord d'Airbus A350, au départ de Paris Orly (via San Francisco). Pratique généralement les tarifs les plus bas si l'on voyage avec un bagage cabine uniquement (sinon, prévoir suppléments).

United Airlines (www.united.com). Trois vols hebdomadaires, à bord de Boeing 787 Dreamliner, au départ de Paris CDG (via San Francisco).

Depuis la Belgique et la Suisse

Il n'existe pas de vols directs à destination de la Polynésie au départ de la Belgique et de la Suisse. Les compagnies proposent des connexions sur Paris (pour Air France ou Air Tahiti Nui) à des tarifs préférentiels. Vous pouvez également transiter par Londres, ou prendre un vol pour Los Angeles ou San Francisco avec une compagnie européenne ou américaine, puis une correspondance pour Papeete avec Air France, Air Tahiti Nui, French Bee ou United Airlines.

Voici quelques agences de voyages belges :

Connections (✆070 23 33 13 ; www.connections.be)

Éole/Gigatour (✆02 672 35 03 ; www.voyageseole.be)

Depuis le Canada

Depuis le Canada, il n'existe aucune liaison directe avec Tahiti. Il faudra donc transiter par Los Angeles ou San Francisco, ou Honolulu (Hawaii).

Outre les sites habituels de réservation en ligne, vous pouvez aussi vous renseigner auprès de **Travel Cuts** (✆1 800 667 2887 ; www.travelcuts.com).

Depuis les autres îles du Pacifique

Il existe plusieurs liaisons directes entre Tahiti et certaines îles du Pacifique. Pour d'autres destinations du Pacifique Sud, telles que les Fidji, Tonga ou les Samoa, il faudra transiter par Hawaii, Rarotonga (îles Cook) ou Auckland, en Nouvelle-Zélande.

Air Calédonie International (www.aircalin.com). Un vol par semaine entre Papeete et Noumea. Environ 6 heures 30 de vol.

Air Tahiti (www.airtahiti.fr). Un vol par semaine (2 heures 30 environ), et un vol hebdomadaire supplémentaire à certaines périodes, entre Papeete et Rarotonga (îles Cook).

Hawaiian Airlines (www.hawaiianairlines.com). Un vol par semaine entre Papeete et Honolulu (5 heures environ). Nombreuses correspondances avec les principales villes de la côte Ouest des États-Unis.

Latam Airlines (www.latamairlines.com). Les vols entre l'île de Pâques et Tahiti étaient suspendus suite la pandémie du Covid 19 lors de la publication de cet ouvrage.

Depuis l'Australie et la Nouvelle-Zélande

Entre la Nouvelle-Zélande et Tahiti, il existe plusieurs liaisons hebdomadaires (directes) avec Air New Zealand et Air Tahiti Nui. La durée du vol direct est de 5 à 6 heures environ.

Pour l'Australie, il faut transiter par Auckland et prendre un vol en correspondance directe pour Sydney, Melbourne et Brisbane.

Air New Zealand (www.airnewzealand.com). Deux à 3 vols par semaine entre Papeete et Auckland.

Air Tahiti Nui (www.airtahitinui.com). Trois vols par semaine entre Papeete et Auckland.

Voie maritime

Il n'existe pas de service régulier de transport de passagers par voie maritime desservant l'ensemble de la Polynésie française. Renseignez-vous auprès des grandes compagnies maritimes. Pour la navette circulant entre les îles de l'archipel de la Société, reportez-vous à la rubrique *Bateaux inter-îles*, p. 451.

Il est parfaitement envisageable de se rendre en Polynésie française en voilier. Les bateaux de plaisance d'Amérique du Nord ou d'Australie et de Nouvelle-Zélande en partance pour le Pacifique sont souvent à la recherche de membres d'équipage.

Voici quelques pistes pour trouver un voilier :

- www.bourse-aux-equipiers.com
- www.vogavecmoi.com
- www.findacrew.net

DISTANCES DEPUIS PAPEETE

DESTINATION	DISTANCE
Moorea	17 km
Huahine	170 km
Raiatea	220 km
Bora Bora	270 km
Maupiti	320 km
Rangiroa (Tuamotu)	350 km
Nuku Hiva (Marquises)	1 500 km
Rurutu (Australes)	570 km
Mangareva (Gambier)	1 700 km

VOYAGES ORGANISÉS

Plusieurs voyagistes, généralistes ou thématiques, se sont spécialisés sur la Polynésie française. Ils proposent généralement des formules vol/hébergement et des circuits à la carte (liste non exhaustive) :

Austral Lagons (www.australlagons.com)

Australie Tours (www.australietours.com)

Comptoir des Voyages (www.comptoir.fr)

Directours (www.directours.com)

Easy Tahiti (www.easytahiti.com)

E-Tahiti Travel (www.etahititravel.com)

Exotismes (www.exotismes.fr)

Faré Voyages (www.farevoyages.com)

Huwans Club Aventure (www.huwans-clubaventure.fr)

Les Connaisseurs du Voyage (www.connaisseursvoyage.fr)

Les Maisons du Voyage (www.maisonsduvoyage.com)

Marco Vasco (www.marcovasco.fr)

Nomade Aventure (www.nomade-aventure.com)

Terre Autentik (www.terreautentik.com)

Terres de Charme (www.terresdecharme.com)

Voyageurs du Monde (www.voyageursdumonde.fr)

Agences spécialisées dans la plongée

Diveand. Travel (www.diveand.travel)

H2O Voyage (www.h2ovoyage.com)

Neos (www.neos.ch)

Océanes (www.oceanes.com)

Subocéa (www.subocea.com)

Tropicalement Vôtre (www.tropicalement-votre.com)

Ultramarina (www.ultramarina.com)

COMMENT CIRCULER

Compte tenu de l'émiettement géographique des îles, l'organisation des déplacements à l'intérieur de la Polynésie n'a rien d'une partie de plaisir. Il vous faudra un sens aigu de la logistique avant de démêler l'écheveau des liaisons intérieures, aériennes ou maritimes, des réductions possibles, des horaires, etc., et de pouvoir jongler efficacement avec l'ensemble. Une préparation sérieuse s'avère indispensable. Grâce à Internet, cette préparation s'en trouve facilitée, puisque de nombreuses réservations peuvent désormais être effectuées en ligne.

Pour se rendre d'une île à l'autre, vous devrez emprunter l'avion ou le bateau. La régularité et l'efficacité des dessertes sont très inégales selon les archipels et les îles. Les îles de la Société sont les mieux desservies.

Pour circuler à l'intérieur d'une même île, les situations s'avèrent également très disparates d'une île à l'autre. D'une manière générale, à l'exception de Papeete et de son agglomération, ne comptez pas sur les transports en commun, inexistants. La location d'une voiture, d'un scooter, ou éventuellement d'une bicyclette, constituera, dans la plupart des cas, la solution la plus adéquate.

Quel que soit votre programme, prévoyez un budget "déplacement" suffisant.

Avion

L'avion, rapide et efficace, est sans conteste la formule la plus pratique pour visiter la Polynésie.

Air Tahiti (www.airtahiti.fr) dessert régulièrement l'ensemble des îles polynésiennes. Le maillage du territoire est très complet, puisque Air Tahiti dessert 48 îles dans les cinq archipels. Les forfaits aériens proposés par la compagnie, combinant plusieurs îles, constituent assurément la solution la plus intéressante pour les visiteurs. Notez que Papeete est la plaque tournante du trafic aérien en Polynésie française : hormis une liaison directe entre les îles Sous-le-Vent (Bora Bora) et les Tuamotu, vous devrez systématiquement transiter par Papeete pour circuler d'un archipel à un autre.

La flotte d'Air Tahiti se compose de bimoteurs modernes, à savoir des Twin Otter (19 places), des ATR 42 (48 places) et des ATR 72 (66 places).

Depuis mars 2022, **Tahiti Air Charter** (☎40 50 54 86 ; www.tac.pf), basée à Raiatea, propose chaque semaine quelques vols à bord d'un Cessna 7 places (voir p. 224).

Réseau

ÎLES DE LA SOCIÉTÉ

Dans les îles de la Société, **Air Tahiti** assure entre un et plusieurs vols quotidiens entre Tahiti et les autres îles, hormis Maupiti pour laquelle les liaisons sont un peu moins fréquentes. Les différentes îles de la Société sont également très bien connectées entre elles. Sur certains itinéraires très fréquentés, comme Papeete-Bora Bora, on compte jusqu'à 10 vols par jour en haute saison. Les îles de la Société étant assez proches les unes des autres, le vol sans escale le plus long dure 45 minutes entre Tahiti et Bora Bora, la durée des autres vols pouvant ne pas dépasser 10 minutes (Tahiti-Moorea). Les vols se font à bord d'ATR.

Tahiti Air Charter assure chaque semaine 5 vols aller-retour entre Raiatea et Bora Bora, 4 vols aller-retour entre Bora Bora et Huahine, 4 vols aller-retour entre Maupiti et Bora Bora (à partir de 8 000 CFP l'aller).

TUAMOTU

Air Tahiti établit une distinction entre le groupe nord des Tuamotu, le plus fréquenté et le plus touristique, plutôt bien desservi, et le groupe est, aux liaisons nettement plus limitées. Air Tahiti affrète des ATR sur les itinéraires les plus fréquentés, des Twin Otter ou des Beechcraft pour les atolls peu connus.

Rangiroa, le principal carrefour aérien des Tuamotu, est desservi par 2 à 3 vols quotidiens de 1 heure depuis/vers Tahiti.

Parmi les autres liaisons intéressantes pour les touristes, soit par vol direct de Tahiti soit via Rangiroa, mentionnons Fakarava, Mataiva, Ahe et Tikehau. Hormis Tahiti, Bora Bora est l'unique autre île de la Société directement reliée aux Tuamotu (Rangiroa, Tikehau et Fakarava), dans le sens Bora Bora-Tuamotu seulement.

Pour aller aux Marquises depuis les Tuamotu, il faut repasser par Tahiti.

Pour la desserte des atolls peu fréquentés du groupe est, consultez la brochure des horaires d'Air Tahiti pour plus de renseignements.

MARQUISES

La desserte des Marquises est bonne pour les deux îles principales, Nuku Hiva et Hiva Oa, avec des vols quotidiens directs depuis Tahiti (environ 3 heures 15).

Pour Ua Huka et Ua Pou, il faut changer d'avion à Nuku Hiva ou à Hiva Oa.

AUSTRALES

Air Tahiti assure la desserte de Rurutu et Tubuai 4 ou 5 jours par semaine, avec plusieurs vols certains jours. Raivavae et Rimatara sont desservies 2 à 3 jours par semaine. Les quatre îles sont (mal) reliées entre elles, certains jours seulement. La durée du vol en ATR est d'environ 1 heure 30 sur le tronçon Papeete-Rurutu.

GAMBIER

Des liaisons directes pour Mangareva sont assurées une fois à deux fois par semaine depuis Papeete (environ 3 heures 45).

Réservation, paiement et enregistrement

L'agence principale d'Air Tahiti se trouve à Papeete (voir p. 80), mais il existe un bureau Air Tahiti dans toutes les îles touristiques. Dans les îles ou atolls reculés, il n'y a pas d'agence, mais un représentant de la compagnie s'occupe des formalités.

AIR MOANA

Au moment de la publication de cet ouvrage, une compagnie concurrente allait voir le jour en Polynésie. Il s'agit de la compagnie **Air Moana** (www.facebook.com/AirMoanaPF). Le programme des vols n'était pas encore connu, ni les tarifs, mais les destinations desservies devraient inclure Raiatea, Bora Bora, Rangiroa, Nuku Hiva, Hiva Oa, Rurutu et Tubuai, puis s'élargir à d'autres îles touristiques. Renseignez-vous au préalable.

Pour toutes vos opérations, vous pouvez appeler la **réservation centrale** (☎40 86 42 42 ; ⏲7h-17h lun-ven, 8h-11h sam) ou l'agence d'**Air Tahiti à l'aéroport de Faaa** (☎40 86 41 84 ; ⏲6h-16h30 lun-ven, 6h-16h sam-dim). Vous pouvez aussi effectuer vos réservations au comptoir dans une agence Air Tahiti, ainsi que par e-mail (reservation@airtahiti.pf) ou, encore plus simplement, en ligne (www.airtahiti.fr). Notez que si vous achetez vos billets à l'extérieur de la Polynésie française, par Internet ou dans une agence, les tarifs sont supérieurs d'environ 15% à ceux pratiqués en Polynésie, mais vous bénéficiez d'une franchise bagages supérieure (23 kg, voir l'encadré ci-contre).

Vous n'êtes pas tenu de régler immédiatement l'achat du billet. L'hôtesse vous communique une date d'option. Après cette date, si vous n'avez pas retiré votre billet, votre réservation est annulée.

Vous pouvez payer en espèces ou par carte de crédit dans la plupart des agences Air Tahiti. Autre possibilité : la vente à distance, par téléphone ou e-mail (pour l'e-mail, comptez trois jours ouvrables au maximum pour le délai de traitement), à condition de disposer d'une carte de crédit. Encore plus pratique : la vente en ligne, directement sur le site Internet de la compagnie.

Le billet électronique s'étant généralisé sur la plupart des destinations du réseau, vous vous rendez directement au comptoir d'enregistrement, où l'on vous remet votre carte d'embarquement sur présentation d'une pièce d'identité. Vous gagnerez du temps en vous enregistrant en ligne et en imprimant votre carte d'accès à bord (service disponible de 16 heures à 1 heure avant le départ de votre vol).

VOLS INTÉRIEURS ET VOL INTERNATIONAL RETOUR

Bien que les horaires d'Air Tahiti soient relativement fiables, il est recommandé de ne pas effectuer son retour à Tahiti au dernier moment pour votre vol international retour, en raison des risques de retard ou d'annulation liés aux intempéries, surtout dans les archipels éloignés ; prévoyez au moins un jour (idéalement deux) de marge avant votre vol international.

À l'aéroport de Tahiti, il est aussi possible d'imprimer sa carte d'accès à bord à partir des bornes d'enregistrement en libre-service.

Il n'est pas obligatoire de confirmer sa place sur un vol Air Tahiti. Si vous n'avez pas laissé un numéro de téléphone où Air Tahiti peut vous joindre, reconfirmez la veille de votre vol. Prévenez également la compagnie si vous décidez de ne pas prendre un avion pour lequel vous aviez une place confirmée, sinon toutes vos réservations ultérieures seront annulées.

Concernant **Tahiti Air Charter** (☎40 50 54 86 ; fly@tahiti-air-charter.com) vous pouvez effectuer vos réservations par Internet ou dans les **agences de voyage Ratere de Tahiti** (☎ 40 50 54 59, Fare Ute, rue des Remparts, Papeete), **Raiatea** (☎40 66 40 50, gare maritime d'Utuora) et **Bora-Bora** (☎40 67 57 47 ; centre commercial Helen's Bay).

Fréquence et horaires des vols

Procurez-vous dès votre arrivée la brochure des horaires d'Air Tahiti, très complète, qui détaille les horaires et les fréquences, archipel par archipel. Vous pouvez également la télécharger depuis le site Internet de la compagnie (www.airtahiti.fr).

La fréquence des vols varie légèrement selon la saison. En juillet et en août, quelques vols supplémentaires sont prévus.

Les horaires des vols Tahiti Air Charter sont consultables en ligne : www.tac.pf.

Pass inter-îles

La situation de quasi-monopole d'Air Tahiti se traduit par des tarifs particulièrement élevés. Fort heureusement, Air Tahiti propose des forfaits (pass) qui ramènent la note à des niveaux plus acceptables.

Six formules différentes, appelées "pass", sont proposées, et visent spécifiquement la clientèle touristique. Il s'agit de forfaits permettant de visiter plusieurs îles à des tarifs préférentiels, mais ils sont assortis de contraintes. Quel que soit le pass, l'itinéraire doit débuter à Papeete et l'on ne peut retourner à Papeete en cours de pass, sauf exception. Une seule escale est autorisée sur chaque île. La durée de validité maximale du pass est de 28 jours seulement. Tous les vols doivent être réservés dès le départ, à l'exception des billets entre Papeete et Moorea, qui peuvent être émis en open. Une fois le voyage commencé, les pass ne sont ni remboursables ni modifiables. Ils ne sont pas cumulables avec les cartes de réduction. Attention : vous devez être présent physiquement en Polynésie française lors de la réservation et de l'émission du billet.

➡ **Pass Découverte (îles de la Société)** C'est le forfait de base. Moorea,

Huahine et Raiatea (330-355/270-290 € adulte/enfant selon la saison).

➔ **Pass Bora Bora (îles de la Société)** Permet de visiter les principales îles de la Société : Moorea, Huahine, Raiatea, Bora Bora et Maupiti (432-466/350-376 € par adulte/enfant selon la saison).

➔ **Pass Lagons (Moorea et Tuamotu)** Pass incluant Moorea, Rangiroa, Tikehau et Fakarava (437-473/354-380 € par adulte/enfant selon la saison).

➔ **Pass Bora Bora-Tuamotu (îles de la Société et Tuamotu)** Combine Moorea, Huahine, Raiatea, Bora Bora et Maupiti dans les îles de la Société, ainsi que Rangiroa, Tikehau et Fakarava dans les Tuamotu (581-629/469-505 € par adulte/enfant selon la saison).

➔ **Pass Marquises** Pass combinant Nuku Hiva, Hiva Oa, Ua Pou et Ua Huka au départ de Tahiti (578-849/607-662 € par adulte/enfant selon la saison).

➔ **Pass Australes** Pass combinant Rurutu, Rimatara, Tubuai et Raivavae au départ de Tahiti (613/487 € par adulte/enfant).

➔ **Extension Marquises** Si vous souhaitez ajouter les Marquises à l'un des pass précédents, achetez l'extension Marquises (de 580-631/457-496 € par adulte/enfant selon la saison).

➔ **Extension Australes** Si vous souhaitez ajouter les Australes à l'un des pass précédents, achetez l'extension Australes, qui comprend Rurutu, Tubuai, Rimatara et Raivavae (362-391/292-314 € par adulte/enfant) selon la saison.

Cartes de réduction

Les cartes de réduction (non cumulables avec les Pass) permettent de voyager à tarif réduit sur l'ensemble du réseau. Elles sont disponibles uniquement à l'**agence Air Tahiti de Papeete** (☎40 47 44 00, rue Edouard-Ahne, ⏲lun-ven 8h-17h, sam 8h-11h).

La **Carte Jeunes** réservée aux 12-25 ans et la **Carte Marama**, pour les plus de 60 ans nécessitent de présenter une pièce d'identité, fournir une photo d'identité et régler 2 500 CFP.

La **Carte Famille**, destinée aux familles (y compris monoparentales) avec au moins un enfant de moins de 16 ans suppose de fournir une photo d'identité par parent, un extrait d'acte de naissance de l'enfant ou des enfants (la seule inscription sur le passeport d'un des parents ne suffit pas) et régler 3 500 CFP.

Forfaits vols/hébergement

Air Tahiti dispose d'un service bien utile pour les touristes appelé **Séjour dans les îles** (☎40 86 43 43 ; www.sejoursdanslesiles.pf), qui propose d'intéressants forfaits associant des vols et des hébergements en hôtel ou en pension de famille, à tarifs préférentiels, dans la plupart des îles touristiques. Pour certaines îles, il existe même des forfaits week-end. Consultez le site Internet, très informatif, où toute l'offre est rassemblée et détaillée, photos et commentaires à l'appui. Attention, le site (et les offres) ne fonctionnent que lorsqu'on est sur place.

Bateaux inter-îles

Vu la configuration géographique des archipels, on pourrait s'attendre à ce que les liaisons inter-îles par bateau soient particulièrement développées. Si la liaison Tahiti-Moorea, très fiable et assurée par de puissants catamarans, est effectuée plusieurs fois par jour, la navette inter-île Apetahi Express entre Tahiti, Huahine, Raiatea, Taha'a et Bora-Bora ne circule que trois fois par semaine. Il existe également des liaisons Raiatea-Tahaa et Raiatea-Bora Bora.

FRANCHISE BAGAGES SUR AIR TAHITI

Si vous achetez vos billets en Polynésie française (dans une agence ou par Internet), la franchise de bagages n'est que de 10 kg (et 5 kg pour les bagages à main). Les plongeurs bénéficient de 5 kg supplémentaires pour le transport de leur matériel de plongée (qu'ils doivent présenter), et sur présentation d'un justificatif (brevet de plongée, nominatif).

Si vous achetez vos billets à l'extérieur de la Polynésie, y compris par Internet, les tarifs sont majorés d'environ 15% mais la franchise est alors de 23 kg (bagage en soute). Dans tous les cas, vérifiez la franchise bagages indiquée sur votre billet pour éviter tout désagrément à l'enregistrement ; en effet, si vous dépassez la franchise mentionnée sur votre billet, l'excédent vous sera facturé. Certains agents d'Air Tahiti sont plus pointilleux que d'autres dans ce domaine.

Fermé en 2020 en raison de la pandémie de Covid-19, le service de **consigne à bagages** (⏲6h-12h et 13h30-22h tlj) autrefois proposé à l'aéroport de Faaa, n'était toujours pas opérationnel lors de notre passage au printemps 2022.

Carte du réseau aérien intérieur

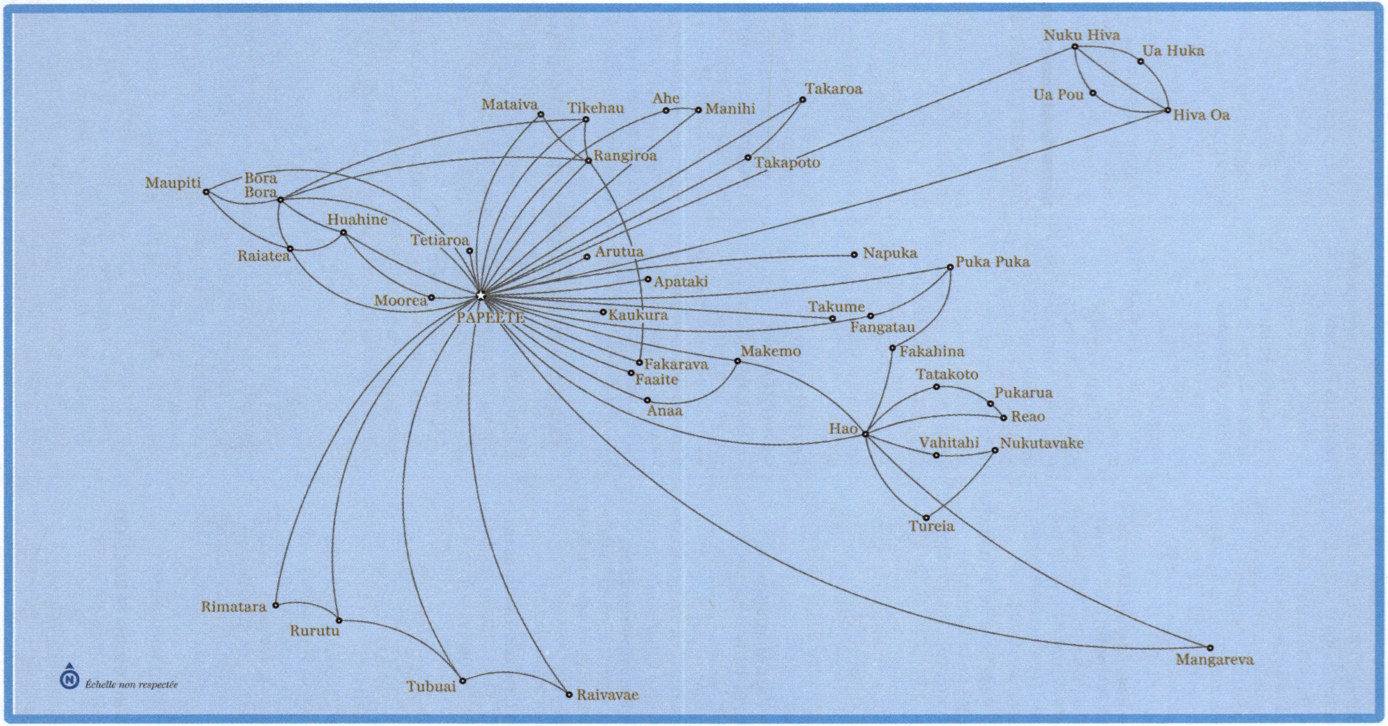

Aux Marquises, il n'y a aucune liaison régulière.

Dans les autres archipels, la situation est encore plus aléatoire, car il n'existe pas de bateaux spécifiquement conçus pour le transport des passagers. Les liaisons inter-îles sont assurées par des cargos appelés "goélettes", héritage du temps où la propulsion se faisait encore à la voile. Leur principale mission est d'acheminer du fret à destination des îles. Ces liaisons maritimes s'effectuent en boucle, systématiquement au départ de Papeete. Elles sont relativement peu fréquentes, et les horaires, très incertains – il arrive que le retard se compte en jours. Ces goélettes prennent toutefois quelques passagers à bord (généralement 12 personnes au maximum) et, pour qui souhaite sortir des sentiers battus, un tel voyage peut constituer, selon les circonstances, une expérience mémorable ou... un cauchemar.
Le niveau de confort à bord est totalement rudimentaire et certains navires n'ont pas de cabines passagers. Dans tous les cas, soyez flexible, car les dates de départ (et de retour) ne sont pas garanties ; renseignez-vous en téléphonant directement à l'armateur.

Îles du Vent (Tahiti-Moorea)

Des catamarans modernes et rapides font la navette plusieurs fois par jour entre Tahiti et Moorea, en une demi-heure. Parallèlement, des ferries classiques, plus lents, pouvant embarquer des voitures, empruntent également cet itinéraire.

Îles Sous-le-Vent

➜ **Apetahi Express** (☎40 50 54 59 ; www.apetahiexpress.pf) Filiale d'Aremiti, cette compagnie effectue trois fois par semaine (mer, ven et dim) un voyage entre Tahiti et Bora-Bora en passant par Huahine, Raiatea et Taha'a. Le retour entre Bora-Bora et Tahiti (jeu, sam et lun) connaît les mêmes arrêts. Les tarifs vont de 7 500 CFP pour un trajet Bora-Taha'a à 16 200 CFP pour le trajet entre Tahiti et Bora-Bora.

Il existe deux pass permettant d'emprunter ces navettes de façon illimitée : le premier, entre Bora-Bora, Taha'a, Raiatea et Huahine, coûte 17 900 CFP ; l'autre, qui revient à 23 900 CFP inclut égalementTahiti et Moorea.

Il est possible de prendre 2 bagages de 23 kg par adultes. Supplément pour les vélos (1 500 CFP), les planches de surf (1 000 CFP) et les deux roues 6 000 CFP). Les réservations se font par Internet ou directement à **Tahiti** (☎40 50 54 59, agence Ratere de Fare Ute, rue des Remparts, Papeete), **Huahine** (☎87 71 07 41, maison du tourisme de Fare), **Raiatea** (☎40 66 40 50, agence Ratere d'Utuora à la gare maritime), **Taha'a** (agence Apetahi Express face au quai de Tapu'amu) et **Bora-Bora** (☎40 67 57 47 ; agence Ratere du centre commercial Helen's Bay).

➜ Les cargos **Hawaiki Nui** et **Taporo VI et VII**, qui desservaient différents archipels de la Polynésie depuis Papeete, ont cessé de prendre des voyageurs depuis la crise de la Covid 19. Lors de notre dernier passage, il n'était pas prévu qu'ils acceptent de nouveau des passagers.

➜ **Navettes Raiatea-Tahaa** Un service de navettes est opérationnel entre Raiatea et Tahaa, tous les jours sauf le dimanche. Des taxis-boats effectuent également des transferts d'une île à l'autre. Voyez les chapitres consacrés à ces îles pour plus de détails.

➜ **Maupiti Express** Vedette spécifiquement prévue pour le transport de passagers, avec un service régulier entre Bora Bora, Raiatea et Tahaa (deux à trois fois par semaine). Voyez les chapitres consacrés à ces îles pour plus de détails.

Tuamotu

Les petits cargos desservant les Tuamotu sont appelés goélettes ou caboteurs. Véritables lignes de vie entre Tahiti et les atolls de l'archipel, même les plus reculés, ils ont pour principale mission le transport du fret. Ils peuvent éventuellement embarquer quelques passagers mais, à quelques exceptions près, les conditions de confort sont très sommaires, la promiscuité pesante, les repas frugaux et le mal de mer souvent au rendez-vous. Certains sont équipés de couchettes (rien à voir cependant avec des couchettes de paquebot !), d'autres n'ont que des places sur le pont. Dans ce dernier cas, prévoyez votre couchage (natte, coussin, matelas, drap...). Et gare au mal de mer !

Les tournées et tarifs mentionnés sont indicatifs. Renseignez-vous directement auprès des armateurs. Leurs bureaux sont situés dans la zone portuaire de Motu Uta à Papeete, à environ 2 km du centre-ville, et ouvrent généralement de 7h30 à 12h et de 13h30 à 15h o u 16h du lundi au vendredi. Pour les passages inter-îles, adressez-vous directement au capitaine.

➜ **Cobia III** (☎40 43 36 43 ; cobia@mail.pf). Dessert Kaukura, Arutua, Apataki et Fakarava une fois par semaine (et Arakatika toutes les deux semaines). Trois cabines de 4 couchettes (7 400 CFP), climatisées. Prévoir ses repas. Bureau à Motu Uta. Arrivée le lendemain pour la première touchée (Kaukura).

➜ **Mareva Nui** (☎40 42 25 53 ; contact@marevanui.pf).

Effectue deux fois par mois l'itinéraire Papeete-Makatea (1 tournée sur 2)-Mataiva-Tikehau-Rangiroa-Ahe-Manihi-Takaroa-Takapoto-Makemo-Fakarava-Niau-Raraka-Kauehi-Apataki-Arutua-Kaukura-Papeete (9 jours). De 6 200 à 24 000 CFP le passage en couchette (12), selon l'île de débarquement, repas inclus. La tournée complète revient à 39 000 CFP, repas inclus. Bureau à Motu Uta.

➡ **Saint Xavier Maris Stella** (☎40 42 23 58 ; www.facebook.com/SXMS.3ET4). Effectue une à deux fois par mois la tournée Papeete-Mataiva-Rangiroa-Ahe-Manihi-Takaroa-Takapoto-Kauehi-Fakarava-Niau-Apataki-Arutua-Kaukura-Tikehau-Papeete (10 à 15 jours au total). De 7 100 à 15 000 CFP en pont (selon l'île), repas compris. Bureau à Motu Uta. Arrivée à Mataiva (première touchée) le lendemain.

➡ **Aranui** (www.aranui.com). Dessert également un atoll (généralement Fakarava) sur sa route pour les Marquises. Voir *Marquises* ci-après.

Marquises

➡ **Aranui** (www.aranui.com). Véritable institution en Polynésie, prisé des touristes, ce cargo mixte de 126 mètres transporte à la fois fret et passagers au cours de l'une de ses 19 rotations annuelles au départ de Papeete. Il touche les 6 îles habitées des Marquises, deux atolls des Tuamotu (Rangiroa et Fakarava) ainsi que Bora Bora, en 13 jours (dont 8 aux Marquises). Voir l'encadré p. 256 pour tous les détails.

➡ **Taporo IX** Ne prend pas de passagers.

Australes

➡ **Tuhaa Pae IV** (☎40 41 36 06 ; mtauira@snathp.com ; 7h30-12h et 13h-16h lun-jeu, 7h30-12h et 13h-15h ven). Ce cargo mixte dessert les Australes deux ou trois fois par mois au départ de Papeete. À chaque voyage, il dessert Rurutu et Tubuai, et alternativement (parfois les deux) Rimatara ou Raivavae. Une fois tous les deux mois, l'itinéraire inclut Rapa. Pour Rurutu en couchette dortoir (50 lits), comptez 6 300 CFP ; pour Raivavae, 9 000 CFP. En cabine, le tarif va de 11 000 CFP à 15 000 CFP par nuit. Confort rustique. Pour les repas, ajoutez 5 200 CFP/jour. Bureau dans la zone portuaire de Motu Uta à Papeete.

Gambier

L'archipel des Gambier est le plus éloigné de Tahiti.

➡ **Nuku Hau** (☎40 54 99 54 ; contact@snp.pf). Une fois par mois, ce cargo effectue une tournée d'une durée de 3 semaines à destination des Gambier (Rikitea) via plusieurs atolls reculés des Tuamotu est. Comptez 10 000 CFP le passage sur le pont (matelas) pour Rikitea, accessible en 2 semaines), plus 3 500 CFP/jour environ pour la nourriture. Bureau dans le même local que le Hawaiki Nui, dans la zone portuaire de Motu Uta à Papeete. Comptez une quinzaine de jours avant d'aborder les Gambier.

➡ **Taporo VIII** Ne prend pas de passagers.

Croisières

Plusieurs paquebots proposent des croisières dans les îles de la Société. Leur confort est évidemment maximal et les prestations, haut de gamme. Des visites sont prévues à chaque escale.

➡ **Pacific Princess** (www.princess.com). Paquebot d'une capacité de 680 passagers. Croisières dans les îles de la Société et les Tuamotu.

➡ **Paul-Gauguin** (www.croisierespaulgauguin.fr). Paquebot accueillant 320 passagers. Croisières d'une semaine au départ de Papeete, incluant Huahine, Raiatea, Tahaa, Bora Bora et Moorea (et parfois Tahiti Iti). Également croisières plus longues combinant les îles de la Société avec les Marquises, les Tuamotu ou les îles Cook, à certaines périodes de l'année.
Pour les croisières à la voile, reportez-vous à la rubrique *Voile et plaisance*, p. 406.

En stop

Dans les îles peu fréquentées par les touristes ou mal desservies par les transports en commun, l'auto-stop est un moyen de déplacement relativement courant, mais le trafic est réduit. À Moorea et à Bora Bora, cette option fonctionne également relativement bien.

La Polynésie française est une région généralement sure en termes de stop, mais les règles habituelles, valables dans le monde entier, devront être appliquées. Ne montez pas dans le véhicule d'une personne ne vous inspirant pas confiance.

Les femmes seules éviteront ce mode de transport.

Transports locaux

Un système organisé et cohérent de transports en commun fait cruellement défaut en Polynésie. Inutile de compter sur les transports en commun, ils sont inexistants ou peu fiables, à l'exception (et encore !) de l'agglomération de Papeete. Le reste de Tahiti est également desservi, mais les horaires et les fréquences sont peu pratiques pour les touristes.

Bus

À Moorea, des bus assurent les arrivées et départs de certains bateaux au quai de Vaiare. À Bora Bora, des bus desservent les arrivées et départs d'avions et de bateaux, mais c'est tout. Dans les autres îles, les seuls bus sont réservés au transport scolaire.

La solution la plus pratique pour visiter les îles consiste à louer une voiture, un scooter ou un vélo (selon la taille et le relief de chaque île). Prévoyez un budget en conséquence.

Bateau

Dans certaines îles, il est possible de louer des petits bateaux à moteur sans permis. Cette formule très intéressante existe à Moorea, à Bora Bora, à Huahine et à Raiatea. Elle permet de découvrir librement le lagon.

Taxi

Vous trouverez un service de taxis à Tahiti, Moorea, Huahine, Raiatea, Bora Bora et Nuku Hiva. Dans bien des cas, il sera plus intéressant de louer une voiture pour la journée. Par ailleurs, la plupart des structures d'hébergement, de la pension la moins onéreuse aux plus luxueux établissements balnéaires, viennent généralement chercher à l'aéroport ou au quai des ferries leurs clients qui ont réservé (cette prestation est néanmoins généralement payante).

Dans les îles où il n'y a pas de taxi, il suffit de s'arranger avec les propriétaires des pensions ou des hôtels (qui vous factureront bien entendu chaque déplacement).

Scooter

Certains prestataires louent des scooters dans plusieurs îles, notamment à Tahiti, Moorea, Huahine, Tahaa et Bora Bora. Ce moyen de transport est pratique pour circuler dans les petites îles… quand il ne pleut pas et si les distances sont limitées. Les tarifs ne sont que légèrement inférieurs à ceux des voitures de petite catégorie. Comptez de 45 à 50 € pour 24 heures. Soyez très prudent, les accidents impliquant les deux-roues sont fréquents.

Vélo

Certaines îles se prêtent bien aux déplacements à bicyclette, mais il faudra composer avec la chaleur, quelques montées traîtresses et ne pas sous-estimer les risques de grosses averses. Hormis à Tahiti, la circulation automobile se révèle rarement problématique. On circule sur les routes de ceinture, presque toutes goudronnées, souvent plates, le long du lagon, dans un cadre souvent magnifique. Dans la plupart des îles, les distances, relativement courtes, permettent d'effectuer un circuit complet en une demi-journée ou une journée. À Moorea, Huahine, Raiatea, Bora Bora, Rangiroa et Fakarava, des prestataires louent des bicyclettes aux alentours de 13 € par jour environ. Dans les îles peu touristiques, les pensions louent ou prêtent des vélos (en plus ou moins bon état) à leurs clients.

Aux îles Marquises, les dénivelés, bien trop importants, ne permettent pas les déplacements à vélo, mais un prestataire propose des vélos à assistance électrique à Nuku Hiva. Aux Australes, on peut circuler facilement à Tubuai, à Raivavae et dans la partie nord de Rurutu.

Voiture

Vu la quasi-absence des transports publics, la location d'une voiture constitue la solution la plus indiquée pour découvrir les îles, à moins que vous n'optiez pour un tour de l'île guidé.

Location

Les tarifs en direct sont très élevés, à l'exception de Tahiti, où une saine concurrence permet de bénéficier de tarifs inférieurs à 60 € par jour avec certaines agences. La location d'une petite voiture (Clio, Twingo) s'élève généralement à 90 € par jour, assurance comprise et kilométrage illimité. Sur certaines îles (notamment Raiatea, Huahine et Bora Bora), il est possible de faire baisser la note d'environ 20% en passant par l'intermédiaire des pensions, qui ont négocié des tarifs préférentiels pour leurs clients. On peut bénéficier de tarifs plus avantageux par l'intermédiaire de courtiers en ligne.

Les agences pratiquent des tarifs pour 4/8/24 heures et 2 ou 3 jours. En principe, le prix est dégressif, mais la différence de coût reste assez peu significative. Louez de préférence pour une durée de 24 heures.

C'est à Tahiti que vous trouverez le plus grand nombre d'agences de location. Les grandes enseignes internationales (Avis, Budget, Europcar et Hertz) sont représentées à Papeete et dans certains grands hôtels. Dans le reste des îles de la Société (Moorea, Huahine, Raiatea, Bora Bora), ainsi qu'à Rangiroa (Tuamotu), à Nuku Hiva (Marquises), à Hiva Oa (Marquises) et à Tubuai (Australes), ce sont des loueurs indépendants, parfois franchisés de grandes enseignes.

Aux Marquises, on peut louer un 4x4 à Atuona (Hiva Oa), à Taiohae (Nuku Hiva) et à Ua Pou, moyennant 110 €/jour. Dans les îles où il n'est pas possible de louer un véhicule, les pensions ou les hôtels proposent des tours de l'île guidés.

Quelle que soit l'époque de l'année, et, à plus forte raison, à certaines périodes chargées (longs week-ends, vacances scolaires, fêtes de fin d'année), il est conseillé de réserver son véhicule plusieurs jours à l'avance. Les loueurs peuvent livrer le véhicule à l'aéroport.

Formalités

Munissez-vous de votre permis de conduire (permis international pour les étrangers) et de votre carte de crédit pour la caution. En général, il faut avoir 21 ans au minimum (parfois 23 ans chez certains loueurs).

Conditions de circulation

Les conditions de circulation sont faciles (carrefours et croisements sont rares, sauf dans l'agglomération de Papeete), mais les routes sont dangereuses, surtout à Tahiti, où l'insécurité routière est élevée, principalement en raison de conduites en état d'ébriété alliées à des excès de vitesse.

La circulation est faible, sauf dans l'agglomération de Papeete, complètement engorgée aux heures de pointe (entre 6h et 8h du matin et entre 16h et 18h).

Méfiez-vous des conducteurs ivres à la nuit tombée, des chiens qui divaguent, des scooters sans feux de signalisation, et faites très attention aux piétons et aux enfants qui marchent sur le bord de la route alors qu'il n'y a ni bas-côtés ni trottoir.

Ne vous aventurez pas sur les pistes non goudronnées menant vers l'intérieur des terres, praticables par les 4x4, car les assurances ne vous couvriraient pas.

La vitesse est limitée à 60 km/h, et à 90 km/h sur le tronçon autoroutier à Tahiti.

Le stationnement est facile quasiment partout, sauf au centre de Papeete en journée pendant la semaine.

Essence

L'essence coûte moins cher qu'en métropole (environ 1,50 € le litre de super sans plomb). Le tarif, fixé par le gouvernement polynésien, est le même dans toutes les stations du territoire. Vous ne parcourrez que peu de kilomètres, car il n'existe généralement qu'une seule route, qui fait le tour de l'île.

On trouve des stations-service partout à Tahiti, ouvertes tous les jours. Dans les îles, les stations sont moins nombreuses et pratiquent des horaires plus restreints. Ne perdez pas de temps à comparer les prix d'une station à une autre : ils sont identiques, car fixés par décret.

La plupart des stations-service acceptent la carte de crédit.

Réseau routier

Des routes côtières font le tour des principales îles de la Société, le long du littoral. Tahiti (qui offre même un court tronçon autoroutier), Moorea, Huahine, Raiatea, Tahaa et Bora Bora bénéficient de routes bitumées en bon état. Dans tous les cas, vous pourrez circuler avec un véhicule classique.

En revanche, les routes menant vers l'intérieur des terres et les montagnes sont souvent des pistes accidentées nécessitant l'utilisation d'un 4x4, comme la superbe piste de 4x4 qui traverse Tahiti du nord au sud.

Dans les îles Australes, une route bétonnée fait le tour de Tubuai, ainsi qu'à Rimatara. À Rurutu et à Raivavae, la route de ceinture est presque entière bétonnée.

À Rangiroa, une route asphaltée longe l'île principale de l'atoll sur 10 km, ainsi qu'à Fakarava. Aux Marquises, le réseau routier s'est nettement amélioré au cours des dernières années, et des tronçons sont désormais cimentés ou goudronnés. Les autres axes sont des pistes praticables en 4x4.

LES "PK" : COMMENT S'ORIENTER SUR LES ÎLES

En Polynésie, il n'y a pas d'adresses et généralement pas de noms de rues, sauf à Papeete. On se repère grâce aux "PK" (points kilométriques), en fait des bornes kilométriques disposées le long de la côte, à Tahiti et à Raiatea principalement. À Tahiti, le point d'origine est Papeete, à Moorea la numérotation débute à l'aérodrome et à Raiatea elle commence à Uturoa. Les PK ne forment pas une boucle, mais sont aménagés en tenaille, de part et d'autre de l'île à partir de leur point d'origine. Ils se rejoignent donc au point le plus éloigné du point de départ.

Ne soyez donc pas surpris si un habitant de Paea vous dit qu'il habite "à Paea, au PK 22". Il ajoutera certainement "côté montagne" ou "côté lagon". Comprenez : entre la montagne et la route (la distance peut être importante s'il habite loin de la route) ou entre le lagon et la route (là encore, c'est un simple repérage, la maison peut être bien en retrait de la route).

Circuits organisés locaux

La formule "excursions organisées" est assez répandue dans la plupart des îles et remplace parfois avantageusement la location d'une voiture, surtout si l'on voyage seul. Ces prestations, appelées "tours de l'île", sont proposées par de petites entreprises familiales, parfois par les pensions elles-mêmes.

Dans tous les cas, pensez à réserver dès votre arrivée sur l'île, car un nombre minimum de participants est requis, variant de deux à huit environ selon les prestataires. En haute s aison, certaines sorties sont complètes plusieurs jours à l'avance.

Pour plus de détails, consultez les rubriques *Activités* et *Tour de l'île guidé* consacrés à chaque île.

Tours de l'île en 4x4

L'une des options les plus couramment proposées sont des "tours de l'île en 4x4", terme un peu pompeux pour désigner des circuits accompagnés à bord de Jeeps ou de 4x4 (ou de minibus). Ils durent une demi-journée et permettent de visiter les principaux centres d'intérêt de l'île. Comptez environ 50-60 €/pers.

Tours du lagon en pirogue

Les "tours du lagon en pirogue" à moteur constituent l'activité vedette en Polynésie. Ne la manquez sous aucun prétexte, même si parfois elle pourra vous sembler très "touristique". Les excursions, à la demi-journée ou à la journée, comprennent la visite des plus beaux endroits du lagon à bord d'une pirogue à moteur, avec un pique-nique sur un îlot, des arrêts baignade et snorkeling et éventuellement un "show" réalisé par le guide qui nourrit les requins ou les raies. Prévoyez de 60 à 110 €/pers pour la demi-journée.

Santé

La situation sanitaire en Polynésie française est en général très satisfaisante et les infrastructures médicales sont comparables à celles des pays occidentaux. Les aliments et l'eau en bouteille sont d'excellente qualité, frais et propres, et rares sont les maladies endémiques. Le problème le plus préoccupant auquel sont souvent confrontés les étrangers n'est autre que l'érythème (coup de soleil)... et le décalage horaire (de 11 à 12 heures selon la saison).

AVANT LE DÉPART

Assurance et services médicaux

Il est conseillé de souscrire une police d'assurance qui vous couvrira en cas d'annulation de votre voyage, de vol, de perte de vos affaires, de maladie ou encore d'accident. Les assurances internationales pour étudiants sont en général d'un bon rapport qualité/prix. Lisez avec la plus grande attention les clauses en petits caractères : c'est là que se cachent les restrictions.

Vérifiez notamment que les "sports à risques", comme la plongée, la moto, ou même la randonnée, ne soient pas exclus de votre contrat, ou encore que le rapatriement médical d'urgence, en ambulance ou en avion, soit couvert. De même, le fait d'acquérir un véhicule dans un autre pays ne signifie pas nécessairement que vous serez protégé par votre propre assurance.

Attention ! Avant de souscrire une police d'assurance, vérifiez bien que vous ne bénéficiez pas déjà d'une assistance par votre carte de crédit, votre mutuelle ou votre assurance automobile. C'est bien souvent le cas.

Quelques conseils

Assurez-vous que vous êtes en bonne santé avant de partir. Si vous suivez un traitement régulier, n'oubliez pas votre ordonnance (avec le nom des principes actifs).

Vaccins

Aucune vaccination spécifique n'est obligatoire pour la Polynésie, sauf la fièvre jaune si vous venez d'un pays endémique. Les vaccinations habituelles (diphtérie, tétanos) sont cependant recommandées. Bonne nouvelle : il n'y a pas de paludisme en Polynésie.

Santé sur Internet

Il existe de très bons sites Internet consacrés à la santé en voyage. Avant de partir, vous pouvez consulter les conseils en ligne du **ministère des Affaires étrangères** (www.diplomatie.gouv.fr) ou le site très complet du **ministère de la Santé** (www.solidarites-sante.gouv.fr).

PENDANT LE VOYAGE

Vols long-courriers

Les trajets en avion, principalement du fait d'une immobilité prolongée, peuvent favoriser la formation de caillots sanguins dans les jambes (phlébite ou thrombose veineuse profonde ou TVP). Le risque est d'autant plus élevé que le vol est plus long. Ces caillots se résorbent le plus souvent sans autre incident, mais il peut arriver qu'ils se rompent et migrent à travers les vaisseaux sanguins jusqu'aux poumons, risquant alors de provoquer de graves complications.

Généralement, le principal symptôme est un gonflement ou une douleur du pied, de la cheville ou du mollet d'un seul côté, mais pas toujours. La migration d'un caillot vers les poumons peut se traduire par une douleur à la poitrine et des difficultés respiratoires. Tout voyageur qui remarque l'un de ces symptômes doit aussitôt

DÉCALAGE HORAIRE

Les malaises liés aux voyages en avion apparaissent généralement après la traversée de trois fuseaux horaires (chaque zone correspond à un décalage d'une heure). Plusieurs fonctions de notre organisme – dont la régulation thermique, les pulsations cardiaques, le travail de la vessie et des intestins – obéissent en effet à des cycles internes de 24 heures, qu'on appelle rythmes circadiens. Lorsque nous effectuons de longs parcours en avion, le corps met un certain temps à s'adapter à la "nouvelle" heure de notre lieu de destination – ce qui se traduit souvent par des sensations d'épuisement, de confusion, d'anxiété, accompagnées d'insomnie et de perte d'appétit. Ces symptômes disparaissent généralement au bout de quelques jours, mais on peut en atténuer les effets moyennant quelques précautions :

- Efforcez-vous de partir reposé. Autrement dit, organisez-vous : pas d'affolement de dernière minute, pas de courses échevelées pour récupérer passeport ou documents de voyage. Évitez aussi les soirées prolongées avant d'entreprendre un long voyage aérien, et si vous le pouvez, essayez de vous préparer en vous mettant progressivement au rythme du pays.
- À bord, évitez les repas trop copieux (ils gonflent l'estomac !) et l'alcool (qui déshydrate). Mais veillez à boire beaucoup – des boissons non gazeuses, non alcoolisées, comme de l'eau et des jus de fruits.
- Abstenez-vous de fumer pour ne pas appauvrir les réserves d'oxygène ; ce serait un facteur de fatigue supplémentaire.
- Portez des vêtements amples, dans lesquels vous vous sentez à l'aise ; un masque oculaire et des bouchons d'oreille vous aideront peut-être à dormir.

réclamer une assistance médicale.

En prévention, buvez en abondance des boissons non alcoolisées, évitez de fumer, faites jouer les muscles de vos jambes lorsque vous êtes assis et levez-vous de temps à autre pour marcher dans la cabine.

Mal des transports

Pour réduire les risques d'avoir le mal des transports, mangez légèrement avant et pendant le voyage. Si vous êtes sujet à ces malaises, essayez de trouver un siège dans une partie du véhicule où les oscillations sont moindres : près de l'aile dans un avion, au centre sur un bateau et dans un bus. Tout médicament doit être pris avant le départ ; une fois que vous vous sentez mal, il est trop tard.

EN POLYNÉSIE

Infrastructures médicales

Les infrastructures médicales de Polynésie française sont en général de haut niveau, comparables aux normes françaises. Vous trouverez un hôpital public et une clinique privée à Papeete, ainsi que de nombreuses pharmacies. La plupart des médecins sont des métropolitains. Dans toutes les îles touristiques, vous trouverez au moins un cabinet médical avec un ou plusieurs médecins, et parfois un petit centre médical (comme à Moorea, Raiatea, Bora Bora, Nuku Hiva et Hiva Oa) faisant office d'hôpital. Le niveau d'équipement est en général très bon. Même les îles les plus reculées possèdent une infirmerie ou un dispensaire. En cas de problème lourd, on a recours aux évacuations sanitaires (appelées localement les "évasan"), par avion ou par hélicoptère vers Tahiti.

Une consultation chez un généraliste coûte 30 € environ. À noter : les consultations médicales sont remboursées au voyageur français à son retour en métropole (à 80%, hors mutuelle), sur présentation de la feuille de maladie de la CPS (la Sécurité sociale polynésienne) que remplira le praticien. Les frais pharmaceutiques le sont également. Il faut cependant demander au pharmacien de porter le montant total des médicaments sur la feuille de soins de la CPS (les Polynésiens ne paient que 20%).

Précautions élémentaires

Eau

L'adduction en eau potable est l'une des priorités du gouvernement. L'eau du robinet n'est potable qu'à Bora Bora et dans certaines communes de Tahiti (dont Papeete), Moorea, Huahine, Raiatea et Tahaa. Ailleurs, elle risque d'être souillée. Dans certains lieux, l'eau de pluie est recueillie à part, car l'eau des puits est parfois polluée par l'eau de mer. Buvez de l'eau de source ou de

TROUSSE MÉDICALE DE VOYAGE

Veillez à emporter avec vous une petite trousse à pharmacie (nous vous conseillons de la transporter en soute) contenant quelques produits indispensables. Certains ne sont délivrés que sur ordonnance médicale.

- des **antibiotiques**, à utiliser uniquement aux doses et aux périodes prescrites. Il n'est pas absurde de demander à votre médecin traitant de vous en prescrire pour le voyage
- un **antidiarrhéique**, en cas de forte diarrhée, surtout si vous voyagez avec des enfants
- un **antihistaminique** en cas de rhume, allergies, piqûres d'insectes, mal des transports – évitez de boire de l'alcool
- un **antiseptique** ou un désinfectant pour les coupures, les égratignures superficielles et les brûlures, ainsi que des pansements gras pour les brûlures
- de **l'aspirine** ou du **paracétamol** (douleurs, fièvre)
- une **bande Velpeau** et des **pansements** pour les petites blessures
- une **paire de lunettes de secours** (si vous portez des lunettes ou des lentilles de contact) et la copie de votre ordonnance
- une **paire de ciseaux à bouts ronds**, une **pince à épiler** et un **thermomètre à alcool**
- une petite trousse de **matériel stérile** comprenant une seringue, des aiguilles, du fil à suture, une lame de scalpel et des compresses
- des **préservatifs** norme CE

l'eau minérale en bouteille, disponible partout.

Alimentation

Côté alimentation, la Polynésie ne pose absolument aucun problème. Comme les aliments sains et frais sont présents en abondance, vous n'aurez aucune difficulté à suivre un régime équilibré.

Affections liées à l'environnement

Coup de chaleur

De longues périodes d'exposition à des températures élevées peuvent vous rendre vulnérable au coup de chaleur. Cet état grave, parfois mortel, survient quand le mécanisme de régulation thermique du corps ne fonctionne plus : la température s'élève alors de façon dangereuse. Évitez l'alcool et les activités fatigantes lorsque vous arrivez dans un pays soumis à ce type de climat.

- Symptômes : malaise général, transpiration faible ou inexistante et forte fièvre (39 à 41°C) et céphalée lancinante, difficultés à coordonner ses mouvements, signes de confusion mentale ou d'agressivité. Il faut absolument hospitaliser le malade. En attendant les secours, installez-le à l'ombre, ôtez-lui ses vêtements, couvrez-le d'un drap ou d'une serviette mouillée et éventez-le continuellement.

Coup de soleil

Ce n'est pas un hasard si les Tahitiens appellent les Européens les *popa'a* ("grillés")... Sous ces latitudes, les coups de soleil sont fréquents, même par temps couvert. Utilisez un écran solaire et pensez à couvrir les endroits qui sont habituellement protégés, les pieds par exemple. Si les chapeaux fournissent une bonne protection, n'hésitez pas à appliquer également un écran total sur le nez et les lèvres. Les lunettes de soleil s'avèrent souvent indispensables.

Insolation

Une exposition prolongée au soleil peut provoquer une insolation.

- Symptômes : nausées, peau chaude, maux de tête. Dans ce cas, il faut rester dans le noir, appliquer une compresse d'eau froide sur les yeux et prendre de l'aspirine.

Otite externe

Cette pathologie affecte fréquemment baigneurs et plongeurs dans les mers tropicales. La température de l'eau, l'action irritante des micro-organismes coralliens et l'humidité résiduelle du conduit auditif externe favorisent la prolifération de germes. Quelques heures après la plongée ou la baignade, le pavillon de l'oreille est très douloureux. Consultez un médecin. À titre préventif, rincez-vous l'oreille à l'eau douce après chaque immersion. Quelques gouttes d'alcool boriqué permettent de désinfecter le conduit.

Maladies infectieuses et parasitaires

Leptospirose

Cette maladie infectieuse, due à une bactérie (le leptospire) qui se développe dans les mares et les ruisseaux, se transmet par des animaux comme le rat et la mangouste.

La prolifération des rats en Polynésie, vecteurs de cette maladie, doit inciter à la vigilance (environ 50 cas par an, dont certains mortels). Lors de randonnées à l'intérieur des îles, par exemple, il est conseillé de porter un pantalon, afin d'éviter les égratignures des plantes qui seraient souillées par l'urine des rats.

On peut attraper cette maladie en se baignant dans des nappes d'eau douce, contaminées par de l'urine animale. La bactérie pénètre dans le corps humain par le nez, les yeux, la bouche ou les petites coupures cutanées.

➡ Symptômes : similaires à ceux de la grippe, ils peuvent survenir 2 à 20 jours suivant la date d'exposition : fièvre, frissons, sudation, maux de tête, douleurs musculaires, vomissements et diarrhées en sont les plus courants. Du sang dans les urines ou une jaunisse peuvent apparaître dans les cas les plus sévères. Les symptômes durent habituellement quelques jours, voire quelques semaines. La maladie est rarement mortelle.

Évitez donc de nager et de vous baigner dans tout plan d'eau douce, notamment si vous avez des plaies ouvertes ou des coupures.

Infections sexuellement transmissibles

La blennorragie, l'herpès et la syphilis sont les plus connues. Plaies, cloques ou éruptions autour des parties génitales, suppurations ou douleurs lors de la miction en sont les symptômes habituels ; ils peuvent être moins aigus ou inexistants chez les femmes. Les symptômes de la syphilis finissent par disparaître complètement, mais la maladie continue à se développer et provoque de graves problèmes par la suite. On traite la blennorragie et la syphilis par les antibiotiques.

Les infections sexuellement transmissibles (IST) sont nombreuses, mais on dispose d'un traitement efficace pour la plupart d'entre elles.

La seule prévention des IST est l'usage systématique du préservatif lors des rapports sexuels.

VIH/sida

L'infection à VIH (virus de l'immunodéficience humaine), agent causal du sida (syndrome d'immunodéficience acquise), est présente dans pratiquement tous les pays et épidémique dans nombre d'entre eux. La Polynésie n'est pas épargnée par le phénomène, bien que le nombre de nouveaux cas par an n'augmente que faiblement (environ 140 cas de personnes séropositives sont recensés).

Il faut éviter tout échange d'aiguilles. S'ils ne sont pas stérilisés, tous les instruments de chirurgie,

CIGÜATERA

La cigüatera désigne une pathologie endémique dans toutes les mers coralliennes. La Polynésie est l'un des endroits du monde les plus fortement touchés.

Il s'agit d'une intoxication alimentaire consécutive à la consommation de poissons habituellement comestibles mais qui, en l'occurrence, sont contaminés par un micro-organisme qui vit dans les algues poussant sur les coraux morts. Il est l'agent causal de la cigüatera et les poissons qui l'ont absorbé, le vecteur de transmission. Cette micro-algue prolifère lorsque le biotope corallien subit des agressions d'origine naturelle (cyclones, par exemple) ou humaines (pollution). Par contrecoup, le micro-organisme prolifère également et sécrète la cigüatoxine qui remonte tous les stades de la chaîne alimentaire, du poisson herbivore qui broute les coraux jusqu'au consommateur final, l'homme.

Les premiers symptômes se manifestent entre deux et 20 heures après l'absorption de poisson contaminé. Troubles digestifs, démangeaisons (qui lui ont valu le nom de "gratte" en Polynésie), picotements ou fourmillements, bradycardie, troubles de la sensibilité et troubles neurologiques sont des signes caractéristiques. Aucun cas mortel n'a été recensé.

La consultation d'un médecin s'impose, bien qu'on ne puisse traiter que les symptômes.

Comme il n'existe pas de moyen de détection et de traitement spécifique, misez sur la prévention. Renseignez-vous auprès des habitants qui connaissent les zones réputées cigüatériques. En règle générale, lutjans, mérous, chirurgiens noirs et perches sont à éviter.

UNE OBÉSITÉ RECORD

Le phénomène saute aux yeux des visiteurs fraîchement débarqués en Polynésie quand il apparaît tout à fait banal aux yeux des habitants : en Polynésie française, 40% de la population est obèse. À Tahiti, le taux d'obésité chez les enfants âgés de 5 à 14 ans atteint 34%. Un chiffre parmi les plus élevés du monde. Premier facteur d'explication : la présence d'un gène favorisant le stockage des graisses. Au moment de l'installation des Polynésiens dans le Pacifique Sud, les privations liées aux longues traversées océaniques et à la survie dans des îles peu prodigues en nourriture aurait sélectionné les individus capables de conserver le maximum de calories. Cette prédisposition génétique, mise en évidence par des chercheurs en 2016, est aujourd'hui couplée au mode d'alimentation des Polynésiens. Non seulement les plats sont pantagruéliques – en conformité avec cette idée que "bien manger, c'est manger beaucoup" – mais les sodas, surchargés en sucre, sont présents à tous les repas, du matin au soir. Accentuées lors de l'épidémie de Covid-19, les conséquences sanitaires et sociales de cette obésité sont désastreuses : accidents cardiovasculaires, cancers, maladies respiratoire, diabète... Pour autant, les autorités politiques, étroitement surveillés par les industriels de l'agroalimentaire tardent à lancer de larges campagnes de prévention et à réglementer le taux de sucre dans les boissons.

les aiguilles d'acupuncture et de tatouage, les instruments utilisés pour percer les oreilles ou le nez peuvent transmettre l'infection. Il est fortement conseillé d'acheter seringues et aiguilles avant de partir.

Si vous vous faites tatouer en Polynésie, allez chez un tatoueur professionnel, doté d'un matériel stérile.

Toute demande de certificat attestant la séronégativité pour le VIH (certificat d'absence de sida) est contraire au Règlement sanitaire international (article 81).

Covid 19

Malgré son insularité, la Polynésie française n'a pas été épargnée par la pandémie liée au Covid 19. On estime que près de 75 000 personnes ont été contaminées, et 649 décès avaient été comptabilisés jusqu'en 2022, malgré la mise en place de mesures de restriction (confinement, couvre-feu, etc.). Comme en métropole, les hôpitaux locaux ont été débordés lors des pics de contamination. Comme dans le reste du monde, la situation s'est améliorée à partir de la fin de l'année 2021, et la plupart des mesures de restriction étaient levées au moment de la rédaction de cet ouvrage.

Coupures, morsures et piqûres

Coupures et égratignures

Les blessures s'infectent très facilement dans les climats chauds et cicatrisent difficilement. Coupures et égratignures doivent être traitées avec un antiseptique et du désinfectant cutané. Évitez si possible bandages et pansements, qui empêchent la plaie de sécher.

Les coupures de corail sont particulièrement longues à cicatriser, car le corail injecte un venin léger dans la plaie. Portez des chaussures pour marcher sur des récifs, et nettoyez chaque blessure à fond.

Morsures, piqûres et brûlures

NONO

Il existe un insecte plus gênant que les moustiques : le nono. Cette mouche noire ou blanche sévit aux Marquises seulement. Contre ces insectes, utilisez une crème répulsive. Vous trouverez des produits antimoustiques partout sur place. Couvrez-vous le plus possible, en portant des manches longues, ainsi que des pantalons. Faites également brûler des tortillons antimoustiques. Si une moustiquaire est disponible, utilisez-la, car elle est le plus souvent fournie dans les zones infestées d'insectes. Vérifiez que les moustiquaires des fenêtres empêchent bien les insectes de passer. Les moustiques sont en général plus nombreux durant la saison humide, de novembre à mars.

MILLE-PATTES

D'autres piqûres d'insectes sont plus pénibles que dangereuses. La morsure des grands mille-pattes est douloureuse ou irritante, mais pas plus dangereuse qu'une piqûre d'abeille ou de guêpe, malgré l'étrange crainte qu'éprouvent les Polynésiens à l'égard de ces créatures.

MÉDUSES

Les méduses sont assez rares en Polynésie.

Leurs filaments peuvent provoquer des brûlures. Des antihistaminiques et des analgésiques limiteront la réaction et la douleur.

POISSON PIERRE

Ce poisson, à l'aspect repoussant, vit immobile et camouflé dans son environnement – fonds sableux et débris coralliens, surtout. Les épines de sa nageoire dorsale sont très venimeuses et douloureuses : le nageur ou le plongeur risque la syncope. Une hospitalisation d'urgence s'impose. Placez un garrot légèrement serré entre la piqûre et la base du membre atteint. À titre de prévention, portez une combinaison et regardez où vous posez vos mains. Si vous marchez sur le récif, mettez des sandales en plastique avec une semelle épaisse.

CORAIL DE FEU

Ce type de corail (*Millepora*), de couleur brun ou jaune, forme des rameaux ou des colonies encroûtantes. Ses polypes, urticants, provoquent des brûlures et des démangeaisons. Désinfectez et appliquez du jus de citron. Portez une combinaison et abstenez-vous de toucher aux massifs coralliens.

OURSINS

Si l'on marche sur un oursin, les épines se brisent et se logent sous la peau, provoquant une inflammation douloureuse, voire une infection. Consultez un médecin. Quand vous nagez, regardez où vous mettez les pieds et les mains. Sur le récif, portez des sandalettes.

CÔNE

Le cône est un coquillage de forme conique. L'animal possède un organe ressemblant à un harpon qui sert à paralyser ses proies. Le venin injecté est extrêmement puissant et peut être mortel. L'évacuation sanitaire est impérative et urgente. Il vaut mieux renoncer à ramasser les coquillages.

REQUINS ET MURÈNES

Le danger est surtout dans votre imagination, que quelques films auront contribué à façonner. Les espèces littorales que vous rencontrerez en plongée – requins gris, pointes blanches, pointes noires – sont inoffensives. Les *Carcharinus albimarginatus*, surtout présents dans les Tuamotu, appelés localement *tapete*, peuvent se montrer plus agressifs, mais aucun accident n'a été recensé. Seuls les chasseurs sous-marins portant du poisson blessé ou mort à la taille se mettent réellement en danger.

Les murènes ne sont menaçantes que si elles se sentent provoquées. Évitez donc de les importuner.

SERPENTS ET SCORPIONS

Il n'existe aucune espèce de serpent ou de scorpion en Polynésie.

SE PROTÉGER DES MOUSTIQUES

Hormis les traitements préventifs, la protection contre les piqûres de moustiques est le premier moyen d'éviter d'être contaminé par la dengue ou le chikungunya. Le soir, dès le coucher du soleil, couvrez vos bras et surtout vos chevilles, et mettez un produit antimoustique. Ils sont parfois attirés par le parfum ou par l'après-rasage.

- En dehors du port de vêtements longs, l'utilisation d'insecticides ou de répulsifs à base de DEET (de type Cinq sur Cinq) sur les parties découvertes du corps est à recommander (sauf pour les enfants de moins de 2 ans).
- Évitez de sortir vers le lever et le coucher du soleil.
- En vente en pharmacie, les moustiquaires constituent en outre une protection efficace, à condition qu'elles soient imprégnées d'insecticide. De plus, ces moustiquaires sont radicales contre les insectes (puces, punaises, etc.). Vérifiez bien que celles dans les hôtels ne sont pas trouées.
- D'une manière générale, le risque de contamination est plus élevé pendant la saison des pluies.

Affections moins fréquentes

Chikungunya et zika

La Polynésie française a connu une importante épidémie de chikungunya à la fin de l'année 2014, qui a touché tous les archipels. Le virus du chikungunya est transmis par un moustique tigré blanc et noir, l'*Aedes albopictus*. La maladie se traduit avant tout par des douleurs articulaires, souvent très pénibles, notamment chez les enfants et les personnes âgées. Autre virus transmis par le moustique tigre, le Zika, qui survient également à intervalles réguliers en saison des pluies. Protégez-vous contre les piqûres (voir l'encadré ci-dessus) et consultez rapidement un médecin en cas de symptômes.

Dengue

La Polynésie souffre régulièrement d'épidémies de dengue (surtout pendant la saison des pluies), qui peuvent toucher plusieurs milliers de personnes. Il n'existe pas de traitement prophylactique contre cette maladie propagée par les moustiques. Poussée de fièvre, maux de tête, douleurs articulaires et musculaires précèdent une éruption cutanée sur le tronc qui s'étend ensuite aux membres, puis au visage. Au bout de quelques jours, la fièvre régresse, et la convalescence commence. Les complications graves sont rares.

À titre préventif, enduisez-vous de répulsif antimoustique (voir l'encadré ci-dessus).

Filariose

Ce sont des maladies parasitaires transmises par des piqûres d'insectes (mouches et moustiques). Les personnes touchées sont principalement celles qui vivent depuis longtemps en Polynésie. Les symptômes varient en fonction de la filaire concernée : fièvre, ganglions et inflammation des zones de drainage lymphatique ; œdème (gonflement) au niveau d'un membre ou du visage ; démangeaisons et troubles visuels. Un traitement permet de se débarrasser des parasites, mais certains dommages causés sont parfois irréversibles. Si vous soupçonnez une possible infection, il vous faut rapidement consulter un médecin.

Accidents de décompression (ADD)

Il existe un caisson de recompression au **centre hospitalier du Taaone** (☎40 48 62 62 ; Pirae, Papeete), à Tahiti. Pour éviter tout accident, n'allez pas £ en altitude après une plongée (pas de randonnée en montagne, donc) et attendez 24 heures avant de prendre l'avion (sauf pour les vols Tahiti-Moorea, à basse altitude).

Langue

Le français et le tahitien sont les deux langues officielles. Le français est compris presque partout. Le tahitien, enseigné à l'école, au lycée et à l'École normale, est la langue vernaculaire, même si les habitants des Tuamotu Est parlent un dialecte, le paumotu, et les habitants des Gambier, le mangarevien. Aux Marquises, les habitants sont très attachés à leur langue (le marquisien), symbole de leur identité.

Le tahitien a longtemps été tenu en piètre estime par la puissance coloniale. L'administration française est allée jusqu'à prévoir des sanctions pour qui parlerait le tahitien à l'école, et sa transmission n'est plus automatique. Depuis les années 1980, on assiste fort heureusement à une réhabilitation de la langue tahitienne.

Le langage de tous les jours est parfois teinté de curieux mélanges de français et de tahitien. Les noms de fleurs ou de poissons sont communément désignés en tahitien ("j'ai pêché un gros *paihere* aujourd'hui près du motu", "ma vahiné est une *tinito*"). Sur place, le tahitien diffuse vers le français. Sans parler d'expressions et d'intonations, avec le "r" roulé, que vous aurez vite fait de repérer : "*Ehia* ! Brad, on fait un trip tour de l'île ? OK alors."

Le tahitien se rattache au groupe linguistique des langues polynésiennes, qui comprend notamment le samoan, le maori, le hawaïen, le rarotongien et le tongien. La langue écrite n'existe que depuis le XIXe siècle, à l'initiative des missionnaires qui ont traduit la Bible. Une Académie tahitienne (*fare vana'a*), symbole de la défense du patrimoine linguistique polynésien, a été fondée en 1972. Elle a codifié la transcription du tahitien et normalisé la syntaxe.

APERÇU DE LA LANGUE TAHITIENNE

Le tahitien fait preuve d'une extraordinaire faculté d'assimilation de concepts étrangers. Des mots et des concepts nouveaux, tel le découpage du temps, furent "tahitianisés" par mimétisme phonétique. Bon nombre de termes sont ainsi empruntés à l'anglais : *fepuare* (février) vient de *february*, *painapo* (ananas) de *pineapple*, *poti* (bateau) de *boat*, *himene* (chant) de *hymn*.

Autre processus caractéristique d'assimilation, la formation de mots par agglutination pour désigner des objets nouveaux. Ainsi, pour hélicoptère, on dira *manu tautau na te reva*, littéralement "oiseau suspendu dans l'espace" ; télévision sera rendu par *'afata teata*, littéralement "caisse à théâtre", ou encore frigidaire par *afata fa'ato'eto'eraa ma'a*, "caisse à refroidir la nourriture". Les préfixes et les suffixes permettent également d'enrichir le vocabulaire. Ainsi, *ha'amaramarama* est formé du radical *rama* (flambeau), étendu à *marama* (clair de lune), puis à *maramarama* (intelligence) et, enfin, avec l'adjonction de *ha'a* (action de provoquer, de causer), on obtient "produire de l'intelligence", donc, par extension, "renseignement" !

Un mot peut être à la fois verbe, adjectif et nom. Ainsi, *inu* signifie selon le contexte "boire", "boisson" ou "potable". Il n'existe ni pluriel, ni déclinaisons, ni conjugaison, ni auxiliaires, ni genres. L'article défini singulier (le, la) est *te*, au pluriel (les) *te mau*. Les notions de passé, présent et futur se rendent par l'emploi de prépositions ou de postpositions.

PRONONCIATION

Le système consonantique comprend huit éléments : f, h (aspiré, parfois prononcé "ch"), m, n, p, r (roulé), t, v. En théorie, le b n'existe pas. Ce sont les Occidentaux qui l'ont introduit par erreur, croyant entendre Bora Bora ou tabu alors que les Polynésiens disaient Pora Pora et tapu. On ne trouve jamais deux consonnes consécutives.

Le système vocalique est composé de a, e (prononcé é), i, o, u (prononcé ou). Toutes les voyelles se prononcent. Certaines combinaisons ne se résument pas à la prononciation distincte des deux voyelles juxtaposées. C'est le cas de ai, ae, oi, ao, au. Ainsi, Aorai ne se prononce pas Aoraille, mais presque "Aoreille" ; *pae pae* se dit "pê pê". Les mots se terminent toujours par une voyelle, parfois allongée. Dans ce cas, elle est surmontée d'un tiret, le *tarava* (-).

L'occlusion glottale, appelée *'eta*, figurée par une apostrophe avant la voyelle qui subit l'occlusion, est en réalité une consonne à part entière. Elle est très fréquente en tahitien. Pour prononcer correctement, il faut bloquer l'air dans la glotte avant de prononcer la voyelle qui suit. En français, quand vous dites "elle hache" ou "regard hagard" (sans aspirer le h), vous réalisez sans le savoir une occlusion glottale. En marquisien, cette occlusion est fréquemment remplacée par un k : *vaka* et *tiki* au lieu de *va'a* (pirogue) et *ti'i*.

LEXIQUE DE BASE

Très peu de mots tahitiens sont passés dans les langues occidentales, mais quelques expressions typiques, empruntées au tahitien, sont employées fréquemment par les résidents français ou étrangers.

Le *fiu* fait allusion à un état de lassitude, d'ennui, d'absence de motivation ou de ras-le-bol. Ainsi, si vous êtes "*fiu* de Papeete", c'est que, littéralement, vous en avez "marre de Papeete".

À l'inverse, *'aita pe'ape'a* signifie que tout va bien, que "tout est OK". Très courant également, le terme *popa'a*, qui désigne tous les non-Polynésiens.

Pour approfondir vos connaissances, vous pouvez vous procurer le manuel d'initiation *Tahitien de poche* (Éd. Assimil, 2011). Consultez également le site www.farevanaa.pf et www.reo.pf ; vous pouvez aussi télécharger l'application mobile Reo, disponible sur Android et iOs.

Pour un glossaire alimentaire, reportez-vous p. 62.

Civilités

oui	*'e, 'oia*
non	*'aita*
bonjour	*'ia ora na, nana*
comment ça va ?	*e aha te huru ?*
très bien, merci	*maita'i, mauruuru*
au revoir	*parahi, nana*
pas de problème !	*'aita pe'ape'a*
à bientôt	*araua'e*
bon courage !	*fa'aitoito !*
merci beaucoup	*mauruuru roa*
bienvenue	*maeva, manava*
À votre santé ! (en trinquant)	*manuia !*
venez ! (invitation)	*haere mai !*
Bon appétit !	*ama'a maita'i !*
Bonne nuit	*'A ta'oto maita'i*
Je m'appelle...	*'O... to'u i'oa*
Je suis français	*E farani au*
Combien ça coûte ?	*'ehia moni ?*

Date et heure

jour	*ao*
nuit	*po*
matin	*po'ipo'i*
soir	*ahiahi*
maintenant	*teie nei*
aujourd'hui	*i teie nei mahana*
demain	*ananahi*
hier	*inanahi*
semaine	*hepetoma*
mois	*'ava'e*
année	*matahiti*
quelle heure est-il ?	*e aha te hora ?*
il est deux heures	*e hora piti*
janvier	*tenuare*
février	*fepuare*
mars	*mati*
avril	*'eperera*
mai	*me*
juin	*tiunu*
juillet	*tiurai*
août	*'atete*
septembre	*tetepa*
octobre	*'atopa*
novembre	*novema*
décembre	*titema*
lundi	*monire*
mardi	*mahana piti*
mercredi	*mahana toru*
jeudi	*mahana maha*
vendredi	*mahana pae*
samedi	*mahana ma'a*
dimanche	*tapati*

Famille

mère	*metua vahine*
père	*metua tane*
fils, garçon	*tamaroa*
fill e	*tamahine*
mari, homme	*tane*
femme	*vahine*
parents (famille élargie)	*feti'i*
grand-père	*papa ru'au*
grand-mère	*mamma ru'au*
enfants	*tamari'i*
enfants adoptifs	*fa'a'amu*

Adjectifs et adverbes

beau	*nehenehe*
long, beaucoup	*roa*
nouveau, récent	*api*
grand	*rahi, nui*
petit	*iti*
bon, bien	*maita'i*
parfumé	*no'ano'ano*
mauvais	*'ino*
fini, terminé	*oti*
un peu	*ri'i*
peut-être	*paha*
lentement	*t¯aere*
vite	*vitiviti*
protestant	*porotetani*
catholique	*tatorita*
fatigué	*rohirohi*
vieux, âgé	*r¯u'au*
fou, bizarre	*taravana*
rouge	*'ute'ute*
bleu	*moana*
noir	*'ere'ere*
vert	*matie*
blanc	*'uo'uo*

Géographie

arbre	*tumu ra'au*
ciel	*ra'i*
étoile	*feti'a*
fleur	*tiare*
île	*motu*
lune	*'ava'e*
mer	*miti*
montagne	*mou'a*
océan	*moana*
passe	*ava*
plage	*tahatai*
récif	*a'au*
soleil	*mahana*
terre, pays	*fenua*
vallée	*fa'a*
vent	*mata'i*

Directions et noms de lieu

Où est...?	*tei hea...?*
l'hôtel	*te hotera*
la poste	*te fare rata*
la mairie	*te fare 'oire*
le commissariat	*te fare muto'i*
le marché	*te matete*
l'hôpital	*te fare ma'i*
la banque	*te fare moni*
l'école	*te fare ha'api'ira'a*
la pharmacie	*te fare ra'au*
l'église	*te fare purera'a*
le restaurant	*te fare tama'ara'a*
le magasin	*te fare toa*

Mots utiles

avion	*manureva*
canot, petit bateau	*poti*
pirogue	*va'a*
plantation	*fa'a'apu*
chef, maire	*tavana*
policier, gendarme	*muto'i*
médecin	*taote*
dentiste	*taote niho*
ville	*'oire*
ami	*hoa*
argent	*moni*
chant	*himene*
cigarette	*'ava'ava*
danse	*'ori*
dieu	*atua*
journal	*ve'a*
médicament	*ra'au*
pêcher	*tai'a*
pluie	*ua*
cochon, porc	*pua'a*

QUELQUES MOTS DE MARQUISIEN

Bonjour	*Kaoha*
Au revoir	*A pae*
Merci	*Koutau*
Venez	*Memai*
Bienvenue	*Mave mai*
Comment t'appelles-tu ?	*O ai to oe inoa ?*
Je m'appelle...	*O... tou inoa*
Où habites-tu ?	*Ihea to oe noho ?*
Comment vas-tu ?	*E aha to oe hakatu ?*
Ça va ?	*Mea meitai oe ?*
Oui, ça va bien.	*E, mea meitai au.*
Bon voyage !	*Ia meitai to oe huatira !*

1	*e tahi*
2	*e ua*
3	*e tou*
4	*e fa*
5	*e ima*
6	*e ono*
7	*e fitu*
8	*e vau*
9	*e iva*
11	*onohuu e tahi*
20	*tekau*
30	*tou onohuu* (trois fois dix)
40	*fa onohuu* (quatre fois dix)
100	*hanere*
200	*e ua hanere*
1 000	*tautini*

chien	*uri*
oiseau	*manu*
poisson	*i'a*
requin	*mao*
Américain	*Marite*
Australien	*'Auteraria*
Chinois	*Tinito*
Français	*Farani*
Japonais	*Tapone*
Néo-Zélandais	*Niuterani*
Polynésien	*Ma'ohi*
Polynésie	*Porinetia*

Chiffres

1	*ho'e, tahi*
2	*e piti*
3	*e toru*
4	*e maha*
5	*e pae*
6	*e ono*
7	*e hitu*
8	*e va'u*
9	*e iva*
10	*ho'e 'ahuru*
11	*ho'e 'ahuru ma ho'e*
12	*ho'e 'ahuru m¯a piti*
20	*e piti 'ahuru*
21	*e piti 'ahuru ma ho'e*
30	*e toru 'ahuru*
40	*e maha 'ahuru*
100	*ho'e hanere*
101	*ho'e hanere ma ho'e*
1 000	*ho'e tauatini*

GLOSSAIRE

ahu – partie du *marae* désignant l'autel. À Tahiti, il accuse généralement une forme pyramidale

aito – bois de fer

alizés – vents de secteur est, dans les zones tropicales

arii – dignitaire, chef (littéralement "roi") suprême investi du pouvoir temporel dans la société traditionnelle

arioi – personnages appartenant à la caste des prêtres dans l'archipel de la Société, avant l'arrivée des Européens

atae – arbre de corail (*Erythrina indica*)

atoll – (mot des Maldives) anneau corallien à fleur d'eau, de forme variée, entourant un lagon. Géologiquement, il est la suite chronologique de l'île haute volcanique

atua – terme collectif désignant le panthéon polynésien

bonitier – bateau d'une dizaine de mètres équipé pour la pêche et servant également au transport de passagers

bringue – fête locale, généralement très arrosée de bière

caldeira – partie du volcan constituée par le cratère, après l'éruption

CEP – Centre d'expérimentation du Pacifique, désignant le programme d'essais nucléaires français

CETAD – Centre d'études des techniques adaptées au développement. Écoles à vocation technique et professionnelle

CFP – cours du franc Pacifique, monnaie en circulation en Polynésie française, dont la parité est fixe avec l'euro

cigüatera – empoisonnement résultant de la consommation de poissons récifaux porteurs d'une toxine

CMAS – Confédération mondiale des activités subaquatiques. Organisme regroupant les fédérations de plongée de plus de 70 pays, dont la France

coprah – amande séchée de la noix de coco, dont on extrait une huile

coraux – animaux appartenant aux groupes des cœlentérés. Leur développement sous forme de colonies, moyennant des conditions précises de température et de limpidité de l'eau, se traduit par la formation d'un récif corallien

côté montagne – sur une île dotée d'une route de ceinture, on a coutume de mentionner "côté montagne" ou "côté lagon" pour se repérer, selon le côté de la chaussée où est situé l'emplacement

cyclone – intense dépression se formant dans les régions tropicales, caractérisée par des vents et des masses nuageuses tourbillonnants autour d'une zone centrale calme appelée "œil". Ce phénomène météorologique est appelé typhon en Asie et ouragan dans les Caraïbes

demis – métis polynésiens-européens ou polynésiens-chinois

DOM-TOM – Départements et territoires d'outre-mer. Collectivités territoriales faisant partie intégrante de la République française mais dotées d'un statut particulier

ÉFO – Établissements français d'Océanie. Dénomination administrative de la colonie polynésienne sous tutelle française de 1903 à 1946

EVAAM – Établissement pour la valorisation des activités aquacoles et maritimes

faaamu – nom que l'on donne aux enfants adoptifs

fare – habitation polynésienne traditionnelle

fare MTR – "maison territoriale de reconstruction", sorte de maison de conception standardisée, subventionnée par le territoire

fare potee – maison traditionnelle de forme ovale, servant de lieu communautaire

fare tupapau – abri où étaient exposées les dépouilles mortelles après embaumement, aux temps anciens

fenua – pays, région d'origine

fetii – désigne la famille élargie

fruit à pain – fruit de l'arbre à pain (*uru*), riche en fécule et ayant plus ou moins la forme d'un ballon de rugby. Il constitue l'aliment de base de l'alimentation traditionnelle

GIP – Groupement d'intervention de la Polynésie ; sorte de milice, très controversée, créée par Gaston Flosse

goélette – fait référence aux cargos qui assurent le ravitaillement des îles des différents archipels

heiva – fête ; désigne les festivités de juillet à Papeete, où se déroulent des concours de danses et de chants

herminette – outil dont la lame est incurvée, principalement employé par les sculpteurs

himene – (de l'anglais "*hymn*") cantiques polynésiens

hinano – nom polynésien de la fleur de pandanus, ainsi que de la bière la plus répandue sur le territoire

Hiro – dieu des Voleurs

hoa – chenal de petite taille et peu profond qui traverse la couronne corallienne de l'atoll. Il ne met en communication le lagon et l'océan que lors de fortes marées ou en cas de houle intense, à la différence de la passe, trait d'union permanent entre les deux milieux

honu – tortue

horue – surf, en tahitien

île haute – île issue d'éruptions volcaniques ou d'un soulèvement géologique. En Polynésie, l'île haute dérive vers le nord-ouest et s'affaisse, formant progressivement un atoll

kaina – terme désignant les Polynésiens ou tout ce qui est inhérent à la culture polynésienne : musique kaina, cuisine kaina, etc. Un "kaina" est un Polynésien "authentique"

kau – nom d'un petit bateau de pêche, aux Tuamotu

kava – boisson traditionnelle aux propriétés enivrantes, fabriquée à partir des racines de *Piper methysticum*

kaveka – sterne

kaveu – crabe de cocotier

keetu – roche volcanique

keshi – (terme japonais) produit dérivé de la perliculture. Perle formée de nacre pure, sans nucleus

koke – Gauguin

lagon – espace maritime délimité par le récif corallien. Selon l'âge géologique de l'île, il peut soit former un plan d'eau intérieur enserré par une couronne récifale constituée de motu (cas des Tuamotu), soit former une bande maritime entre l'île haute émergée et le récif-barrière (cas de la plupart des îles de la Société)

LMS – London Missionary Society, organisation missionnaire protestante qui débuta l'évangélisation de la Polynésie

mabe – produit dérivé issu de la perliculture, généralement utilisé comme pendentif

mahi mahi – daurade coryphène (poisson), dont la chair est très fréquemment consommée en Polynésie

mahu – homme efféminé, travesti

maiore – autre nom de l'arbre à pain

makatea – atoll qui s'est soulevé au-dessus du niveau de la mer à la suite de phénomènes géologiques. Rurutu (Australes) et Makatea (Tuamotu) en sont des exemples caractéristiques

mana – pouvoir, esprit, puissance surnaturelle, apanage des initiés (prêtres, chefs)

Mana – nom du fournisseur d'accès à Internet en Polynésie

mamma ruau – grand-mère

manahune – le peuple, dans la société traditionnelle

mao – requin

maohi – terme local pour désigner les Polynésiens. À rapprocher du terme *maori* utilisé en Nouvelle-Zélande

mape – sorte de châtaignier, dont la drupe est comestible

marae – édifice religieux traditionnel constitué d'un assemblage de blocs de pierre généralement disposés en gradin ou en plate-forme

marae arii – *marae* royal, de grande importance

marae tupuna – *marae* consacré aux ancêtres ou à la famille

maraamu – alizés du sud-est, dominants de juin à août

marara – poisson volant

maro ura – ceinture de plumes rouges, symbole du pouvoir de l'arii

matahiapo – les anciens

meae – variante marquisienne du *marae*

Mélanésie – (du grec *melas*, noir, en référence à la couleur de peau des habitants) îles situées à l'ouest du Pacifique englobant la Papouasie-Nouvelle-Guinée, les îles Salomon, Vanuatu, la Nouvelle-Calédonie et les îles Fidji

monoï – huile de noix de coco parfumée avec des fleurs de tiaré, utilisée comme cosmétique

more – jupe en fibres naturelles utilisée pour les danses traditionnelles

motu – îlot corallien. Par extension, les îlots qui forment la couronne récifale d'un atoll ou d'une île haute

mutoi – policier

nacre – substance sécrétée par l'huître pour former la coquille et, par extension, la coquille et l'huître elles-mêmes

naissain – larves d'huître

niau – feuille de cocotier tressé

nono – insecte piqueur qui vit dans le sable et qui sévit notamment aux Marquises

nono (noni) – fruit aux vertus thérapeutiques, dont l'appellation scientifique est *Morinda citrifolia*, cultivé surtout aux Marquises et exporté aux États-Unis

nucleus – bille façonnée à partir d'un coquillage du Mississipi que le greffeur introduit dans la gonade de l'huître afin que celle-ci la recouvre de substance nacrière

ombrière – collecteur servant de filet à nacre, dans les fermes perlières

ono ono – barracuda

Oro – dieu de la Guerre, dont le culte prédominait lors de l'arrivée des premiers Européens

oromatua – fantômes

PADI – Professional Association of Diving Instructors, principal organisme de formation à la plongée subaquatique, d'inspiration américaine

pae pae – soubassement en pierres basaltiques ressemblant à une plate-forme, constituant l'assise de la maison marquisienne

pahu – tambour

pakalolo – nom local du cannabis

pandanus – arbre à racines aériennes dont les feuilles servent à tisser des chapeaux, des nattes et des sacs

paréo – vêtement en étoffe décorée, porté par les hommes et les femmes

poe rava – perle noire

passe – chenal interrompant l'anneau corallien d'un atoll ou le récif-barrière autour d'une île haute et mettant en communication le lagon et l'océan

paumotu – habitant des Tuamotu et, par extension, dialecte parlé dans cet archipel

pétroglyphes – pierres gravées

peue – natte tressée à partir de feuilles de pandanus

phonolithe – variété de roche volcanique

PK – "point kilométrique", autrement dit bornes kilométriques qui s'égrènent le long des routes de certaines îles de Polynésie française

Polynésie – (du grec *polus*, nombreux, et *nesos*, îles) aire géographique au centre et au sud-est de l'océan Pacifique englobant la Polynésie française, Tonga et les îles Cook

popa'a – terme tahitien désignant les Occidentaux

poti marara – embarcation à moteur utilisée pour la pêche lagonaire

pupuhi – fusil de chasse sous-marin

raatira – classe intermédiaire entre le peuple (*manahune*) et les chefs (*arii*), dans la société traditionnelle

rae rae – terme plus ou moins synonyme de *mahu*. Désigne surtout les homosexuels

récif-barrière – récif corallien situé entre le rivage et le large qui forme la couronne externe du lagon

récif frangeant – agrégat corallien se développant immédiatement au contact des flancs de l'île haute

sanito – branche de la religion mormone

SDR – Service du développement rural

speed-boat – vedette hors-bord

subsidence – phénomène d'affaissement d'un morceau de l'écorce terrestre

Taaroa – dieu suprême du panthéon polynésien

taote – médecin

taote niho – dentiste

taui – changement ; désigne l'alternance politique survenue en 2004

tahua – prêtre, dans la religion pré-européenne

tamure – terme général désignant la danse polynésienne

tane – homme

tapa – étoffe d'écorce battue ; vêtement traditionnel avant l'arrivée des Européens

tapu – espace sacré ou interdit. Le mot "tabou" découle directement de *tapu*

taro – tubercule comestible, fréquemment consommé en Océanie

tarua – plante voisine du taro

tavana – maire, en tahitien

taravana – fou

tatau – tatouage, en tahitien. Bien qu'également répandus au Japon, c'est à Tahiti que les navigateurs les découvrirent et adoptèrent le mot tahitien

tiaré – fleur très odoriférante, symbole de Tahiti

tifaifai – dessus-de-lit ou coussins en patchwork coloré

tii – représentations anthropomorphes sculptées dans la pierre ou le bois, qui se trouvaient jadis sur les *marae*

tiki – désigne le *tii* aux Marquises

tinito – "chinois", en tahitien

tohora – baleine

tohua – vaste centre communautaire pavé où se déroulaient des festivités de la tribu, surtout aux Marquises

truck – camionnette aménagée servant de moyen de transport public, progressivement remplacée par des bus

Tu – un des principaux dieux polynésiens, remplacé par Oro au XVIIIe siècle

tuf – variété de roche, de nature volcanique en Polynésie

tupa – crabe de terre

tupapau – esprits, fantômes, revenants, faisant encore l'objet de croyances superstitieuses

tupuna – maîtres, experts

tute – capitaine Cook

ukulélé – petite guitare à quatre cordes très employée lors de fêtes locales et familiales

ua ma – fosse alimentaire qui servait à stocker les aliments dans la société polynésienne traditionnelle

umete – plat en bois de forme généralement oblongue

umu hei – paquet végétal odoriférant contenant diverses essences végétales

uru – arbre à pain

vaa – pirogue (*vaka* aux Marquises)

vahiné – femme polynésienne

vana – oursin

vent (au) – côté de l'île exposé aux vents dominants

vent (sous le) – côté de l'île protégé des vents dominants

vini – nom d'un oiseau, et nom du téléphone portable

Consultez également les chapitres *À table !* (p. 55) et *Environnement* (p. 421).

En coulisses

VOS RÉACTIONS ?

Vos commentaires nous sont très précieux et nous permettent d'améliorer constamment nos guides. Notre équipe lit toutes vos lettres avec la plus grande attention. Nous ne pouvons pas répondre individuellement à tous ceux qui nous écrivent, mais vos commentaires sont transmis aux auteurs concernés. Tous les lecteurs qui prennent la peine de nous communiquer des informations sont remerciés dans l'édition suivante, et ceux qui nous fournissent les renseignements les plus utiles se voient offrir un guide.

Pour nous faire part de vos réactions, prendre connaissance de notre catalogue et vous abonner à notre newsletter, consultez notre site Internet : **www.lonelyplanet.fr**

Nous reprenons parfois des extraits de notre courrier pour les publier dans nos produits, guides ou sites web. Si vous ne souhaitez pas que vos commentaires soient repris ou que votre nom apparaisse, merci de nous le préciser. Notre politique en matière de confidentialité est disponible sur notre site Internet.

À NOS LECTEURS

Nous remercions tous les lecteurs qui ont utilisé la précédente édition de ce guide et ont pris la peine de nous écrire pour nous communiquer informations, commentaires et anecdotes :
B Magali Bruny **C** Isabelle Chabot-Morisseau, Fred Chanvin, Laura Clemente, Philippe Crinelli **D** Caroline Dagneaux **J** Danielle Jacquelin **L** Mahealani Laporte-Faoa, Maxime Laporte, Perrine Lévite-Daligand, Paul Ligneres, Bruno Louveau… ainsi que Florence et Antoine.

UN MOT DES AUTEURS

Jean-Bernard Carillet

Un grand merci à toute l'équipe de Lonely Planet, qui porte ce projet depuis presque 30 ans, notamment Didier et Dominique, qui m'ont toujours apporté leur soutien quant à l'amélioration constante de ce guide, notamment dans cette édition par l'intégration de vidéos. Chapeau bas à Valérie, la *vahine* de la maquette, à Martine, la perle de la carto, à Jean-Noël, le pape de la fab, et à Christiane pour ses corrections. Et bien sûr, toute ma gratitude et ma reconnaissance vont à Nicolas pour son écoute bienveillante, qui a fait évoluer cet ouvrage et a contribué à lui donner un nouvel élan sur le plan esthétique.

Au *fenua*, je n'aurai jamais assez de mots pour remercier ma famille *faaamu* (adoptive), le clan Peirsegaele, mon ancrage de cœur, sans qui bien des mystères de la Polynésie m'auraient échappé. Ya, Vai, Majo, Sean, Rani, Heimiti et feu Hubert (à jamais dans mes souvenirs), je vous dois tant pour les moments d'*aroha* partagés. Et ce bureau-terrasse magnifique, mon cocon à Mahina… À bientôt pour de nouvelles aventures.

Coup de chapeau également à mes amis Moearii et Olivier, à Constance et Simon (couple modèle, dans tous les sens du terme), et à celles et ceux dont j'ai croisé la route sur place et qui m'ont transmis leurs expériences. À toutes et à tous, un *mauruuru roa* !

Alexandre Lenoir

Pour cette première en Polynésie, je tenais à remercier particulièrement Dominique Bovet pour la confiance qu'il m'a accordée et Jean-Bernard Carillet pour m'avoir laissé braconner sur ses terres et mers. Durant les cinq semaines passées sur le terrain, je dois beaucoup à la fine équipe de Let's Van qui m'a accompagné sans rechigner dans mon travail, à Antoine Callot et Katalyna Richard pour leurs invitations et leurs bons conseils et aux dizaines de Polynésiens et *popa'a* d'une gentillesse infinie ayant pris le temps de répondre à mes questions. Merci enfin à Nicolas Guérin pour ses suggestions, une fois revenu en métropole.

À PROPOS DE CET OUVRAGE

La première édition du guide *Tahiti et la Polynésie française* a été réalisée en duo, par Tony Wheeler et Jean-Bernard Carillet, qui, par la suite, a été le maître d'œuvre de toutes les éditions successives. Pour cette édition, Jean-Bernard a couvert les Tuamotu, les Marquises, les Australes et les Gambier tandis qu'Alexandre Lenoir s'est rendu dans l'archipel de la Société.

Direction éditoriale
Dominique Bovet

Responsable prépresse
Jean-Noël Doan

Coordination éditoriale
Nicolas Guérin

Maquette
Valérie Police

Couverture
Laure Wilmot et Laurent Briard

Cartographie
Martine Marmouget (AFDEC)

Remerciements à
Christiane Mouttet pour sa précieuse contribution au texte ainsi qu'à Basile Mariton pour son travail de référencement et à Dominique Spaety.

CRÉDIT DE COUVERTURE

Danseuse polynésienne à Bora Bora
© Maridav / Shutterstock

Index

Références des cartes

T

U

V

W

Légende des cartes

À voir
- Plage
- Réserve ornithologique
- Temple bouddhiste
- Château/palais
- Église/cathédrale
- Temple confucéen
- Temple hindou
- Mosquée
- Temple jaïn
- Synagogue
- Monument
- Musée/galerie/édifice historique
- Ruines
- Sentō (bain public)
- Temple shintoïste
- Temple sikh
- Temple taoïste
- Cave/vignoble
- Zoo
- Autre site

Activités, cours et circuits organisés
- Bodysurfing
- Plongée/snorkeling
- Canoë/kayak
- Cours/circuits organisés
- Ski
- Snorkeling
- Surf
- Piscine/baignade
- Randonnée
- Planche à voile
- Autres activités

Où se loger
- Hébergement
- Camping

Où se restaurer
- Restauration

Où prendre un verre
- Bar
- Café

Où sortir
- Salle de spectacle

Shopping
- Magasin

Renseignements
- Banque
- Ambassade/consulat
- Hôpital/centre médical
- Accès Internet
- Police
- Bureau de poste
- Centre téléphonique
- Toilettes
- Office du tourisme
- Autre adresse pratique

Géographie
- Plage
- Refuge/gîte
- Phare
- Point de vue
- Montagne/volcan
- Oasis
- Parc
- Col
- Aire de pique-nique
- Cascade

Agglomérations
- Capitale (pays)
- Capitale (région/État/province)
- Grande ville
- Petite ville/village

Transports
- Aéroport
- Poste frontière
- Bus
- Téléphérique/funiculaire
- Piste cyclable
- Ferry
- Métro/Tube Station (anglais)
- Monorail
- Parking
- Station-service
- Station de métro/Subway
- Taxi
- T-Bane/Station T-Bane (norvégien)
- Gare/chemin de fer
- Tramway
- U-Bahn (allemand)
- Autre moyen de transport

Les symboles recensés ci-dessus ne sont pas tous utilisés dans ce guide

Routes
- Autoroute à péage
- Voie rapide
- Nationale
- Route secondaire
- Petite route
- Chemin
- Route non goudronnée
- Route en construction
- Place/rue piétonne
- Escalier
- Tunnel
- Passerelle
- Promenade à pied
- Promenade à pied (variante)
- Sentier

Limites et frontières
- Pays
- État/province
- Frontière contestée
- Région/banlieue
- Parc maritime
- Falaise
- Rempart

Hydrographie
- Fleuve/rivière
- Rivière intermittente
- Canal
- Étendue d'eau
- Lac asséché/salé/intermittent
- Récif

Topographie
- Aéroport/aérodrome
- Plage/désert
- Cimetière (chrétien)
- Cimetière (autre)
- Glacier
- Marais
- Parc/forêt
- Site (édifice)
- Terrain de sport
- Mangrove

LES GUIDES LONELY PLANET

Une vieille voiture déglinguée, quelques dollars en poche et le goût de l'aventure, c'est tout ce dont Tony et Maureen Wheeler eurent besoin pour réaliser, en 1972, le voyage d'une vie : rallier l'Australie par voie terrestre via l'Europe et l'Asie. De retour après un périple harassant de plusieurs mois, et forts de cette expérience formatrice, ils rédigèrent sur un coin de table leur premier guide, *Across Asia on the Cheap*, qui se vendit à 1 500 exemplaires en l'espace d'une semaine. Ainsi naquit Lonely Planet, dont les guides sont aujourd'hui traduits en 13 langues.

NOS AUTEURS

Jean-Bernard Carillet

Tuamotu, Marquises, Australes, Gambier, Préparer son voyage, Comprendre la Polynésie, Polynésie pratique

Journaliste, photographe et vidéaste basé à Paris, Jean-Bernard entretient une relation passionnelle et affective avec la Polynésie, où il y a passé près de 4 ans de sa vie en presque 20 voyages dans les 5 archipels. Il a découvert ces îles comme les premiers Polynésiens : par la mer. Monitorat de plongée en poche, il a parcouru l'archipel de la Société et les Tuamotu pour se familiariser avec leurs fabuleuses richesses sous-marines. Au cours de voyages ultérieurs, il a enrichi son expertise d'autres univers du *fenua*, du haka marquisien (dont il est fan absolu) à l'archéologie en passant par l'artisanat et la culture traditionnelle. Il connaît également tous les coins secrets des lagons. Spécialiste des univers insulaires, il a signé de nombreux ouvrages pour Lonely Planet, en français et en anglais, et collabore aux pages *Voyage* de plusieurs prestigieux magazines français. Il développe aussi une production vidéo orientée vers le voyage. Suivez-le sur Instagram : jb.carillet_photography

Alexandre Lenoir

Tahiti, Moorea, Huahine, Raiatea et Tahaa, Bora Bora, Maupiti

Diplômé de l'École de Journalisme de Lille, Alexandre y exerce son métier de journaliste indépendant... après avoir été auteur-compositeur-interprète du groupe de chanson Les Blaireaux durant quinze ans. Passionné de voyages et de randos en montagne, Alexandre a toujours été convaincu qu'un bon guide de voyage devait posséder les mêmes vertus qu'un album de musique réussi : aider à vous évader... puis une fois ailleurs, vous tenir compagnie. Une conviction qu'il a mise en pratique pour les guides Lonely Planet *Ardèche et Drôme*, *Lot et Aveyron*, *Espagne du Nord-Ouest*, *Côte d'Azur*, *Languedoc-Roussillon*, *Louvre-Lens et bassin minier*, *Alpes*...

Tahiti et la Polynésie française
9e édition

92 avenue de France - 75013 Paris

Dépôt légal Novembre 2022
ISBN 978-2-81619-575-0
Imprimé par ESTIMPRIM, Autechaux, France
Réimpression 03, janvier 2024

En Voyage Éditions | un département édi8